SpringerWienNewYork

August Sarnitz

Architektur Wien
700 Bauten

SpringerWienNewYork

Konzept und Redaktion
August Sarnitz
Redaktionelle Mitarbeit
Eva Santo
Alexander Stampfer
Attila Santo

Auswahl der Objekte (Beirat im Jahr 2007)
August Sarnitz
Matthias Boeckl
Marta Schreieck
Isabella Marboe
Kurt Puchinger

Auswahl der Objekte (Beirat im Jahr 2003 „Wien – Neue Architektur 1975-2005")
August Sarnitz
Matthias Boeckl
Rainer Schimka
Silja Tillner

Auswahl der Objekte (Beirat im Jahr 1998 „Architektur Wien – 500 Bauten")
August Sarnitz
Friedrich Achleitner
Otto Kapfinger
Harald Niebauer
Dieter Pal
Dietmar Steiner

Textbeiträge
Vorwort: August Sarnitz
Essay: Renate Banik-Schweitzer: Wien – Stadtentwicklung
Essay: August Sarnitz: Work in Progress – die neuen Projekte
Essay: Matthias Boeckl: Die Stadt als Bühne. Kunst und Entertainment im Stadtleben

Die Textbeiträge geben die persönliche Meinung der Autoren wieder und müssen nicht mit der Meinung der Stadt Wien, der Redaktion oder des Herausgebers übereinstimmen.

Texte und Daten der Objekte
August Sarnitz und Redaktionsteam
Die Gebäudedaten wurden nach bestem Wissen und aufgrund der zur Verfügung stehenden Informationen erhoben. Informationsquellen: Angaben der Architekturbüros, Archiv des Autors, Fachzeitschriften, Nextroom Az W .
Die Namen der Architekten und Architektinnen wurden wunschgemäß laut den Architekturbüros übernommen bzw. entsprechen auch den zeitlich unterschiedlichen Bezeichnungen. Für allfällige Fehler kann keine Haftung übernommen werden. Für Hinweise, Ergänzungen und Korrekturen danken wir im Vorhinein.

Fotos: Fotonachweis im Anhang

Printed in Austria

Springer WienNewYork ist ein Unternehmen von Springer Science +Business Media
springer.at

Lektorat Springer-Verlag: David Marold
Grafische Gestaltung: Ing. Martin Gaal/Springer-Verlag
Kartografie Bezirkskarten: Ing. Martin Gaal/Springer-Verlag
Korrektorat: Mag. Sabine Wiesmühler; Mag. Angelika Heller/Springer-Verlag
Druck: Holzhausen Druck & Medien GmbH, Holzhausenplatz 1, A – 1140 Wien

Gedruckt auf säurefreiem, chlorfrei gebleichtem Papier – TCF
SPIN: 12030941

Bibliografische Information Der Deutschen Bibliothek
Die Deutsche Bibliothek verzeichnet diese Publikation in der Deutschen Nationalbibliografie; detaillierte bibliografische Daten sind im Internet über http://dnb.ddb.de abrufbar.

Dieses Buch ist auch in englischer Sprache erhältlich: ISBN 978-3-211-71578-9.

ISBN 978-3-211-71535-2 SpringerWienNewYork

Inhalt

14. Bezirk

15. bis 17. Bezirk

18. und 19. Bezirk

20. Bezirk

21. Bezirk

22. Bezirk

23. Bezirk

Wien Umgebung

Einleitung – Hinweise zum Gebrauch
Architektur Wien: 700 Bauten

Der vorliegende Architekturführer ist ein „Work in Progress" – ein Führer durch das „Kunstwerk Stadt", wie es sich dem heutigen Besucher darstellt. Der Architekturführer ist aber auch das Resultat einer Beschäftigung von über zwanzig Jahren mit der gebauten Umwelt der Stadt Wien.

Seit 2001 ist das Zentrum der Stadt Wien durch eine Entscheidung der UNESCO als Weltkulturerbe ausgezeichnet. Damit ist die Wiener Innenstadt in die große Reihe der gebauten städtebaulichen Monumente aufgenommen, vergleichbar mit dem historischen Zentrum von Rom, dem historischen Zentrum von Florenz, dem historischen Zentrum von Prag oder der Altstadt von Krakau.

Die Faszination einer Stadt – die wie keine andere – über Jahrhunderte sowohl das „Zentrum" als auch die „Randlage" darstellte, reflektiert eine kulturelle, historische und bauliche Verdichtung, die der berühmte Karl Kraus mit der Aussage umschrieb: „Alt Wien war auch einmal neu."

700 Bauwerke (Gebäude, Plätze, Brücken, Denkmäler und Parks) wurden als repräsentative Sehenswürdigkeiten ausgewählt, die der Stadt ihre Identität verleihen. 2000 Jahre Stadtgeschichte wurden erfasst, ungefähr ein Drittel der beschriebenen Objekte fällt in die Zeit vom Mittelalter bis zum Jahr 1918, dem Ende des Habsburger Reiches und dem Zerfall des Vielvölkerstaates der Donaumonarchie, die anderen zwei Drittel befassen sich mit der Architektur der Zwischenkriegszeit bis zur Gegenwart. Besondere Aufmerksamkeit wurde auf die Architekturen der beiden letzten Jahrzehnte gelegt. Die Aktualität und die neue geopolitische Funktion der Stadt im Zusammenhang mit der EU-Osterweiterung soll dadurch besonders dokumentiert werden.

Am Wendepunkt zur neuen „Gründerzeit" im späten Zwanzigsten Jahrhundert stand symbolisch das neue Haas-Haus (1.-2) von Hans Hollein (1985), welches damals als innovativer urbaner Luxus-Einkaufstempel mit fünfgeschossigem Atrium eine neue, metropole Qualität des Shopping in das historische Zentrum der Stadt brachte, gegenüber dem jahrhundertealten Wahrzeichen der Stadt, dem Stephansdom (1.-1). Das mehrgeschossige Atrium und das ursprüngliche interior design sind heute leider nicht mehr vorhanden.

Die topografische Lage ist wesentliches Merkmal jeder Stadt, aus der sich deren Struktur und Charakter entwickelt. Bei der Präsentation der Bauwerke wurde daher eine topografische Reihung vorgenommen, weil sich am jeweiligen Ort die historische, politische, ökonomische und soziale Struktur durch spezifische Überlagerungen am sichtbarsten verdichtet: die Stadt als Event der „dichten Packung".

Die Diskussionen mit Kollegen und Kolleginnen zur Auswahl der Objekte waren vielfältig, umfangreich und komplex; die Objekte in der Stadt könnten nicht unterschiedlicher sein: eine Bar, ein Dom, eine Brücke, ein Palast, ein Wohnhaus, ein Park. Mein besonderer Dank gilt hier im Laufe der Jahre Friedrich Achleitner, Mattias Boeckl, Elke Delugan, Otto Kapfinger, Isabella Marboe, David Marold, Harald Niebauer, Dieter Pal, Kurt Puchinger, Rainer Schimka, Marta Schreieck, Dietmar Steiner und Silja Tillner.

Auf 15 Plänen wurden die Bauwerke mit den entsprechenden topografischen Index-Nummern verortet: Da die Stadt Wien in 23 Bezirke eingeteilt ist, bezeichnet die erste Zahl den jeweiligen Bezirk, in dem sich das Bauwerk befindet, die zweite Zahl das Objekt selbst. (Beispiele: ***1.****-1* Stephansdom = 1. Bezirk, Bauwerk Nummer 1; ***13.****-1* Schloss Schönbrunn = 13. Bezirk, Bauwerk Nummer 1). Als Architekten und Architektinnen werden diejenigen Personen genannt, welche einen wesentlichen Beitrag zur Gestalt und Form des Bauwerkes beigetragen haben. Historische Architekturen haben daher vielfältige „Schichtungen" durch Architekten erfahren, auf die nach Möglichkeit im Kontext verwiesen wird. Bauwerke mit übergeordneter Bedeutung werden auf einer ganzen oder auf mehreren Seiten vorgestellt: mit Kurztext, Fotos, Plänen sowie genauer Adresse des Bauwerkes und Hinweisen über Erreichbarkeit mit öffentlichen Verkehrsmitteln sowie Informationen über eine mögliche Besichtigung.

Der Anhang enthält eine chronologische Reihung sämtlicher angeführter Bauwerke sowie einen Register aller Architekten und Planer.

August Sarnitz, Wien, im Juni 2008

Renate Banik-Schweitzer

Wien
Stadtentwicklung

Wien ist mehr als zweitausend Jahre alt. Dieses Alter verdankt die Stadt ihrer strategischen Lage; dass eine Baugeschichte Wiens bis zur zweiten Türkenbelagerung 1683 immer nur eine Geschichte des 1. Bezirks ist, ebenfalls. Wien liegt im Schnittpunkt verschiedener Räume und Kulturen und war daher bis zum Ende des 17. Jahrhunderts eine stets umkämpfte Grenzfestung. Die baulich dokumentierbare Geschichte begann aber erst um 100 n. Chr., als das römische Legionslager Vindobona als Teil der Limesbefestigung gegen die Barbaren aus dem Norden angelegt wurde. Nach dem Ende des weströmischen Reiches um 500 n. Chr. eroberten Hunnen, Awaren und Slawen den Platz. Im 10. Jahrhundert war Wien Teil des sich nach Westen ausdehnenden ungarischen Reiches, kurz danach wurde es nach Verdrängung der Ungarn zum südöstlichen Vorposten des deutschen Reiches. Mit der neuen Grenzmark wurde das fränkische Geschlecht der Babenberger belehnt, und als diese 1137 ihren Sitz von Klosterneuburg nach Wien verlegten, wurde Wien Residenz. Fast sechshundert Jahre lang war Wien Grenz- und Residenzstadt.

Die Bürgerstadt Wien konnte sich in dieser Konstellation nur mühsam behaupten. Es fehlten Sicherheit und Selbstständigkeit, um eine lokal fundierte Entwicklung von überregionaler Ausstrahlung einzuleiten, wie dies etwa reichsunmittelbaren Städten wie Augsburg und Nürnberg gelang, die Wien im Mittelalter an Produktivität, Finanzkraft und Bevölkerungszahl überflügelten. Die Auslöser dieses Überholprozesses waren dort einheimische unternehmerisch tätige Fernhandelskaufleute, die Verlagsproduktionen unter lokalen Handwerkern organisierten und gleichzeitig einen Kreditapparat aufbauten. Eine solche Gruppierung konnte sich in Wien nie entwickeln, zum Einen, weil der Einfluss des Landesfürsten zu stark war, zum Anderen, weil das Wiener Patriziat hauptsächlich von (Grund-)Renten lebte – das einzige Wiener Exportprodukt war der in der Umgebung der Stadt angebaute Wein – und davon so gut lebte, dass es sich nicht im riskanten Fernhandel engagieren musste. Als Wien 1221 vom Landesfürsten das Stapelrecht erhielt, letztlich eine weitere Rente in Form einer Handelsspanne auf fremde Waren, war jeder Anreiz zum größeren Risiko für die Wiener Kaufleute endgültig dahin. So gelangten zwar immer wieder Wiener Kaufmannsfamilien zu enormem Reichtum, doch kam es nicht zur Begründung einer eigenständigen Wiener Handelstradition. Die ganze Schwäche dieses auf dem Stapelrecht begründeten Wiener Handels zeigte sich schließlich zu Beginn des 16. Jahrhunderts, als der Habsburger Kaiser Maximilian I., bei oberdeutschen Handelshäusern, wie den Fuggern aus Augsburg, schwer verschuldet, diesen den freien Zugang nach Wien gewähren und das Stapelrecht aufheben musste. Damit war das Schicksal eines eigenständigen Wiener Großhandels besiegelt. Von da an waren Großhändler in Wien immer „Fremde". Ähnlich war die Lage im Geldgeschäft. Zwar hatte ein Wiener Bürgergremium vom Landesfürsten das Recht der Münzprägung erhalten, doch im Kreditwesen dominierten die Juden. Selbst als diese 1420/21 zum ersten Mal aus Wien vertrieben und die Verbliebenen verbrannt wurden, gelang es den Wiener Bürgern weder den Steuerausfall wettzumachen noch im Kreditgeschäft Fuß zu fassen. So wurden die Rentiersmentalität des Wiener Patriziats und die Lokalbezogenheit des Wiener Handwerks sehr wirkungsvoll durch die an Vermehrung der eigenen Macht orientierten Aktivitäten des Landesfürsten gefördert. Die andauernde Grenzlage trug das Ihre zur Selbstbezogenheit und geringen Außenorientierung des Wiener Bürgertums bei.

- Kirchliches Gebäude
- Hofburg
- Adelshaus
- Bürgerhaus
- Universität
- Städtisches Gebäude
- Landesfürstliches Gebäude
- Ständisches Gebäude

Historischer Stadtstrukturplan Wien, Innere Stadt, auf Grundlage des Plans von M. Bonfacius Wolmuet, 1547.
Entwurf: R. Banik-Schweitzer

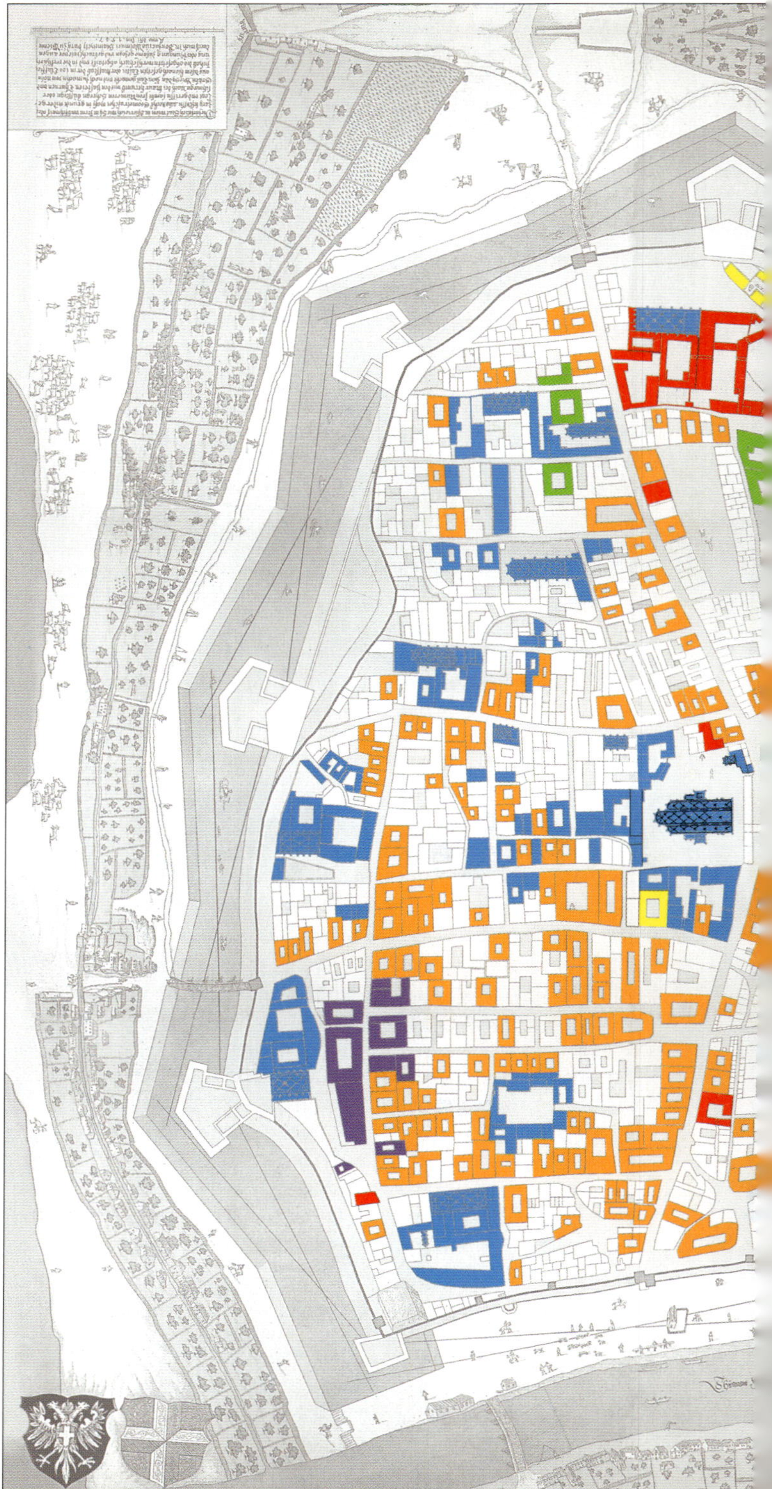

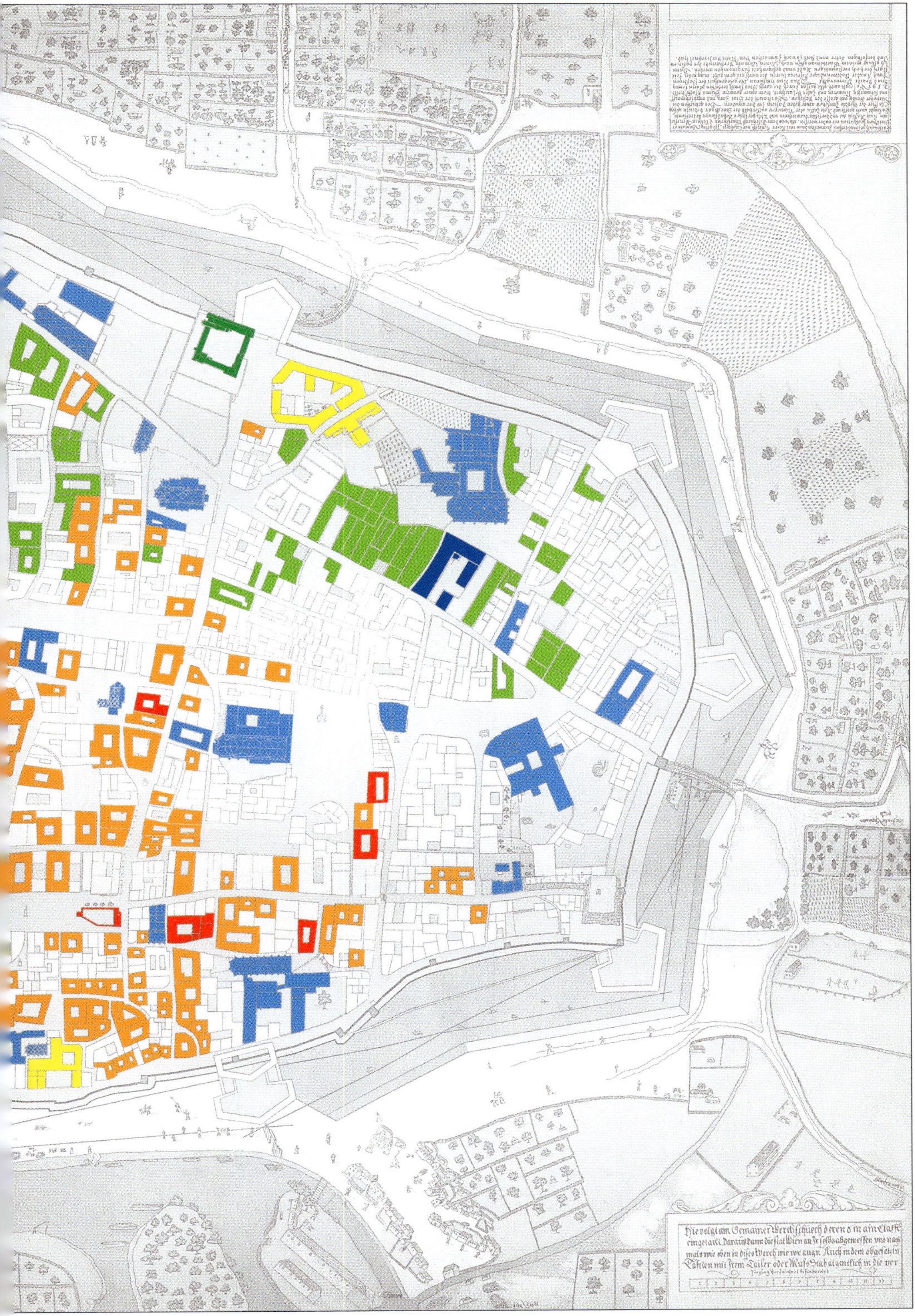
Hie volgt am Gemainer Werchschuech deren 6 in ain Claffe
eingetailt Daraus dann die stat Wien an Ir selbs abgemessen vnd nach

Der Platz für das römische Legionslager, dessen Umrisse (Salzgries, Rotgasse, Kramergasse, Graben, Naglergasse, Tiefer Graben) und Hauptstraßen (Wipplingerstraße und Marc-Aurel-Straße-Tuchlauben) noch heute im Grundriss der Innenstadt klar erkennbar sind, war hervorragend gewählt: auf einem Plateau, das auf drei Seiten von Wasserläufen geschützt war: von der Donau (heute Donaukanal) im Norden, dem Wienfluss im Osten und dem Ottakringerbach im Westen. Im Süden streifte eine alte römische Fernstraße, die heutige Herrengasse, das Lager. Dass dieses im Gegensatz zur römischen Zivilstadt in der Gegend von St. Marx bis heute sichtbare Spuren hinterließ, lag daran, dass die Befestigungsanlagen (Mauer, Graben) selbst in den Kämpfen der Völkerwanderungszeit weitgehend intakt blieben.

In ihrem Schutz entstand die erste frühmittelalterliche Ansiedlung in der Gegend des Berghofs. Als die Babenberger die Stadtherrschaft übernahmen, war der Ostteil des Römerlagers bereits wieder besiedelt. Südlich vom Berghof lag der Hohe Markt, damals der Hauptmarkt der Stadt. Daran schloss sich wieder im Süden ein Wik, eine Kaufmannssiedlung. Wien hatte auch bereits drei Kirchen innerhalb seiner Mauern: am nördlichen Rand als älteste und Hauptkirche die Ruprechtskirche, die als einzige noch heute in ihrer damaligen Form erhalten ist, am südlichen Rand die Peterskirche und im Norden der noch kaum verbauten Westhälfte des Lagers die Kirche Maria am Gestade.

Als Stadtherren bauten die Babenberger ihre Burg neben der Bürgersiedlung in der Westhälfte des Lagers am Platz Am Hof. Ebenfalls innerhalb der Römermauern entstand ab 1194 das erste Ghetto im Bereich der Seitenstettengasse für die Juden, die als Münzmeister des Landesfürsten tätig waren. Alle anderen Ansiedlungswilligen mussten draußenbleiben. So die fremden Fernhändler, die sich entlang der Bäckerstraße niederließen, das 1155 am heutigen Platz gegründete Schottenkloster und selbst das geistliche Oberhaupt der Stadt, der Bischof von Passau, der die romanische Stephanskirche direkt außerhalb der Lagermauer an derselben Stelle erbauen ließ, wo heute der gotische Dom als Wahrzeichen Wiens steht.

Dieser Ausschluss aus der Residenz- und Bürgerstadt innerhalb der römischen Lagermauern galt aber nicht für lange. Als der englische König Richard Löwenherz auf der Rückkehr vom dritten Kreuzzug in der Nähe von Wien gefangen genommen wurde, ließen sich die Babenberger die Freilassung derart fürstlich bezahlen, dass sie von dem Lösegeld um 1200 eine neue Stadtmauer bauen lassen konnten, die den Stadtkörper letztlich bis zur endgültigen Entfestigung 1857 umschloss. Zur Bauzeit gab es innerhalb des neuen Mauerrings noch große Brachflächen, die sich nach und nach mit neuen Kirchen, Klöstern und Stiftshöfen, meist in Randlage, füllten. Die Bürgerstadt wuchs von ihrem Kern her und füllte zunächst das Römerlager aus, wobei das Ghetto an den Judenplatz verlegt wurde. Nach Niederlegung der römischen Mauern dehnte sich die Bürgerstadt über das Intervallum aus (Verbauung des Südrands der Naglergasse und des Streifens zwischen Rot- und Kramergasse und Rotenturmstraße) und erweiterte sich dann entlang des neuen Hauptstraßenzuges Kärntnerstraße-Rotenturmstraße. Die Verbindung zwischen den neuen Stadtvierteln zu beiden Seiten der Kärntnerstraße stellte der Neue Markt her, der später dem Hohen Markt den Rang ablaufen sollte.

Diese schrittweise Erweiterung hat vermutlich sehr dazu beigetragen, dass das Straßennetz der Innenstadt am Straßennetz der Römerzeit orientiert blieb. Das neue Straßenkreuz Naglergasse/Graben/Singerstraße-Kärntnerstraße/Rotenturmstraße ist nur eine Parallelverschiebung des römischen Straßenkreuzes Wipplingerstraße-Tuchlauben. Und an diesem Straßenkreuz orientieren sich fast alle Nebenstraßen der Altstadt. Die einzige Abweichung vom orthogonalen Straßennetz ist die Herrengasse, doch auch sie ist eine alte Römerstraße.

Auf das höhere Alter des Stadtteils innerhalb der Römermauer deutet das viel engmaschigere Straßennetz im Vergleich zum Erweiterungsgebiet.

Nach dem Aussterben der Babenberger 1246 eroberte Przemysl Ottokar II. die Stadt. Von 1251-1276 war Wien Teil des mährischen Reiches der Przemysiiden. Ottokar verlegte die Burg vom Platz Am Hof an ihre heutige Stelle (Amalientrakt) an die Stadtmauer. Vermutlich hat auch diese Verlegung das Wachstum der Bürgerstadt nach Süden gefördert.

Die Habsburger, die 1282 die Stadtherrschaft übernahmen, veränderten die Lage der Burg nicht mehr und ließen auch den neuen gotischen Stephansdom 1365 an derselben Stelle errichten wie die abgebrochene romanische Kirche. Als legitime Herrscher setzten sie auch auf räumliche Kontinuität. Damit hatte das weltliche und geistliche Herrschaftszentrum seinen endgültigen Platz gefunden. Etwas anders erging es der 1365 gegründeten Universität, die aber erst im 19. Jahrhundert mit ihrer Übersiedlung in die Ringstraßenzone den Standort wechselte.

Vor allem als deutsche Kaiser residierten die Habsburger nicht ständig in Wien, doch selbst ihrem indirekten Einfluss konnte sich die Stadt nicht entziehen, wie etwa die erwähnte Aufhebung des Stapelrechts durch Maximilian I. zeigt. Vorbei mit den bürgerlichen Freiheiten war es aber erst, als sein Enkel, Kaiser Ferdinand I., 1533 die Residenz des österreichischen Zweiges der Habsburger endgültig nach Wien verlegte. Kurz zuvor hatte die Stadt 1529 die erste Türkenbelagerung erfolgreich abgewehrt, in deren Verlauf die im Entstehen begriffenen Vorstädte vollständig zerstört wurden. Danach legte Ferdinand I. politisch, administrativ und infrastrukturell in Wien die Basis für die Eroberung Ungarns und den Aufbau eines ostmitteleuropäischen Großreichs.

Wien 1770/80 (nach Joseph Nagel)
Ringförmige Raumelemente: Befestigungsanlagen, Glacis, Linienwall
Lineare Raumelemente: Donau(auen), Achse Augarten – Praterstern – Lusthaus
Disperse prägende Raumelemente: kaiserliche und adelige (Garten-)Palais (dunkelgrau)
Ohne Maßstab

Zunächst wurde die Stadt neu befestigt. An einen räumlichen Entwicklungsspielraum wie seinerzeit beim Bau der Babenbergermauer war dabei nicht gedacht. Im Vordergrund stand der Ausbau der bestehenden Stadt zur möglichst uneinnehmbaren Festung. Die neue Stadtmauer wurde unmittelbar um die Babenbergermauer herumgezogen, davor ein breiter Wassergraben angelegt, an den sich ein über 100 m breiter Streifen unverbaubaren Landes schloss, der den Verteidigern freies Schussfeld bieten sollte. Damit war die Festung Wien von den Vorstädten völlig isoliert.

Wien wurde gerade zu einem Zeitpunkt in seinem mittelalterlichen Umfang festgeschrieben, als die Bevölkerung enorm zunahm. Mit der Verlegung der Residenz nach Wien kamen auch der Hofstaat, der Hofadel, die Beamten der Zentralverwaltung und die Hofhandwerker. Die Ausnutzung aller Baureserveflächen und die Aufstockung der Häuser reichten nicht aus, um diesen Zustrom zu bewältigen. 1566 wurde daher die sog. „Hofquartierspflicht" eingeführt, die die hausbesitzenden Bürger zur Vermietung von Wohnungen an Hofadel, -personal und an Beamte zwang. Obwohl es Vermietung schon vorher gegeben hatte, wurde sie nun zur herrschenden Rechtsform der Gebäudenutzung.

Der Plan von Bonifaz Wolmuet aus 1547 zeigt Wien am Beginn der Entwicklung zur absolutistischen Residenz. Die auffallendste Strukturveränderung gegenüber dem Spätmittelalter ist die Herausbildung des Adelsviertels zwischen Herrengasse und südlicher Stadtmauer im Anschluss an die Hofburg. Auch einige Zentralverwaltungsstellen sind bereits vorhanden (Österreichische Kanzlei und Zeughaus in der Nähe der Hofburg, das Salzamt funktionsbedingt nahe am Donauufer). Der kirchliche Besitz hat sich nur wenig vermehrt, die Bürgerstadt hat ihr Zentrum im Bereich des ehemaligen Römerlagers und um die Fernhändlersiedlung in der Bäckerstraße gehalten. Auch das Straßennetz hat sich kaum verändert. An Gebäudetypen lassen sich neben den großen unregelmäßigen Klosterkomplexen das Hofhaus in der Variante des Adelspalastes und des Patrizier- bzw. Großhandelshauses, das Seitenflügelhaus der vom Weinbau lebenden Bürger und das Langparzellenhaus der Handwerker und Gewerbetreibenden unterscheiden.

Wien schien nach außen gerüstet und nach innen befriedet, als sich mit dem Auftreten des Protestantismus ein neues Konfliktfeld auftat. Die neue Lehre hatte sich nicht nur unter dem landständischen Adel, sondern auch unter den Wiener Bürgern so rasch verbreitet und gefestigt, dass Wien für einen Zeitraum von etwa hundert Jahren als protestantische Stadt zu bezeichnen ist. Der Protestantismus galt deshalb als so gefährlich, weil er nicht nur den alten Gegensatz zwischen Landesfürst und Bürgerschaft wiederaufleben ließ, sondern auch weil er mit wirtschaftlicher und kultureller Modernisierung verknüpft war. In der kurzen Regierungszeit Kaiser Maximilians II. (1564-1576), des Pazifisten, Humanisten und „Kryptoprotestanten", schien es, als würde Wien den entscheidenden Modernisierungsschritt zur Überwindung des aristotelischen Weltbildes schaffen. Maximilian II. berief bedeutende protestantische Humanisten und Wissenschaftler an seinen Hof, darunter den berühmtesten Botaniker seiner Zeit, Carolus Clusius (Charles de l'Ecluse aus Amiens), der ihn bei der Anlage der Gärten von Schloss Neugebäude beriet und bisher unbekannte Pflanzen nach Wien brachte (Kastanie, Flieder, Tulpen). Maximilian II. hinterließ nur wenige Spuren in der befestigten Stadt, deren wichtigste die Stallburg ist. Im Umland der Festung Wien gehen jedoch einige der bedeutendsten raumprägenden Strukturen auf ihn zurück. Er schuf nicht nur das Neugebäude, den größten profanen Renaissancebau nördlich der Alpen, er verwandelte auch den Prater in ein kaiserliches Jagdrevier, wo zweihundert Jahre lang vollständiges Bauverbot galt, und er ließ 1566 das „Grüne Lusthaus" am Ende der von seinem Vater Ferdinand I. angelegten Hauptallee errichten. Schließlich war er es, der das Areal kaufte, auf dem später Schloss Schönbrunn entstand.

Wien am Ende des 19. Jahrhunderts
Ringförmige Raumelemente: Ringstraßenzone, Gürtel, Vorortelinie, Grünflächen (Wienerwald, Schönbrunn, Laaer Berg, Zentralfriedhof/Neugebäude)
Lineare Raumelemente: Donau(auen) mit Achse Augarten – Praterstern – Lusthaus, Industrieflächen an Bahnlinien
Ohne Maßstab

Doch Maximilians früher Tod beendete das Modernisierungsexperiment. Sein Sohn und Nachfolger, Kaiser Rudolf II., zog sich in seine Wunderkammern nach Prag zurück. Die Humanisten und Wissenschaftler verließen Wien. Das Neugebäude blieb unvollendet und verfiel. Als wichtigste Stützen der Gegenreformation wurden die Jesuiten nach Wien berufen. Protestantische Adelige und Bürger wurden ausgewiesen, ihr Besitz konfisziert und teilweise den Jesuiten übertragen. Schließlich wurde 1623 auch die Wiener Universität den Jesuiten überantwortet. Neben dem Universitätsgebäude wurde die Jesuitenkirche errichtet. Der Triumph der Scholastik über die Anfänge der modernen Wissenschaft war perfekt.

Um 1580 begann die sog. „Klosteroffensive", der in der Altstadt für die Gründung von neun neuen Klöstern fünfzig Bürgerhäuser zum Opfer fielen. Mit der Zunahme staatlicher Zentralisierungstendenzen stieg auch die Zahl der Verwaltungsgebäude. Auch diese Entwicklung ging zu Lasten der Bürgerhäuser. Beim Umbau kam es häufig zur Zusammenlegung von Parzellen, jedoch nicht zur Veränderung des Straßennetzes.

Die Abwehr der zweiten Türkenbelagerung 1683, in deren Verlauf die Vorstädte wieder gänzlich zerstört wurden, veränderte die strategische Lage Wiens grundlegend. Die anschließende Vertreibung der Türken aus Ungarn machte die Habsburgermonarchie endlich zur Großmacht, befreite Wien aus seiner Grenzlage, rückte es in die ungefährdete Mitte des neuen Staates und ermöglichte ein dauerhaftes Stadtwachstum jenseits der weiterhin beibehaltenen Befestigungsanlagen. Nun konnte endlich auch an die Binnenentwicklung des Landes gedacht werden und entsprechend den damals herrschenden Anschauungen erfolgte sie nach merkantilistischen Grundsätzen. Dies bedeutete eine Verbesserung der Verkehrserschließung und den Aufbau einer Exportproduktion. Mit Wien als Zentrum ließ Kaiser Karl VI. ein Netz von sog. „Kommerzialstraßen" anlegen, die auf dem vorhandenen Fernstraßennetz aufbauten (Praterstraße, Rennweg, Triesterstraße, Mariahilfer Straße). Als in einer Stadt wie Wien zu entwickelnde Exportproduktion kam v. a. die Textilerzeugung in Form der Seidenweberei in Frage, die hier allerdings keine Tradition hatte. Es wurden daher Fachleute aus der Lombardei, der Schweiz, aus Frankreich und Oberdeutschland angeworben, die sich in den wieder aufgebauten Vorstädten niederließen.

Besondere Nutznießer dieser neuen Konstellation waren die absolutistische Staatsmaschinerie und der Adel, der maßgeblich an der Zurückdrängung der Türken beteiligt war und dabei große Vermögen erworben hatte, allen voran der Feldherr, Prinz Eugen von Savoyen. Eine wahre Bauwut erfasste Stadt und Vorstädte. In der Stadt stieg die Zahl der Adelsgebäude und der öffentlichen Gebäude stark an, der kirchliche Besitz stagnierte, der bürgerliche ging zurück. Auch diesmal wurde der Umbau durch Parzellenzusammenlegungen bewältigt, während das Straßennetz unberührt blieb.

Zu bedeutenden Strukturveränderungen kam es hingegen in den Vorstädten, die ihrerseits 1704 eine Befestigungsanlage zum Schutz gegen umherstreifende Banden erhielten, den sog. Linienwall. Nach mehrfachen Zerstörungen ging es in den Vorstädten nicht um Umbau vorhandener Bausubstanz, sondern um Stadterweiterung, um die Umwandlung von landwirtschaftlich genutzten Flächen in Bauland. In ganz kurzer Zeit mussten etwa die Weingärten im Süden Wiens den Gartenpalästen des Prinzen Eugen, der Fürsten Schwarzenberg und Starhemberg und des Grafen Czernin weichen. Besonders attraktiv für diese Standortwahl war wohl das schon 1642 dort errichtete kaiserliche Sommerschloss Pavorita (heute Theresianum).

Ein ähnlich großes Gartenpalais gibt es nur mehr im Norden der Stadt, das Palais Liechtenstein. An ihm lässt sich die damals gängige Form der Stadtentwicklung besonders gut erkennen. Die Habsburger hatten im Gegensatz zu anderen Herrschern in ihrer Residenz nie größeren Grundbesitz besessen, sie hatten auch keine Grundherrschaft in größerem Umfang ausgeübt. Ein Gebiet zu entwickeln, war im Feudalsystem Recht und Aufgabe der Grundherrschaft. Die größten Grundherren im Raum Wien waren also nicht das Herrscherhaus, auch nicht Adelige, sondern kirchliche Institutionen, allen voran das Stift Klosterneuburg, das den gesamten Norden von Wien beherrschte, gefolgt vom Schottenstift, das die Grundherrschaft über einige westliche Vorstädte jenseits der Wiener Steuergrenzen innehatte. Innerhalb des Linienwalls gab es nur wenige Einsprengsel von adeligen Grundherrschaften. Dazu gehörte die Liechtensteinische in dem Dreieck zwischen Donau(kanal), Währingerbach und Linienwall. Die Fürsten Liechtenstein verfügten über eine eigene Wasserleitung und konnten dadurch ein Brauhaus betreiben. An ihr 1691-1706 erbautes Gartenpalais ließen sie im Norden anschließend ab 1699 die Siedlung Lichtental für ihre Bediensteten und aus der Stadt verdrängte Gewerbetreibende anlegen. Auf dem Plan von Joseph Nagel von 1770/80 wirkt das Ensemble aus Gartenpalais, Brauhaus, Personalsiedlung und dem später hinzugekommenen Spital und Waisenhaus wie ein ländlicher Gutshof, eine Insel im noch weitgehend agrarisch genutzten Land.

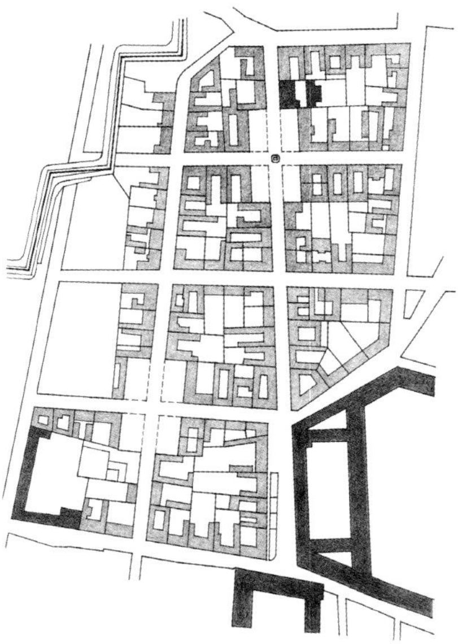

Erschließungstyp erste Hälfte des 19. Jahrhunderts (Albert- und Bennoplatz)
Zeichnung: R. Banik-Schweitzer
Ohne Maßstab

Dieses Entwicklungsmuster in Form eines Flickenteppichs weist klar darauf hin, dass in Wien nicht eine einzige ordnende Hand, sondern mehrere Entwickler gleichzeitig tätig waren. Hatten Liechtenstein und Klosterneuburg bei ihrer Entwicklungstätigkeit die Erzielung von Grundrenten aus landwirtschaftlicher (Veredelungs-)Produktion im Auge, so hatte das Schottenstift größeres Interesse an Mieteinkünften aus Gebäuden. Durch die Ausbreitung von Adel und Zentralstellen in der Innenstadt wurde das Gewerbebürgertum zunehmend verdrängt, gar nicht zu reden von den Zuwanderern im Bereich der Luxusgüterproduktion. Für diese Schicht erschloss das Schottenstift seine Grundherrschaft Schottenfeld mit einem regelmäßigen großmaschigen Straßennetz, das tiefe Baublocks umschloss, die sich gut für den Bau von Seitenflügelhäusern mit schmaler Front und langen Seitengebäuden eigneten. Dieser Haustyp stammte vom Weinhauerhaus ab, das im Mittelalter auch in der Innenstadt zu finden war. Für gewerbliche Produktion bot es aber ebenfalls gute Bedingungen. In seinem ersten Ausbauabschnitt besitzt das Schottenfeld kein Zentrum, keinen Platz und keine Grünfläche. Es war anscheinend nur als Gewerbegebiet mit Blick auf Renditemaximierung angelegt. Die Rechnung des Schottenstifts ging auf: das Gebiet wurde zum Manufakturzentrum Wiens, wo zeitweise so gut verdient wurde, dass es „Brillantengrund" genannt wurde.

Anders als der Hochadel setzte das Kaiserhaus, abgesehen von der Karlskirche, nur außerhalb des Linienwalls neue bauliche Akzente: mit dem v. a. von Kaiserin Maria Theresia geförderten Schloss Schönbrunn und dem von ihrem Sohn, Mitregenten und Nachfolger Kaiser Joseph II. ausgebauten Augarten. Wie aus später subtiler Rache an dem „abtrünnigen" Maximilian II. ließ die strenggläubige Kaiserin Werkstücke aus dem Neugebäude in Schönbrunn als Spolien verwenden. Doch nicht minder subtil rettete der nächste im eigenen Haus unbeliebte Reformer, Joseph II., das Andenken seines Vorfahren, indem er die Achse der Prater Hauptallee bis zum Augarten verlängerte und an beiden Enden je einen baulichen Akzent setzte: das Augartenportal und anstelle des „Grünen Lusthauses" das heutige Lusthaus. Diese 5,5 km lange Allee ist die großartigste Achse, die Wien besitzt. Leider wurde ihr schon 1859 durch die den Praterstern als Hochbahn querende Verbindungsbahn ein Großteil ihrer Wirkung genommen. Keines der späteren kaiserlichen Gebäude erreichte je den symbolischen Rang von Schönbrunn. Schönbrunn galt als Herausforderung an Versailles, nachdem Österreich mit den Türken gleichzeitig die mit ihnen verbündeten Franzosen geschlagen hatte. Einen derartigen Anspruch konnte z. B. der Augarten nie erheben.

Mit der Vermehrung und Ausdifferenzierung der staatlichen Aufgaben stieg der Raumbedarf für öffentliche Gebäude gewaltig an. In der Innenstadt konnte er bei weitem nicht mehr gedeckt werden, selbst als Joseph II. durch die Klosteraufhebungen 1782 wieder etwas Platz geschaffen hatte. Doch für Großanlagen wie Kasernen oder Spitäler reichte er bei weitem nicht aus. Die Standortwahl für Kasernen erfolgte nach strategischen Gesichtspunkten häufig an Ausfallstraßen und am Außenrand des Glacis (Alser Kaserne, Hofstallungen und spätere Stiftskaserne, Getreidemarktkaserne, Heumarktkaserne, aber auch die Reiterkaserne beim Augarten). Obwohl dies für Spitäler nicht galt, ließen auch sie sich am Außenrand des Glacis nieder (Allgemeines Krankenhaus, Nepomukspital/Landstraße). Vermutlich zählten für sie Stadtnähe und gute Verkehrsanbindung. Außerdem war das Glacis staatlicher Besitz und von Ödland umgeben, was wohl auch die Grunderwerbskosten attraktiver machte.

Mit Ausnahme der Donauauen sind die großen Raumfiguren Wiens kreisförmig. Vorstrukturiert durch das fächerförmige Netz von Wasserläufen aus dem Wienerwald, auf das das sternförmige Fernstraßennetz antwortet, ist die Kreisform geprägt durch die Babenbergermauer von 1200 und die neuen Befestigungen mit dem Glacis aus dem 16. Jahrhundert. Im Mittelalter lagen v. a. die großen Klosterkomplexe ringförmig an der Innenseite der Stadtmauer. Da nicht alle aufgelassen und manche für öffentliche Zwecke umgenutzt wurden, existiert dieser erste Ring öffentlicher Gebäude noch heute. Der zweite bildete sich, wie erwähnt, seit Beginn des 18. Jahrhunderts am Außenrand des Glacis. Diese Entwicklung setzte sich im 19. Jahrhundert fort, da stadtnahe Bauplätze für öffentliche Gebäude immer rarer wurden. Zu den schon genannten Gebäuden kamen in der ersten Hälfte des 19. Jahrhunderts noch das Landesgericht, das Militärgeographische Institut, das Chemieinstitut am Getreidemarkt, die Technische Hochschule, das Hauptmünzamt und das Hauptzollamt hinzu. Zwischen diese beiden Ketten öffentlicher Gebäude wurde nach der Jahrhundertmitte in konsequenter Symbolik das Band öffentlicher Gebäude in der Ringstraßenzone gelegt. Allerdings liegt vor dem Innenring eine Schicht gründerzeitlicher Gebäude, sodass die Ringstraße beiderseits nur von Gründerzeitbauten eingefasst ist. Doch auf der Lastenstraße stehen sich Barock/Klassizismus und Gründerzeit Aug in Aug gegenüber. In den Vorstädten selbst sind öffentliche Gebäude des Staates äußerst selten.

Um die Wende zum 19. Jahrhundert tauchte eine neue Erschließungsform auf. Sie eignete sich nur für kleinere Flächen, die nach wie vor in einer Hand sein mussten. In diesem Fall ordnet sich die gewohnte Rastererschließung einem zentralen Rechtecksplatz mit geschlossenen Ecken unter, der nicht primär als Marktplatz dient, sondern als öffentlicher Raum. Den interessantesten Versuch mit diesem Modell machte das Schottenstift bei der Erschließung von Breitenfeld 1802, indem es mit dem Benno- und dem Albertplatz das Muster verdoppelte. Der Bennoplatz sollte das geistliche Zentrum der neuen Gemeinde werden, der Albertplatz wurde mit Gemeindehaus und Schule das weltliche. Allerdings machte das Beispiel Breitenfelds klar, dass sich dieses Erschließungssystem wegen der Monotonie durch Addition nicht für größere Flächen eignete.

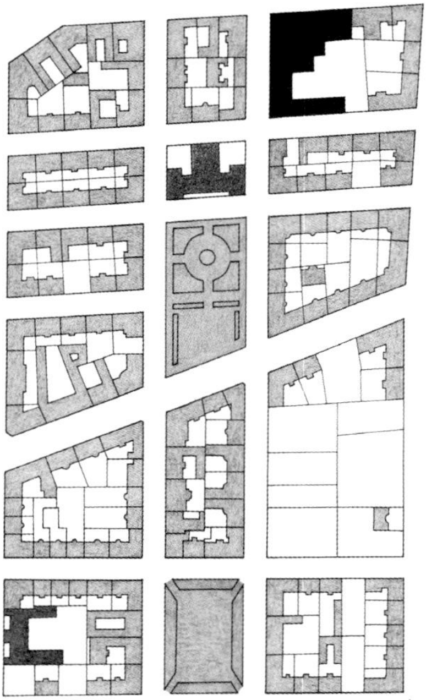

Erschließungstyp zweite Hälfte des 19. Jahrhunderts (Favoriten)
Zeichnung: R. Banik-Schweitzer
Ohne Maßstab

Das beginnende Industriezeitalter forderte eine neue Infrastruktur. Sehr verspätet war 1795-1803 der eigentlich in die Manufakturzeit passende Wr. Neustädter Kanal angelegt worden. Er war zwar schon in den 1830er Jahren durch den Bau der ersten Eisenbahnen überholt, sollte sich aber doch noch als nützlich erweisen, weil in seinem trockengelegten Bett die Verbindungsbahn zwischen Nord- und Südbahnhof kostengünstig durch das Stadtgebiet geführt werden konnte. Alle anderen Eisenbahnen enden am Linienwall. Mit der Verbindungsbahn war ein neues Strukturelement in den Stadtkörper eingefügt worden. Während die Hauptbahnen wie die Fernstraßen radial auf das Stadtgebiet zulaufen und das Sternmuster zusätzlich fixieren, führt die Verbindungsbahn tangential in einer langgezogenen S-Kurve am damals dicht verbauten Gebiet vorbei. Da mit der neuen Mobilität durch die Eisenbahn auch eine umwälzende Veränderung der Produktionsorganisation in enger Wechselwirkung stand, gingen die räumlichen Strukturveränderungen weit über den engeren Bereich der Eisenbahn hinaus. Entsprechend der Erkenntnis von der produktivitätssteigernden Wirkung der Arbeitsteilung wurde nun der zeitliche und räumliche Lebenszusammenhang des Individuums zerteilt und in der Form neu zusammengesetzt, dass nun viele Individuen für die gleiche Tätigkeit zur gleichen Zeit am gleichen Ort zusammengefasst wurden. Dies erforderte u. a. die Entwicklung neuer Gebäudetypen. Zu den schon bekannten funktionalen Typen, wie Rathaus, Kirche, Schule, Spital, Kaserne und Gefängnis kamen nun die Fabrik, das reine Wohnhaus, der Bahnhof, das Warenhaus, das Museum und verschiedene Varianten des Verwaltungsgebäudes, wie etwa die Bank, hinzu. Darüber hinaus hatte der deutsche Planungstheoretiker Reinhard Baumeister schon 1876 festgestellt, dass sich die funktionelle Homogenisierung nicht auf Einzelgebäude beschränkte, sondern die Tendenz hatte, sich auf ganze Stadtviertel auszudehnen. Schon zu dieser Zeit ließen sich die Formierung der City und die Herausbildung von Industriegebieten und reinen Wohnvierteln feststellen.

Hatten sich im Manufakturzeitalter die Gewerbebetriebe hauptsächlich am Schottenfeld und im Wiental niedergelassen, weil sie Wasser als Antriebsenergie und Arbeitsmittel brauchten, so ließen sich nun die modernen Industriebetriebe, allen voran der mit dem Eisenbahnbau groß gewordene Maschinenbau, entlang der Eisenbahnlinien nieder. Dasselbe taten die in den 1840er Jahren errichteten Gaswerke, die zur Erzeugung von Leuchtgas die mit der Bahn antransportierte Kohle benötigten. Dies hatte bei noch fehlenden Massenverkehrsmitteln gravierende Folgen für die Verteilung der Bevölkerung im Stadtgebiet. Hatten bisher die Gewerbetreibenden und Heimarbeiter der Textilindustrie in den Wientalvorstädten und -vororten gelebt, so entwickelten sich nun v. a. Brigittenau und Favoriten, die neuen Bezirke an den Bahnlinien, zu Arbeiterbezirken der modernen Fabrikindustrie.

Die Trennung von Wohnen und Arbeiten brachte nicht nur die Fabrik, sondern auch den Typ des reinen Wohnhauses hervor. In Wien nahm er die Form des sog. Straßentrakters, auf tiefen Grundstücken des Doppeltrakters, in einer bürgerlichen und in der proletarischen Variante als Gangküchenhaus an.

Die bürgerliche Revolution von 1848 fegte schließlich das Feudalsystem hinweg. Wien sollte in kurzer Zeit einen Entwicklungsrückstand aufholen, wofür die eigenen Kräfte nicht ausreichten. So kamen Manager und Ingenieure aus England und Deutschland, jüdische und calvinistische Bankiers aus Deutschland und der Schweiz, Bautechniker aus Italien, Architekten aus Deutschland, der Schweiz und Dänemark. Zusammen mit den jüdischen und griechischen Großhändlern, den niederösterreichischen und böhmisch-mährischen Textilindustriellen und einigen liberal eingestellten hohen Beamten, Universitätsprofessoren, Rechtsanwälten und Journalisten bildeten sie die neue Schicht des liberalen Großbürgertums, das seine Heimat in der Ringstraßenzone fand. Die für Wien ungewöhnlich homogene Baustruktur der Ringstraßenzone ergab sich primär daraus, dass sich das gesamte Bauland im Besitz des Staates befand und daher ausnahmsweise eine einzige Institution die Kontrolle über eine derart große Fläche hatte.

Neben den dringend benötigten Fachkräften aus den entwickelteren Teilen Europas kamen nach der Abschaffung feudaler Bindungen aber auch Massen unqualifizierter Zuwanderer aus Böhmen, Mähren und Galizien auf Arbeitssuche nach Wien. Sie wurden so lange ignoriert, bis ihre Lebensverhältnisse so katastrophal geworden waren, dass auch die wohlhabendere Bevölkerung ihre Gesundheit gefährdet sah. Daraufhin wurde die Kanalisation im zentralen Stadtgebiet verbessert und die erste Hochquellenwasserleitung zur Versorgung der bürgerlichen Bezirke gebaut. Die Frage des Massenwohnens überließ man der Privatbautätigkeit am Stadtrand. Doch zuvor musste nach dem Verschwinden der Grundherrschaft ein neues Entwicklungsmodell gefunden werden. Demnach übernahmen Privatfirmen, deren Organisationsstruktur von der Einzelperson bis zur Aktiengesellschaft reichte, die Developerrolle, die im Ankauf und der Arrondierung von Grundstücken, ihrer Neuaufteilung und im Verkauf der neuen Parzellen an Bauwerber bestand. Die Kontrolle der Gesamtentwicklung und die Herstellung der übergeordneten Infrastruktur wurden der öffentlichen Hand, zumeist den neukonstituierten Gemeinden, übertragen. Diese waren, damit zur Aufstellung von Regulierungs- d. h. Straßennetzplänen verpflichtet, konnten aber nicht bestimmen, wann und ob das Gebiet überhaupt verbaut wurde. Dennoch führte dieses Verfahren zu einer systematischeren Verbindung der einzelnen Stadtentwicklungsgebiete. An die Stelle des Flickenteppichs der Feudalzeit trat der homogene Raster der tendenziell egalitären bürgerlichen Gesellschaft. Jede Hierarchisierung, wie noch im josephinisch-klassizistischen Erschließungstyp sichtbar, war abgeschafft. Grundsätzlich waren alle Baublocks gleichwertig, Plätze und Grünflächen entstanden durch Aussparung ganzer Blocks, deren Kosten meist die öffentliche Hand zu tragen hatte.

Wiens Topografie und die in über tausend Jahren entstandene Stadtform ließen kaum eine andere Entwicklungsvorstellung zu als die des Wachstums in konzentrischen Kreisen. Schon im Wettbewerb um die erste Ringstraße 1857 wurde der Vorschlag gemacht (F. Stäche), Wien mit fünf Ringstraßen zu umgeben (Ringstraße, Lastenstraße, Vorstadtring, Linienwall und Außenring). Im Prinzip wurde dieser Vorschlag befolgt, doch wurde gleichzeitig ein gravierendes strukturelles Entwicklungshindernis sichtbar. V. a. wegen der chronischen österreichischen Kapitalknappheit war es so gut wie unmöglich, strukturelle Veränderungen im bereits verbauten Gebiet durchzusetzen. Größere Infrastrukturprojekte konnten daher nur auf bisher freien Flächen oder auf Flächen realisiert werden, die durch Abbruch großer Gebäudekomplexe (z. B. die sog. „Kasernentransaktionen" ab 1890) freigemacht wurden. Derartige Freimachungen waren aber nicht vorherzusehen, daher konnten diese Flächen nicht in die Planung von Infrastrukturnetzen einbezogen werden. Es war also anzunehmen, dass aus dem Ring durch die dicht verbauten Vorstädte nichts werden würde, doch der Linienwall erfüllte die erstgenannte Bedingung. Um die Mitte des 19. Jahrhunderts war der Linienwall natürlich militärisch genauso obsolet wie die Befestigungsanlagen der Innenstadt, mit denen er einiges gemeinsam hatte, wie etwa eine 190 m breite Bauverbotszone auf Vorortegebiet. Dort wurde auch in den 1860er Jahren die sog. Gürtelstraße in einer Breite von 80 m angelegt, während der Linienwall selbst weiterhin bestehen blieb, da er als leicht kontrollierbare Stadt- und Verzehrungssteuergrenze gegenüber den Vororten gut zu gebrauchen war. In der Boomphase von 1867-1873 waren auch in Wien, ähnlich wie in Berlin, Aktiengesellschaften in großem Umfang in das Stadtentwicklungsgeschäft eingestiegen, das sie durch den Bau von Stadtschnellbahnen zu fördern hofften. In kürzester Zeit lagen über zwanzig Schnellbahnprojekte vor. Realisiert wurde keines, da nach dem Börsenkrach 1873 an eine Privatfinanzierung nicht mehr zu denken war, doch die geschickteren Projektanten, darunter ein Konsortium, an dem Otto Wagner beteiligt war, hatten von vornherein das Liniennetz in die vorhandenen Freiflächen gelegt, v. a. an die Ufer von Wienfluss und Donaukanal und an den Linienwall. Als im Zusammenhang mit der Eingemeindung der Vororte 1890 die aufgestauten Infrastrukturprobleme Wiens in einem Großprojekt, in dem der Staat als Hauptfinanzier die führende Rolle spielte, gelöst werden sollten, wurde die Stadtbahn genau nach dieser billigsten Variante – unter der künstlerischen Oberleitung von Otto Wagner – gebaut. Damit war die Kreis-Ring-Struktur weiter gefestigt. Die gewünschte Erschließungsfunktion hatte allerdings nur die Wientallinie als Radiallinie, wie die rasche Entwicklung Hietzings bald zeigte. Die öffentliche Wahrnehmung des Gürtels als großer Raumfigur kam auch darin zum Ausdruck, dass er zum Ort eines Kirchenbauprogramms zur Rechristianisierung der Arbeiter aus den Vororten gewählt wurde.

Von 1890 bis zum Ersten Weltkrieg erlebte Wien noch einmal einen starken Entwicklungsschub, allerdings wieder mit fremder Hilfe, als die Stadt zum wichtigsten Auslandsstandort der deutschen Elektroindustrie wurde. Bedeutsam war nicht so sehr die Zahl der neugeschaffenen Arbeitsplätze, sondern ihre gesellschaftliche Modernität. Technische Angestellte und Facharbeiter hatten ein nie zuvor gekanntes Qualifikationsniveau, und auch für Frauen gab es erstmals Industriearbeitsplätze in größerer Zahl. Die wachsende Schicht der Angestellten, die aus dem Dienstleistungssektor ergänzt wurde, wo Wien ohnedies die Spitzenstellung in der Monarchie innehatte, hoben das Konsumniveau und förderten damit die Ausbreitung neuer Formen der Handelsorganisation, wie sie z. B. das Warenhaus darstellte.

Auch die Citybildung beschleunigte sich und beschränkte sich nicht mehr auf Abbruch und Neubau einzelner Gebäude, sondern erfasste im Umkreis von St. Stephan ganze Baublocks unter teilweiser Veränderung des Straßennetzes. Gegenüber dem Hauptportal des Stephansdoms entstanden zwei neue Warenhäuser, einige weitere in der Kärntner- und Rotenturmstra-

ße. Die größten Warenhäuser entstanden allerdings nicht im Stadtzentrum, sondern in der Mariahilfer Straße, der Haupteinkaufsstraße.
Als neue Erschließungsform für den Umbau kleinerer Flächen im dicht verbauten Stadtgebiet entstand der Straßenhof (Brahmsplatz, Altplatz etc.), der Repräsentativität bei optimaler Grundausnutzung durch existierende Wohnhaustypen bot. Im Stadterweiterungsgebiet wurden wieder größere Projekte von finanzkräftigen Developern geplant, wie etwa ein Industrie- und Wohngebiet am Ort der heutigen Großfeldsiedlung durch ein Bankenkonsortium.

Sieht man von einigen wenigen Wohnungsreformprojekten ab, die auf die Formen der barocken und klassizistischen Stiftshöfe zurückgriffen, wurden keine neuen menschenfreundlicheren aber weniger rentablen Wohnhaustypen entwickelt, da buchstäblich das Staatsbudget von der Hauszinssteuer, letztlich also von der Rentabilität der Wiener Miethäuser, abhing. Dies ist weniger ein Zeichen der Rückständigkeit Wiens als der übrigen Landesteile, deren wirtschaftlicher Entwicklungsstand keine andere Steuerbasis bot.

Um 1910 hatte Wien zwar Entwicklungsrückstände gegenüber den westlichen Metropolen, war aber die bei weitem modernste Stadt der Monarchie. Die Infrastrukturplanung war auf eine 4 Millionen-Metropole ausgerichtet, der Bau eines U-Bahnnetzes stand unmittelbar bevor, und zum selben Zeitpunkt stellte Otto Wagner sein Wachstumsmodell für die „unbegrenzte Großstadt" vor, bestehend aus einem erweiterbaren Netz von weitgehend autonomen Stadtteilen. Den 1905 geschaffenen Wald- und Wiesengürtel, die letzte große ringförmige Raumfigur, lehnte er als Wachstumshemmnis konsequent ab.

Der Ausgang des Ersten Weltkriegs brachte wohl für keine andere Großstadt einschneidendere Veränderungen als für Wien. Die Wirtschaftsbeziehungen waren zerstört, die Residenzfunktion dahin, die alten Eliten mit Ausnahme der Bürokratie entmachtet und die Hauptstadt des neuen Kleinstaats nach Einführung des allgemeinen Wahlrechts unter sozialdemokratischer Verwaltung. Dies alles vor dem Hintergrund weltweiter wirtschaftlicher Umstrukturierungen und der heraufziehenden Weltwirtschaftskrise. Auf diese hoffnungslos scheinende Situation antwortete die Sozialdemokratie mit einem Reformprojekt, das durch schrittweise Vergesellschaftung aller Lebensbereiche das als gescheitert betrachtete kapitalistische Modell ablösen sollte. Da die Kontrolle über den Produktionssektor trotz dessen Schwäche nicht zu erreichen war, versuchte man die Umsetzung im kulturellen, im sozialen und im Wohnbereich. Aus allgemeinen und aus Luxus-Steuermitteln finanzierte das zum Bundesland avancierte Rote Wien sein Wohnbauprogramm, das im Grunde genommen ein neues Stadtentwicklungsmodell darstellte. Die Gartenstadt, die in ihren kontinental-europäischen Varianten ohnedies nur auf funktionelle und soziale Segregation hinauslief, wurde abgelehnt. Wegen der erforderlichen neuen Infrastruktur wäre sie zu teuer gewesen. Auch die private und genossenschaftliche Siedlerbewegung wurde nur halbherzig unterstützt.

Stattdessen fiel die Entscheidung zugunsten des Hochbaus im bewährten Baublockraster. Dies ermöglichte nicht nur die optimale Ausnutzung der vorhandenen Infrastruktur, sondern sowohl Baulückenverbauung als auch baublockübergreifende Superblocks. Die „Neue Stadt" wuchs in der Struktur der alten, in ihren Lücken, an ihren Rändern, aber mit neuer Binnenstruktur, die den Bewohnern jenseits ihrer Kleinwohnungen eine kollektive Lebensführung in den Gemeinschafts-Bädern, Waschküchen, Kindergärten, Grünflächen, Läden (Konsum), Spiel-, Sport-, Gesundheits- und Bildungseinrichtungen ermöglichte. Das „Neue Wien" lässt sich als subversive Spiegelung des Wagnerschen Modells interpretieren, nach dem sich die Neue Stadt in Überlagerung der alten als Netz autonomer, die neue Gesellschaft repräsentierender Zellen bildet.

In der Zwischenkriegszeit war die österreichische Gesellschaft tief in ein konservatives und ein sozialdemokratisches Lager gespalten. Das gesellschaftspolitische Experiment des Roten Wien hatte die Spaltung weiter vorangetrieben. 1934 beendete das konservative Lager das Experiment mit Gewalt. Im autoritären Ständestaat wurde das Wohnbauprogramm sofort aufgegeben. Die Stadtentwicklungstätigkeit beschränkte sich auf Investitionen in technische Infrastruktur als Arbeitsbeschaffungsmaßnahme (Höhenstraße, Reichsbrücke), auf minimale Sanierungsmaßnahmen im Stadtzentrum (Durchbruch Operngasse), auf den Bau von einigen Familienasylen mit minimalem Wohnstandard, auf die Förderung von Nebenerwerbssiedlungen für Arbeitslose und auf die Unterstützung des Einfamilienhausbaus am Stadtrand. Nachdem 1938 die Nationalsozialisten die Macht übernommen hatten, machten sie große Pläne für Wien, die aber allesamt Papier blieben. 80.000 Wohnungen wurden „arisiert", ebenso viele gegen Ende des Zweiten Weltkriegs zerstört, der als leider unzerstörbare Zeichen in Wien sechs monströse Flaktürme hinterließ.

Nach dem Zweiten Weltkrieg und der Wiederherstellung demokratischer Verhältnisse stand Wien auch wieder unter sozialdemokratischer Verwaltung. Doch die Gesellschaft hatte sich verändert, die direkte Fortsetzung des Entwicklungsmodells aus der Zwischenkriegszeit war nicht mehr möglich. Weltweit setzte sich in den fortgeschrittenen Industrieländern das sog. „fordistische" Modell durch, das auf Massenproduktion und meist staatlich abgesichertem Massenkonsum beruhte. Seine räumliche Entsprechung fand es in der „gegliederten und aufgelockerten Stadt" (R. Rainer), d. h. dem funktionalistischen Stadtmodell, das für eine

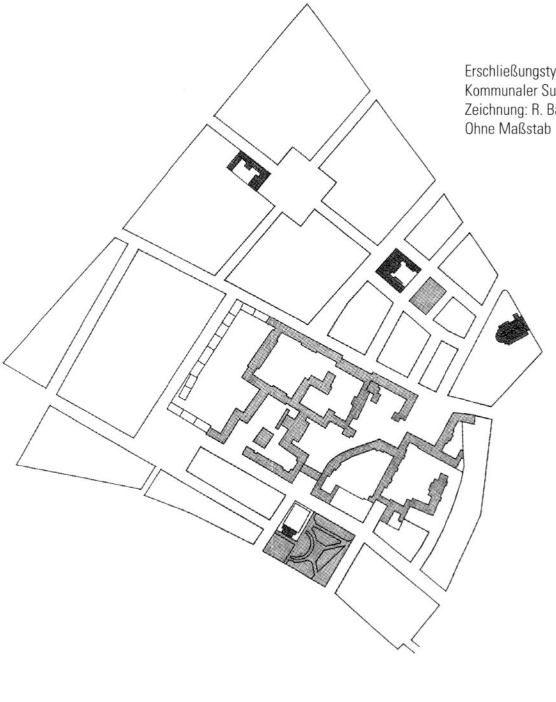

Erschließungstyp erste Hälfte des 20. Jahrhunderts
Kommunaler Superblock (Rabenhof)
Zeichnung: R. Banik-Schweitzer
Ohne Maßstab

breite neue Mittelschicht die Stadt in verschiedene Funktionsbereiche aufteilte, die durch Individualverkehr miteinander in Verbindung standen. Kleinräumige Funktionsmischung widersprach diesem Modell, das daher auch auf die traditionelle Erschließung durch Baublock und Korridorstraße verzichtete. Die neue Erschließungsform für Wohngebiete war die offene Zeilenbauweise in monofunktionalen Großanlagen. Auch in anderen Funktionsbereichen trat die Großform an die Stelle des Einzelgebäudes: an die Stelle der Fabrik das Industriegebiet, statt des Warenhauses das Shopping Center, anstatt verstreuten Erholungs- und Sporteinrichtungen der Freizeit- bzw. Themenpark.

Um die Grunderwerbskosten möglichst niedrig zu halten, entstanden die neuen funktionellen Großeinheiten weit außerhalb des verbauten Gebiets am Stadtrand (Industriegebiete Auhof, Strebersdorf, Liesing; Großwohnanlagen Großfeldsiedlung, Trabrenngründe, Alt-Erlaa, Am Schöpfwerk, Wienerflur u. a.: Einkaufszentren Donauzentrum und Shopping City Süd, das größte Einkaufszentrum Europas, schon außerhalb der Stadtgrenze; Freizeitparks Donaupark, Oberlaa, Donauinsel, Wienerberg, Laaerberg).

Ihre Verbindung untereinander und mit dem Stadtzentrum erforderte einen forcierten Ausbau der Verkehrsinfrastruktur, wobei der Straßenbau Vorrang erhielt. Nach und nach entstand ein Stadtautobahnnetz, das teilweise schon vorhandene Straßen mit einbezog (Gürtel) und neue Teilstücke möglichst in Freiflächen legte (Donauuferautobahn). Zum Hauptstrang des Netzes wurde die sog. Südosttangente, deren Name Trassenführung und Funktion genau bezeichnet. Als meistfrequentierte Straße Österreichs hat sie die Aufgabe, das linksufrige Stadterweiterungsgebiet mit dem zentralen Stadtgebiet am rechten Donauufer zu verbinden. Ebenfalls tangential verläuft die Stammstrecke der Schnellbahn, weil man die vorhandenen, wegen des Eisernen Vorhangs brachliegenden Gleise von Nord-, Verbindungs- und Südbahn nutzen konnte. Im Nachziehverfahren erhielt Wien auch das bereits 1914 baureife U-Bahnnetz. Es bedient v. a. das dicht verbaute Stadtgebiet und in erster Linie das Stadtzentrum.

Im dicht verbauten Stadtgebiet verliefen die Veränderungsprozesse unauffälliger und eher nach bekanntem Muster. Die Kriegszerstörungen waren nicht flächenhaft, sondern eher punktuell. Ein Wiederaufbau im Rahmen des Blockrasterschemas unter Weiternutzung der vorhandenen Infrastruktur lag daher nahe. Nach dem gleichen Muster des stückweisen Umbaus verliefen die auf den Wiederaufbau folgenden Erneuerungsprozesse. Flächensanierung war wegen des andauernden Kapitalmangels kein Thema. Die Großwohnanlagen am Stadtrand waren vorwiegend für Aufsteiger in den neuen Mittelstand bestimmt und entwickelten sich daher nicht zu sozialen Problemgebieten wie manche Trabantensiedlungen in westeuropäischen Großstädten. Die Neubauten im dicht verbauten Stadtgebiet waren überwiegend Wohnhäuser für Besserverdienende in zentrumsnahen Bezirken und in bürgerlichen Außenbezirken. Diese Bezirke konnten ihren sozialen Standard halten oder sogar verbessern, während die gründerzeitlichen Arbeiterquartiere außerhalb des Gürtels durch Unterlassung von Erneuerungsmaßnahmen nach und nach zu Auffangbecken sozial Deklassierter wurden. Da bis in die 1980er Jahre der gesamte Wohnbau in der Hand von Bauträgern lag, die nur Wohnungen bauen durften, lässt die Praxis der punktuellen Stadterneuerung städtebauliche Gestaltungsqualitäten weitgehend vermissen.

Die in den letzten beiden Jahrzehnten des 20. Jahrhunderts einsetzende und sich verstärkende Globalisierung und Flexibilisierung der Wirtschaft veränderte erneut tiefgreifend die Produktions- und Funktionsbedingungen der Städte. Wien war nun nicht mehr, wie die Stadtwerbung meinte, „anders" als vergleichbare europäische Großstädte, sondern voll betroffen und reagierte auch ähnlich wie diese.

In der neuen Ordnung wurde nicht nur die Produktion globalisiert, sondern, nach verspäteter Kapitalisierung, auch Zirkulation und Kommunikation. Die vom Fordismus mithilfe des Wohlfahrtsstaats über Massenproduktion und Massenkonsum geschaffene breite Mittelschicht dünnte aus, die Gesellschaft driftete auseinander in eine wachsende Unterschicht, eine schmale Mittelschicht und eine kleine, aber zunehmend reichere Oberschicht.

Im Produktionssektor wurden immer mehr gut bezahlte, sichere Vollzeitarbeitsplätze in Niedriglohnländer ausgelagert und im Konsumsektor verstärkte sich der Konzentrationsprozess, um den ohne Rationalisierungsmaßnahmen zu erwartenden Preisanstieg zu dämpfen. Aus demselben Grund wurden Serviceleistungen verringert und auf den Kunden als Eigenleistungen überwälzt. Mit der Globalisierung verlor auch der Wohlfahrtsstaat an Einflussmöglichkeiten, bisher von der öffentlichen Hand erbrachte Leistungen wurden zunehmend privatisiert.

Dieser generelle Wandel veränderte auch das bis dahin gültige fordistische Stadtentwicklungsmodell. Großräumige funktionelle Differenzierung war nicht mehr erforderlich, da ausgedehnte Produktionsflächen in den fortgeschrittenen Städten nicht mehr nachgefragt wurden. Die neuen städtischen Arbeitsplätze hatten geringere Flächenansprüche und waren weniger umweltgefährdend. Wohnen und Arbeiten blieben zwar räumlich getrennt, konnten aber wieder näher zusammenrücken, wodurch sich auch bei geschickter räumlicher Zuordnung der tägliche Berufsverkehr reduzieren ließ.

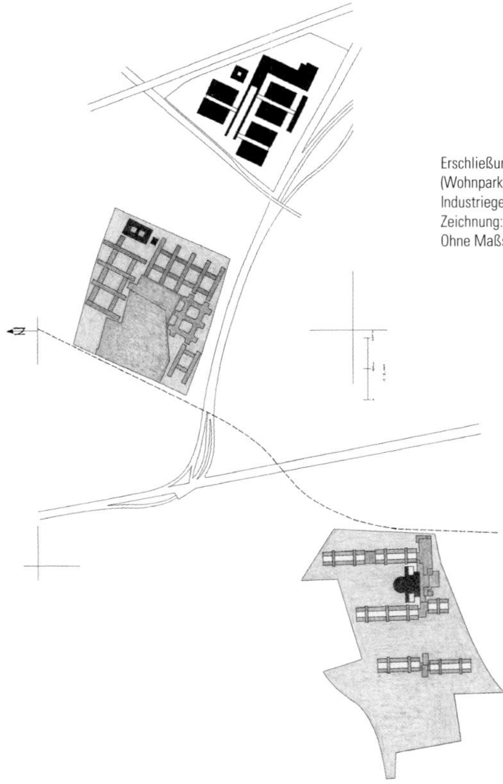

Erschließungstyp zweite Hälfte des 20. Jahrhunderts (Wohnpark Alt-Erlaa, Wohnhausanlage Am Schöpfwerk, Industriegebiet)
Zeichnung: R. Banik-Schweitzer
Ohne Maßstab

Im Wohnbau wurden die großen monofunktionalen Wohnsiedlungen mit zusätzlichen Gemeinschaftseinrichtungen ersetzt, durch kleinere Einheiten mit größeren Wohnungen und individuell nutzbaren Zusatzeinrichtungen wie kleinen Gärten, Loggien oder Terrassen. In dieser Entwicklung zeigte sich klar der generelle Trend zur Individualisierung. Um den individuellen höheren Wohnkomfort leistbar zu machen, versucht man Kostenreduktionen v. a. durch energiesparende Bauweisen zu erreichen.

Das derzeit forcierte bauliche Modell für die Befriedigung der weiteren städtischen Funktionen ist in Wien wie in anderen größeren Städten die sog. multifunktionale Megastruktur. Sie besteht meist aus einem Gebäudeverbund von Einkaufszentrum, Freizeitzentrum (Unterhaltung, Gastronomie, Gesundheit/Sport), Bürohochhaus, Parkgaragen und evtl. Wohnungen (falls die Gebäude nicht anders zu füllen sind) an einem Knotenpunkt des öffentlichen Nah- und evtl. auch Fernverkehrs. Diese Kombination, die sich in Wien mit gewissen Varianten bereits mehrfach findet (Millennium-City, Gasometer-City, Lugner-City) soll nicht nur in Wien weiterhin gebaut werden (Zentralbahnhof, Wien-Mitte, Rothneusiedel), sondern gilt auch, da sie optimale Renditen verspricht, als Exportschlager der österreichischen Bauwirtschaft in den neuen EU-Ländern.

Das Modell hat unter den gegebenen wirtschaftlichen und sozialen Verhältnissen zweifellos seine Vorzüge. Durch seine Lage an Knotenpunkten des öffentlichen Verkehrs ermöglicht es den raschen Transport von großen Menschenmengen, erhöht dadurch und durch die Nutzungsmischung in der Megastruktur die Besucherfrequenz und verringert tendenziell den PKW-Verkehr. Nutzungsmischung und Gebäudestruktur sorgen außerdem dafür, dass die meisten Besucher Kunden sind, was Umsatz und Rendite optimiert. Allerdings gibt es dafür keine Garantie auf Dauer, da die Verwertungszeiträume der einzelnen Nutzungen durchaus verschieden sind und eine obsolete Nutzung alle anderen in Mitleidenschaft ziehen kann. Außerdem sind Umbauten in derart komplexen Gebäudestrukturen meist schwierig und daher teuer.

Städtebauliche Nachteile liegen u. a. darin, dass die umliegenden Wohngebiete veröden, weil die kleinen Nahversorger in der Nachbarschaft der geballten Marktmacht der Megastruktur nicht standhalten können. In der Megastruktur werden auch immer mehr Lebensbereiche kommerzialisiert wie etwa der Freizeitbereich, dessen Einrichtungen dort nur gegen Entgelt nutzbar sind.

Große Raumfiguren, d. h. Orte mit gesamtstädtisch spezifischer Identität, werden durch Megastrukturen nur selten gebildet. Meist liegen sie als einander sehr ähnlich sehende Inseln im Stadtgebiet verstreut. Sie wirken v. a. dann so, wenn das standortbildende Verkehrsnetz wie im Fall der U-Bahn unterirdisch ist.

Generell führt das postfordistische Stadtentwicklungsmodell zu einer Reduktion des öffentlichen Raumes und zur Einschränkung der Kommunikationsfreiheit. Die überwachten halböffentlichen Räume von Einkaufs- und Freizeitzentren vermitteln Verkäufern und Kunden zwar Sicherheit, unterbinden aber auch die freie Kommunikation freier Bürger. Wie ein prominenter Sozialwissenschaftler kürzlich bemerkte „kommt man heute zwar überall hin aber nirgends mehr hinein". Eine nur aus „gated communities" bestehende Stadt wäre im demokratischen Sinn keine Stadt mehr. Der öffentlichen Hand sind nicht viele Mittel zur Steuerung der Stadtentwicklung verblieben, eines wäre aber die attraktive Gestaltung des öffentlichen Raumes und die Schaffung identitätsstiftender großer Raumfiguren.

Modell der multifunktionalen Megastruktur: Millennium-City.
Zeichnung: nach R. Banik-Schweitzer
Ohne Maßstab

August Sarnitz

Work in Progress – die neuen Projekte

Wien ist eine lebendige Metropole im neuen Europa geworden: Keine europäische Stadt hat in den letzten zwanzig Jahren eine größere Veränderung erlebt. Wien hat wirtschaftlich und politisch seine Rahmenbedingungen radikal verändern können. Im „Herzen" von CENTROPE (interregionales Kooperationsprojekt) beginnt das Projekt „Metropole Wien" neu zu starten.

Als Carl E. Schorskes Buch „Fin-de-Siècle Vienna: Politics and Culture" 1980 publiziert wurde, war die Situation in Mitteleuropa vollständig konträr zu den Tatsachen, die das Buch für die Zeit um 1900 schildert: Die mitteleuropäische Kulturlandschaft war in Teile zerrissen, die durch unterschiedliche politische und kulturelle Wertesysteme definiert waren. Wien lag in unmittelbarer Nähe zum Eisernen Vorhang, am Rande der westlichen Staatengemeinschaft. Neun Jahre später, 1989, mit dem Fall des Eisernen Vorhangs, änderte sich die Situation radikal.

Heute, etwas mehr als hundert Jahre nach dem Fin de Siècle und am Début du Millénaire definieren sich erneut Netzwerke und Strukturen, welche Wien in die übergeordnete mitteleuropäische Situation einbinden. Parallel zu den virtuellen Networks verändern auch die realen Netzwerke wie Straßenverbindungen, Bahntrassen und Flugverbindungen die geopolitische Lage Wiens zunehmend. Mit Straßennamen wie Prager Straße, Wagramer Straße, Triester Straße und Linzer Straße waren seit Jahrhunderten die Verbindungen in die vier Himmelsrichtungen definiert, die gegenwärtig wieder an Bedeutung zurückgewinnen.

Metaphorischen Stadttoren gleich werden und wurden in den letzten Jahren an den Einfahrtsstraßen zu Wien Hochhauszentren errichtet, welche als weithin sichtbare Zeichen der neuen Prosperität interpretiert werden können. Fast zeitgleich mit dem neuen Jahrtausend verstärkt sich das polyzentrale Angebot: Der Stephansdom (s. 1.-1) als symbolische Mitte der Stadt wird umgeben von höheren und hohen Hochhäusern, welche auch beim Anflug auf Wien die radikale Veränderung sichtbar machen.

In den letzten zwei Dezennien respektive dem letzten Dezennium hat sich das physische Bild der Stadt stärker verändert als in den achtzig Jahren seit der Jahrhundertwende. Neben der Hochhausdiskussion hat auch eine große Veränderung in der Dichte stattgefunden. Sowohl durch die Stadterneuerung als auch durch die Stadterweiterung ist dieser Wandel im städtischen Gefüge sichtbar geworden. Die großen, durchgrünten Wohnsiedlungen stehen im krassen Kontrast zu den dichten Gründerzeitvierteln, welche ihrerseits durch die besser differenzierte Infrastruktur eine Kompensation zur hohen Dichte anbieten.

Der Stadtentwicklungsplan (STEP) aus dem Jahr 2005 definiert die Grundlagen und Ziele für die nächsten zehn Jahre bis 2015. Neben den regionalen Leitbildern in Zusammenhang mit der Stadt Bratislava und dem Umland gibt es dreizehn Zielgebiete der Stadtentwicklung, die als Herausforderungen und Entwicklungspotenziale bezeichnet werden. Zu den Grundsätzen und Prinzipien gehören die Lebensqualität, das Prinzip der Nachhaltigkeit, die Partizipation und demokratische Abstimmung, das Gender Mainstreaming und die Diversität.

Die dreizehn Zielgebiete sind weitgehend ident mit den großen Projekten: (1) Die City, (2) Bahnhof Wien-Europa Mitte/Erdberger Mais, (3) U-2 Donaustadt/Flugfeld Aspern, (4) Floridsdorf/Achse Brünner Straße, (5) Siemens-Allissen, (6) Donaufeld, (7) Waterfront, (8) Rothneusiedl, (9) Wiental, (10) Westgürtel, (11) Donaukanal, (12) Prater-Messe-Krieau-Stadion sowie (13) Wien-Liesing.

Pars pro toto zeigen einige der großen Projekte die Dynamik und Veränderung von Wien. Mögliche Hintergründe und Motive der Stadtentwicklung seit 1989 zeigt Reinhard Seiss in seiner Publikation „Wer baut Wien?" (Sbg., 2007), begleitet von einem Vorwort von Friedrich Achleitner und einem Nachwort von Christian Kühn.

Work in Progress – **die City**

Die Innenstadt von Wien wurde im Jahr 2001 in die Weltkulturliste der UNESCO aufgenommen: Gleichzeitig ist die City kulturelles und administrativ-politisches Zentrum Österreichs. Obwohl nur 1,1 % der Gesamtbevölkerung in der City leben, gibt es dort 20 % aller Arbeitsplätze. Die Innenstadt reflektiert einen permanenten „Umbauprozess", obwohl die Anzahl der Neubauten in den letzten Jahren sehr gering war. Neue Lokale, Geschäfte und Galerien zitieren den „Zeitgeist", Dachaufbauten (Penthäuser) zeigen das mondäne Wien. In der Kärntner Straße entsteht demnächst von David Chipperfield ein Flagship-Store (s. 1.-118), der berühmte Kohlmarkt ist zu einer Luxus-Einkaufsmeile mutiert. Direkt angrenzend an die City entstehen der Büro-Hotel-Geschäfts-Komplex (s. 2.-2) von Jean Nouvel und das Urban-Renewal Projekt Wien-Mitte (s. 3.-3).

Work in Progress – **die Bahnhöfe** (Praterstern [s. 2.-16], **Wien-West** [s. 15.-1], **Wien Europa Mitte** [s. 3.-3])

Im 19. Jahrhundert verankerten sich die Kopfbahnhöfe im urbanen Teppich der Stadt und verkamen in der zweiten Hälfte des 20. Jahrhunderts zu „Un-Plätzen" mit fragwürdigen Qualitäten. Die Renaissance der Bahn führt auch zu einer neuen baulichen „Bahnhofsoffensive", wobei in Wien drei Bereiche neu gestaltet werden beziehungsweise fertig gestellt wurden: Der Bahnhof am Praterstern wird 2008 rechtzeitig als Zubringer für das große Fußballstadion (Praterstadion/Ernst-Happel-Stadion [s. 2.-29], Fußball-Europameisterschaften 2008) fertig und der Westbahnhof (Wien-West) komplett umgestaltet, nur die alte Bahnhofshalle aus den 50er Jahren bleibt erhalten. Das ambitionierteste Projekt ist aber der neue Durchgangsbahnhof Wien Europa Mitte, der die Stadt mit drei transeuropäischen Eisenbahnrouten verbinden wird. TEN 17: Paris-Stuttgart-Wien-Bratislava, TEN 22: Athen-Sofia-Budapest-Wien-Prag-Dresden und TEN 23: Danzing-Warschau-Brünn-Wien-Venedig.

Work in Progress – **die Donau-City** (s. 22.-1ff.)

Mit der Öffnung der Grenzen zu den ehemaligen „Ost-Staaten" wurde in Wien eine „Neue Gründerzeit" proklamiert: Bevölkerungswachstum, Konjunkturaufschwung und eine neue Vermittlerrolle Wiens zwischen Ost und West. Die Donau City als bipolares, zweites Zentrum sollte der Stadt neue Impulse bringen. Eine erste Idee geht auf das Jahr 1985 zurück, als man über eine gemeinsame Weltausstellung 1995 (zusammen mit Budapest) diskutierte. Im Rahmen einer Volksabstimmung 1991 wurde die Weltausstellung Wien-Budapest von der Bevölkerung abgelehnt. Innerhalb eines Jahres wurde für die Donau City ein neuer Masterplan von Adolf Krischanitz und Heinz Neumann ausgearbeitet, mit „einem dreidimensionalen öffentlichen Raum und zwei Erdgeschosszonen übereinander" (Krischanitz). Das Areal war rasterförmig in quadratische Parzellen mit 32 m Seitenlänge aufgeteilt, als modulartiges städtebauliches System. Im Zuge der Realisierung wurde von diesem komplexen System Abstand genommen. Heute gibt es eine wenig attraktive Erdgeschosszone mit unterirdischen Garagen. Die einzelnen Bauwerke und Hochhäuser reflektieren unterschiedliche architektonische Qualitäten, als neues Landmark gelten die beiden Hochhäuser von Dominique Perrault mit 160 m bzw. 220 m Gebäudehöhe (geplante Fertigstellung 2010). Unter anderem entstanden Bauwerke von Wilhelm Holzbauer, Hans Hollein, Margarethe Cufer und Partner, Delugan-Meissl Architects, Michael Loudon, Heinz Neumann + Partner und Heinz Tesar. Gemeinsam mit der Bebauung und Entwicklung der Wagramer Straße (COOP HIMMELB(L)AU, Gustav Peichl, Rudolf F. Weber, NFOG) und dem Wohnpark Neue Donau (Harry Seidler & Associates) wurde hier in den letzten zwanzig Jahren eine städtebauliche Grünlandsituation komplett urbanisiert.

Work in Progress – **Prater – Messe – Krieau – Stadion**

Mit der „Messe Wien Neu" (s. 2.-22) ging im Jahr 2004 ein über 100.000 m² großer Ausstellungsbereich in Betrieb, der von einem internationalen Betreiber organisiert und verwaltet wird. Im Windschatten dieses Standortmagnetes und in relativer Nähe zur Wiener City (4 km Umkreis), wurden hier mit dem Messecarree Nord (s. 2.-26) und dem angrenzenden Stadtviertel „VIERTEL ZWEI" (s. 2.-27) wesentliche Impulse zur Entwicklung des Gebietes gesetzt. Die günstige Lage zu den Erholungsgebieten und die gute Verkehrsanbindung mit öffentlichem Nahverkehr lassen diesen Bereich des 2. Bezirkes besonders entwicklungsfähig erscheinen. Vorhandene Symbole wie das „Riesenrad" (s. 2.-17) sind identitätsstiftende Elemente.

Work in Progress – **Flugfeld Aspern** (s. 22.-59)

Nach dem städtebaulichen Gesamtkonzept von Tovatt Architects & Planners (u. a.) wird in den nächsten Jahren das ehemalige Flugfeld Aspern entwickelt. Es handelt sich hierbei um ein ca. 240 ha großes Gebiet, wo zukünftig 110 ha Nettobauland und rund 70 ha Grünland ausgewiesen werden soll. Im Stationsumfeld der U2 soll ein dicht bebauter, urbaner Stadtteil entstehen, mit ca. 6.500 bis 8.500 Wohnungen und ca. 16.000 bis 25.000 Arbeitsplätzen. Dadurch wird nicht nur der Bedarf eines Bezirkzentrums abgedeckt, sondern auch ein regional orientiertes Zentrum realisiert. Die gute Verkehrslage begünstigt diese Entwicklung innerhalb der CENTROPE-Region (interregionales Kooperationsprojekt).

Matthias Boeckl

Die Stadt als Bühne
Kunst und Entertainment im Stadtleben

Wien versteht sich als Kulturstadt. Doch was ist „Kultur" und welchen architektonischen Interpretationen wird ihr Begriff in dieser Metropole unterzogen? Vom festgefügten Kunsttempel der Gründerzeit bis zu den temporären und mobilen Kunstinterventionen der Gegenwart zeigt sich hier eine im europäischen Kontext wohl singuläre Intensität des urbanen Selbstverständnisses als Lebensraum breitester kultureller Vielfalt unter kräftiger öffentlicher Förderung. Die meisten großen Institutionen – von der Staatsoper bis zum Technischen Museum, vom Volksbildungshaus „Urania" bis zur Volksoper – wurden noch unter der Monarchie gebaut. Die Zeit zwischen dem Ende des Ersten Weltkrieges und der Gegenwart ist vom langsamen „Hineinwachsen" des republikanischen Kulturbetriebs in die ererbten imperialen Dimensionen sowie von einer grundlegenden Änderung des Kulturbegriffs im Stadtleben geprägt. Die für die Hauptstadt eines 60-Millionen-Reichs ausgelegte kulturelle Infrastruktur wurde jahrzehntelang mehr oder weniger unverändert weitergenutzt. Dazu zählen vor allem die insbesondere im 19. Jahrhundert errichteten Musik-, Theater- und Museumsbauten an der Ringstraße und in deren unmittelbarer Nähe (Kunst- und Naturhistorisches Museum, Staatsoper, Burgtheater, Konzerthaus, Musikverein, Museum für angewandte Kunst, Volkstheater, Theater an der Wien, Theater in der Josefstadt u. v. a.). Nach einer weitgehenden Stagnation des Kulturbaus in der Zwischenkriegszeit setzte eine neue Phase der staatspolitisch bedeutsamen „Kulturnation"-Idee mit dem Wiederaufbau der zerbombten Staatsoper (1945-55) und dem Burgtheater ein. Mit der Errichtung des Historischen Museums 1954-59 am Karlsplatz (heute: Wien-Museum) bewies bald auch die Stadt Wien ihren Glauben an eine kunstorientierte Stadtkultur. 1962 zog der Bund mit der Eröffnung des zum „Museum des 20. Jahrhunderts" umgebauten Österreich-Pavillons der Brüsseler Weltausstellung 1958 von Karl Schwanzer nach.

Auf diese ersten optimistischen Nachkriegs-Projekte folgten jedoch zwanzig Jahre Routine des Kulturbetriebs und Stagnation seiner baulichen Hardware, was im Wesentlichen vom politisch-gesellschaftlichen Konsolidierungsprozess von Republik und Stadt sowie dem konsequenten Wohlstandsaufbau in dem vom Eisernen Vorhang umschlossenen toten Winkel Europas herrührte. Erst in den gesättigten 1980er und 1990er Jahren entstanden wieder neue Kunstinstitutionen, deren markt- und entertainmentorientierte Strategien den heutigen Kunstbetrieb prägen. Anders als in der weltweit führenden Musikszene, deren Bauten von Anfang an großzügig angelegt waren und anders als im Theaterbereich, dessen „freie", nichtinstitutionelle Szene ihre Spielstätten in adaptierten Altbauten (etwa in dem ehemaligen „Serapionstheater", heute „Odeon", in der alten Getreidebörse oder im „Jugendstiltheater" in Otto Wagners Krankenhaus am Steinhof) fand, lieferte der Museumsbereich den architektonisch sichtbarsten Ausbau.

Museums- und Ausstellungsbauten 1975 bis 1990

Die Museumslandschaft begann sich seit den 1970er Jahren kontinuierlich zu modernisieren. 1979 wurde die große Pop-Art-Sammlung des deutschen Industriellen Peter Ludwig nach Wien geholt und dafür das Gartenpalais Liechtenstein – das heute wieder zu seiner alten Funktion als Heim der legendären Kunstsammlung der Fürsten Liechtenstein zurückgefunden hat – von der Republik angemietet. Dieses (nach dem heute vom Belvedere genutzten „Zwanzgerhaus" im Schweizergarten) bereits zweite Provisorium des (internationalen) modernen Museums führte gemeinsam mit den Raumproblemen vor allem des Kunsthistorischen Museums zur Idee der Adaptierung der ehemaligen Hofstallungen in unmittelbarer Nähe von Kunst- und Naturhistorischem Museum für Ausstellungsflächen der genannten Institutionen. Nach zwanzig Jahren heftiger Debatten, mehreren Umplanungen und Umprogrammierungen wurde daraus das von Ortner + Ortner mit Manfred Wehdorn entworfene heutige MuseumsQuartier mit seiner Kombination ungenutzter alter und neu errichteter Bauteile in einem grundsätzlich zukunftsweisenden, in Bezug auf die städtebauliche Vernetzung jedoch stark verbesserungsfähigen Funktionscocktail aus Museen, Büros, Ausstellungsflächen, Wohnungen, Tanzeinrichtungen, Veranstaltungshallen und Gastronomie.

In den 1980er Jahren entstanden einige neue Kunstinstitutionen, die vor allem von Finanzinstitutionen gegründet wurden. Bereits 1974 hatte die Bank für Arbeit und Wirtschaft ihre BAWAG Foundation gegründet und betrieb seit den 1980er Jahren in der Innenstadt Ausstellungsräume für zeitgenössische Kunst, die 1997 im Tuchlaubenhof noch eine Erweiterung und Verbesserung erfuhren. Seit 1987 führte die damalige Länderbank nach dem Vorbild der 1983 gegründeten Hypo-Kulturstiftung in München, die seit 1986 international beachtete Kunstausstellungen veranstaltet, ein von Gustav Peichl adaptiertes „Kunstforum" für internationale Moderne-Klassiker (heute: Kunstforum der Bank Austria). Es verdeutlichte durch seine Lage im Stadtzentrum und seine professionelle Kommunikationstechnik schlagartig die Defizite der traditionell und akademisch geführten öffentlichen Museen. 1988 wurde die Kunststiftung der Generali Versicherung gegründet, die zunächst dem Aufbau einer repräsentativen Objektkunstsammlung gewidmet war und seit 1995 in dem von den Architekten Palffy/Jabornegg gestalteten Räumen im Habighof in unmittelbarer Nähe des Kulturbrennpunkts Karlsplatz auch qualitätsvolle, auf der Höhe des internationalen Diskurses konzipierte Ausstellungen veranstaltet.

Von den 1990ern bis heute: Noch mehr Veranstalter ...

Der internationale Kunstboom der 1980er Jahre ging auch an der Stadtverwaltung nicht spurlos vorüber. Mithilfe ihrer als Verein organisierten „Festwochen", die schon seit der Nachkriegszeit jedes Frühjahr diverse Events im Bereich Musik, Theater und bildenden Kunst anbot, trat sie seit der Ausstellung „Die Türken vor Wien" (1983 gestaltet von Hans Hollein) auch als Veranstalter von Großausstellungen auf. Dafür wurde jeweils temporär das Künstlerhaus am Karlsplatz angemietet. 1991 schien die Neuprogrammierung der städtischen Kunst-Events für internationale zeitgenössische Kunst und die Errichtung einer eigenen Kunsthalle angebracht. Sie wurde 1992 als temporärer Bau von Adolf Krischanitz auf einer Verkehrs-Restfläche den übrigen Kunst-Attraktionen des Karlsplatzes hinzugefügt. 2001 übersiedelte die Kunsthalle in das neu errichtete MuseumsQuartier, behielt jedoch mit einem verkleinerten „project space" am Karlsplatz noch einen Fuß in der Tür dieses urbanen Kunstzentrums. Mit dem „Kunsthaus Wien" wurde 1989-91 schließlich etwas abseits von Ringstraße und Karlsplatz, am Donaukanal im Bezirk Landstraße, erstmals in Wien der Typus eines Künstlermuseums verwirklicht, das vom Künstler auch baulich wesentlich mitgestaltet wurde. Seither sind dort sowohl Werke des Maler-Architekten Friedensreich Hundertwasser (1928-2000) als auch wechselnde Ausstellungen zu anderen Kunstthemen zu sehen. Die Stadtverwaltung wiederum etablierte mit dem Jüdischen Museum und dem Museum Judenplatz in der Inneren Stadt in den 1990er Jahren zwei wichtige Institutionen für einen zentralen, vorher jedoch kaum wahrnehmbaren Aspekt der Stadtgeschichte.

Ein Überblick über die Kunst-Hardware Wiens der 1980er und 1990er Jahre wäre aber ohne die Aktivitäten der durch die vielen neuen privaten und halböffentlichen Kunstveranstalter zunächst in Zugzwang gebrachten staatlichen Kunsthäuser unvollständig. Mit dem Kunsthistorischen Museum, dem Naturhistorischen Museum, der Graphischen Sammlung Albertina, dem Völkerkundemuseum und dem Theatermuseum (alle im Umkreis der Hofburg), der Österreichischen Galerie im Schloss Belvedere, dem (ins MuseumsQuartier übersiedelten) Museum moderner Kunst im „Zwanzgerhaus" und Palais Liechtenstein, dem Museum für angewandte Kunst, dem Heeresgeschichtlichen Museum im Arsenal und dem Technischen Museum betrieb die Republik in direkter Verwaltung bis 2001 ein Kunstimperium, das innerhalb Europas nur mit den zweiunddreißig Museen der französischen Réunion des Musées Nationaux, den über zwanzig Häusern der Staatlichen Museen in Berlin sowie den russischen Nationalmuseen vergleichbar war. Mit der Errichtung des MuseumsQuartiers 1986-2001, den Dotationen der „Museumsmilliarden" zur baulichen Sanierung der großteils desolaten und seit 1914 mehr oder weniger unveränderten übrigen Museumsbauten, der Berufung neuer, initiativer Direktoren und schließlich der Ausgliederung dieser Häuser aus der direkten Bundesverwaltung, wurde bis zur Jahrtausendwende der seit achtzig Jahren andauernde langsame Übergang von höfisch-ärarischen Sammlungen zu administrativ unabhängigen Kulturinstitutionen abgeschlossen. Die wichtigsten baulichen „Nachrüstungen" für die neue privatwirtschaftlich organisierte Orientierung der ehemaligen „Bundesmuseen" auf breite Besucherschichten wurden – neben dem MuseumsQuartier – in der Albertina mit Projekten der Architekten Steinmayr/Mascher (Depot-, Büro- und Studiensaalzubau) und Hans Hollein (Zugang mit „Soravia Wing") sowie ab 2007 im Belvedere (Adaptierung der Orangerie durch Susanne Zottl, Umbau des Unteren Belvedere zum Ausstellungszentrum durch Kuehn-Malvezzi, Berlin, Sanierung und Umbau des „20er-Hauses" im Schweizergarten durch Adolf Krischanitz) realisiert.

Eventkultur – die reale Festivalisierung des Kulturbetriebs

Theater, Konzerthäuser und Museen sind jedoch heute bei Weitem nicht mehr die einzigen „Kulturstätten" einer Stadt. In Wien hat sich seit den 1970er Jahren eine äußerst lebhafte Eventkultur etabliert, die im öffentlichen Raum der Stadt sichtbar in Erscheinung tritt. Sie war zweifellos auch eine Folge der internationalen Jugendkultur der 1960er Jahre (Stichwort: Guy Debords „Gesellschaft des Spektakels") und des kulturpolitischen Aufbruchs unter Bundeskanzler Kreisky seit 1971. Vom „Supersommer" 1976, bei dem COOP HIMMELB(L)AU ihre „Wolke" präsentierten, über das „Fest der Pferde" in der Stadthalle bis zum Eislaufen und zum Opernfilmfestival am Rathausplatz wurden und werden mehrere Plätze der Stadt – vor allem im Sommer – für Kunstevents und Performances aller Art genutzt. Und sie bedienen alle Gesellschaftsschichten zwischen Jugend und „Underground", Familien und Senioren. Die Stadt selbst beteiligt sich daran immer wieder als Veranstalter oder ermöglicht private Aktivitäten mit administrativer und finanzieller Unterstützung. Diese Politik hat sich auch als taugliches Werkzeug der Dezentralisierung des Kulturgeschehens und als probates Mittel der Quartierbelebung (Stichwort „Grätzlfest") erwiesen. Die Zuordnung der urbanen Events an Kategorien wie „(traditioneller?) Kulturbetrieb" oder „(kommerzielles?) Entertainment" fällt zunehmend schwer, da sich beide Bereiche in ihren gemischten Strukturen aus Kunstdarbietung und kulinarischem Genuss einander immer stärker annähern. Zudem haben große Open-Air-Events mit Kunst-Einsprengseln in Wien mit den Veranstaltungen der Sozialdemokratischen Partei zum 1. Mai, dem „Stadtfest" der Volkspartei im April in der Innenstadt und dem „Volksstimmenfest" der Kommunistischen Partei Ende August im Prater auch in politischen Parteien eine jahrzehntelange Tradition. Der Besuch dieser willkommenen, großzügigen und professionell organisierten Volksfeste war niemals politische Konfessionssache, sondern ausschließlich der verbreiteten Freizeitreligion zuzuordnen.

Die gegenwärtigen großen Kunst-Entertainment-Events in Wien finden – abgesehen von den bereits genannten Veranstaltungen – bei der „Summerstage" an der Roßauer Lände, in den Stadtbahnbögen und auf der Donauinsel statt. Diese urbanen Event-Zonen – denen noch die zahlreichen kleineren Kulturfestivals und Quartierfeste hinzuzuzählen wären – bieten vor allem Musik und Performance, vermischt mit Gastronomie. Sie sind nicht zuletzt auch Eroberung verloren geglaubten und neu geschaffenen urbanen Raums durch die Bevölkerung. Die Stadtbahnbögen etwa sind Teil einer umfassenden Strategie der Stadtverwaltung zur Wiederbelebung des Gürtels, einer Zone intensiver Verkehrsbelastung bei gleichzeitiger Ghettoisierungstendenz. Mit EU-geförderten Sanierungsprogrammen soll hier die Entstehung minderwertiger Stadtquartiere verhindert werden. Die Vergabe der für Kunst- und Gastronomieräume geeigneten Stadtbahnbögen an verschiedenste private Initiativen und Vereine steuert dazu einen wesentlichen kulturellen Impuls bei.

Die jährlichen Festivals am Donaukanal und auf der Donauinsel sind nicht zuletzt auch Teil des neuen Drängens der Stadt an ihre Wasserflächen. Die seit den 1970er Jahren angelegte Donauinsel bildet dabei zweifellos den Brennpunkt des Interesses: Auf 21 km Länge, 390 ha öffentlicher Grünfläche und 270 ha stehender Wasserfläche, mit perfekter Anbindung an drei U-Bahnlinien, hat sich hier seit 1975 ein ursprünglich als Hochwasserschutz konzipiertes Freizeitparadies enormer Ausdehnung mit punktueller Event-Konzentration im Bereich der Reichsbrücke und der Floridsdorfer Brücke entwickelt. Das jährliche Donauinselfest ist das größte Kulturevent Wiens, in dessen Rahmen an mehreren Sommertagen Musik und Show für hunderttausende Besucher geboten wird. Die exklusivere Ausgabe davon ist die „Summerstage" entlang des Donaukanalufers im Bereich des 9. Bezirks, die Performances und höherwertige Gastronomie verbindet.

Die ausschließlich kommerziellen „Urban Entertainment Centers", in der eine Zeit lang probate Mittel der Quartierstimulierung neuer Developments gesehen wurden, können bei Weitem nicht die Erfolge der temporären Festivals im öffentlichen Raum vorweisen. Einer Welle der Neugründungen großer UECs an der Reichsbrücke, in der Lassallestraße, im Millennium Tower, unter dem Twin Tower und an anderen Hochdichte-Punkten der Stadt folgte eine entsprechende Pleitewelle mangels Auslastung.

Wettbewerb und Dezentralisierung

Die aktuelle Landschaft der Wiener Kunstinstitutionen – egal, ob es Festivals, Theater, Museen oder Tanzquartiere sind – zeigt sowohl Reflexe der angestrebten und/oder gefürchteten „Festivalisierung" des Kulturbetriebs als auch erste Anzeichen eines gewissen Overkills des Angebots. Im Konkurrenzkampf um Besucherfrequenzen, die angesichts immer beliebiger wirkender Programme kaum mehr wachsen können, wird immer wieder die Abgrenzung der Aufgaben der einzelnen Festivals und Institutionen gefordert, durch „Profilbildung" sollen Claims abgesteckt und bestimmte Kundensegmente „gepachtet" werden. Angesichts der Heterogenität der Player am Ort – sowohl bundesnahe als auch gemeindenahe, private und auswärtige Anbieter tummeln sich auf dem Markt der Kulturevents – scheint aber jedwede Regulierungsabsicht aussichtslos. Im Bereich der Stadt Wien überlegte man etwa eine Abgrenzung der Agenda von Kunsthalle und Historischem Museum und errichtete gleichzeitig eine neue Dauerpräsentation der stadteigenen Sammlung an Gegenwartskunst, im Bundesbereich konkurrenzieren sich die einzelnen Museen schon bis hin zur Ausstellungsprogrammierung. Eine weitere Auswirkung der Festivalisierung des Wiener Kulturbetriebs ist seine Tendenz zur Zentralisierung, der die Stadtverwaltung nach Kräften gegensteuert. Beispielsweise sollen die Neuerrichtung der städtischen Leihbibliothek am Neubaugürtel und die dezentrale Förderung einer Vielzahl privater Theater den Prozess der kulturellen Austrocknung der ehemals dicht mit Büchereien und kleinen Theatern versorgten Wohngebiete abfedern. Ebenso existieren mehrere Außenstellen der Städtischen Museen, Bezirksmuseen etc. Dennoch gibt es selbst in Wien immer noch kleinere Stadtgebiete ohne nennenswerte Kulturversorgung, etwa das Hochhausquartier Donau City, das nach vielen gescheiterten Plänen zur Ansiedlung einer Universitätsfakultät oder eines internationalen Museums immer noch auf seine zentrale Kulturfunktion wartet.

Festival oder festgebaute Kunstinstitution – Wien bietet jedenfalls eine kaum überbietbare Dichte an Kulturevents, die von einer diesbezüglich selbstbewussten städtischen Bevölkerung kultiviert und von ihren Medien (etwa der Stadtzeitung „Falter") effizient erschlossen wird. Das repräsentiert einen wichtigen Teil jener „Lebensqualität", in deren „Ranking" Wien seit Jahren einen der vordersten Plätze unter den Metropolen dieser Welt einnimmt.

1. Bezirk, ***Innere Stadt*** *Indexnummern* ***1.***-*1 …* ***1.***-*131e*

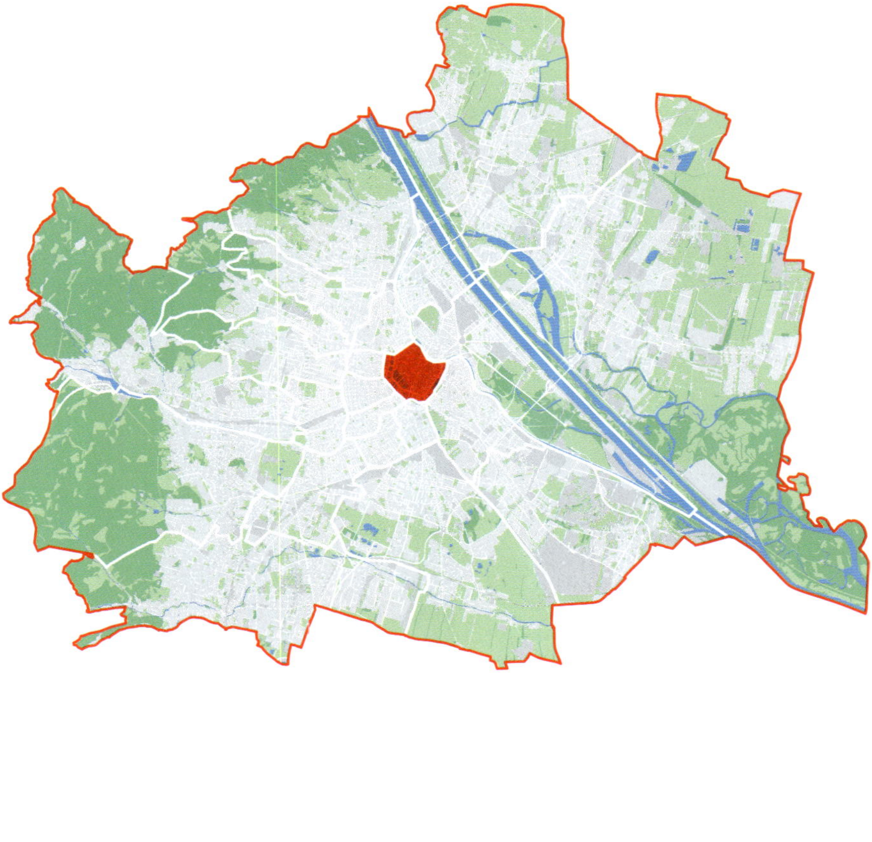

1.-80
1.-79
Schottentor
1.-77
Neutorgasse
1.-78
Schottenring
1.-75
Börseplatz
Schottengasse
Renngasse
1.-60
1.-59
1.-58
1.-116
1.-57
1.-76
1.-82
Grillparzerstraße
1.-51
1.-50
1.-52
Tiefer Graben
1.-49
1.-53
Freyung
1.-55
1.-56
1.-48
1.-128e
1.-62
Rathauspark
Rathaus
1.-64
1.-63
1.-47
Bankgasse
1.-54
1.-65
Dr.-Karl-Lueger-Ring
1.-45
1.-70
1.-14
1.-69
1.-61
Graben
1.-46
Stadiongasse
Herrengasse
1.-12
1.-66
1.-13
1.-68
1.-124e
1.-15
1.-18
1.-72
1.-16
1.-73
1.-17
Volksgarten
1.-120e
1.-121e
1.-19
1.-122e
1.-71
1.-67
Heldenplatz
1.-20
1.-44
1.-93
Burgring
Heldenplatz
Augustinerstr.
1.-38
1.-37
Naturhistorisches
Museum
1.-21
Volkstheater
1.-22
1.-131e
1.-24
Burggarten
1.-21
1.-74
Kunsthistorisches
Museum
1.-25
Opernring
1.-33
Museumsquartier
1.-31
1.-30
1.-32
Karlsplatz
1.-34
Neubaugasse

Schottenring
1.-81
1.-105
Franz-Josefs-Kai
Heinrichsgasse
Rudolfsplatz
Salztorgasse
1.-83
1.-85
Sterngasse
1.-84
1.-87
1.-94
1.-86
1.-125e
Judeng.
Hoher Markt
1.-89
Nestroyplatz
Schwedenplatz
Franz-Josefs-Kai
1.-106
1.-96
1.-103
Fleischmarkt
1.-102
Stubenring
1.-90
1.-88
1.-129e
1.-97
Wollzeile
Bäckerstr.
1.-91
1.-99
Stephansplatz
1.-100
1.-109
1.-2
1.-1
1.-95
1.-101
1.-104
Biberstr.
1.-108
1.-3
1.-92
1.-126e
Weiskirchnerstraße
1.-42
1.-107
Kumpfgasse
Ballgasse
Stubentor
1.-113
1.-115
Landstraße (Wien Mitte)
1.-111
Seilerstätte
Stadtpark
1.-118
1.-114
1.-98
1.-130e
Himmelpfortg.
1.-112
1.-41
Parkring
Johannesgasse
Schellinggasse
Walfischgasse
Hegelgasse
1.-110
Stadtpark
1.-127e
1.-27
Stubenring
Schwarzenbergplatz
1.-117
1.-36
6 min
400 m

Gebrüder von Prachatitz, Hans Puchspaum u. a.

Stephansdom

1230

Stephansplatz
Besichtigung: öffentlich zugänglich
Transport: U1, U3 (Stephansplatz)

Weltweit hoch bedeutender mittelalterlicher Bau, wichtigstes hoch- und spätgotisches Baudenkmal von Österreich. Über Jahrhunderte Symbol für das geistige und politische Zentrum, heute Symbol für das topografische Zentrum von Wien. Der vom Herrscherhaus und Bürgertum betriebene Kirchenbau war ursprünglich vor der Stadt gelegen. Vom romanischen Bau (1230/40-1263) ist der Eingangsbereich (Riesentor, Heidentürme und Empore) erhalten. 1304-40 wurde der hochgotische Albertinische Hallenchor an das romanische Langhaus angefügt, das 1359 bis ca. 1450 durch eine gotische Staffelhalle ersetzt wurde. Wahrzeichen des Domes und der Stadt ist der Südturm (1359-1433, von Hans von Prachatitz vollendet). Der Nordturm wurde begonnen, aber nie fertig gestellt. Im Zweiten Weltkrieg teilweise zerstört, Wiederaufbau nach 1945. Eine der großen Kathedralen von Europa.

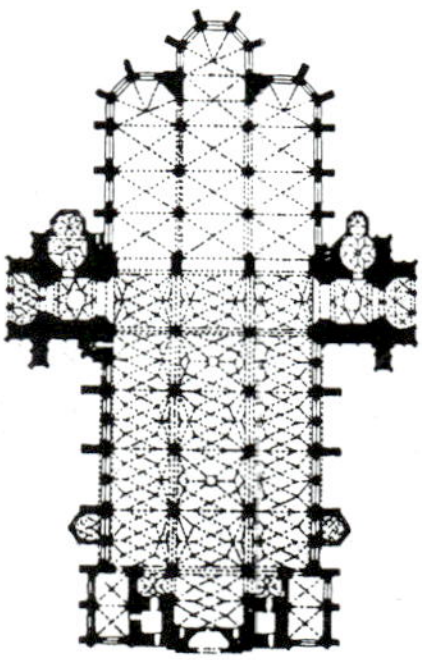

Neues Haas-Haus

1985

Stock-im-Eisen-Platz 4
Besichtigung: öffentlich zugänglich
Transport: U1, U3 (Stephansplatz)

Gegenüber dem Stephansdom – am zentralsten Ort von Wien – errichtete Hans Hollein ein exklusives Einkaufshaus mit Büronutzung und Restaurants. Die Form des Hauses wurde durch topografische Überlegungen mitbestimmt, den Stock-im-Eisen-Platz und den Stephansplatz durch eine Erker-Zäsur räumlich zu differenzieren. Das ursprüngliche, zentrale fünfgeschossige Atrium im Inneren wurde aus ökonomischen Gründen wieder horizontal zugebaut, um mehr vermietbare Fläche zu erhalten. Die opulente Ausgestaltung des Atriums mit edlen Materialien ist nur noch in historischen Fotos erhalten. Der Versuch, die Banalität der „Ladenwelt" durch Luxusmaterialien zu nobilitieren, ist nicht mehr erkennbar. Der nachträgliche Umbau wurde nicht von Hans Hollein geplant. Innerhalb der Wiener Architektur-Diskussion und Polemik war die Entstehung des Haas-Hauses mit dem Haus am Michaelerplatz von Adolf Loos vergleichbar.

1.-3 ***Andreas Streit***

Palais Equitable

1887

Stock-im-Eisen-Platz 3
Besichtigung: von außen
Transport: U1, U3 (Stephansplatz)

Bedeutendes späthistoristisches Büro- und Geschäftshaus. Der Neubau für die New Yorker Lebensversicherungsgesellschaft Equitable ersetzt fünf ältere Häuser, durch das Zurückversetzen der Baulinie wurde ein Teil jenes stadträumlichen Problems geschaffen, das noch Hans Hollein beim Bau des Haas-Hauses beschäftigen sollte. Im Gegensatz zu Otto Wagner, der sich beim Bau des nahe liegenden Anker-Hauses an amerikanischen Geschäftshäusern orientierte, mobilisierte Streit das Vokabular der Beaux-Arts-Tradition. Figurale Plastiken von Viktor Tilgner. Das Stiegenhaus gehört zu den schönsten des Wiener Historismus. 1949 Instandsetzung nach Kriegsschaden.

1.-4 ***Otto Wagner***

Ankerhaus

1894

Graben 10, Spiegelgasse 2
Besichtigung: von außen
Transport: U1, U3 (Stephansplatz)

Die Versicherungsgesellschaft „Der Anker" ließ von Wagner im Jahr 1894 ein Miet- und Geschäftshaus am Graben errichten. Zuerst war an zwei verschiedene Häuser gedacht, die Ausführung setzte an deren Stelle die vergrößerte Variante des Hauses „Zum Anker". Die Baubewilligung wurde am 22. Dezember 1894 erteilt. Bemerkenswert die großstädtische Haltung mit zweigeschossiger Geschäftszone und dem Glasdachaufbau für ein Fotoatelier.

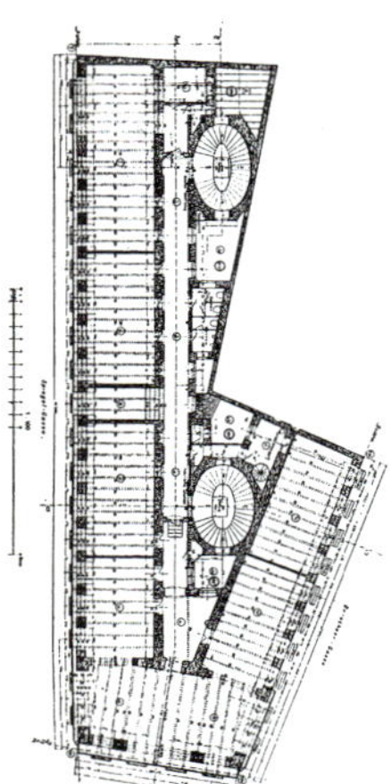

Das exklusive Geschäftslokal der Firma Braun & Co. am Graben gehörte zu den bemerkenswertesten Geschäften Wiens. Sein Formenvokabular ist charakteristisch für die repräsentative Architektur der Spätmonarchie. Bei der Sanierung und Modernisierung wurde gleichzeitig die Verkaufsfläche vergrößert. Neben der Hinzunahme von bisher anderweitig genutzten Räumen wurde dies vor allem durch einen zweigeschossigen Zubau im Hof erreicht. Wesentliche Änderungen am Bestand waren ausgeschlossen, weil wichtige Teile des Hauses unter Denkmalschutz stehen. Ein bedeutender Teil der Planung beschränkte sich deshalb auf die Rückführung historisch wertvoller Substanz sowie auf die umfassende Erneuerung der Haustechnik. Andererseits nahm man die Renovierung zum Anlass, um Defizite in der Erschließung zu beheben und um die Verkaufsräume aufzufrischen und zu aktualisieren. Heute geänderte Nutzung.

Umbau Kaufhaus Braun, h.: H & M

2002

Graben 8
Besichtigung: während der Öffnungszeiten
Transport: U1, U3 (Stephansplatz)

Rudolf Krauß 1.-6

Bedeutende, dreiseitig freistehende Zwillingsbauten mit Betonständerfassade im Stil der frühen Moderne. Die Baugeschichte des Wohn- und Geschäftshauses ist relativ kompliziert, die Anlage war ursprünglich als geschlossener Baukörper mit einer Erschließung über mehrere Höfe geplant. Diese Planung wurde aber abgeändert und die Baukörper getrennt, um einen Durchgang von der Dorotheergasse über den Graben zum Bauernmarkt zu erhalten. Das Bauwerk hat ein Eisenbetonskelett, das eine freie Einteilung der Büro- und Wohnungsgrundrisse ermöglicht.

Trattnerhof

1911-12

Graben 29-29a, Trattnergasse
Besichtigung: von außen
Transport: U1, U3 (Stephansplatz)

Hans Hollein

Juwelier Schullin I (h.: leerstehend)

1972

Graben 21
Besichtigung: Geschäftszeiten
Transport: U1, U3 (Stephansplatz)

Holleins Architektur lebt von der Metapher (Goldader – Juwelier) und thematisiert den Gestaltungsdualismus von technischem Raster und naturalistischer freier Form. Die Lesbarkeit dieses kleinen Juwelierladens ist dicht besetzt und bietet dem Betrachter mehrere Interpretationsebenen. Der Innenraum ist kostbar gestaltet und gleicht dem Inneren einer Schmuckschatulle. Mit der Verarbeitung und Verwendung hochwertiger Materialien begann Hollein damals eine neue Diskussion der „Luxusboutique".

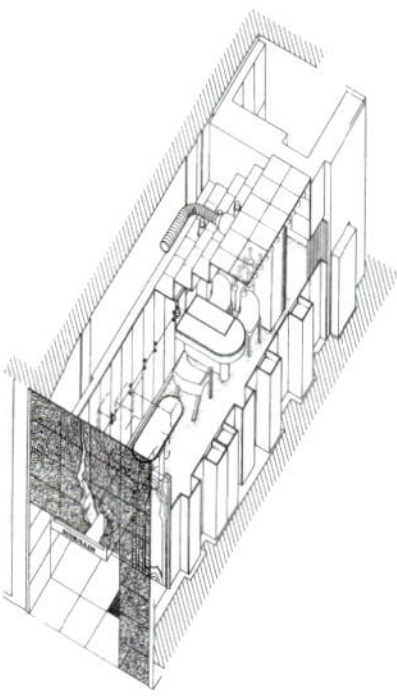

Gabriele Montani, Johann Lucas von Hildebrandt

Peterskirche

1702

Petersplatz
Besichtigung: öffentlich zugänglich
Transport: U1, U3 (Stephansplatz)

Erster Kuppelbau in Wien mit einer einheitlichen, hochqualitativen Innenraumausstattung. An der Stelle einer der ältesten Wiener Kirchen wurde der Bau Anfang des 18. Jahrhunderts nach Plänen von Gabriele Montani – von Johann Lucas von Hildebrandt überarbeitet – vollständig neu errichtet. Der Bau steht nicht unmittelbar in der Flucht der Grabenbebauung, sondern ist nach hinten versetzt, sein „Eingezwängtsein" in den kleinen Vorplatz wird durch die „gefaltete" Fassade in der Gestaltung aufgenommen. Die Scheinarchitektur im Inneren der Chorkuppel stammt von Antonio Galli-Bibiena.

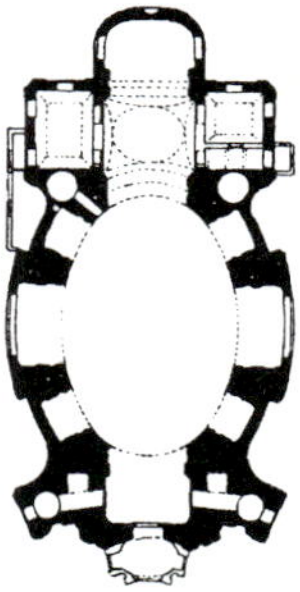

Johann B. Fischer v. Erlach, L. Burnacini, P. Strudel **1.-9**

Pestsäule

1682

Graben
Besichtigung: öffentlich zugänglich
Transport: U1, U3 (Stephansplatz)

Nach einem Gelöbnis Leopold I., der damit das Vorübergehen der Pest 1679 beschwören wollte, wurde die Votivsäule nach Plänen Johann B. Fischer von Erlachs von Ludovico Burnacini und Paul Strudel errichtet. Der Anlass zu ihrer Errichtung ist auch der ikonografische Schwerpunkt des Skulpturenprogramms: der betende Kaiser Leopold I., die Figurengruppe „Der Glaube besiegt die Pest" und die Darstellung der Dreifaltigkeit. Der Votivbau ist typisch für die hochbarocken Anstrengungen, die Gattungsgrenzen zwischen Architektur und Skulptur zu überspielen.

Paolo Piva **1.-10**

Knize 2

1993

Graben 13
Besichtigung während der Öffnungszeiten
Transport: U1, U3 (Stephansplatz)

Im Jahr 1993 erfolgte die mutige und heftig diskutierte Erweiterung des „Loos-Klassikers" Kniže durch den italienischen Architekten und Designer Paolo Piva, der an der Universität für Angewandte Kunst (ursprünglich Hochschule für angewandte Kunst, davor Kunstgewerbeschule und Wirkungsstätte von Josef Hoffmann) eine Professur für Design innehat. Für stringente Loos-Verehrer war diese Erweiterung durch einen italienischen Designer mehr als eine Herausforderung. Trotzdem, das Ergebnis mit kontrastierendem weißem Naturstein und perfektem Handwerk im Innenausbau ist sehr respektabel.

Schneidersalon Kniže

1910

Graben 13
Besichtigung: während der Öffnungszeiten
Transport: U1, U3 (Stephansplatz)

Für den international agierenden Herrenschneider gestaltete Loos ein Geschäftslokal (1910-13), das nicht zufällig die Atmosphäre eines feinen Londoner Clubs hat. Für Loos war denn auch die englische Herrenmode die einzig wahre Form der Bekleidung. Die minimal dimensionierte Straßenfassade lässt die Großzügigkeit der räumlichen Entwicklung der Geschäftsräume im Obergeschoss nicht erahnen. Auf einen kleinen ebenerdigen Verkaufsraum folgen im ersten Stock eine zweistöckige Halle und die Enfilade der Präsentationsräume. Die Möblierung der Geschäfts- und Lagerräume ist maßgeschneidert wie ein gut sitzender Anzug. Dieser Schneidersalon wurde zu einer Ikone Loos'scher Ladenbaukunst und ist heute noch in einem großartigen Zustand. Ein architektonisches „Must".

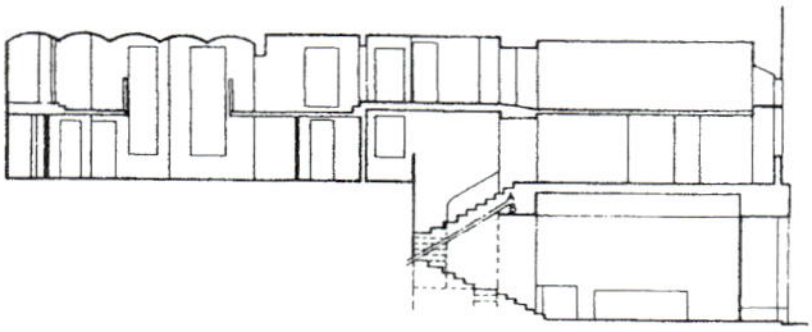

Kerzengeschäft Retti

1964

Kohlmarkt 8-10
Besichtigung: Geschäftszeiten
Transport: U1, U3 (Stephansplatz)

Dieser Kerzenladen (ursprüngliche Nutzung) ist eine Ikone der Wiener Ladenarchitektur und ein gebautes Manifest von Hans Hollein, das den damals 30-jährigen Architekten weltberühmt werden ließ. Auf kleinstem Raum hat Hollein eine komplexe szenische Raumsequenz realisiert. Im Inneren entsteht durch die oktogonale Raumform eine fast sakrale Atmosphäre, die durch wechselseitige Spiegelflächen ins Unendliche reflektiert wird. Äußerlich entsteht durch bewusstes „Ausschneiden" aus dem Aluminiumportal ein zeichenhaftes Signum mit ikonografischer Assoziation zu Licht und Kerze. Hollein erhielt für dieses kleine Geschäft den renommierten amerikanischen „Reynolds-Award".

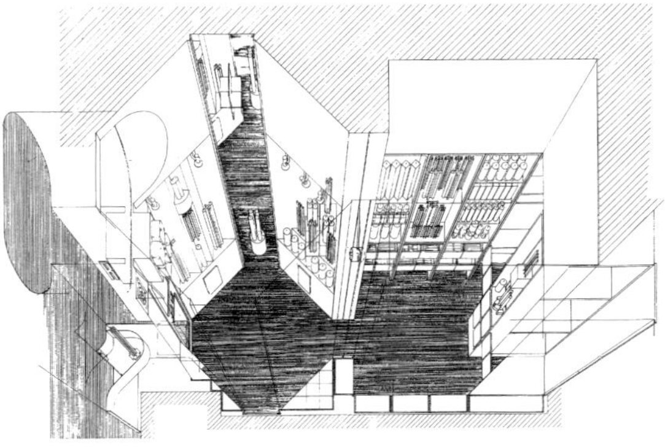

Juwelier Schullin II

1981

Kohlmarkt 7
Besichtigung: Geschäftszeiten
Transport: U1, U3 (Stephansplatz)

Für den gleichen Bauherrn (Schullin und Söhne) realisierte Hollein zehn Jahre später das zweite, größere Schmuckgeschäft. Im Gegensatz zum Thema der „Goldader" beim ersten Laden, wird hier das „Sakrale" und „Auratische" des Schmuckes hervorgehoben. Die mehrdeutige Form des über dem Eingang befindlichen Kreissegmentes kann mit Klinge, Waffe oder Schmuck assoziiert werden. Im Inneren werden das Spiel und die Täuschung mit echten und scheinbar echten Materialien (Naturstein, Holz und Metall) zur Perfektion gebracht.

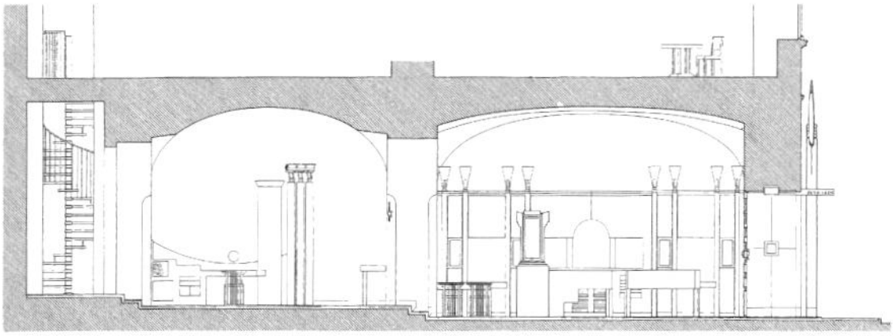

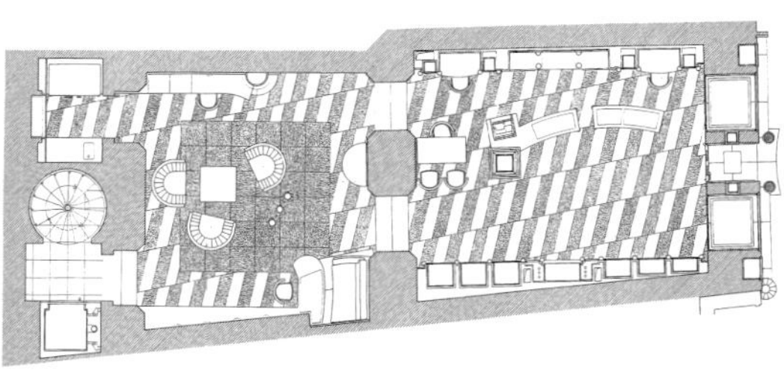

Fabios
2002

Tuchlauben 4-6
Besichtigung: öffentlich zugänglich
Transport: U1, U3 (Stephansplatz)

Dass Kultur, Architektur und Essen einen inneren Zusammenhang haben und den viel zitierten „Zeitgeist" widerspiegeln, ist eine unbestrittene Tatsache. Paraphrasiert man die Aussage von Karl Kraus über das Café – „zuhause, aber nicht daheim" –, so bietet das neue Fabios-Restaurant eine elegante Backgroundatmosphäre, wo gehobene Gastronomie für Gourmets ein temporäres Zuhause gefunden hat. Ausgeklügelt ist der Fenstermechanismus des Wintergartens, nach einem Entwurf des Statikers Karlheinz Wagner: Im Sommer vermeint man, sich in mediterraner Stadtumgebung zu befinden.

Max Fabiani **1.-15**

Artaria-Haus
1900

Kohlmarkt 9
Besichtigung: nur Geschäfte
Transport: U1, U3 (Stephansplatz)

Das Haus der Verlagsanstalt Artaria (heute Freytag & Berndt) ist ein bedeutendes Gebäude des frühen Wiener Jugendstils unter Vorwegnahme der Steinplattenverkleidung, die später für Otto Wagner typisch wurde. Der Bau tritt hinter die Bebauungskante des Kohlmarktes etwas zurück und erzeugt so eine platzartige Erweiterung, die durch das vorspringende Kranzgesims nach oben abgeschlossen wird. Die Form dieses Gesimses wird in den Bay-Windows reflektiert und systematisiert die völlig egalitär behandelte Fassade der oberen Geschosse noch zusätzlich. Die Erschließung im Inneren zeigt den souveränen Umgang von Fabiani mit der schwierigen Parzelle.

1.-16 *Antonio Beduzzi, Ernest Koch*

Michaelerkirche und Salvatorianerkloster
Ab 1220, 1724, 1792

Michaelerplatz 5, Habsburgergasse 12
Besichtigung: öffentlich zugänglich
Transport: U3 (Herrengasse)

Im heutigen Erscheinungsbild der ehemalige Hofpfarr- und Barnabitenkirche ist ihre jahrhundertlange Baugeschichte präsent. Vom romanischen Kernbau steht noch das aufgehende Mauerwerk des Langhauses mit den spätromanischen Pfeilerarkaden, an das ein Chor des 14. Jahrhunderts anschließt. Die frühklassizistische Westfassade wurde 1792 von Ernest Koch einer klassizistischen Regulierung unterzogen, die den barocken Portalvorbau von Antonio Beduzzi mit einer Engelssturzgruppe von Lorenzo Matielli (1724/25) hinterlegt.

1.-17 *Hans Hollein*

Michaelerplatz Platzgestaltung
1991

Michaelerplatz
Besichtigung: öffentlich zugänglich
Transport: U3 (Herrengasse)

Der Michaelerplatz gehört zu den wichtigsten Plätzen im 1. Bezirk. Als Schnittstelle von Kohlmarkt, Herrengasse, Schaufflergasse und Reitschulgasse sowie der angrenzenden Hofburg dokumentiert die sich ändernde Platzform ein Stück Wiener Baugeschichte. Mit der ehemaligen kaiserlichen Hofburg, der Michaelerkirche und dem Looshaus (ehemaliges Geschäftshaus der Firma Goldman & Salatsch) besitzt der Michaelerplatz einmalige, historische Platzfronten. 1991-92 wurde durch Hans Hollein auf dem Michaelerplatz ein kreisförmiges „Archäologiefeld" freigelegt, das Einblick in 2000 Jahre Baugeschichte gibt.

Das größte und wichtigste Bauwerk von Adolf Loos: Die Polemik und die öffentliche Diskussion mit der Baubehörde machten den Bau schon vor seiner Fertigstellung zu einer umstrittenen Berühmtheit (1909-11). Ausschlaggebend für die Heftigkeit der Auseinandersetzungen war wohl unter anderem der Standtort direkt gegenüber der Wiener Hofburg. Abseits von der als Provokation empfundenen „Nacktheit" der Wohngeschosse konnte Loos' erster Wiener Großauftrag aber auch mit einer innovativen Stahlbetonkonstruktion, einem ausgeklügelten funktionalen Raumkonzept und einer erlesenen Materialwahl aufwarten.

Looshaus (ehem. Schneiderfirma Goldman & Salatsch)

1909

Michaelerplatz 3
Besichtigung: nur Erdgeschoss während der Öffnungszeiten
Transport: U1, U3 (Stephansplatz)

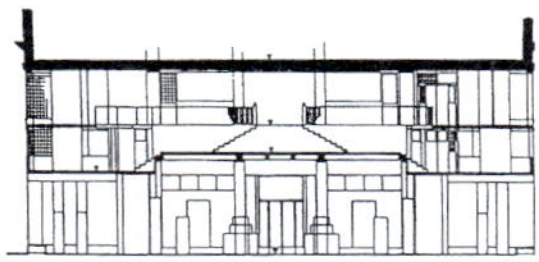

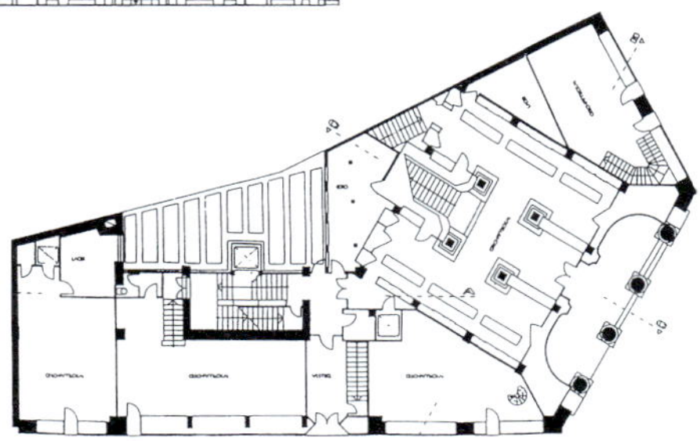

J.-N. Jadot de Ville-Issey, J. L. v. Hildebrandt, J. E. Fischer v. Erlach, G. Semper, C. Hasenauer u. a.

Hofburg

1279

Hofburg, Heldenplatz
Besichtigung: während der Öffnungszeiten
Transport: L1, L2 (Burgring)

Die Wiener Hofburg ist ein seit dem 13. Jahrhundert gewachsener Komplex, der wesentliche Veränderungen vom 16. bis zum 19. Jahrhundert erfahren hat. Kernbau der mittelalterlichen Burg war der heutige Schweizerhof (Eingang zur Schatzkammer, 1986/87 von K. Mang und E. Mang-Frimmel neu eingerichtet), im 16. Jahrhundert wurden die Stallburg (1558-65), die Amalienburg (Pietro Ferrabosco, 1575-1611) und der Leopoldinische Trakt (1660-66) lose angeschlossen. Der wesentliche Schritt zur Zusammenfassung dieser offenen Struktur wurde im 18. Jahrhundert mit dem Bau des Reichskanzlertraktes (Johann von Hildebrandt und E. Fischer von Erlach, 1723-30) und der Winterschule (Josef E. Fischer von Erlach, 1729-35) unternommen. Auch die

1 **Schweizerhof** 1279
2 **Burgkapelle**
3 **Amalienburg** 1575
4 **Neue Galerie** 1558
5 **Leopoldinischer Trakt** 1547
6 **Nationalbibliothek** 1723-26
7 **Redoutensäle**
8 **Reichskanzleitrakt** 1723
9 **Winterreitschule** 1729-35
10 **Michaelertrakt** 1889-93
11 **Äußeres Burgtor** 1821
12 **Heldenplatz**
13 **Neue Burg** 1869-73
14 **Wintergarten** 1899
15 **Museum für Völkerkunde**

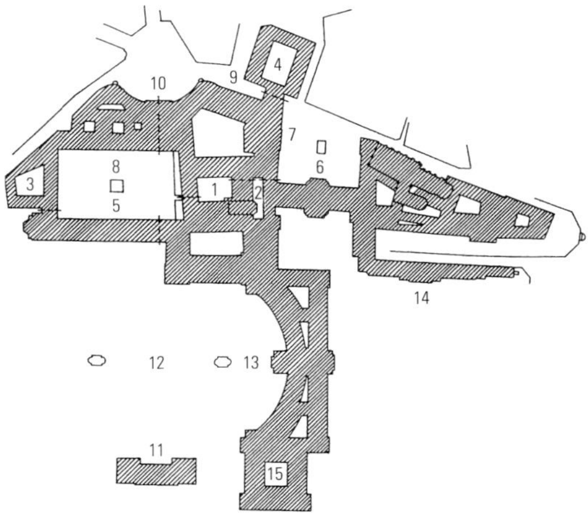

ursprünglich freistehende Hofbibliothek Johann B. Fischer von Erlachs (heute Nationalbibliothek, 1723-26) wurde in einem ähnlichen Schritt durch den Bau der Redoutensäle (Nicolas Jadot de Ville-Issey, 1744-48) und die Fassadenvereinheitlichung (1767) in eine homogene Platzanlage eingegliedert. Anfang des 19. Jahrhunderts wurden durch Luigi Cagnola und Peter Nobiles Burgtor (1821-24) die Grenzen des bebauten Burgbereiches nach außen geschoben und von Gottfried Semper und Carl Hasenauer mit der Neuen Hofburg (1881-1913) verbunden. Durch die verspätete Realisierung des Michaelertraktes nach den ursprünglichen Plänen Josef E. Fischer von Erlachs von Ferdinand Kirschner fertig gestellt (1889-93).

1.-20 *Manfred Wehdorn*

Redoutensäle Hofburg
1995

Hofburg, Heldenplatz
Besichtigung: während der Öffnungszeiten
Transport: L1, L2 (Burgring)

Die ehemalige kaiserliche Wiener Hofburg ist ein seit dem 13. Jahrhundert gewachsener Komplex, der vom 16. bis zum 19. Jahrhundert wesentliche Veränderungen erfahren hat. Angrenzend an die weltberühmte Nationalbibliothek (von Fischer von Erlach, 1723-1726), brach in der Nacht vom 26. zum 27. November 1992 ein Feuer aus und zerstörte die „Redoutensäle". Ähnlich wie beim Brand im Schloss Windsor entstanden anschließend große Architekturdebatten, wie und in welchem „Stil" der Wiederaufbau zu erfolgen hat. Der Architekt und Denkmalspezialist Manfred Wehdorn wurde direkt beauftragt und renovierte sensibel die historische Substanz, notwendige Erneuerungen wurden durchgeführt (u. a. ein neues Pressefoyer mit 1.200 m²). Der große Redoutensaal wurde im Rahmen der Wiederherstellung von dem Künstler Josef Mikl (geb. 1929 in Wien) mit 22 Einzelbildern (Wand und Decke) ausgestaltet.

1.-21 *Gottfried Semper, Carl von Hasenauer*

Kunsthistorisches und Naturhistorisches Museum
1871

Burgring 5 und 7
Besichtigung: während der Öffnungszeiten
Transport: L1, L2 (Burgring)

Die beiden Neorenaissance-Bauten waren von Gottfried Semper als Teile eines übergeordneten, die Ringstraße überspannenden Ausbaus der kaiserlichen Hofburg gedacht, der den Bereich zwischen den Hofstallungen und der eigentlichen Burg schließen sollte. Verwirklicht wurde neben den beiden Hofmuseen lediglich einer der konkaven Flügel der Neuen Hofburg. Das gesamte Ensemble sollte nicht zuletzt durch die geplanten Triumphbögen über der Ringstraße den Anfangs- und Endpunkt der neuen Renommierstraße markieren und ihr so einen point de vue geben, sie aber auch in die

Naturhistorisches Museum

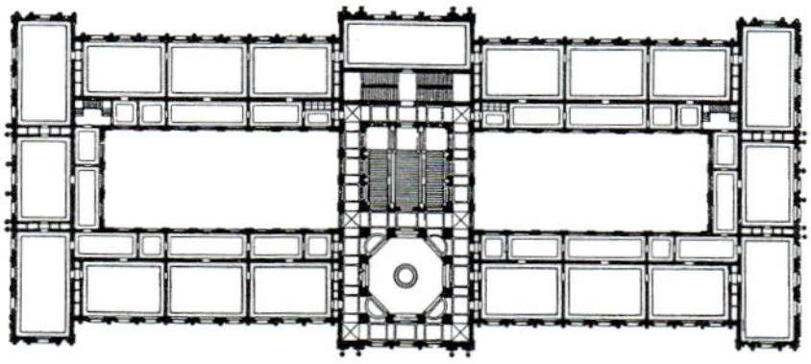

Kunsthistorisches Museum

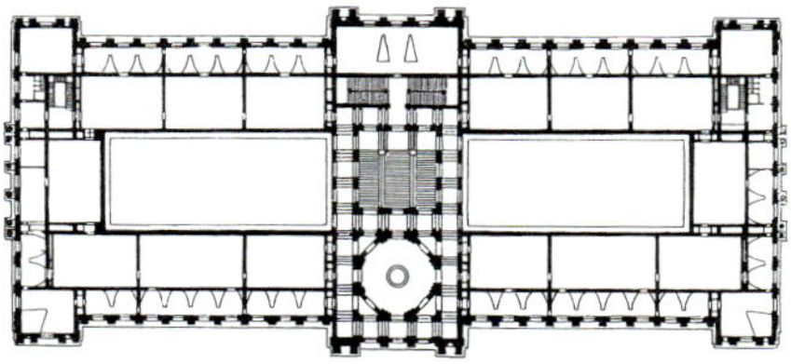

kaiserliche Einflusssphäre einbinden. Die Innenausstattung beider Museen geht im Gegensatz zum Äußeren, das hauptsächlich von Gottfried Semper entworfen wurde, auf Hasenauer zurück, wobei für die Ausstattung des Kunsthistorischen Museums renommierte Wiener Maler wie Hans Makart und der junge Gustav Klimt aufgeboten wurden. Im Kunsthistorischen Museum befindet sich im Hauptgeschoss ein neues Kaffeehaus, gestaltet von Architekt Gert Mayr-Keber.

1.-22 *Friedrich Ohmann; Eichinger oder Knechtl*

Palmenhaus Burggarten; Café im Palmenhaus

1899; 1998

Burggarten
Besichtigung: während der Öffnungszeiten
Transport: U1, U4 (Karlsplatz)

Entworfen 1899, realisiert zwischen 1901 und 1906, stellt das als „Neuer Wintergarten" bezeichnete Palmenhaus eine Pionierleistung in der Konstruktion Stahl-Glas-Architektur dar. Das denkmalgeschützte Palmenhaus (1901-1907) von Friedrich Ohmann ist ein Baujuwel, das viele Jahre brach lag. Nach einer Totalsanierung wurde im Westteil das Schmetterlingshaus untergebracht, im Ostteil überwintern Topfpflanzen aller Art und im Mitteltrakt wurde ein Café-Restaurant-Bar-Betrieb eingerichtet. Windfang, Fußboden und die WC-Anlage wurden noch im Zuge der Totalsanierung von Architekt Herbert Prehsler realisiert, die Möblierung und Gestaltung des Restaurants entwarfen Eichinger oder Knechtl. 150 Sitzplätze sind gut verteilt, der 15 m hohe Raum ist eine theatralische Kulisse, das Resultat eine wunderbare Verbindung von Bestand und neuer Nutzung.

1.-23 *Alfred Hrdlicka*

Mahnmal

1988

Albertinaplatz
Besichtigung: öffentlich zugänglich
Transport: U1, U4, L1, L2 (Karlsplatz/Ring-Oper)

Nach dem 12. März 1938, dem Anschluss an Nazideutschland, wurden jüdische Mitbürger aus ihren Wohnungen geholt und gezwungen, die Straßen von Parolen zu säubern. Bis zum 12. März 1945 stand auf diesem Grundstück der berühmte Philipp-Hof, der an jenem Tag des Zweiten Weltkriegs zerbombt wurde. Hunderte Menschen starben im Keller. Am 24.11.1988 wurde auf dem vorderen Teil des Grundstückes das „Mahnmal gegen Krieg und Faschismus" nach einem Entwurf des Bildhauers Alfred Hrdlicka enthüllt. Der kniende Jude erinnert an die Entwürdigung der Straßensäuberungen.

Museum Albertina

1745, 1998

Augustinerstraße 1
Besichtigung: Öffnungszeiten
Transport: U1, U4, L1, L2
(Karlsplatz/Ring-Oper)

Auf einer Bastei der ehemaligen Stadtmauer errichtet, gibt die städtebauliche Situation des klassizistischen Baus einen guten Einblick in die Struktur Wiens vor dem Ringstraßenbau. Das Palais wurde unter Einbeziehung eines älteren Vorgängerbaus und Teilen des Augustinerklosters von Louis Montoyer für Herzog Albert Casimir von Sachsen-Teschen errichtet, dessen Kunstsammlung auch den Grundstock der heutigen Graphischen Sammlung Albertina bildet. Der Innenausbau geht auf Josef Kornhäusel zurück. Heute beherbergt es neben der Graphischen Sammlung auch das Österreichische Filmmuseum.

Im März 2003 wurde das Museum Albertina nach fast 10-jähriger Umbauphase neu eröffnet. Die ehemalige Graphische Sammlung mutierte zu einem Museumsneubau mit zeitgenössischer Infrastruktur und technischer Ausrüstung entsprechend heutiger Museologie. Im ehemaligen Erdkern der Bastei organisierten Steinmayr und Mascher die Ausstellungshalle, Hochregallager, Großformatdepot, Studiensaal und Studienhof mit einer minimalistischen, präzisen Architektur. Für die Ausgestaltung des Eingangsbereiches – eine spätere Entscheidung – gewann Hans Hollein einen separaten, geladenen Wettbewerb mit einer stark kontrastierenden Architektur.

Staatsoper, ehem. Hofoper

1861

Opernring 2
Besichtigung: öffentlich zugänglich
Transport: U1, U4, L1, L2
(Karlsplatz/Ring-Oper)

Das Hauptwerk von Eduard van der Nüll und August Sicard von Sicardsburg wurde als einer der ersten Monumentalbauten an der neu angelegten Ringstraße im Stil des „romantischen Historismus" erbaut. Ganz im Sinne der Trennung von Architekt und Ingenieur wurde die künstlerische Ausformung von E. v. d. Nüll, das struktive Gerüst aber von A. S. v. Sicardsburg, entworfen. Nach dem Tod der beiden Architekten 1868 von Gustav Gugitz und Josef Storck vollendet. Historisches Gesamtkunstwerk. Im Zweiten Weltkrieg wurde der Bau stark beschädigt, die Oper 1946-55 von Erich Boltenstern wieder aufgebaut, wobei bei der Innenraumgestaltung größere Veränderungen vorgenommen wurden. Hermann Czech entwarf 1991-94 die Winterverglasung der Loggia und eine Buchhandlung, die sich sensibel in die vorgefundene Struktur einpassen.

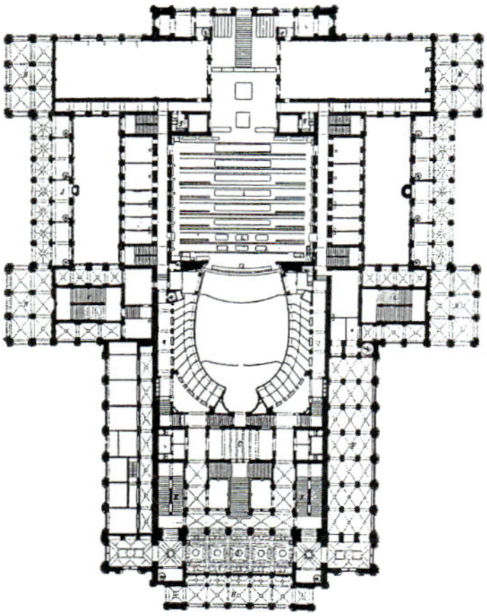

CM Boutique
1966

Tegethoffstraße 3
Besichtigung: Geschäftszeiten
Transport: U1, U4 (Karlsplatz)

Zeitreise in die Welt der Pop-Art: Ein modularer Einraum-Verkaufsraum, der bis ins kleinste Detail geplant ist. Die Kunststoff-Welt der 60er Jahre ist hier „tiefgefroren" für den Besucher der heutigen Zeit. Ähnlich wie beim Kerzengeschäft Retti (Hollein, 1964) wurde hier die Gestaltung der Fassade als Signal entwickelt, das sowohl im Maßstab der ganzen Straße zu sehen ist als auch für die Nahwirkung.

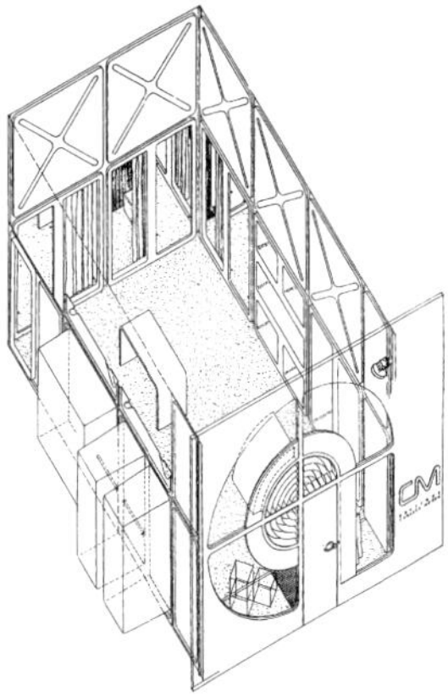

Wilhelm Holzbauer u. a. **1.-27**

Ringstraßen-Galerien
1993

Kärntner Ring 5-13
Besichtigung: öffentlich zugänglich
Transport: U1, U4, L1, L2 (Karlsplatz/Ring-Oper)

Die „Ringstraßen-Galerien" repräsentieren einen der größten Neubaukomplexe an der Wiener Prachtstraße. Mit ca. 18.000 m² Bürofläche, ca. 12.000 m² Ladenfläche, ca. 4.000 m² Penthouse-Wohnungen sowie einem 205 Zimmer großen Luxushotel wurde hier ein neuer urbaner Schwerpunkt gesetzt. Der von Holzbauer gestaltete Neubau ist durch eine Stahlbrücke mit dem neu renovierten Palais Corso verbunden. In den mehrgeschossigen Ladenpassagen wurden hochwertige Materialien wie Naturstein, Messing und Chrom verwendet, um das Ambiente mit den traditionellen Mitteln des Luxus auszustatten. Ein Konsumtempel mit großstädtischen Ambitionen.

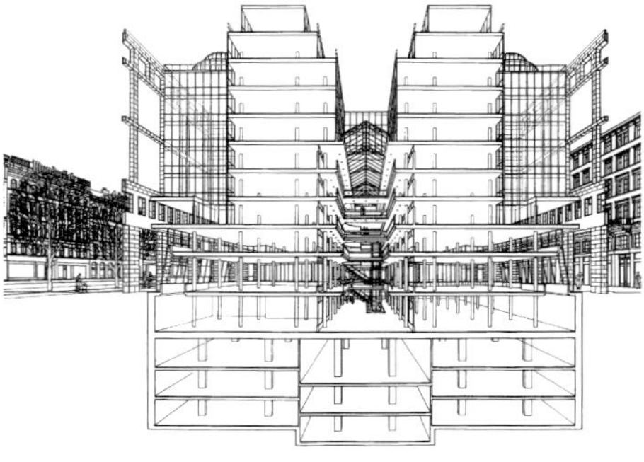

Wiener Ringstraße

1858 (Wettbewerb)

Besichtigung: öffentlich
Transport: L1, L2 (Ringlinien)

Mir einer Länge von ca. vier Kilometern und einer durchschnittlichen Breite von 57 Metern ist die Ringstraße mit ihren zahlreichen Monumentalbauten der „weltweit bedeutendste historistische Prachtboulevard." Die Straßenbahnlinien L1 und L2 führen den Besucher durch ein singuläres Phänomen der europäischen Kulturgeschichte, besonders der Architekturgeschichte. 91 wichtige Bauwerke entwickeln sich entlang dieser Prachtstraße, die einzelnen Abschnitte heißen: Kärntner Ring, Opernring, Burgring, Dr.-Karl-Renner-Ring, Dr.-Karl-Lueger-Ring, Schottenring, Stubenring, Parkring und Schubertring.

1.-*19*	Hofburg
1.-*21*	Kunsthistorisches und Naturhistorisches Museum
1.-*22*	Palmenhaus Burggarten / Café im Palmenhaus
1.-*25*	Staatsoper
1.-*27*	Ringstraßen-Galerien
1.-*31*	Akademie der Bildenden Künste
1.-*32*	Akademiehof Karlsplatz
1.-*33*	Böhler-Haus
1.-*34*	Secession
1.-*36*	Musikvereinsgebäude
1.-*59*	Universität
1.-*62*	Rathaus
1.-*65*	Burgtheater
1.-*66*	Volksgarten, Theseustempel, Kaiserin-Elisabeth-Denkmal
1.-*67*	Volksgarten-Café
1.-*71*	Palais Epstein
1.-*72*	Parlament
1.-*74*	Club Passage
1.-*77*	Ehemalige Börse
1.-*79*	Miethaus Schottenring
1.-*80*	Ringturm
1.-*81*	U-Bahn-Station Schottenring
1.-*102*	Postsparkasse
1.-*106*	Urania
1.-*107*	Österreichisches Museum für angewandte Kunst (MAK)
1.-*109*	Universität für angewandte Kunst
1.-*110*	Wienflussbauten
1.-*111*	Palais des Hoch- und Deutschmeisters Erzherzog Wilhelm
1.-*117*	Platzgestaltung Schwarzenbergplatz

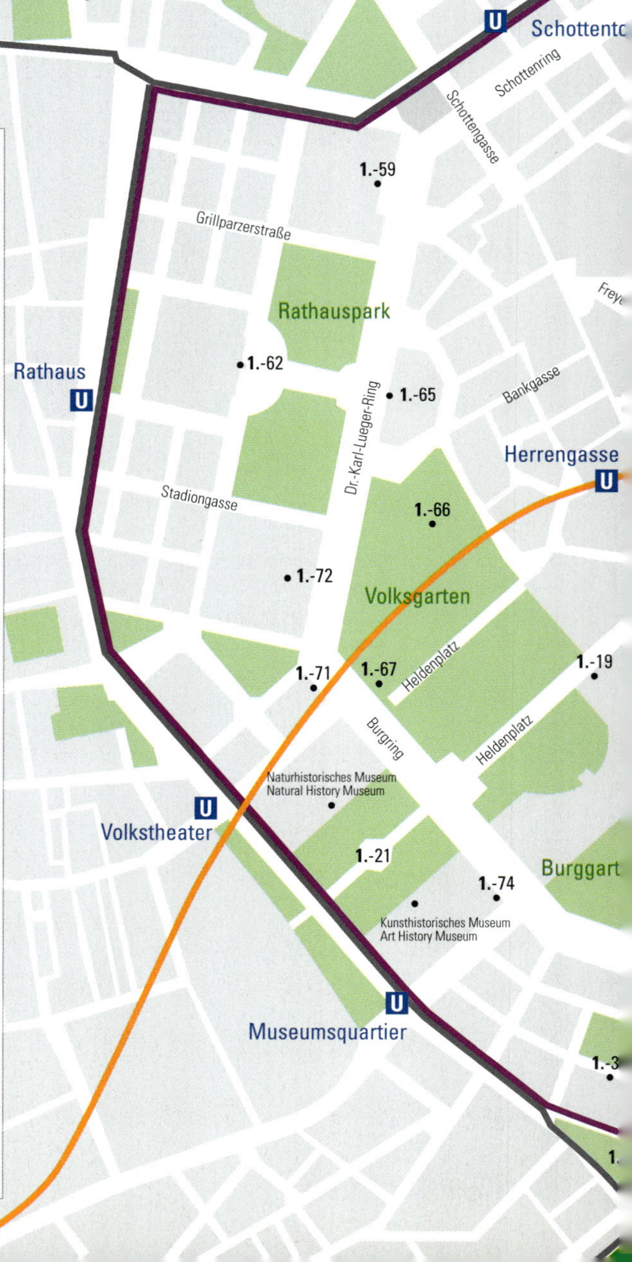

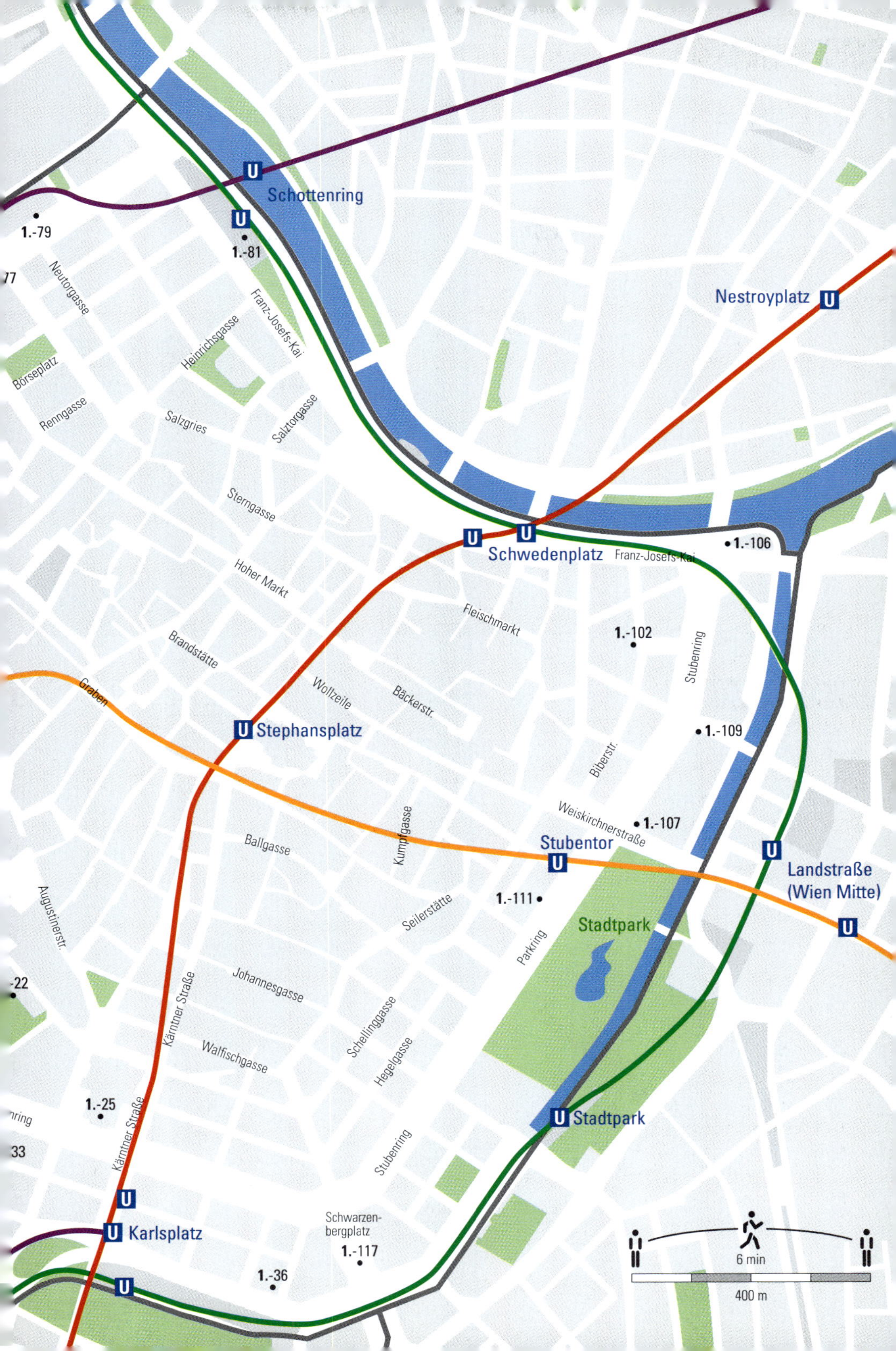
Schottenring
1.-79
1.-81
77
Neutorgasse
Franz-Josefs-Kai
Heinrichsgasse
Börseplatz
Renngasse
Salzgries
Salztorgasse
Nestroyplatz
Sterngasse
Schwedenplatz
Franz-Josefs-Kai
1.-106
Hoher Markt
Fleischmarkt
1.-102
Brandstätte
Stubenring
Wollzeile
Bäckerstr.
Graben
Stephansplatz
1.-109
Biberstr.
Weiskirchnerstraße
1.-107
Ballgasse
Kumpfgasse
Stubentor
Landstraße
(Wien Mitte)
Augustinerstr.
1.-111
Seilerstätte
Stadtpark
Parkring
-22
Johannesgasse
Kärntner Straße
Walfischgasse
Schellinggasse
Hegelgasse
1.-25
ring
Stadtpark
33
Kärntner Straße
Stubenring
Schwarzen-
bergplatz
Karlsplatz
1.-117
1.-36
6 min
400 m

Palais Todesco

1861

Kärntner Straße 51, Walfischgasse 2, Mahlerstraße 1
Besichtigung: von außen
Transport: U1, U4, L1, L2 (Karlsplatz/Ring-Oper)

Das Palais wurde von Ludwig Förster und Theophil von Hansen für den Bankier Eduard Todesco errichtet. Stadträumlich gesehen gehörte es mit dem im Zweiten Weltkrieg zerstörten Heinrich-Hof (ebenf. Theophil von Hansen) und dem Palais Schey v. Koromla (Julius Romano und August Schwendenwein) zur architektonischen „Fassung" der Staatsoper. Der großzügig angelegte Neo-Renaissance-Palast mit dem sehenswerten verglasten Innenhof war ein Treffpunkt der Wiener Theaterszene. Von 1947 bis 1995 war dort der Sitz der Österreichischen Volkspartei. 1997 komplett renoviert und restauriert.

1.-30 *Rüdiger Lainer und Partner*

Dachaufstockung (Penthouses)

2002

Nibelungengasse 1
Besichtigung: von außen
Transport: U1, U2, U4 (Karlsplatz)

Dachaufbauten haben in den 1990er Jahren zu einer wesentlichen Veränderung der Wiener Dachlandschaft geführt. Der Wunsch der Stadtbewohner nach „Aussicht" und „Privatheit" haben zu multiplen Ergebnissen geführt. An einer der prominentesten Stellen Wiens hat Lainer eine Dachkrone für ein dreiseitig freistehendes Jahrhundertwendehaus (Architekt Romano von Schwendenwein) entwickelt, die mit einer normalen Dachaufstockung nichts gemein hat. Die Aufgabe war eine stark gegliederte Fassade fortzusetzen. Lainer umschreibt seine Intervention mit den Worten: „Dynamische Flügel suggerieren eine verlorene Dachfläche, interpretieren den Rhythmus der historischen Gliederung." Die großen Dachwohnungen haben keine „klassischen" Dachschrägen, sondern werden von einer fast tanzenden Glashülle räumlich begrenzt, die Fassade wurde zu einer dynamischen Welle. Die hofseitige Raumgliederung ist im Gegensatz zur Straßenfassade sehr kubisch verschachtelt, damit eine größtmögliche Privatheit für die Schlafräume entstehen konnte.

Akademie der bildenden Künste

1871

Schillerplatz 3
Besichtigung: öffentlich zugänglich
Transport: U1, U4, L1, L2 (Karlsplatz/Ring-Oper)

Die Akademie der bildenden Künste ist die älteste staatliche Ausbildungsstätte für Künstler in Österreich. Der klar gegliederte Baukörper mit den turmartigen Erhöhungen an den Ecken ist sicherlich ein Hauptwerk Hansens. Der Bau liegt nicht unmittelbar an der Ringstraße, sondern ist durch einen vorgelagerten Platz von ihr abgesetzt. Die Binnengliederung ist durch den selbstständigen Baukörper der Aula im einzigen Innenhof leicht lesbar gehalten. An der zur Makartgasse gelegenen Seite steht Josef Hoffmanns Denkmal für den berühmtesten Inhaber des Architekturlehrstuhles der Schule, Otto Wagner.

Akademiehof Karlsplatz

1991

Getreidemarkt 2-4
Besichtigung: nur von außen
Transport: U1, U4 (Karlsplatz)

Der neue Akademiehof liegt direkt neben der Secession und der Akademie der bildenden Künste. Anlässlich der 300-Jahrfeier der Akademie machte die Stadt Wien der Universität, Akademie der bildenden Künste, das Grundstück zum Geschenk. Roland Rainer und Gustav Peichl entwickelten ein großstädtisches, gemischt genutztes Gebäude mit einer Passage im Erdgeschoss und Geschäftslokalen. Büroräume befinden sich in den unteren Geschossen, Wohnungen mit Terrassen in den beiden obersten Geschossen. Die unterschiedlichen Nutzungen sind an der Fassade funktionell ablesbar.

Böhler-Haus

1956

Elisabethstraße 12, Schillerplatz
Besichtigung: von außen
Transport: U1, U4 (Karlsplatz)

Das „Böhler-Haus" war als Erweiterung für das westlich gelegene Gründerzeithaus konzipiert, weshalb der Zubau ohne Haupttreppe konzipiert wurde. Die Glas-Curtain-Wall-Fassade ist nicht nur ein Hinweis auf die Stahlproduktion der Böhler-Werke, sondern war damals auch als eines der ersten Lebenszeichen einer jungen österreichischen Architekturgeneration verstanden worden. In seiner österreich-spezifischen Relevanz dem Museum des 20. Jahrhunderts von Karl Schwanzer vergleichbar. Das Gebäude selbst hat einen funktionellen Bürogrundriss, im Dachgeschoss befand sich die Generaldirektion. Das Haus steht heute unter Denkmalschutz. Nach einer Renovierung ist das Gebäude heute Teil des Luxushotels „Le Meridien".

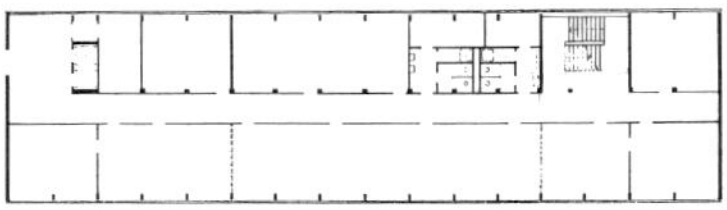

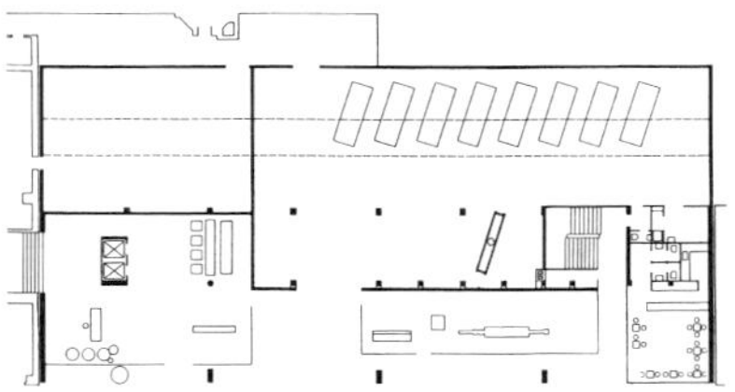

Secession

1897

Friedrichstraße 12
Besichtigung: während der Öffnungszeiten
Transport: U1, U4 (Karlsplatz)

Die Wiener Secession wurde 1897 nach dem Vorbild der Münchner Künstlervereinigung gegründet. Ihre Aufgabe sollte die Zusammenfassung der neuen, avantgardistischen Kunstströmungen sein, die durch einen Ausstellungsbau einer breiteren Bevölkerungsschicht vorgestellt werden sollten. Olbrich löste diese Bauaufgabe durch eine Trennung der Volumina in einen repräsentativen Kopfbau und eine schlichte Halle. Die Durchdringung von klassischer Auffassung – er hatte beim Entwerfen den Tempel von Segesta vor Augen – mit abstrakten, rationellen (Kubus, Quadrat, Kreis) und mimetisch mystischen Elementen (Efeu, Schlangen), wurde von Olbrich in einer sensiblen Balance gehalten. 1982-86 von Adolf Krischanitz renoviert und umgebaut. 2006 erhielt die Secession im Rahmen des U-Bahnbaues neue Räumlichkeiten im Untergeschoss (Planung: Adolf Krischanitz, Statik: Wolfdietrich Ziesel).

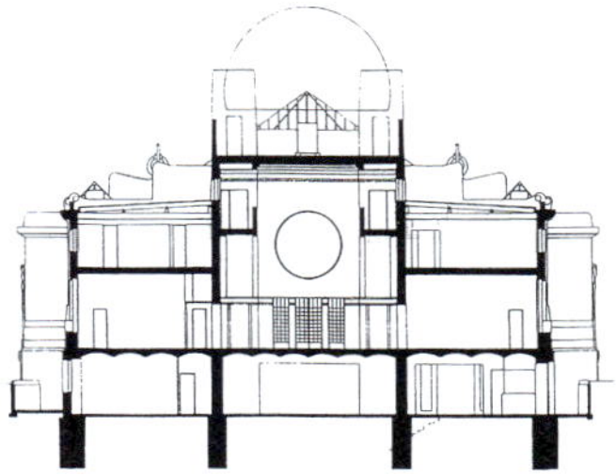

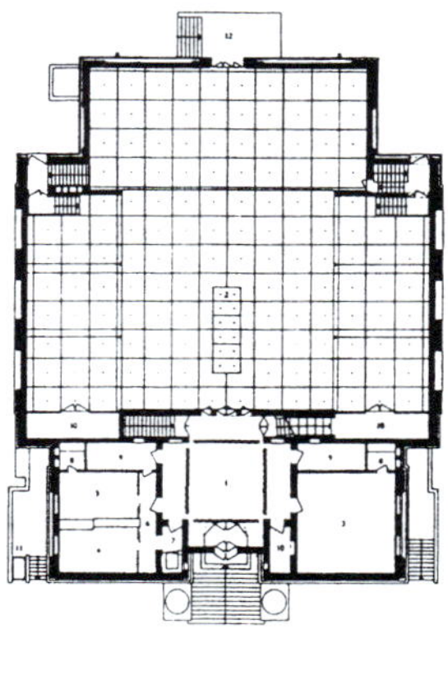

Stadtbahn und Vorortelinie

1896

Besichtigung: öffentlich zugänglich
Transport: U4, U6, S45

Die im Jahr 1892 geschaffene „Commission" für Verkehrsanlagen bestellte aufgrund einer einstimmigen Empfehlung der „Genossenschaft der bildenden Künste Wiens" Otto Wagner am 25. April 1894 als künstlerischen Beirat, der in der Folge für sämtliche baukünstlerischen Agenden beim Bau der Wiener Stadtbahn zuständig war. Die Wiener Stadtbahn kann als größtes Gebäude von Wien bezeichnet werden. Über 30 Stationen und Haltestellen sowie ca. 45 km Schienenlänge wurden nach Wagners Entwürfen realisiert: Vorortelinie (1895-96), Donaukanal-Wientallinie (1896-1900), Gürtellinie (1895-97), Linie in den 2. Bezirk (1899, wieder abgerissen). Wagner hat über 2000 Pläne für die Stadtbahn gezeichnet, wobei es genaue Vorgaben gab: Bahnhofgebäude als Putzbauten, Viaduktbauten als Ziegel-Rohbau, Brücken aus Eisen. Die Stadtbahn gehört in gestalterischer, urbaner, technischer und funktioneller Hinsicht zu einem der komplexesten Gebäude Wiens, welches die Stadtgestalt prägt. Veränderungen im Rahmen des Wiener U-Bahnbaus (siehe auch Nr. 1.-81).

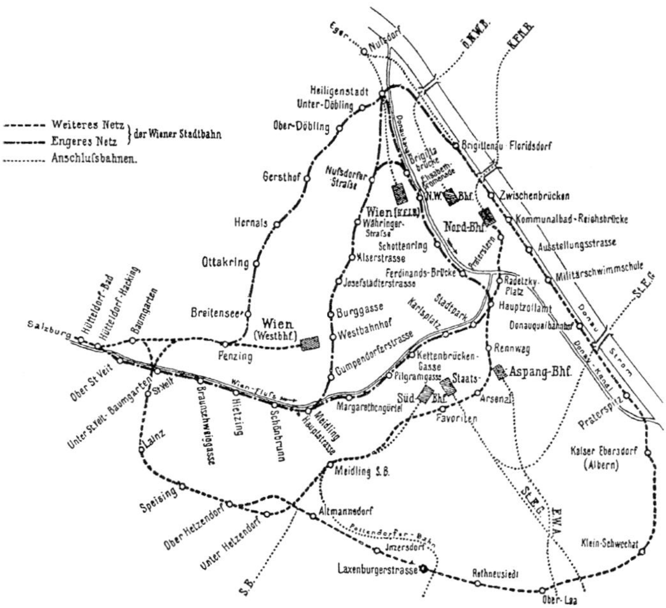

KARLSPLATZ
CAFE

Musikvereinsgebäude

1866, 2001

Dumbastraße, Bösendorferstraße, Canovagasse, Karlsplatz
Besichtigung: bei Veranstaltungen
Transport: U1, U4 (Karlsplatz)

Durch die jährliche, weltweite Übertragung des Neujahrskonzertes der Wiener Philharmoniker ist der Große Musikvereinssaal in Theophil Hansens Bau wohl der bekannteste Konzertsaal der Welt. Der Saal ist das Kernstück des gesamten Gebäudes, der sich auch in der äußeren Struktur – in dem ausgewiesenen Mittelschiff – ablesen lässt. Besonders die Konstruktion des Obergadens besticht durch ihre Leichtigkeit. Der Bau ist gegenüber dem benachbarten Künstlerhaus (1865-68 nach Plänen von Andreas Streit, Eduard van der Nüll, August Sicard von Sicardsburg errichtet) um 90 Grad gedreht, und schafft damit einen kleinen Platz, der aber gerade in seiner heutigen städtebaulichen Situation reichlich undefiniert bleibt. Von 2001 bis 2003 wurden unter dem Vorplatz vor dem Musikvereinsgebäude von Holzbauer vier neue Konzertsäle geplant: der Gläserner Saal (230 m^2), der Metallene Saal (145 m^2), der Steinerne Saal (109 m^2) und der Hölzerne Saal (88 m^2).

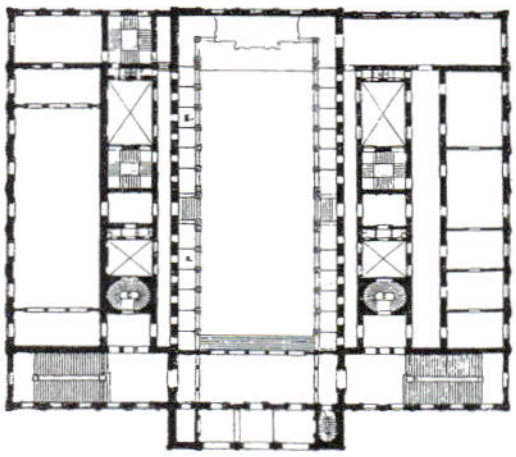

Palais Lobkowitz

1685

Lobkowitzplatz 2
Besichtigung: während der Öffnungszeiten
Transport: U1, U4 (Karlsplatz)

Das Stadtpalais des Grafen Dietrichstein wurde vermutlich von Giovanni Pietro Tencala 1685-87 errichtet, der die Fassaden in frühbarocker Manier flächenbetont durch eine Art Flechtwerk gliederte. Johann Bernhard Fischer von Erlach deutete um 1710 durch eine monumentale Attikazone über dem flachen Mittelrisalit und ein Balkonportal den Baukörper in hochbarocker Weise um. Das Haus war im 19. Jahrhundert ein kultureller Treffpunkt – 1803 wurde im privaten Rahmen Beethovens „Eroica"-Symphonie uraufgeführt. Seit 1991 ist im Palais Lobkowitz das Österreichische Theatermuseum untergebracht (Architekten Karl Mang und Eva Mang-Frimmel).

Dietrich Ladtner von Pirn, Johann Ferdinand Hetzendorf von Hohenberg **1.-38**

Augustinerkirche

1330

Augustinerstraße
Besichtigung: öffentlich zugänglich
Transport: U1, U4 (Karlsplatz)

Kirchenbau und Kloster stehen im unmittelbaren Bauverband mit der kaiserlichen Hofburg. Die Kirche wurde vom bayrischen Baumeister Dietrich Ladtner von Pirn 1330-39 als dreischiffige Hallenkirche erbaut. Im 18. Jahrhundert wurde der in der Zwischenzeit barockisierte Innenraum von Johann Ferdinand Hetzendorf von Hohenberg regotisiert. Im Inneren befindet sich das 1798-1805 vom italienischen Bildhauer Antonio Canova errichtete Grabmal für Erzherzogin Marie Christine, Gattin von Albert von Sachsen-Teschen, dem Begründer der nahe gelegenen Graphischen Sammlung Albertina. Die Augustinerkirche unterhält einen berühmten Kirchenchor.

Kaisergruft

1619

Tegetthoffstraße 2
Besichtigung: während der Öffnungszeiten
Transport: U1,U4 (Karlsplatz)

Bei der Kaisergruft handelt es sich nicht nur um ein touristisches Ziel. Die Kaisergruft ist die bedeutendste Grabanlage einer Herrscherdynastie in der europäischen Neuzeit, seit dem frühen 17. Jahrhundert wurden fast alle Habsburger hier begraben. Aus den entsprechenden Epochen existieren bedeutende Sarkophage mit großer kunst- und kulturgeschichtlicher Relevanz. Seit 1717 öffentliche Zugänglichkeit der Grufträume, Erweiterungen durch J. N. Jadot (1753), J. Aman(n) (1824/25), J. Höhne (1840-42), C. Perisic (1908/09) und K. Schwanzer (1960-62).

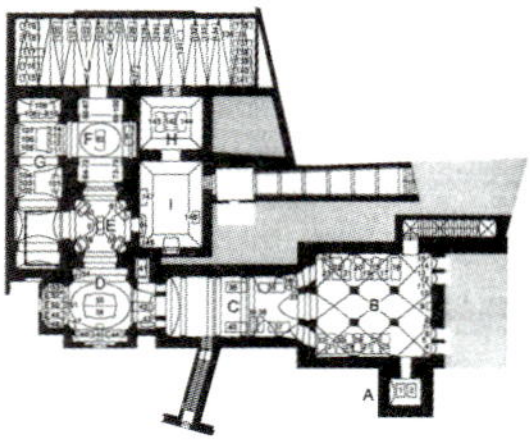

Georg Raphael Donner **1.-40**

Providentia-Brunnen (Donner-Brunnen)

1737

Neuer Markt
Besichtigung: öffentlich zugänglich
Transport: U1, U3 (Stephansplatz)

Älteste erhaltene, von der Gemeinde Wien in Auftrag gegebene Skulpturengruppe mit profanem Charakter zur Ausschmückung eines Platzes in Wien. Die Flussgötter Traun, Enns, March und Ybbs räkeln sich am Beckenrand. Dieser starke Umraumbezug und die Verwendung von Blei zum Guss der Figuren machen den Brunnen zum schönsten Barockbrunnen in Wien. Der Aufbau des Beckens und die sitzende Zentralfigur der „Providentia" (Vorsehung) folgen dem damals schon überholten Augsburger Brunnentypus. Die extrem länglichen Figuren sind eine Besonderheit des Spätstils Donners. 1770 auf Befehl von Kaiserin Maria Theresia wegen der Nacktheit entfernt, ursprünglich zur Einschmelzung freigegeben, 1801 Restaurierung und Wiederaufstellung der Skulpturen. 1873 im Auftrag der Stadtverwaltung Ersetzung der Bleifiguren durch Bronzekopien. Die Originale befinden sich seit 1921 in der Österreichischen Galerie im Unteren Belvedere.

COOP HIMMELB(L)AU: Wolf Prix und Helmut Swiczinsky **1.-41**

Reiss-Bar

1977

Marco-d'Aviano-Gasse 1
Besichtigung: öffentlich zugänglich
Transport: U1, U4 (Karlsplatz)

Ein Jugendwerk der beiden Architekten Wolf D. Prix und Helmut Swiczinsky, die unter dem Namen COOP HIMMELB(L)AU in den 80er Jahren für den österreichischen Diskussionsbeitrag zum Thema „Dekonstruktivismus" wesentliche Impulse lieferten. Die Idee zur „Reiss-Bar" wurde aus der fiktiven Notwendigkeit geboren, für 66 Personen Platz zu schaffen. Der notwendige Riss um „48 cm" führt so zum generierenden Entwurfskonzept.

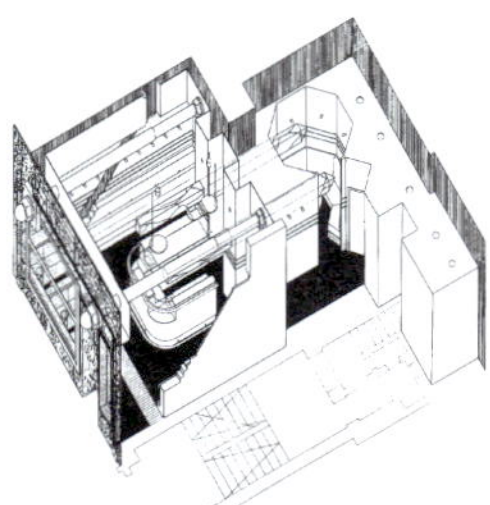

Kärntner-Bar (Loos-Bar)

1908

Kärntner Durchgang
Besichtigung: während der Öffnungszeiten
Transport: U1, U3 (Stephansplatz)

Ein Beitrag zur „Einführung abendländischer Kultur in Österreich". Loos verarbeitete bei diesem kleinen, aber umso feineren Auftrag wohl etwas wehmütig seine amerikanischen Erfahrungen. Die Fassade beeindruckt durch eine unorthodoxe Kombination von edlem Marmor mit einer plakativen Schriftzone aus buntem Glas, das Innere durch bis an die Grenzen getriebene Raumökonomie. Das Frühwerk Loos' musste durch Hermann Czech und Burkhardt Rukschcio rekonstruiert werden, nachdem es jahrzehntelang vernachlässigt worden war (1985, 1989). Großartige, optische Spiegelungen, ein absolutes „Must" für jeden Architektur-Liebhaber.

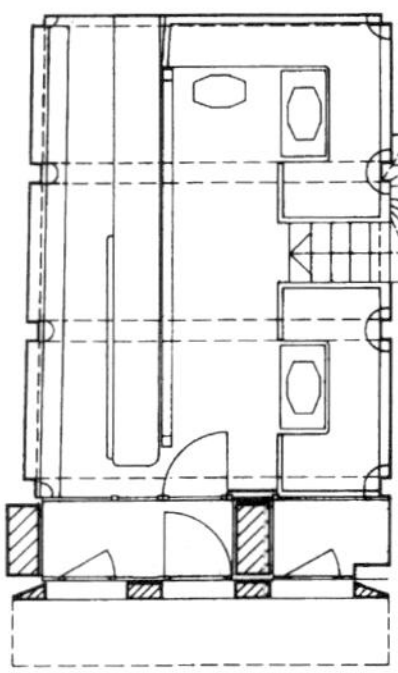

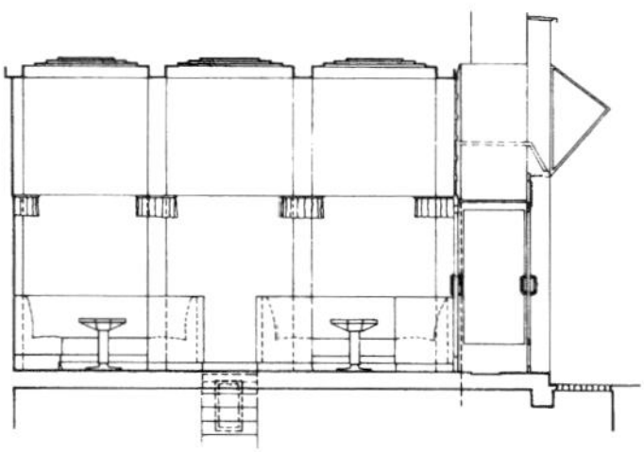

Umbau des jüdischen Museums der Stadt Wien

1995

Dorotheergasse 11, Palais Eskeles
Besichtigung: während der Öffnungszeiten
Transport: U1, U3 (Stephansplatz)

Das Palais Eskeles wird seit 1993 als Museumsstandort des jüdischen Museums der Stadt Wien genutzt. Nach einem provisorischen Umbau für die Eröffnung durch Martin Kohlbauer (1993) adaptierten Eichinger und Knechtl das gesamte Gebäude und gaben dem Museum eine neue „Halbtonne", ein großartiges, parabolisches Glasdach, welches den gesamten Hof überdacht, wodurch der Hof als neues Museumsatrium fungiert. Da das Gebäude unter Denkmalschutz steht, mussten die Innenräume teilweise erhalten bleiben, was im Gegensatz zur Museumsanforderung steht.

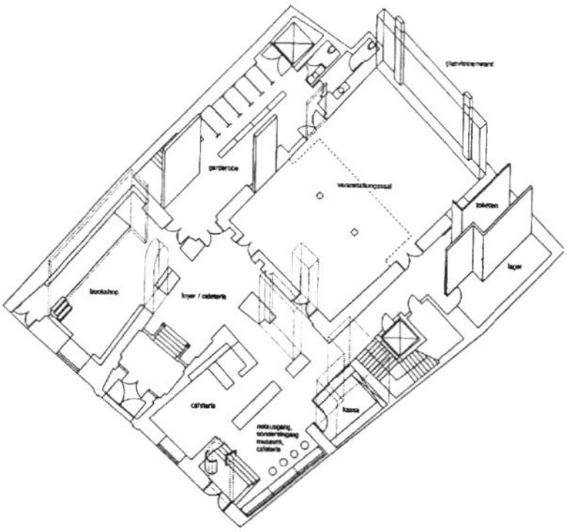

1.-44 *Johann Ferdinand Hetzendorf von Hohenberg*

Palais Pallavicini
1783

Josefsplatz 5
Besichtigung: von außen
Transport: U3 (Herrengasse)

Der Bau hat ähnlich heftige Diskussion hervorgerufen wie Adolf Loos' Haus am nahe gelegenen Michaelerplatz; auch dieses Palais schien seiner Zeit zu schlicht und zu wenig repräsentativ für seine Lage in unmittelbarer Nähe zur Hofburg. Der geschlossene und einfach gegliederte Baukörper wurde nachträglich durch plastische Akzente, u. a. durch Skulpturen von Franz Anton Zauner, „aufgewertet", von dem auch das gegenüberliegende Denkmal für Joseph II. stammt.

1.-45 *Alois Pichl, Gerhard Lindner*

Palais Niederösterreich. Umbau und Revitalisierung
1832, 1999, 2001

Herrengasse 13, Minoritenplatz 7-7a
Besichtigung: teilweise, während der Öffnungszeiten
Transport: U3 (Herrengasse)

Bedeutender Profanbau mit alle Stile umfassender Baugeschichte. Ein Ort bedeutender historischer Ereignisse der österreichischen Geschichte, u. a. Ausgangspunkt der Revolution von 1848. Ab 1837 wurde der wuchtige Bau von Alois Pichl im Stil des Klassizismus unter Einbeziehung älterer Bausubstanzen errichtet. Der kubisch geschlossene Baukörper wird von der Riesenordnung des Mittelrisalites dominiert, der vor allem auf den Blick von der Freyung aus berechnet ist. Die zweite Hauptfassade des Baus am Minoritenplatz ist hingegen mit flachen Pilastern gegliedert. Seit der Wahl St. Pöltens zur neuen Landeshauptstadt Niederösterreichs neue Nutzung und elegante architektonische Revitalisierung (ca. 16.500 m²) durch Architekt Gerhard Lindner. Gläserne Verbindungsbrücke zum Nebenhaus (Herrengasse 11).

Hochhaus Herrengasse

1931

Herrengasse 6-8, Fahnengasse 2,
Wallnerstraße 5-7
Besichtigung: von außen
Transport: U3 (Herrengasse)

Der „Wohnturm" in der Herrengasse wurde als Gegenprogramm zu den – auch von konservativer Seite nicht zu bestreitenden – Leistungen des „Roten Wiens" bei der Beschaffung von Wohnraum vom Österreichischen Creditinstitut aus den Mitteln der Wohnbauhilfe errichtet. Eine über neun Stockwerke reichende Blockrandbebauung wird durch einen 16-geschossigen Wohnturm abgeschlossen, wobei es den Architekten gelang, dieses einzige Wiener Hochhaus der Zwischenkriegszeit durch Abtreppungen unsichtbar in das Straßenbild einzuflechten. Das Vorgehen ist vielleicht nicht sehr konsequent, aber die Lösung dieser Quadratur des Kreises gehört zu den interessanteren architektonischen Leistungen der 1930er Jahre in Wien.

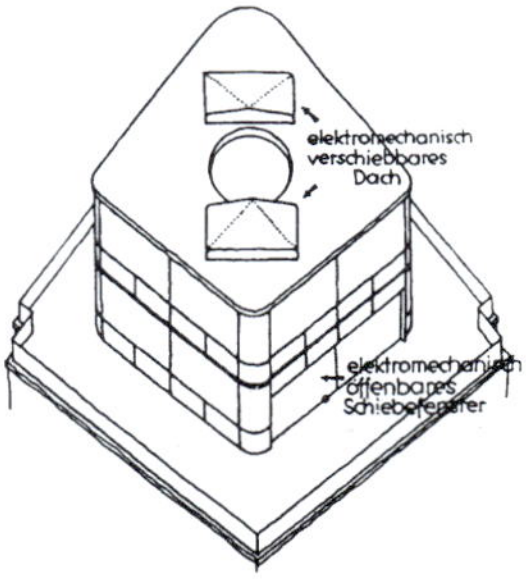

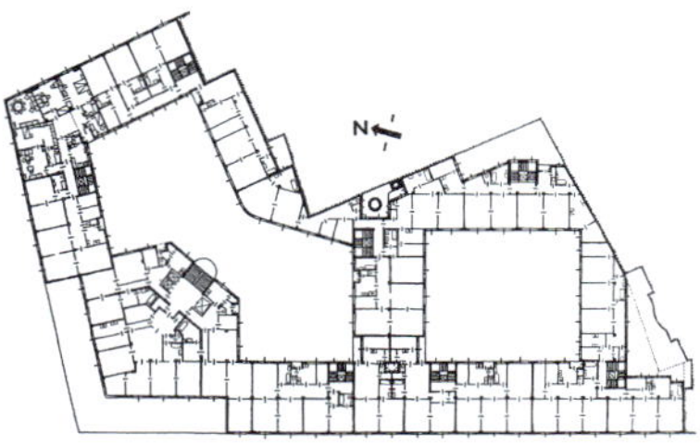

1.-47

Heinrich von Ferstel

Palais Ferstel (ehem. Österreichisch-Ungarische Nationalbank)

1856

Herrengasse 14, Freyung 2
Besichtigung: teilweise öffentlich zugänglich
Transport: U3 (Herrengasse)

Heinrich von Ferstel errichtet auf dem unregelmäßigen Baugrund eines abgerissenen Barockpalais den räumlich komplexen Sitz der Österreichisch-Ungarischen Nationalbank. Bemerkenswert ist der reich gestaltete öffentliche Durchgang von der Freyung zur Herrengasse, der sich an italienischen und französischen Passagen orientiert und dem Bau einen internationalen großstädtischen Anschein gibt. Der Bau beherbergt das berühmte Café Central (Rekonstruktion), das ein Haupttreffpunkt der Wiener Literaten- und Künstlerszene des Fin de Siècle war.

1.-48

Domenico Martinelli

Palais Harrach

1690

Freyung 3
Besichtigung: während der Öffnungszeiten
Transport: U2, L1, L2 (Schottentor)

Repräsentatives Stadtpalais, welches den Platz der Freyung dominiert. Das heutige äußere Erscheinungsbild ist durch mehrmalige Renovierungen geprägt. Die Fassade des nach den Plänen Domenico Martinellis errichteten Stadtpalais wurde Mitte des 19. Jahrhunderts essenziell umgestaltet. Nach einem Bombenschaden wurde 1948-52 die ursprüngliche, barocke Fassade rekonstruiert. Seit der sehr gründlichen Renovierung in den 1990er Jahren wird der Bau gemischt genutzt; Teile dienen dem Kunsthistorischen Museum als Ausstellungsfläche (Renovierung: Architekt Manfred Wehdorn).

Johann Lucas von Hildebrandt **1.-49**

Palais Kinsky (ehem.: Palais Daun)

1713

Freyung 4
Besichtigung: von außen
Transport: U2, L1, L2 (Schottentor)

Johann Lucas von Hildebrand errichtete für den Feldmarschall Wirich Philipp Laurenz von und zu Daun dieses bedeutende hochbarocke Stadtpalais. Die flächige Fassade lebt von der Spannung zwischen der additiven Gliederung und der Ausbildung eines Mittelrisalites, der aber weniger plastisch herausgearbeitet, sondern mittels sich verjüngender, ornamentierter Pilaster im Gegensatz zu den kanonischen der Seitenpartien lediglich angedeutet wird. Die gesamte Fassadengliederung kulminiert in einem plastisch artikulierten Hauptportal. Seit 1777 Palais der Fürsten Kinsky. Bauliche Veränderungen durch Ernest Koch, 1798-1800, etappenweise Renovierung seit 1984.

Josef Kornhäusel **1.-50**

Schottenhof

1826

Freyung 6, Schottengasse 2,
Helferstorferstraße 2 und 4
Besichtigung: teilweise
Transport: U2, L1, L2 (Schottentor)

Pfarr- und Stiftskirche und Benediktinerabtei „Unserer lieben Frau zu den Schotten". Weiträumiger Komplex mit Kirche und mehrgeschossigen Wohnbauten. Josef Kornhäusel gab dem mittelalterlichen Klosterkomplex 1826-32 eine einheitliche Fassung und Strukturierung in einer ruhigen, klassizistischen Stillage, die auch mit dem Kirchenbau des 17. Jahrhunderts harmoniert. Er errichtete anstelle des gotischen Kreuzgangs ein neues Konventsgebäude und anstelle der Wirtschaftsgebäude ein Mietshaus. Kornhäusel sorgte auch für die Innenausstattung des Klosters, besonders bemerkenswert ist die Bibliothek. Das Museum des Schottenstiftes ist nach einem Umbau wieder öffentlich zugänglich. Stiftskirche Maria Himmelfahrt als barocker Neubau ab 1638 durch die Baumeister Antonio Carlone und Marco Spazio.

Bankgebäude, Generalsanierung

1997

Renngasse 3
Besichtigung: während der Öffnungszeiten
Transport: U3 (Herrengasse)

Von außen unsichtbar, im Inneren jedoch eine baukünstlerische Sensation: Die Bestandsbauten wurden bis zur jeweiligen Mittelmauer abgebrochen, anschließend beginnen die präzise ausformulierten Neubauten. Im Erdgeschoss befindet sich eine durchgehende Halle mit Oberlicht, darüber vier Bürogeschosse. Von besonderer Qualität ist die Überdachung des Hofes, eine Zusammenarbeit der Architekten mit dem Statiker Karlheinz Wagner. Hier entstand ein transparentes Luftpolsterdach, das von ein paar Stahlseilen, Druckstäben und einer Reihe von Stahlbögen getragen wird. Das ist alles, um ein 15 Meter mal 18 Meter großes PVC-Luftpolsterdach zu tragen. Architektur und Materialethik at its best. Planungsbeginn 1997, Fertigstellung 2000. Die Architekten erhielten für dieses Projekt den Bauherrenpreis der Zentralvereinigung der österreichischen Architekten 2001.

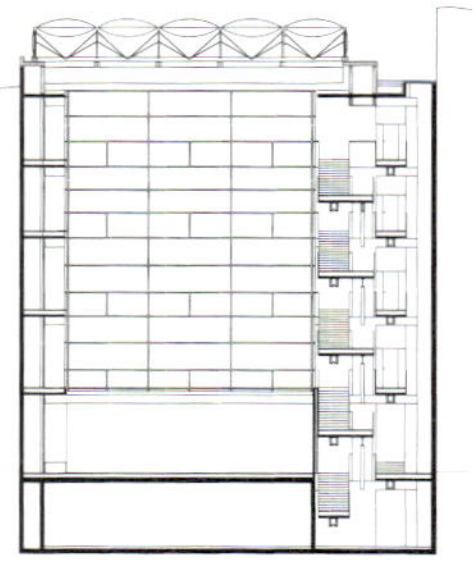

Bemerkenswertes barockes Stadtpalais von Johann Bernhard Fischer von Erlach unter Einbeziehung älterer Bausubstanz errichtet für Adam Graf Batthyány. Besitzwechsel 1740 an den Grafen Schönborn. Die Umbaupläne aus dem Jahr 1742 für die Festräume von Johann Lucas von Hildebrandt oder Peter (Ludwig?) van Roy wurden angeblich nicht verwirklicht. Große Pilasterordnung, eigenwilliges Mittelportal, Eingangshalle und doppelläufiges Stiegenhaus.

Palais Batthyány-Schönborn

1699

Renngasse 4
Besichtigung: von außen
Transport: U3 (Herrengasse)

Carlo Antonio Carlone **1.-53**

Am Hof-Kirche „Zu den neun Chören der Engel", Rektoratskirche der Erzdiözese Wien und Sitz der Kroatischen Katholischen Mission, ehemalige Karmeliter- und Jesuitenkirche. Ursprünglich befand sich hier die Kapelle der Babenberger-Residenz, die im 14. Jahrhundert zu einer dreischiffigen Hallenkirche ausgebaut wurde. Im Auftrag von Eleonore von Portugal wurde ab 1662 – vermutlich nach den Plänen Carlo Antonio Carlones – die spektakuläre Fassade errichtet. Dieser Vorbau, bestehend aus einem Altan zwischen zwei Wohntrakten, bildet einen Übergang zwischen profanöffentlicher und kirchlicher Sphäre und wurde als solcher auch für Staatsakte und sakrale Handlungen gleichermaßen benutzt.

Am Hof-Kirche „Zu den neun Chören der Engel"

1386

Am Hof
Besichtigung: öffentlich zugänglich
Transport: U3 (Herrengasse)

1.-54

Oskar Laske, Victor Fiala

Engel-Apotheke
1901

Bognergasse 9
Besichtigung: während der Öffnungszeiten
Transport: U1, U3 (Stephansplatz)

Eines der bedeutendsten Wohnhäuser in Wien mit Formen des floralen Jugendstils. Die schmale Parzelle wurde von dem Wagner-Schüler Oskar Laske, der sich später nur mehr der Malerei widmete (Werke sind in der Österreichischen Galerie im Belvedere zu besichtigen), und Victor Fiala bebaut. Laske konzentrierte den gemalten, secessionistischen Dekor um die Geschäftsgeschosse und gliederte die darüber liegenden Wohngeschosse – im Sinne Wagners – sehr viel spärlicher. Die zeitgenössische Einrichtung der Apotheke ist erhalten. Bemerkenswertes Mosaikdekor.

1.-55

Anton Ospel

Bürgerliches Zeughaus (h.: Feuerwehrzentrale)
1731

Am Hof 10
Besichtigung: von außen
Transport: U3 (Herrengasse)

Bedeutender Renaissance- und Barockbau, dominiert den Platz „Am Hof" im Norden. Bis 1421 Teil des jüdischen Ghettos, Standort des jüdischen Fleischhofes. Als Folge der ersten Türkenbelagerung Wiens wurde 1529 ein neuer Gebäudekomplex für den öffentlichen Waffenvorrat der Stadt errichtet. Im Zuge größerer Umbauarbeiten entstand 1731-32 die Giebelfassade, die französische Vorbilder reflektiert und als solche in der Wiener Bautypologie wenig Vergleichbares hat. Die beiden Skulpturen von Domenico Mattielli „Constantia" (Beharrlichkeit) und „Fortitudo" (Stärke) bezogen sich zwar auf den Wahlspruch Karls VI., sind aber auch ein gutes Motto für die Neunutzung des Baus als Feuerwehrzentrale. Seit 1884 Einzug der Feuerwehrzentrale.

Museum am Judenplatz mit Holocaust-Denkmal

1998

Judenplatz 8
Besichtigung: während der Öffnungszeiten
Transport: U1, U3 (Stephansplatz)

Das Holocaust Memorial von Rachel Whiteread am Wiener Judenplatz und das Museum Misrachi-Haus nähern sich mit Respekt und Achtung diesem Thema der österreichischen Geschichte. Whiteread war 1995 als Siegerin aus dem Künstlerwettbewerb für das Mahnmal hervorgegangen, gegen Teilnehmer wie Peter Eisenmann und Zvi Hecker. Das Wiener Architektenduo Jabornegg & Pálffy setzt mit seiner minimalistischen Gestaltung bewusst zeitgenössische Akzente, mit Sichtbetonwänden, Steintreppen, Stahl und Glas. Statik: Öhlinger & Metz (Misrachi-Haus), Karlheinz Wagner (Schauräume). Wettbewerb 1995, Planungsbeginn 1996, Fertigstellung Oktober 2000.

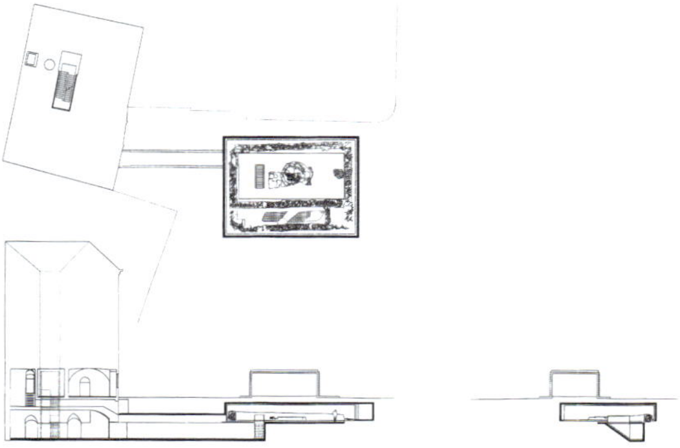

1.-57 *Luigi Blau*

Teehaus Demmer

1981

Mölker Bastei 3
Besichtigung: Geschäftszeiten
Transport: U2, L1, L2 (Schottentor)

Die räumliche Konzeption des Tee-Ladens interpretiert die Wiener Kultur der Raumnutzung mit Elementen einer Josef Frank'schen Asien-Haltung. Mit einfachen Architekturelementen entwickelte Blau eine exotische Atmosphäre. Die handwerkliche Verarbeitung trägt viel zu dieser Haltung bei. Heute leicht verändert, zum Zeitpunkt des Entstehens ein wichtiger Beitrag zur neuen „kleinen Architektur" in Wien.

1.-58 *Ensemble*

Mölkerbastei

1535

Mölkersteig, Schreyvogelgasse, Schottengasse
Besichtigung: öffentlich zugänglich
Transport: U2, L1, L2 (Schottentor)

Stellvertretend für mehrere, noch bestehende barocke Stadtensembles wird hier das Ensemble Mölkerbastei erwähnt. 1535 als Schottenbastei erbaut, im 19. Jahrhundert im Rahmen der Stadterweiterung größtenteils zerstört. Die kleinteilige Struktur zeigt noch den urbanen Maßstab der barocken Bürgerstadt. Mölkerbastei 8: „Pasqualatihaus", 1797 errichtet. Schottenbastei 3: „Melkerhof", 1769-74 neu erbaut. Mölkerbastei 10: „Haus Mölkerbastei" (Anfang 19. Jhdt.). Ebenfalls sehenswert: Ensemble Judenplatz und Ensemble Schönlaterngasse.

Ensemble Schönlaterngasse

Ensemble Mölkerbastei

Universität

1873

Dr.-Karl-Lueger-Ring 1
Besichtigung: öffentlich zugänglich
Transport: U2, L1, L2 (Schottentor)

Die Wiener Universität ist nach Prag die älteste deutschsprachige Universität. Lange Zeit war sie in der Inneren Stadt im Jesuitenkolleg untergebracht. Im Rahmen der Ringstraßenbebauung wurde sie in einem großzügig dimensionierten Neubau Heinrich von Ferstels untergebracht. Der große, massive Block steht an einem markanten Punkt der Ringstraße, deren äußere Seite er zum Freiraum vor der Votivkirche hin abschließt. Ein Blick über den Ring auf einen Rest der Bastion mit kleinteiliger barocker Bebauung macht den Maßstabssprung, der mit dem Bau der Ringstraße einsetzte, deutlich. Wunderschöner Innenhof.

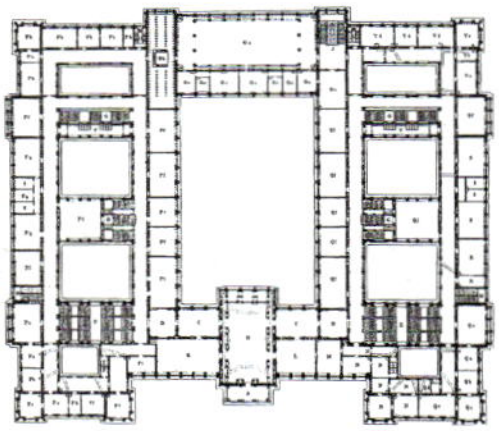

Walter Stelzhammer **1.-60**

Der typische Gründerzeitbau wurde 1881 von Wilhelm Stiassny errichtet und ist ein gutes Beispiel für eine neuzeitliche, intelligente Generalsanierung einer alten Bausubstanz. Ausbau des Dachgeschosses und Überbauung des Lichthofes. Die spektakuläre Wirkung des 23 m hohen Hofes wird durch die massive Pfeilerstruktur (90 x 90 cm) geprägt. Das Lichtkonzept stammt von Dieter Bartenbach. Mittels Lichtlenkung holt Bartenbach bis weit hinunter in den Hof Sonnenlicht ein, das Prismengläser in die Spektralfarben zerlegen und als Lichtpunkte an die Wand werfen.

Büroumbau, Beamtenversicherung – ÖBV

1995

Grillparzerstraße 14
Besichtigung: Eingangshalle nach Vereinbarung
Transport: U2, L1, L2 (Rathaus)

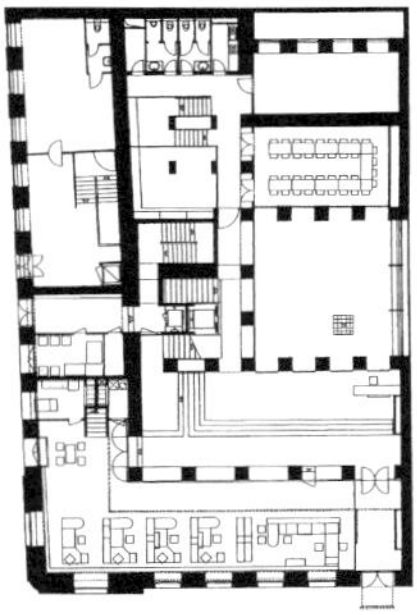

Otto Wagner **1.-61**

Das von Otto Wagner selbst erbaute und zum Teil bewohnte Haus (Stadiongasse 6-8) erhielt die Baubewilligung am 7. Juni 1882. Zur Erläuterung schreibt Wagner selbst: „So entstand aus der über 1500 m² großen Bauarena eine einfache, praktische Grundrissdisposition ... So sind die Vestibulensäulen Monolithe aus Untersberger Marmor, die Stiegenstufen aus Karst-Marmor, die sehr großen Gangfenster aus Eisen, die Wandleuchter aus Messing. Die Fassade ist sehr einfach ... und nur Werth auf große Verhältnisse, größere Fenstermittel und einfache, klare Motive gelegt." Das Haus ist besonders gut erhalten, Adolf Loos bewunderte die besonders noble Eingangssituation mit dem Vestibül.

Miethäuser Stadiongasse

1882

Stadiongasse 6-8
Besichtigung: von außen
Transport: U2, L1, L2 (Rathaus)

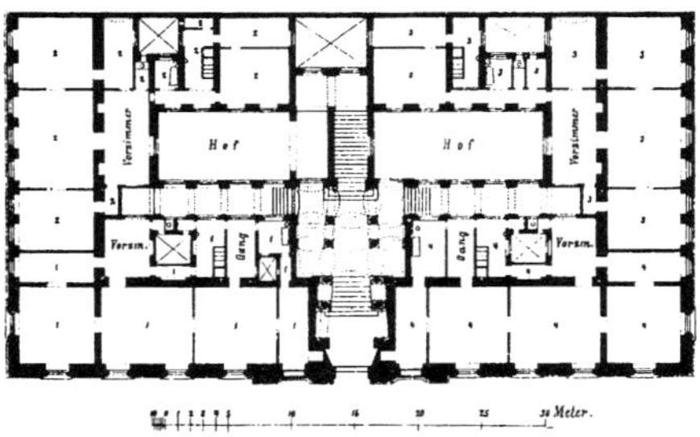

Rathaus

1872

Rathausplatz 1, Felderstraße, Friedrich-Schmidt-Platz
Besichtigung: öffentlich zugänglich
Transport: L1, L2 (Rathausplatz)

Gilt als ein Hauptwerk der Spätphase des Strengen Historismus und ist einer der herausragendsten Monumentalbauten des Wiener Ringstraßen-Ensembles. Trotz seines „gotischen" Auftretens ist das Wiener Rathaus durch sein rustiziertes Sockelgeschoss eigentlich ein Stilgemisch. Der Baukörper, an mittelalterlichen niederländischen Vorbildern orientiert, wirkt im Wiener Weichbild etwas fremd, da sehr wenige gotische Profanbauten überlebt haben. Sein Erbauer, Friedrich von Schmidt, war der Hauptvertreter der Neogotik in Österreich, der nicht zuletzt durch sein Amt als Dombaumeister des Wiener Stephansdomes eine genaue Kenntnis dieser Epoche hatte. Durch Silja Tillner entstand 1999 eine textile Hofüberspannung mittels eines fahrbaren Membrandaches.

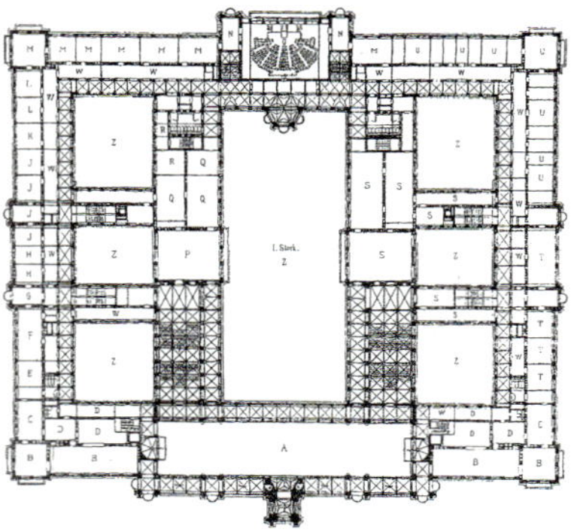

Rathaus, Tiefspeicher

2001

Die Wiener Stadt- und Landesbibliothek erhielt mit diesem Tiefspeicher die notwendige Möglichkeit die vielfältige Sammlung entsprechend zu archivieren. Das Konzept der Hofbebauung stellt eine spannende Dialektik zwischen Bestand und neuer Intervention dar, mit wohldurchdachter Belichtung und sinnvoller Wegeführung. Die Gestaltung der Dachlandschaft als eigentliche Fassade durch den Künstler Lois Weinberger stellt ein besonders intelligentes Reagieren auf die Substanz des Hofes dar. Der Ausblick auf den Neubau ist ein Ausblick auf die Kunst.

Rathaus Wien, Hof 6 (Felderstraße)
Besichtigung: Öffnungszeiten
Transport: U2 (Rathaus)

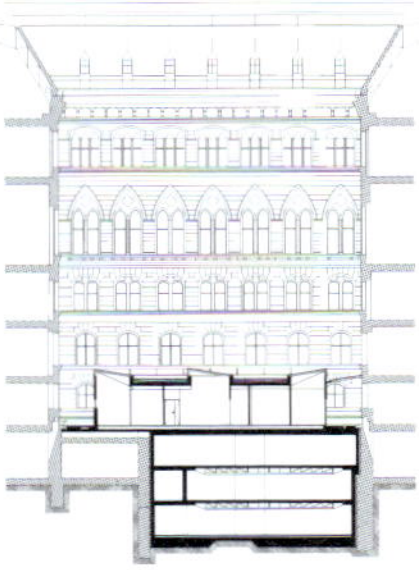

Rathaus, Büropavillon im Hof 2

1999

Das Rathaus ist durch seine Größe und Funktion in permanentem Umbau begriffen. Zu den interessanteren Interventionen gehören jene Architekturen, die aus dem Kontrast zum schweren Steinmauerwerk des Haupthauses heraus eine besondere Aufmerksamkeit auf sich ziehen. Wie selbstverständlich ordnet sich der runde Büropavillon in den dunklen Hof Nr. 2 ein, die verglaste Zugangsbrücke hebt die autonome Qualität des Einbaues noch hervor. Von einem zentralen Foyer mit Oberlicht werden die Büros sektoral erschlossen.

Rathausplatz 1
Besichtigung: während der Öffnungszeiten
Transport: U2 (Rathaus)

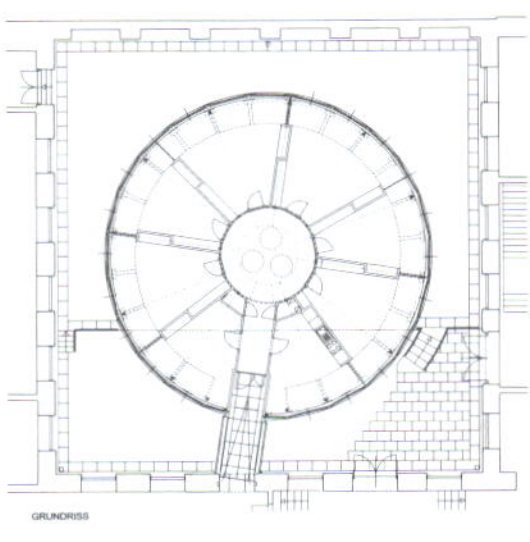

Burgtheater

1874

Dr.-Karl-Lueger-Ring 2
Besichtigung: öffentlich zugänglich
Transport: L1, L2 (Burgtheater)

Gottfried Semper folgte bei der Konzeption des Wiener Burgtheaters, das das alte Hoftheater am Michaelerplatz ersetzen sollte, seinem Entwurf für die Dresdner Oper. Der kompakte konvexe Mittelrisalit nimmt den Zuschauerraum und die Erschließungsstiegen auf. Das Bühnenhaus ist klar erkennbar hinter diesem angeordnet. Mehr aus Gründen der städtebaulichen Wirkung denn aus tatsächlicher Notwendigkeit wurden die beiden Seitenflügel mit den Galerien angebunden. Im Erdgeschoss befindet sich das neue Restaurant „Vestibül", gestaltet von Luigi Blau.

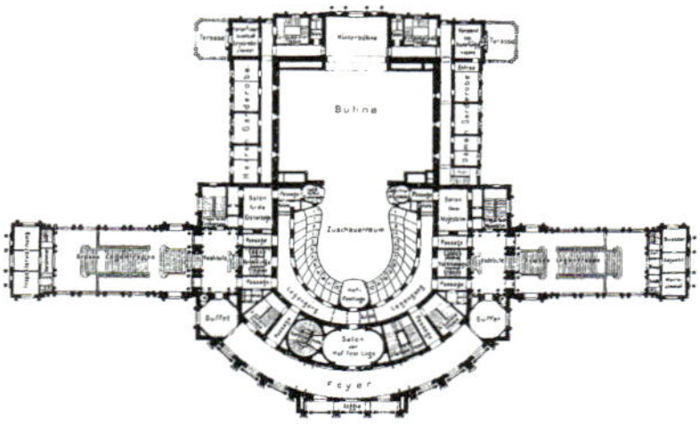

Volksgarten, Theseustempel, Kaiserin-Elisabeth-Denkmal

1819 (1904)

Volksgarten
Besichtigung: öffentlich zugänglich
Transport: L1, L2 (Parlament)

Als Gegenpol zum Burggarten wurde 1819-23 der öffentlich zugängliche Volksgarten als innerstädtische Grünzone angelegt. Im „Cortischen Kaffeehaus" 1823 von Peter Nobile errichtet (1954-58 von Oswald Haerdtl umgebaut) fanden die bekannten Konzerte von Josef Lanner und der Familie Strauß statt. Fast gleichzeitig mit diesem Café entstand auch der Theseustempel von Peter Nobile, der ursprünglich Antonio Canovas „Theseus-Gruppe" aufnahm (heute im Stiegenaufgang des Kunsthistorischen Museums ausgestellt). Wie auch bei den Wienfluss-Bauten im Stadtpark setzt Friedrich Ohmann bei der „Umraumgestaltung" des Kaiserin-Elisabeth-Denkmals auf einen stimmungsvollen Charakter der Anlage (Sitzskulptur der Kaiserin von Hans Bitterlich).

Volksgarten

1954

Volksgarten-Café
Besichtigung: Öffnungszeiten
Transport: L1, L2 (Dr.-Karl-Renner-Ring)

Basierend auf einem Vorentwurf aus dem Jahr 1948 wurde hier durch den Josef Hoffmann-Schüler Oswald Haerdtl ein „charakteristischer" Bau der 50er Jahre verwirklicht. In das Konzept musste eine teilweise zerstörte Kollonade des Architekten Peter Nobile (1823) inkludiert werden. Der Wintergarten mit tropischer Vegetation und das Ambiente mit Marmor, Spiegel und Edelholzfurnieren ist seit den 1990er Jahren ein beliebter Treffpunkt der Wiener Clubbing-Szene geworden.

1.-68 *Johann Lucas von Hildebrandt*

Bundeskanzleramt
1717

Ballhausplatz 2
Besichtigung: von außer
Transport: U3 (Herrengasse)

Historisch und künstlerisch äußerst bedeutsamer monumentaler hochbarocker Palast. Heute Bundeskanzleramt, ehemalige „Geheime Hof- und Staatskanzlei", in unmittelbarer Nähe der Wiener Hofburg von Johann Lucas von Hildebrandt errichtet. 1764-67 Umgestaltung der Innenräume durch Nicolaus Pacassi. Anfang des 19. Jahrhunderts nochmals erweitert. Die Hauptfassade entspricht mit dem plastisch durchgebildeten Eingangsportal aber noch Hildebrandts ursprünglichem Entwurf. 1814-15 war dieses Gebäude zentraler Schauplatz des Wiener Kongresses. Das Gebäude ist heute Sitz des österreichischen Bundeskanzlers und der Bundesregierung, die hier die Ministerratssitzungen abhält.

1.-69 *Anonymer Baumeister, Umbau Johann Ferdinand Hetzendorf von Hohenberg*

Minoritenkirche
Ab 1247, 1785-86 Umgestaltung

Minoritenplatz 2a
Besichtigung: öffentlich zugänglich
Transport: U3 (Herrengasse)

Klosterkirche, Sitz der italienischen Gemeinde und Kloster Zum Hl. Kreuz. Bautätigkeit im Mittelalter ab 1247 nachgewiesen, dreischiffige Hallenkirche. Die großzügig durchlichtete Kirche wurde 1340-1400 an einen etwas älteren Chor angeschlossen. Das Mittelportal mit dem Tympanon entstand um 1350 und folgt französischen Vorbildern. Der mittelalterliche Bau wurde im 18. Jahrhundert durch Joh. Ferd. Hetzendorf von Hohenberg stark verändert, der Ludwigschor abgerissen und die Barockisierung des Inneren rückgängig gemacht. Wichtiges Beispiel einer „Regotisierung" der josephinischen Neugotik. Noch in den Jahren 1902-09 wurden das Sakristeihaus und der Arkadenbau der Anlage errichtet.

Palais Liechtenstein

1694

Bankgasse 9 (Minoritenplatz 4)
Besichtigung: von außen
Transport: L1, L2 (Burgtheater)

Äußerst bedeutendes Stadtpalais, verstanden als Initialwerk der hochbarocken Architektur in Wien. Die Errichtung des Palais wurde von Dominik Graf Kaunitz nach Plänen von Domenico Martinelli in Auftrag gegeben, aber unter Johann Adam von Liechtenstein nach einigen Änderungen von Gabriele de Gabrieli vollendet. Der um einen quadratischen Innenhof gruppierte Bau hat zwei repräsentative Eingangsportale, eines zur Bankgasse und eines zum Minoritenplatz. Die Bauplastik stammt teilweise von Giovanni Giuliani. Das Innere wurde 1836-47 mit einer Neorokoko-Einrichtung versehen (Peter Hubert Desvignes), an der auch Michael Thonet – der Erfinder der berühmten Bugholzmöbel – beteiligt war, ebenso Carl Leistler.

Theophil von Hansen (Totalsanierung: Alexander v. d. Donk, Georg Töpfer) 1.-71

Palais Epstein, h.: Bürogebäude

1868, 2002

Dr.-Karl-Renner-Ring 1
Besichtigung: von außen
Transport: L1, L2 (Dr.-Karl-Renner-Ring)

Theophil von Hansen errichtete dieses Privatpalais für den geadelten Bankier Gustav R. von Epstein. Für das aufstrebende Wiener Großbürgertum war der Ringstraßenbau eine willkommene Gelegenheit, das neu erworbene Vermögen zur Schau zu stellen und mit dem oftmals weit weniger finanzkräftigen Hochadel zu konkurrieren. Das Neo-Renaissance-Palais, seit 1902 in staatlichem Besitz, war bis 1922 Sitz des Verwaltungsgerichtshofes. 1945-55 Sowjetischen Kommandantur, danach Sitz des Wiener Stadtschulrates. Sensible Adaption für die Funktionen eines repräsentativen Abgeordneten-Hauses im Jahr 2002. Neue Stahlglasdachkonstruktion und neue Erschließung im ehemaligen Dienstbotentrakt.

Parlament

1871

Dr.-Karl-Renner-Ring 3
Besichtigung: nach Vereinbarung
Transport: L1, L2 (Parlament)

Die Wahl antikisierender Formen für den Neubau des Parlamentes war durchaus programmatisch gedacht. Die Anknüpfung an die griechischen Demokratien sollte auf die lange Tradition der in Österreich noch relativ jungen Regierungsform anspielen: Eingebettet war diese Entscheidung allerdings in eine breitere klassizistische Strömung. Das Gebäude ist heute Sitz des National- und des Bundesrates, der höchsten gesetzgebenden Gremien Österreichs. Nach schwereren Kriegsschäden wurde es 1955/56 von Eugen Wörle und Max Fellerer instandgesetzt.

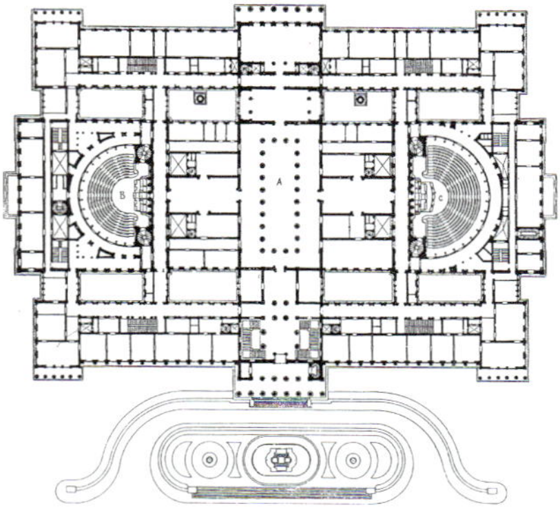

Besucher- und Pressezentrum des Parlaments

2004

Dr.-Karl-Renner-Ring 3
Besichtigung: während der Öffnungszeiten
Transport: L1, L2 (Parlament)

Mit dem Begriff „Demokratie Heute" könnte man die längst fällige Publikumsöffnung der Parlamentsräume bezeichnen. Der Einbau eines neuen Sitzungssaales nach dem Zweiten Weltkrieg (Bombenschaden) war die einzige Veränderung seit der Errichtung 1873-1884. Hundertzwanzig Jahre nach seiner Eröffnung bringt das neue Besucherzentrum das Symbolgebäude der Demokratie seinen Wählern etwas näher. In nur einem Jahr Bauzeit realisierte das Architektenteam mit einem neuen Foyer unter der alten Zufahrtsrampe und dem Besucherzentrum sowie einem neuen Pressesaal eine überzeugende architektonische Intervention, die durch eine bewusst zeitgenössische Haltung sich wohltuend von dem historischen Umfeld absetzt. Klare Raumsequenzen, eine zurückhaltende Farbgebung und eine gute Lichtplanung sorgen für eine sinnvolle neue Atmosphäre. Infoscreens ergänzen die funktionelle Gestaltung.

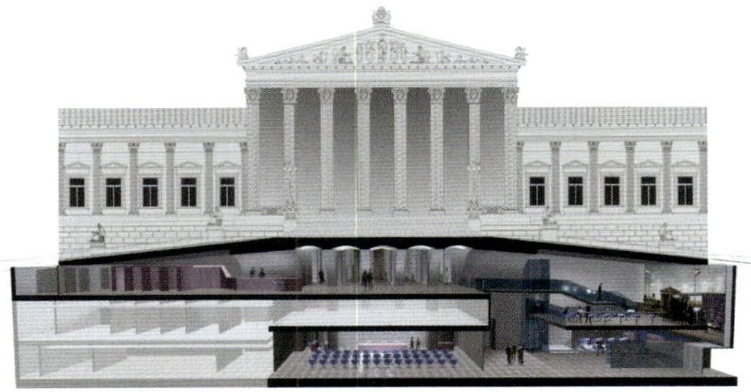

Söhne & Partner (Guido Trampitsch, Michael Prodinger, Thomas Bärtl) 1.-74

Club Passage

2002

Burgring Ecke Babenbergerstraße, Passage
Besichtigung: Öffnungszeiten
Transport: U2 (MuseumsQuartier), L1, L2 (Burgring)

Eine Fußgängerunterführung an der Ringstraße mutierte dank eines innovativen Konzeptes zur derzeitigen In-Location der Clubbing-Szene. Die desolate Unterführung sollte zugeschüttet werden. Sunshine Enterprises waren auf der Suche nach einer permanenten Location für ihre Clubbings. Mit zehnjähriger Erfahrung wurde die „Passage" neu definiert: Perfekte neue Lichtszenarien, weißes Kunstleder, flexible Positionen der Bars, Spiegelwände – eine einzige Tanz-Bar-Zone. Durch die neutrale weiße Farbe kann das Interieur wunschgemäß durch die Lichtszenarien in jede erdenkliche Farbenwelt mutieren.

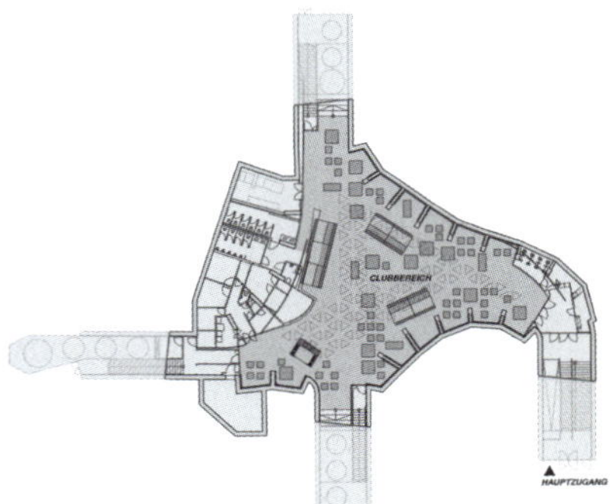

Juridische Fakultät der Universität Wien

1968

Schottenbastei 10-16
Besichtigung: öffentlich zugänglich
Transport: U2, L1, L2 (Schottentor)

Wenige Minuten vom alten Hauptgebäude der Universität Wien an der Ringstraße befindet sich eines der wenigen Hightech-Gebäude der Wiener Innenstadt: die rechtswissenschaftliche Fakultät der Universität Wien. Das Gebäude nimmt einen ganzen gründerzeitlichen Häuserblock ein und besticht durch seine intelligente Baukonstruktion. Um die Erdgeschosszone frei zugänglich zu gestalten, wurde das gesamte Gebäude von vier 9 m hohen Stahlfachwerken abgehängt, die ihrerseits auf vier Stahlbetonschächten aufliegen. Die Hängesäulen wurden aus Brandschutzgründen mit Wasser gefüllt. Innerhalb der Wiener Innenstadt eine einmalige Ausnahmesituation.

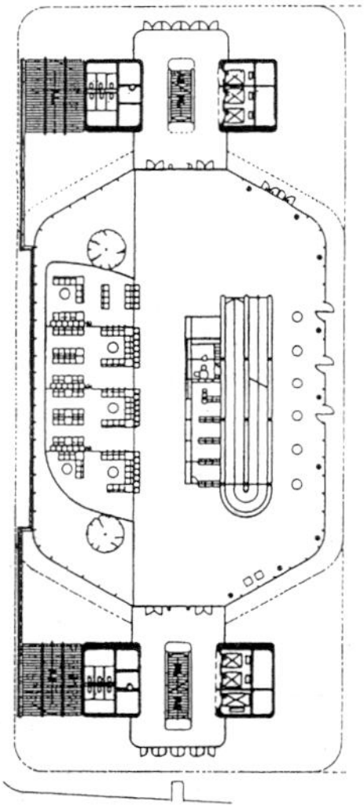

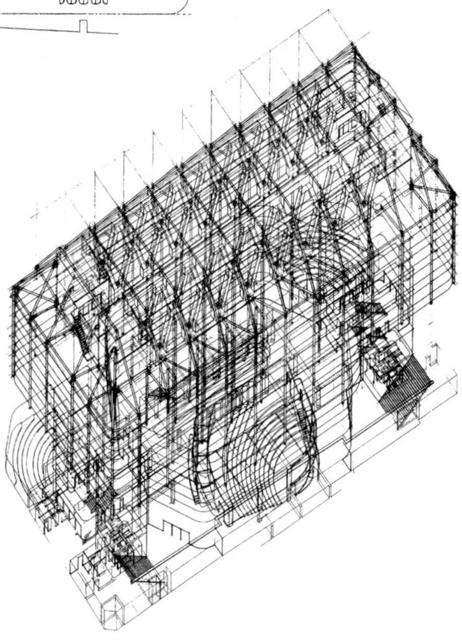

Mit diesem Gebäude errichtet Wagner das erste moderne Bürogebäude (Bankinstitut) in Wien. Sowohl der Grundriss und der Schnitt als auch die hofseitige Fassade zeigen den revolutionären Charakter des Hauses: Glasfußboden, Glasdecken, Leichttrennwände sowie eine radikale, reduzierte Hoffassade. Die Straßenseite verrät wenig von dem architektonischen Juwel, ein Besuch ist eine räumliche Symphonie. Heute Nutzung durch die öffentliche Verwaltung. Vorbildliche Renovierung und sinnvolle neue Verwendung.

Länderbank (ehem.), h.: Büronutzung

1882

Hohenstaufengasse 3
Besichtigung: von außen
Transport: U2, L1, L2 (Schottentor)

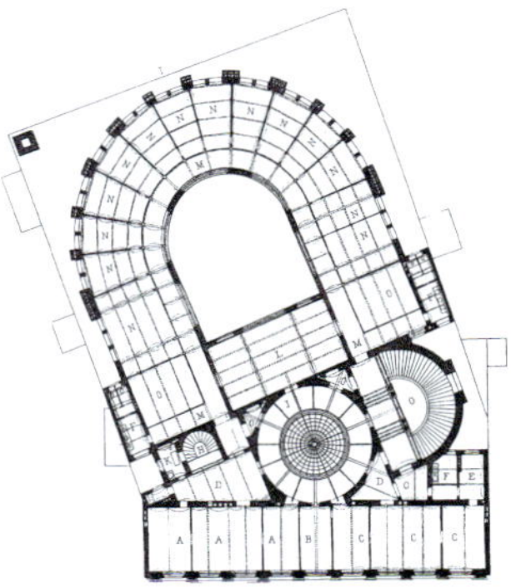

1.-77 *Theophil von Hansen (Mitarbeit Carl Tietz), Erich Boltenstern u. a.*

Ehemalige Börse
1871

Schottenring 16
Besichtigung: nach Vereinbarung
Transport: U2, L1, L2 (Schottentor)

Nach mehreren Umzügen bekam die 1771 gegründete Wiener Börse in einem Neubau Theophil von Hansens an der Ringstraße einen fixen Standort. Durch den Mittelrisalit und die beiden niedrigeren Seitenflügel, die noch von erhöhten Eckrisaliten gerahmt werden, ist sie einer der am stärksten plastisch gegliederten Baukörper an der Ringstraße und sticht damit von der geschlosseneren Wohnbebauung hervor. Nach dem Auszug der Börse stellt das Gebäude heute ein Beispiel einer „Totalsanierung" dar, wo durch neue Nutzungen die alte Bausubstanz nur noch als „Hülle" erhalten blieb.

1.-78 *COOP HIMMELB(L)AU: Wolf Prix und Helmut Swiczinsky*

Atelier Baumann
1985

Börseplatz 3
Besichtigung: nach Vereinbarung
Transport: U2, L1, L2 (Schottentor)

Drei Fenster öffnen zur Straße das dahinter liegende 5 m hohe Atelier. „Die dynamische Inszenierung (COOP: das formale Spannungsfeld raumöffnender Flächen und traversal verschränkter Linien) macht den Eindruck, als würde der Raum von der Straße angesaugt und dann im Inneren deformiert, aufgelöst und an die Wand gedrückt werden" (Friedrich Achleitner). Dieser Atelierumbau gleicht einem Architekturmanifest der 80er Jahre. Dieser kleine Umbau stand am Beginn der großen Karriere der beiden Architekten.

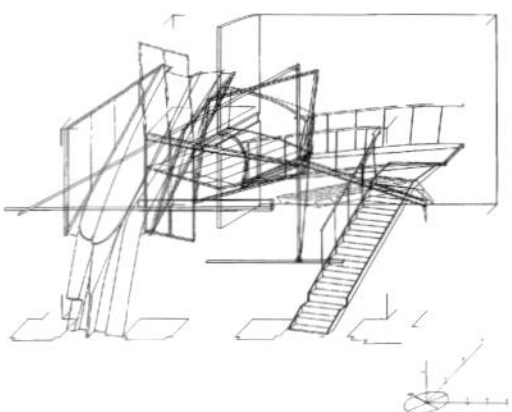

Das von Wagner für sich selbst erbaute Haus erhielt am 25. Juli 1877 die Baugenehmigung. Entsprechend der prominenten Lage am Schottenring wurde das Gebäude aufwändig ausgeführt. Bemerkenswert die „Fensterreihung" im dritten Obergeschoss und die Behandlung der Fassade. Wagner selbst bewohnte die Wohnung im ersten Stock (ca. 1878-1882). Aufgrund der farbigen Fassadengestaltung eines der am meisten auffallenden Wohnhäuser am Ring.

Miethaus Schottenring

1877

Schottenring 23
Besichtigung: von außen
Transport: U2, U4 (Schottenring)

Erich Boltenstern, Dr. Vana Architekten, Hans Hollein, Boris Podrecca **1.-80**

Bei dem Wettbewerb für die Donaukanalverbauung 1949 war das Hochhaus noch ein Thema der städtebaulichen Innovation; der „Ringturm" kann als „Zeitzeuge" jener Diskussion verstanden werden. Nach dem Zweiten Weltkrieg war dem Ensemble der Wiener Ringstraße noch nicht die Bedeutung zuteil geworden, welche ihr heute zugesprochen wird. Der ca. 73 m hohe Ringturm repräsentiert jene zurückhaltende Moderne, die in den 50er Jahren typisch für den Wiederaufbau und die Verwaltungsbauarchitektur in Österreich war. Fassadenrenovierung sowie Umbau der Repräsentationsräume im 19. und 20. Stock von Dr. Vana Architekten 1988-93, nachträgliche Adaption von Boris Podrecca. Im Erdgeschoss ist eine Filiale des Österreichischen Verkehrsbüros (Hans Hollein 1977) untergebracht sowie Ausstellungsräume, gestaltet von Boris Podrecca, wo unter dem Titel „Architektur im Ringturm" unterschiedliche Präsentationen gezeigt werden.

Ringturm

1953, 1993-94, 1996

Schottenring 30
Besichtigung: keine, nur die Ausstellungsräume im EG
Transport: U2, U4 (Schottenring)

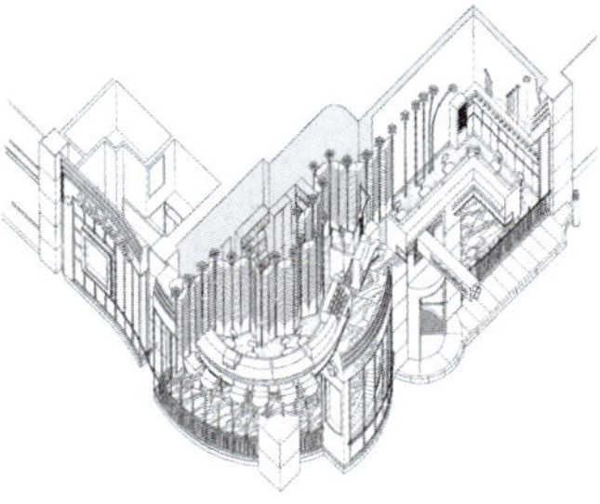

U-Bahn-Station Schottenring

1971

Schottenring, Franz-Josefs-Kai
Besichtigung: öffentlich zugänglich
Transport: U2, U4 (Schottenring)

Im Jahr 1970 fand ein Wettbewerb zur architektonischen Gestaltung der Wiener U-Bahn statt. Da die grundsätzlichen bautechnischen und konstruktiven Entscheidungen bereits vorlagen, beschränkte sich die Gestaltung auf eine „Auskleidung" der Innenräume sowie ein farblich-funktionelles Leitsystem. Bei der Wiener U-Bahn handelt es sich im Semperschen Sinn daher um die „Bekleidung" von einem unterirdischen Verkehrssystem. Die ersten Linien waren die U1 und die U4, letztere unter Einbeziehung der von Otto Wagner entwickelten Stadtbahntrasse. Weitere Linien U2, U3 und U6 (teilweise).

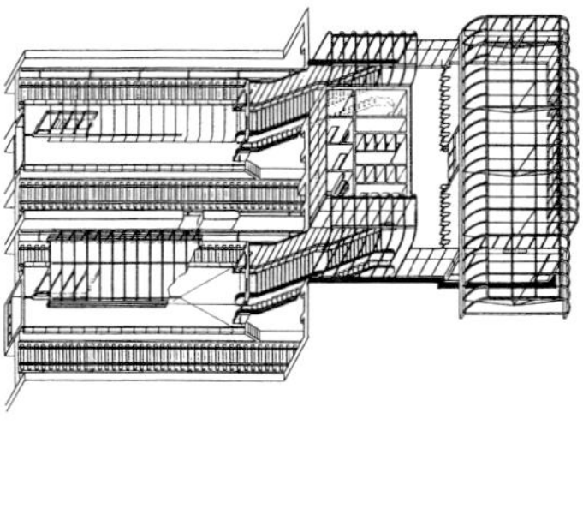

Hohe Brücke

1903

Wipplingerstraße, Tiefer Graben
Besichtigung: öffentlich zugänglich
Transport: U2, L1, L2 (Schottentor)

Josef Hackhofer konnte mit dem Brückenbau über dem Tiefen Graben eine der spektakulärsten stadträumlichen Situationen der Wiener Innenstadt fassen. Schon seit dem 13. Jahrhundert befindet sich an der Kreuzung Wipplingerstraße und Tiefer Graben eine Brücke, die den Geländesprung überspannt. Der Wiener Brückenbauer gab der Konstruktion durch eine vollständige Verkleidung einen dezidiert architektonischen Charakter, der sich der Verbauung des Tiefen Grabens anpasste und der Brücke vom Tiefen Graben aus gesehen etwas Torartiges verleiht (Statik: Karl Christl).

Michael Knab, Friedrich von Klinkowström **1.-83**

Maria am Gestade

1343

Salvatorgasse 12, Am Gestade
Besichtigung: öffentlich zugänglich
Transport: U1, U4 (Schwedenplatz)

Rektorats- und Klosterkirche, Sitz der tschechischen Gemeinde und Kloster der Redemptoristen. Kirche Mariae Empfängnis. Die Kirche reagiert mit ihrer schmalen hohen Fassade auf die städtebauliche Situation und auf Vorgaben des Terrains – einem Abhang zu einem hier verlaufenden Donauast. Ein romanischer Vorgängerbau wurde im 14. und 15. Jahrhundert durch einen Neubau ersetzt. Durch das Gelände bedingt entstand zwischen Langhaus und Chor eine leichte Achsenverschiebung. 1430 wird der Turm – über siebeneckigem Grundriss – vollendet, dessen Abschluss eine in Maßwerk aufgelöste Haube bildet. Bemerkenswerter, baldachinartiger grün-gold gefasster neogotischer Hochaltar nach dem Entwurf von T. Marzik, 1843/46. Eine der sehenswertesten gotischen Kirchen in Wien.

1.-84 *Anonymer Baumeister*

Ruprechtskirche

740, 1147

Ruprechtsplatz
Besichtigung: öffentlich zugänglich
Transport: U1, U4 (Schwedenplatz)

Älteste Kirche von Wien. Bedeutender freistehender romanischer Saalbau mit Westturm und gotischem Seitenschiff. Der Kernbau stammt nach einer Legende aus dem 8. Jahrhundert und wurde in mehreren Phasen bis ins 15. Jahrhundert ausgebaut. Das Äußere zeigt rein romanische Bauformen und macht den Bau zu einem Einzelstück im Weichbild Wiens. Ein Westturm wurde 1130-70 errichtet und gibt dem Bau eher das Gepräge einer Landkirche. Der Bau ist dem „Salzknecht" Ruprecht geweiht, da unterhalb des Bauplatzes der alte Donauhafen lag, an dem die Salzschiffe anlegten.

1.-85 *Hermann Czech*

Bar-Restaurant Salzamt

1981

Ruprechtsplatz 1
Besichtigung: öffentlich zugänglich
Transport: U1, U4 (Schwedenplatz)

Gegenüber der ältesten Kirche von Wien, St. Ruprecht, entstand in den Jahren 1981-83 das damals dritte Lokal von Hermann Czech (ebenfalls von der gleichen Bauherrenfamilie wie das „Kleine Café" und die „Wunder-Bar" in Auftrag gegeben) und begründete damit – in den Zeiten der „Postmoderne" – den Ruf von Hermann Czech als dem neuen „Meister der Innenräume". Im vorderen Bereich nach französischem Vorbild eine Theke, im rückwärtigen Bereich ein Speiselokal. Haptisch geformte Holzmöbel, verspiegelte Fensternischen und sichtbare Klimaanlage: Die präzise Planung soll trotzdem Zufälligkeit vermitteln.

Seitenstettenhof Synagoge
1824

Seitenstettengasse 2-4
Besichtigung: nach Vereinbarung
Transport: U1, U4 (Schwedenplatz)

Der Bau der Synagoge ist in den Hof des Hauses der Israelitischen Kultusgemeinde (ebenfalls Josef Kornhäusel) integriert und von der Straße aus entsprechend einer Verordnung Joseph II. für nicht-katholische Sakralbauten nicht sichtbar. Diese Lage verhinderte die Zerstörung des Wiener Stadttempels während der „Reichskristallnacht". An den überkuppelten längsovalen Zentralraum schließt ein Umgang an. Der Kuppelring wird von monumentalen Säulen getragen, in die die Frauenemporen „eingehängt" sind. Die von den Nationalsozialisten beschädigte Innenausstattung wurde rekonstruiert und 1963 durch Otto Niedermoser generalsaniert. Daneben befindet sich der Seitenstettenhof (1825, Josef Kornhäusel).

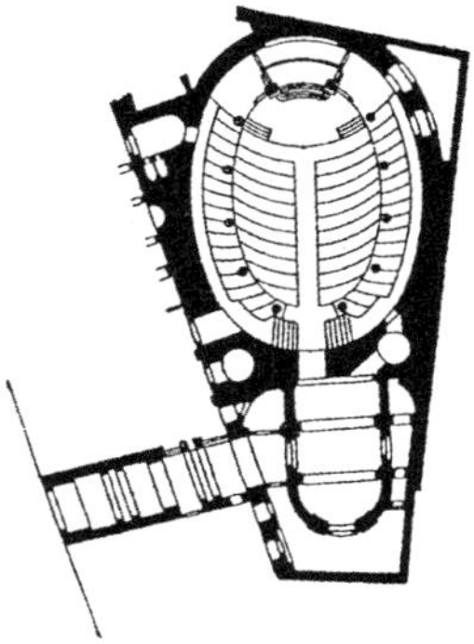

1.-87 *Eichinger oder Knechtl*

Ron con Soda

1994

Rabensteig 5
Besichtigung: öffentlich zugänglich
Transport: U1, U4 (Schwedenplatz)

In wenigen Gehminuten Entfernung befinden sich mehrere „Wiener Architektur-Manifeste" in Form von Bar-Restaurants. Eines der neuesten davon ist Ron con Soda von Gregor Eichinger und Christian Knechtl. Die „zeitgeistige" Interpretation einer Bar zielt auf kalkulierte Zufälligkeit und heterogenen Materialmix. Von hier aus führt eine Treppe in das erste Obergeschoss zu einer zweiten Bar, „First Floor". Eichinger oder Knechtl verwendeten hier Teile aus der ehemaligen „Mounier Bar" von der Kärntner Straße.

1.-88 *Eichinger oder Knechtl*

Wrenkh Café und Restaurant

1989

Bauernmarkt 10
Besichtigung: öffentlich zugänglich
Transport: U1, U3 (Stephansplatz)

Mit diesem Café und Restaurant wurde ein neuer Typus der reduzierten Ästhetik geprägt. Zum einen wird durch das Einfache und Informelle der Alltäglichkeit entsprochen, zum anderen wird durch präzise Form und kalkulierte Lichtführung das Alltägliche zelebriert. Eine Neu-Ästhetisierung der Fünfziger Jahre für die Generation der 50er Jahre. Interessante Verwendung von Spiegeln als räumliche Elemente.

Restaurant Kiang

1984

Rotgasse 8
Besichtigung: öffentlich zugänglich
Transport: U1, U4 (Schwedenplatz)

Für die Aufbruchstimmung der neuen Wiener Architektur der 80er Jahre war das Restaurant Kiang ein Beispiel dafür, dass private Bauherrn Mut zum Architekturexperiment zeigen und dass in Wien die Tradition der Kaffeehäuser und Restaurants noch einen Nährboden für Architektur darstellt. Semantisch und gestalterisch gibt es weder einen Bezug zu einem chinesischen Restaurant noch zum gemütlichen Wiener Beisl.

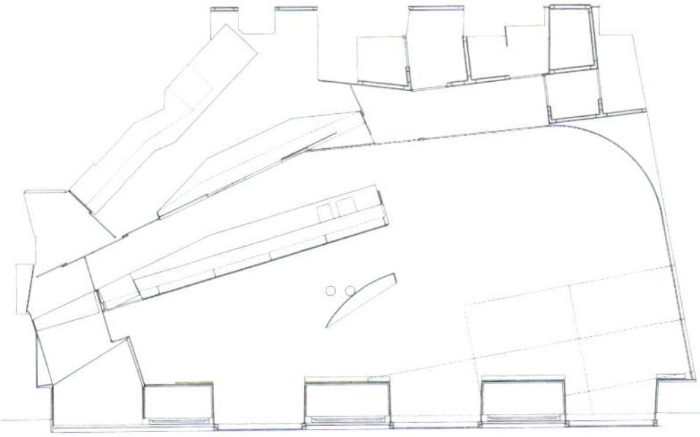

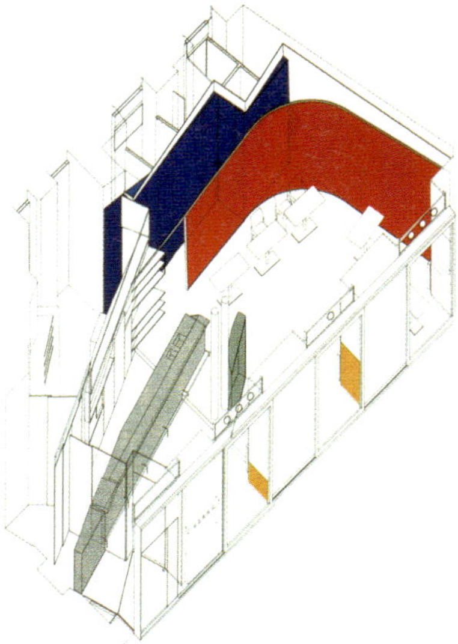

Zacherlhaus

1903

Brandstätte 6, Wildpretmarkt 2-4
Besichtigung: von außen
Transport: U1, U3 (Stephansplatz)

„Wohl (...) das bedeutendste Werk der Wagner-Schule" (Friedrich Achleitner) und ein Musterbeispiel dafür, wie virulent das Thema „Verkleidung" um 1900 gerade in dieser war. Plečnik löste selbiges durch in fixierende Leisten eingeschobene Platten aus poliertem Granit, deren rhythmisierte Anordnung auch die Fassaden gliedert. Die schwierige Form der Parzelle nützte er zu einem schwungvollen Abschluss des Bauköpers zur Brandstätte hin. Dieser lässt kaum vermuten, dass dahinter ein strenger Raster von Eisenbetonstützen das struktive Gerüst des Baus bildet. Die Atlanten des Abschlussgeschosses stammen von Franz Metzner.

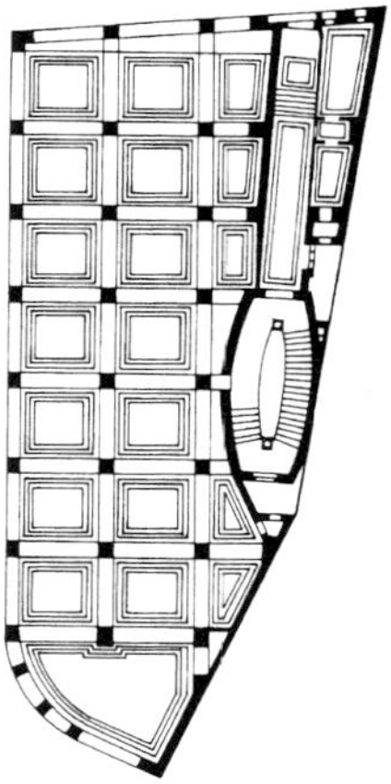

Hans Hollein **1.-91**

Das repräsentative Geschäft des international agierenden österreichischen Leuchtenherstellers „Zumtobel Staff" in der Wiener Innenstadt versteht sich als Visitenkarte der virtuellen Lichtarchitektur und zeigt sich als magische Architekturbox. In den 60er Jahren schrieb Hollein sein Manifest mit dem Titel „Alles ist Architektur". Das gegenständliche Geschäftslokal scheint eine Paraphrase zu sein, nach dem Motto „Alles ist Licht". Hollein inszeniert meisterhaft unterschiedliche Lichtstimmungen im Zusammenhang mit einer Vielzahl an Materialien und Oberflächen. Das Lokal ist Showroom und Produkt. Gehen Sie hinein und lassen Sie sich überraschen!

Lichtforum Wien

1995

Jasomirgottstraße 3-5
Besichtigung: Geschäftszeiten
Transport: U1, U3 (Stephansplatz)

Elsa Prochazka **1.-92**

Dieser kleine Buchladen in unmittelbarer Nähe des Stephansdomes war primär als eine Fachbuchhandlung für religiöse Bücher gedacht. Die hervorragende touristische Lage führt dazu, dass sich die ursprüngliche Funktion immer mehr in Richtung „Postkartenverkauf" entwickelt. Die Architektin Prochazka wurde für ihre sensible Neugestaltung eines alten Raumes im Rahmen des Loos-Preises für Architektur 1994 mit dem Publikumspreis ausgezeichnet. Die architektonische Gestaltung von Bücherregalen wurde zum eigentlichen Thema stilisiert.

Buchhandlung

1991

Singerstraße 7
Besichtigung: Geschäftszeiten
Transport: U1, U3 (Stephansplatz)

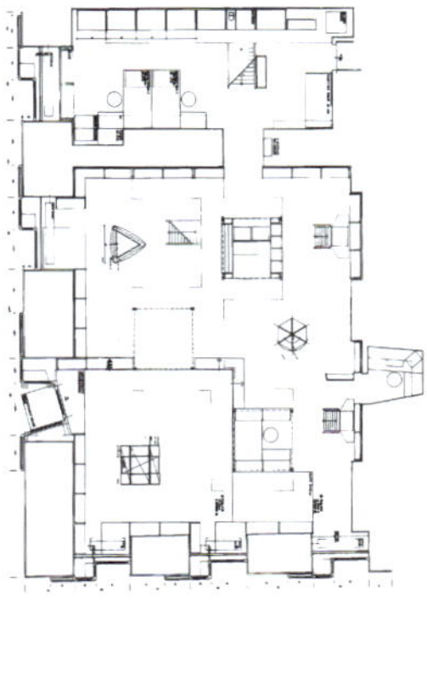

1.-93 *BEHF (Armin Ebner, Susi Hasenauer, Stephan Ferenczy)*

Conceptstore „2006Feb01"

2005

Plankengasse 3
Besichtigung: während der Öffnungszeiten
Transport: U1, U3 (Stephansdom)

„Verkaufen" und „Verführen" liegen sehr nahe zusammen. Bei der Gestaltung für einen trendigen Innenstadtladen war die Herausforderung für die Architekten BEHF besonders hoch. Wenn schon die Mode sich permanent ändert, wie soll darauf die Architektur als „Verkaufsraum" reagieren? Die Antwort war eine neue Definition von Zeitlosigkeit, von einerseits unaufgeregter Ordnung und Materialauthentizität, andererseits von beinahe rokkokohafter Opulenz bei den privaten Umkleideräumen und Anproberäumen: Hier wird durch Reptilleder-Look, florale, kokonhafte Innenraumgestaltung an die sinnliche Lust des „Wollens" appelliert. Parfum-Brunnen und Service-Bar runden das Wohlfühl-Programm ab.

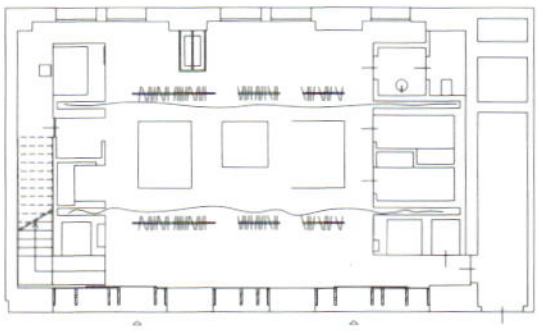

1.-94 *Kiskan Kaufmann Architekten*

Altes Rathaus, Umbau Pass- und Meldeservice

Mittelalter, 2001

Wipplingerstraße 8
Besichtigung: während der Öffnungszeiten
Transport: U1, U4 (Schwedenplatz)

Das Alte Rathaus ist ein im 17. Jahrhundert barockisierter mittelalterlicher Gebäudekomplex. Die Erdgeschosszone des Alten Rathauses wird schrittweise umgestaltet und adaptiert. Dass Denkmalschutz und die Anforderungen bürgernaher Dienstleistungen zumindest in architektonischer Hinsicht kein Widerspruch sein müssen, zeigen die Interventionen des Architektenteams Kiskan-Kaufmann für ein Meldeamt und ein Front-Office. „Das Pass- und Meldeservice an der Wipplingerstraße zeugt von sensiblem Umgang mit historischer Substanz und setzt auf bewusst zurückhaltende Funktionalität" (Isabella Marboe). Ebenfalls durch junge Architekten gestaltet sind im gleichen Gebäude die Räumlichkeiten des Dokumentationsarchivs des österreichischen Widerstandes (Architekten Falkeis-Senn).

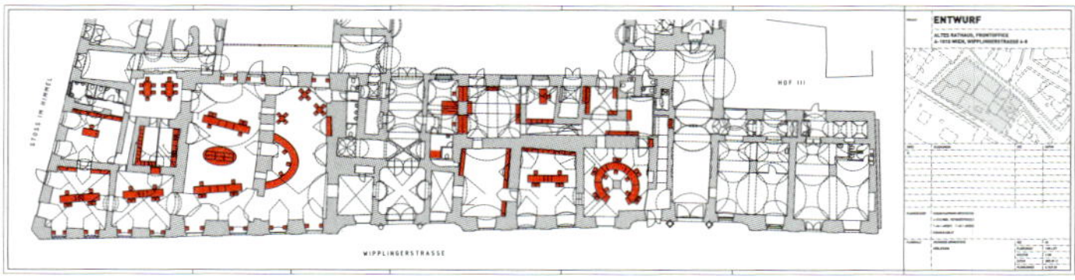

„Mozarthaus Vienna", Wolfgang Amadeus Mozart-Gedenkstätte

2004

Domgasse 5
Besichtigung: während der Öffnungszeiten
Transport: U1, U3 (Stephansplatz)

Wohnungen berühmter Komponisten in Wien zählen zu den Inkunabilien der österreichischen Kultur. Anlässlich des Mozartjahres wurde das Haus in der Domgasse renoviert und saniert und durch Gustav Pichelmann vorbildlich seiner neuen Nutzung zugeführt. Ein großzügiges Gesamtkonzept mit Ausstellungs- und Museumsfläche sowie Veranstaltungsbereichen ist das erfreuliche Resultat. Das Atelier Pichelmann wurde mit der Ausstellungsgestaltung im 2. und 3. OG sowie der Gestaltung des Eingangsbereiches und dem Veranstaltungsraum beauftragt. Das Büro Becker war für Sanierungsmaßnahmen und Abwicklung bei den Behörden zuständig. Zur Gestaltung der Mozartwohnung im 1. Obergeschoss: „Die neue Präsentation des Wien Museums lädt zur Spurensuche ein, ohne die Wohnung imitierend mit Repliken nachzustellen. Das wissenschaftliche Konzept wurde von Werner Hanak (Grundkonzept), Ulrike Spring und Wolfgang Kos entwickelt. Für die Gestaltung zeichnen Lichtwitz – Büro für visuelle Kommunikation/propeller z – verantwortlich, die einige Möbel aus der Ausstellungsgestaltung von Elsa Prochazka (1995) einbezieht." (Pressetext)

1.-96 *Theophil von Hansen*

Griechisch-Orthodoxe Kathedrale mit Pfarr- und Schulhaus
1858

Fleischmarkt 13
Besichtigung: von außen
Transport: U1, U4 (Schwedenplatz)

Um den Fleischmarkt herum hatten sich zahlreiche Griechen angesiedelt, denen seit dem 18. Jahrhundert ein eigener Kirchenbau zur Verfügung stand. Umfangreiche Baugeschichte. 1858 Umbau durch Theophil von Hansen, der dem bestehenden Bauwerk eine byzantinisierende Vorhalle anfügte. Seine Vorliebe zu einer sehr sinnlichen, differenzierten Oberflächengestaltung wird in der Innenausstattung der Halle deutlich. Der Bezug auf byzantinische Vorbilder ist zwar für einen griechisch-nichtunierten Kirchenbau sehr passend, wird aber im Wiener Historismus generell für spirituelle Bauten verwendet.

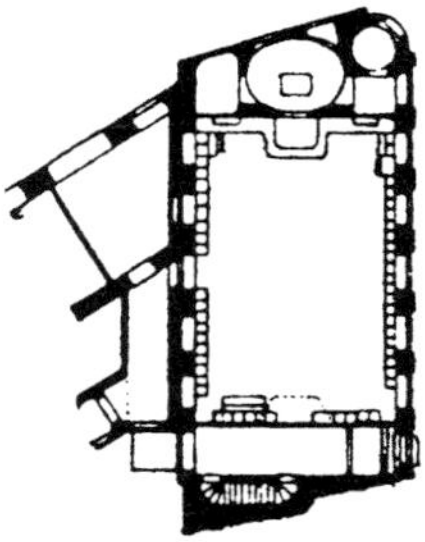

1.-97 *Herman Czech*

Wunder-Bar
1975

Schönlaterngasse 8
Besichtigung: öffentlich zugänglich
Transport: U3, L1, L2 (Stubentor)

Nach dem „Kleinen Café" (1970) Hermann Czechs zweites Kaffeehausmanifest, welches vom gleichen Bauherrn in Auftrag gegeben wurde. Zu einem Zeitpunkt, als die Wiener Innenstadt noch einen großen Nachholbedarf an Lokalen hatte, war die Wunder-Bar ein kleines Wunder. Die sympathische Atmosphäre ist in den Jahren mit Würde gealtert. „Geblieben ist eine brauchbare Bar ohne Wunder" (Friedrich Achleitner).

Galerie Slavik

1990

Himmelpfortgasse 17
Besichtigung: öffentlich zugänglich
Transport: L1, L2 (Weihburggasse)

Ein semantischer Ansatz zum Thema Juwelierladen würde viele kulturelle Gedanken nahe legen und besonders in der Tradition der Wiener Architektur wird in der Fragestellung schon die Antwort präjudiziert. Edmund Hoke zeigt jedoch in seiner Ladengestaltung eine Analogie zur Präzision der Schmuckherstellung: Die beweglichen Hightech-Vitrinen (Herstellung: Thomas Hoke) sind per se höchste Qualitätsarbeit. Von Schienen an der Decke abgehängt, sind die Vitrinen zusätzlich raumschaffende Elemente, die der kleinen Schmuckgalerie einen transparenten Charakter verleihen.

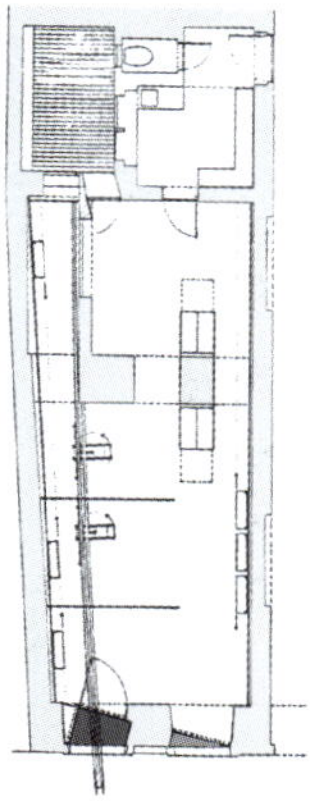

Jesuitenkirche (Universitätskirche)

1626

Dr.-Ignaz-Seipel-Platz
Besichtigung: öffentlich zugänglich
Transport: U3, L1, L2 (Stubentor)

Die Jesuitenkirche entstand im Zusammenhang mit dem Ausbau der Alten Universität. Der 1627 nach Plänen eines unbekannten Architekten fertig gestellte Bau wurde dem Jesuitenorden, der auch die Universität betrieb, übergeben. 1703-07 wurde der bestehende Bau nach Plänen Andrea Pozzos umgreifend verändert: Die Türme wurden aufgestockt, die Fassade neu strukturiert und acht Seitenkapellen an die Saalkirche angeschlossen. Der Innenraum wird durch die monumentalen, gedrehten Säulen aus Stuckmarmor und die gemalte „Scheinkuppel" Andrea Pozzos dominiert.

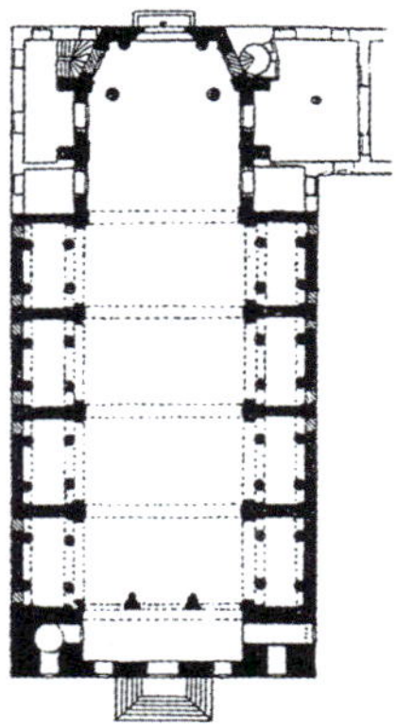

1.-100

Jean-Nicolas Jadot de Ville-Issey

Akademie der Wissenschaften (ehem. Universitätsaula)

1753

Dr.-Ignaz-Seipel-Platz 2
Besichtigung: nach Vereinbarung
Transport: U3, L1, L2 (Stubentor)

Vom französischen Architekten Jean-Nicolas Jadot de Ville-Issey errichtet, zeugt der Bau von dem Paradigmenwechsel in der österreichischen Architektur, die sich nun mehr an der französischen als an der italienischen Architektur zu orientieren beginnt. Die plastische Durchbildung des Baukörpers wirkt durch die Lage zwischen zwei Gassen besonders motiviert und kontrastiert mit der flachen Fassadengliederung der Jesuitenkirche, die den zweiten Hauptakzent des Platzes bildet.

1.-101

Rudolf Prohazka

Österreichische Akademie der Wissenschaften

2001 Planung, 2005 Ausführung

Wollzeile 27a/Bäckerstraße 20
Besichtigung: während der Öffnungszeiten
Transport: U3, L1, L2 (Stubentor)

Eine Schnittstelle zur Öffentlichkeit – so umschreibt der Architekt seine subtilen, aber substanziellen Umbauarbeiten für die Österreichische Akademie der Wissenschaften. „Galerie der Forschung" ist das Ergebnis eines Gutachterverfahrens aus dem Jahr 2000. Das Gebäude erhält drei Eingänge, zwei neue Stiegen, Ausstellungsmöglichkeiten und Veranstaltungsbereiche. „Die visuelle Kommunikation mit der Nachbarschaft erfolgt durch Lichtinstallationen und Digitalprojektion in Symbiose mit dem Altbau" (Architekt). Öffnung der Erdgeschosszone durch große Glasfenster, Verwendung u. a. von oberflächenbündigen Plasmadisplays.

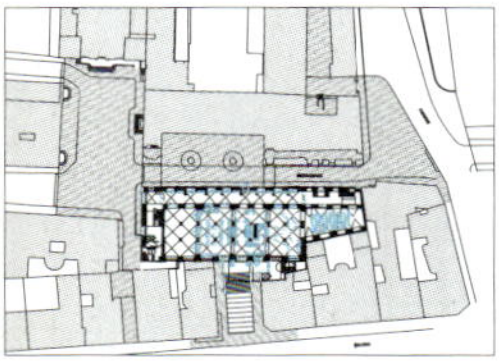

Postsparkasse

1903

Georg-Coch-Platz 2
Besichtigung: Erdgeschoss, Kassenhalle
Transport: U3, L1, L2 (Stubentor)

Entstanden aufgrund eines Wettbewerbes im Jahr 1903, in zwei Bauetappen ausgeführt (1903-10, 1910-12). Die Postsparkasse gehört zu den Ikonen der Wiener Architektur und ist in allen ihren Belangen als das Meisterwerk von Otto Wagner zu bezeichnen (gemeinsam mit der Kirche Steinhof, St. Leopold). Der Kassensaal mit Glasfußboden und abgehängter Stahl-Glaskonstruktion hat die Architektur des 20. Jahrhunderts wesentlich beeinflusst, die Fassade überzeugt durch die poetisch-rationale Gestaltung. Das originalgetreue Sitzungszimmer kann nach Vereinbarung besichtigt werden. Die Postsparkasse gilt weltweit als eines der 500 wichtigsten Bauwerke der Baukunst!

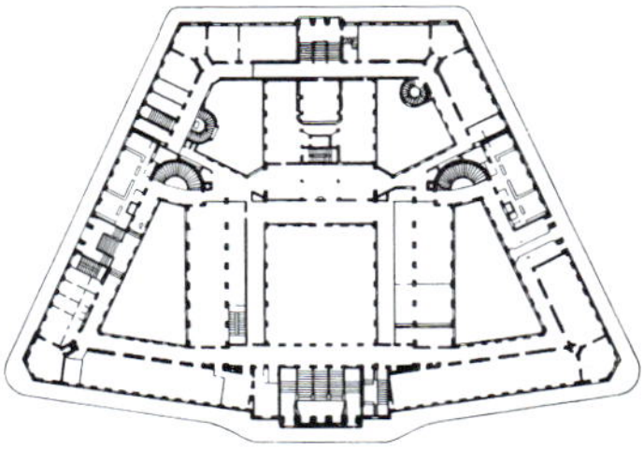

1.-103

Adolf Krischanitz, Heinz Neumann

Wiener Hauptpost

1994

Fleischmarkt 19
Besichtigung: öffentlich zugänglich
Transport: U1, U4, (Schwedenplatz)

Die Wiener Hauptpost am Fleischmarkt befindet sich in einem am Ende des 18. Jahrhunderts säkularisierten Benediktinerkloster. In den ehemaligen Kreuzgang wurde die neue Schalterhalle unter einem neuen Glasdach eingeplant. Krischanitz nimmt bei der Gestaltung auf mehrere geometrische Systeme Bezug. Der gesamte Gebäudeblock wurde nach Plänen von Architekt Heinz Neumann vollständig erneuert.

1.-104

COOP HIMMELB(L)AU/Wolf Prix und Helmut Swiczinsky

Falkestraße Dachausbau

1987

Falkestraße 6
Besichtigung: von außen
Transport: U3, L1, L2 (Stubentor)

Fast unsichtbar von der Straße, gehört dieser Dachbodenausbau einer bekannten Wiener Rechtsanwaltskanzlei zu den meistpublizierten Dachbodenausbauten der Stadt. Als Wiener Beitrag zu einer dekonstruktiven Architektur weltweit gefeiert, vermag der Innenraum beim Betrachter immer wieder den Eindruck einer hyper-subjektiven Raumkomposition zu erzeugen: Im Hauptraum (Sitzungsraum) mit dem flügelähnlichen Dachaufbau verändert das Licht fast stündlich den Blick zum Stadtraum. In diesem Sinn eine atmosphärische, durchaus wienerische Haltung zur Architektur.

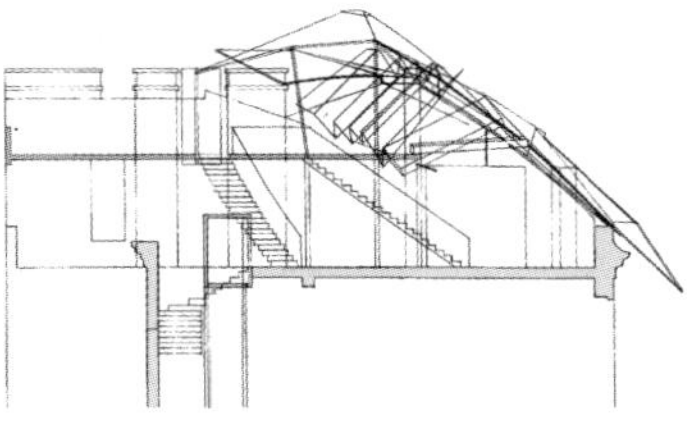

Das Grundstück ist eine Eckparzelle, die sich am Donaukanal im historischen Zentrum von Wien befindet. Resultat eines geladenen Gutachterverfahrens, zeichnet sich das Büro- und Geschäftshaus durch eine subtile, eigenständige Haltung aus. Gebäudehöhe und Volumina orientieren sich an den bestehenden Nachbarhäusern, alleine das abgesetzte (aufgesetzte, „schwebende") Penthouse verändert die Proportion zur Umgebung. Das äußere Erscheinungsbild wird von den geschosshohen, 180 Grad schwenkbaren Sonnenschutzlamellen aus satiniertem Glas bestimmt. Dieter Henke und Marta Schreieck setzen mit diesem Bauwerk ihren konsequenten Weg als präzise „Baumeister" fort.

Büro- und Geschäftshaus Franz-Josefs-Kai

2001

Franz-Josefs-Kai
Besichtigung: während der Öffnungszeiten
Transport: L1, L2 (Salztorbrücke)

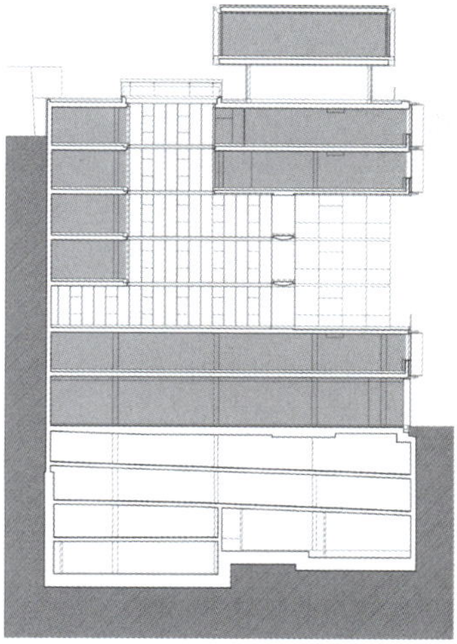

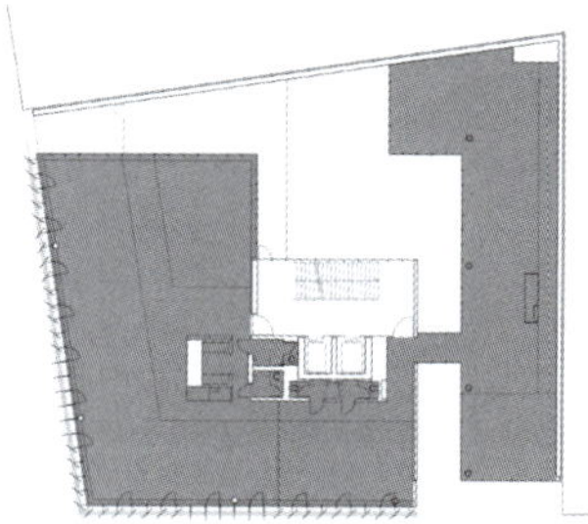

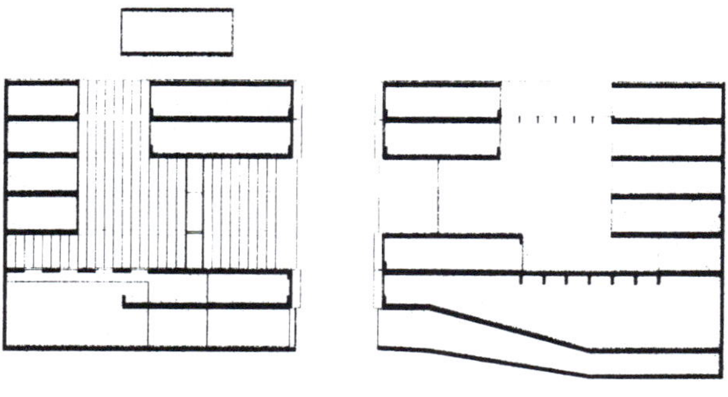

Urania

1909 (2000)

Uraniastraße 1
Besichtigung: teilweise öffentlich
Transport: L1, L2, LN (Urania)

Der städtebaulich prägnante und im Inneren brillant geschichtete Bau des Volksbildungshauses mit angeschlossener Sternwarte wurde von Architekt Manikas im Auftrag der Gemeinde Wien generalsaniert. Das neue Nutzungskonzept ist für eine Besucherzahl von ca. 1.500 Personen ausgelegt, verteilt auf Kino, Mehrzwecksaal, Hörsäle, Bibliothek und Cafeteria. Zielvorstellung war eine Generalsanierung mit zeitgenössischen architektonischen Mitteln, Erhaltung und Rekonstruktion des Hauptgebäudes von Max Fabiani aus dem Jahr 1909 sowie eine Freilegung der Umbauten aus dem Jahr 1960 von Otto Niedermoser. Der Vorbau von Otto Schottenberger und Adolf Kautzki aus dem Jahr 1935 ist in seiner Grundrissform erhalten, die tragende Konstruktion wurde adaptiert und die äußere Form durch eine Leichtbaukonstruktion aus Glas und Stahl neu interpretiert. Generalsanierung in den Jahren 2000 bis Herbst 2003.

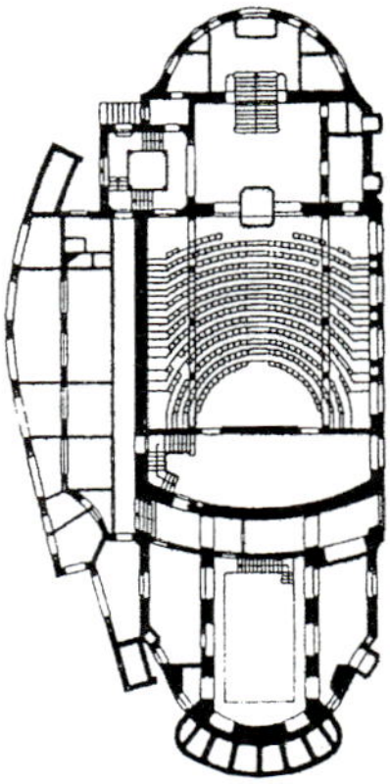

Museum für angewandte Kunst (MAK)

1867

Stubenring 5
Besichtigung: öffentlich zugänglich
Transport: U3, L1, L2 (Stubentor)

Der Bau eines Museums für Kunst und Industrie und der angegliederten Kunstgewerbeschule war programmatisch für Versuche des ausgehenden 19. Jahrhunderts, die Kunstproduktion mit der Industrie zu koordinieren. Ferstels Sichtziegelbau wurde 1907 durch Ludwig Baumann erweitert. Eine weitgehende Umgestaltung des Museums-Komplexes begann 1989. Dabei wurden durch gezielte Eingriffe von Peter Noever (MAK-Terrassenplateau), Sepp Müller (Verbindungstrakt), Walter Pichler (Tor zum Garten) und der Künstlergruppe Site (Tor zum Ring) Kommentare zur historischen Substanz abgegeben. Gestaltung der Ausstellungsräume durch internationale und österreichische Künstler, unter anderem Heimo Zobernig, Donald Judd und Jenny Holzer. Nach siebenjähriger Planung wurde nun die permanente Lichtinstallation von James Turell an der Fassade des MAK realisert, mit großem Engagement des italienischen Lampenherstellers Targetti. Seit der Werkschau von Turell 1998 im MAK träumt der Künstler von der „princess at night“ bzw. von den „colorful dreams“.

1.-108 *Eichinger oder Knechtl*

Restaurant Österreicher im MAK

2005

Besichtigung: Öffnungszeiten
Transport: U3, L1, L2 (Stubentor)

Der Museumsdirektor Peter Noever des MAK, Museum für angewandte Kunst, hat in seiner zwanzigjährigen Tätigkeit am Museum das Potenzial des Hauses vollständig neu entwickelt. Neben der Totalsanierung und Adaptierung des Museumsbereiches gelang es dem Direktor, das jeweilige „Museumscafé-Museumsrestaurant" zu einem gebauten Manifest der angewandten Design-Baukunst zu machen. Zur Eröffnung der ersten Phase hatte Hermann Czech 1993 mit seiner „Re-Interpretation" des Wiener Kaffeehauses für Überraschung gesorgt. Die Entscheidung, nach über zehn Jahren ein neues Gastronomiekonzept umzusetzen, entspricht auch dem zeitgenössischen Verständnis von cultural dining. Eichinger oder Knechtl gelang mit dem neuen Betreiber und Gourmetkoch Helmut Österreicher eine sensationelle Kombination von unterschiedlichen Atmosphären und Raumsituationen in einem gastronomischen Umfeld: „Café", „Bar", „Schank", „Restaurant" und „Extrazimmer" – ein neuer Zubau im Garten – mit darunter liegender Küche und Nebenräumen. Materialien, Farben und Lichtgestaltung schaffen ein „zeitgeistiges" Design.

1.-109 *Heinrich von Ferstel, Karl Schwanzer, Eugen Wörle, Falkeis & Falkeis*

Universität für angewandte Kunst Wien

1875, 1960, 1999

Stubenring 3, Oskar-Kokoschka-Platz 2
Besichtigung: Öffnungszeiten
Transport: U3, L1, L2 (Stubentor)

Backsteinbau in italienischen Renaissanceformen mit Anlehnung an das Museum für angewandte Kunst. Rechteckiger, dreigeschossiger Baublock mit zwei Innenhöfen, Mitteltrakt als Stiegenhaus ausgebildet. Die Räume sind als äußerer Ring um ein geschlossenes Gangsystem angeordnet. Berühmt geworden ist die Kunstschule um die Jahrhundertwende durch Lehrer wie Josef Hoffmann, Alfred Roller, nach dem Zweiten Weltkrieg durch Personen wie Oswald Haerdtl, Oswald Oberhuber, Hans Hollein, Wilhelm Holzbauer und COOP HIMMELB(L)AU. Die Hochschule für angewandte Kunst wurde 1960-65 durch einen Zubau von Karl Schwanzer und Eugen Wörle vergrößert. Die interessante und radikale Umgestaltung der Dachräume geht auf einen Wettbewerb im Jahr 1999 zurück, den die Architekten Falkeis & Falkeis gewannen. Statik Bollinger + Grohmann + Schneider.

Friedrich Ohmann gestaltete (1903-07) den Austritt des Wienflusses in den Stadtpark und die anschließende Uferfassung in einer barock-sensualistischen Manier, die sich diametral zur unmittelbar anschließenden Stadtbahnstation seines Akademiekollegen Otto Wagners verhält. Ohmann konnte die Anlage nicht vollständig fertig stellen. Trotzdem hat die Uferverbauung einen starken Erlebnischarakter, die sie auch mit dem historistischen Parkkonzept verbindet. 1985-87 wurde von Hermann Czech die neue Fußgängerbrücke über den Wienfluss im Wiener Stadtpark errichtet, die einen alten Holzsteg ersetzte. Von zwei Stahlbögen wird der eigentliche Steg abgehängt, in der Mitte des Flusses verbreitert sich die Brücke zu einer Aussichtsplattform.

Stadtpark, Wienflussbauten

1903 (1985)

Stadtpark
Besichtigung: öffentlich zugänglich
Transport: U4 (Stadtpark)

1.-111

Theophil von Hansen

Palais des Hoch- und Deutschmeisters Erzherzog Wilhelm

1864

Parkring 8
Besichtigung: von außen
Transport: L1, L2 (Weihburggasse)

Eines der bedeutendsten und am besten erhaltenen Ringstraßenpalais. Der von Theophil von Hansen als Privatpalast für Erzherzog Willhelm errichtete Bau wurde von ihm als Großmeister kurz nach der Fertigstellung an den Deutschen Ritterorden verkauft. Das großzügig dimensionierte, im Stil der Neorenaissance gehaltene Gebäude entspricht mit seinem repräsentativen Gestus der allgemeinen Verbauung der Wiener Prachtstraße. Auffallend ist die dominierende Beletagegestaltung, die die Wohnräume des Hausherrn an der Fassade anzeigte. 1945-74 Sitz der Bundespolizeidirektion Wien, seither Sitz der OPEC.

1.-112

Ferdinand Fellner, Hermann Helmer (Renovierung: Architektengruppe)

Ronacher

1887, 1991, 2006

Seilerstätte 9
Besichtigung: öffentlich zugänglich
Transport: L1, L2 (Weihburggasse)

An drei Seiten freistehender Theaterbau des Strengen Historismus, Haupteingang als „Tempelfassade" gestaltet. Das Ronacher Etablissement gehört in die Reihe jener Theaterinstitutionen, die im 19. Jahrhundert errichtet wurden und erfolgreich die „leichte Muse" der Unterhaltungskultur repräsentierten. Die ursprüngliche Planung von den Theaterarchitekten Ferdinand Fellner und Hermann Helmer realisierte das erste deutsche Variété. Jahrelang war das Ronacher ungenutzt, im Jahr 1991 fand eine erste „sanfte Renovierung" durch Luigi Blau statt. Kürzlich wurde nach Plänen von Günther Domenig (Generalplaner: Architektur Consult ZT GmbH und Architekt Dipl. Ing. Gerhard Wallner) eine umfassende Funktionssanierung durchgeführt, einschließlich einer Probebühne (Freibühne) sowie Zugang zu einer neuen Dachterrasse.

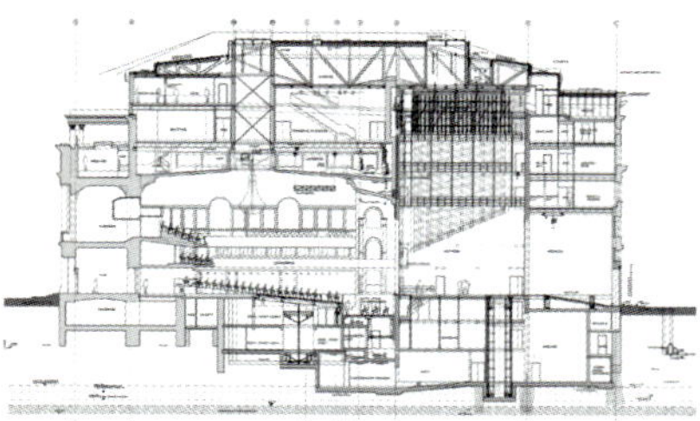

Kleines Café

1970

Franziskanerplatz 3
Besichtigung: öffentlich zugänglich
Transport: U1, U3 (Stephansplatz)

Die zwei Aussagen von Hermann Czech, „Architektur ist Hintergrund" und „Architektur soll nicht belästigen. Der Kaffeehausgast muss nichts davon bemerken; es könnte immer so gewesen sein" sind zwei wesentliche Bemerkungen zum Architekturverständnis des Kleinen Cafés. Stellvertretend für eine neue Entwicklung der kleinen Architektur des Alltags Anfang der 70er Jahre hat Czech hier eine architektonische Dichte und Qualität erreicht, die über historische Zitate, parallele Spiegelanordnungen und unterschiedliche Raumniveaus hinaus eine Atmosphäre des „Alters" erreicht hat. In mehreren Ausbauphasen realisiert.

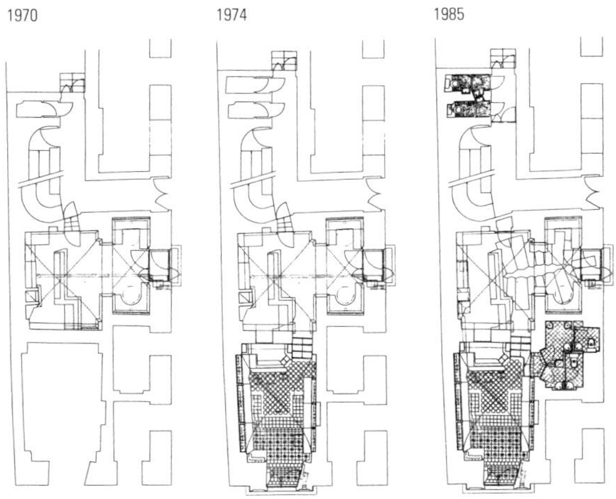

Johann Bernhard Fischer von Erlach

Stadtpalais des Prinzen von Eugen

1695

Himmelpfortgasse 8
Besichtigung: von außen
Transport: U1, U3 (Stephansplatz)

Das Stadtpalais des Prinzen Eugen, des Bauherrn des Belvederes, wurde im Kern von Johann B. Fischer von Erlach konzipiert. Der etappenweise Grundstückserwerb bedingte ein erweiterbares Fassadenschema. Fischer errichtete den siebenachsigen Mittelteil des Palais, der von Johann Lucas v. Hildebrandt an beiden Seiten um jeweils fünf Achsen erweitert wurde, die er aber vollständig an Fischer von Erlachs Fassadengestaltung anpasste. Die gleichmäßige Rhythmisierung der Fassade, die durch die Zubauten noch verstärkt wurde, kommt der Lage des Palais in der engen Gasse entgegen. Ein Höhepunkt der Fischer von Erlachschen Innenraumplanung ist das Stiegenhaus mit den Atlanten des Bildhauers Giovanni Giuliani. Nach dem Tod des Prinzen 1736 Verkauf der Einrichtung durch seine Nichte Victoria von Savoyen. Von 1848 bis 2006 war das Palais Sitz des Finanzministeriums.

1.-115

Bonaventura Daum

Franziskanerkirche

1603

Franziskanerplatz
Besichtigung: öffentlich zugänglich
Transport: U1, U3 (Stephansplatz)

Einer der wenigen Kirchenbauten der Renaissance in Wien, der sich aber weniger an der italienischen als an der süddeutschen Architektur orientierte. Die spitzbogigen Fenster und die Gewölbe weisen zudem noch in die Gotik zurück. Die Planung dieses ungewöhnlichen Kirchenbaus geht vermutlich auf den Franziskanerpater Bonaventura Daum zurück. 1742 wurde das ursprüngliche Portal mit einem Baldachin überbaut. Der Hochaltar von Andrea Pozzo vereint Architekturelemente und illusionistische Malerei.

1.-116

Erwähnung weiterer kultureller Gedenkstätten:

Beethoven-Gedenkstätte „Pasqualatihaus“:
1010, Mölkerbastei 8
Johann-Strauß-Gedenkstätte: 1020, Praterstr. 54

Schubert-Gedenkstätte „Sterbewohnung“:
1040, Kettenbrückengasse 6

Haydn-Gedenkstätte mit Brahms-Gedenkraum:
1060, Haydngasse 19

Schubert-Gedenkstätte „Geburtshaus“ mit Stifter-Gedenkräumen:
1090, Nußdorfer Straße 54

Beethoven-Gedenkstätte „Eroicahaus“:
1190, Döblinger Hauptstraße 92

Beethoven-Gedenkstätte „Heiligenstädter Testament“:
1190, Probusgasse 6

Alfredo Arribas

1.-117

Platzgestaltung Schwarzenbergplatz

1998

Besichtigung: öffentlich
Transport: L1, L2 (Schubertring)

Gegenstand des im Mai 1998 ausgeschriebenen Gutachterverfahrens war die Entwicklung eines gestalterischen Gesamtkonzepts. Den räumlichen Schwerpunkt der Neugestaltung bilden vor allem die Fläche vor dem Hochstrahlbrunnen und die Mittelzone des zur Ringstraße orientierten, historisch älteren Platzteils. Der Schwarzenbergplatz ist ein wesentliches urbanes Verbindungselement zwischen historischer Ringstraße und barocker Gartenwelt von Schloss Schwarzenberg und Schloss Belvedere. In seiner Architektur verzichtet Arribas auf kleinteilige Stadtmöblierung und versucht den Zusammenhang optisch zu betonen.

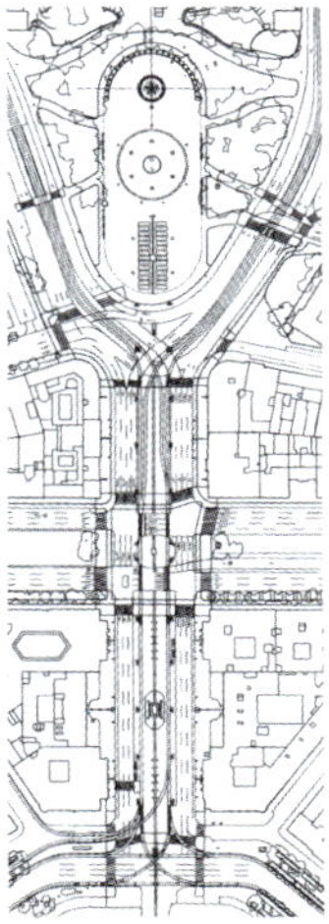

Kaufhaus Kärntnerstraße

2007

Kärntnerstraße 29-33
Besichtigung: Öffnungszeiten
Transport: U1, U3 (Stephansplatz)

Flagshipstore sind zu unverzichtbaren Werbeträgern der großen Brand-Names geworden. Was die großen internationalen Brands in New York, Paris und Tokio erfolgreich vorführen, wird jetzt auch in Wien Realität: Der renommierte britische Architekt David Chipperfield hat einen internen Wettbewerb gegen Richard Meier, Raphael Moneo und Edouardo Souto de Mouro für sich entschieden. 35 quadratische Öffnungen aus Naturstein definieren eine skulpturale Fassade zur Kärtnerstraße, mit jeweils unterschiedlicher Nutzung als Fenster, Loggia, Schaufenster oder Eingang. Ein einfaches, aber sehr präsentes Bauwerk, ein zukünftiges Glanzlicht der Einkaufsstraße.

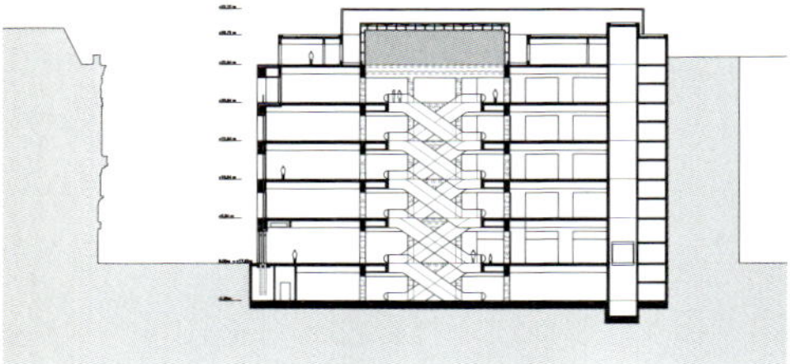

Erwähnungen **1. Bezirk**

***1.**-119e* **Geschäft Altmann & Kühne**
Josef Hoffmann und Oswald Haerdtl
1932
Graben 30

***1.**-120e* **Galerie Tromayer**
Anna-Lülja Praun
1983
Dorotheergasse 7

***1.**-121e* **Galerie Dorotheergasse**
Luigi Blau
1970
Dorotheergasse 14

***1.**-122e* **Glasgalerie**
Maria Auböck, János Kárász
1992
Spiegelgasse 12

***1.**-123e* **Tuchlaubenhof**
Ernst Spielmann, Alfred Teller
1912
Tuchlauben 7-7a

***1.**-124e* **Buchhandlung MANZ**
Adolf Loos
1912
Kohlmarkt 16

***1.**-125e* **Böhmische Hofkanzlei (h.: Verfassungs- und Verwaltungsgerichtshof)**
Johann Bernhard Fischer von Erlach
1708
Judenplatz 11/Wipplingerstraße 7

***1.**-126e* **Café Prückel**
Oswald Haerdtl
1955
Stubenring 24

***1.**-127e* **Haus der Magnesitwerke**
Erich Boltenstern
1951
Schubertring 10-12

***1.**-128e* **Kunstforum BA-CA („Länderbank")**
Gustav Peichl
1988
Freyung 8

***1.**-129e* **Kix Bar**
Oskar Putz
1988
Bäckerstraße 4

***1.**-130e* **Galerie Mario Mauroner**
Reiner Kaschl, Heide Mühlfellner
2004
Weihburggasse 26

***1.**-131e* **Café Atelier**
Hans Hollein
2004
Albertinaplatz 1

2. Bezirk, **Leopoldstadt** Indexnummern **2.**-1 … **2.**-36e

3. Bezirk, **Landstraße** Indexnummern **3.**-1 … **3.**-43e

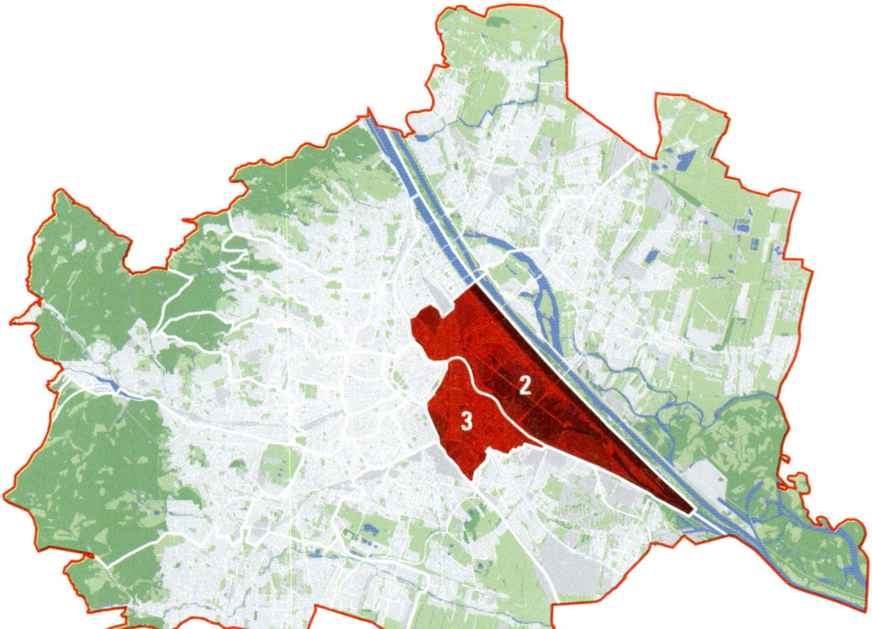

Augarten
2.-10
2.-9
2.-8
Obere Augartenstraße
Taborstraße
Nordbahnstraße
2.-19
2.-20
2.-21
Vorgartenstraße
Mexikoplatz
Lassallestraße
Ybbsstraße
2.-18
Vorgartenstraße
2.-7
2.-26
Praterstern
Messe Prater
Ausstellungsstraße
2.-16
2.-36e
Kaiser-
garten
2.-17
2.-22
2.-23
Krieau
2.-27
Trabrennstr.
2.-24
2.-6
Augartenbrücke
2.-5
Obere Donaustr.
Taborstraße
Schottenring
2.-11
Taborstraße
2.-33e
Praterstraße
2.-14
2.-13
Nestroyplatz
2.-35e
2.-4
Marienbr.
2.-12
2.-15
2.-2
2.-1
2.-3
Schwedenplatz
Aspernbrücke
3.-39e
Hauptallee
Stephansplatz
3.-4
3.-24
3.-1
3.-3
Landstraße (Wien Mitte)
Stubentor
3.-18
Rotundenallee
Unterer Prater
3.-2
Stadtpark
3.-5
3.-14
3.-20
3.-17
Rochusgasse
3.-36e
Stadtpark
3.-16
Rochusg.
3.-35
3.-26
Karlsplatz
Linke Bahngasse
Rechte Bahngasse
Ungargasse
3.-42e
Erdbergstr.
Hainburger Straße
Erdberger Lände
Am Heumarkt
3.-7
3.-8
3.-13
Neulinggasse
Arenbergpark
3.-9
3.-6
3.-38e
3.-15
3.-40e
3.-25
Kardinal-Nagl-Platz
Rennweg
3.-10
3.-41e
3.-23
Taubstummengasse
3.-21
3.-19
3.-28
Schlachthausgasse
3.-43e
Rennweg
Belvedere
Oberzellerg.
3.-22
Schlachthausg.
Baumgasse
Erdbe
Fasangasse
3.-29
3.-27
3.-10
3.-37e
3.-30
3.-31
Landstraßer Gürtel
Südtiroler Platz
Schweizergarten
3.-12
3.-11
Gasometer

15 min
1000 m
2.-32
2.-34e
adion
9
Neue Donau
Donau
Grünlandgasse
Unterer Prater
2.-30
2.-28
2.-31
Freudenau
15 min
1000 m

Media Tower (Generali Tower)

1997

Taborstraße 1-3
Besichtigung: von außen
Transport: U1, U4 (Schwedenplatz)

An dieser Stelle befindet sich der älteste nördliche Stadteingang nach Wien über den Donaukanal. Hollein thematisiert sowohl die urbane Torsituation als auch die kontextuelle Collage der Umgebung. Der schiefe Turm mit einer Media-Info-Tafel als Abschluss lässt an den Film „Blade Runner" denken, wo gigantische Werbetafeln zur Stadtorientierung dienen. Eine der besten urbanen Architekturen von Hollein. Der Architekt und sein Bauherr (Generali Versicherung) erhielten hierfür im Jahr 2000 den Bauherrenpreis der Zentralvereinigung der Architekten Österreichs.

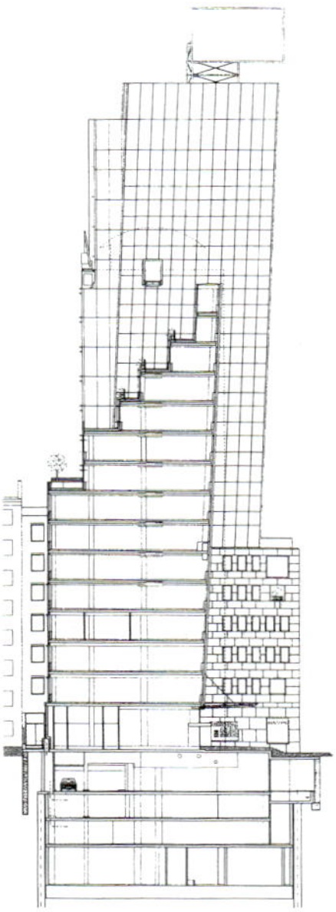

Hotel- und Geschäftshaus

2006

Donaukanal, Praterstraße 1
Besichtigung: teilweise öffentlich
Transport: U1, U4 (Schwedenplatz)

Resultat eines zweistufigen, internationalen Wettbewerbes mit geladenen Architekten zeigt das Siegerprojekt von Nouvel seine Qualitäten sowohl in städtebaulicher als auch in typologischer Hinsicht. Gemeinsam mit dem benachbarten Turmhaus von Hollein übernehmen die beiden Hochhäuser in Zukunft eine Torfunktion zwischen dem 2. Bezirk (Taborstraße) und der Wiener Innenstadt. Das geplante Hotel- und Geschäftshaus mit einem fünfgeschossigen Sockelbau und 75 m Gesamthöhe sowie einem Panorama-Restaurant in der 18. Etage versteht sich als multifunktionaler Stadtturm, dessen differenzierte Angebote einen besonderen Bonus für diesen Standort darstellen. Geplant sind auch Lichtdecken der Schweizer Künstlerin Pipilotti Rist im Lobbybereich des Hotels, im Wintergarten im fünften Obergeschoss und im Panoramarestaurant. Die exklusive Lage am Donaukanal zeigt den neuen Trend zum „Wasser" (Waterfront) in den Städten. Fertigstellung 2010.

UNIQA Tower
2002

Untere Donaustraße
Besichtigung: von außen
Transport: U1, U4 (Schwedenplatz)

Der UNIQA Tower befindet sich direkt an der Kreuzung von zwei wesentlichen Wiener Stadtstraßen, der Unteren Donaustraße am Donaukanal und der Aspernbrückengasse/Praterstraße. Gegenüber von Max Fabianis Urania-Gebäude markiert der Tower den Zusammenfluss von Donaukanal und Wienfluss. Die Architekten antworten auf diese besondere urbane Situation mit einer Architektur-Großform, die durch ihre Rundungen autonome Qualität besitzt. Die aufwändige Ableitung der Geschosse im Erdgeschoss ermöglicht einen großzügigen Zugangsbereich. Eine engagierte Hochhausarchitektur als Ergebnis eines Wettbewerbverfahrens einer verantwortungsbewussten Bauherrschaft. Das Konzept der nächtlich sichtbaren Fassadeninstallation und die ersten Bespielungen stammen vom Lichtplanungsbüro Licht Kunst Licht in Zusammenarbeit mit Mader, Stublic und Wiermann. Die technische Ausführung lag bei der Firma Barco.

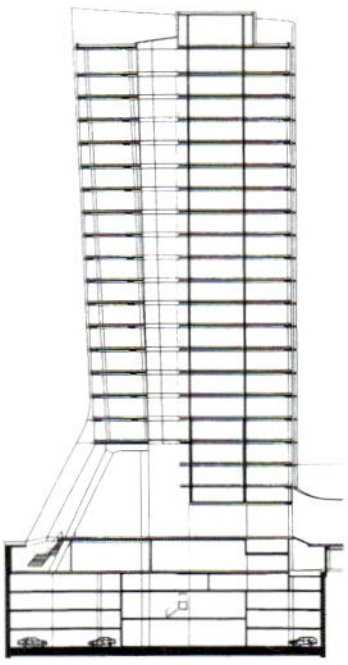

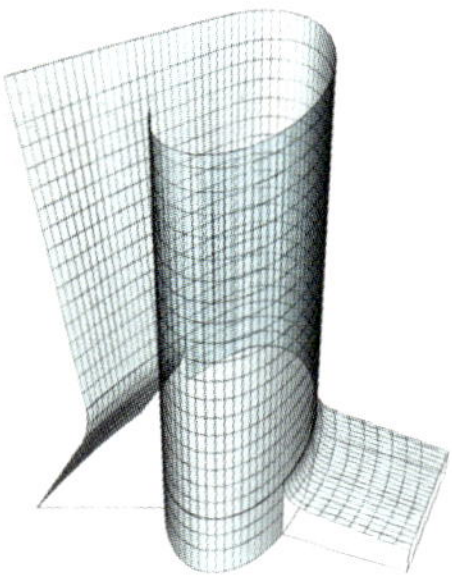

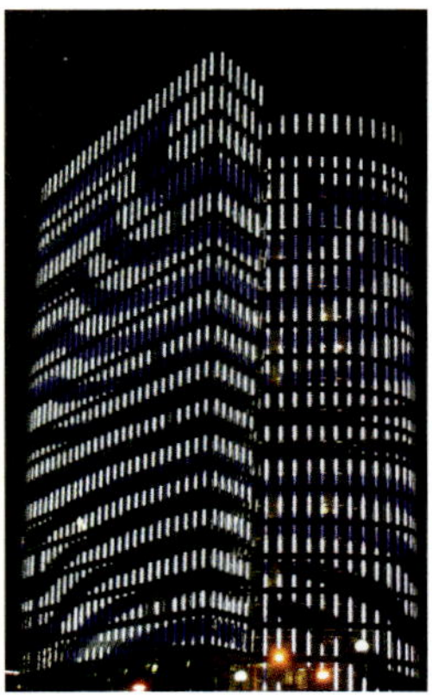

Die Generalsanierung von Bürohäusern, die noch aus der „Vor-Zeit" der ökologiebewussten und nachhaltigen Energiedebatte stammen, ist zu einem wesentlichen Thema in allen urbanen Zentren geworden. Zwischen der radikalen Entscheidung von Abbruch und Neubau existiert der teilweise sinnvolle Weg der Adaptierung und Sanierung. Das interessante Scheibenhaus der Architekten Lippert und Partner wurde von dem Architekten Prohazka durch eine filigrane Glashaut „eingepackt", welche sich leicht konvex in den Straßenraum einbindet. Das Dachgeschoss wurde neu entwickelt, ein bemerkenswertes Beispiel subtiler Büroarchitektur.

IBM-Hochhaus Generalsanierung

1999

Obere Donaustraße 95
Besichtigung: von außen
Transport: U1, U4 (Schwedenplatz)

Otto Wagner **2.-5**

Eine kleine architektonische Augenweide: Der Bau des Schützenhauses „Staustufe Kaiserbad" war notwendig geworden, um den Donaukanal in einen sicheren Handels- und Winterhafen zu verwandeln. Ursprünglich waren drei weitere Staustufenanlagen geplant, aber nur eine wurde ausgeführt. Das auffallende Bauwerk mit zum Teil farbiger Plattenverkleidung erhielt seine Gestalt aus den funktionellen Anforderungen. Das Wehr ist seit langer Zeit nicht mehr in Betrieb und das Schützenhaus verstümmelt und funktionslos geworden.

Schützenhaus

1906

Obere Donaustraße 26
Besichtigung: von außen
Transport: L1, L2 (Salztorbrücke)

Hubert Gessner

Augartenbrücke
1928

Untere Augartenstraße, Josefs-Kai, Donaukanal
Besichtigung: öffentlich zugänglich
Transport: U1, U4 (Schwedenplatz)

Gessner konnte bei diesem Zweckbau seine Begabung zur Formulierung prägnanter, städtebaulich wirksamer Großformen – die auch seine Wohnbauten prägen – einbringen. Die Last der sieben durchgehenden Stahlträger wird höchst einprägsam über minimale Bodenkontakte abgeleitet. Ergänzend zur großen Geste des Brückenbaus verzichtet Gessner nicht auf wirkungsvoll platzierte Details wie etwa die Pylonen an den Brückenköpfen und eine am menschlichen Maßstab orientierte Dimensionierung der Kleinform.

Baumschlager-Eberle

Studentenwohnheim
2004

Molkereistraße 1
Besichtigung: während der Öffnungszeiten
Transport: U1 (Praterstern)

Das Haus bietet 278 Erasmus-Studenten und Stipendiaten der Republik Österreich Platz und überzeugt seine Bewohner nicht nur durch die Technologie der Passivhausarchitektur, sondern auch durch die fantasievolle Interpretation einer funktionsbedingten, regelmäßigen Fassade. Die höheren Kosten des Passivhauses werden durch die geringeren Betriebskosten über mehrere Jahre kompensiert. Frischluftzufuhr über das Dach, im Gangbereich sorgen „Lichtbrunnen" auch für die Belüftung.

Atelier Augarten, Zentrum für Zeitgenössische Kunst der Österreichischen Galerie Belvedere

1998

Scherzgasse 1a
Besichtigung: während der Öffnungszeiten
Transport: LN, L5 (Am Tabor)

Der Augarten ist der wesentlichste urbane Grünbereich im 2. und 20. Bezirk, gelegen an der gemeinsamen Bezirksgrenze. In diesem Park befinden sich neben den berühmten Wiener Sängerknaben auch das Atelier Augarten, das ehemalige Privatatelier des Bildhauers Gustinus Ambrosi. Susanne Zottl setzte umsichtige Eingriffe in das denkmalgeschütze Gebäude, ein Glasvorbau unter einem Flugdach fungiert als neuer Eingangsbereich. Die großformatigen Atelierfenster wurden sorgsam restauriert, die zarten Metallprofile konnten erhalten bleiben. Wie „selbstverständlich" präsentiert sich das adaptierte Gebäude.

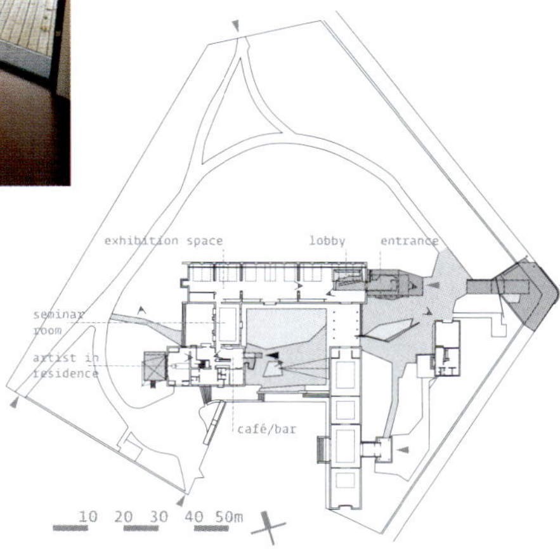

Flaktürme, Standort Augarten

1942

Augarten
Besichtigung: von außen
Transport: L31 (Gaußplatz)

Die im Zweiten Weltkrieg über das Stadtgebiet verteilten Türme des Fliegerabwehrkommandos (Flak) markieren deutliche Einschnitte in das Stadtgefüge. Die stabile Stahlbetonkonstruktion (bis zu 5 m Wandstärke) widersetzte sich sämtlichen Versuchen, diesen städtebaulichen Makel zu entfernen. Die paarweise gekoppelten Türme – jeweils einer diente der Ausleuchtung des Luftraumes und der andere zur Positionierung der Geschütze (die Bauten wurden aber auch als Schutzbunker genutzt) – sind in der Zwischenzeit zu den wohl am besten „funktionierenden" – und dies ohne semantische Verschlüsselung – Anti-Kriegs-Mahnmälern der Stadt geworden. Der Turm in der Gumpendorfer Straße wurde zum „Haus des Meeres" umgebaut. Der Turm im Arenbergpark soll für das MAK (Museum für angewandte Kunst) adaptiert werden.

Lauder Chabad Campus, Schule Augarten

1998

Rabbiner Schneeson-Platz
(Rauscherstraße/Lampigasse)
Besichtigung: von außen
Transport: U1, L5 (Nordwestbahnstraße)

Ronald S. Lauder, ehemaliger US-Botschafter in Wien, Gründer der Neuen Galerie in New York und Erbe des Kosmetikkonzerns sowie der Verein zur Förderung der Jugend in Österreich zeichnen als Bauherrschaft für diese Schule verantwortlich, welche am Rande des Augarten-Parks in Wien-Leopoldstadt errichtet wurde. Im Rahmen des Wiener Schulbauprogramms nimmt die Schule nicht nur aufgrund ihrer Bauherrschaft eine spezielle Position ein, sondern auch wegen ihrer Klarheit und Perfektion in der Ausführung. Krischanitz, der sich schon beim Kindergarten „Neue Welt" weigerte, eine vordergründige Heiterkeit als Interpretation der Kindlichkeit zu verwenden, hat mit dieser Schule einen überzeugenden Schultypus realisiert. Fertigstellung war im September 1999.

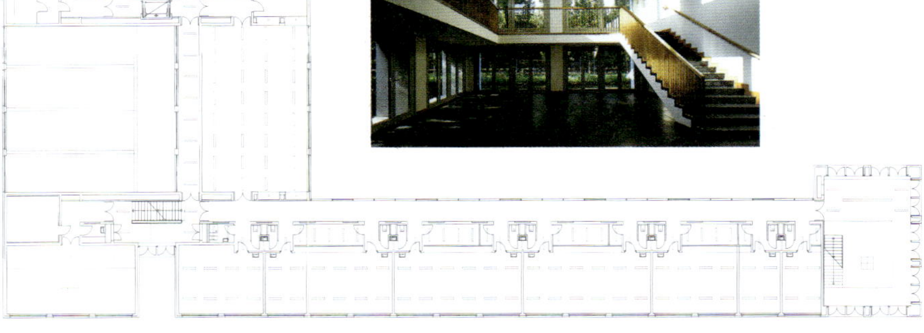

Friedrich-Kiesler-Schule

1996

Kleine Sperlgasse 4
Besichtigung: nach Vereinbarung
Transport: LN, Bus 5A (Karmeliterplatz)

Benannt nach dem großartigen Architekten Friedrich Kiesler, zeigt sich diese Hauptschule im Hinterhof der Kleinen Sperlgasse als durchaus selbstbewusste Ergänzung im dichtverbauten vorstädtischen Milieu der „Mazzesinsel". Der gläserne Hauptzugang befindet sich eingespannt zwischen zwei gründerzeitlichen Schulbauten, der neue Schulbau verwendet eine intensive Farbgestaltung, um der städtebaulichen Situation ein wenig Fröhlichkeit für die Schüler zurückzugeben. Das Team Heidulf Gerngroß/Werkstatt Wien überzeugt durch einen intelligenten Grundriss und beweist mit unkonventionellen Details, dass auch ein einfacher Schulumbau eine spannende Herausforderung sein kann.

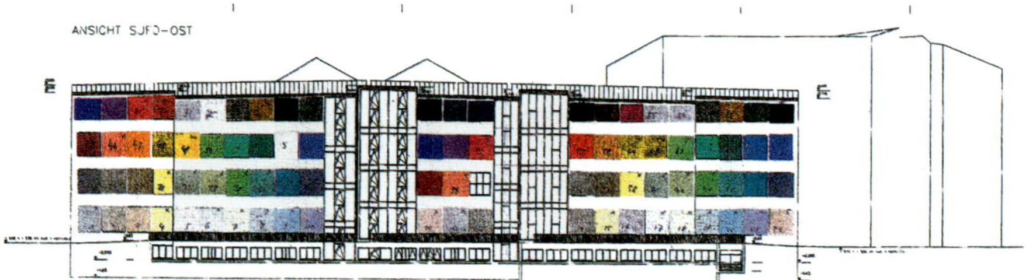

Song Shop und Galerie

2006

Praterstraße 11
Besichtigung: während der Öffnungszeiten
Transport: U1 (Nestroyplatz)

In einer unglaublich kurzen Planungs- und Bauzeit von nur vier Monaten wurde dieser 500 m² große Shop mit Galerie realisiert. Weltstädtisch, avantgardistisch scheinen zwei Adjektive zu sein, um diese wunderbare Einkaufswelt zu umschreiben, wo die Selektion der Möbel und die Präsentation der Mode eine coole Selbstverständlichkeit ergibt. Diese Räume mit dem einzigartigen auratischen Hauch der Zeit könnten auch in Paris oder London zu finden sein, nicht aber in Salzburg. Die Möbel entwarf der Architekt, realisiert wurden sie von Matis Esterhazy, der runde Glas-Ornament-Tisch stammt von Franz Graf, die sonstige Möbelauswahl traf der Architekt mit der Geschäftsfrau.

Bürohaus Galaxy 21, Totalsanierung und Umbau

2001 (1975)

Praterstraße 31
Besichtigung: von außen
Transport: U1 (Nestroyplatz)

Die Totalsanierung unökonomisch gewordener Kleinhochhäuser und Bürohäuser ist ein relevantes urbanes Thema nicht nur in Deutschland, wo nach dem Wiederaufbau und in den 70er Jahren Millionen Quadratmeter an Büroflächen entstanden. Der Büroturm „Galaxy" wurde 1975 errichtet und war seit damals ein Ärgernis im Stadtbild. Die Umplanung mit Aufstockung (elliptischer Zylinder) hat nicht nur zu einer Aufwertung der Immobilie geführt, sondern auch zu einer architektonischen Aufwertung des Gebäudes selbst. Gemeinsam mit den Hochhäusern von Hollein und Neumann ergibt sich eine urbane Neubewertung dieses Stadtteils.

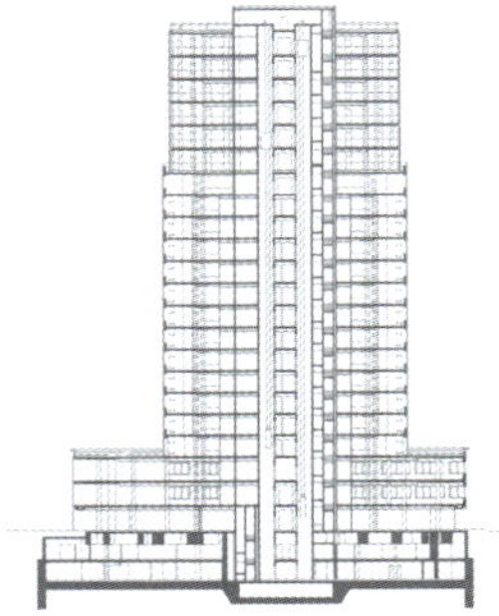

2.-14 *PPAG, Anna Popelka, Georg Poduschka*

Wohnhaus
1996

Praterstraße 58
Besichtigung: von außer
Transport: U1 (Nestroyplatz)

Es gibt auch Überraschungen in den Wiener Hinterhöfen: Das straßenseitige, denkmalgeschützte Biedermeierhaus wurde saniert und die mögliche Verdichtung im Hinterhof wahrgenommen. Resultat ist ein fast loftartiges, einfaches Gebäude, wo der architekturgeschulte Blick sofort erkennen kann, dass hier mit unterschiedlichen Raumhöhen und Niveaus gearbeitet wurde und diese auch nach außen an die Fassade weitergegeben wurden. Auskragende Balkone und Treppen gliedern die Fassade zusätzlich.

2.-15 *Martin Kohlbauer*

Memorial Tempelgasse
1997

Tempelgasse/Tempelplatz
Besichtigung: öffentlich zugänglich
Transport: U1 (Nestroyplatz)

Die jüdische Kultur ist ein wesentlicher Bestandteil der Geschichte der Stadt Wien. Auf mancher der Ruinen zerstörter jüdischer Einrichtungen befinden sich heute Gedenkstätten. Die ehemalige Leopoldstädter Synagoge in der Tempelgasse war nach Plänen von Ludwig Förster 1858 eingeweiht worden und wurde in der Reichskristallnacht 1938 zerstört. Die vier Säulen erinnern an die ehemalige Fassade der Synagoge, als abstraktes Zitat des alten Gebäudes.

Bahnhof Wien Nord „Praterstern“

2002

Praterstern
Besichtigung: öffentlich zugänglich
Transport: U1, U2, S 45, L5, L0

Als einer der größten Verkehrsknotenpunkte Wiens (Bundesstraßen, Fernbahnen, U-Bahnen, S-Bahnen, Straßenbahnen), zeigte sich der Praterstern als Ergebnis jahrzehntelanger, partieller und unkoordinierter Planung. Das Resultat des Wettbewerbes führte zu folgender neuen Planung: Albert Wimmer ist für die transparente Überdachung der Hochlage zuständig, eine State-of-the-Art Glas-Stahlkonstruktion, welche gleichzeitig großzügig und maßstäblich ist. Boris Podrecca ist für die „Platzgestaltung“ (stadtseitig) zuständig. Zur Eröffnung der Fußball-Europameisterschaften 2008 wird die Umplanung des Bahnhofes fertig gestellt sein.

Riesenrad

1896, Zubau 2001 (neuer Zubau Mathis Barz)

Volksprater
Besichtigung: öffentlich zugänglich
Transport: U1, U2 (Praterstern)

Einige harte Fakten zum Mythos: Das Riesenrad wurde anlässlich des 50-jährigen Regierungsjubiläums Kaiser Franz Josephs errichtet. Es wiegt 430 Tonnen, hat eine Gesamthöhe von 64,75 m, verfügt über genau 120 flexible Speichen und trägt seit dem Zweiten Weltkrieg nur mehr 15 anstatt der ursprünglichen 30 Waggons durch die Lüfte. Das Wiener Wahrzeichen war allerdings kein Einzelgänger, der Konstrukteur Walter B. Basset of Watermouth hatte schon in London und Blackpool „Gigantic Wheels" errichtet. Als quasi freie Form ergänzte Mathis Barz einen neuen Zugang mit Shop und Café im Jahr 2002.

Bürokomplex Lassallestraße Bank Austria I und II, OMV, IBM

1989

Lassallestraße 5, Praterstern
Besichtigung: nach Vereinbarung
Transport: U1, U2 (Praterstern)

Die Bebauung von Holzbauer entlang der Lassallestraße ist der Auftakt einer kompletten Revitalisierung des Nordbahnhofgeländes. Mit den drei Verwaltungsbauten für IBM, OMV-Verwaltung und Bank Austria Zentrum entstand eine dichte Packung zeitgemäßer Bürobauten. Holzbauers großstädtische und großmaßstäbliche Bebauung reagiert sowohl auf die urbanen Rahmenbedingungen (Praterstern) als auch auf die Notwendigkeit, die Baukörper durch großzügige, mehrgeschossige Innenräume und Atrien zu gliedern.

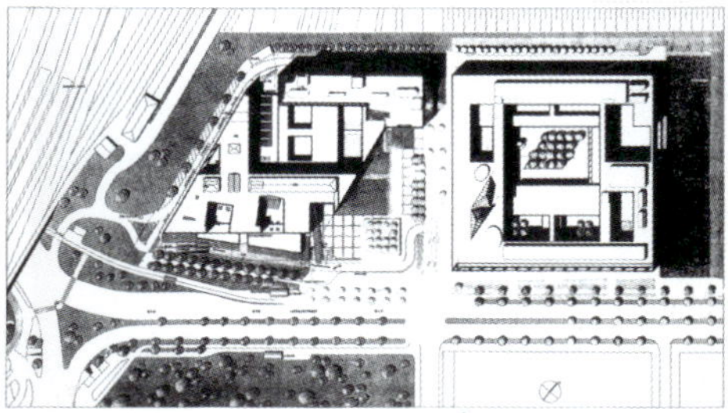

Wohnbau „Remise"

1998

Vorgartenstraße 129-143
Besichtigung: von außen
Transport: U1 (Vorgartenstraße)

„Bewegung im Block": 144 Wohnungen, 25 Büros und 14 Geschäfte auf ca. 13.600 m² überraschend verpackt. Nach dem „Turm" (Wagramer Straße) folgt nun der aufgesprengte „Block" – und schon bald wird mit dem „Schild" vor dem „Zylinder" des Wiener Gasometers hier ein dritter Versuch der neuerdings auch in Mexiko bauenden COOP HIMMELB(L)AU vollendet, den neuen Lebenskonzepten einer neuen urbanen Generation die entsprechenden (wohn)baulichen Plattformen zu bieten. Den „Marsch durch die Institutionen" haben die Rolling Stones der österreichischen Architekturszene erst spät, dafür aber in rekordverdächtigem Tempo absolviert. Waren sie bis vor zehn Jahren noch mit Szene-Kleinbauten wie Bars, Restaurants, Bühnenbildern, Ausstellungen, Dachbodenausbauten und vor allem mit unausgeführten Visionen neuer, „offener" urbaner Lebensräume beschäftigt, so stehen jetzt nicht nur ihre Position als internationale Stars, sondern realiter auch drei in nur sieben Jahren realisierte große Wohnbauten zur Überprüfung der gebauten Gestalt dieser Visionen an (M. Boeckl, 2001).

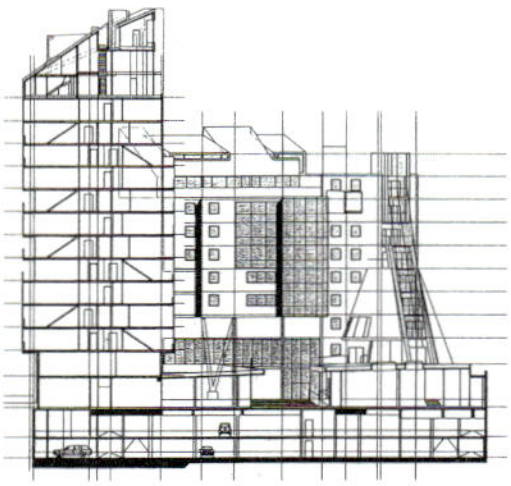

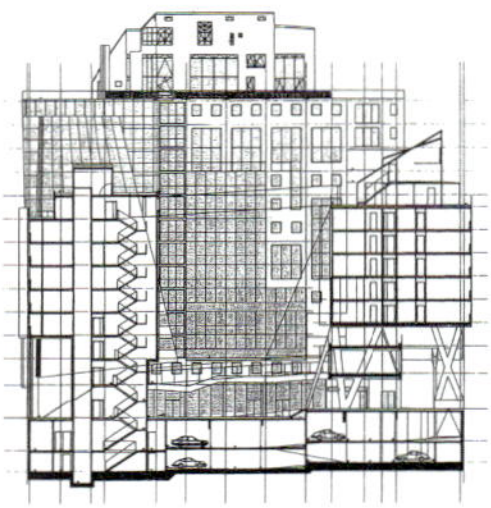

Wohnbauten

1998

Vorgartenstraße 159-173
Besichtigung: von außen
Transport: U1 (Vorgartenstraße)

Die Vorgartenstraße ist durch die Neubauten von COOP HIMMELB(L)AU, Podrecca und Neumann + Steiner zu einer Architekturpromenade zum Thema Sozialer Wohnbau im dichtverbauten Gebiet geworden. Die gute Erreichbarkeit mit der U-Bahn und die relative Nähe zur Donauinsel, dem Freizeitparadies der Wiener, machen die Wohnungen attraktiv. Boris Podrecca antwortet mit seiner gekonnt differenzierten Architektursprache auf die Anforderungen sozialen Wohnens. An der Ecke betont Podrecca mit einem turmförmigen Kopfteil die gesamte neue Wohnzeile.

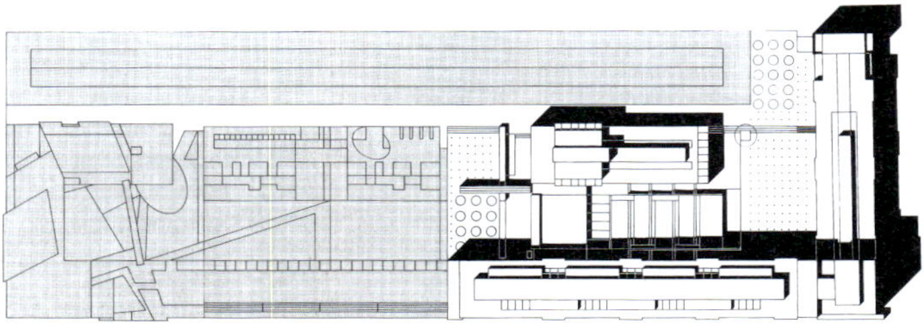

Wohnbauten

1998

Vorgartenstraße 145-157
Besichtigung: von außen
Transport: U1 (Vorgartenstraße)

Durch die neue U-Bahn wurde die alte Straßenbahnremise an der Vorgartenstraße funktionslos. Hier entsteht der spannende Anfang einer städtebaulichen Reurbanisierung. Das angrenzende Gelände des Nordbahnhofs ist seit vielen Jahren ein potenzielles Planungsgebiet. Die Architekten Neumann + Steiner waren für den Mittelteil zwischen COOP HIMMELB(L)AU und Podrecca zuständig. Zwischen den beiden profilprägenden Bauwerken entwickelten die Architekten einen ruhigen, adäquaten Wohnbau mit Loggien und angenehmen Dachterrassenwohnungen.

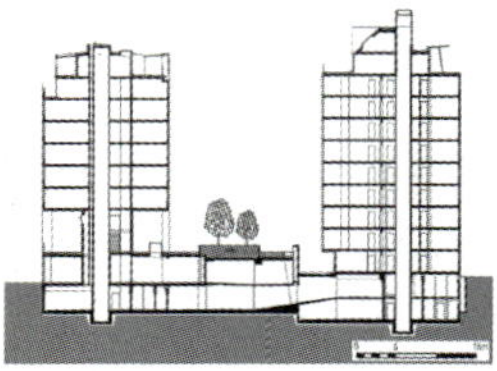

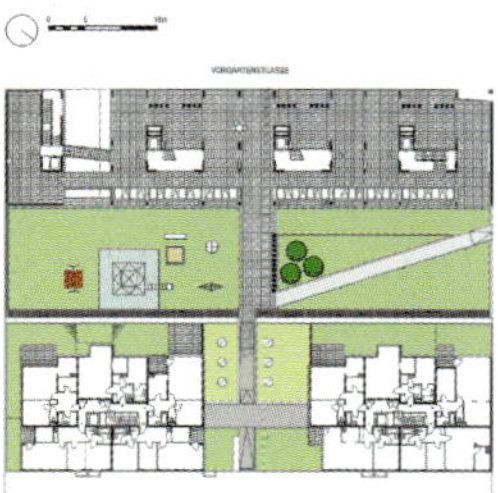

„Messe Wien Neu"

2000

Messestraße
Besichtigung: während der Öffnungszeiten
Transport: U2 (Messe Prater)

Im Jahr 2004 ging die Messe Wien Neu in Betrieb. Das als „Sondergebiet" gewidmete Areal ermöglichte eine rasche Inangriffnahme des Projektes. Der Generalplaner Fritsch, Chiari & Partner war alleinverantwortlicher Auftragnehmer für Projektierung und örtliche Bauaufsicht. Für die städtebauliche Konzeption und die Kontrolle der künstlerischen Oberleitung wurde das Büro Peichl & Partner verpflichtet, ebenso für Kongresszentrum, Foyer und Mall. Die Architekten Moßburger und Erlach zeichnen für die Messehallen und für die Parkhäuser West und Ost verantwortlich. Die einzelnen Bereiche sind: Foyer, Messeturm, Kongress, Mall, Parkhaus West und Ost, Messehalle A, C, B, D und Foyer Ost. Insgesamt wurden über 100.000 m² bebaut. Die Gestaltung der Vorplätze gewann Paul Katzberger mit einem wellenförmigen Bodenmuster.

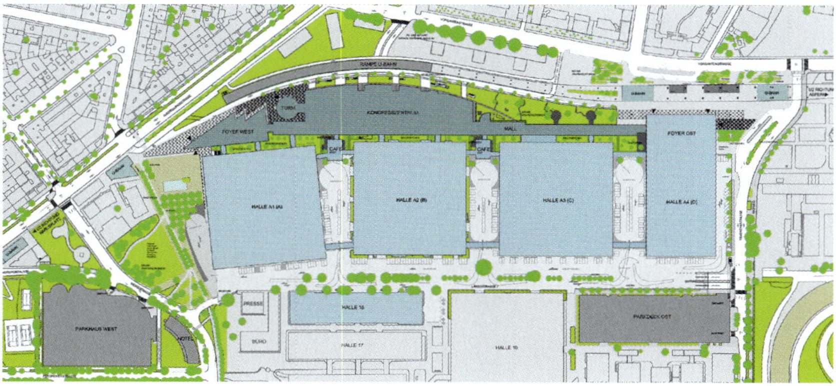

Hermann Czech

Hotel Messe Wien

2002

Messestraße 2
Besichtigung: öffentlich zugänglich
Transport: U2 (Messe Prater)

Das Grundstück wurde an den Investor mit den in Wien durchaus üblichen Bedingungen verkauft: Architekturwettbewerb und geladenes Verfahren mit einer kleinen Gruppe von geladenen Architekten. Czech gewann den Wettbewerb sicher auch dadurch, dass sein Projekt als einziges mit einer Mittelgangerschließung und außen liegenden Fluchttreppen besonders ökonomisch war, aber auch, weil er die Kurve der angrenzenden Straße gestalterisch in sein Projekt aufnahm und so eine topografiebezogene Entscheidung realisierte. Besonders auffallend ist die leichte Neigung des gekurvten Baukörpers (geplant waren 7°, realisiert wurden 3,6°), was immerhin zu einem Versatz pro Geschoss von 17 cm führt. In der Gestaltung der Innenräume konnte Czech auf seine langjährige Erfahrung in der Gastronomie-Architektur zurückgreifen. Seine architekturhistorischen Zitate und Verfremdungen erfreuen jeden Insider.

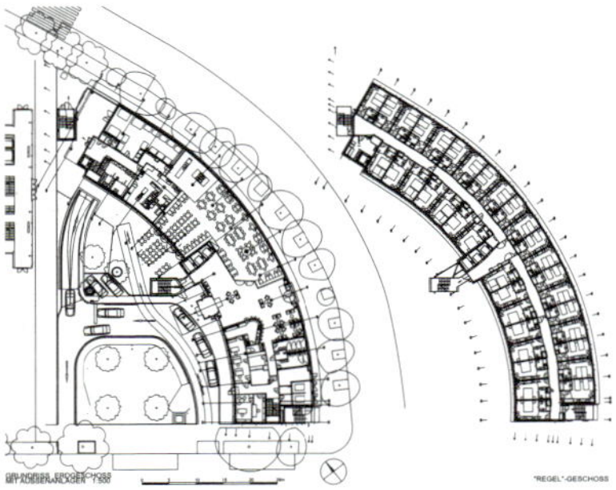

Martin Kohlbauer

Volksschule und Kindertagesheim

2001

Vorgartenstraße 208
Besichtigung: nach Anmeldung
Transport: U2 (Trabrennstraße)

Mit elegantem Schwung dreht sich das Gebäude von den U-Bahnzügen weg, die hier im Zwei-Minuten-Takt die neue U-Bahn-Trasse der U2 in Richtung Kagran befahren werden. Der Architekt konnte ein EU-weites Bewerbungsverfahren für sich entscheiden, da die ehemalige Schule aus den 1960er Jahren wegen des U-Bahnbaues abgerissen werden musste. Sehr intelligent nutzt der Architekt das Versetzen der Baumasse um ein halbes Geschoss in den Baugrund, wodurch die Schule gartenseitig viergeschossig, straßenseitig aber nur dreigeschossig in Erscheinung tritt. Großzügige Treppen führen vom Dach der Turnhalle in den Garten.

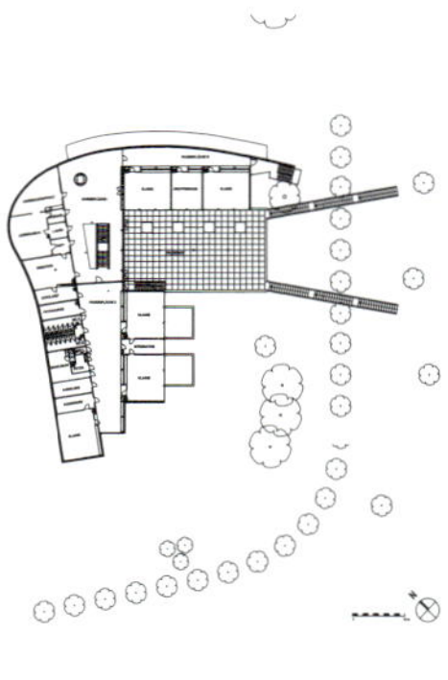

Trabrennverein Krieau

1910

Nordportalstraße 247
Besichtigung: öffentlich zugänglich
Transport: U2 (Stadion)

Die Trabrennbahn lag an einer der Achsen des Weltausstellungsgeländes, zwischen der Rotunde und den heutigen Bildhauerateliers. Gegründet wurde die Anlage schon im 19. Jahrhundert, der wesentliche Ausbauschritt erfolgte allerdings nach 1910 durch das Atelier Schönthal, Hoppe, Kammerer. Alle drei waren Schüler Otto Wagners, dessen konstruktive Gedanken auch in den Aufbau der Tribünen einflossen. Durch die ungewöhnliche Bauaufgabe begünstigt, konnten die Materialien Eisen und Beton sichtbar und direkt verwendet werden.

Silja Tillner, Regina Freimüller-Söllinger 2.-26

Messecarree Nord

2006

Ausstellungsstraße/Vorgartenstraße
Besichtigung: von außen
Transport: U2 (Krieau)

Das Ergebnis dieses städtebaulichen Wettbewerbes nordöstlich des Wiener Messegeländes signalisiert eine weitere Aufwertung dieser Gegend im Zusammenhang mit der zukünftigen U-Bahn-Erschließung. Das ca. 16.000 m² große Grundstück wird durch drei großformatige Baukörper rhythmisch bebaut. Gemeinsam mit dem angrenzenden „VIERTEL ZWEI" entsteht hier eine wichtige Verdichtung im Umfeld des sensiblen Praterbereiches.

2.-27 *henke_schreieck architekten (Dieter Henke, Marta Schreieck)*

Bürohochhaus Krieau „HOCH ZWEI"

2004

Vorgartenstraße/Ecke Trabrennstraße
Besichtigung: von außer
Transport: U2 (Krieau)

In direktem Umfeld der neuen U-Bahn-Station hat die Stadt Wien im Rahmen eines Wettbewerbes eine intensive Verdichtung des Standortes mittels eines Hochhauses akzeptiert. Der Vorschlag des Architektenteams sieht ein Turmhaus mit amorpher Form vor (80 m Höhe, 23 Geschosse, 22.000 m²), welches als neues Wahrzeichen für das Umfeld dienen wird. „Wir haben eine Form kreiert, die Raum bildet und nicht besetzt. Die konkav-konvexe Figur generiert eine platzräumliche Situation. Der weich geschwungene Körper steht im Kontrast zur rationalen Struktur des Messe-Areals und bildet ein signifikantes Entree zum geplanten Quartier der Krieau." (Architekten) Auf dem „VIERTEL ZWEI"-Areal entstehen außerdem das 33 m hohe „PLUS ZWEI"-Gebäude von Architekt Kohlbauer, ebenso sein „BIZ ZWEI"-Komplex. Zustätzlich realisieren henke und schreieck Architekten das Büroprojekt „RUND VIER". Der dazwischen liegende künstliche See heißt „H ZWEI O". Ohne weiteren sprachlichen Kommentar.

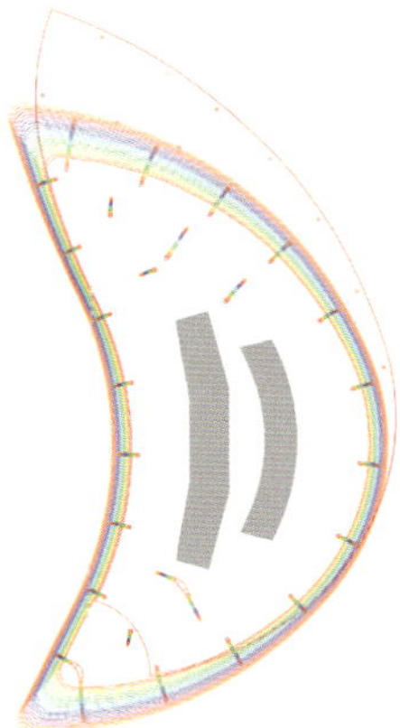

Prater

1403

Praterstern, Prater Hauptallee
Besichtigung: öffentlich zugänglich
Transport: Bus 77A (Lusthaus)

Mit einer Größe von 6 Millionen Quadratmetern zählt der Prater zu den großen Erholungsräumen von Wien. Der Prater umfasst den Volksprater, das Messegelände, den Landschaftspark um die Hauptallee, die Freudenau, die Krieau und andere Landschaftsbereiche. 1161 urkundlich nachgewiesen, seit 1403 als „Prater" bezeichnet. Ursprünglich ab 1560 kaiserliches Jagdgehege der Habsburger (Maximilian II.), seit 1766 allgemeine Benützung. Die viereinhalb Kilometer lange Hauptallee führt zum „Lusthaus", 1781–83 von Isidoro Canevale errichtet, 1945 schwer beschädigt, 1948/49 Wiederaufbau in etwas vereinfachter Form.

Prater-Stadion, Ernst-Happel-Stadion

1929, 1956, 1985

Prater, Meiereistraße
Besichtigung: bei Veranstaltungen
Transport: Bus 80B, 83A, U2 (Ernst-Happel-Stadion)

Das ehemalige Praterstadion wurde 1931 zur „Arbeiterolympiade" mit einer großen Massenveranstaltung mit über 4.000 Mitwirkenden eröffnet. 1956-59 von Theodor Schöll auf ein Fassungsvermögen von 92.708 Personen vergrößert, sechs Jahre später reduziert auf 72.110 Personen. Das größte österreichische Stadion wurde 1985-86 generalsaniert und erhielt eine Gesamtüberdachung nach dem Patent von Erich Frantl, Hofstätter, Zemler und Raunicher (Knotenpatent), weil diese Variante billiger war als eine Teilüberdachung. Mit einer Auskragung von ca. 50 m zur Stadionmitte gehört das elliptische Dach (277 auf 223 m) zu einem der weitgespanntesten der Welt. Bauzeit 10 Monate, Fassungsvermögen heute ca. 60.000 Personen.

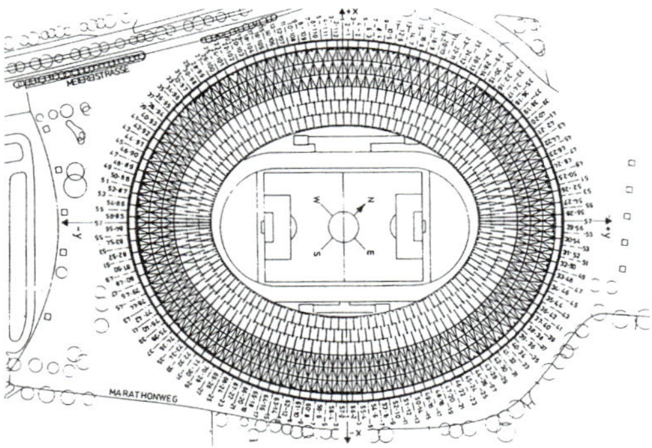

Neue Welt Kindergarten

1994

Aspernallee 2
Besichtigung: von außen
Transport: Bus 77A (Lusthaus)

Ein Kindergarten versteht sich als eine pädagogische Hülle für kleine Kinder. Im Gegensatz zur üblichen Verniedlichung und zum kindlichen Raumkitsch werden hier klare, gut proportionierte Räume angeboten, die durch eine präzise Fenestrierung gekennzeichnet sind. Der kindliche Maßstab wird auf der Ebene des Mobiliars individuell gestaltet. Baumaterialien: Sichtbeton, Glas und Holzböden. Farbe wird als raumbildendes Element und nicht als Dekor verwendet.

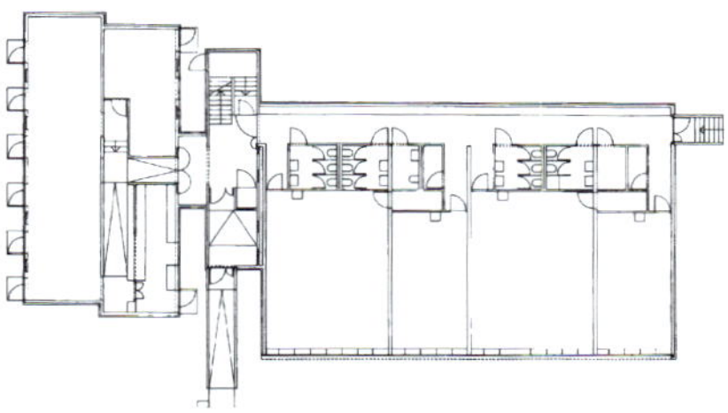

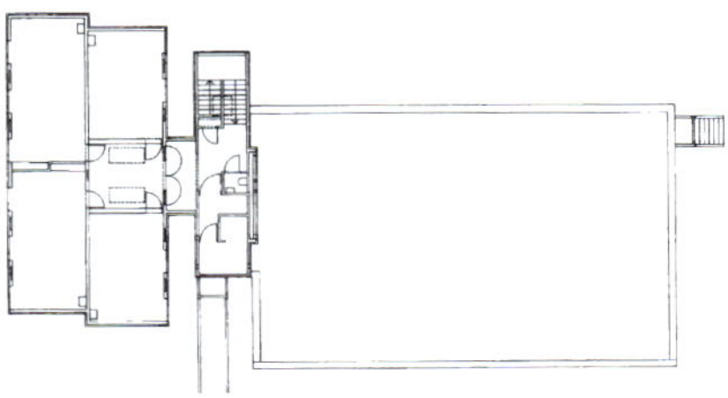

2.-31 *Carl von Hasenauer, Adolf Feszty, Anton u. Josef Drexler*

Galopprennbahn Freudenau

1885

Prater
Besichtigung: derzeit geschlossen
Transport: Bus 77A (Freudenau Rennplatz)

Die Pferderennen gehörten zu den ältesten und vornehmsten Vergnügungen im Wiener Prater. 1862 wurde die Galopprennbahn gegründet. Ein Neubau von Carl von Hasenauer und Adolf Feszty wurde als zarte Gusseisenkonstruktion mit gemauerter Rückseite errichtet. Nach einem Brand wurden von Anton und Josef Drexler die Tribünen wieder aufgebaut, ebenso die Stallungen und der Verwaltungstrakt (1885-87). Die ehemalige kaiserliche Hofloge – wie in allen öffentlichen Veranstaltungsgebäuden gab es auch hier eine solche – wurde erst nachträglich verglast. 1982-87 erfolgte eine Generalsanierung der Tribünenanlage.

2.-32 *A. Wimmer, H. Schwarz, G. Hansjakob, T. Hansjakob*

Kraftwerk Freudenau

1988 (1998)

Praterspitzstraße, Kraftwerk
Besichtigung: von außen
Transport: Bus 80B (Freudenauer Hafenbrücke)

Das Kraftwerk Freudenau besitzt eine abwechslungsreiche Entstehungsgeschichte. Erst nach einer Volksbefragung im Jahr 1991 konnte mit dem Wettbewerbsprojekt vom „Team 3c" (Albert Wimmer, Herwig Schwarz und Gottfried & Toni Hansjakob) begonnen werden. Die aus der Flussmorphologie entwickelte künstliche Insel (800 m lang, 60 m breit) schiebt sich zwischen Krafthaus und Schleusenanlage. Die Insel bildet den Baugrund für das Betriebsgebäude, zu dem eine an vier Stahlpylonen angehängte Brücke führt.

Artur Perotti, Günther Domenig, Peter Podsedensek **3.-1**

Bank Austria Kundenzentrum

1992

Vordere Zollamtstraße 13
Besichtigung: öffentlich zugänglich
Transport: U3, U4, LO (Landstraße Wien Mitte)

Das ehemalige Hauptgebäude der Zentralsparkasse der Gemeinde Wien wurde 1962-65 nach einem Entwurf von Artur Perotti als Stahlbetonskelettbau errichtet. Der Totalumbau durch Günther Domenig entsorgte das gesamte Asbestmaterial und entwickelte aus dem ehemaligen Innenhof ein lichtdurchflutetes Atrium, das gemeinsam mit der Kundenhalle im Erdgeschoss eine gänzlich neue Raumsequenz ermöglichte. Ein ökologisches Bewusstsein bei der Materialauswahl soll die kundenfreundliche Haltung der Bank betonen. Die Gestaltung der Fassade reagiert mit einer intelligenten Interpretation auf die Besonnungsproblematik von Glasfassaden.

Hans Hollein **3.-2**

Büroghaus „RZB -Welle"

2005

Am Stadtpark 3
Besichtigung: von außen
Transport: U3, U4 (Wien Mitte, Landstraße)

Das neue Bürogebäude liegt in hervorragender städtebaulicher Lage, am Schnittpunkt zweier U-Bahn-Linien und der Schnellbahn, mit dem Hotel Hilton und dem Airport-Terminal im Hintergrund. Ein langgestrecktes, siebengeschossiges Gebäude mit zweischaliger Curtain-Wall-Konstruktion schmiegt sich an die s-förmig gekurvte Straße – abgehoben vom Verkehr – mit Blick auf den Stadtpark. Das Gebäude beginnt im ersten Obergeschoss über einer „Tischkonstruktion", welche die vielfältigen Funktionen unterhalb freigibt. Große Sorgfalt wurde auf die Gestaltung der Dachlandschaft gelegt, welche die haustechnischen Anlagen beinhaltet und darüber hinaus einen Teil des skulpturalen Erscheinungsbildes des Gesamtkörpers bildet.

Wien Mitte

2003

Landstraßer Hauptstraße/Invalidenstraße/Marxergasse
Besichtigung: in Bauausführung
Transport: U3, U4 (Landstraße Wien Mitte)

Stadtplanung ist wie eine unendliche Geschichte. Eine bereits rechtskräftige Baubewilligung wurde aus Gründen der Wirtschaftlichkeit und der heftig öffentlich geführten Debatte über die Stadtbildverträglichkeit des in der Pufferzone des Weltkulturerbes liegenden Hochhausprojektes vom Bauträger ARGE Wien Mitte im März 2003 zurückgezogen. Ein neuer international geladener städtebaulicher Wettbewerb empfahl das Projekt von henke und schreieck Architekten.
„Das städtebauliche Konzept sieht eine ringförmige Bebauung entlang der Landstraßer Hauptstraße, Invalidenstraße und Gigergasse vor. Die Höhenentwicklung dieses Baukörpers orientiert sich an der angrenzenden Blockbebauung. Die zweigeschossige transparente Sockelzone reagiert durch die Gliederung auf die umliegenden Straßenräume und definiert an der Landstraße einen großzügigen gedeckten Vorplatz." (Architekten) Der große Maßstab des Projekts mit über 130.000 m² Bruttogeschossfläche macht diese Planung zu einem Gegenstand der Investorenpolitik und der Kommunalpolitik. henke und schreieck sind ausschließlich für das städtebauliche Leitbild als Grundlage für den Flächenwidmungs- und Bebauungsplan verantwortlich und nicht für die Realisierung, die durch das oben angeführte Architektenteam auftragsgemäß erfolgt.

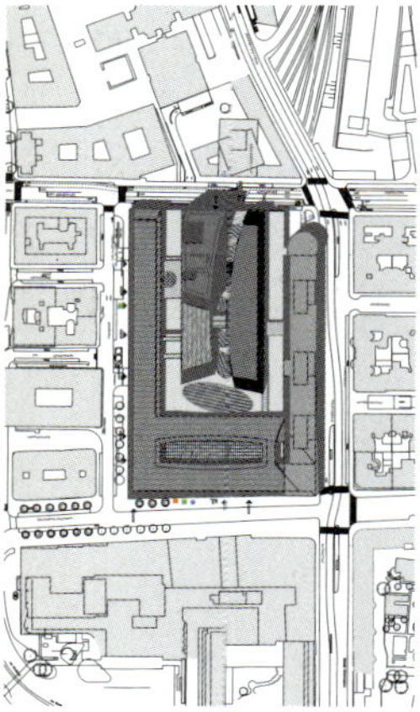

Ortner & Ortner, Neumann + Steiner, Lintl & Lintl **3.-4**

Der „City Tower Vienna“ ist der einzige realisierte Büroturm aus dem ursprünglichen Bebauungskonzept für Wien Mitte. Das 87 m hohe Justizzentrum beherbergt heute das Bezirksgericht für Handelssachen Wien, das Handelsgericht und das Bezirksgericht Innere Stadt Wien. Gestalterisch versucht der Büroturm durch verschiedene Höhenstaffelungen und durch einen Materialwechsel vom Sockelbauwerk (Naturstein-Glas) zu einer Vorhangfassade (Glas-Glas) des eigentlichen Turmes maßstäblich zu vermitteln.

Geschäftszentrum, Büroturm

2000

Landstraßer Hauptstraße/Invalidenstraße
Besichtigung: von außen, teilweise von innen (Öffnungszeiten)
Transport: U3, U4 (Landstraße Wien Mitte)

Paul Sprenger **3.-5**

Freistehender Monumentalbau an der Vorstadtkante gegenüber dem Stadtpark. Das kubische Bauwerk mit seiner einfachen Fassadengliederung ist typisch für die funktionsorientierte, österreichische Beamtenarchitektur der ersten Hälfte des 19. Jahrhunderts. Das geschlossene Erscheinungsbild trifft aber in diesem Fall auch den Zweck der Anlage, die Herstellung und Lagerung von Münzen. Der Bau ist ein Hauptwerk der kurzen eigenständigen Phase des österreichischen Klassizismus, an dem sich jedoch noch die erste Generation der Wiener Moderne, unter anderem auch Otto Wagner, orientierte.

Hauptmünzamt

1835

Am Heumarkt 1
Besichtigung: von außen, Ausnahme: Museum
Transport: U4 (Stadtpark)

Miethäuser Rennweg

1890

Rennweg 1, 3, 5
Besichtigung: von außen
Transport: L71 (Unteres Belvedere)

Es handelt sich hierbei um eine städtebaulich sehr bedeutende Anlage von drei separaten Wohnhäusern, die Wagner ab 1890 realisierte. Das Eckgebäude (Rennweg 1), das Wohnhaus Wagner (Rennweg 3, später Palais Hoyos, heute jugoslawische Botschaft) und das Eckgebäude Auenbruggergasse wurden als eine Einheit geplant, jedoch wird das eigene Wohnpalais Otto Wagners besonders aufwändig gestaltet. Im Eckgebäude Auenbruggergasse wohnte der Komponist Gustav Mahler. Gedenktafel Gustav Mahler 1898-1909.

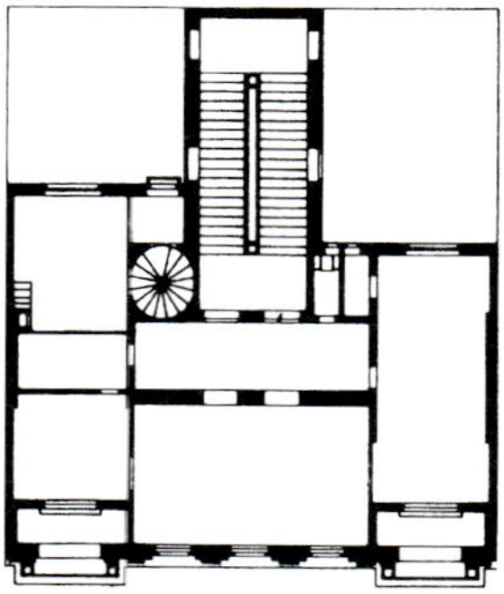

Mit Sensibilität hat die Architektin hier ein musik-kulturelles Zentrum geschaffen, das neben einer Bibliothek, Ausstellungsräumen und einem Konzertraum alle notwendigen Räume eines Archivs beinhaltet, das der internationalen Bedeutung des Künstlers gerecht wird. Die besondere Gestaltung mit intensiver Färbelung der Bibliothek entrückt den Besucher der lauten Außenwelt des Schwarzenbergplatzes: Zeit, Ruhe und Muße zur Kontemplation. Durch die Gründung des Arnold-Schönberg-Centers war es möglich, den Nachlass des Künstlers von Los Angeles nach Wien zu bringen.

Palais Fanto, Arnold-Schönberg-Center

1996

Schwarzenbergplatz 6
Besichtigung: Öffnungszeiten
Transport: Linie D (Schwarzenbergplatz)

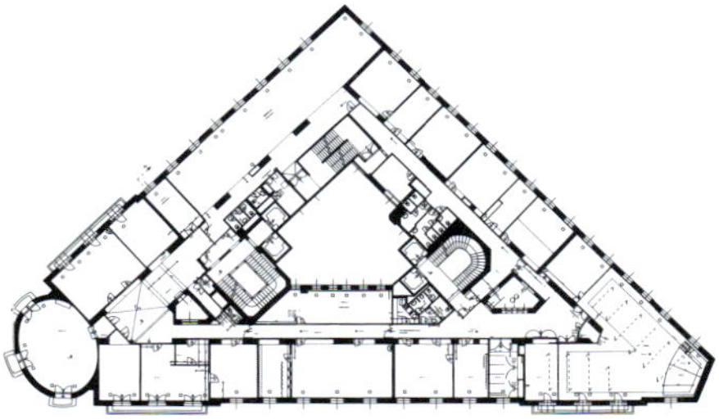

Das Büro- und Wohnhaus in prominenter Lage am Schwarzenbergplatz verfügt über ca. 7.900 m² Bürofläche, über ca. 1.000 m² Wohnfläche mit gehobenem Ausstattungsstandard sowie über eine öffentliche Tiefgarage mit ca. 160 Stellplätzen. Der gegenwärtige architektonische Entwurf stammt von Architekt Kohlbauer, nachdem die Magistratsabteilung MA 19 den ursprünglichen Entwurf nicht für genehmigungsfähig hielt und daraufhin einen geladenen Gestaltungswettbewerb auslobte. Teilnehmer: Frank, Kohlbauer und Wehdorn. Das Projekt von Martin Kohlbauer wurde prämiert. Entsprechend dem Maßstab des Schwarzenbergplatzes bindet der neue Entwurf jeweils zwei Geschosse zu einer optischen Einheit und erreicht damit eine Anlehnung an die umliegenden Gebäude der Gründerzeit.

Büro- und Wohnhaus

2004

Schwarzenbergplatz 5
Besichtigung: nur außen
Transport: Linie D (Schwarzenbergplatz)

Palais Schwarzenberg

1697, (1716–18), 1722, 1751, 1928

Rennweg 2
Besichtigung: bei Veranstaltungen
Transport: Linie D (Gußhausstraße)

1697-1704 für Franz Graf Mansfeld Fürst Fondi erbaut. Dieses Gartenpalais war der imposante Auftakt von Johann Lucas von Hildebrandts Wiener Bautätigkeit. Die großzügige Ehrenhofanlage mit Mittelpavillon und niedrigen Seitenflügeln ist in Richtung Innere Stadt hin orientiert. Nach dem Verkauf (1716) des nicht vollendeten Palais an Fürst Adam von Schwarzenberg übernahmen die beiden Fischer die Fertigstellung. Reitschule und Orangerie nach Plänen von Andrea Altomonte (1751). Gemeinsam mit dem Belvedere ergibt die Anlage einen guten Eindruck von der „Barocken Gartenstadt" im Vorfeld der Befestigungsanlagen. Gartenplanung von Jean Trehet, nach Plänen von J. E. Fischer von Erlach 1729 vollendet. Schweizer Botschaft (1928 von C. Schmidt) im Wirtschaftsgebäude. Für das heute als Luxushotel geführte Palais Schwarzenberg erhielt Hermann Czech 1982 den Auftrag, die gesamte Sockelzone (Gartenebene) als Café, Bar und Luxusrestaurant umzuplanen. Mit kulturellem Verständnis, Intelligenz und Witz gelang es Czech, eine einzigartige Atmosphäre zu erzeugen, die mit dem historischen Wissen der Baukunst spielerisch umgeht, aber nie in triviales historisches Zitieren abgleitet. Derzeit in Planung im Altbau 33 neue Zimmer sowie ein Gartentrakt mit 25 neuen Suiten von Wolfgang Tschapeller an Stelle der jetzigen Gewächshäuser.

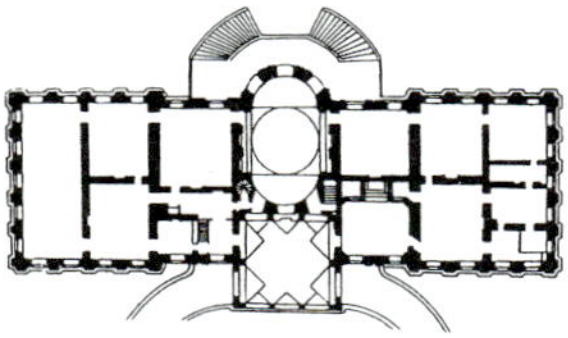

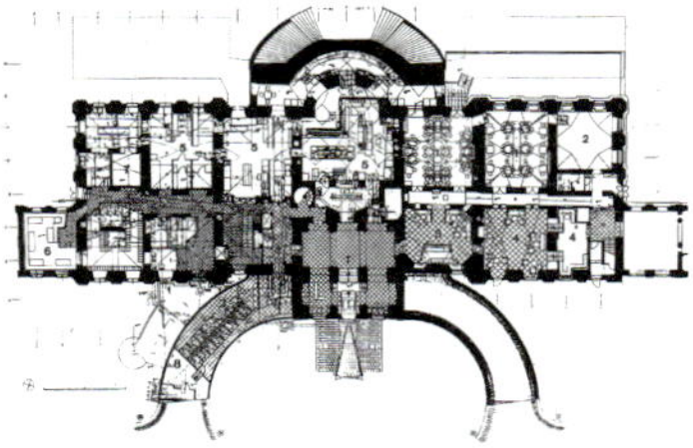

Belvedere

1700

Rennweg 6, Prinz-Eugen-Str. 27, Landstraßer Gürtel
Besichtigung: öffentlich zugänglich
Transport: LD (Schloss Belvedere)

Das Belvedere – das hochbarocke Sommerschloss von Prinz Eugen von Savoyen – liegt auf einem abschüssigen Gelände der ehemaligen Vorstadt. Johann Lucas von Hildebrandt nützte die Vorgaben des Terrains für eine effektvolle Inszenierung: Der stadtseitig gelegene Hoftrakt des Unteren Belvederes bildet mit seiner Ehrenhofanlage den Auftakt dieses barocken Ensembles, das – vermittelt über den mehrfach terrassierten Park – seinen Höhepunkt in dem modellierten Baukörper des Oberen Belvederes findet. Unteres Belvedere als Residenz, das Obere als Repräsentationsschloss. Beide Bauten werden heute als Museen benutzt. Renovierung, Restaurierung und Neuadaptierung beider Baukörper durch Architekt Sepp Frank (1992-97) für die Museumsnutzung. Adaptierung der Orangerie für Ausstellungszwecke durch Susanne Zottl (2006-07) als White Cube. Umbau des Unteren Belvederes durch die Architekten KÜHN MALVEZZI.

Orangerie

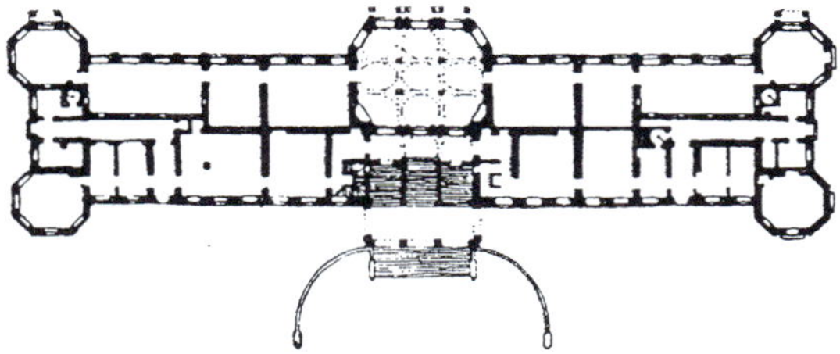

Unteres Belvedere und Kammergarten

Arsenal
1849

Heeresgeschichtliches Museum
1852

Arsenalstraße, Ghegastraße
Besichtigung: während der Öffnungszeiten
Transport: LD, Bus 69A (Arsenal)

Nach der Revolution (1848) beschloss Kaiser Franz Joseph, durch den Bau mehrerer Kasernen innerhalb des Stadtgebietes weitere innere Unruhen zu verhindern. Das Arsenal war als Mischbau konzipiert, als Kaserne und Museum (symbolische Darstellung der Staatsmacht). Sichtziegelbauwerk, Detailausformungen paraphrasieren italienisch-mittelalterliche bzw. islamisch-byzantinische Vorbilder. Neben Hansens Heeresgeschichtlichem Museum sind das ehemalige Kommandantengebäude von Sicardsburg und v. d. Nüll und die Kapelle Maria vom Siege von C. Rösner bemerkenswert. Seit den 1950er Jahren wurde das Areal durch Zubauten verändert: u. a. Dekorationswerkstätten der Bundestheater (E. Boltenstern und R. Weinlich, 1959-63), Fernmeldeverwaltungsgebäude (Fritz Pfeffer, 1961-64), Fernmeldezentralgebäude mit Richtfunkturm (Kurt Eckel, 1973-78), Probebühne des Burgtheaters (Gustav Peichl, 1993-95).

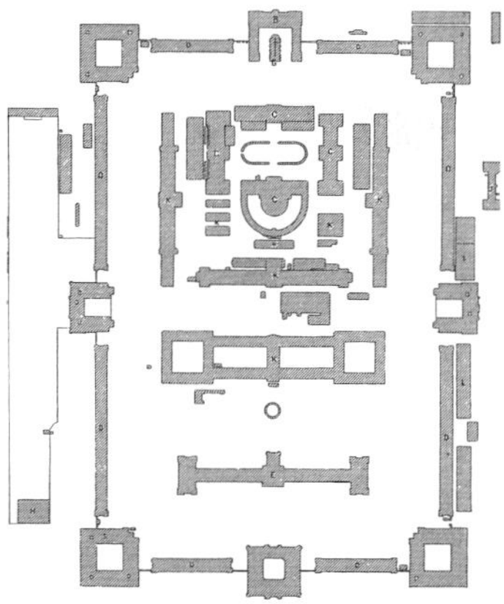

Ein seltenes Beispiel einer ortsungebundenen Pavillon-Architektur, die ursprünglich als Österreich-Haus auf der Weltausstellung in Brüssel (1958) verwendet wurde. Für die Funktion als Museum wurde der Pavillon in Wien im Erdgeschoss geschlossen und der Hof überdacht. Durch die präzise Ausarbeitung der Stahlkonstruktion wurde hier ein im internationalen Vergleich hervorragendes Bauwerk realisiert. Renovierung und Adaptierung nach Plänen des Architekten Adolf Krischanitz derzeit in Vorbereitung (Stand: 2008).

Ausstellungspavillon (ehem. Museum des 20. Jahrhunderts)

1959, 2003

Schweizergarten
Besichtigung: von außen, derzeit geschlossen
Transport: LD (Südbahnhof)

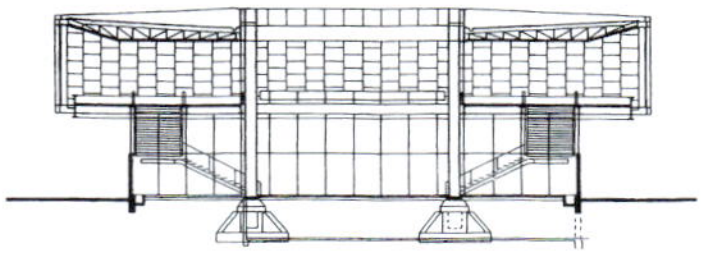

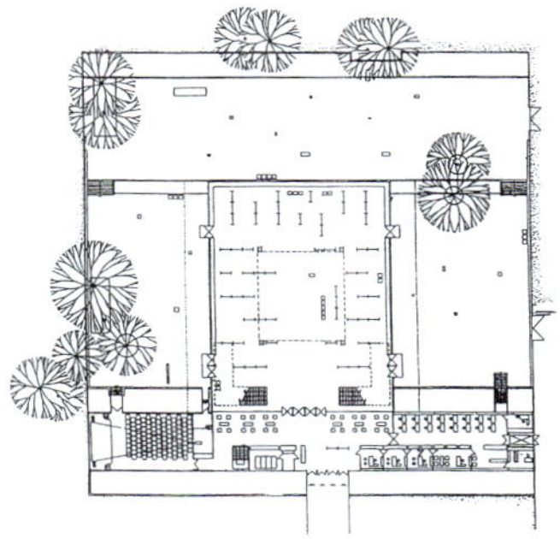

Adaptierung
Adolf Krischanitz

3.-13

Siegfried C. Drach, Alexander Osterberger

Wohnhaus Neulinggasse

1935

Neulinggasse 50, Am Modenapark 10
Besichtigung: von außen
Transport: Bus 4A (Am Modenapark)

Der Modenaplatz ist das einzige (beinahe) durchgehend in den 1920er und 1930er Jahren bebaute, bürgerlich-städtische Ensemble in Wien, das zudem eine durchgehend hohe Qualität aufweist, obwohl keiner der Wiener Star-Architekten daran beteiligt war. Das Haus Nr. 10 ist ein gutes Beispiel für die Qualität, die in den 1930er Jahren auch die sogenannte „gebaute Normalität" erreichen konnte.

3.-14

Peter Gerl

Sünnhof

1823

Landstraßer Hauptstraße 28,
Ungargasse 13
Besichtigung: öffentlicher Durchgang
Transport: U3 (Rochusgasse)

Ein Vorgängerbau aus dem 18. Jahrhundert wurde von Peter Gerl umgebaut und mit einer neuen Fassade versehen. Der Komplex verbindet als Durchhaus die Landstraßer Hauptstraße mit der Ungargasse. Die viergeschossige Bebauung zeugt von der beginnenden Verdichtung dieses Vorstadtgebietes in der ersten Hälfte des 19. Jahrhunderts und war ein großstädtischer Einschub in die noch kleinteilige vorstädtische Struktur des Bezirkes. Heute mit Hotelnutzung und mit öffentlichem Durchgang mit Shops und Cafés.

Wohn- und Geschäftshaus Portois & Fix

1899

Ungargasse 59-61
Besichtigung: nur Geschäfte
Transport: LO (Neulinggasse)

Max Fabiani erweist sich mit diesem Bau als genialer Wagner-Schüler, der die Lehre des Meisters nicht nur annahm, sondern noch zu übertreffen suchte. Zeitlich knapp nach dem Majolika-Haus Wagners (Wienzeile) entstanden, geht dieses Geschäftshaus zumindest in der Fassadengestaltung über dessen rationales Konzept hinaus. Die Kachelverkleidung der Fassade bildet keine geschlossene ornamentale Fläche, sondern das Muster entsteht durch Versetzen verschiedenfarbiger Einzelstücke. Die serielle Anordnung der Fensterachsen und die rhythmisierte der beiden unteren Geschosse sind prinzipiell beliebig fortsetzbar. Einige Unverschämtheiten bei der Renovierung, vor allem im zweistöckigen Geschäftsbereich, konnten dem Bau nicht wirklich schaden.

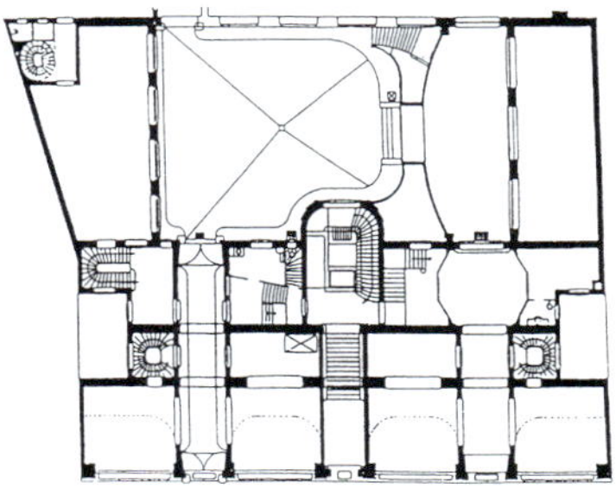

3.-16 *Josef Engelhart, Josef Plečnik*

Karl-Borromäus-Brunnen (Lueger-Brunnen)

1904

Karl-Borromäus-Platz
Besichtigung: öffentlich zugänglich
Transport: U3 (Rochusgasse)

Der Brunnen wurde anlässlich des 60. Geburtstages des Wiener Bürgermeisters Karl Lueger errichtet. Josef Plečnik wurde erst im Laufe der Projektentstehung vom Bildhauer und Maler Josef Engelhart in die Planung eingebunden. Die Anlage nimmt sowohl durch die Form als auch durch den Maßstab sehr geschickt auf die beschränkte räumliche Situation Rücksicht und bildet durch die Kombination einer ovalen Begrenzung und des kreisförmigen Brunnenaufbaus noch sichelförmige Freiflächen, die die Einrichtung eines „Minimalparks" erlaubten.

3.-17 *Helmut Richter*

Kiang III

1997

Landstraßer Hauptstraße 50, Rochusmarkt
Besichtigung: während der Öffnungszeiten
Transport: U3 (Rochusmarkt)

Mit Konsequenz hat Helmut Richter die ersten Gestaltungsansätze vom Restaurant Kiang I (1984) im neuen Kiang III mithilfe eines engagierten Bauherrens weiter entwickelt. Während das Kiang I als „Aufbruch" von der damaligen Postmoderne gesehen werden kann, kann das Kiang III als abgeklärte und verfeinerte Etüde der Architekturhaltung von Richter angesehen werden. Die Gestaltung des Innenraumes ist zurückhaltender und homogener in der Materialwahl, das Glas und die hellen Oberflächen sind Hintergrund für die angebotenen chinesischen und japanischen Speisen. Im Sommer können die Glastüren zur Straße geöffnet werden und die Gäste werden Teilnehmer des alltäglichen, städtischen Theaters.

Ehem. Palais Rasumofsky

1803, 1814

Rasumofskygasse 23–25
Besichtigung: von außen
Transport: U3 (Rochusgasse)

Das beeindruckende, plastisch durchgebildete Palais lag ursprünglich in einem ausgedehnten englischen Park und nicht wie heute im Verbund kleinerer Straßen. Montoyer gliederte die Straßenfassade des geschlossenen kubischen Baukörpers mittels einer monumentalen Säulenvorhalle, die an der freistehenden Schmalseite in bescheidenerem Maßstab wiederholt wird. Dieses Hauptwerk des Architekten Louis Montoyer ist der bedeutendste erhaltene Palastbau des Klassizismus in Wien. Ludwig v. Beethoven widmete dem Bauherrn seine drei Streichquartette op. 56.

Hermann Czech **3.-19**

Wohnhaus Petrusgasse

1985

Petrusgasse 4
Besichtigung: von außen
Transport: Bus 74A (Petrusgasse)

Die Unauffälligkeit und Normalität ist bei diesem Wohnhaus zum Prinzip erhoben worden. Wenn „Architektur Hintergrund ist" (Zitat Hermann Czech), dann ist dieses Wohnhaus die Umsetzung einer Architekturhaltung. Im Umfeld der postmodernen Architektur der 80er Jahre ein angenehm bewohnbares Haus mit klaren Grundrissen, sinnvollen Erkern, aber ohne ästhetische Verrenkungen.

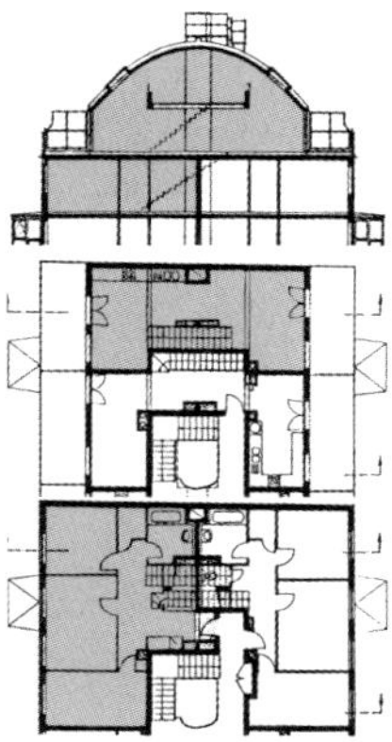

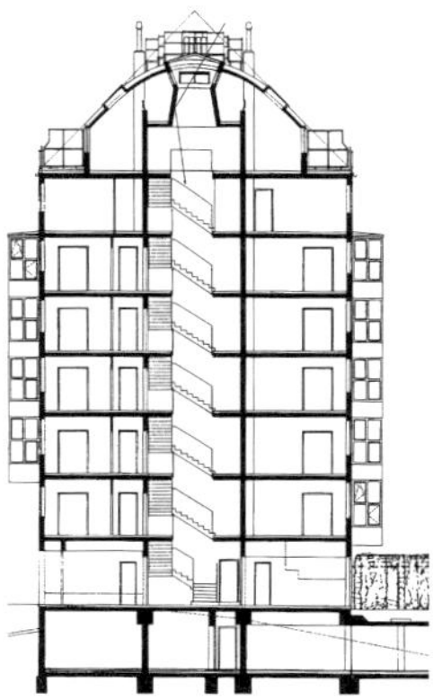

Haus Margarethe Stonborough-Wittgenstein (h.: Kulturabteilung der Bulgarischen Botschaft)

1926

Kundmanngasse 19
Besichtigung: nach Vereinbarung
Transport: U3 (Rochusgasse)

Die Berühmtheit des Mitarchitekten Ludwig Wittgenstein lässt leicht vergessen, dass es sich bei diesem Haus für seine Schwester tatsächlich um eine außergewöhnliche architektonische Leistung handelt, die unmittelbar in das von Adolf Loos erzeugte Klima eingebettet ist, diesem Vorbild aber nicht sklavisch folgt. Grobkonzept vom Loos-Schüler und Wittgenstein-Freund Paul Engelmann, Weiterentwicklung von Wittgenstein selbst. Bei der Innenausstattung Verzicht auf Naturmaterialien, Verwendung von Eisen, Glas, Beton und Marmorstuck. Dieser radikalen Reduktion der Materialien entspricht das lediglich durch die Fenster gegliederte Äußere, die Innenraumorganisation ist weit weniger revolutionär und folgt großbürgerlichen traditionellen Anforderungen.

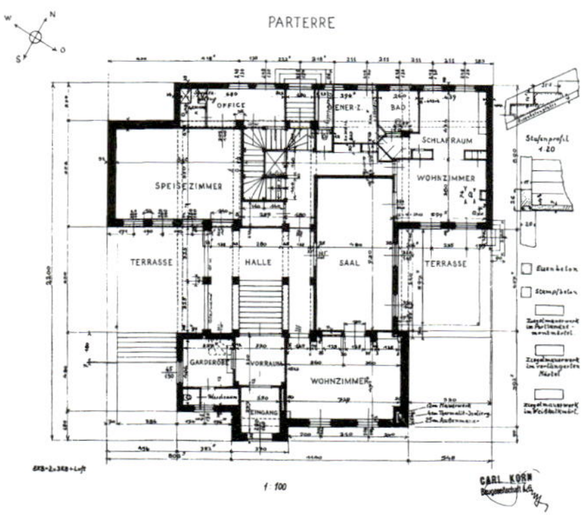

Walter Sobotka **3.-21**

Wohnhaus Klopsteinplatz
1927

Klopsteinplatz 6, Schrottgasse 10-12
Besichtigung: von außen
Transport: Bus 77A (Rabengasse)

Ein sehr nüchterner Wohnbau der Gemeinde Wien, der gänzlich auf dekorative Details verzichtet. Die Fassaden werden durch Fenster und scharf ausgeschnittene Loggien gegliedert, der Baukörper selbst durch Überlagerungen von mehreren Raumschichten. Diese unsentimentale Haltung macht ihn zu einem Ausnahmefall innerhalb des sozialdemokratischen Bauprogramms.

Architektengruppe Rennweg **3.-22**

Wohnpark Rennweg
1994

Landstraßer Hauptstraße 148
Besichtigung: von außen
Transport: Bus 74A (Petrusgasse)

Auf dem Areal einer alten Kaserne wurde in relativer Nähe zum Zentrum mit dem Wohnpark Rennweg der Versuch unternommen, an die traditionellen Qualitäten der Wohnbauten der Gemeinde Wien der Zwischenkriegszeit anzuschließen. Zwischen Oberzellergasse, Rennweg und Landstraßer Hauptstraße entstanden 437 Wohnungen mit Läden und Büros. Aufgrund der Richtlinien im sozialen Wohnbau wurden viele Gestaltungsdetails egalisiert, mit dem Resultat, dass trotz der Vielzahl der beteiligten Architekten die gesamte Bebauung eine geringe gestalterische Identität aufweist. Bemerkenswert sind die Bauwerke von Roland Rainer, Nehrer + Medek sowie Anton Schweighofer. Architektengruppe Rennweg: Atelier 4; Bramhas, Waclawek & Karrer; Marschalek & Ladstätter mit Bert Gantar; Nehrer + Medek; Neumann + Steiner; Perotti & Greifeneder; Puchhammer & Wawrik; Roland Rainer; Udo Schrittwieser; Anton Schweighofer.

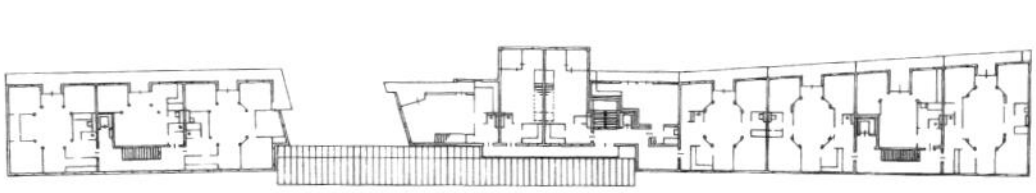

Raben-Hof

1925

Baumgasse, Rabengasse, Hainburger Straße, Lustgasse, St. Nikolaus-Platz
Besichtigung: nur von außen
Transport: U3 (Kardinal-Nagl-Platz)

In Folge schwieriger Besitzverhältnisse und der topografischen Situation entschlossen sich die Architekten gegen eine axiale Hofanlage und für eine flexible Führung der lang gestreckten Baukörper um große Freiflächen herum. Keine der hofartigen Strukturen ist tatsächlich geschlossen. Der abwechslungsreiche Eindruck, den diese Bebauung hinterlässt, wird noch durch die Detailformulierung und die unterschiedlichen Materialien verstärkt. Wie die meisten dieser Großanlage verfügte auch dieser Hof über angeschlossene Dienstleistungs- und Bildungseinrichtungen. Rabenhoftheater (seit 1990), davor Kino, ursprünglich Versammlungssaal.

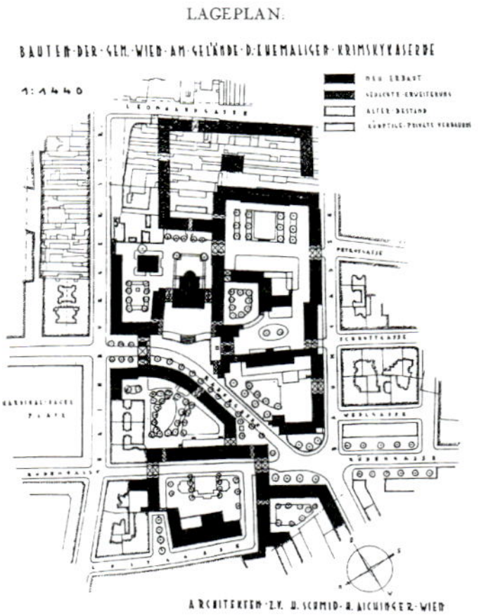

Hundertwasserhaus
1982

Löwengasse 41-43
Besichtigung: nur Souvenirgeschäft
Transport: LN (Löwengasse)

Seit dem „Verschimmelungsmanifest" von Friedensreich Hundertwasser aus dem Jahr 1958 gilt dem Maler die gerade Linie als ein Verrat an der menschlichen Individualität. Mit der Dekoration eines sozialen Wohnhauses in der Löwengasse gelang Hundertwasser eine mediale Präsenz, die fachlich weder von der Bautypologie noch von der verkündeten Ökologie im Wohnbau eingelöst wird. Trotzdem eines der beliebtesten Touristenziele in Wien, gemeinsam mit dem nahe gelegenen Museum Hundertwasser. Die Planung erfolgte von Friedensreich Hundertwasser unter Mitwirkung von Arch. Josef Krawina und Arch. Peter Pelikan.

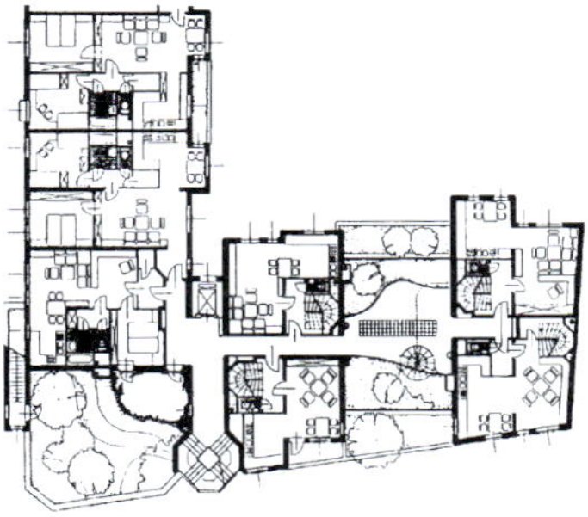

Ellipse Bürogebäude
2000

Boerhaavegasse 6
Besichtigung: von außen
Transport: Linie O (Ungargasse)

Vermietbare Bürogebäude (also nicht das eigene Firmengebäude) unterliegen ganz besonders der strengen Kalkulation der Investoren. Im vorliegenden Fall wurde an der Stelle eines 1970er Jahre Bürogebäudes ein neues, mit innovativer Technik ausgestattetes Bürohaus errichtet, das bekannterweise dank seiner elliptischen Form eine rechnerisch besonders optimale Volumen-Oberflächen-Relation besitzt. Gleichzeitig vermittelt diese Bauform an diesem städtebaulichen Standort besonders gut zwischen den drei Straßenfronten. Betoninnenkern mit einer Fassade als Pfosten-Riegel-Konstruktion.

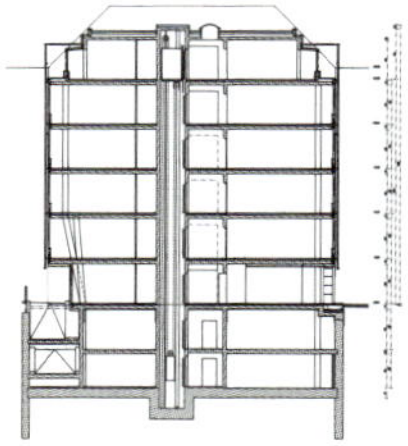

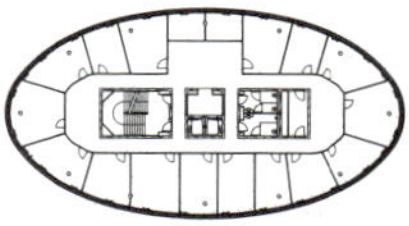

Siemens Forum
1994

Erdberger Lände 26
Besichtigung: Öffnungszeiten
Transport: U3 (Kardinal-Nagl-Platz)

Unerwartet und uneinsichtig von der Straße entstand im Innenhofbereich der Siemens-Österreich zentral eine Ausstellungshalle, die unter der Bezeichnung „Siemens Forum" die firmeneigene historische Sammlung präsentiert und zusätzlich temporäre Ausstellungen organisiert. Das Konzept der Ausstellungshalle ist ein „langer Weg ... in Form einer Rampe", welche die einzelnen Ebenen verbindet. Nutzbare Fläche ca. 2.500 m², Planungsbeginn 1994, Fertigstellung 1996.

Kulturzentrum Arena Wien

Seit 1994

Baumgasse 80
Besichtigung: während der Öffnungszeiten
Transport: U3 (Gasometer)

Historische hard facts: Im Sommer 1976 sollte für die Veranstaltungsreihe „Arena" der Festwochen der ehemalige Auslandsschlachthof St. Marx (70.000 m²) das letzte Mal vor seinem Abriss genutzt werden. Eine „Besetzung" verzögerte den Abriss, die Stadt Wien bot Ersatz in Form des kleinen ehemaligen Inlandsschlachthofes mit 7.600 m². Seither, seit dreißig Jahren, existieren hier künstlerischer Work in Progress, Events und Jugendkultur. Mit einem Minimalbudget haben RATAPLAN hier innovativ in die denkmalgeschützte Substanz eingegriffen und mit sichtbar belassenen Materialien wie Klinker, Beton, Stahl und Glas eine interessante Interaktion umgesetzt.

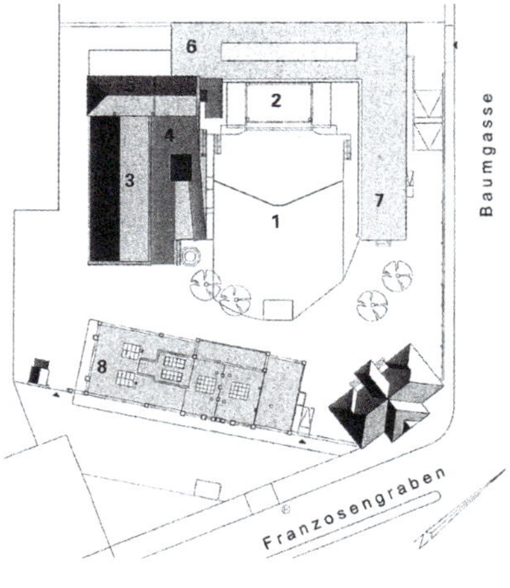

Wohnbau, Bürobau

2003

Schlachthausgasse 28-30
Besichtigung: nur außen
Transport: U3 (Schlachthausgasse)

An der stark befahrenen Schlachthausgasse war das ehemalige „Mautner-Markhofsche-Kinderspital" zum Abbruch freigegeben worden. Das große Areal zeichnet sich durch seine Lagegunst neben der U-Bahn aus und befindet sich in einem städtischen Umfeld, das in Zukunft weitere Impulse erhalten soll. Die besonders stark skulpturale Bebauung der Architekten setzt einen neuen Maßstab für die Umgebung. Neben ca. 10.000 m² für Büronutzung wurden 82 Wohnungen mit 45 bis 120 m² errichtet sowie ein Jugendzentrum mit ca. 500 m².

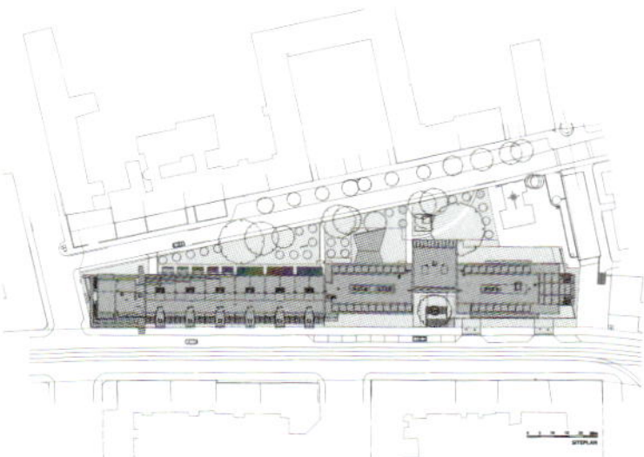

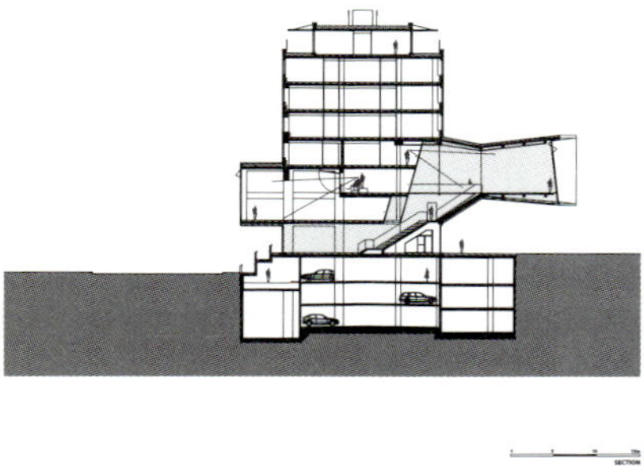

Vienna Biocenter 2

2001

Viehmarktgasse 2a, Campus Vienna
Besichtigung: von außen
Transport: L18, L71, 74A (Viehmarktgasse, St. Marx)

In unmittelbarer Nähe zum T-Mobile-Center entwickelt sich der neue, internationalen Ansprüchen entsprechende Bio-Cluster der Stadt Wien. Der „Kopfbau der zweistufigen baulichen Umsetzung wurde zum Jahresende 2003 fertig gestellt und symbolisiert durch seine Fassade eine modulare Zusammensetzung einer Struktur. Podrecca konnte sowohl im Inneren (Atriumhalle mit Innenfassaden) als auch im Äußeren des Gebäudes die haptischen Qualitäten einer autonomen Architektur umsetzen, unter genauer Einhaltung der funktionalen Erfordernisse eines Laborgebäudes. Materialität und Farbigkeit als wesentliche Architekturparameter.

Vienna Biocenter 1

2000

Dr.-Bohr-Gasse 7/Campusvienna Biocenterstraße
Besichtigung: von außen
Transport: L71 (St. Marx)

Im Anschluss an den „Kopfbau" des Biocenters entstand ein länglicher Baukörper, der den gesamten Bauplatz zwischen Campus Vienna Biocenterstraße und Dr.-Bohr-Gasse einnimmt. Das Gebäude setzt die dunkle Sockelzone fort, in den oberen Geschossen zeigt eine „intelligente" Stahl-Glas-Fassade in die Welt der Labors. Eine feine, abstrakte Gliederung der Glaselemente weckt die Assoziation zu modularen Strukturen. Im Gebäude sind wissenschaftliche Institute der Österreichischen Akademie der Wissenschaften untergebracht, die sich mit Molekularer Biotechnologie und Molekularer Pflanzenbiologie beschäftigen. Die Finanzierung erfolgt durch die Stadt Wien und den Bund.

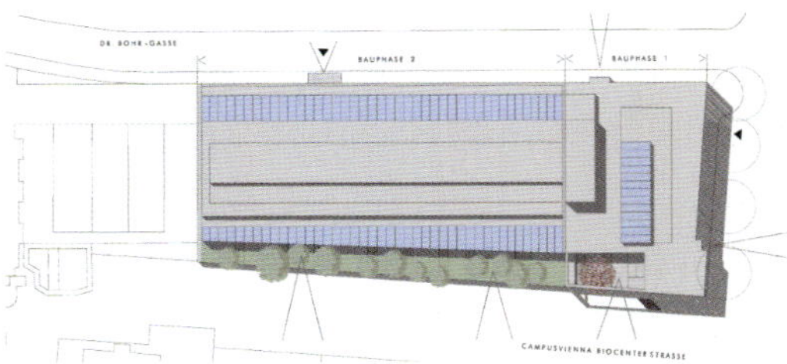

Büro- und Geschäftszentrum St. Marx

2001

Besichtigung: nur von außen
Transport: L71 (Schlachthausgasse)

Mit ca. 119.000 m² Nutzfläche ist die „liegende Struktur" ein wesentlicher und neuer Imageträger für die ehemalige Schlachthausregion St. Marx. Eine Telekommunikationsgesellschaft ist Auftraggeber für das Projekt und war sich der Aufgabe und der Verantwortung als IT-Konzern bewusst. Domenig/Eisenköck/Peyker haben ein markantes Gebäude entworfen, das sich durch öffentliche Verbindungswege über das Grundstück in den bestehenden Stadtraum einzubinden versteht. Nachdem Domenig 1975 mit seiner Bankfiliale in Favoriten zum ersten Mal die Wiener Bevölkerung „schockiert" hat, wird ihm dreißig Jahre später der gleiche Gedanke sicherlich gut gefallen.

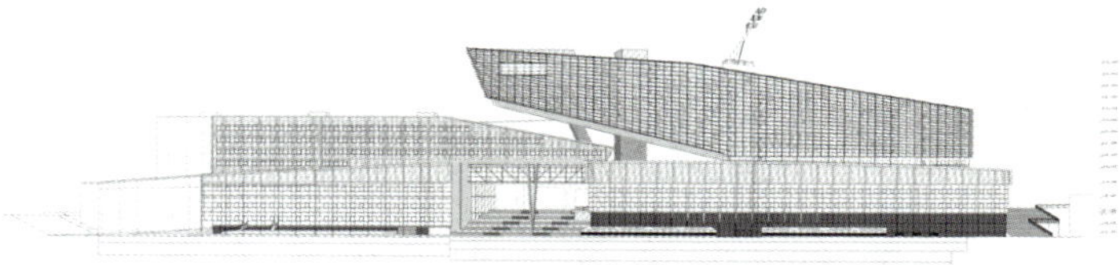

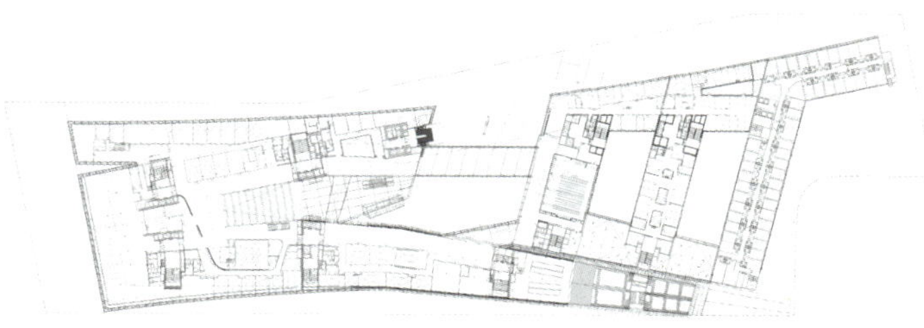

Bürogebäude „Adler und Ameise"

1999

Guglgasse 7-9
Besichtigung: nur von außen
Transport: U3 (Gasometer)

Das Bürogebäude mit dem poetischen Namen „Adler und Ameise" ist das Resultat eines Wettbewerbs, den der Developer in Zusammenarbeit mit der Stadt Wien ausgelobt hat. Eine eigenständige Baukörperphysiognomie neben den riesigen vier Gasometerbauwerken ist eine besondere Aufgabe. Kohlbauer organisierte die 21.140 m² Nutzfläche in Form einer „Stufenpyramide" mit aufgesetztem Glasdach als Sozialraum für die Mitarbeiter. Resultat ist ein gut proportioniertes Gebäude in der Tradition moderner Bürogebäude ohne Pathos oder Theatralik.

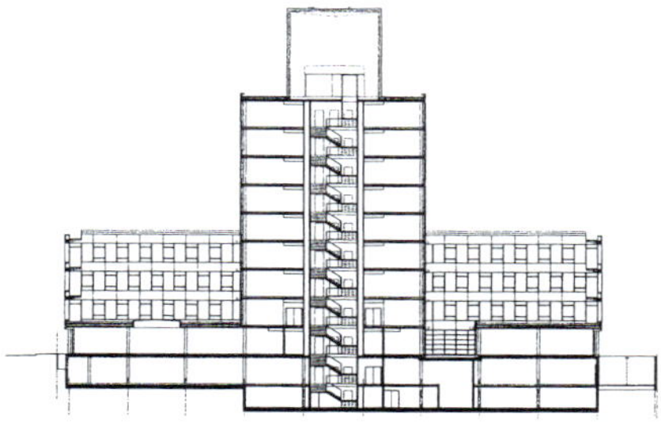

Entertainmentcenter „Hollywood" Megaplex
2001

Guglgasse 11
Besichtigung: öffentlich zugänglich
Transport: U3 (Gasometer)

Urban Entertainment Centers waren lange Zeit das Zauberwort der partiellen Stadterneuerung, angereichert mit medialen und gastronomischen Optionen für die umliegend beheimatete Bevölkerung. Rüdiger Lainer hat intelligent und vorausschauend auf dieses Programm reagiert: Seine farbige, gläserne Hülle bildet eine lichtgetränkte städtische Skulptur, deren Innenräume derzeit als Kinosäle genutzt werden, deren Statik aber für eine spätere Veränderung mitgedacht wurde. Zusätzlich ist das Center mit einer breiten Brücke an die Gasometer Shopping Mall angeschlossen. Lainer erhielt den Bauherrenpreis der Zentralvereinigung der österreichischen Architekten 2001 für dieses Projekt.

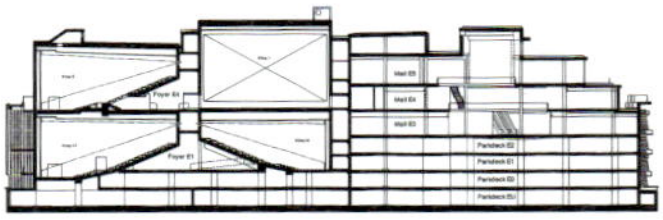

Office Campus Gasometer

2001

Guglgasse
Besichtigung: von außen
Transport: U 3 (Gasometer)

Neben den Gasometern entstanden mit diesem Gebäude ca. 51.000 m² flexible Büroflächen, der erste Bauteil wurde im Februar 2004 fertig gestellt. Die doppelte Kammstruktur mit straßenseitiger Baukörperbegrenzung ist ein typisches Beispiel von guter „Investorenarchitektur" mit europäischem Standard. Die Fassadengestaltung ist aufwändig, die kleine Piazza vor dem Gebäude vermittelt jene konditionierte Öffentlichkeit, die in den neuen Stadterweiterungsgebieten üblich ist.

Maria Auböck, János Kárász, Ernst Hoffmann **3.-35**

Rochuspark

1994

Rochuspark
Besichtigung: öffentlich zugänglich
Transport: U3 (Rochusgasse)

Im Zuge der Errichtung der U-Bahnlinie U3 entstand im Umfeld der Station Rochusgasse eine neue urbane Grünfläche. Eine Blockinnensituation wurde durch raumbildende Maßnahmen wie Baumreihen, Mauern und Platzbereiche in eine Abfolge von Gartenräumen für verschiedene Nutzungen umgestaltet. Die Anlage, Gesamtfläche 4.400 m², schafft eine stark begangene fußläufige Verbindung zwischen Erdbergstraße, Hainburgerstraße und Landstraßer Hauptstraße. Das zentrale Element bildet die sogenannte „Spielrakete", welche verschiedene Bewegungsspiele aufnimmt und mit einem abgesenkten Platz in wassergebundener Decke ein markantes Zeichen setzt. Dahinter befindet sich etwas höher gelegen ein stiller Staudengarten, die eigentliche Attraktion dieses sonst durch Geschwindigkeit und Geschäftigkeit gekennzeichneten Parks.

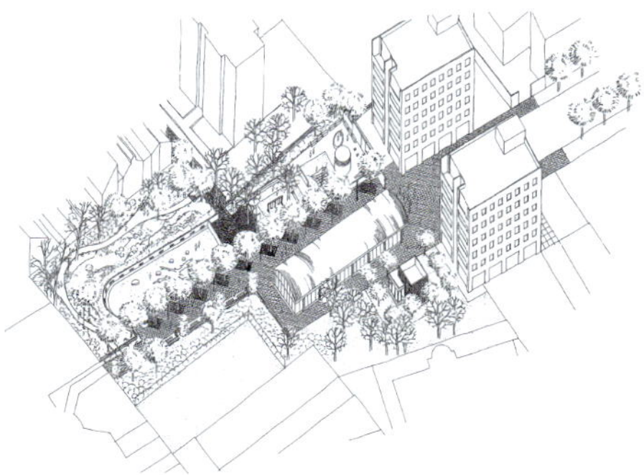

2.-*33e* **Johann-Nepomuk-Kirche**
Carl Rösner
1841
Praterstraße 45

2.-*34e* **Wohnhausanlage Kai 302**
Albert Wimmer
1995
Handelskai 302-304

2.-*35e* **Diana Bürohochhaus und Erlebnisbad**
Atelier Hayde Architekten
2000
Lilienbrunngasse 7-9/Hammer-Purgstall Gasse 10

2.-*36e* **Lokal Fluc_2**
Klaus Stattmann
2006
Praterstern

3.-*36e* **Miethaus Hoffmann**
Josef Kornhäusel, Anton Hoppe
1833
Beatrixgasse 20

3.-*37e* **Hoffmann-La Roche**
Georg Lippert
1960
Gürtel/Jacquingasse

3.-*38e* **Deutsche Botschaft**
Rolf Gutbrod
1963
Metternichgasse 3

3.-*39e* **Bankfiliale Radetzkyplatz**
Luigi Blau
1984
Radetzkyplatz

3.-*40e* **Bürogebäude Barichgasse**
Peter Schweger & Partner und Iwan Zelenka
1989
Barichgasse 38-42/Ungargasse 59-61

3.-*41e* **Wohnhaus**
Günther Oberhofer
1992
Kardinal-Nagl-Platz 5-7

3.-*42e* **Passage**
Ernst Hoffmann
1992
Landstraßer Hauptstraße 71

3.-*43e* **„Town Town" – Städtebauliche Entwicklung**
Prominente Architektenteams u. a. COOP HIMMELB(L)AU, Baumschlager-Eberle
2005
Erdbergstraße 131-137

4. Bezirk, **Wieden** *Indexnummern*	**4.**-*1 ...* **4.**-*17e*
5. Bezirk, **Margareten** *Indexnummern*	**5.**-*1 ...* **5.**-*19e*
6. Bezirk, **Mariahilf** *Indexnummern*	**6.**-*1 ...* **6.**-*11e*
7. Bezirk, **Neubau** *Indexnummern*	**7.**-*1 ...* **7.**-*26e*
8. Bezirk, **Josefstadt** *Indexnummern*	**8.**-*1 ...* **8.**-*9e*
9. Bezirk, **Alsergrund** *Indexnummern*	**9.**-*1 ...* **9.**-*26e*

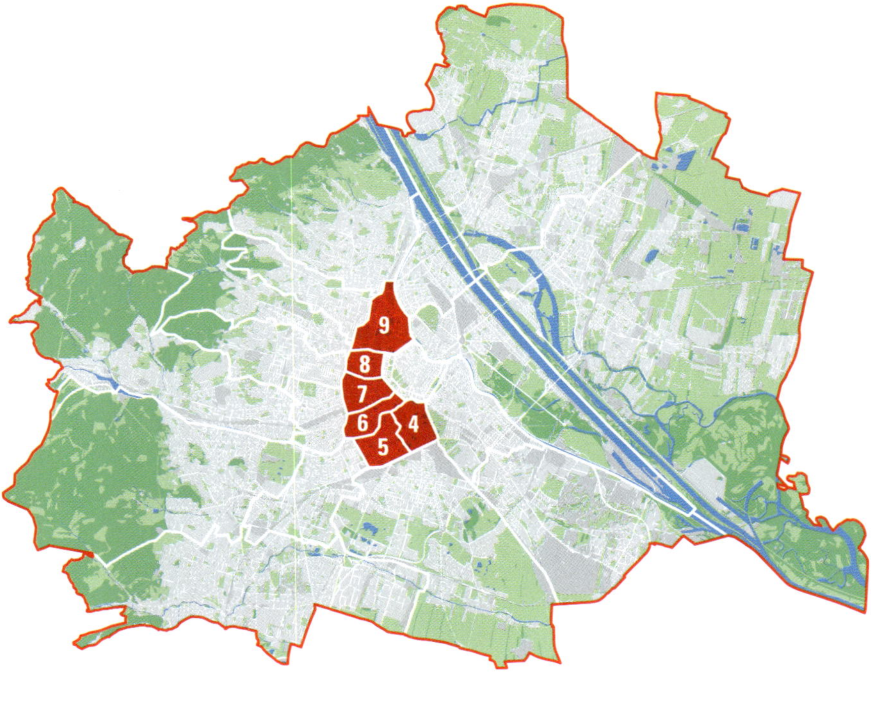

Spittelau
Jägerstraße
9.-26e
Nußdorfer Straße
9.-25e
Nußdorfer Str.
9.-22
Friedensbrücke
Augarten
Währinger Straße-Volksoper
9.-24e
9.-21
9.-20
Währinger Str.
9.-16
9.-23
Roßauer Lände
9.-19
Michelbeuern AKH
9.-17
9.-18
AKH
9.-11
9.-9
9.-14
9.-10
9.-8
Taborstraße
Schwarzspanierstr.
9.-12
9.-15
Alser Straße
9.-5
9.-6
9.-3
9.-13
Schottenring
9.-1
9.-2
Nestroyplatz
9.-7
Alser Straße
9.-4
Schottentor
8.-7
8.-8
Josefstädter Straße
8.-5
8.-4
8.-3
Schwedenplatz
Rathaus
8.-2
8.-6
8.-9e
Herrengasse
Thaliastraße
8.-1
Stephansplatz
7.-8
Lerchenfelder Str.
Stubentor
Landstraße (Wien
7.-25e
7.-5
7.-6
Volkstheater
7.-4
7.-9
7.-10
Burggasse
7.-7
7.-22e
Museumsquartier
Burggasse Stadthalle
7.-21e
7.-2
7.-1
Stadtpark
7.-12
7.-24e
7.-26e
7.-11
7.-23e
7.-3
Karlsplatz
7.-16
7.-20
Seidengasse
7.-19
Mariahilfer Str.
6.-4
6.-1
7.-15
7.-17
6.-11e
6.-5
4.-1
4.-4
4.-3
7.-18
Neubaugasse
6.-6
4.-5
4.-2
7.-13
6.-7
6.-3
4.-7
4.-16e
Argentinierstr.
7.-14
Zieglergasse
6.-2
4.-8
4.-9
4.-6
Westbahnhof
Kettenbrückengasse
5.-18e
4.-12
5.-1
4.-10
4.-11
Stumperg.
Schönbrunner Str.
Gumpendorfer Str.
6.-9
Margaretenstr.
4.-13
Belvedere
Mariahilfer Gürtel
6.-10e
Taubstummengasse
4.-17e
5.-2
5.-17
Gumpendorfer Straße
6.-8
Pilgramgasse
Belvederegasse
5.-3
4.-14
4.-15e
Margaretengürtel
Margaretenstr.
5.-16
5.-15
Siebenbrunneng.
5.-5
Südtiroler Platz
5.-14
5.-10
5.-4
5.-13
Wiedner Gürtel
Längenfeldgasse
5.-11
5.-7
5.-12
5.-19e
5.-9
5.-6
Margaretengürtel
5.-8
Niederhofstraße

Kaisermühlen – VIC
Donauinsel
Vorgartenstraße
Neue Donau
Donau
Praterstern
Messe Prater
Krieau
Stadion
chusgasse
Kardinal-Nagl-Platz
Schlachthausgasse
Erdberg
Gasometer
15 min
1000 m

Kunsthalle Wien, Project Space

2001

Treitlstraße 4
Besichtigung: öffentlich zugänglich
Transport: U1, U2, U4 (Karlsplatz)

Die erste Kunsthalle am Karlsplatz wurde 1992 von Krischanitz errichtet und war als provisorisches Ausstellungsgebäude mit ganzjährigem Betrieb geplant. Mit Fertigstellung des MuseumsQuartiers war die Kunsthalle überflüssig geworden, allerdings war der Ort zu einem wesentlichen Fokus des zeitgenössischen Kunstdiskurses geworden. Die neue „Kunsthalle Project Space" setzt architektonisch (als perfekte post-Mies-Minimal-Architektur) und kulturpolitisch eine Wiener Erfolgsstory fort, die als Provisorium begonnen hat.

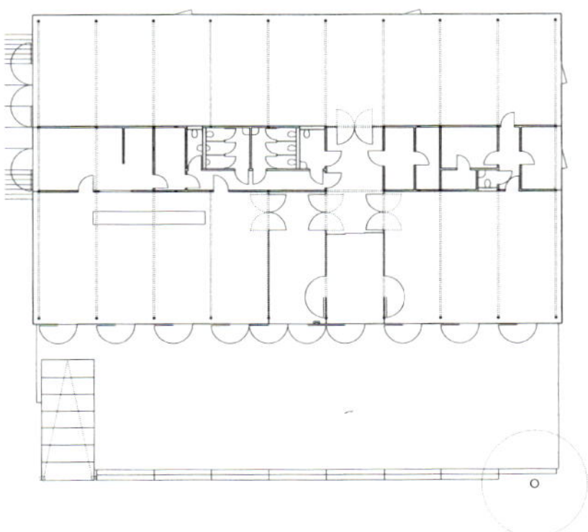

Karlskirche

1715, (1722-39)

Karlsplatz
Besichtigung: öffentlich zugänglich
Transport: U1, U2, U4 (Karlsplatz)

Hauptwerk des österreichischen Hochbarock, Hauptwerk von Johann Bernhard Fischer von Erlach. 1713 wurde der Kirchenbau von Kaiser Karl VI. seinem Namenspatron zur Abwendung der Pest gelobt. Die beiden monumentalen Säulen versinnbildlichen neben ihrem Antiken- und Rombezug sowohl die Säulen des Salomonischen Tempels als auch das persönliche Motto Karls „Constantia und Fortitudo". Vielschichtige räumliche Entfaltung: gestaffelte Baukörper (Silhouettenwirkung) mit ovalem Hauptraum (Längsachse) und Annexbauten, Altar mit theatralischer Lichtregie nach einem Entwurf Fischers, Kuppelfresko vom österreichischen Maler Johann Michael Rottmayr. Die stadträumliche Situation der Kirche – sie lag ursprünglich im Grünbereich der Vorstadt und am Ufer eines Flussarmes – ist heute schwer vorstellbar.

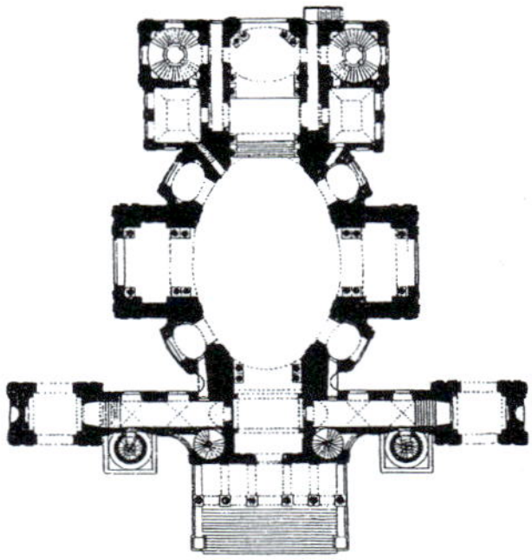

Historisches Museum der Stadt Wien, Totalsanierung

1954; 1998, 2006

Karlsplatz 8, Maderstraße
Besichtigung: Öffnungszeiten
Transport: U1, U2, U4 (Karlsplatz)

Die Lage des Historischen Museums der Stadt Wien am Karlsplatz ist durch die Planung von Otto Wagner als Museumsstandort besetzt. Im Rahmen eines bundesweiten Wettbewerbs im Jahr 1953, bei dem unter anderem auch Clemens Holzmeister, Lois Welzenbacher und Roland Rainer teilnahmen, wurde das Projekt von Oswald Haerdtl, einem Schüler von Josef Hoffmann, prämiert. Der schlichte Baukubus ist nicht in der Lage, der weiter südlich liegenden Karlskirche von Fischer von Erlach einen baulichen, notwendigen städtebaulichen Rahmen zu geben. Im Rahmen der Museumserneuerungen in Wien wurde auch das Historische Museum der Stadt Wien saniert. Eine Aufstockung an der Maderstraße und eine Überdachung des Innenhofs wurden von Dimitris Manikas durchgeführt. Die Statik der schönen Hofüberdachung stammt von Wolfdietrich Ziesel. BWM Architekten haben den neuen Zugang für das gesamte Wien Museum neu gestaltet. Ein multifunktionales Großmöbel dient als Kasse und Bookstore, die ursprünglich kleinteilige Eingangsituation wurde aufgeweitet zu einer Halle mit interessanten Blickrichtungen in das gesamte Erdgeschoss.

Hofbaudirektion, Josef S. v. Leytenbach, Peter v. Nobile **4.-4**

Technische Universität Wien

1816

Karlsplatz 13
Besichtigung: öffentlich zugänglich
Transport: U1, U2, U4 (Karlsplatz)

Der Komplex ist asymmetrisch um vier Innenhöfe gruppiert und in mehreren Bauphasen während des 19. Jahrhunderts entstanden. Der zum Karlsplatz orientierte Haupttrakt wurde ab 1816 errichtet und ist mit seiner sparsamen Instrumentierung ein typisches Produkt des vom Hofbauamt propagierten Stils der ersten Jahrhunderthälfte. Bemerkenswert ist der Festsaal, der nach Plänen von Peter Nobile ausgestattet wurde. 1905-06 wurde der zur Karlsgasse gelegene Trakt von Carl König, Inhaber des Lehrstuhls für Architektur an der Institution, errichtet. Laufende Renovierung und Adaptierung des Gebäudes u. a. durch Hans Puchhammer und Manfred Nehrer.

Josef Kornhäusel **4.-5**

Zinshaus Dittmann

1831

Resselgasse 3-5, Wiedner Hauptstraße 3
Besichtigung: von außen
Transport: U1, U2, U4 (Karlsplatz)

Das ehemalige „Haus zum Goldenen Ochsen" ist ein großes spätbiedermeierliches Zinshaus. Hinter der Fassade mit dem flachen Mittelrisalit und dem originalen Haustor liegt ein U-förmiger „Pawlatschen"-Hof. Die Pawlatsche ist eine Wiener Besonderheit, bei der die Erschließung der Wohnungen über einen – oftmals verglasten – außenliegenden Holzvorbau erfolgt.

4.-6 *Christian Jabornegg/András Pálffy gemeinsam mit Georg Schönfeld*

Generali Foundation
1992

Wiedner Hauptstraße 15
Besichtigung: Öffnungszeiten
Transport: U1, U2, U4 (Karlsplatz), L62, L65 (Paulanergasse)

Inmitten einer historischen Substanz ist ein Ausstellungs- und Museumsbetrieb entstanden, der sowohl den ästhetischen als auch den aktuellen technischen Anforderungen entspricht. Die wesentliche Intervention der Architekten besteht aus einer sichtbaren Stahlbetonkonstruktion, welche eine neue räumliche Sequenz bildet und die Ausstellungshalle in Bereiche unterschiedlicher Lichtsituation wie Nutzung teilt. Die Belichtung erfolgt über das Dach; mittels eines Lamellensystems wird direkte Sonneneinstrahlung ausgeblendet und so kann der Tageslichtanteil generell reguliert werden. Eine besonders gut gelungene Interaktion.

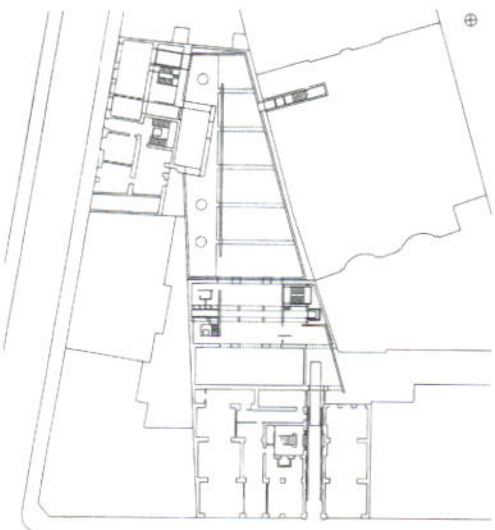

4.-7 *Peter Lorenz (Objektplanung), Terence Conran (Raumdesign)*

Aufstockung Hotel „Das Triest", Totalsanierung
1994

Wiedner Hauptstraße 12/Rilkeplatz
Besichtigung: Halle, Restaurant und Bar
Transport: L62, L65 (Paulanergasse)

Das bestehende Biedermeierhaus, mit einem Baukern um 1680 als Poststation, wurde durch einen Umbau, Anbau und Dachaufbau zu einem neuen Luxushotel mit 73 Zimmern umgebaut. Die Aufstockung zeigt sich durch einen präzisen Rücksprung in der Fassade und durch einen Materialwechsel an, wodurch die autonome Qualität sowohl des Altbestands als auch der Aufstockung respektiert wird. Im Inneren entspricht die Gestaltung von Terence Conran gehobener Hotelqualität, der adaptierte Innenhof erhielt eine schöne Terrasse. Die Hotelzimmer in den letzten Dachgeschossen genießen einen schönen Ausblick auf die Wiener Innenstadt. Lorenz erhielt für die Planung den Staatspreis für Tourismus und Architektur 1996.

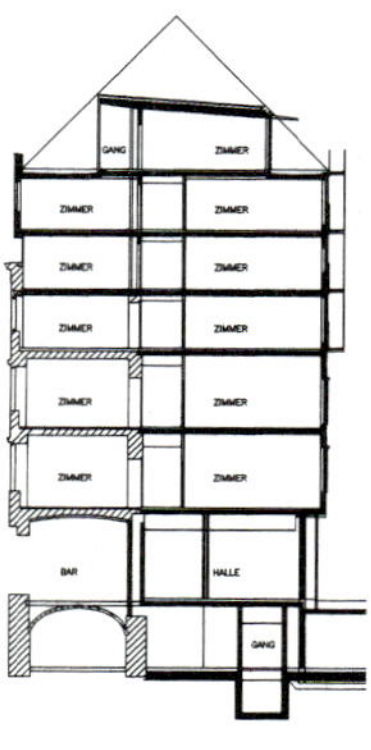

Galerie Georg Kargl Box

2005

Schleifmühlgasse 5
Besichtigung: während der Öffnungszeiten
Transport: L62, L65 (Paulanergasse)

Der Galerist Georg Kargl hat in den 1990er Jahren die heute bereits legendäre Galerie „Metropol" geführt, damals ein „Pulsmesser" der Zeit. 1998 eröffnete der Galerist eine neue Galerie in der Schleifmühlgasse, ein Haus, das Ernst Epstein 1910 errichtet hatte. Im April 2005 wurde im gleichen Haus ein kleiner Galerieraum eröffnet, dessen künstlerische Gestaltung von Richard Artschweger stammt und dessen subtile architektonische Umsetzung von dem Wiener Architektenteam Jabornegg & Pálffy stammt, die durch die Gestaltung der General-Foundation und des Museums am Judenplatz bekannt wurden. Artschweger gestaltet die Fassade der kleinen Galerie als „Kunst für den öffentlichen Raum", da sich die fast quadratische Öffnung bewusst auf eine stadträumliche Illusionsarchitektur mit Spiegeln und Proportionslinien beschränkt. Ein Kunstgeschenk an die Stadt Wien.

4.-9

Ensemble Schleifmühlgasse

Besichtigung: öffentlich
Transport: L62,L65 (Paulanergasse)

In den letzten Jahren hat sich das Gebiet um die Schleifmühlgasse zu einem interessanten Gebiet entwickelt, wo Galerien, Buchhandlungen, Antiquitätenläden und Cafés einen urbanen, alternativen Bereich zur Innenstadt darstellen. Blumengeschäfte mit so schönen Namen wie „Blumenkraft" (Design Eichinger oder Knechtl) bilden zusammen mit den Galerien und Bekleidungsboutiquen eine Allianz der neuen, urbanen Lebenskraft, die sich hier in einem alternativen, intellektuellen Umfeld zu den Universitäten und dem Naschmarkt gebildet hat.

Funkhaus; Landesstudios Wien und Niederösterreich

1935

Argentinierstraße 30a
Besichtigung: von außen, (teilweise innen)
Transport: U1 (Taubstummengasse)

Die Ausführung des Funkhauses folgte den von Clemens Holzmeister überarbeiteten Plänen des Büros Schmid und Aichinger. Sowohl die eminente politische Bedeutung, die das neue Medium hatte als auch die Mittelposition der Bauaufgabe zwischen Zweckbau und öffentlich zugänglichem Repräsentationsbau sind an der ausgeführten Version ablesbar. Holzmeisters Interventionen konzentrierten sich auf die Steigerung der Monumentalität und die Ausstattung des Eingangsbereiches. Die Anordnung der Baukörper folgt dem von Schmid und Aichinger vorgeschlagenen Grundplan. Das Funkhaus wurde während des Zweiten Weltkrieges von Bomben beschädigt. 1979-83 von Gustav Peichl erweitert, der vor allem den vernachlässigten Hofraum aufwertete. Das Radiokulturhaus wurde von Adolf Krischanitz gestaltet.

Peichl & Partner, Werner Krakora

4.-11

Das herrliche, fast 8.000 m² große Grundstück wurde viele Jahrzehnte als Parkplatz missbraucht, bevor ein engagierter Developer gemeinsam mit dem Architektenteam hier ein großstädtisches Wohn- und Bürohaus errichten konnte. Zur Straße zeigt eine große Glaswelle die Nutzung der Fassade als Wintergarten für die dahinterliegenden Wohnungen, zum parkartigen Garten zeigt sich das Wohnhaus betont farbig und mit Balkonen, Terrassen und Eigengärten. Im gartenseitigen Erdgeschoss befinden sich Maisonettewohnungen, die mehrgeschossigen Dachwohnungen haben einen wunderbaren Ausblick auf die gebauten Wahrzeichen von Wien. Die repräsentative, mehrgeschossige Eingangshalle mit den Glasliften nimmt dem Gebäude jede Enge.

Wohnbau „Toskanahof"

2002

Argentinierstraße 29
Besichtigung: nur außen
Transport: U1 (Taubstummengasse)

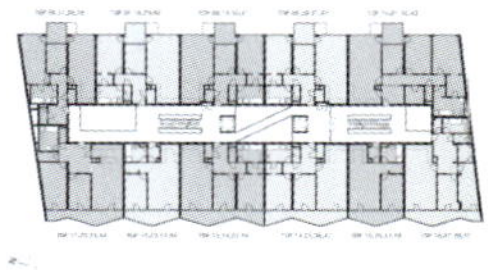

Giovanni Battista Carlone, Tencala, Pacassi, Erich Schlöss

4.-12

Ein Meierhof des 14. Jahrhunderts wurde unter Kaiser Matthias ab 1615 zu einem Lustschloss, der sogenannten „Favorita" (die Bevorzugte) ausgebaut. Die Anlage hatte eine zum Teil noch erhaltene großzügige Gartenanlage. Noch im 17. Jahrhundert war das Schloss durch die Türkenkriege schwer beschädigt und nach Plänen von Giovanni Pietro Tencala verändert wieder aufgebaut worden. Im 18. Jahrhundert erfolgte eine Erweiterung durch Nikolaus Pacassi. Seit der Umwandlung des Lustschlosses in ein Jesuitenkolleg im 18. Jahrhundert wird der Bau als Ausbildungsstätte benutzt; heute ist er der Sitz der Diplomatischen Akademie und eines Gymnasiums. Umbauarbeiten und Adaptierungen durch Erich Schlöss.

Theresianische Akademie

1615

Favoritenstraße 11
Besichtigung: von außen
Transport: U1 (Taubstummengasse)

4.-13 *NMPB Architekten (Nehrer_Pohl_Bradic)*

Arbeiterkammer, Totalsanierung

2004

Prinz-Eugen-Straße/Plösslgasse
Besichtigung: von außen, teilweise während der Öffnungszeiten
Transport: Linie D (Plösslgasse)

Das unter Denkmalschutz stehende Verwaltungsgebäude wird aufgrund eines EU-weiten Wettbewerbes erweitert und saniert. Die Denkmalschutzbehörde umschreibt: „In den Jahren 1957-60 an Stelle des Palais Albert Rothschild nach Plänen von Architekt Franz Mörth errichtetes Bürohaus. Monumentalwirkendes sechs- bis siebengeschossiges, sachlich gestaltetes Gebäude mit Rasterfassade. In vielen Details erhaltener charakteristischer Bau der Wiederaufbauzeit." Der hofseitige Neubau mit drei „Fingern" als Beratungszentrum und dem Scheibenhaus ergänzt den Bestand um fast ein Drittel an Nutzfläche. Im Altbestand finden Sanierungsmaßnahmen statt sowie ein zweigeschossiger Dachaufbau. Fertigstellung der interessanten Adaptierung im Jahr 2009.

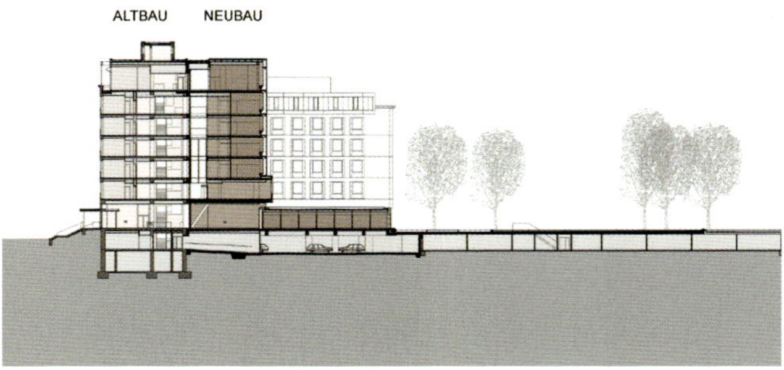

4.-14 *pool Architektur ZT GmbH*

Dachgeschossausbau

2001

Mommsengasse 21
Besichtigung: von außen
Transport: Linie D (Schloss Belvedere)

Ein kleiner, feiner und intelligenter Dachbodenausbau, mit dem Mut verbunden, das Gründerzeithaus als urbanes Grundstück anzusehen und nicht als Fortführung eines „Dachausbaus." Die Erschließung erfolgt vom bestehenden Stiegenhaus aus, durch das zurückgesetzte neue Dachgeschoss entsteht eine Ebene mit vollwertig nutzbaren Räumen. Die Terrassen bilden gemeinsam mit den Sitztreppen/Treppen am Dach eine „begehbare Dachlandschaft" mit überraschenden Ausblicken.

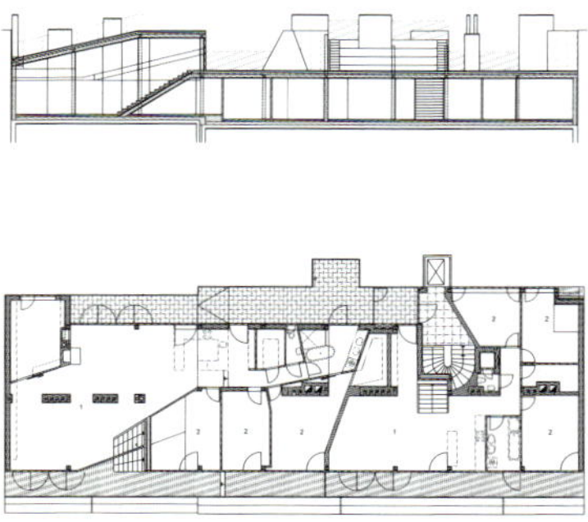

Miethaus Steggasse
1901

Rechte Wienzeile 68, Steggasse 1
Besichtigung: von außen
Transport: U4 (Kettenbrückengasse)

Plečnik setzte mit diesem Doppelhaus Otto Wagners Typus eines großstädtischen Mietshauses, dessen Volumen dieser oft mittels der architektonischen Detailformulierung andeutete, tatsächlich in die Dreidimensionalität um. Die beiden aneinander gerückten Türme sind in ihrer Höhe differenziert und so leicht als selbstständige Baukörper lesbar. Die Binnengliederung unterstreicht – vor allem durch das dominante Kranzgesims und die ums Eck führenden Balkone – den freistehenden Baukörper.

Hubert und Franz Gessner 5.-2

Druck- und Verlagsanstalt „Vorwärts"
1907

Rechte Wienzeile 97
Besichtigung: von außen
Transport: U4 (Kettenbrückengasse)

Sozialistisches Pathos, auf höchstem architektonischem Niveau vorgetragen, war eine Spezialität der Brüder Gessner, das sie in das Bauprogramm des Roten Wiens einbrachten. Der dynamische Name des Verlags findet sich in der architektonischen Ausformulierung tatsächlich umgesetzt, ohne durch allzu sprechende Details zu deutlich angesprochen zu sein. Der Bau leidet heute unter der postmodernen Anbiederung und Nutzung durch den anschließenden Hotelneubau.

Zentagasse

1994

Zentagasse 46
Besichtigung: von außen
Transport: Bus 59A (Castelligasse)

Die beiden Wohnbauten Viktor-Christ-Gasse 15-17 (Baujahr 1991) und Zentagasse 46 (Baujahr 1994) befinden sich in direkter Nachbarschaft und zeigen die möglichen Bandbreiten innerhalb bestehender Bebauungsvorschriften für die Gestaltung von Eckgrundstücken. In der Viktor-Christ-Gasse wird der geschwungene Baukörper von der Straßenkante zurückgenommen (lediglich eine zweigeschossige Pergola definiert die Grundstücksgrenze) und ermöglicht eine Öffnung des gründerzeitlichen Straßenprofils; bei der Zentagasse schützt ein verglaster Laubengang vor dem Straßenlärm. Gemeinsam mit der starken Färbelung hinter der Verglasung entsteht eine auffallende Ecklösung.

Generalsanierung Bürohaus

2003

Wiedner Hauptstraße 94-96
Besichtigung: von außen
Transport: L62, L65 (Laurenzgasse)

Das gegenständliche Gebäude ist das Resultat einer Generalsanierung eines 1976-78 errichteten Bürogebäudes für die Raiffeisen Bausparkasse. Durch eine Strukturänderung des Gebäudes, einer Neuherstellung der Fassade und des Innenausbaus (u. a. Glastrennwände zwischen den Arbeitsbereichen, optimales Beleuchtungskonzept von Christian Ploderer) sowie der Haustechnik wurde eine zeitgemäße Bürokultur für ein Bürohaus entwickelt. Gegenwärtig existiert eine intensive Diskussion über Adaptierung und Sanierung der Bauwerke aus den 1970er Jahren. Mit der Transformation der Raiffeisen Bausparkasse ist ein wesentlicher Beitrag zu diesem zukünftigen Tätigkeitsfeld der Architekten entstanden.

Pfarrkirche St. Florian

1961

Wiedner Hauptstraße 97-99
Besichtigung: öffentlich zugänglich
Transport: L62, L65 (Laurenzgasse)

Mit diesem Neubau der Pfarrkirche St. Florian wurde ein Stück Stadtgeschichte und ein Stück Kirchenbaugeschichte in Wien geschrieben. Der Anlass für den Neubau war der aus verkehrstechnischen Gründen notwendige Abbruch der barocken Florianikirche, die sich in der Mitte der Wiedner Hauptstraße befand. Der Neubau durch Rudolf Schwarz war das Ergebnis eines internationalen Wettbewerbs im Jahr 1957 und für die Architekturdiskussion in Wien von größter Relevanz.

Wohnbau mit Sporthalle

1998

Hollgasse/Margaretengürtel
Besichtigung: Sporthalle Öffnungszeiten
Transport: L18 (Matzleinsdorfer Platz)

„Unter den drei Bauteilen ist jener von ARTEC der unscheinbarste, ästhetisch und typologisch aber der raffinierteste" (M. Boeckl). Bei dem gemeinsam erarbeiteten Masterplan für die neue Widmung des Grundstückes hatten ARTEC eine öffentlich nutzbare Sporthalle vorgeschlagen, die in diesem dichten Wohngebiet im Sinne einer private/public/partnership-Idee umgesetzt werden sollte. Das Dach der Sporthalle wird als „Dachgarten" für die umliegenden Wohnungen verwendet. Geschosswohnungen und Maisonettewohnungen mit großen Loggien sorgen für eine gute innerstädtische Lebensqualität.

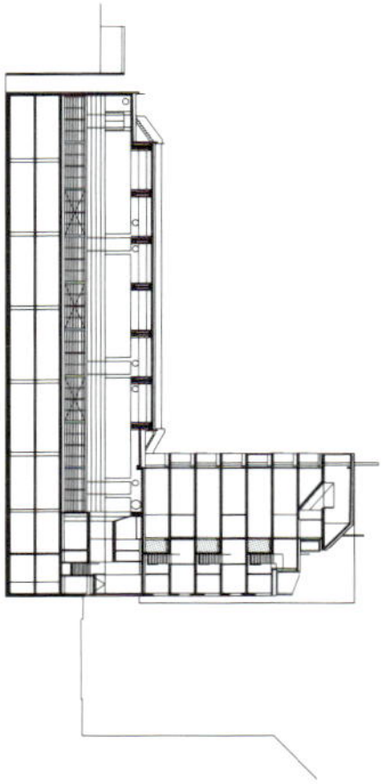

Wohnbau

1998

Wiedner Hauptstraße 133/Hollgasse
Besichtigung: nur außen
Transport: L18 (Matzleinsdorfer Platz)

Die Wohnbauexperten Schindler/Szedenik haben das Gebäude funktionell zweigeteilt. Die unteren Geschosse mit Supermarkt, Büros und Wohnungen sind als geförderter Wohnbau realisiert, die oberen Geschosse mit wunderbarem Ausblick sind frei finanzierten Wohnungen vorbehalten. Dieses Konzept ist in Wien nicht unüblich und führt zu einer soziologischen Durchmischung der Wohnbevölkerung. Neben zahlreichen Terrassen gibt ein „Einschnitt" in der Fassade an der Wiedner Hauptstraße den Durchblick zum begrünten Innhof frei.

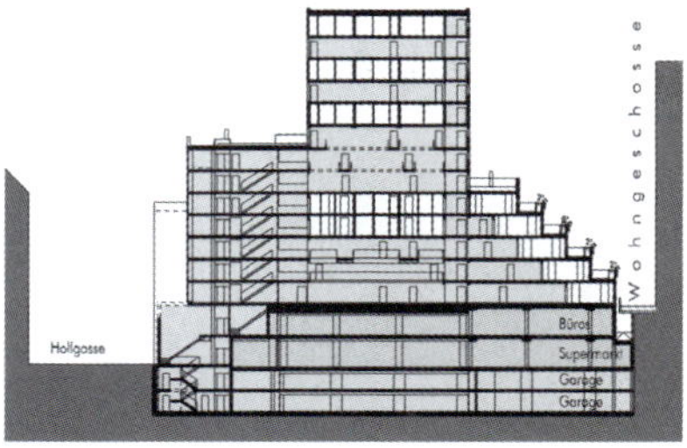

Wohnbau

1998

Wiedner Hauptstraße 135/
Schußwallgasse 4
Besichtigung: nur außen
Transport: L18 (Matzleinsdorfer Platz)

Die Herausforderung war groß: in einem der dichtverbautesten Bereichen von Wien noch einmal eine dichte Packung an Wohnungen zu realisieren. Lainers Versuch mit den „Hängenden Gärten" eine Antwort auf diese urbane Problematik zu geben, funktioniert nur exemplarisch: Man stelle sich ganze Straßenzüge mit „Hängenden Gärten" vor und erkennt sofort, dass dieses Prinzip nur als Ausnahme von der Regel funktionieren kann. Dennoch schaffen die bewachsenen Laubengänge für diesen Ort eine sympathische Abwechslung, die dahinter liegenden Wohnungen erlauben eine flexible Einteilung der Grundrisse, Wohnungsgrößen zwischen 50 und 100 Quadratmeter.

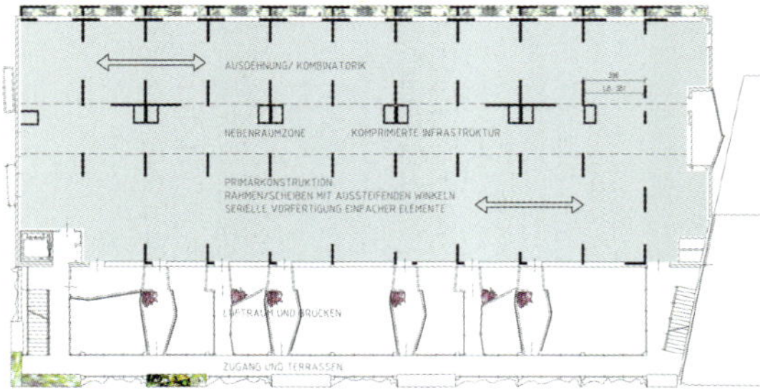

Arbeitsamt für die Metall- und Holzindustrie

1928

Embelgasse 2-4, Siebenbrunnenfeldgasse, Obere Amtshausgasse 5-7
Besichtigung: von außen
Transport: U4, Bus 12A (Siebenbrunnenfeldgasse)

Die ernste Monumentalität des Arbeitsamtes kann wohl auch als didaktische Maßnahme verstanden werden, drückt sie doch einerseits die Ernsthaftigkeit des sozialen Dramas „Arbeitslosigkeit" aus, vermittelt aber andererseits die „beruhigende Anwesenheit" einer Staatsmacht, die sich des Problems angenommen hat. Der zweigeteilte Baublock ist im Inneren durch großzügige Erschließungsbereiche gegliedert und somit ganz auf die rasche Abwicklung der administrativen Tätigkeit ausgerichtet.

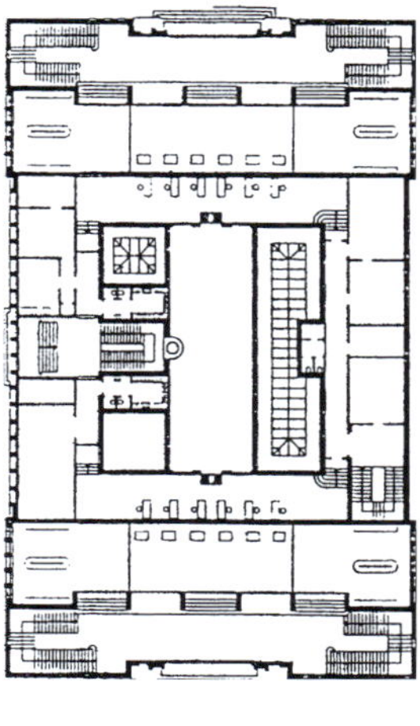

Platzgestaltung Siebenbrunnenplatz

1998

Siebenbrunnenplatz
Besichtigung: öffentlich zugänglich
Transport: U4, Bus 14A (Reinprechtsdorfer Straße/Arbeitergasse)

Die Gestaltung Siebenbrunnenplatz von Luigi Blau mit der Stadt Wien (Magistratsabteilung 19) als Bauherr gehört zu den wenigen geglückten Beispielen einer interessanten urbanen Freiflächengestaltung. Material und Maßstab entsprechen hier der Anforderung in einem dicht verbauten Stadtgebiet, eine reduzierte „Gestaltung" ermöglicht Events und Ereignisse, ohne diese vorzuschreiben. Das Flugdach aus Wellblech thematisiert die Stadtbahnstationen von Otto Wagner, die perspektivische Bodengestaltung erinnert an die große Tradition barocker Platzgestaltung.

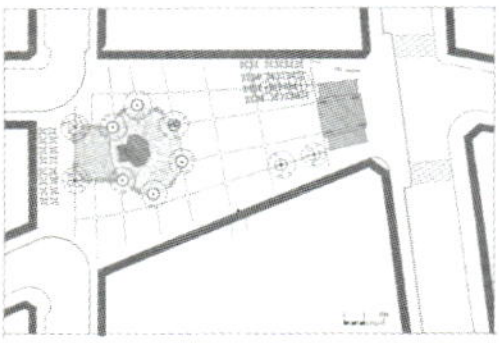

Wohnhaus Diehlgasse

1928

Brandmayergasse, Diehlgasse 20-26
Besichtigung: von außen
Transport: L18 (Arbeitergasse)

Die Fassade des Wohnhauses in der Diehlgasse ist eine der konsequentesten Lösungen innerhalb des Bauprogramms der Gemeinde Wien. Die horizontale Gliederung durch Mauerbänder und Loggien wird von den „Längsstreifen" der verglasten Veranden überlagert. Die Gliederung hat die Ausgewogenheit und Regelmäßigkeit eines Karomusters.

Viele Schlagwörter, die mit dem Bauprogramm der Gemeinde Wien verbunden werden, lassen sich unmittelbar auf den Reumann-Hof anwenden. Die Bezeichnung des Gürtels als „Ringstraße des Proletariats" wurde in Zusammenhang mit seiner Errichtung geprägt. Auch Josef Franks Diktum von „Arbeiterwohnpalast" wird angesichts der monumentalen Anlage mit 478 Wohneinheiten unmittelbar verständlich. Die schlossartige Konzeption entstand allerdings erst durch eine Planänderung – ursprünglich war ein Hochhaus mit anschließenden Höfen geplant.

Reumann-Hof

1924

Margaretengürtel 100-110,
Siebenbrunnengasse, Brandmayergasse
Besichtigung: von außen
Transport: L6, L18 (Eichenstraße)

Wohnhaus Einsiedlergasse
1981

Einsiedlergasse 13
Besichtigung: von außen
Transport: Bus 14A
(Reinprechtsdorferstraße)

Die beiden Wohnbauten von Heinz Tesar wurden nacheinander errichtet und bilden gemeinsam einen neuen Straßenraum von hoher Qualität. Zur Straße hin greift Tesar ein reduziertes Vokabular der Wiener Wohnbauten der Zwischenkriegszeit auf (reduzierter Expressionismus), zur Hofseite artikuliert Tesar das Thema der Veranda. Ein besonders schön gelungenes Beispiel des neuen Wiener Wohnbaus.

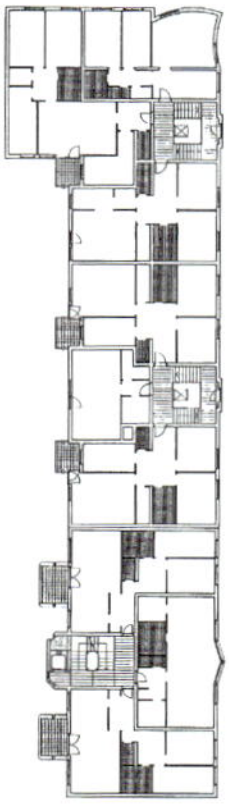

5.-14 ***lichtblau.wagner architekten (Andreas Lichtblau, Susanna Wagner)***

Klangforum Wien
2003

Dielgasse 51
Besichtigung: Öffnungszeiten
Transport: U4 (Margaretengürtel)

„Dielgasse, fünfter Wiener Gemeindebezirk. Hier ist die Stadt rau und brüchig. Es ist keine schöne, im ästhetischen Sinn ansprechende Gegend" (G. Reiterer). Und dennoch entstand hier ein sensibler Ort der musischen Qualität, die ehemaligen Werkstätten einer Verzinkerei wurden zu einem idealen Probe- und Aufnahmeraum für das Wiener Klangforum „transponiert". Das Ziel war eine optimale Akustik für die neue Funktion zu erreichen, deshalb wurde die Gewölbekonstruktion architektonisch „gebrochen" und der gesamte Fußboden als neuer Klangkörper (Holzschwingboden) realisiert.

Wohnbau

1999

Am Hundsturm 5 + 5a
Besichtigung: von außen
Transport: U4 (Margaretengürtel)

Eine intelligente Baulückenverbauung mit einem konsequenten Bezug zur Straße und zum davorliegenden kleinen Park. Als Fassade des achtgeschossigen Stahlbetonfertigteilhauses dienen tiefe Loggien, welche als Vermittlungszone zwischen dem privaten Wohnen und der Stadtöffentlichkeit wirken. Optisch wird das Haus durch die verglaste Erschließung geteilt. Die konsequente Verwendung von Beton, Zinkblech, Stahl und Glas reflektieren die „raue" Qualität des Bezirkes mit urbaner Qualität. Loftwohnungen, Maisonettewohnungen und quer durchlüftete Wohnungen bilden einen interessanten Wohnungsmix.

*driendl*architects* 5.-16

twist tower, Bürogebäude

2000

Schönbrunner Straße 131
Besichtigung: von außen
Transport: U4 (Margaretengürtel)

Mit angenehmer Überraschung betrachtet man das Bürogebäude „twist tower", dessen Architektur der Developer zu Recht mit der Beschreibung „Bürohaus mit Identität und repräsentativem Entree" umschreibt. Georg Driendl hat hier mit alternierend vor- und zurückspringenden Geschossdecken dem Gebäude eine heitere Fassadenqualität gegeben. Ökonomisch und ökologisch versucht das Gebäude den flexiblen Anforderungen eines Bürohauses zu entsprechen: flexibler Teilungsraster (1,20 m und 1,40 m) und nachhaltiges haustechnisches Energiekonzept mit natürlicher nächtlicher Abkühlung. Für die „Kunst am Bau" – künstlerische Interaktion – war Valie Export zuständig.

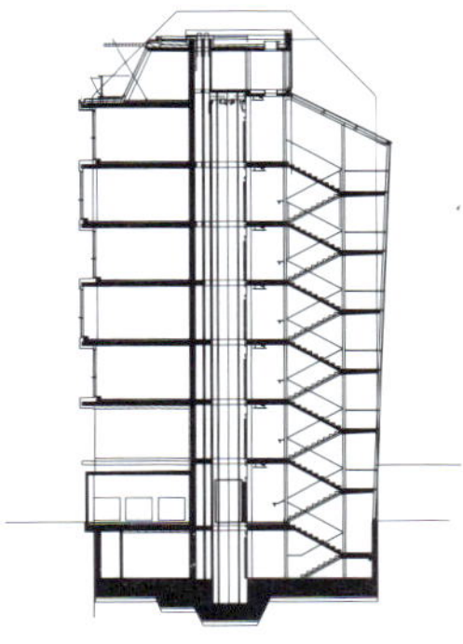

Ray 1, Dachgeschossaufbau

2000

Mittersteig 10
Besichtigung: von außen
Transport: U4 (Margaretengürtel)

Dieses Penthouse gehört zu den am meisten publizierten Dachaufbauten, die in den letzten Jahren das Bild der Stadt Wien stark verändert haben. Eine deutsche Zeitschrift hat dem Projekt eine ganze Ausgabe gewidmet (Bauwelt 29/2003). Ähnlich gefeiert wurde ein Dachaufbau in Wien zuletzt mit dem Projekt der Architekten COOP HIMMELB(L)AU im Jahr 1987 (vgl. 1.-104). Die silbrige Außenhaut aus Alucobond unterstützt die irreale Realität dieser gefalteten Dachlandschaft. Da die Architekten auch die Auftraggeber und Nutzer waren, konnte hier ein Maximum an Architektur realisiert werden.

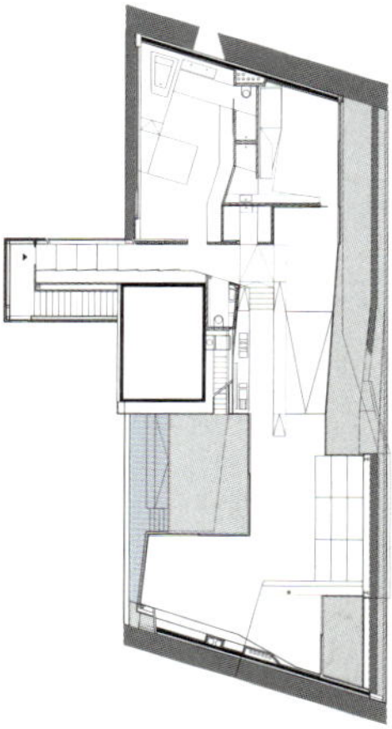

Naschmarkt

Um 1900 Verlegung an die heutige Stelle

Rechte Wienzeile, Linke Wienzeile, ab Getreidemarkt bis Kettenbrückengasse, auf der Einwölbung des Wienflusses befindlich
Besichtigung: öffentlich
Transport: U1, U2, U4 (Karlsplatz)

Der Naschmarkt ist der „Bauch von Wien", der größte noch existierende Markt, wo täglich frisches Gemüse, Obst, Fleisch, Fisch, Backwaren und alle Güter des täglichen Bedarfs zum Verkauf angeboten werden. Der Naschmarkt (auch Aschermarkt) urkundlich ab 1774, ursprünglich am Karlsplatz vor dem Starhembergschen Freihaus am Anfang der Wiedner Hauptstraße. Ab 1902 erste Pavillons, Marktpavillons in drei parallelen Zeilen, die Mittelzeile ist blockweise durchgehend überdacht. Die faszinierende Mischung aus Verkaufsläden mit allen erdenklichen Nahrungsmitteln und Konsumgütern bringt einen großartigen, kulturellen Querschnitt durch alle Regionen des ehemaligen Habsburgerreiches. Manchmal erinnert die Atmosphäre auch an einen Basar, speziell im Sommer, wenn gegen die Sonneneinstrahlung die Markisen die schmalen Verbindungswege komplett zudecken. In den letzten Jahren hat sich hier eine junge Szene von Kleinlokalen etabliert, die unterschiedliche lokale und ethnische Kochkünste anbieten.

6.-2 *gaupenraub +/-*

Lokal „Engel am Naschmarkt"
2004

Naschmarkt, Marktstand 232-235
Besichtigung: Öffnungszeiten
Transport: U1, U2, U4 (Karlsplatz)

Minimalvariante eines kleinen Restaurants, mit ca. 20 m² (Innenraum), bei Schönwetter und geöffneter „Totalfassade" Erweiterung auf 30 m². Oder in Sitzplatzkapazität ausgedrückt: 15 Sitzplätze bei Schlechtwetter, 25 Sitzplätze bei Schönwetter. Die Fassade zur marktseitigen Fußgängerzeile kann komplett geöffnet, die hölzernen Parapete nach unten geklappt werden. Sie fungieren dann als Holzterrasse, die großformatigen Glasscheiben können über einen Drehpunkt so weit nach oben gekippt werden, dass eine vollständige Öffnung des Lokals erfolgt. Farbe: klassisches Naschmarkt-Grün.

6.-3 *Dietrich | Untertrifaller Architekten*

Lokal „Naschmarkt Deli"
2001

Naschmarkt, Marktstand 421-436
Besichtigung: Öffnungszeiten
Transport: U1, U2, U4 (Karlsplatz)

Eines der ersten neuen Lokale am Naschmarkt, das auf die geänderte Situation in diesem urbanen Umfeld reagierte. Der Naschmarkt ist „jung" geworden, ein outdoor-Bereich, der am Samstag – aber auch unter der Woche – ein beliebter Ort geworden ist. Das Lokaldesign nimmt Elemente der Umgebung auf (Boden aus Bitumen entsprechend dem Gehwegsbelag), gleichzeitig wird durch große Glasflächen und neues Grafikdesign (Decke) ein junges Publikum angesprochen. Transparenz inklusive.

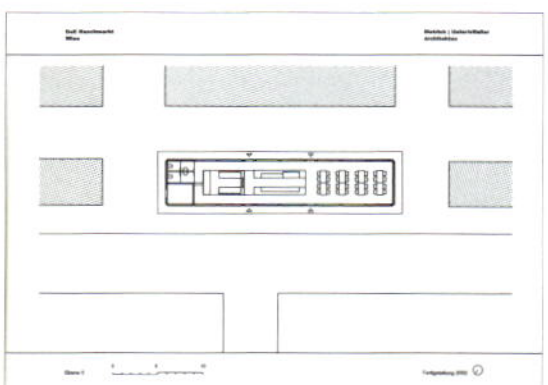

Kulissen- und Dekorationsdepot der Hoftheater (h.: Atelierhaus der Akademie der bildenden Künste)

1993 (1875)

Lehargasse 6-8
Besichtigung: öffentlich
Transport: U2 (MuseumsQuartier)

Das ehemalige Kulissen- und Dekorationsdepot der Hoftheater wurde von Gottfried Semper und von Carl von Hasenauer als reiner Zweckbau mit Sichtziegelfassade und Gusseisenkonstruktion im Inneren errichtet. Die loftartigen Flächen versetzen den Besucher nach New York, die mehrgeschossige Haupthalle ist einer der schönsten Innenräume Wiens. Die Wiederbelebung als Atelierhaus für die Akademie der bildenden Künste Wien ist Carl Pruscha zu verdanken, der das Gebäude vorbildlich sensibel restauriert und umgebaut hat. Eine große, neue Fluchttreppe nach Art der New Yorker Feuerfluchttreppen ist das einzige Zeichen nach außen. Das Gebäude erhielt den Bauherrenpreis der Zentralvereinigung der österreichischen Architekten im Jahr 1997.

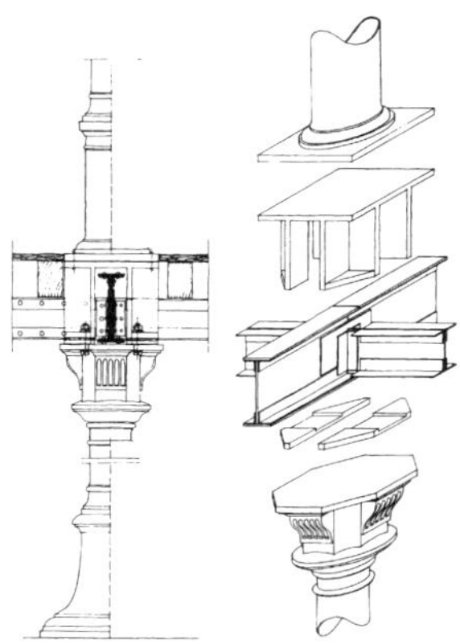

6.-5 *Josef Reymund d. Ä., Franz Jäger*

Theater an der Wien

1797

Linke Wienzeile 6, Millöckergasse, Lehárgasse
Besichtigung: Öffnungszeiten
Transport: U1, U2, U4 (Karlsplatz)

Der Name des Baus „an der Wien" ist aus seiner stadträumlichen Situation her heute schwer verständlich, bei seiner Errichtung lag das Theater an dem noch freiliegenden Wienfluss. Der älteste Teil des Gebäudekomplexes wurde für den Intendanten Emanuel Schikaneder 1800/01 auf einer sehr schmalen Parzelle errichtet. 1902 wurde ein neuer Eingangstrakt von den Theaterspezialisten Ferdinand Fellner und Hermann Helmer an Stelle des Vorhauses an der Wienzeile errichtet. In den 1960er Jahren wurde der Theaterbau von Otto Niedermoser den neuen Anforderungen angepasst und 1979-82 die vereinfachte Fassade rückgebaut. Im Jahr 2005 Erneuerung der Eingangszone nach einem Gutachterverfahren durch Golmar Mina Kempinger-Khatibi.

6.-6 *Hermann Czech*

Theatercafé

1998

Linke Wienzeile 6
Besichtigung: Öffnungszeiten
Transport: U1 (Karlsplatz)

Hermann Czech hat in Wien mit den Gestaltungen von Restaurants und Cafés „Architekturgeschichte" geschrieben, insofern als seine kleinteiligen Bauwerke als Manifeste einer Architekturhaltung verstanden werden können, die eine komplexe Realität als Grundlage ihrer Architektursprache reflektiert. Das Theatercafé hat nicht nur seine Assoziation zum Theater durch seine Kleinkunstbühne, sondern auch durch die direkte Nachbarschaft zum berühmten „Theater an der Wien". Maßgefertigte Holzeinrichtung, sichtbare Klimakanäle, verschiebbare Großfenster – dieses Café lebt aus der interessanten Mischung und durch seine Konsequenz.

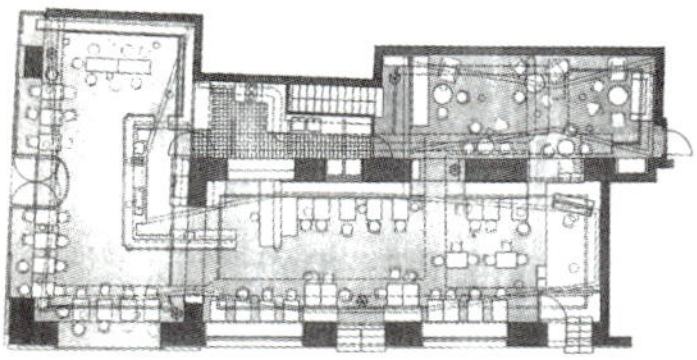

Wienzeilenhäuser

1898

Linke Wienzeile 40, linke Wienzeile 38/
Köstlergasse 1, Köstlergasse 3
Besichtigung: nur außen
Transport: U4 (Kettenbrückengasse)

Eine Abfolge von drei Baukörpern, die als eine einzige städtebauliche Ecksituation gestalterisch komponiert wurden. Ein Haus an der Wienzeile ist zur Gänze mit glasiertem Steingut (Majolikafliesen) verkleidet, die beiden anderen Häuser haben eine Putzfassade. Durch die klare Grundrissdisposition und die Verwendung eines Aufzuges wurden diese Häuser seit ihrem Entstehen als Beispiele moderner großstädtischer Wohnkultur gefeiert. Im Haus Köstlergasse 3 hatte Otto Wagner seine kleine Stadtwohnung, hier befand sich auch seine berühmte gläserne Badewanne.

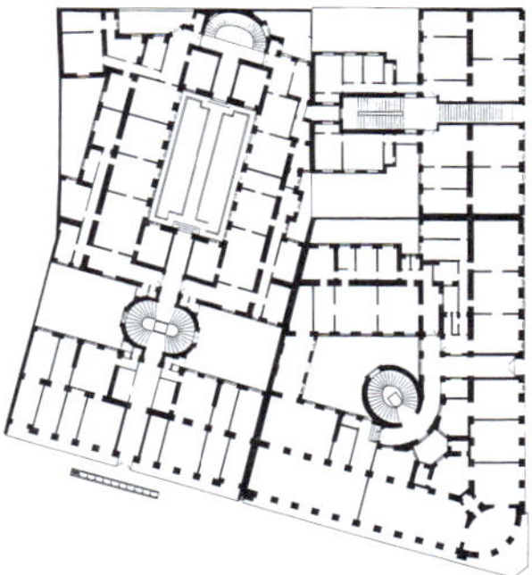

6.-8

Ludwig Förster, Theophil von Hansen

Evangelische Kirche (Gustav-Adolf-Kirche)

1846

Gumpendorfer Straße 129
Besichtigung: öffentlich zugänglich
Transport: Bus 57A (Sonnenuhrgasse)

Als erste evangelische Kirche außerhalb der Inneren Stadt nach Plänen von Ludwig Förster und Theophil von Hansen errichtet, die sich beide in der Folge auf dem Gebiet des Sakralbaus etablierten, ist der geschlossene Baukörper mit jenen islamisch-byzantinischen Elementen dekoriert, die in den folgenden Jahrzehnten fast kanonisch für nicht-katholische Sakralbauten werden sollten. Die einfache Form des Volumens schließt an den Klassizismus an, während der Dekor schon auf die der Bauaufgabe angepasste Variabilität des Historismus vorgreift.

6.-9

Margarethe Cufer mit Oswald Oberhuber, Margarethe Cufer

Wohnhäuser Linke Wienzeile

1991

Linke Wienzeile 96,
Esterházygasse 2

1997

Esterházygasse 4 und 4a
Besichtigung: nur außen
Transport: U4 (Kettenbrückengasse)

Die Zusammenarbeit von Margarethe Cufer (architektonische Planung) und Oswald Oberhuber (baukünstlerischer Entwurf) zeigt eine ernsthafte Auseinandersetzung mit dem Thema „Künstler-Architektur“. Jenseits von einer naiven Behübschung und Kosmetik der Architektur entstand hier ein typologisch klar definierter Eckbaukörper mit einer heiteren, differenzierten Fassade. Die unterschiedlichen Parapethöhen der Fenster und die Vielfalt der Fensterformate setzten ein persönliches Zeichen an einer der wichtigsten Hauptstraßen von Wien. Angrenzend errichtete Cufer 46 Wohnungen und konnte damit das kleine Ensemble abschließen.

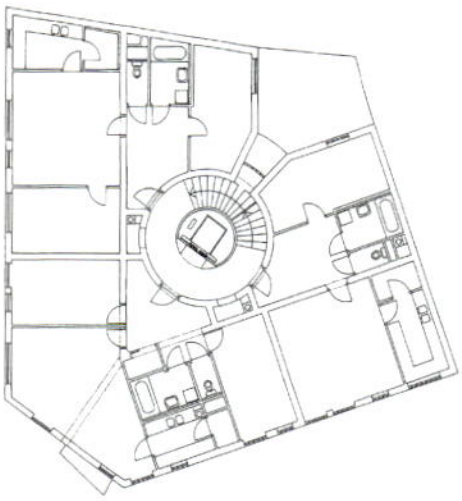

MuseumsQuartier Wien, MQ

1988

Museumsplatz 1
Besichtigung: öffentlich zugänglich
Transport: U2, U3 (Volkstheater)

** Laudris & Manfred Ortner, Manfred Wehdorn; pool Architektur ZT GmbH (Lammerhuber, Linemayr, Wallnöfer, Wurster); Anne Lacaton & Jean-Philipe Vassal; Willi Frötscher; Heimo Zobernig; Helmut und Johanna Kandl; querkraft architekten zt gmbh; Werkstatt Wien (Markus Spiegelfeld, Günter Holnsteiner)*

Die Geschichte des MuseumsQuartiers beginnt Anfang der 80er Jahre, als die Stadt Wien das Areal in ein Einkaufs- und Hotelzentrum umzuwandeln gedachte. Die Wiener Kunst- und Kulturszene schlägt Alarm und verhindert die Kommerzialisierung. Ein vages Museumskonzept ist Grundlage für einen internationalen Wettbewerb, bei dem die Jury 1987 acht Projekte auswählt. Im Herbst 1989 startet die zweite Wettbewerbsstufe und endet im Frühjahr 1990 mit der Empfehlung für das Projekt von Ortner & Ortner. In den folgenden Jahren entwickelt sich das Projekt unter aktiver Beteiligung der Medien. Um den Anforderungen des Denkmalschutzes gerecht zu werden, wurde der Denkmalschutzexperte Manfred Wehdorn dem Architektenteam beigestellt.

Das MuseumsQuartier ist nicht nur das größte Kulturbauvorhaben der österreichischen Republik, es ist auch das weltweit achtgrößte Kulturareal seiner Art. Das MuseumsQuartier ist ein Balanceakt zwischen barocker Bausubstanz und zeitgenössischen Architekturen, eine Vermittlung zwischen 300 Jahren Baugeschichte und Baukultur. Stadträumlich versucht das MuseumsQuartier durch die öffentlichen Durchgangsmöglichkeiten eine Verbindung zwischen der Inneren Stadt und dem angrenzenden Bezirk zu erreichen. Inhaltlich bietet das MuseumsQuartier eine Vielzahl von Museen, Ausstellungshallen, Shops, Restaurants und Event-Spaces, um möglichst flächendeckend alle kulturellen Aspekte anzubieten: Das Leopold Museum (Ortner & Ortner), das Museum moderner Kunst Stiftung Ludwig Wien (Ortner & Ortner), die KUNSTHALLE Wien und Halle E + G (Ortner & Ortner, Manfred Wehdorn), das ZOOM Kindermuseum (pool Architektur ZT GmbH), das Café Una im Architektur Zentrum Wien (Lacaton & Vassal), Das Theaterhaus für Kinder (Willi Frötscher), das Tanzquartier (Willi Frötscher), die Buchhandlung im MQ (querkraft architekten zt gmbh) sowie diverse kulturnahe Einrichtungen. In Summe stehen ca. 60.000 m² Nutzfläche zur Verfügung. Jährlich hat das MuseumsQuartier ca. eine Million Besucher.

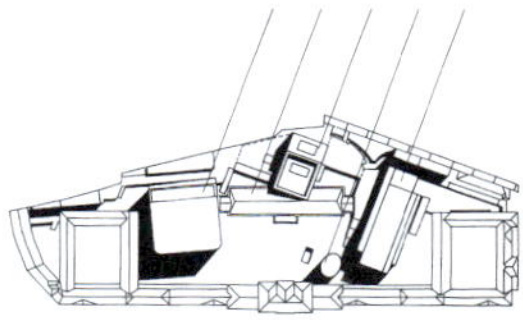

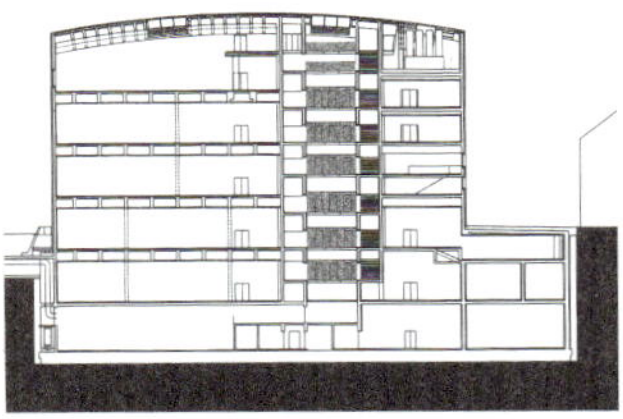

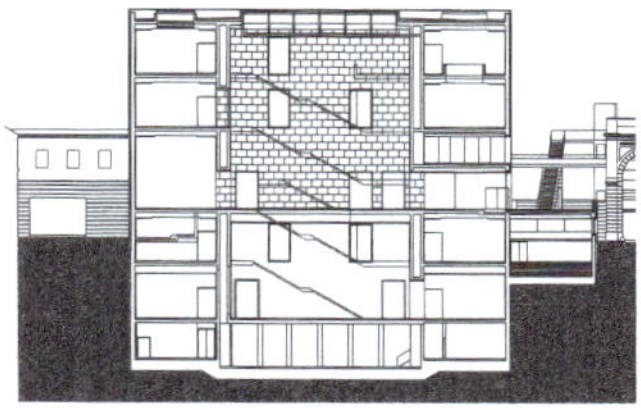

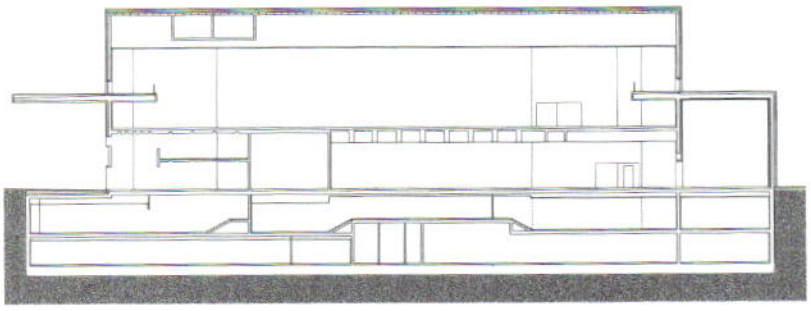

Fast am höchsten Punkt der Breite Gasse und direkt hinter dem MuseumsQuartier hat Carl Pruscha mit dem Neubau des „MQ West" im weitesten Sinn einen Schlussstein zum MuseumsQuartier gestaltet. Der Durchgang durch das Haus führt über Treppen und Wege direkt in das große Museumsareal, das „MQ West" liegt an der Schnittstelle zum 7. Bezirk. Pruscha hat das kleine Bürohaus besonders archaisch-elegant gestaltet, die Fensterbänder und die Verkleidung mit Corten-Stahl wirken wie eine Architektur-Skulptur. Ein architektonisches Kleinod. Nutzfläche ca. 1.727 m², Fertigstellung Oktober 2004. Das Bauwerk wurde mit dem „Bauherrenpreis 2005" ausgezeichnet.

„MQ West", Bürohaus und „Bibelzentrum der Österreichischen Bibelgesellschaft"

2001

Breite Gasse 4-8
Besichtigung: Öffnungszeiten
Transport: U2, U3 (MuseumsQuartier/Volkstheater)

Diese Hofbebauung ist ein hervorragendes Beispiel für innerstädtische Verdichtung mit höchster Wohnqualität. Uneinsichtig von der Mariahilfer Straße, ermöglichten die Bebauungsbestimmungen eine Ausnützung des „Handtuchgrundstücks" für drei Wohntürme, die sich durch intelligente Grundrisslösungen auszeichnen. Im Erdgeschoss und im ersten Obergeschoss befindet sich je eine Kleinwohnung, darüber eine Duplex-Wohnung mit Dachterrasse. Bei minimaler Verkehrserschließung ergeben sich gut bewohnbare Refugien mitten in der Stadt – und doch ganz privat.

Wohnhäuser am MuseumsQuartier

1995

Mariahilfer Straße 6
Besichtigung: von außen
Transport: U2 (MuseumsQuartier)

Volkstheater
1887

Neustiftgasse 1
Besichtigung: öffentlich zugänglich
Transport: L49, U3 (Volkstheater)

Die Tätigkeit der Theaterspezialisten Fellner und Helmer innerhalb der Donaumonarchie ist legendär. Sie haben tatsächlich beinahe jedes Theater des k. u. k. Reiches errichtet, wobei es auch vorgekommen sein soll, dass Entwürfe mehrmals verwendet wurden. Die auffallende Schrägstellung der Fassade des Wiener Volkstheaters, die nicht der Längsentwicklung des Baukörpers entspricht, erklärt sich durch die Ausrichtung zu den ehemaligen Hofstallungen. So gesehen gehört das Theater – wie etwa die Hofmuseen – zu der Gruppe historistischer Bauten, die sich an der barocken Konzeption der Hofburg orientierten.

7.-5 *Johann B. Fischer von Erlach*

Palais Trautson
1710

Museumsstraße 7
Besichtigung: von außen
Transport: U2 (Volkstheater)

Das Gartenpalais lag ursprünglich an der Vorstadtkante und war gegen die Befestigungsanlage hin orientiert. Johann B. Fischer von Erlachs großzügiger Entwurf gruppierte die Baukörper um mehrere Innenhöfe. Straßen- und Gartenfassade liegen im rechten Winkel zueinander. Zur Straßenseite dominiert ein ausgeprägtes Mittelrisalit mit Riesenordnung, das an der Gartenfassade in reduzierter Form paraphrasiert wird. Heute beherbergt das ehemalige Gartenschloss das Justizministerium.

Die Wohnhäuser Neustiftgasse 40 (1909) und Döblergasse 4 (1911) entstanden auf zwei nebeneinander liegenden Parzellen und verdeutlichen Otto Wagners Einstellung zum städtischen Mietshaus, das hier in seiner Einfachheit Ausdruck der sozioökonomischen Verhältnisse ist (Erläuterungstext O. Wagner). Im Haus Döblergasse befanden sich die letzte Stadtwohnung von Otto Wagner (1911-18) sowie sein letztes Atelier. Von 1985 bis 2003 war hier das Otto-Wagner-Archiv der Akademie der bildenden Künste Wien untergebracht, das leider geschlossen wurde. Die Schließung ist ein Versäumnis der Kulturpolitik, da das Archiv und die Wohnung das einzig öffentlich zugängliche Privathaus von Otto Wager darstellten.

Miethäuser Döblergasse-Neustiftgasse

1909

Neustiftgasse 40, Döblergasse 4
Besichtigung: von außen, innen nur Stiegenhäuser
Transport: L46 (Strozzigasse)

7.-7

Spittelberg

Burggasse, Spittelberggasse, Siebensterngasse
Besichtigung: öffentlich zugänglich
Transport: U2, U3 (Volkstheater)

Der Bezirksteil, hinter den ehem. Hofstallungen gelegen, hat schon einige „Imagewechsel" hinter sich. Namensgebend war das „Wiener Bürgerspital", das seit 1525 Besitzer der Gründe war. Das Areal liegt um 20 m höher als die Ebene davor und war daher während der Türkenbelagerungen von strategischer Bedeutung. Sowohl Sultan Suliman als auch Kara Mustafa hatten hier ihr Quartier aufgeschlagen. Die Bebauung stammt aus der Zeit um 1700. Dass die Bebauung heute noch in dieser geschlossenen Form erhalten ist, verdankt sie dem Umstand, dass das Areal bis in den Ersten Weltkrieg hinein zu den „berüchtigten" Stadtteilen Wiens zählte.

7.-8

Paul Sprenger, Joh. Georg Müller, Franz Sitte

Altlerchenfelder Kirche

1846, (1849-61)

Lerchenfelder Straße 111
Besichtigung: öffentlich zugänglich
Transport: L46 (Schottenfeldgasse)

Bedeutendstes Werk des romantischen Historismus in Österreich. Der an der Innenseite der ehemaligen Vorstadtbefestigung gelegene Kirchenbau markiert wohl am deutlichsten den Umsturz, der sich in der Folge der (auf politischem Gebiet gescheiterten) bürgerlichen Revolution von 1848 in der Architektur wiederholte. Der großdimensionierte Kirchenbau wurde von Paul Sprenger, Leiter des Hofbauamtes, das den Klassizismus als offiziellen Staatsstil propagierte, begonnen. Vollendet wurde er als Hauptwerk des Frühhistorismus in der Innenraumausgestaltung von Johann Georg Müller, Eduard van der Nüll und Franz Sitte.

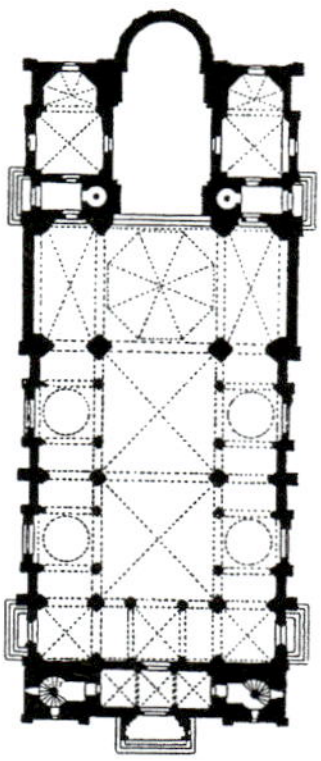

Wohnhaus Wimbergergasse

1999

Wimbergergasse 14-16
Besichtigung: von außen
Transport: U3, U6 (Burggasse/Stadthalle)

Planungsbeginn für diese besondere Baulückenverbauung war das Jahr 1997, die Fertigstellung im Jahr 2001 sorgte für Überraschung. Der Bauherr, Kallco Projekt, ist bekannt dafür, als Developer Architekturqualität einzufordern, aber auch Verständnis für die Architektur aufzubringen. Straßenseitig sind Wohnungen mit vorgelagerten, teilweise verglasten Loggien angeordnet (Fassadendesign der Glaselemente von Herwig Kempinger), hofseitig sind gewerbliche Flächen untergebracht, deren begrünte Flachdächer als unterschiedlich geformte Landschaften den ursprünglichen „Freiraum" definieren.

Wohnhaus Kaiserstraße

2005

Kaiserstraße 68
Besichtigung: von außen
Transport: 48A, L5 (Kaiserstraße/Burggasse)

Im dicht verbauten 7. Wiener Gemeindebezirk entstanden auf einem schmalen Grundstück 47 Wohnungen. Die Straßenfassade macht durch mehrere Knicklinien auf sich aufmerksam und bricht durch diesen gestalterischen Trick die an sich flache und regelmäßige Fassade. Die Architektin beschreibt die Raumfaltungen der Fassade wie folgt: „Wunderschöne Lichtstimmungen durch Sonne und Schatten in der geknickten Fassade, äußerst zarte Profile bei den Fenstern, eine farblich perfekte Abstimmung."

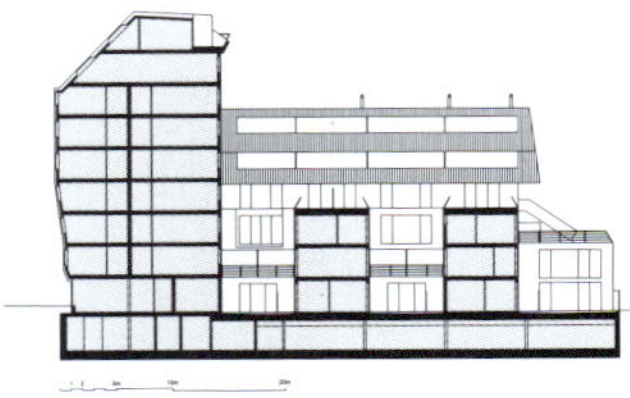

Silja Tillner, Christopher Lottersberger,
Beate Lubitz, Bernhard Anderl, Martin Ritter

Gürtel-Revitalisierungs-projekt URBION

Urban-Loritz-Platz

1998
Stadtbahnbögen
Besichtigung: öffentlich zugänglich
Transport: U6 (Burggasse/Stadthalle), L18, L49 (Urban-Loritz-Platz)

Der Gürtel ist eine der größten Verkehrsstraßen von Wien. Ziel der neuen Planung ist es, der Verslumung entgegenzuwirken. Da die neue U-Bahn (einstige Stadtbahn nach den Plänen von Otto Wagner) hier wegen des wechselnden Terrains teilweise in Hochlage, teilweise in Tieflage verläuft, bildet sie eine deutliche Barriere. Unter anderem werden die vermauerten Bögen der Stadtbahn geöffnet und verglast und mit Geschäften und Lokalen besiedelt. Die Überdachung des Urban-Loritz-Platzes mit einer 130 m langen Stahl-Glas-Membrankonstruktion bei der neuen Hauptbibliothek ist eine der wesentlichsten Interventionen entlang des Gürtels (Entwurf Silja Tillner).

Ernst Mayr gewann 1999 den zweistufigen Wettbewerb zur Realisierung der neuen Hauptbibliothek Wien am Neubaugürtel. Die Bibliothek entstand auf einem untypischen, aber besonders spannenden Bauplatz: über einer U-Bahntrasse in der Achse des Gürtels, eingespannt zwischen der historischen Otto Wagner-Station Burggasse und dem Urban-Loritz-Platz. Der 150 m lange Baukörper nimmt in der Höhe den Maßstab der Umgebung auf und öffnet sich zum Urban-Loritz-Platz mit einer Monumentaltreppe als historisches Zitat der Casa Malaparte (1938-42) an der Felsenküste auf Capri. Ein „liegender Leseturm" als neues modernes Medienzentrum für Wien.

Hauptbibliothek Wien

1999

Neubaugürtel/Urban-Loritz-Platz
Besichtigung: während der Öffnungszeiten
Transport: U6 (Burggasse/Stadthalle)

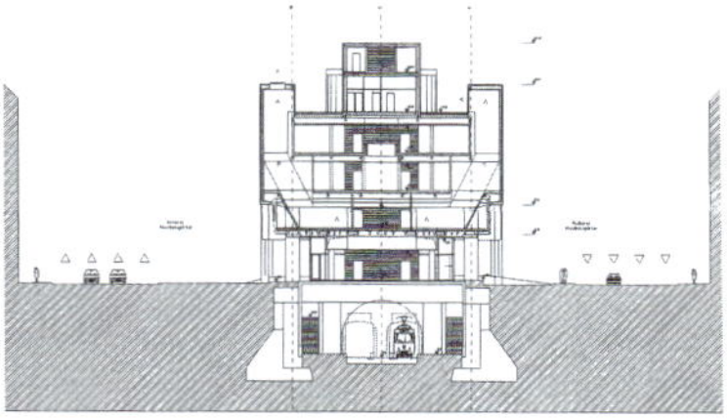

7.-13 *Martin Kohlbauer*

Neubau im SMZ Sophienspital der Stadt Wien

1997

Apollogasse 19
Besichtigung: öffentlich zugänglich
Transport: U3 (Westbahnhof)

Der Neubau im Sozialmedizinischen Zentrum Sophienspital der Stadt Wien geht auf eine Initiative im Krankenanstaltenverbund zurück, die anstehenden und notwendigen zukünftigen Krankenhausneubauten und -umbauten im Rahmen von Wettbewerben zu realisieren, um auch jüngeren Architekten eine Chance zu geben. Kohlbauer hat diesen Wettbewerb gewonnen und aufgezeigt, dass auch an einer stark befahrenen Straße durch überlegte Planung ein Krankenhaus möglich ist. Optisch wird der Neubau durch eine vorgesetzte Klinkerfassade differenziert, hinter dem großen Panoramafenster mit Blick auf den Westbahnhof befindet sich ein zweigeschossiger Aufenthaltsraum.

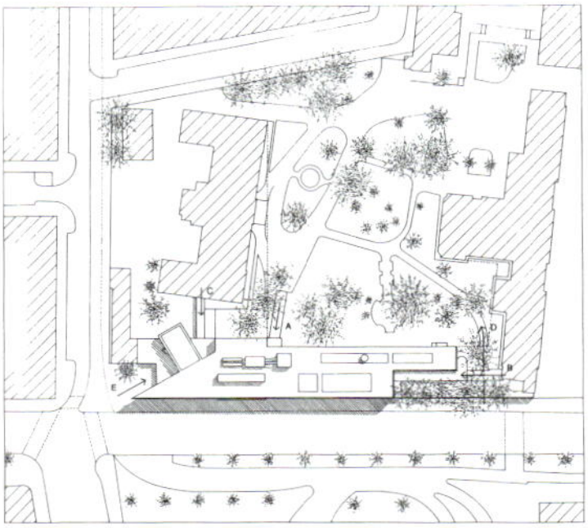

7.-14 *BEHF Architekten*

„Yellow" Restaurant und Lounge Bar

2003

Mariahilfer Straße 127
Besichtigung: Öffnungszeiten
Transport: U3 (Zieglergasse)

„Yellow" als Name und Logo für ein asiatisches Restaurant auszuwählen ist schon ziemlich mutig, die Farbe aber zum Konzept zu erklären, ist schon fast genial. „Yellow" ist „Yellow", und „Gray" ist „Gray". Im Inneren teilt sich der Gastronomiebereich in einen Tagesbereich „Yellow" (Restaurant) und einen Nachtbereich „Gray" (Lounge), als Besonderheit gibt es noch ein pinkfarbenes Separée. Von außen nur durch den neuen Eingang erkenntlich, der ehemalige Elektriker-Laden wurde außen nur sanft renoviert. Die Event-Gastronomie beginnt nach dem Öffnen der Eingangstüre.

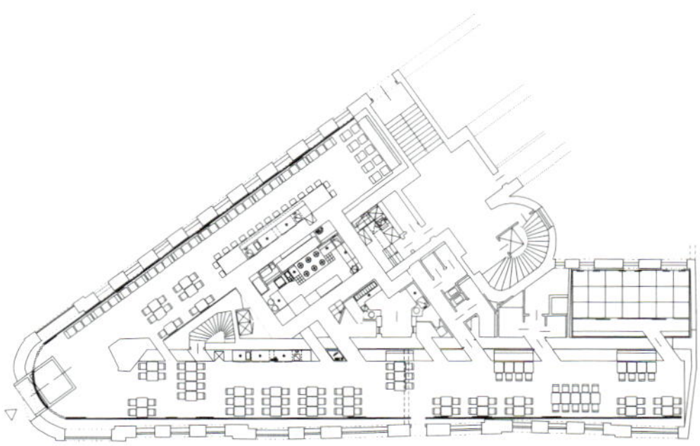

Der Planungsbeginn für diese Totalsanierung des Kaiserlichen Hofmobiliendepots (Möbelmuseum) geht in das Jahr 1988 zurück, zehn Jahre später wurde das generalsanierte Gebäude 1998 neu eröffnet. In der Ersten Republik wurde das Staatsmöbeldepot erstmals der Öffentlichkeit zugänglich gemacht, zuvor hatte das zwischen 1899-1901 nach Plänen des Hofbauamts entworfene Hofmobiliendepot bis 1918 als Lager- und Mobiliendepot der saisonal wechselnden Ausstattung der verschiedenen Schlösser der Habsburger Kaiserfamilie gedient. Da die Bestände seit 1918 laufend erweitert wurden, entstand eines der interessantesten Möbelmuseen von Europa, mit Objekten von Loos, Hoffmann, Plischke, Czech, Blau und anderen österreichischen Architekten/Designern des 20. Jahrhunderts.

Kaiserliches Hofmobiliendepot

1991

Andreasgasse 7
Besichtigung: Öffnungszeiten
Transport: U3 (Neubaugasse)

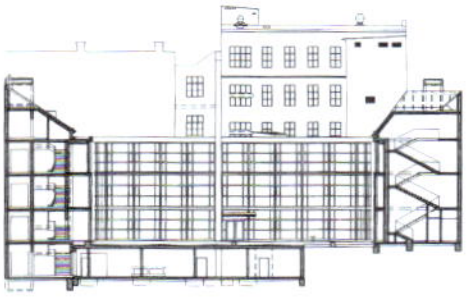

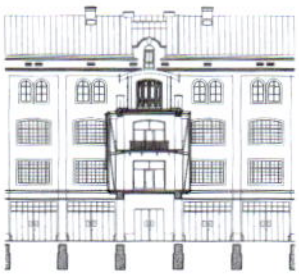

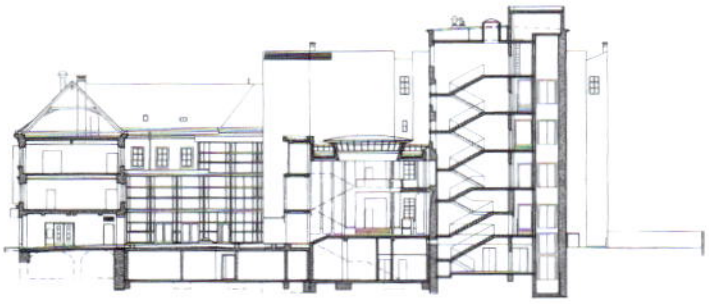

Der Bezirk Wien-Neubau ist in den letzten Jahren zu einem besonders attraktiven Einkaufsviertel geworden, mit einer Vielzahl von kleinen und kleineren Shops, die von jungen, engagierten ArchitektInnen bzw. Architektenteams gestalten wurden. Neben der A1 Lounge (EOOS) und dem Tiberius Fetisch-Shop (BEHF) kann der Konzeptstore PARK vom Architektenteam SPACE+ stellvertretend für diese neue Entwicklung gelten. Die Mondscheingasse, eine off-off Einkaufsstraße (Nebengasse der Neubaugasse, aber noch im Shopping-Umfeld der Mariahilfer Einkaufsstraße), erhielt New-Yorker Flair durch die White-Architecture des Konzeptstores. Ein zentraler, zweigeschossiger Raum mit Galerie ermöglicht eine unprätentiöse Präsentation der unterschiedlichen Design-Objekte. Neben dem Verkauf von Mode, Design-Objekten und Printmedien entsteht so ein begleitender Diskurs zur Gegenwartskultur.

Konzeptstore PARK

2003

Mondscheingasse 18-20
Besichtigung: Öffnungszeiten
Transport: U3 (Neubaugasse)

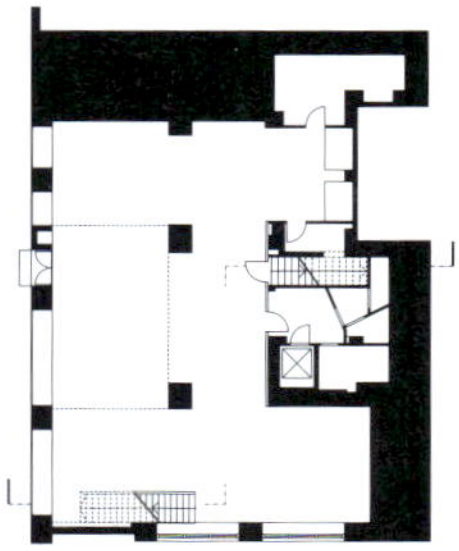

7.-17 *EOOS (Bergmann, Bohmann, Gründl)*

Flagship Store mobilkom austria (Telefongesellschaft)

2003

Mariahilfer Straße 60
Besichtigung: während der Öffnungszeiten
Transport: U3 (Neubaugasse)

Bezeichnet als „a1 lounge", handelt es sich jedoch bei diesem Design weniger um einen Shop, als um die Darstellung ultimativer Verführungskunst des Verkaufens. Die Designergruppe EOOS hat hier mit durchaus als „futuristisch" zu bezeichnenden Architekturelementen – Lichtregie, Projektionen, Sound, Glasprodukten, Designerdresses und teilweise farbigem Nebel – eine Avantgarde-Atmosphäre für die Kunden geschaffen, die bei der Fertigstellung und Eröffnung der „lounge" im Sommer 2004 in Wien zum Talk of the Town wurde. Telekommunikation als ein schneller Blick in die Zukunft, als Versprechen des zukünftig Realen für alle zu garantieren. Die Message ist klar: Als Konsument von dieser Telefongesellschaft sind Sie mit dabei.

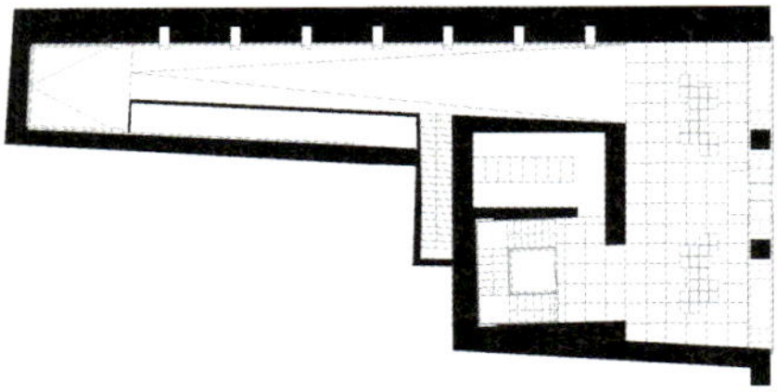

7.-18 *Adolf Loos*

Zentralsparkasse Mariahilf-Neubau

1914

Mariahilfer Straße 70
Besichtigung: während der Öffnungszeiten
Transport: U3 (Neubaugasse)

Die ehemalige „Anglo-Österreichische Bank II" zeigt Loos als geschickten Semantiker und nebenbei einen Gegenentwurf zu Otto Wagners Postsparkasse, die von Loos nicht unbedingt positiv beurteilt wurde. Das beeindruckende Portal aus schwarzem Granit erscheint sowohl durch Materialwahl als auch deren monumentale Verarbeitung auf kleinstem Raum wie eine Geldkassette. Durch einen dunklen Vorraum erfolgt die Erschließung durch Räume unterschiedlicher Höhe bis in den hohen, hellen Kassensaal, der ausschließlich über die Decke beleuchtet wird. 1973 wurde das Innere umgebaut und erweitert, einige Details rekonstruiert.

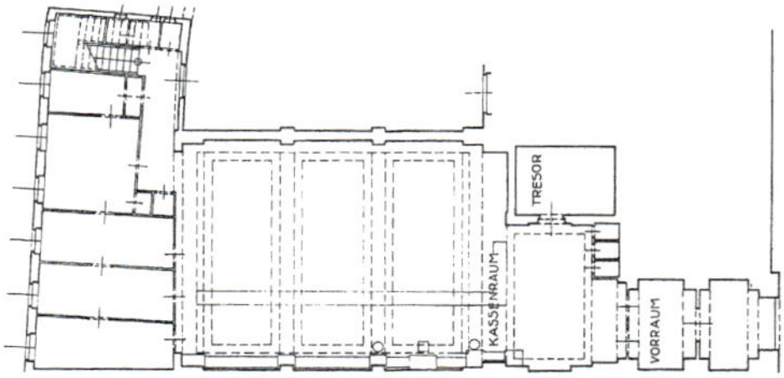

Büro- und Geschäftshaus Mariahilfer Straße

2004

Mariahilfer Straße 36
Besichtigung: während der Öffnungszeiten
Transport: U3 (Neubaugasse)

„Der Entwurf für das Büro- und Geschäftshaus zeigt eine neue Gebäudetypologie im Straßenzug der Mariahilfer Straße. Die gründerzeitliche Blockrandbebauung wird aufgebrochen, um einerseits Einblicke in die tiefe Parzellenstruktur zu ermöglichen und andererseits öffentlich nutzbare Freiflächen zu schaffen. Ein schmaler, leicht geknickter, skulptural gestalteter Baukörper entwickelt sich über einen zweigeschossigen Sockel in die Tiefe des Grundstückes, ragt in die Mariahilfer Straße und definiert im 2. Obergeschoss eine öffentlich zugängliche Piazza. Dieser Freiraum öffnet sich zur Mariahilfer Straße und wird durch Rolltreppe, Stiege und Lift erschlossen." (Architekten)

Adolf Krischanitz **7.-20**

Wohn- und Geschäftshaus

2004

Lindengasse 11-15
Besichtigung: von außen
Transport: U3 (Neubaugasse)

Innerstädtische Planungen werden immer komplexer und komplizierter, weil auch die unterschiedlichen Wünsche der Anrainer vermehrt berücksichtigt werden müssen. Ein geladener Wettbewerb, in dessen Jury auch der grüne Bezirksvorsteher geladen war, konnte Krischanitz mit einem überzeugenden „Hofkonzept" mit umlaufenden Loggien für sich entscheiden. „In das heterogene Erscheinungsbild der anschließenden Baustruktur, die ursprünglich aus der Gründerzeit stammt, wird ein Gebäude eingefügt, dessen Charakter und Morphologie sowohl eigenständig als auch kontextuell definiert (re)agiert." (Architekt) Die BGF beträgt ca. 18.850 m², in Summe werden u. a. 66 Wohnungen realisiert.

Robert Oerley

ehem. Sanatorium Auersperg (Luithlen), h.: Hotel

1907

Auerspergstraße 9
Besichtigung: von außen
Transport: U2 (Rathaus)

Robert Oerley hat in Wien eine beachtliche Anzahl bemerkenswerter Bauwerke hinterlassen. Das ehemalige Sanatorium Luithlen, heute als Hotel genutzt, ist im Inneren größtenteils verändert, die Straßenfassade mit der horizontalen Gliederung und den zwei- und dreiteiligen Fenstern mit geblasenen Buckelscheiben hat eine starke Präsenz. Die Dachaufbauten mit den ehemaligen Operationssälen sowie das gläserne Vordach sind nicht mehr vorhanden (Umbau der Dachzone 1964, danach Studentenheim). Renovierung als Hotel seit 2006.

8.-2

Joseph Allio, Josef Kornhäusel, Carl Witzmann

Theater in der Josefstadt

1822

Josefstädter Straße 26
Besichtigung: während der Vorstellungen
Transport: LJ (Lederergasse)

Ursprünglich frei stehender spätklassizistischer Theaterbau. Durch zahlreiche Umbauten ist der Theaterkomplex heute nicht mehr leicht lesbar, zudem ist der ursprünglich frei stehende Bau heute von Wohnhäusern umgeben. Entsprechend komplex ist auch die Baugeschichte: Ein bestehender Saal aus dem 18. Jahrhundert wurde von Josef Kornhäusel 1822 ausgebaut. Als Max Reinhardt das Theater übernahm, wurden in den 1920er Jahren weitere Umbauten unter Berücksichtigung der historischen Substanz von Carl Witzmann (ovales Parterrefoyer) durchgeführt. In den 1950er Jahren wurde der gesamte Komplex nochmals von Otto Niedermoser renoviert. Generalsanierung 2007.

Die schwunghafte Zweiturmfassade der Kirche ist der Höhepunkt einer der schönsten, architektonisch „gefassten" Wiener Plätze. Dem in der Mitte ausschwingenden und an den Türmen eingezogenen Fassadenvorbau entspricht ein differenzierter, gestaffelter Innenraum, dessen Kern ein beinahe kreisförmiges Oval ist. Die Deckenfresken sind ein Frühwerk des österreichischen Malers Franz Anton Maulbertsch. Die anschließenden Klosterflügel wurden schon vor dem Kirchenbau begonnen und Mitte des 18. Jahrhunderts fertig gestellt.

Piaristenkirche

1716

Jodok Fink-Platz
Besichtigung: öffentlich zugänglich
Transport: LJ (Lederergasse)

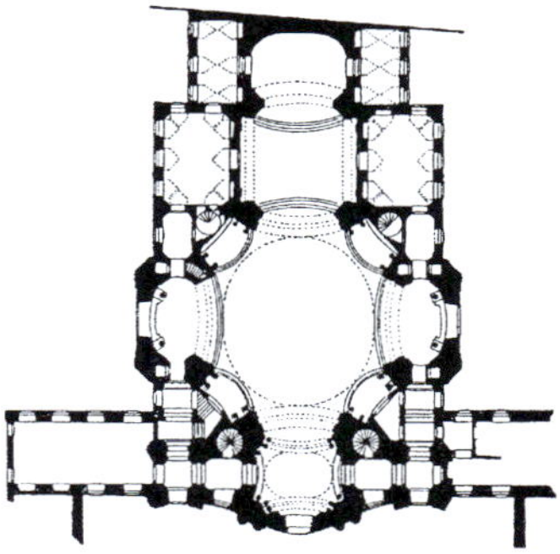

Julius und Wunibald Deininger 8.-4

Ein beachtlicher Schulbau mit klarem typologischem Konzept, zentralem Festsaal und zwei Seitenflügeln. Der Entwurf spiegelt die Zusammenarbeit des Vaters Julius Deiniger mit seinem Sohn Wunibald wider, der bei Otto Wagner studiert hatte und wahrscheinlich für die Gestaltung verantwortlich zeichnet. Prächtige Majolikareliefs von Richard Luksch.

Neue Wiener Handelsakademie

1906

Hamerlingplatz 5-6
Besichtigung: nach Vereinbarung
Transport: L5, L33, LJ (Albertgasse)

8.-5 *Boris Podrecca*

Bankfiliale Erste Österreichische Sparkasse
1994

Josefstädterstraße 75-77
Besichtigung: Öffnungszeiten
Transport: L5, L33, LJ (Albertgasse)

Im städtebaulichen Dialog zum Studentenheim – quasi auf Sichtverbindung – entstand diese Bankfiliale im ehemaligen Albert-Kino in der Wiener Josefstadt. Bei diesem Umbau eines Kinoraumes in ein Bankhaus versuchte Podrecca, „Erinnerungsstücke" des Kinos in die Adaptierung hinüberzuretten, um eine historische Schichtung zu erreichen. Der alte Vorführraum ist jetzt der Raum des Direktors, der alte Kinosaal der neue Banksaal, Transformation der Großstadt.

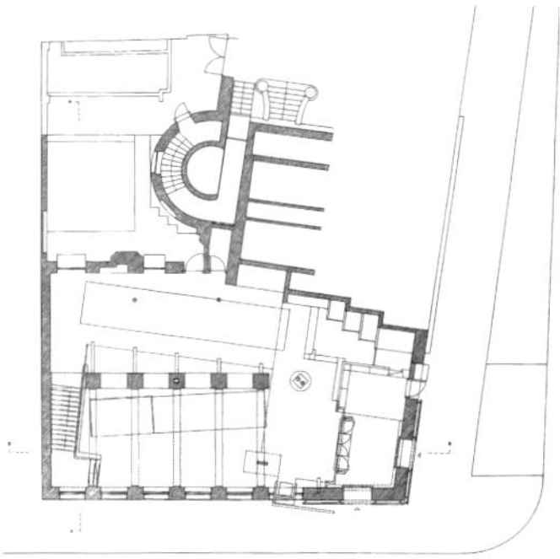

8.-6 *Caesar Poppovits*

Ludo-Hartmann-Hof
1924

Albertgasse 13-15
Besichtigung: von außen
Transport: L5, L33, LJ (Albertgasse)

Einer der nicht so zahlreichen, explizit „innerstädtischen" Wohnbauten der Gemeinde Wien, der zusätzlich durch seine ungewöhnliche Grundrisslösung auffällt. Durch das Zurückversetzen der Fassade ergibt sich ein kleiner Vorplatz, durch den der Bau von der historischen Bebauung abgesetzt wird. Die eher kleinen Höfe schließen, durch die Lage im dicht verbauten Gebiet erzwungen, noch an die Mietzinskasernen an, ihre Detailformulierung ist aber sehr viel „wohnlicher" gehalten.

Über einer verglasten, doppelgeschossigen Sockelzone entwickelt sich das sechsgeschossige Studentenheim. Dieser Umbau eines bestehenden Gebäudes ist nicht sofort erkennbar, da Podrecca geschickt die Proportionen verändert. Die kommunikative Erdgeschosszone erlaubt Einblick in die Veranstaltungsräume. Eine überzeugende Adaption mit einfachen Mitteln.

Hotel und Studentenwohnheim Korotan

1991

Albertgasse 48
Besichtigung: von außen
Transport: LJ (Albertgasse)

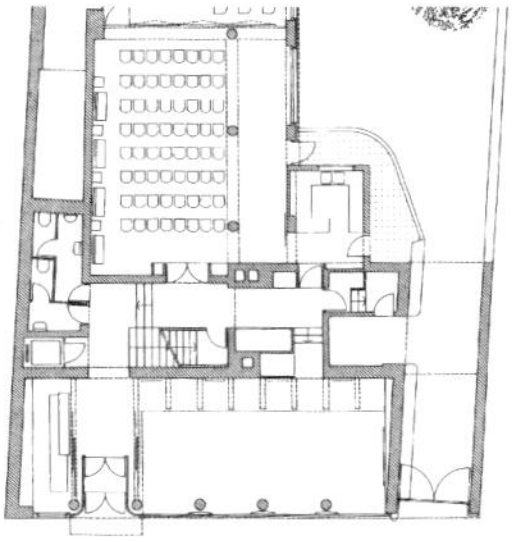

Johann Lucas von Hildebrandt, Elsa Prochazka 8.-8

Zweigeschossiges barockes Gartenpalais, 1706 durch Karl Graf Schönborn erworben, bis 1711 Umbau durch Johann L. v. Hildebrandt. Seit 1872 im Besitz der Stadt Wien, seit 1917 Volkskundemuseum. Ein Museum ist ein Museum ist ein Museum: Ein Volkskundemuseum ist ein besonderes Museum, da hier Einblick in die Geschichte unterschiedlicher Kulturen gewährt wird. Die Renovierung und Adaptierung erfolgte mit großer Sensibilität: Die Neuaufstellung der Exponate und die Gestaltung der Vitrinen respektieren die historische Bausubstanz, die neue Lichtführung wird effektvoll eingesetzt, ohne zu dramatisieren. Die Vielfalt der Vitrinen ist eine Freude für sich, eine in sich stimmige Museumspräsentation.

Volkskundemuseum, ehem. Schönborn-Palais

1711, 1994

Laudongasse 15–19
Besichtigung: Öffnungszeiten
Transport: L5, L33 (Laudongasse)

Heinrich von Ferstel

Votivkirche

1856

Rooseveltplatz
Besichtigung: öffentlich zugänglich
Transport: U2 (Schottentor)

Das ursprünglich vor der Stadtmauer gelegene Jugendwerk Heinrich von Ferstels wurde anlässlich eines gescheiterten Attentats auf Kaiser Franz Josef errichtet. Ferstel nahm sich das klassische französische Kathedralschema als Vorbild. Im Sinne des von der Gleichzeitigkeit verschiedener Stile gereinigten strengen Historismus flocht er keine Elemente anderer Epochen in die Gestaltung ein, sondern baute ein Substrakt, das „gotischer" als die meisten seiner berühmten Vorbilder war.

9.-2

Gregor Eichinger, Christian Knechtl

Café-Restaurant Stein

1985

Währinger Straße 6
Besichtigung: öffentlich zugänglich
Transport: U2, L1, L2 (Schottentor)

Das Café Stein aus dem Jahr 1985 versteht sich als Implantat in eine bestehende räumliche Struktur. Die Gestaltungsmaßnahmen beziehen sich auf reduzierte Eingriffe (Beleuchtung, Bar), alte Objekte wie die abgehängte Uhr werden in das Konzept integriert. So entsteht eine quasi gewachsene zeitliche Schichtung. 1987 Ergänzung um das Restaurant Stein's Diner. Kontinuierlicher Umbau angrenzender Räume.

Chemisches Institut der Universität

1868

Währinger Straße 10
Besichtigung: öffentlich zugänglich
Transport: U2 (Schottentor)

Noch bevor Heinrich von Ferstel den nahe liegenden Universitätsbau in Angriff nahm, konnte er mit dem Institut für pharmazeutische Chemie einen Vorlauf in der Planung wissenschaftlicher Institutionen machen; unterstützt wurde er dabei von dem Chemiker Josef Redtenbacher. Der Sichtziegelbau ist über quadratischem Grundriss errichtet und konsequenterweise beinahe allansichtig angelegt. Die Hauptfassade zur Währinger Straße ist lediglich durch einen breiten, aber seichten Mittelrisalit ausgewiesen; ein Zusammenhang mit den prominenten klassizistischen Bauten in der näheren Umgebung darf vermutet werden.

Otto Wagner 9.-4

Wohnhaus Universitätsstraße

1887

Universitätsstraße 12
Besichtigung: von außen
Transport: U2 (Schottentor)

Das Wohnhaus Universitätsstraße ist eines der großen und repräsentativen Wohnhäuser Otto Wagners mit einer prächtigen Sichtachse auf die Landesgerichtsstraße. Das Haus wurde ursprünglich von Otto Wagner für sich selbst gebaut und erhielt die Baubewilligung am 29. Dezember 1887. Die besondere Ecksituation an drei Straßen (Universitätsstraße, Garnisongasse und Garelligasse) gereicht dem Bauwerk zu einer städtebaulichen Prominenz. Auf jeder Etage befinden sich zwei großbürgerliche Wohnungen mit ca. 300 m² Wohnfläche.

9.-5 *Leopold Bauer*

Nationalbank
1913

Otto-Wagner-Platz 3
Besichtigung: von außen
Transport: L43, L44 (Landesgerichtsstraße)

Das Hauptgebäude der Österreichischen Nationalbank ist eigentlich eine Planungsruine, die in der Folge noch stark verändert wurde. Von dem ambitionierten Projekt Leopold Bauers wurde vor dem Ersten Weltkrieg nur das Druckereigebäude errichtet, das nach dem Krieg von Ferdinand Glaser und Rudolf Eisler in den Hauptbau umgeplant wurde. Die Kassenhalle wurde zudem durch Umbauten verändert, und ein Brand zerstörte den fünften Stock mit der Einrichtung der Generaldirektion.

9.-6 *Wilhelm Holzbauer*

Druckerei- und Verwaltungsgebäude der Österreichischen Nationalbank
1991-1997

Otto-Wagner Platz 3
Besichtigung: von außen
Transport: U2, L43, L44 (Landesgerichtsstraße)

Der Bauplatz war Teil des ehemaligen Allgemeinen Krankenhauses, das unter Joseph II. errichtet wurde. Im Zuge der Umsiedelung des Alten Allgemeinen Krankenhauses konnte auch der notwendige Platz für die Erweiterung der Nationalbank gewonnen werden. Der umgebende historische Stadtbereich bedeutete eine große Einschränkung der Höhenentwicklung und Maßstäblichkeit, fast die Hälfte des Bauvolumens liegt unter der Erde. Die komplexe, funktionelle Komposition der Volumina wurde mit Naturstein und großen Glasflächen gestaltet.

Ursprünglich: Isidor Canevale, Josef Gerl[1]; Arge Altes AKH: H. Potyka, F. Kurrent & J. Zeininger, S. Frank & R. Zabrana, E. M. Kopper[2]

1784 von Isidor Canevale als Allgemeines Krankenhaus errichtet, war das Gebäude ein Meilenstein in der medizinischen Versorgung der Bevölkerung. Nach der Fertigstellung des Neuen Allgemeinen Krankenhauses wurden ab 1990 von Hugo Potyka Überlegungen zur Nachnutzung angestellt. Die Universität Wien hat dank einer Schenkung durch die Stadt Wien im Jahr 1988 ein kulturhistorisches Objekt mit enormem Ausmaß (10 Hektar) nahe der Innenstadt zur Verfügung. Mit ihrem Leitprojekt gewannen Friedrich Kurrent & Johannes Zeininger das Gutachterverfahren mit einer Nutzung durch universitäre Institute verbunden mit einer Verbesserung der Durchgängigkeit des Areals. Der Dialog zwischen historischer und zeitgenössischer Architektur findet durch neue Implantate statt. 1999-2003 erfolgte der Neubau des Hörsaalzentrums Uni-Campus Altes AKH Wien, Projektarchitekten für dieses Objekt waren Kopper und Zeiniger.

[1]Altes Allgemeines Krankenhaus

1783

Allgemeines Krankenhaus, Spitalgasse

[2]Heute: Universitäts-Campus, Total-sanierung

1995, 1999

Alser Straße 4
Besichtigung: öffentliche Flächen
Transport: U2, L43, L44 (Lange Gasse)

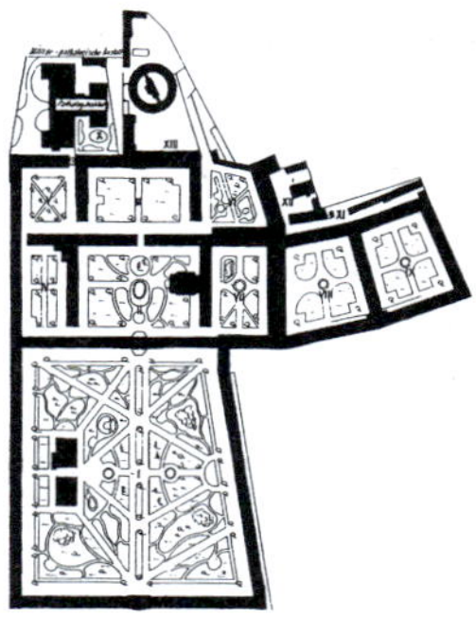

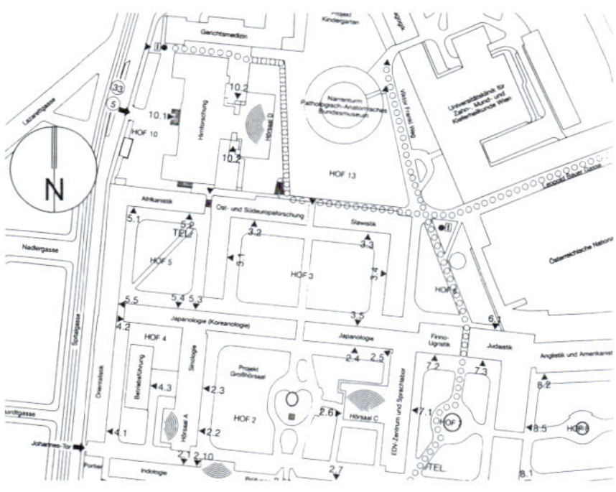

9.-8

Wohnhaus, Sigmund-Freud-Wohnung

1889, Adaptierung ab 1991
(Bibliothek, Vortragssaal, Archiv)

Berggasse 19
Besichtigung: Öffnungszeiten
Transport: LD (Schlickgasse)

Sigmund Freud, Berggasse 19, ist eine Weltadresse in Wien. Über Jahrzehnte lebte und arbeitete Freud an dieser Adresse, bis zu seiner Zwangsemigration 1938 nach London. Von hier aus wurden die Gedanken zum Weltbild des 20. Jahrhunderts verändert. So gesehen ist diese Gedenkstätte mehr ein genius loci, weniger ein Museum. Die traditionelle bürgerliche Wohnwelt einer Großfamilie war hier Ausgangspunkt einer Weltrevolution im Denken. Im Zusammenhang mit der Vergrößerung des Vortragsraumes und Einrichtung einer Bibliothek erfolgte die Errichtung einer Fluchttreppe (Gestaltung Wolfgang Tschapeller, Statik Karlheinz Wagner). Die Verwendung von zeitgemäßen Materialien (Stahl, Drahtkabel, Fiberglas) bewirkt einen bewussten Kontrast zur bestehenden Umgebung.

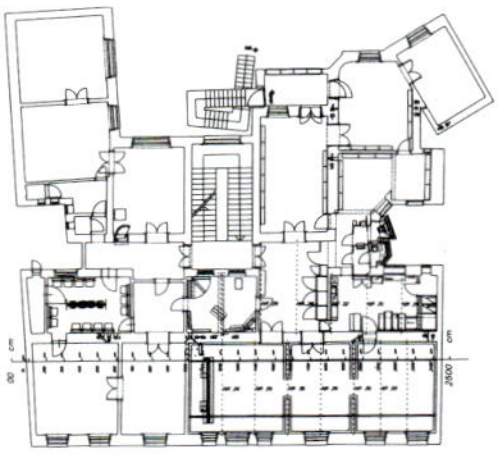

9.-9

Hans Puchhammer

Wohnhaus Wasagasse

1984

Wasagasse 28, Dietrichsteingasse
Besichtigung: von außen
Transport: Bus 40A (Bauernfeldplatz)

Bei diesem Wohnhaus aus dem Jahr 1847 (Entwurf Architekt Ölzelt) handelt es sich um eine umfangreiche Revitalisierung durch Hans Puchhammer. Der hofseitige Trakt dieses typischen Wiener Bassenahauses wurde zur Gänze abgerissen und neu errichtet, wobei zwei neue Stiegenhäuser mit Aufzug je zwei Zweispänner erschließen. Durch unterschiedliche Höhenentwicklung der straßenseitigen und der hofseitigen Trakte ergeben sich interessante Wohnungsgrundrisse mit einem versetzten Treppenausgleich.

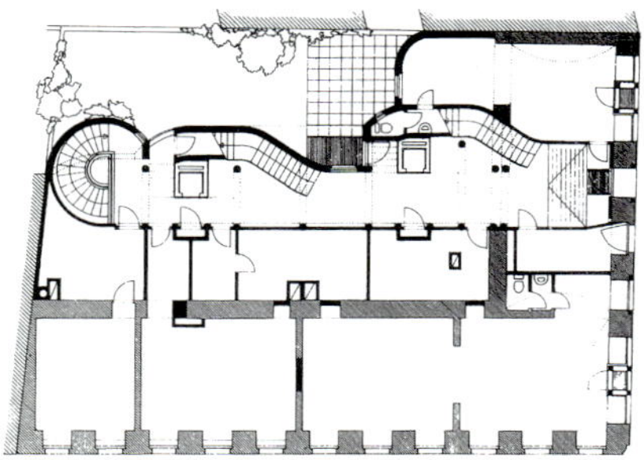

Josephinum (Chirurgisch-medizinische Akademie)

1783

Währinger Straße 25
Besichtigung: öffentlich zugänglich
Transport: U2, L37, L38 (Sensengasse)

Die Chirurgisch-medizinische Akademie wurde im Zuge der josephinischen Krankenreform in der Nähe des neuen Allgemeinen Krankenhauses errichtet. Die Ehrenhofanlage nach französischem Vorbild ist in der Wiener Bautradition selten. Auch die zurückhaltende Gliederung orientiert sich an klassizistischen französischen Fassadensystemen. In diesem Gebäude ist u. a. das medizinhistorische Museum mit einer exzeptionellen Sammlung von Wachsfiguren für medizinische Ausbildung untergebracht.

Neumann und Partner, Mascha & Seethaler 9.-11

Haus der Forschung

2004

Sensengasse 1
Besichtigung: von außen
Transport: L37, L38, L40, L41, L42 (Sensengasse)

Ein Haus der Forschung hat auch in Bezug auf die Architektur ein Versprechen einzulösen: nicht nur städtebauliche Qualitäten, sondern auch Innovationen in der Gebäudetechnologie. „Das Ergebnis ist ein Referenzprojekt, das nicht nur die ästhetischen und ökonomischen Ziele erreicht, sondern auch die Ansprüche des öffentlichen Interesses in solch eine Institution befriedigt, indem es mit einer Primärenergiekennzahl von 100 kWh/m neue Standards setzt. ...Das Haus der Forschung ist nicht nur in der Arbeitsplatzbehaglichkeit, sondern auch in der Energieeffizienz beispielhaft in Österreich..." (Mascha & Seethaler).

9.-12 *Theophil von Hansen*

Rudolfshof

1871

Hörlgasse 15, Türkenstraße 14, Schlickplatz 5
Besichtigung: von außen
Transport: U2 (Schottentor)

Das erste Wiener „Beamtenwohnhaus" markiert einen entwicklungsgeschichtlich wichtigen Schritt zu jenen Mietszinshäusern, die das Wiener Stadtbild zwischen Ring und Gürtel prägen. Ungewöhnlich an Hansens Bau sind allerdings die glasüberdachten „Pawlatschen"-Höfe (hölzerne, verglaste Erschließungsgänge entlang der Hofmauern), die an eine spezifische Wiener Bautradition anschließen, aber in den späteren Massenwohnquartieren zu Gunsten einfacher, oft sehr kleiner Lichthöfe aufgegeben wurden.

9.-13 *Carsten Roth*

Bürogebäude (Volksbank AG)

2006

Kolingasse
Besichtigung: nur außen
Transport: U2 (Schottentor)

„Im Angesicht der Kernzone des Weltkulturerbes wird nach außen diskrete Zurückhaltung geübt, ohne jedoch devot zu erscheinen. Im Herzen des Inneren entwickelt sich das Selbstverständnis einer modernen Bank zu räumlicher Weite und Höhe..." (Architekt). Das Erscheinungsbild des Neubaus ist selbstbestimmt, mit einer differenzierten Fassade, ohne jedoch in eine „Retro-Architektur" zu verfallen. Die gute städtebauliche und proportionale Einbindung lässt einen interessanten Dialog erwarten.

Das Bürohaus der Nachkriegszeit war einerseits dem Funktionalismus verpflichtet, andererseits zeigt es eine unsichere städtebauliche Haltung. Schuster orientierte den Hochhausteil des Y-förmigen Gesamtgrundrisses zum Donaukanal und schuf damit eine städtebauliche Dominante neben dem Ringstraßenturm. Der markante Abschluss des Dachgartens in Form eines umlaufenden Sonnenschutzes ist eine bewusste Referenz an die Architektur der 30er Jahre.

PVA, Pensionsversicherungsanstalt der Arbeiter

1955

Roßauer Lände 3
Besichtigung: von außen
Transport: U4 (Roßauer Lände)

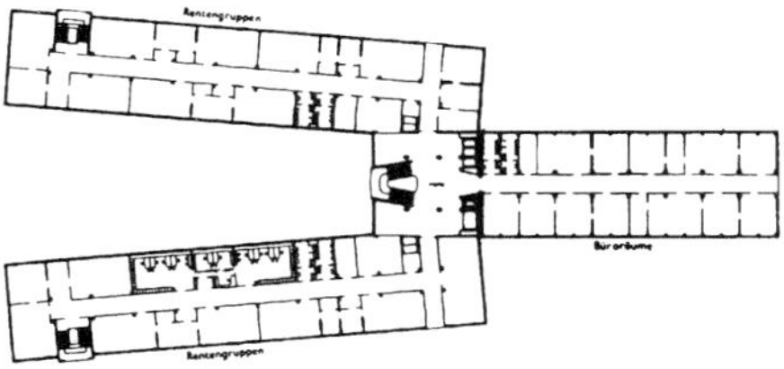

Oberst Karl Pilhal, Major Karl Markl; Renovierung: Manfred Wehdorn 9.-15

Die Erbauer des Riesenkomplexes waren keine Architekten, sondern Militärs, die den großen Komplex als Reaktion auf die bürgerliche Revolution von 1848 errichteten. Wie das Arsenal im 3. Bezirk ist auch diese Kaserne ein Sichtziegelbau, der aber seinen martialischen Charakter durch die geschlossene Anlage und die Türme und Zinnen sehr viel deutlicher vorträgt. Die Anlage war als Pendant zur Franz-Josefs-Kaserne am Stubenring (1898 abgebrochen) gedacht, heute dient sie als Polizeikaserne. Renovierung und Adaptierung durch Manfred Wehdorn.

Roßauerkaserne

1865

Schlickplatz
Besichtigung: von außen
Transport: LD (Schottenring)

9.-16 *Domenico Egidio Rossi, Domenico Martinelli*

Gartenpalais Liechtenstein, h.: Liechtenstein-Museum

1691, (1705-06)

Fürstengasse 1
Besichtigung: öffentlich zugänglich
Transport: LD (Fürstengasse)

Ursprünglich war das Gartenpalais als Ausgangspunkt einer groß angelegten barocken Neukonzeption des von Fürst Johann Adam Liechtenstein gegründeten Stadtviertels „Lichtental" gedacht. Der kubisch geschlossene Baukörper ist für ein Gartenpalais auffallend streng gegliedert. Die Freskenausstattung des Inneren stammt von Johann Michael Rottmayr und Andrea Pozzo u. a. Von 1979 bis 2002 war hier das Museum Moderner Kunst – Stiftung Ludwig untergebracht. Heute befindet sich hier – nach umfangreichen Adaptierungen – die Sammlung der Fürsten Liechtenstein. Die Präsentation der Kunstwerke ist vorbildlich und entspricht der Aura des Ortes (Architektur: Kräftner).

9.-17 *Heinz Lutter*

Dachaufbau

2002

Spitalgasse 25
Besichtigung: von außen
Transport: L41,L42, L43 (Spitalgasse)

In luftiger Höhe, mit innovativer Holztechnik realisiert, entstanden zwölf weithin sichtbare Dachgeschosswohnungen mit Terrassen (größtenteils Maisonetten mit 50 bis 110 m²). „Der neue, hellblaue, unkonventionelle Dachaufbau auf dem Eckhaus Spitalgasse/Gießergasse im 9. Bezirk ist nicht zu übersehen. Wie ein Signal markiert eine rote Linie, wo das alte Gründerzeithaus endet und das neue beginnt. Früher war hier die Traufe, nun bildet die blaue Balkonbrüstung in kühner Schräglage ein neues Gesims." (Isabella Marboe)

Servitenkirche

1651, (1667-77, 1754-56)

Servitengasse, Grünentorgasse
Besichtigung: öffentlich zugänglich
Transport: LD (Schlickgasse)

Die Kirche ist der erste längsovale Zentralbau Wiens. Drei Planungsstufen lassen sich unterscheiden: Nach einer ersten Bauphase 1651-61 nach Plänen des Carlo Martino Carlone wurde die Kirche 1667-77 von Franz und Carlo Canevale weitgehend fertig gestellt. Die Osttürme wurden nach Plänen von F. S. Rosenstingl im 18. Jahrhundert neu errichtet. Im Inneren wird die Längsausrichtung des Hauptraumes durch den lang gestreckten Chor und die Vorhalle betont.

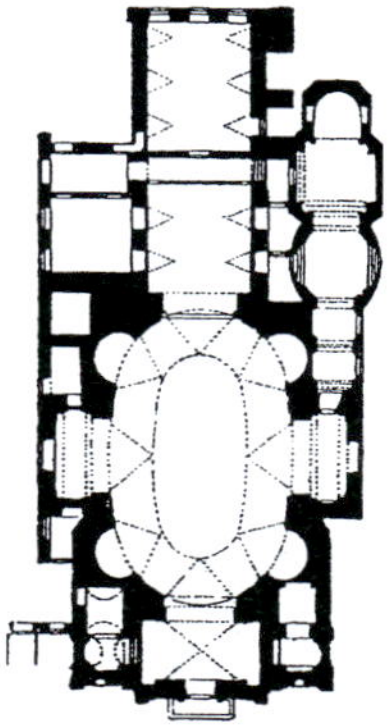

Theodor Jäger 9.-19

Strudlhofstiege

1910

Strudlhofstiege
Besichtigung: öffentlich zugänglich
Transport: L37, L38, L40 (Sensengasse)

Wie Friedrich Achleitner eindrücklich nachgewiesen hat, kommt die Strudlhofstiege im gleichnamigen Roman Heimito von Doderers nicht so extensiv vor, wie man durch die Titelwahl zu glauben verleitet ist. Trotzdem ist die Treppenanlage ein markanter Punkt im Wiener Stadtbild, der die leicht zu übersehende Tatsache des hügeligen Geländeverlaufs des Gebietes deutlich macht. Die doppelläufige Stiege ist durch den Brunnen und die unterschiedlichen Plateaus – wie ihre barocken Vorläufer – ein Ort, der das Stiegensteigen wieder zu einem bewussten Akt machen kann.

9.-20 *Rüdiger Lainer*

Wohnhaus

2003

Boltzmanngasse 24-26
Besichtigung: nur außen
Transport: L37, L38 (Alserbachstraße)

Das sechsgeschossige Wohnhaus in der Bolzmanngasse reinterpretiert die bestehenden Fassadenstrukturen der angrenzenden Häuser durch seine ausgeprägte Plastizität. Im Gegensatz zu einer historischen Fassadengestaltung wird hier eine abstrakte, enthierarchisierte Fassade erlebbar, die auch als Ornament lesbar wäre. Die gleichmäßige Verteilung gleicher Fenstertypen überlagert sich mit einem hohen Grad an Freiheit der Abstraktion. Die Fassadenteile „springen" zwischen 30 und 70 cm vor die Fassadenebene: unterschiedlich glatte und raue ondulierte Oberflächen erzeugen eine interessante Lichtreflexion – ein farbiger Blickfang.

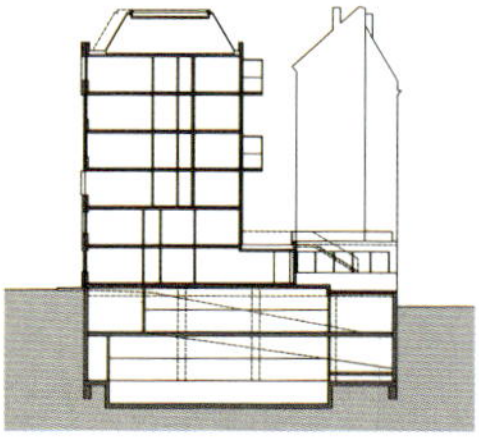

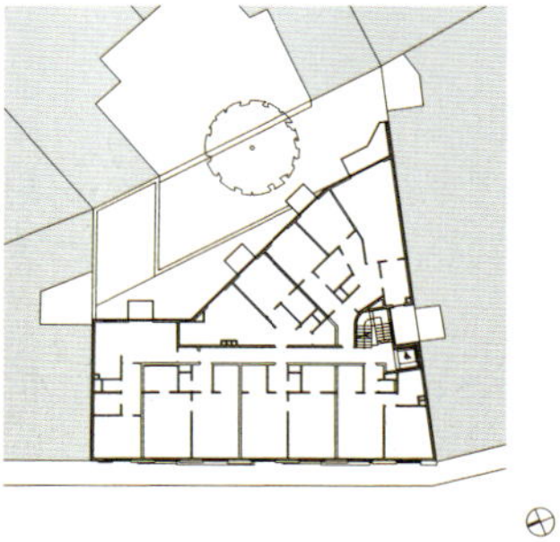

9.-21 *Otto Wagner*

Joanniskapelle

1895

Währinger Gürtel, Klammergasse
Besichtigung: nach Vereinbarung
Transport: L40, L41 (Volksoper)

Durch den Bau der Stadtbahn (Gürtellinie) musste eine bestehende Kapelle zum Hl. Johannes abgerissen werden; daher bewilligte die Verkehrskommission einen Neubau neben dem Viadukt über die Währinger Straße bei der Klammgasse, mit dem Otto Wagner beauftragt wurde. Das kleine, symmetrische Gebäude mit Zentralkuppel wurde wahrscheinlich erst nach 1907 gebaut (Otto Graf). Der Vorbau auf der Apsidenseite ist späteren Datums und nicht von Otto Wagner.

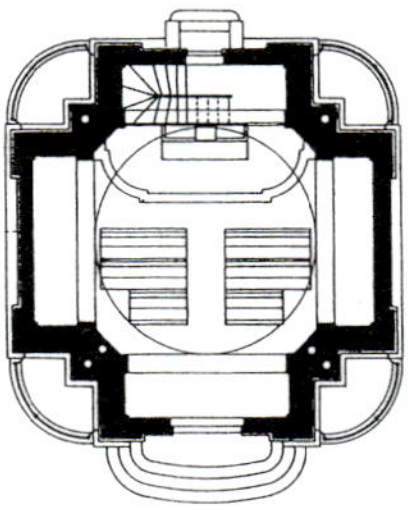

Wohnbau Spittelau
1994

Spittelauer Lände
Besichtigung: nur außen/bzw. Lokale
Transport: U4 (Friedensbrücke)

Die Wiener Architekturszene und die Wohnbaupolitiker waren begeistert, als im Jahr 1994 Zaha Hadid eine interessante, schwebende Wohnbau-Überbauung der denkmalgeschützten Otto-Wagner-Stadtbahnbögen vorstellte. Das Grundstück zwischen Donaukanal und Schnellstraße (Spittelauer Lände) war und ist für Zwecke des Wohnungsbaues ungeeignet. Gerade deshalb sollte hier die damalige noch nicht Pritzker-Preisträgerin, aber bekannte „Stararchitektin" aus London den „Unort" durch fantasievolle Architektur nobilitieren. In der Zwischenzeit hat Hadid an der Universität für angewandte Kunst in Wien eine Professur für „Architektur-Entwurf" erhalten, und viele auch wohlmeinende Kritiker fragen sich, ob es nicht besser gewesen wäre, dieses Projekt nicht zu realisieren. Geblieben ist eine Reise zurück in die Tage des frühen „Dekonstruktivismus". Das visionäre Projekt war eine Hoffnung und ist durch seine Realisierung „gestorben".

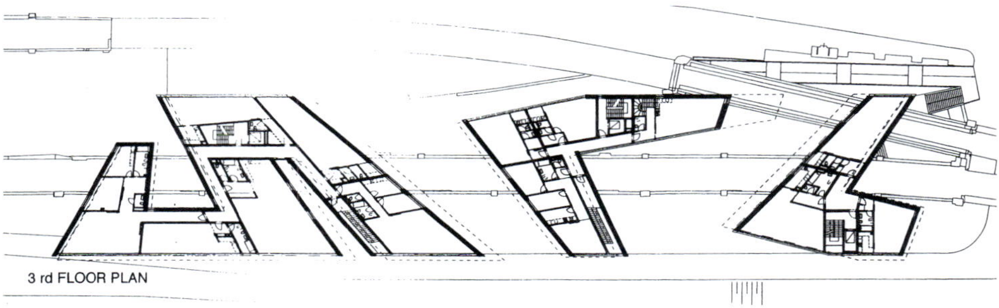

„Summerstage“ Eventlocation im Sommer

1997

Roßauer Lände
Besichtigung: öffentlich
Transport: U4 (Roßauer Lände)

Eine Bühne für Wien, eine Bühne für die Wiener und Wienerinnen. Der vom Szene Gastronom Oswald Schellmann geschaffene Kultur-Kulinarik-Treff hat dieses Jahr (2008) sein zwölftes Eventjahr und gehört zu einem Fixpunkt des Wiener Sommers. Über die Jahre hat sich die Eventlocation verändert, dank eines Glaspavillons können auch bei wechselhaftem Wetter Veranstaltungen stattfinden. Für die Zeit von Anfang Mai bis Ende September ist hier ein urbaner Treffpunkt entstanden. Veranstalter von „Summerstage“ ist der „Kulturverein Alsergrund – Unser 9.“
Mehr unter www.summerstage.co.at.

Erwähnungen **4., 5., 6., 7., 8. und 9. Bezirk**

4.-15e **Gartenpalais Starhemberg-Schönburg**
Johann Lucas von Hildebrandt
1700
Rainergasse 11

4.-16e **Teehaus „High Tee“**
Gisela Podreka
2000
Paniglgasse 17

4.-17e **Dachgeschossaufbau**
kunath_trenkwalder
2006
Theresianumgasse 10

5.-18e **Rüdiger Hof**
Oskar Marmorek
1902
Hamburgertsraße 20

5.-19e **Zentralsparkasse Reinprechtsdorfer Straße**
Friedrich Kurrent, Johannes Spalt
1969
Reinprechtsdorfer Straße 8

6.-10e **vienna paint**
RATAPLAN
1997
Sandwirtgasse 11

6.-11e **„Nachbarin“ Modeshop in Wien**
propeller z
2006
Gumpendorfer Straße 17

7.-21e **Filmhaus**
Helmut Heistinger
1994
Spittelberggasse 3

7.-22e **Café Restaurant Una**
Lacaton & Vassal
2001
MQ, Museumsplatz 1

7.-23e **Westlicht, Schauplatz für Fotografie**
Eichinger oder Knechtl
2001
Westbahnstraße 40

7.-24e **Laden „be a good girl“**
t-hoch-n ARCHITEKTUR
2003
Westbahnstraße 5a

7.-25e **Penthouse Bernardgasse**
Martin Wakonig
2003
Bernardgasse

7.-26e **Shop „Tiberius“**
BEHF Architekten
2004
Lindengasse 2a

8.-9e **Loop Bar**
Martina und Norbert Grabensteiner
1999
Gürtelbögen 24 und 25

9.-24e **Markthalle Nußdorfer Straße**
Friedrich Paul
1879
Nußdorfer Straße 22, Kapellengasse 2-4, Alserbachstraße 1-3

9.-25e **Stadtbahnstation Nußdorfer Straße**
Otto Wagner
1900
Nußdorfer Straße

9.-26e **Fernwärme Wien**
Friedensreich Hundertwasser
1990
Spittelauer Lände 45

10. Bezirk, ***Favoriten*** *Indexnummern* ***10.****-1 ...* ***10.****-63e*

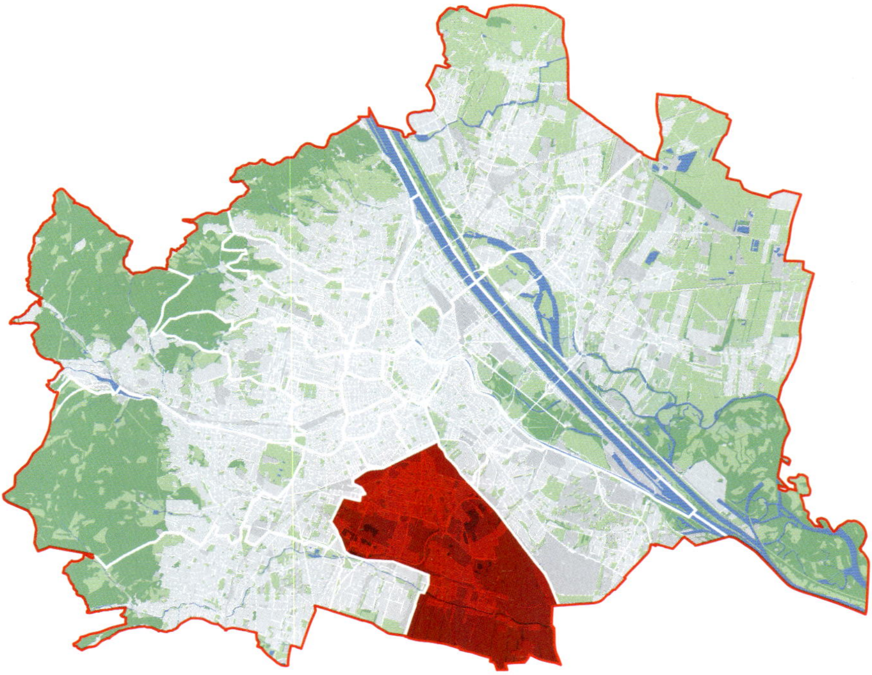

Margaretengürtel
Südtiroler Platz
Längenfeldgasse
Meidling Hauptstr.
Niederhofstraße
Landgutgasse
10.-54e
10.-56e
10.-53e
10.-29
10.-19
10.-20
Gudrunstra
Erlachgass
10.-34
10.-55e
Quellenstraße
10.-63e
10.-21
10.-22
10.-41
Neilreichgasse
Laxenburgerstraße
Philadelphiabrücke
10.-35
Davidgasse
Triester Straße
10.-36
Wienerbergstraße
10.-25
10.-24
10.-26
Troststraße
10.-23
10.-40
10.-48
10.-43
10.-45
10.-46
10.-50
10.-44
10.-42
10.-27
10.-49
10.-47
10.-51
10.-52
10.-58e
10.-39
10.-59e
10.-38
Raxstraße
10.-37
Tscherttegasse
Wienerberg
Am Schöpfwerk
Neilreichgasse
Laxenburgerstraße
Wienerb
10.-33
10.-30
Otto-Probst-Str.
10.-31
10.-32

10.-2
10.-1
erplatz
4
Gudrunstraße
Reumannplatz
10.-6
10.-7
10.-8
Absberggasse
Favoritenstraße
10.-61e
10.-14
10.-15
10.-13
Urselbrunnengasse
10.-57e
10.-12
10.-10
10.-11
10.-60e
10.-9
Erholungsgebiet Laaer Wald
10.-18
Favoritenstraße
10.-62e
10.-16
10.-17
Oberlaaer Straße
U Gasometer
U Zippererstraße
U Enkplatz
U Simmering
15 min
1000 m

10.-1 ***Beauftragung zurzeit: Albert Wimmer, Ernst Hoffmann, Theo Hotz Architekten u. a. Geplant ist ein neuer, EU-weiter Wettbewerb***

Hauptbahnhof Mitte Wien, Neues Bahnhofsviertel

Spatenstich 12.06.2007

Besichtigung: öffentlich zugänglich
Transport: U1 (Südtiroler Platz)

Als „Jahrhundertbauwerk" bezeichnet, stellt das neue Bahnhofsviertel tatsächlich einen neuen Maßstab der städtebaulichen Intervention und Veränderung dar. Durch den neuen Bahnhof wird Wien Schnittstelle von drei transeuropäischen Eisenbahnrouten. TEN17: Paris-Stuttgart-Wien-Bratislava, TEN 22: Athen-Sofia-Budapest-Wien-Prag-Dresden, TEN 23: Danzig-Warschau-Brünn-Wien-Venedig. Der Bahnhof selbst soll ab 2011/12 teilweise in Betrieb gehen, geplant sind Büroflächen von ca. 550.000 m² Bruttogeschossfläche, zusätzlich ca. 5.000 Wohnungen für ca. 13.000 Bewohner. Der bestehende Südbahnhof – Symbol der 1950er Jahre des Wiener Wiederaufbaus – wird abgerissen, ein komplett neuer Stadtteil mit 59 Hektar entsteht zwischen Arsenal, Sonnwendgasse und Gudrunstraße.

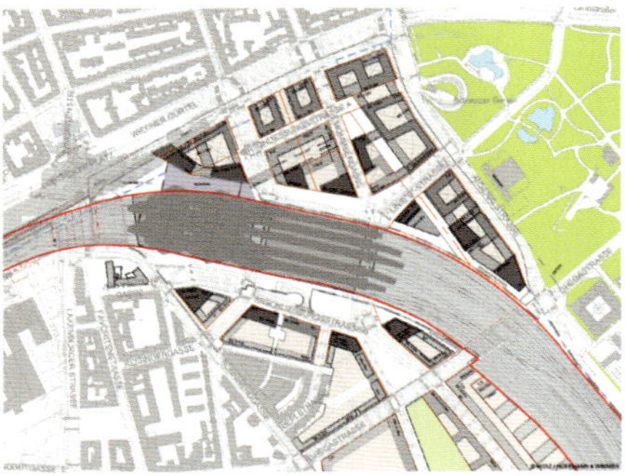

Hauptbahnhof Mitte Wien, Bahnhof

Spatenstich 12.06.2007

Besichtigung: öffentlich zugänglich
Transport: U1 (Südtiroler Platz)

Konzipiert wurde der neue Wiener Hauptbahnhof als komplexes Verbindungselement: Er soll die Ost-, Süd- und Westbahn verknüpfen, Verbindungen quer durch Europa schaffen und die Bahnhofsviertel im Norden und Süden vernetzen. Visuell ragt das Bahnhofsobjekt in den Südtiroler Platz hinein; die räumliche Organisation der angrenzenden Gebiete stellt sicher, dass eine Gleichwertigkeit vorherrscht.
Das Bahnhofsgebäude selbst besteht aus einer großzügigen Bahnhofshalle, gelegen zwischen dem Tragwerk und dem Hochhausbaufeld am Wiedner Gürtel. Eine feinnervig konzipierte Gesamtüberdachung überspannt 210 m in der Länge und 120 m in der Breite. Das umliegende Quartier stellt etwa ein Quadrat mit einer Seitenlänge von ca. 500 m dar. Großzügige Vorplätze und städtebauliche Akzente sowie der räumliche Dialog der Einzelareale betonen die Bedeutung des Quartiers im gesamtstädtischen Erscheinungsbild. Neu geschaffene Freiräume wie der Europapark entstehen als Ausdruck einer sozialen Landschaftsgestaltung; mit differenziertem Nutzungsangebot, hochwertiger Architektur und kontinuierlicher Evaluierung werden hohe Identität angestrebt und Werte der Nachhaltigkeit forciert.

Bauherr: Stadt Wien – MA 21B/ÖBB Immobilienmanagement GmbH
Grundstücksfläche: 60 ha, 100 ha mit Bahnanlagen
Nutzfläche: 1.224 Mio. m², Planungsbeginn: 2004, Baubeginn: 2009, Fertigstellung: 2015.
Wettbewerb: 2004, zweistufiges, geladenes, städtebauliches Expertenverfahren, 1. Preis Wimmer. Das Team Hotz/Hofmann wurde ebenfalls mit einem 1. Preis ausgezeichnet. Umsetzung unter Federführung von Wimmer durch das Team Hotz/Hofmann-Wimmer.

Umspannwerk
1928

Humboldtgasse 1-5, Sonnwendgasse
Besichtigung: von außen
Transport: U1 (Südtiroler Platz)

Die beiden Architekten setzten das Umspannwerk bewusst von dem dicht bebauten Wohngebiet ab. Auf einem dreieckigen Baugrund waren die unterschiedlichen technischen und administrativen Bereiche unterzubringen. Die Architekten konfrontierten eine einseitige Blockrandverbauung mit einer stark gegliederten, offenen Struktur auf der gegenüberliegenden Seite, zusammengehalten werden beide Fassaden mittels eines durchgehenden Sockelgeschosses und sich überlagernder, plastischer Elemente am „Bug" des Baukörpers. Trotz dieser Komplexität ist die räumliche Strukturierung denkbar klar, für die verschiedenen Bereiche, Drehstrom, Gleichstrom und Zweiphasenstrom, waren jeweils eigene Hallen vorgesehen.

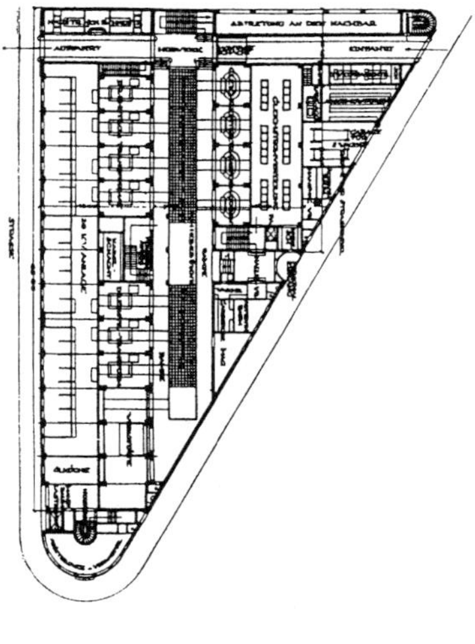

Günther Domenig ist der wichtigste Architekt der „Grazer Schule" und hat in diesem Haus nicht nur dem Bauherrn (Bank Austria, damals Zentralsparkasse der Gemeinde Wien) eine große Aufmerksamkeit und Öffentlichkeit zuteil werden lassen, sondern in der ganzen Fußgängerzone der Favoritenstraße ein architektonisches Wahrzeichen geschenkt. Dieses Bauwerk ist anti-kontextuell und negiert jeglichen Bezug zur Geschichte und zum Ort. Domenig versucht durch eine eigene Individualität den Ort neu zu definieren. Im Innenraum entsteht eine biotechnische Metapher, bestehend aus Lüftungsrohren, Kabelkanälen und Beleuchtungskörpern. Avantgarde als begehbare Geschichte.

Büro- und Geschäftshaus (ehem. Bankfiliale)

1975

Favoritenstraße 118
Besichtigung: von außen
Transport: U1 (Reumannplatz)

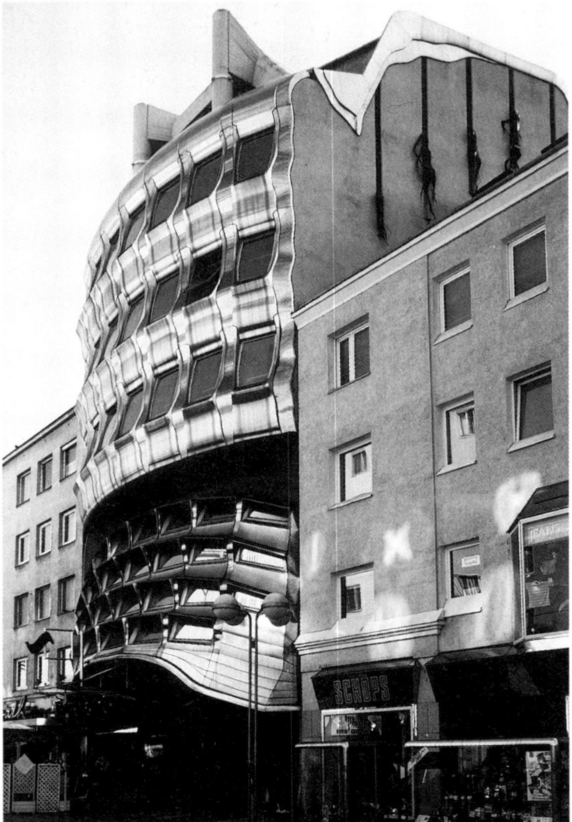

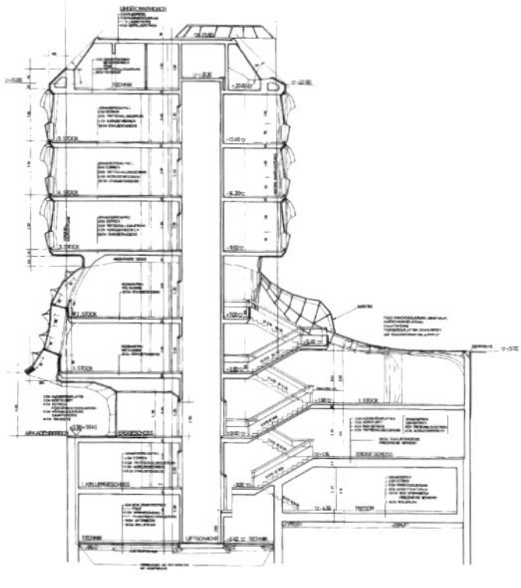

Amalienbad

1923

Reumannplatz 9
Besichtigung: öffentlich zugänglich
Transport: U1 (Reumannplatz)

Das Amalienbad verdeutlicht eine Aktivität der Gemeinde Wien zur Steigerung der Gesundheit und des Wohlbefindens der arbeitenden Bevölkerung, die die Wohnbautätigkeit ergänzen sollte. Das Angebot war reichhaltig, neben dem Tröpferlbad (mietbare Sitzbadewannen) gab es Dampfbäder und die natürlich belichtete Schwimmhalle. Eines der schönsten Hallenbäder der Stadt Wien. Die Innenausstattung, die zum Teil noch im Originalzustand erhalten ist, ist bemerkenswert. Umfangreiche Renovierungsarbeiten lassen heute dieses Hallenbad wieder in ganzer Pracht erscheinen.

Pfarrkirche zur heiligen Familie

1964

Puchsbaumplatz 9
Besichtigung: öffentlich zugänglich
Transport: L6 (Absberggasse)

Clemens Holzmeister gehört zu den Kirchenbaumeistern des 20. Jahrhunderts in Österreich und Deutschland. Seine Bauwerke realisieren eine reduzierte Moderne mit einer starken Wirkung für das Pathos. Durch die Positionierung des Kirchenturmes (ca. zehngeschossig) an die Straßenecke signalisiert das Bauwerk seine städtebauliche Dominante in einer sonst alltäglichen Umgebung.

Rob Krier 10.-7

Wohnhaus Schrankenberggasse

1983

Schrankenberggasse 18-20
Besichtigung: von außen
Transport: U1, L6 (Absberggasse)

Die in den Jahren 1983-86 realisierte Eckverbauung besteht formal aus zwei Baukörpern, einem Eckhaus und einem Mittelhaus. Der großstädtischen Typologie der Fassade widersprechen die kleinteiligen Wohnungen. Krier versucht, mit einem klassischen Fassadenaufbau und barockisierenden Raumformen im Grundriss über die kleinteiligen räumlichen Realitäten des sozialen Wohnbaus hinwegzutäuschen. Der Anspruch auf qualitätsvolle Architektur ist erkennbar, den Sparmaßnahmen sind wichtige Gestaltungsqualitäten zum Opfer gefallen.

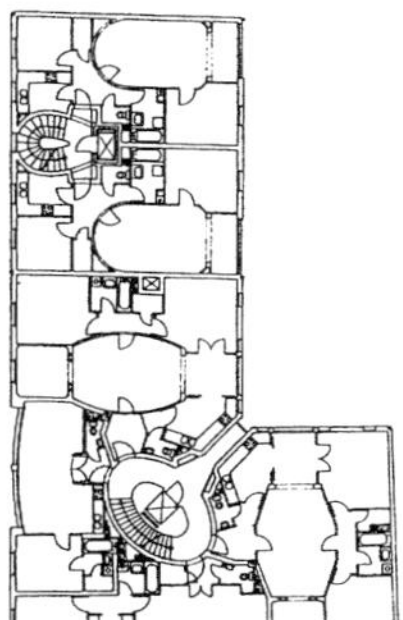

Ökohaus

1994

Puchsbaumplatz 15
Besichtigung: von außen
Transport: U1, L6 (Absberggasse)

Unter der Bezeichnung „Ökohaus" realisierten die Architekten im Jahr 1996 im Arbeiterbezirk Favoriten eine Baulückenverbauung. Straßenseitig gliedern fünf Fenstertüren die Fassade, dahinter liegen je Etage zwei Wohnungen mit flexiblem Grundriss, entstanden unter Mitsprache der Bewohner. Eine gemeinsame Dachterrasse, Solarenergienutzung und eine Regenwasserzisterne für die WC-Spülungen sind weitere Merkmale des Hauses.

City X, Bauplatz 1

1999

Katharinengasse, Ecke Favoritenstraße
Besichtigung: von außen
Transport: L67 (Altes Landgut)

Das zwischen Favoritenstraße und Autobahn A23 gelegene Grundstück mit einem Städtebauprojekt von Otto Häuselmayer wurde 1998 für einen Bauträgerwettbewerb freigegeben, aus dem für den Bauplatz 1 an der Ecke Katharinengasse/Favoritenstraße die Architektin Margarethe Cufer als Siegerin hervorging. Insgesamt werden für die beiden Bauträger 102 respektive 55 Wohnungen errichtet und wie folgt organisiert: ein U-förmiger Bauteil mit vier Stiegenhäusern als Vierspänner-Typus, davon abgesetzt der zweite Bauteil als Wohnscheibe mit acht Wohnungen je Stockwerk. Eine Glaswand „verbindet" die beiden Bauteile, um für den dahinter liegenden Freibereich eine Ruhezone zu ermöglichen. Eine farbliche Akzentuierung führt dazu, dass das sechste Obergeschoss als „schwebender" Bauteil zu sehen ist.

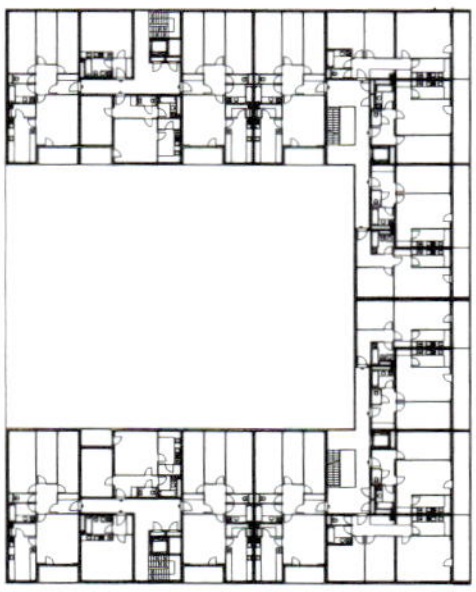

Wohnbau

1999

Favoritenstraße 211 (Kerschbaumgasse 2)
Besichtigung: von außen
Transport: L67 (Altes Landgut)

Das Stadtgefüge der Umgebung ist durch die spezifische Lage knapp vor der Höhenkante des Wienerberges-Laaerberges definiert, einer gründerzeitlichen Rasterstruktur und dem Einschnitt durch die Autobahn-Tangente A23. Die neuen Bebauungen reagieren als zeilenförmige Anlagen mit Ost-West-Orientierung und organisieren dadurch ruhige Hofzonen. Die Bauwerke der Architekten zeichnen sich durch eine klare Gliederung aus, beziehungsweise durch das intensive Angebot von Loggien mit unterschiedlicher Gestaltung.

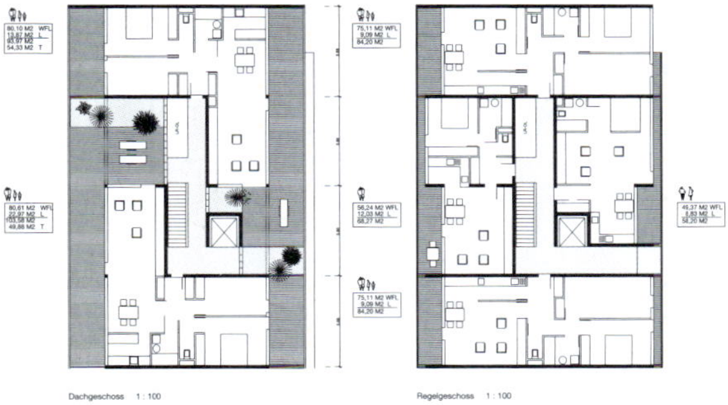

Albert Wimmer **10.-11**

Wohnbau

1999

Kerschbaumgasse 1
Besichtigung: von außen
Transport: L67 (Altes Landgut)

Auffallend und selbstbewusst präsentiert sich das ca. 135 m lange Wohnhaus im Innenbereich der ehemaligen Schmidtstahlwerke, die unter der Bezeichnung City X (zehnter Bezirk) zu einem neuen Wohnzentrum geworden sind. Die beiden unteren Geschosse sind dunkelfärbig gehalten (z. T. mit dunkelblauen Glasplatten), wodurch die voroxidierte Kupferblechverkleidung der oberen Geschosse optisch zu schweben scheint. Durchgänge im Erdgeschoss, eine Jugendgalerie und großzügige Sitzstufen versuchen das Gebäude „öffentlich" zu machen. Die gestalterische Dreiteilung der Wohnzeile in eine dunkle zweigeschossige Sockelzone, gleichmäßige drei Regelgeschosse und skulpturale dreigeschossige Dachaufbauten („Häuser im Haus"-Prinzip laut Architekt) wirkt besonders überzeugend und gibt dem großen Haus einen guten Maßstab.

Hauptschule Absberggasse

1994

Absberggasse 50
Besichtigung: nach Vereinbarung
Transport: U1, L6 (Absberggasse)

Im Rahmen des Schulbauprogramms 2000 der Stadt Wien wurden ca. 80 Schulbauprojekte realisiert. Mit der Hauptschule in der Absberggasse ist Rüdiger Lainer der Paradigmenwechsel im Wiener Schulbau gelungen: Unabdingbare Vorgaben der Schulbehörde, welche im Raumbuch festgeschrieben waren, wurden in diesem Projekt intelligent umgedeutet. Mit den vorhandenen Mitteln wurden Raumqualitäten erzeugt, anstatt mit teuren Baumaterialien Alltägliches zu behübschen. Das Raumprogramm umfasst zwölf Stammklassen, einen Ganztagsbereich sowie zwei Turnsäle.

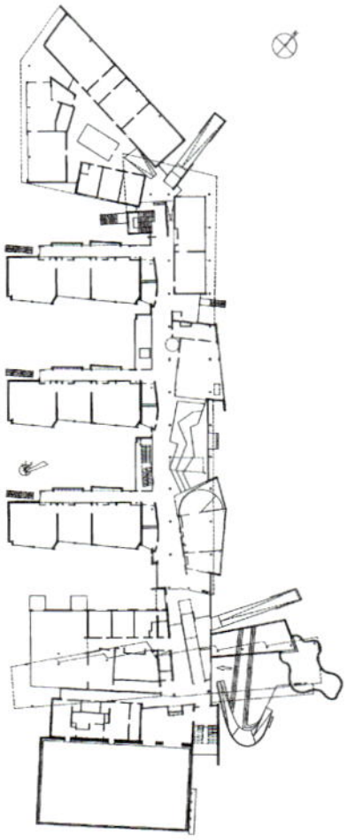

Monte Laa Städtebau

2000

Laaerberg
Besichtigung: von außen
Transport: U1, L6 (Absberggasse)

Die Porr Immobilienentwicklung sieht eine Überbrückung der Autobahn vor, um zwei getrennte Grundstücke wieder zu vereinigen und in der Folge besser entwickeln zu können. Die ARGE Hans Hollein – Albert Wimmer zeichnet für das spektakuläre Hochhauskonzept mit zwei ca. 110 m hohen Bauten verantwortlich, die Planung hat im Jahr 2000 begonnen und wird in den nächsten Jahren schrittweise realisiert. Geplant sind ca. 1000 Wohnungen für ca. 4000 Menschen. Die Hochhäuser neben der Autobahn erinnern an ähnliche Situationen in nordamerikanischen Großstädten wie Chicago. Beteiligte Architekten: unter anderem Elsa Prochazka, Peter Scheifinger, Albert Wimmer, an_architects, Ernst Hoffmann. Die Verkehrserschließung mit öffentlichem Nahverkehr ist leider nur bedingt ausreichend.

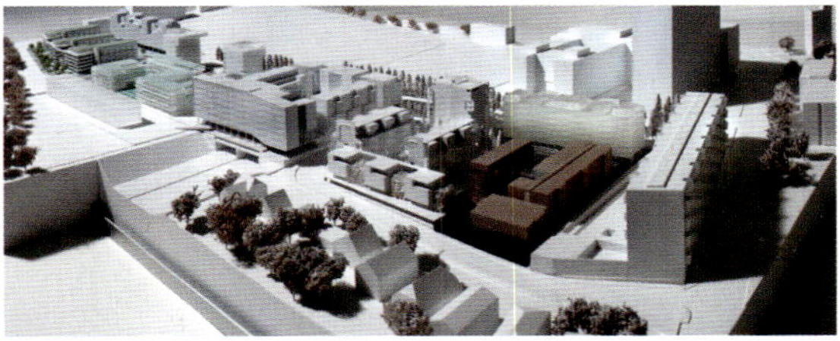

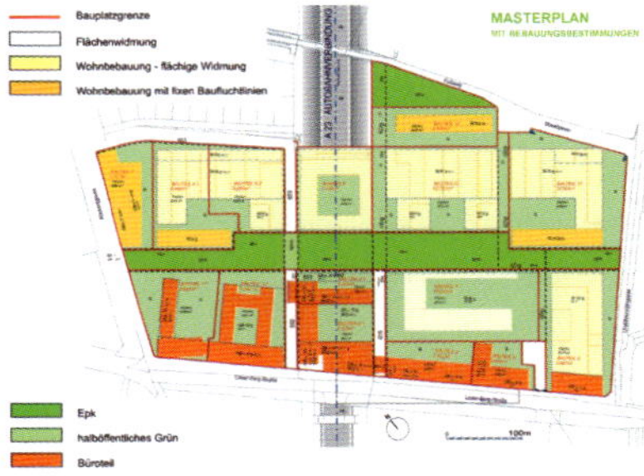

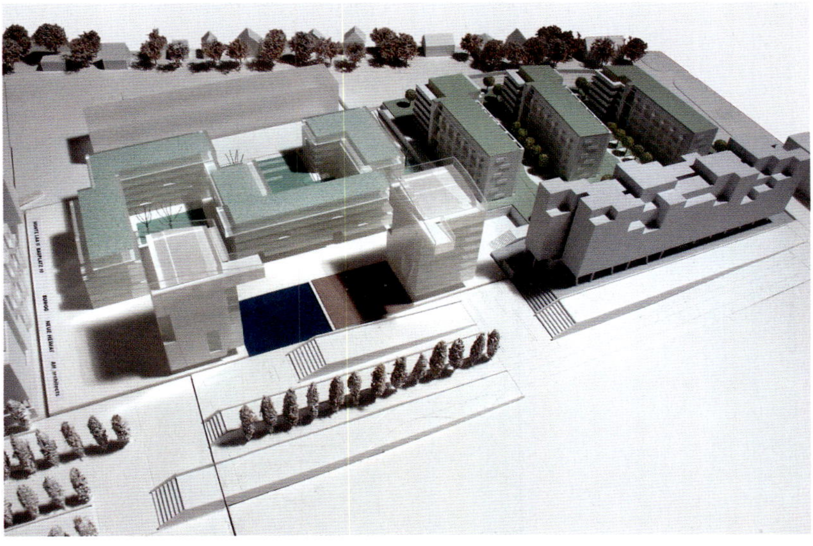

10.-14 *Adolf Krischanitz*

Wohnbau Monte Laa

2002

Waltenhofengasse 7
Besichtigung: von außen
Transport: Bus 68A (Absbergbrücke)

Die intensive Bautätigkeit am Monte Laa (Laaer Berg) angrenzend an das Erholungsgebiet Laaer Wald hat zu einer dichten Packung an Wohnbauqualitäten geführt. Das Projekt Krischanitz fällt durch seine stringente, klare Struktur auf, die plastisch ausformulierten Loggien rhythmisieren die große Fassade. Das einfache, modulare Grundsystem ermöglicht es, dass Wohnungen sowohl einseitig als auch beidseitig orientiert in unterschiedlichen Größen geplant werden konnten. Im Erdgeschoss befinden sich die Eingangshalle, Stiegenhäuser, Nebenräume sowie eine Tanzschule, ein Café und eine Atelierwohnung.

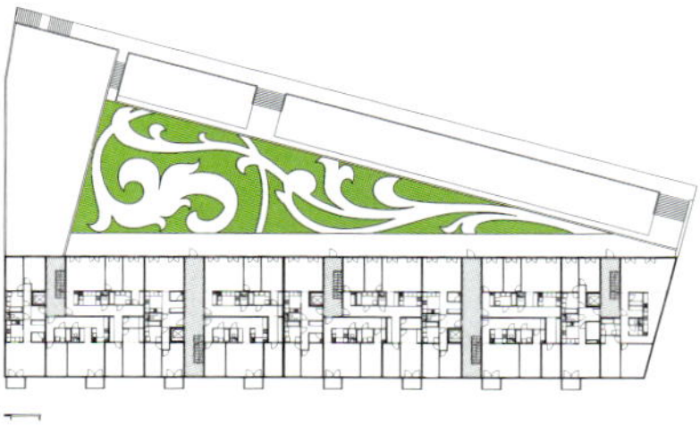

10.-15 *Elsa Pochazka*

Wohnbau

2002

Waltenhofengasse 5
Besichtigung: von außen
Transport: Bus 68A (Absbergbrücke)

Die Architektin hat immer wieder den Erker als ein wesentliches architektonisches Element bei ihren Projekten verwendet, die Möglichkeit für den Benutzer, sich „vor" die eigentliche Fassade zu stellen und somit aus dem Gebäude herauszutreten. Im vorliegenden Fall wird unter den beiden Titeln „Living Colours" und „Holz(t)raum" die Verwendung der „Erker-Loggien" auch auf einer emotionalen Ebene zum architektonischen Argument. In Summe entstehen so 118 Wohnungen für das ÖSW (Österreichische Siedlungswerk).

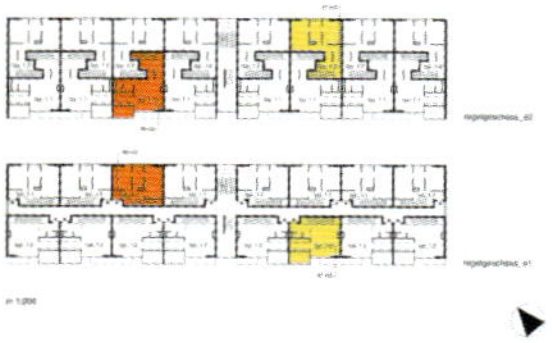

Die Therme Wien Oberlaa gehört zu den wenigen Thermen innerhalb der Grenzen einer Großstadt. Das bestehende Thermalbad aus den 1980er Jahren soll durch die Planung des Stuttgarter Architekturbüros 4a zeitgeistig neu errichtet werden, mit allen heute notwendigen Folgeeinrichtungen wie einem medizinischen Zentrum für Erkrankung des Bewegungsapparates, einer psychosomatischen Ambulanz, einem Forschungszentrum für Rheumatologie und anderen Servicebereichen. Das von einer privaten Investorengruppe geplante Hotel (Lainer und Partner) zeigt in seiner Baukörperform eine modische Zig-zag-Linie.

Wellnesszentrum und Hotel Therme Oberlaa

2006

Fontanastraße
Besichtigung: während der Öffnungszeiten
Transport: L67 (Kurzentrum Oberlaa)

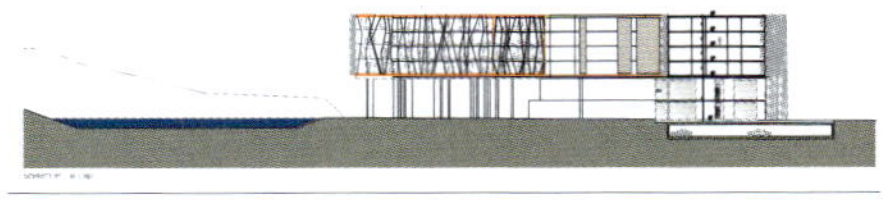

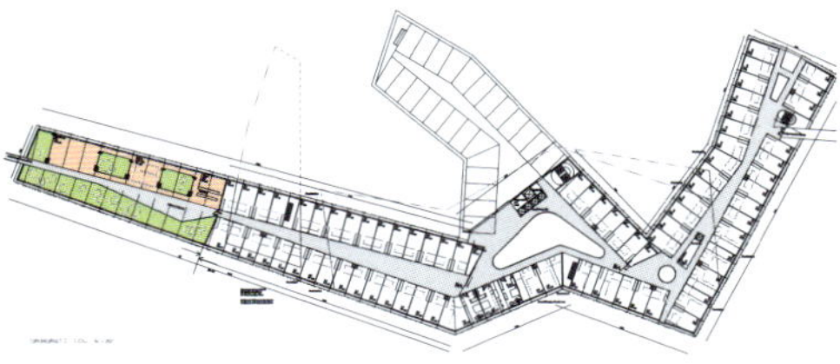

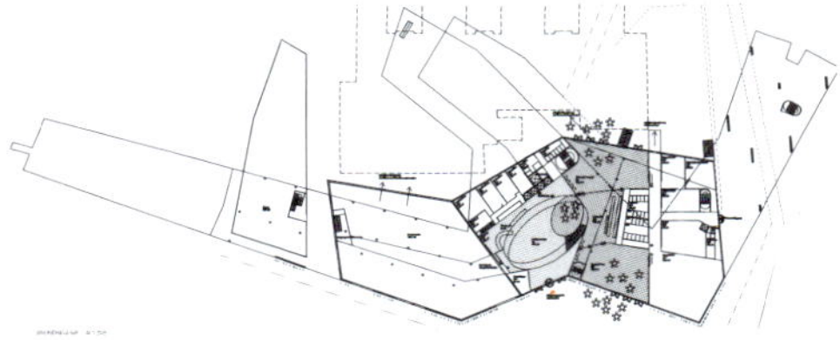

R. Delugan, E. Delugan-Meissl, O. Häuselmayer, H. Richter, G. Mayr-Keber, A. Wimmer

Thermensiedlung Oberlaa

1997

Grundäckergasse/Hämmerlegasse/
Bahnlände/Franz-Mika-Weg
Besichtigung: von außen
Transport: U1, L67, Bus 17A
(Hämmerlegasse)

1994 gewann Gert Mayr-Keber ein städtebauliches Gutachterverfahren für ein ca. 25 ha großes Areal im Süden Wiens. Mehrere Architekten wurden ein Jahr später aufgrund von Bauträgerwettbewerben in die Realisierung eingebunden. Mayr-Keber mit zwei Wohnhöfen, Elke und Roman Delugan-Meissl mit einem Wohnhof, Albert Wimmer mit einem Siedlungsteil, Helmut Richter mit einem interessanten linearen Laubenganghaus und Otto Häuselmayer mit drei Bautypologien (Reihenhäuser, Doppelzeile und viergeschossige Zeile). In Summe zeigt die Thermensiedlung Oberlaa eine differenzierte Wohnbebauung mit vielfältigen Außenräumen.

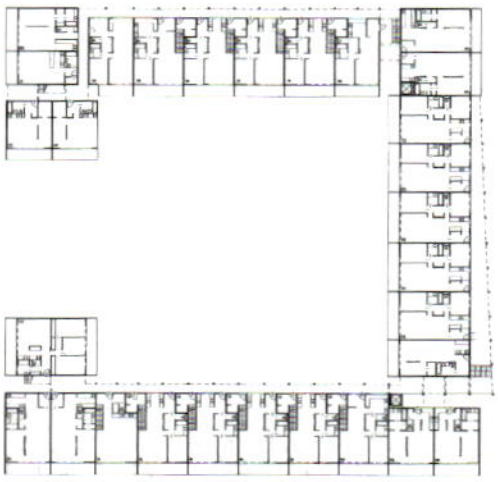

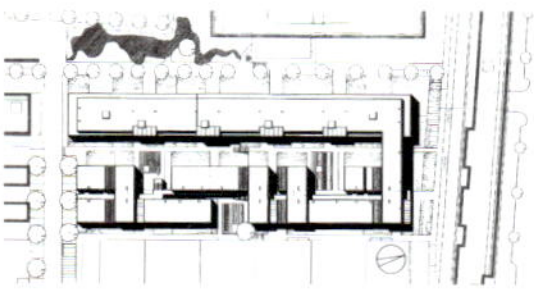

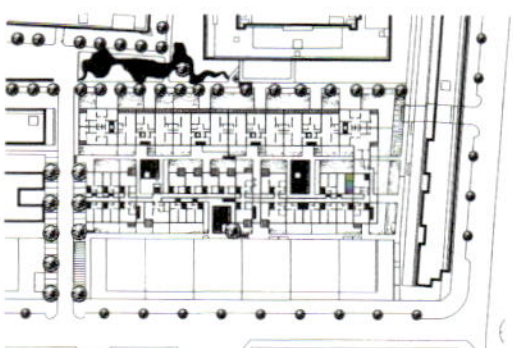

Per-Albin-Hansson-Siedlung West

1947

Favoritenstraße, Selma-Lagerlöf-Gasse, Pichelmayergasse
Besichtigung: von außen
Transport: L67 (Alaudagasse)

Benannt nach dem damaligen Ministerpräsidenten von Schweden, Per Albin Hansson, der durch die „Schwedenhilfe" diesen Siedlungsbau ermöglichte, zeigt dieser Wohnbau die tatsächlichen Verhältnisse nach dem Krieg. Die Architekten realisierten mit wenigen Fenstertypen und gleicher Dachneigung eine Siedlung in der Haltung der frühen 20er Jahre. Volksschule von Hermann Stiegholzer (1949), das Volkshaus von Franz Schuster (1954-55), der Kindergarten von Maria Tölzer (1951-52).

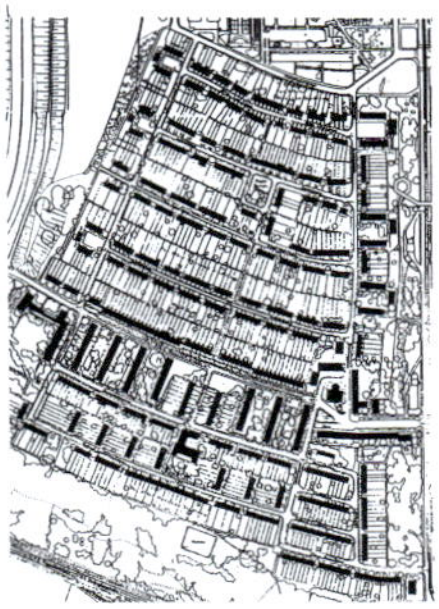

Kindertagesheim der Stadt Wien

1997

Gudrunstraße 163 A, Erlachplatz
Besichtigung: von außen
Transport: U1, Bus 14A (Erlachplatz)

Das Architektenteam Rainer Lalics, Claudio Blazica (verstorben 2002) und Laura Spinadel hat im dichtverbauten Umfeld des 10. Wiener Gemeindebezirkes in langjähriger Planungsarbeit ein Kindertagesheim der Stadt Wien errichtet, das sich durch intensive Differenzierung von Materialien, Fensterformaten, Farben und gebauten Architekturformen der Welt der kleinen Nutzer als aufregender Kosmos darbietet. Ein sinnliches Architekturerlebnis mit großer räumlicher Vielfalt. Planungsbeginn 1994, Fertigstellung 1999.

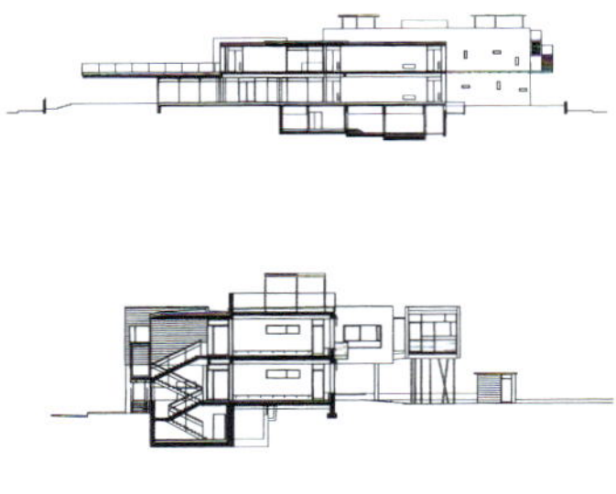

10.-20

Anton Schweighofer

Studentenheim
1992

Erlachplatz, Van-der-Nüll-Gasse 26-28
Besichtigung: von außen
Transport: U1 (Keplerplatz), Bus 14A (Erlachplatz)

Ein wesentlicher Unterschied zwischen einem Hotel und einem Studentenheim liegt in der Kommunikation, welche zwischen den Bewohnern stattfindet. Viele Studentenheime werden heute leider wie Hotels behandelt. Im Gegensatz dazu betont Schweighofer in seinem Wohnmodell die Notwendigkeit der Kommunikation: Die einzelnen „Studentenraumzellen" sind zugunsten der Kommunikationsfläche und der Allgemeinfläche so klein dimensioniert, dass ein Dialog der Mitbewohner fast zwangsweise erfolgen muss. Ein konsequent durchdachtes Modell – mit allen Vor- und Nachteilen.

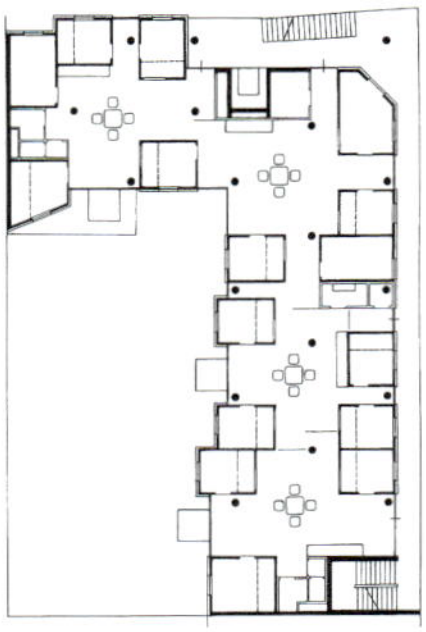

10.-21

querkraft architektur zt gmbh

Wohnhaus
2001

Leebgasse 46 (Durchgang zu Laubeplatz 3)
Besichtigung: von außen
Transport: U1, L6 (Quellenplatz)

„Während der Bauteil von August Sarnitz in Stahlbetonscheibenkonstruktion mit massiver Außenwand ausgeführt ist, setzen die ambitionierten jungen querkraft-Architekten auf freie Unterteilbarkeit und Stützenfreiheit ihres Wohnbauexperiments. Außer den zentralen Sanitärschächten gibt es keine tragenden Wände in den jeweils zwei Wohnungen pro Geschoss, die Mieter könnten hier Unterteilungen nach Belieben aufstellen. Weitere Besonderheiten finden sich an den Fassaden: Denn durch einen konstruktiven und einen gestalterischen Trick wird hier eine großzügige Erschließung des Außenraumes in den durchgehend durchgebundenen Wohnungen geboten, die ziemlich außergewöhnlich ist." (M. Boeckl)

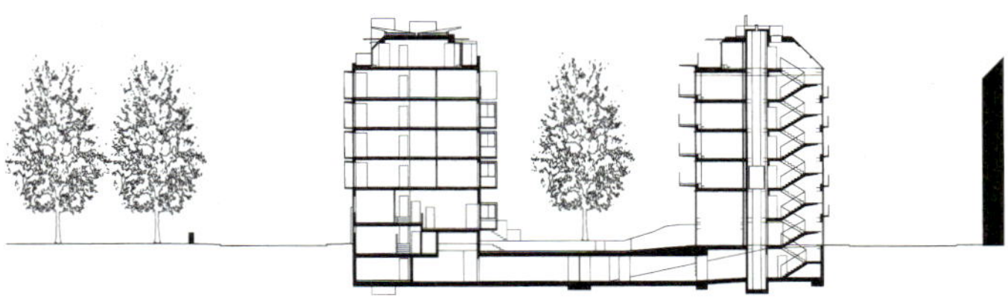

Wohnhaus
2001

Laubeplatz 3 (Durchgang zu Leebgasse 46)
Besichtigung: von außen
Transport: U1, L6 (Quellenplatz)

„Das Auffälligste an diesem Bauteil ist wohl sein Anstrich, der auf den ersten Blick wie Autolack in Silber-Metallisé wirkt. Das Regelgeschoss ist als Dreispänner angelegt, die Straßenseite der durchgebundenen Wohnungen ist auf den Grünplatz hin orientiert, den sie ihren Bewohnern mithilfe kleiner „Theaterlogen" (quadratische Loggien) inszeniert. Zum grünen Innenhof hin bietet der Bau statt seichter Loggien tiefe „Wintergärten", also verglaste Außenbereiche, deren Front technisch aufwändig mit kreisrundem Spiegelglas bedampft wurde. Diese Kunstintervention der bekannten Glaskünstlerin Eva Schlegel gewährt einen gewissen Sichtschutz und spielt auch ironisch mit den neugierigen Blicken der Hofanrainer rundum." (M. Boeckl)

Wohnhaus
2002

Siccardsburggasse 72-74/Hardtmuthgasse
Besichtigung: von außen
Transport: L67 (Laxenburger Straße/Troststraße)

Die Blockrandbebauung geht in diesem Teil von Favoriten auf die Bebauungspläne des ausgehenden 19. Jahrhunderts zurück. Sehr selbstbewusst positioniert sich der kleine Wohnbau mit 32 Wohnungen an die Straßenecke, verweist aber durch seine intensive Ausrichtung nach Süden auf die klassische Tradition der Moderne: Nicht die städtebauliche Ausformulierung der Straßenecke, sondern die konsequente Orientierung nach der Sonne war der Architektin wichtig. Das Ergebnis: Die komplett verglaste südseitige Außenwand zeigt ein Maximum an Transparenz.

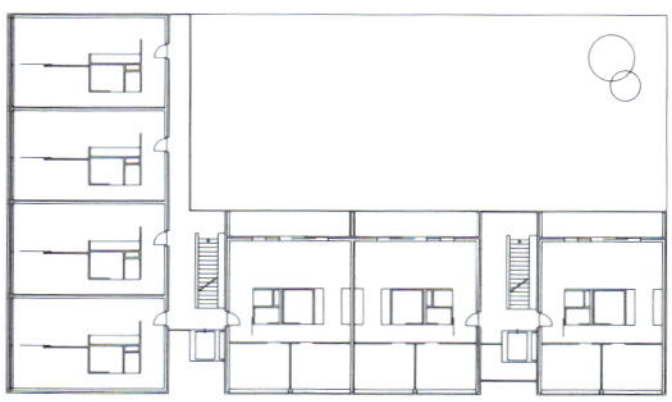

Wohnbau Paltramplatz

2001

Paltramplatz 7
Besichtigung: von außen
Transport: Bus 7A, 65A (Herzgasse)

Die Erschließung des Gebäudes erfolgt an seiner Südostecke über ein großzügiges Foyer. Zentrales Element jeder Wohnung ist die große, raumhoch verglaste Loggia, die eine deutliche Erweiterung des Wohnbereichs darstellt. Sie stellt eine Blickbeziehung zwischen einzelnen Räumen her und erweitert diese optisch. Es entsteht ein Wechsel zwischen eher introvertierten und exponierteren Wohnbereichen. Lage und Größe der verglasten Loggien in der Fassade ergeben sich aus den dazugehörigen Grundrissen, die sich in den verschiedenen Geschossen völlig unterschiedlich darstellen. Das Haus ist mit einer photovoltaischen 5kWb-Kompaktanlage, Einzelwasserzähler, Fernwärme sowie hohem Schall- und Wärmeschutz (Niedrigenergiehaus) ausgestattet.

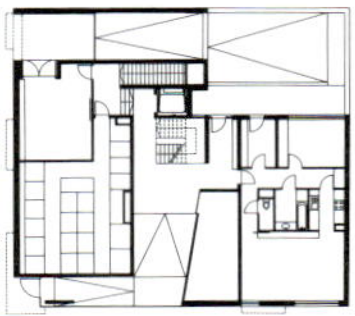

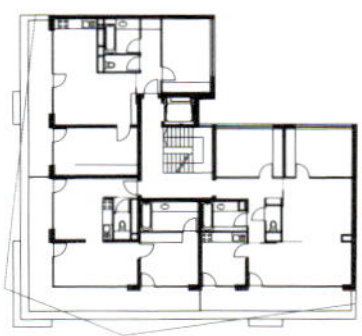

Lückenbebauung mit interessanter Interpretation der Bauordnung und starker straßenseitiger kubischer Gestaltung durch Erker. Die topografische Neigung der Alxingergasse ist der Schlüssel zu diesem vertikal entwickelten Geschosswohnbau. Auch hier zeigt sich die gute Zusammenarbeit des Bauträgers (GPA) mit den Architekten, wodurch eine für den sozialen Wohnbau fast unglaublich hohe Ausstattungsqualität zustande kam. Die Erdgeschosswohnungen haben eine Raumhöhe bis zu 4,5 m sowie einen kleinen Gartenhofbereich, den Wohnungen ab dem dritten Obergeschoss sind Terrassen zugeordnet, bedingt durch Erker und Staffelgeschosse.

Wohnhaus

2002

Alxingergasse 78
Besichtigung: nur außen
Transport: L67 (Troststr./Neilreichgasse)

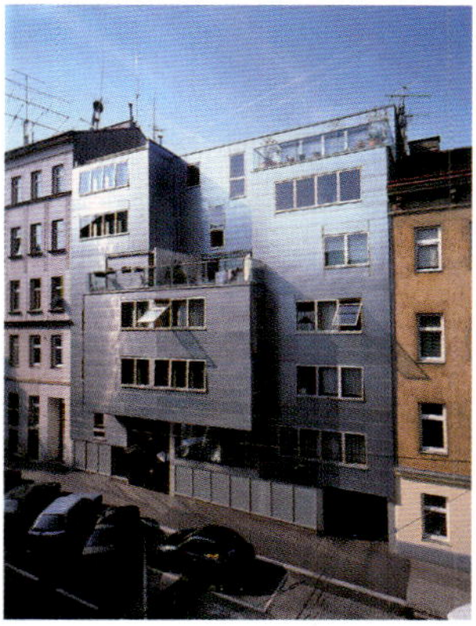

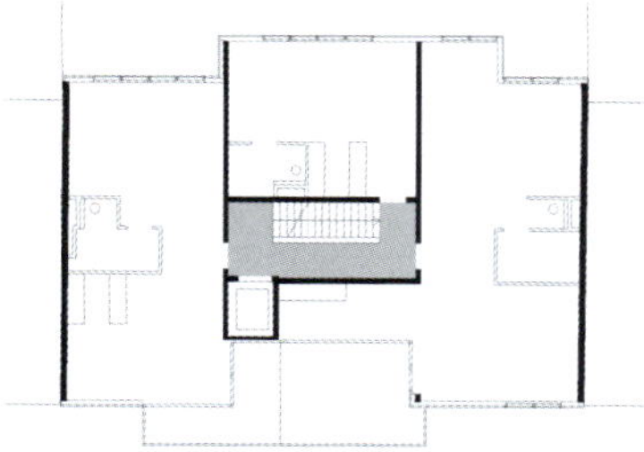

In Wien-Favoriten wird derzeit der kleinteilige Wohnbau – sprich Baulückenverbauung – besonders hoch geschätzt. Das alte Gründerzeitraster bietet viele und überraschende Momente der Nutzung. Das Architektenteam hat hier ein süd-westorientiertes Eckgrundstück zur Verbauung vorgefunden, ideal weil hierdurch die optimale Belichtung und Besonnung erzielt werden konnte. Von der hofseitigen Erschließung aus werden auf der Westseite gestapelte Maisonettewohnungen erschlossen, mit großen, teils zweigeschossigen Loggien, südseitig werden sowohl Geschosswohnungen als auch Maisonetten erschlossen. Die Erdgeschosszone wurde für hausinterne Aktivitäten und den Gartenzugang freigehalten, ebenso befindet sich hier die Abfahrt in die Tiefgarage.

Wohnhaus

2002

Alxingergasse 81/Hardtmuthgasse 68
Besichtigung: nur außen
Transport: L67 (Troststr./Neilreichgasse)

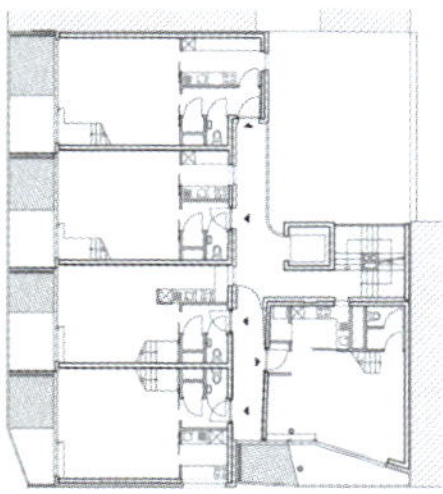

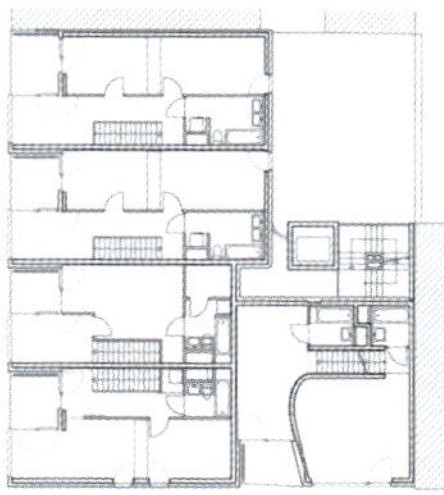

Wohnbebauung Laxenburger Straße/ Dieselgasse

1998

Laxenburger Straße 131-135
Besichtigung: von außen
Transport: LO, L67 (Laxenburger Straße/ Troststraße)

Unmittelbar im Anschluss an den Wohnbau Dieselgasse entwickelte ARTEC eine spannende Interpretation für das Wohnen in städtischer Umgebung. Mit der Größe von 404 Wohnungen durchaus vergleichbar mit den traditionellen Höfen des „Roten Wien", organisieren die Architekten einen fragmentierten Block mit auskragenden, scheinbar schwebenden Wohneinheiten, die eine Affinität zur neuen niederländischen Architektur aufweisen. Ein interessanter Ansatz mit großzügigen, internen, glasüberdachten Erschließungen.

Wohnhof Dieselgasse
1995

Dieselgasse 1-3
Besichtigung: von außen
Transport: U1, LO (Laxenburger Straße/ Troststraße)

Die 350 Wohneinheiten mit Kindertagesheim und Geschäftsflächen sind das Resultat eines Wettbewerbs, der 1993 abgehalten wurde. Pate für dieses Projekt stand die Idee der Wiener Wohnhöfe der Zwischenkriegszeit. Die Wohnungen werden zum Großteil über Laubengänge erschlossen und bieten ein differenziertes Angebot. Eine wesentliche Qualität des Projekts ist sein klares Bekenntnis zum urbanen Raum.

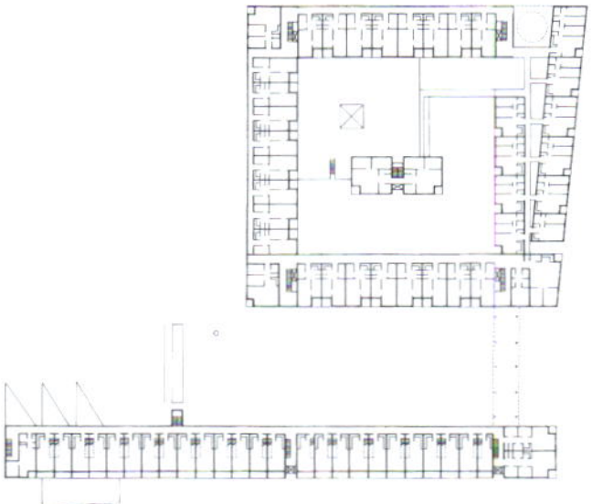

IP.ONE
1999

Fernkorngasse 10
Besichtigung: von außen
Transport: Bus 14A (Fernkorngasse)

Mit „MISS Sargfabrik" (14.-2) und „Sargfabrik" (14.-3) haben BKK in Wien Wohnbaugeschichte gebaut. Mit IP.ONE, einem Impulszentrum für ca. 15 Klein- und Mittelbetriebe aus den Bereichen Grafik und Design, Werbung und Telekommunikation auf ca. 7.000 m² Gewerbe- und Bürofläche, scheint BKK den nächsten Schritt in die architektonische Zukunft der Arbeitswelten zu machen. Ein farblicher, bauskulpturaler Neubau ergänzt die sensibel adaptierte Svarovski-Fabrik in der Dampfgasse und bietet helle Arbeitsräume mit größtmöglicher Flexibilität.

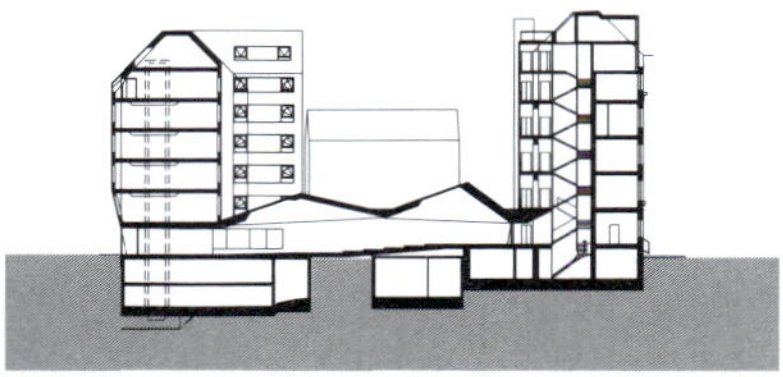

Salvatorkirche am Wienerfeld

1976

Neilreichgasse, Hetzkaplatz
Besichtigung: öffentlich zugänglich
Transport: L67 (Frödenplatz)

Im Niemandsland der Alltagsarchitektur gelingt es der Salvatorkirche, Andacht und innere Ruhe zu erzeugen. Unter einem großen axialen Längsdach entfaltet sich eine differenzierte Holz-Fachwerksarchitektur, die dem Gebäude einerseits eine strenge Modularität gibt, andererseits eine angenehme Zurückhaltung vermittelt. Die Lichtführung zeigt eine große Subtilität. Im Innenraum befindet sich das Triptychon von Herbert Boeckl; die Außenanlagen sind in die Gesamtplanung konsequent miteinbezogen.

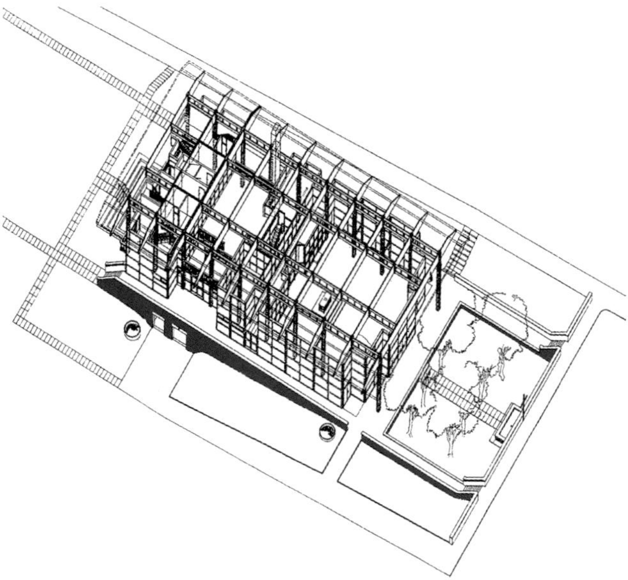

Stadtteil Wienerberg Süd, Städtebau

1978

Otto-Probst-Platz, Otto-Probst-Straße, Hugo-Meisl-Weg, Tesarekplatz
Besichtigung: von außen
Transport: L67 (Otto-Probst-Straße)

Die Wohnhausanlage Wienerberggründe im Süden von Wien ist das Ergebnis eines zweistufigen Wettbewerbs, den Otto Häuselmayer im Jahr 1978 gewonnen hatte. Nach seinem Leitprojekt und Bebauungsplan wurden in drei Bauetappen von verschiedenen Architekten und unterschiedlichen Bauträgern über 2.000 Wohnungen, eine Kirche, eine Volksschule, ein Kindergarten sowie ein Ladenzentrum errichtet. Entlang einer z-förmigen Haupterschließungsstraße gruppieren sich Wohnhöfe, Zeilenbauten und Stadtvillen zu einem heterogenen urbanen Teppich, die untereinander fußläufig verbunden sind. In einem Zeitraum von über 17 Jahren wurde diese Siedlung realisiert. 1984 wurde mit dem ersten Bauteil begonnen, über zwanzig Architekten waren in die Planung mit eingebunden. Die maximal viergeschossigen Baukörper sind in eine zum Teil geschützte Landschaft eingebunden. Bemerkenswert sind die Bauteile von Otto Häuselmayer, Rudolf Lamprecht, Günther Oberhofer, Gustav Peichl, Otto Steidle, Helmut Wimmer und Heinz Tesar (siehe Legende).

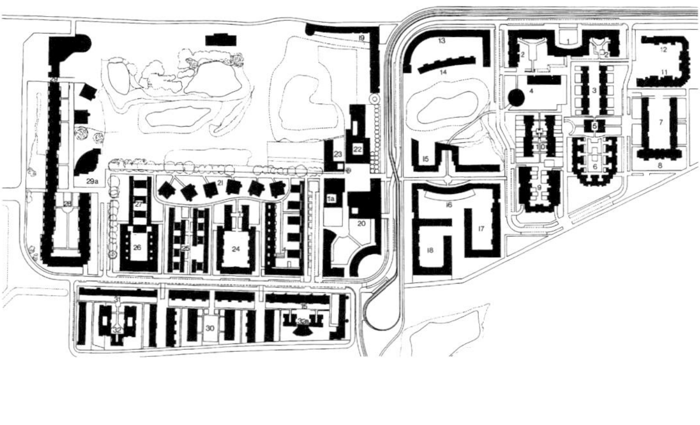

1/1a	Otto Häuselmayer (Wohnbau, Kirche)
2	Sepp Frank, Heinz Neumann
3	Manfred Nehrer
4	Norbert Gantar, Friedrich Waclawek (Kindertagesheim)
5	Erich Bramhas
6	Karlheinz Gruber
7	Kurt Hlaweniczka, Thomas Reinthaller, Franz Requat, Erich Traxler
8	Elise Sundt
9	Heinz Lemberger
10	Gerhard Kroj
11	Hugo Potyka
12	Rainer Mayerhofer
13	Josef Hinterhölzl
14	Rudolf Lamprecht, Pauline Muchar
15	Herbert Prehsler
16	Richard Hübschmann
17	Georg Lisner
18	Günter Krisch
19	Karl Leber, Heinrich Matha
20	Helmut Wimmer
21/22	Gustav Peichl (Wohnbau, Schule)
23	Heinz Tesar (Kindertagesheim)
24	Werner Obermann
25	Günther Oberhofer
26	Otto Steidle
27	Harry Glück
28	Edgar Göth
28a	Edgar Göth (Kindertagesheim)
29	Engelbert Eder, Rudolf Weber
30	Walter Lagler
31/31a	Projektbau

Wohnbauten Wienerberg Süd

Ab 1978

Otto-Probst-Platz, Otto-Probst-Straße,
Hugo-Meisl-Weg, Tesarekplatz
Besichtigung: von außen
Transport: L67 (Otto-Probst-Straße)

Kirche, Schule und Kindertagesheim Tesarekplatz

1992

Tesarekplatz
Besichtigung: öffentlich zugänglich während der Kirchendienste, nach Vereinbarung
Transport: U1, L67 (Tesarekplatz)

Der Tesarekplatz bildet das kulturelle Zentrum der Siedlung am Wienerberg. Typologisch ist die Kirche von Häuselmayer eine Basilika. Zwischen dem Stahl-Fachwerk und der umhüllenden Außenwand läuft ein Oberlichtband, wodurch die statische Differenz zwischen nicht tragender Wand und konstruktiven Säulen betont wird. Den nördlichen Abschluss des Tesarekplatzes bildet die Volksschule von Peichl, ein weißer Baukörper mit tonnenförmig überdachtem Mittelteil und bogenförmigem Dachabschluss für die außen liegenden Klassenzimmer. Das Kindertagesheim der Gemeinde Wien wurde vom Maßstab zum Platz hin bewusst als kleinstes der umliegenden Häuser geplant (Tesar).

Friedenskirche
1935

Quellenstraße 197
Besichtigung: öffentlich zugänglich
Transport: U1, L6 (Gellertplatz)

Die strenge, die Monumentalität der Baumaßen durchaus noch steigernde Symmetrie des Außenbaus wird im Inneren ansatzweise gebrochen. Immer wiederkehrendes Motiv der Gliederung sind Rundbögen in verschiedenen Dimensionierungen. Das Verhältnis von Mauerwerk und Öffnung evoziert den Charakter einer romanischen Kirche. Auffallend ist die betrachterbezogene Staffelung der Fassade, die den Seitenrisaliten den Charakter von Türmen verleiht, obwohl sie die Traufhöhe des Langhauses tatsächlich nicht übersteigen.

Wohnhausanlage Inzersdorfer Straße – Angeligasse
1971

Hardtmuthgasse, Zur Spinnerin, Inzersdorfer Straße 113, Gussriegelstraße
Besichtigung: von außen
Transport: L65 (Davidgasse)

Der Wohnbauverein „Junge Generation" wollte in den 70er Jahren die alten Wohnbaumuster des sozialen Wohnbaus dadurch aufheben, dass den terrassenförmigen Wohnungen großzügige Freibereiche zugeordnet wurden und den Bewohnern auf dem Dach ein gemeinsamer Swimmingpool als „urbaner Luxus" eingerichtet wurde. Dieser Luxus wurde durch besonders ökonomische Grundrisse (Mittelflurerschließung) und Fertigteilarchitektur ermöglicht. Die 222 Wohnungen große Anlage berücksichtigt weitgehend den Blockraster, zerstört aber die Typologie der Blockrandbebauung. Die größten Terrassenwohnhäuser dieser Art befinden sich im Süden von Wien: Terrassen-Wohntürme Alterlaa, Wien 23, Anton-Baumgartnerstraße.

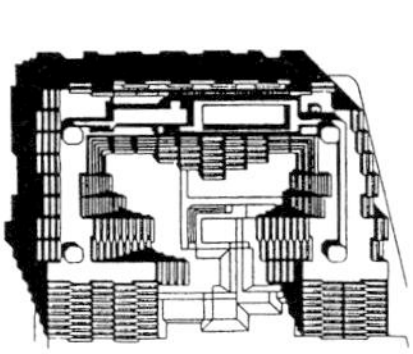

Quarin-Hof

1923

Die introvertierte Anlage tritt nach außen geschlossen auf, der kleinteilige Dekor konzentriert sich auf den Hofbereich. Zum Süden hin ist die fünfgeschossige Anlage durch einen Torbau unterbrochen. Differenzierung der Materialien für besondere Bereiche, zum Teil mit Sichtziegelverblendung und Flächenornamenten. Über der dreiachsigen Einfahrt vier Tonreliefs „Mütter mit Kindern" von Ferdinand Opitz.

Quaringasse 10-12, Braunspergengasse, Zur Spinnerin
Besichtigung: von außen
Transport: L65 (Windtenstraße)

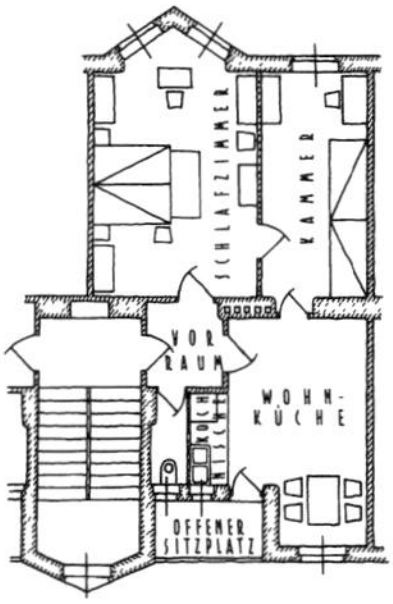

Siedlung Am Wasserturm

1924

Schuster und Schacherl legten die Bebauung der Siedlungshäuser an den äußeren Rand des unregelmäßigen Grundstückes und die Gärten in den so gebildeten geschützten Bereich, der lediglich entlang der Erschließungswege locker bebaut wurde. Die Siedlungshäuser selbst zeugen durch den kontrollierten Umgang mit Form und Material von Schusters Zusammenarbeit mit Heinrich Tessenow. Heute sind nur mehr wenige der Reihenhäuser im ursprünglichen Zustand erhalten.

Raxstraße, Windtenstraße, Weitmosergasse, Altdorferstraße
Besichtigung: von außen
Transport: L65 (Windtenstraße)

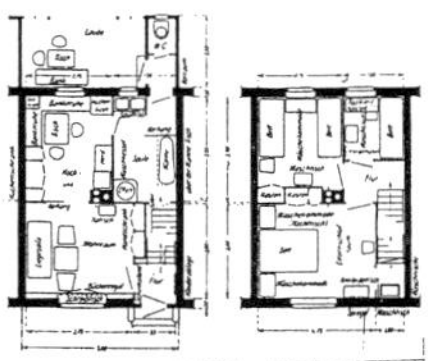

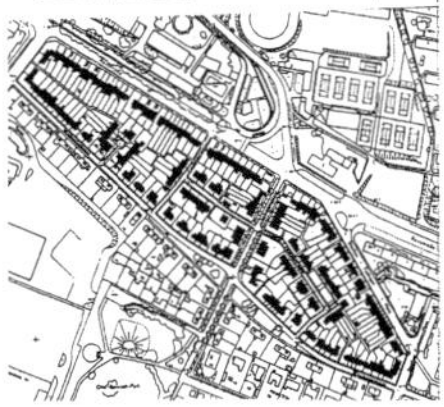

10.-38 *Hans Prutscher*

Karmeliterkirche
1928

Stefan-Fadinger-Platz 1
Besichtigung: öffentlich zugänglich
Transport: L65 (Stefan-Fadinger-Platz)

Hans Prutscher hinterfragt bei diesem Kirchenbau die überlieferte Kirchentypologie in keiner Weise. Der Sakralbau hat sozusagen alles, was eine Kirche haben muss: Doppelturmfassade, einen durch Joche rhythmisierten Innenraum und eine Apsis. Die Detailformulierung allerdings entspricht der Entstehungszeit, der Bau wurde allerdings gegen Ende des Zweiten Weltkrieges schwer beschädigt und in den 1950er Jahren wieder hergestellt, wobei die Rekonstruktion den Zeitgeist ausdrückt.

10.-39 *Elsa Prochazka*

Coca-Cola-Beverages, Umbau, Neubau, Fassade
1998

Triesterstraße 91
Besichtigung: von außen
Transport: Bus 65A
(Business Park Vienna)

An der stark befahrenen Triesterstaße glitzert ein metallischer Baukörper mit versetzter Fenestrierung und fordert durch seine Irregularitäten Aufmerksamkeit. Ursprünglich ein einfacher Gewerbebau, gelang es der Architektin, mit bewussten Eingriffen und Umbauten ein präsentes Gebäude eines multinationalen Konzerns zu entwickeln, ohne dabei eine abstrakte Architektursprache zu verlassen. Der Bau wurde im Jahr 2000 mit dem Aluminium-Architektur-Preis ausgezeichnet.

George-Washington-Hof

1927

Unter-Meidlinger Straße 2-14,
Wienerbergstraße 2-6
Besichtigung: von außen
Transport: L65 (Windtenstraße)

Die Anlage, eine der größten ihrer Art in Wien, gehört typologisch zu den Superblocks, deren typischer Pathos aber durch die „kleinstädtische" Detailformulierung mit Toren, Türmchen und Erkern wieder etwas zurückgenommen wurde. Die weitgehend geschlossenen Höfe wurden von Robert Oerley entworfen, die aufgelockerte Struktur an der Triester Straße geht auf Karl Krist zurück. Den einzelnen Höfen wurden jeweils verschiedene Baumpflanzungen zugeteilt (Konzept Otto Gälzer). Im Ahornhof befand sich während der Februarkämpfe 1934 die Kommandozentrale des Republikanischen Schutzbundes.

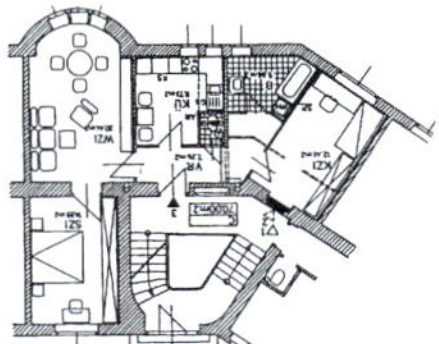

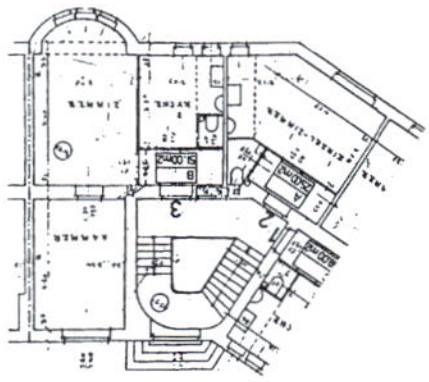

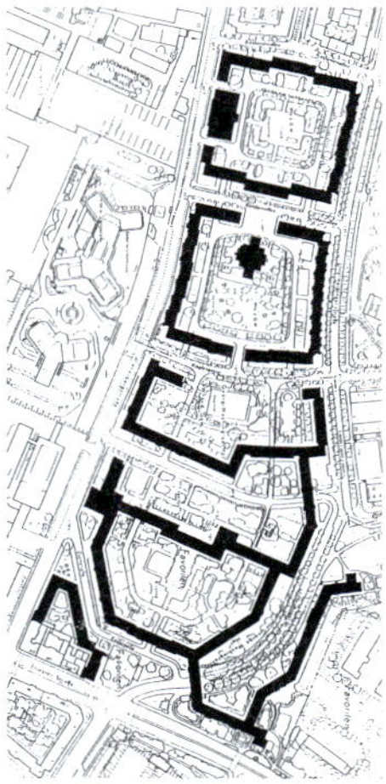

Geriatriezentrum im Kaiser-Franz-Josef-Spital

1996

Kundratstraße 3
Besichtigung: während der Öffnungszeiten
Transport: Bus 7A (Kundratstraße)

1996 hatte die Gemeinde Wien einen Wettbewerb zur Errichtung eines Geriatriezentrums mit 240 neuen Pflegeplätzen ausgeschrieben. Zwei parallele Baukörper für die Pflegestationen sind im Erdgeschoss durch die allgemeinen Dienste verbunden. Ein zweigeschossiger und ein fünfgeschossiger Baukörper optimieren die Ost-West-Ausrichtung für die Bewohner. Umlaufende Balkone bieten vielfältige Nutzung und verhindern das unerfreuliche Gefühl sonstiger Krankenhäuser, dass die Patienten eingesperrt sind. Die 30.000 m² Nutzfläche sind gut proportioniert verteilt, die zweigeschossige Stahlpergola beim Eingangsbereich kann als Versprechen für den Eintritt in einen großen Garten gelten. Oder wie der Architekt formuliert: „das Haus als Baum".

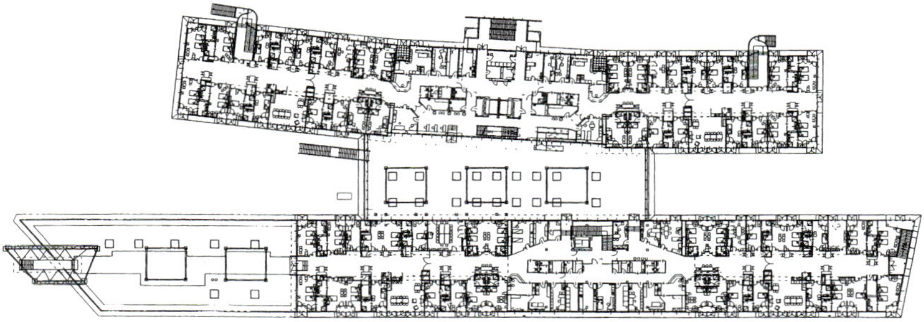

Karl Schwanzer **10.-42**

Philips-Haus
1962

Triester Straße 64-66
Besichtigung: von außen
Transport: L 65 (Windtenstraße)

An einer der prominentesten und sensibelsten Stadtkanten Wiens, auf der Höhe des Wienerberges an der Hauptausfahrtsstraße nach Süden (Triester Bundesstraße), steht seit 1963 ein inoffizielles Wahrzeichen Wiens: Das Philips-Hochhaus mit seiner beidseitig auskragenden, vorgespannten Stahlbetonkonstruktionen begrüßt alle von Süden kommenden Wien-Besucher. Statik: Robert Krapfenbauer, Dyckerhoff und Windtmann. Die ursprüngliche Signifikanz des Bauwerkes wurde durch das Business-Park Hochhaus (1994) relativiert, ebenso durch die neuen Twin Tower (1999).

Atelier 4 – K. P. Erblich, Z. Vesselinov, M. Hirschler u. a. **10.-43**

Business Park Wien
1990

Wienerbergstraße 11
Besichtigung: Geschäfte öffentlich zugänglich, Büros nach Vereinbarung
Transport: L65 (Windtenstraße)

Mit der Bezeichnung „Business Park Vienna" wird eines der neuen großen Bürozentren bezeichnet, das an der Wienerbergstraße durch die Wienerberger Immobilien Aktiengesellschaft errichtet wurde und zwischenzeitlich schon wieder an die nächste Gesellschaft weiterverkauft wurde. Bürozentren sind das Symbol prosperierender Finanzkraft und Ausdruck wirtschaftlichen Wohlergehens. Die flexiblen, technisch bestens ausgestatteten Büros werden sowohl in einem niedrigen Bauteil als auch in einem 22-geschossigen Hochhaus mit Dachrestaurant angeboten. Die Ladenpassage im Erdgeschoss entspricht den üblichen Anforderungen von Service-Bereichen, wie sie in allen größeren Städten angeboten werden.

Masterplan Städtebau „Wienerberg City"

1999

Wienerbergstraße
Besichtigung: öffentlich zugänglich
Transport: Bus 7A (Ambulatorium Süd)

In einem Gutachterverfahren für die Stadt Wien entwickelte der römische Architekt Massimiliano Fuksas einen Masterplan bestehend aus einer Gruppe von Hochhäusern, welche die neue Stadtkrone bei der Einfahrt aus dem Süden nach Wien markieren. Die „Wienerberg City" mit dem Buisness Park Vienna und den Twin Towern ist ein Beispiel von privatem, zeitgenössischem Investorenstädtebau, der nichts mit dem traditionellen Begriff einer „City" zu tun hat, sondern Grundstücke maximal verwertet. Der Baustoffkonzern Wienerberger hat hier mit Duldung und Gewährung der Stadtpolitiker einen Standort entwickelt, für den sämtliche notwendige öffentliche Einrichtungen und öffentliche Massenverkehrsmittel fehlen – so die Kritik namhafter Stadtplaner und Architekturjournalisten.

Durch den neuen Masterplan „Wienerberg City" prägen mehrere Wohnhochhäuser die neue Silhouette am südlichen Stadtrand von Wien. Neben den Vienna Twin Towern entstehen Wohnhochhäuser von COOP HIMMELB(L)AU, Delugan-Meissl und Albert Wimmer sowie Wohnhäuser von Cuno Brullmann, Günter Lautner, Albert Wimmer. Die Investoren werben mit der unvergleichlichen Aussicht auf das südliche Wiener Becken und die Voralpen sowie den Freizeiteinrichtungen wie Swimmingpool und Fitnesseinrichtungen auf dem Dach.

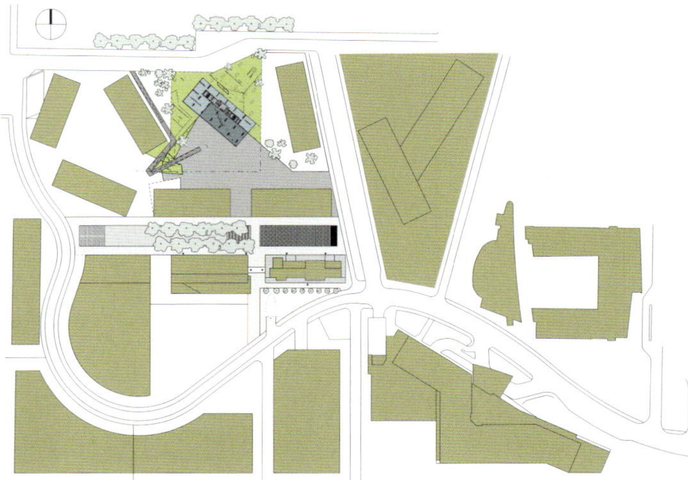

Seit den 60er Jahren wächst die Skyline im Süden von Wien. Das neue Stadttor ist gekennzeichnet durch die Zwillingstürme von Massimiliano Fuksas, der mit den Hochhäusern das neue Landmark für die Wienerberg City prägte. Die beiden Türme unterscheiden sich in Höhe, Konstruktion und Proportion voneinander, der Südturm misst 138 m Höhe (59 x 17,5 m Grundfläche), der Nordturm misst 127 m Höhe (59 x 19 m Grundfläche). Beide Glastürme rufen die Assoziation zu Mies van der Rohes Hochhausentwürfen von 1919 für die Berliner Friedensstraße hervor. In Ergänzung zu den ca. 50.000 m² Büroflächen befindet sich in der Erdgeschosszone ein großes Entertainment Center mit ca. 10.000 m². Die Twin Tower stellen mit ihrer prismatischen Eleganz und perfekten städtebaulichen Positionierung ein Highlight in der Wiener Hochhausarchitektur dar.

Vienna Twin Tower/ Wienerberg Nord

1999

Wienerbergstraße 11
Besichtigung: öffentliche Flächen
Transport: Bus 7A (Ambulatorium Süd)

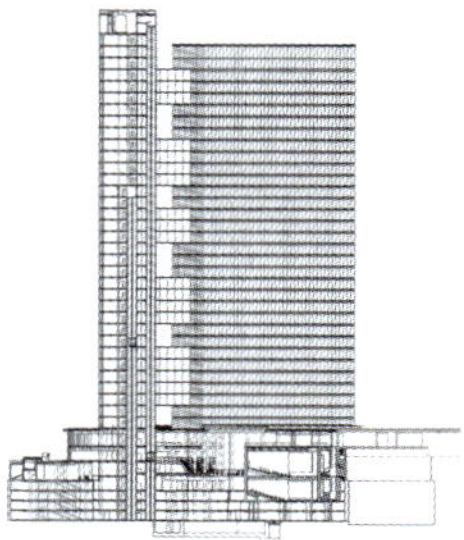

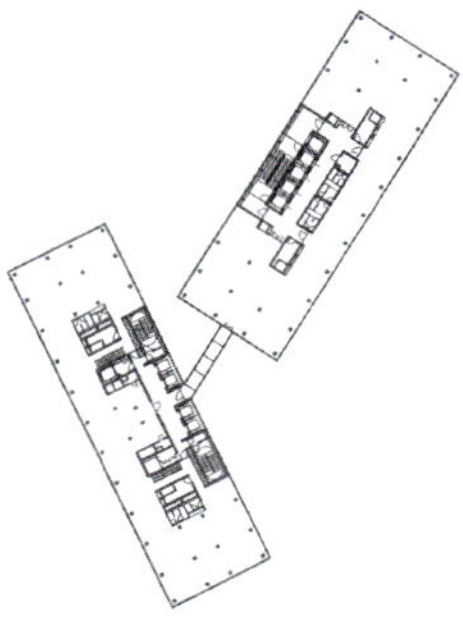

Wohnhochhäuser

2001

Hertha-Firnberg-Straße 16
Besichtigung: von außen
Transport: Bus 7A (Ambulatorium Süd)

Die drei Wohnhochhäuser von COOP HIMMELB(L)AU stellen eine innovative Interpretation des vertikalen Wohnens dar. Insgesamt teilen sich 287 Wohnungen in drei Türmen mit 33 m, 55 m und 77 m Höhe eine gemeinsame „Wellnesseinrichtung", wobei sich diese am Dach des niedrigsten Turmes befindet und durch Skywalkes in der Höhe der neunten Ebene mit den anderen Türmen verbunden ist. Großzügige Loggien und eine intensive Färbelung definieren diese Hochhausgruppe. Auch bei diesem Wohnbau wurde die in Wien übliche Durchmischung von geförderten und frei finanzierten Wohnungen praktiziert.

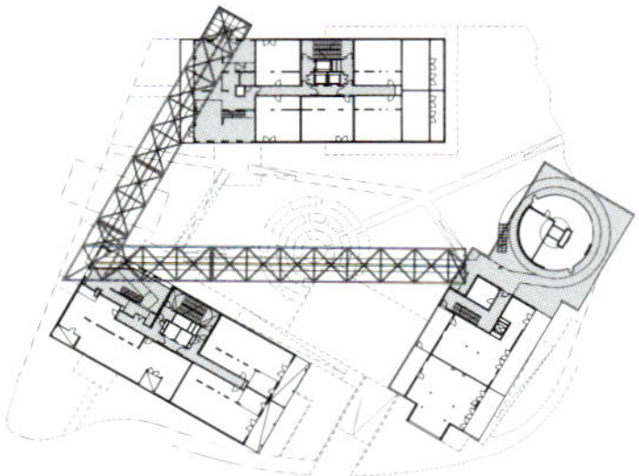

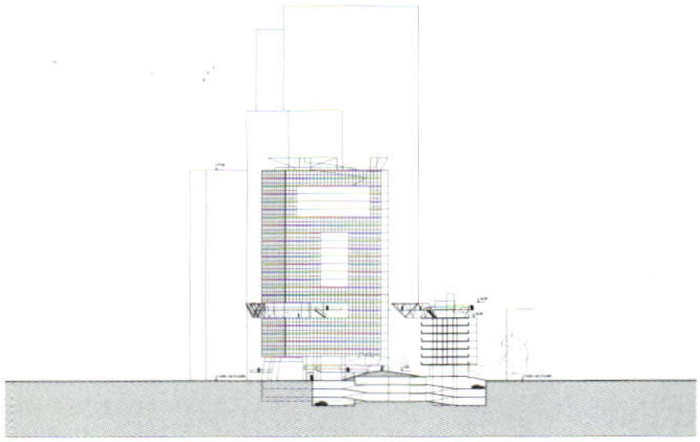

Wohnhochhaus „City Lofts"

1999

Hertha Firnberg-Straße 10
Besichtigung: nur außen
Transport: Bus 7A (Gesundheitszentrum-Süd)

Die Straße ist nach einer ehemaligen Ministerin für Wissenschaft und Forschung benannt, vielleicht als Omen dafür, dass hier Experimente erlaubt und erwünscht sind. Der Bauträger „Kallco" ist in Wien dafür bekannt, unorthodoxe und interessante Wege der Planung zu gehen. Die horizontale Staffelung ist das relevanteste Merkmal dieses Wohnhauses: Anstelle von neuen Geschossen mit je 2,5 m Raumhöhe entwickeln die Architekten einen „Raumplan" in Anlehnung an Adolf Loos, wobei die südseitigen Bereiche Raumhöhen von 3,38 m besitzen, die nordseitigen zum Teil nur 2,38 m. Durch diese „Raumsteckspiele" ergeben sich bewusst individuelle Wohnungen, die durch zumietbare Einzelräume im Norden noch temporär verändert werden können.

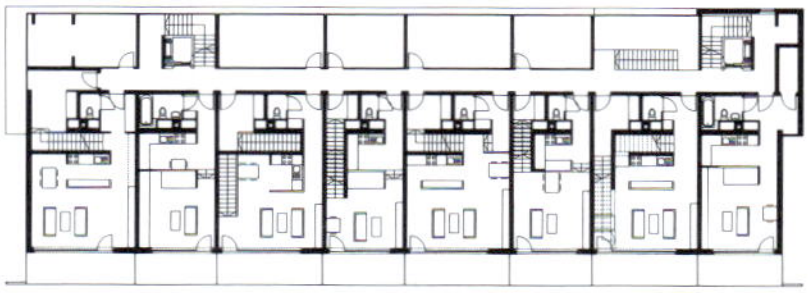

Wohnhochhaus „Tower"

2000

Carl-Appel-Straße 6
Besichtigung: von außen
Transport: Bus 7A (Gesundheitszentrum-Süd)

Der 99 m hohe Wohnturm entwickelt seine Fassade aus den Himmelsrichtungen: Nach Süden und Westen wurde ein ca. 1,80 m tiefer „Loggia-Außenraum" um das Gebäude gelegt, dessen Verglasung mit hellen, vertikalen „Strichcodes" belegt ist, während nach Osten und Norden die Fassade durch unregelmäßig platzierte französische Fenster rhythmisiert und mit dunklen Eternittafeln verkleidet wurde. Quasi als Irritation „wachsen" vereinzelt horizontale Schilder unterhalb einiger französischer Fenster hervor. Bei der Innenraumgestaltung der Wohnungen wurde auf mögliche Flexibilität großer Wert gelegt.

10.-49 *Helmut Wimmer*

Wienerberg City, Wohnhaus
2000

Wienerbergstraße 11
Besichtigung: von außen
Transport: Bus 7A (Gesundheitszentrum-Süd)

Mit sanfter Kurve schmiegt sich die bis zu zehngeschossige Bebauung mit 139 Wohnungen vom Helmut Wimmer an den angrenzenden Golfplatz. Durch weit auskragende „Panorama-Decks" wird der „Urlaubscharakter" der Wohnungen besonders betont, zumal auf der Panorama-Dachterrasse ein Schwimmbad für urbanen Luxus sorgt. Im Gegensatz zu den Wohnhochhäusern wird hier mit durchaus traditionellen Mitteln eine hohe Wohnqualität angeboten, nicht zuletzt durch das „Haus-im-Haus-Prinzip", den Maisonettewohnungen. Ein „Logenplatz" an der Sonnenseite.

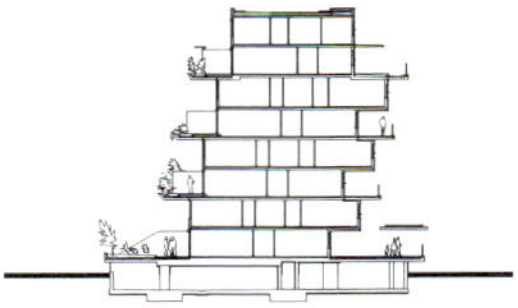

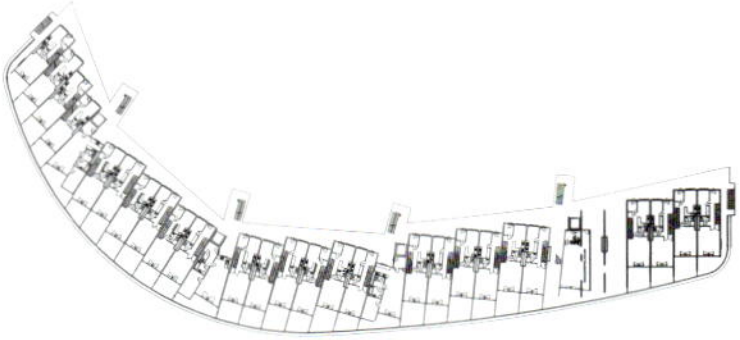

10.-50 *Albert Wimmer*

Wohnhochhaus
2001

Carl-Appel-Straße 5
Besichtigung: von außen
Transport: Bus 7A (Gesundheitszentrum-Süd)

Die unterschiedlichen Wohntürme in der „Wienerberg City" leben von der großartigen Aussicht, welche den Bewohnern zugute kommt. Neben den Bürohochhäusern von Fuksas beginnt Wimmer mit seinem 27-geschossigen Wohnturm die Abfolge der Wohnbebauung einzuleiten. Das Bauwerk ist farblich abgesetzt, die auffallendsten Elemente sind die großmaßstäblichen „Erker", welche die Längsseiten des Wohnturmes gestalten.

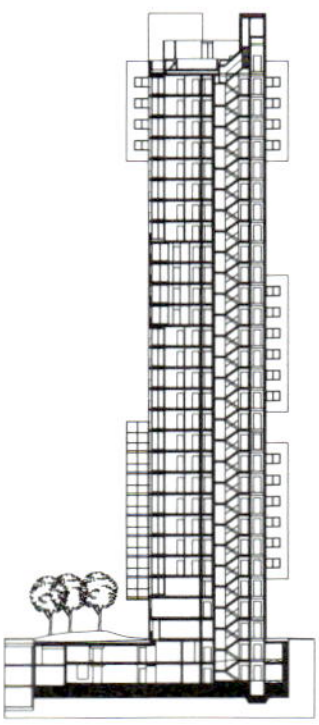

Angrenzend an die City Lofts Wienerberg City von Delugan_Meissl entwickelte Brullmann ein gemischt genutztes Gebäude mit Büro- und gewerblicher Nutzung in den beiden untersten Etagen, in den weiteren Etagen ist Wohnen und Arbeiten in verschiedenen Kombinationen möglich. Das Dachgeschoss wird mit Maisonetten belegt. Das Gebäude mit 110 Wohnungen weist eine charakteristische Fassade mit verschiebbaren „Außengardinen" auf, die gestalterisch auch als fixe Brüstungselemente verwendet werden.

Wohnhaus

2001

Hertha-Firnberg-Straße 10
Besichtigung: von außen
Transport: Bus 7A (Gesundheitszentrum-Süd)

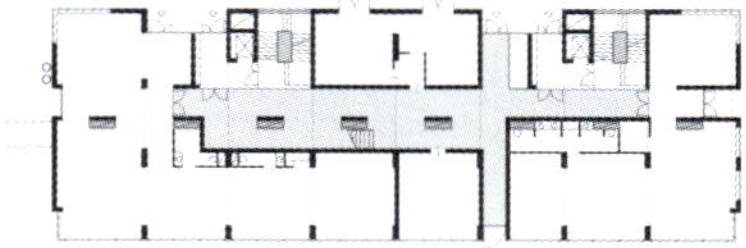

Das Schulgebäude öffnet sich im Erdgeschoss großzügig zur Esplanade. Alle Klassen sind zu der vom Verkehr abgewandten Ostseite hin orientiert. Das „zweigeteilte" Volumen differenziert zwischen der tiefer gesetzten Turnhalle, dessen Dach als Pausenfreiraum dient, und dem Klassentraktgebäude. In diesem Bauteil wird wiederum zwischen „dienenden" und „bedienten" Räumen unterschieden, was zu einer sehr klaren Aufteilung der Funktionen führte. Die Ganztagesvolksschule mit neun Klassen entspricht dem Niedrigenergiestandard.

Volksschule Wienerberg

2003

Hertha-Firnberg-Straße/Esplanade
Besichtigung: nach Vereinbarung
Transport: Bus 65A (Maria-Kuhn-Gasse)

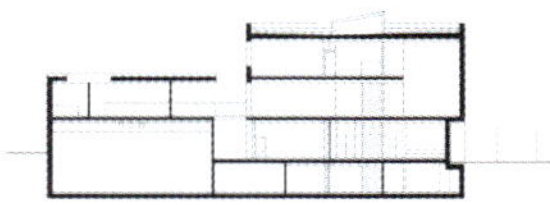

10.-*53e* **Spinnerin am Kreuz**
Hans Puchspaum
1451
Triester Straße 52

10.-*54e* **Evangelische Friedhofskirche**
Theophil von Hansen
1857
Triesterstraße/Gudrunstraße

10.-*55e* **Montagekirche Kundratstraße**
Ottokar Uhl
1963
Kundratstraße 5

10.-*56e* **Doppel-Volksschule Jagdgasse**
Manfred Nehrer, Reinhard Medek
1992
Jagdgasse 22

10.-*57e* **Wohnbau**
Otto Häuselmayer
1999
Maria-Rekker-Gasse 9

10.-*58e* **Wohnbau**
Günter Lautner
1999
Hertha-Firnberg-Straße 7

10.-*59e* **Wienerberg City, Wohnhaus**
Gert Mayr-Keber
2001

10.-*60e* **Parkdeck**
Gert M. Mayr-Keber
2002
Katharinengasse 10

10.-*61e* **Wohnbau**
Albert Wimmer
2004
Urselbrunnengasse 38

10.-*62e* **Wohnhausanlage**
Margarethe Cufer
2004
Kurt-Tichy-Gasse 5

10.-*63e* **Wohn- und Geschäftshaus**
ARTEC Architekten
2004
Kundratstraße 4-6

11. Bezirk, ***Simmering*** *Indexnummern* ***11.****-1 ...* ***11.****-22e*

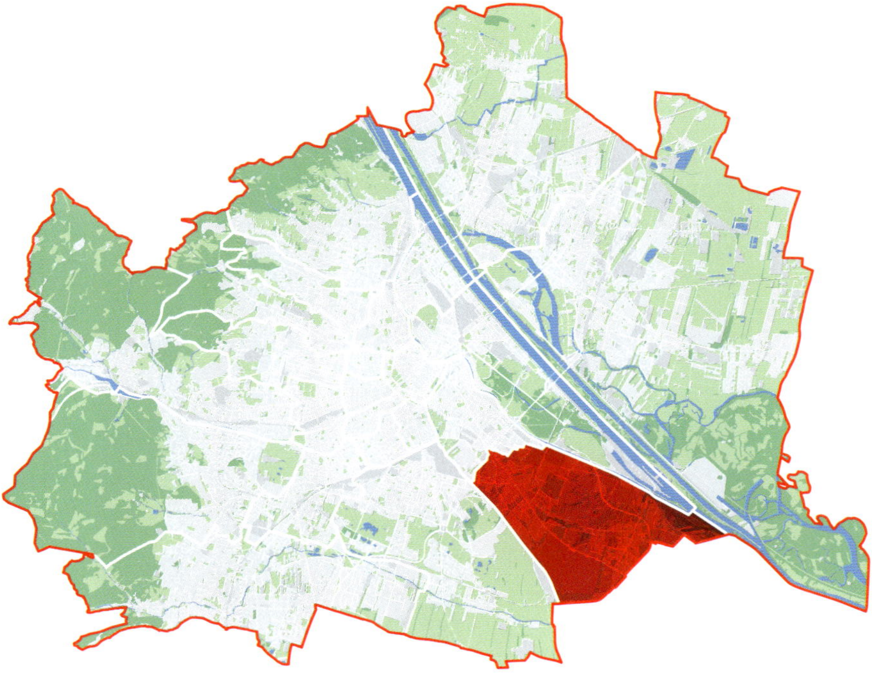

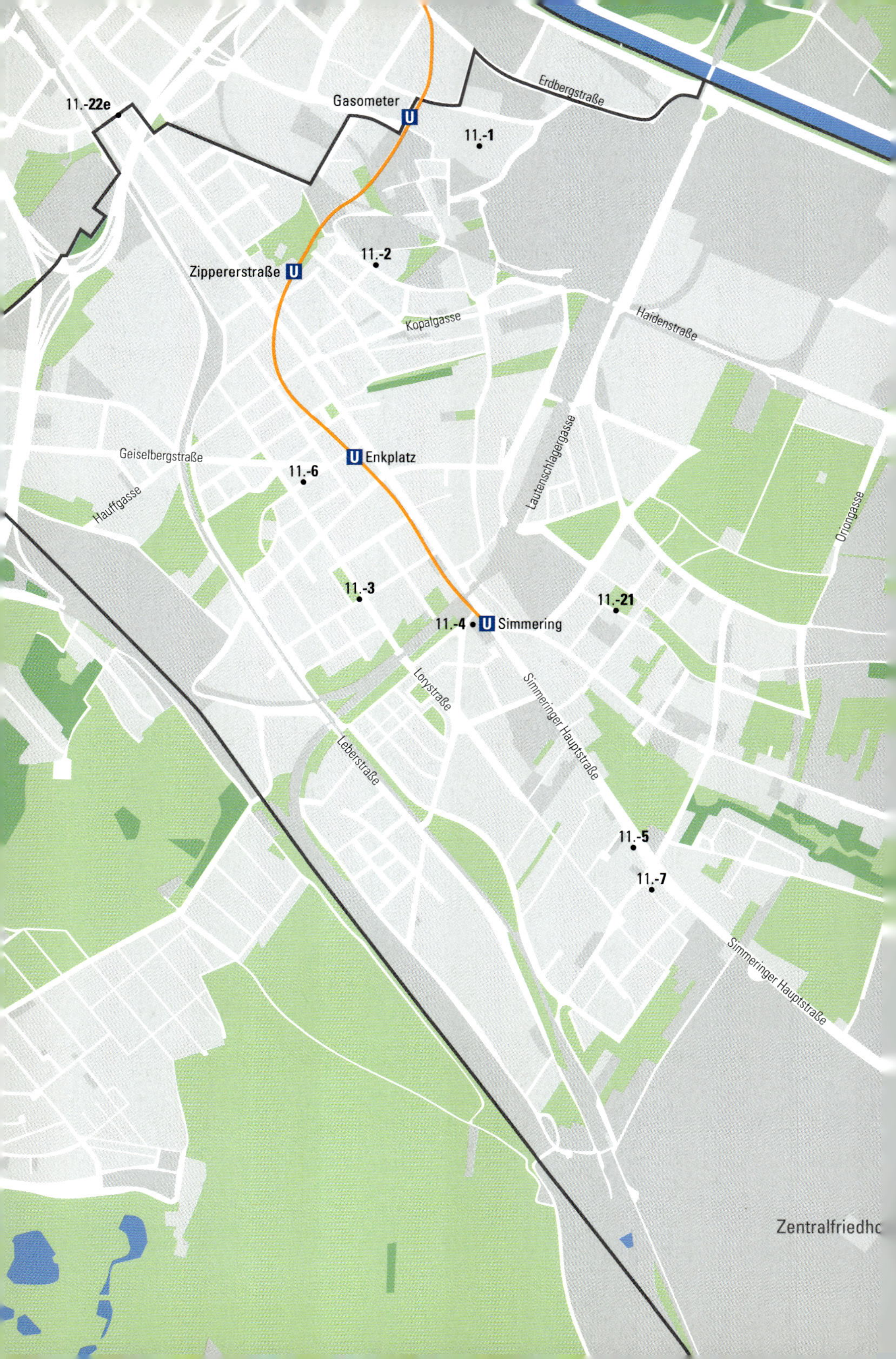
11.-22e
Gasometer
Erdbergstraße
11.-1
Zippererstraße
11.-2
Kopalgasse
Haidenstraße
Lautenschlagergasse
Geiselbergstraße
Enkplatz
11.-6
Hauffgasse
Oriongasse
11.-3
11.-21
11.-4
Simmering
Lorystraße
Simmeringer Hauptstraße
Leberstraße
11.-5
11.-7
Simmeringer Hauptstraße
Zentralfriedhc

Neue Donau
Donau
A4 Ost Autobahn
Zinnergasse
11.-19
11.-20
-8
Kaiserebersdorfer Str.
11.-17
11.-18
11.-15
11.-16
11.-11
11.-12
11.-13
11.-14
Simmeringer Hauptstraße
Etrichstraße
15 min
1000 m

Gasbehälter Simmering (1896), h: G-Town-Gasometer

1999

Guglgasse/Döblerhofstraße/Eyzinggasse
Besichtigung: öffentliche Flächen (Mall)
Transport: U3 (Gasometer)

Als zwischen 1970 und 1978 die Gasversorgung Wiens auf Erdgas umgestellt wurde, verloren die 1896-1899 errichteten Gasometer ihre Funktion. Die technischen Einbauten wurden demontiert, es blieben lediglich die gemauerten Hüllen als monumentale Sichtziegelzylinder mit je 90.000 m³ Fassungsraum übrig. Sie gelten als Wahrzeichen des Wiener Bezirks Simmering und stehen als Industriedenkmäler des Historismus unter Denkmalschutz. 1995 beschließt man, die Gasometer für Wohnzwecke zu verwenden. Vier Bauträger mit namhaften Architekten präsentieren ihre Vorschläge, nachdem zuvor unterschiedliche Ideenkonzepte diskutiert worden waren. Jean Nouvel, COOP HIMMELB(L)AU, Manfred Wehdorn und Wilhelm Holzbauer gehen jeweils unterschiedlich an die Aufgabe heran. Nouvel setzt segmentförmig Wohnungen in den Gasometer, COOP HIMMELB(L)AU setzen ein Schild vor den Rundbau und füllen den Innenraum ringförmig mit Studentenwohnungen und einer Konzerthalle, Wehdorn setzt ringförmige Terrassenwohnungen in den Gasometer, und Holzbauer setzt einen Y-förmigen Wohnbau in den Innenraum, die unteren Etagen werden für das Wiener Landesarchiv verwendet. Alle vier Gasometer verbindet auf der Haupterschließungsebene eine „Mall" mit Geschäften und Läden. Das Initialprojekt der Gasometer mit ca. 620 Wohnungen und einem Studentenheim hat dazu geführt, dass die gesamte Gegend um die ehemaligen Gasometer zu einem beliebten Investorenstandort geworden ist, zumal die Lage verkehrsgünstig erschlossen ist: U-Bahn zur Innenstadt und direkte Autobahnanbindung zum Flughafen. Eine weitere Verdichtung der Simmeringer Achse ist in Planung.

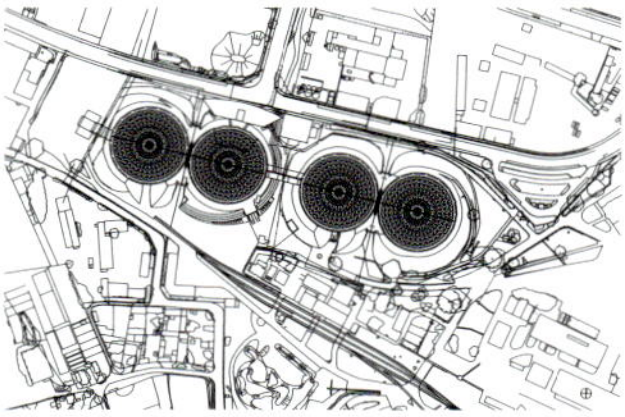

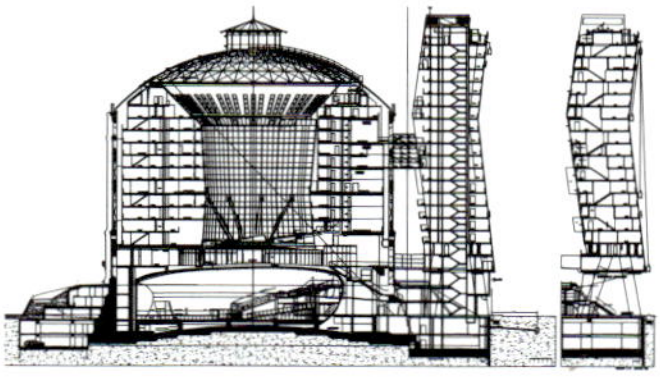

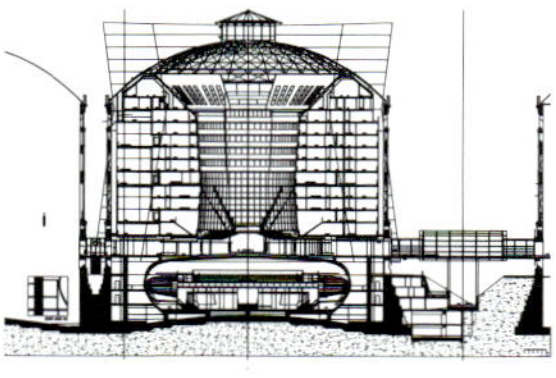

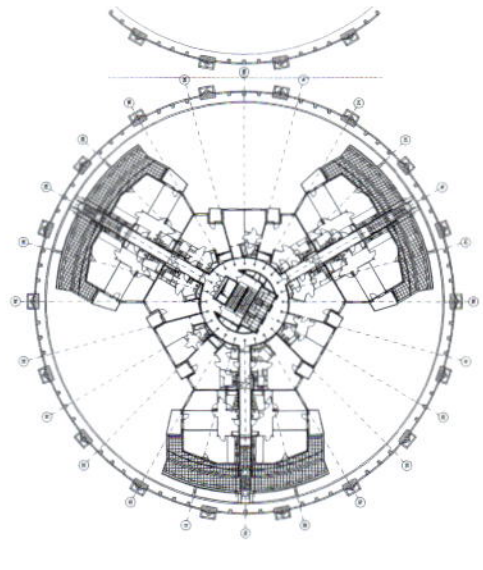

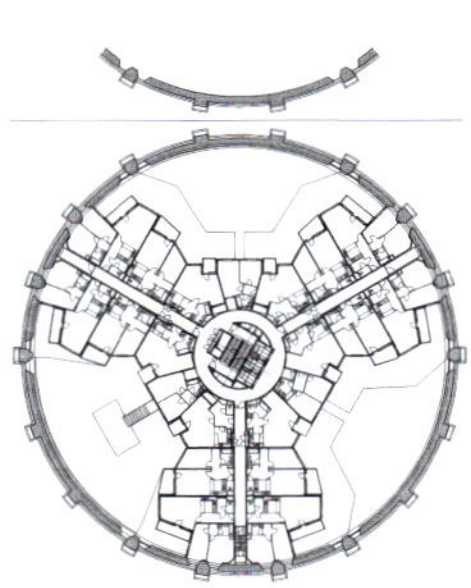

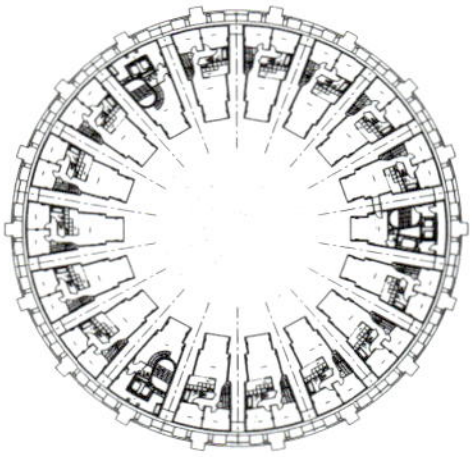

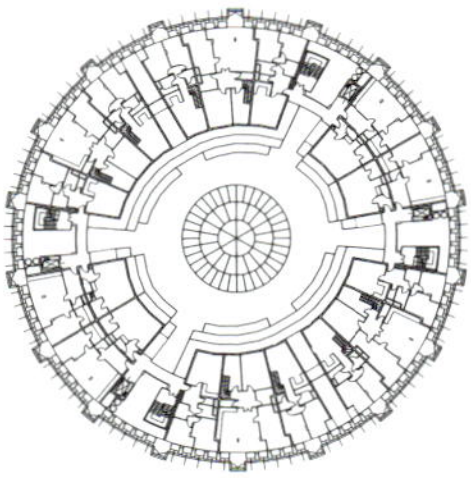

Hermann Czech mit Wolfgang Reder **11.-2**

Rosa-Jochmann-Schule

1991

Fuchsröhrenstraße 21-25
Besichtigung: nach Vereinbarung
Transport: L71, L72 (Geystraße)

Die Vielschichtigkeit dieser Schule liegt sowohl auf semantischer, gestalterischer als auch auf interpretativer Ebene. Es ist ein Bauwerk auf den zweiten Blick. Hermann Czech: „Dieser Bau ist die konventionellste Schule Wiens. Ich habe die Zwänge akzeptiert – ohne Schmerzen. Es gibt keine kindergerechte Schule in geschlossenen Klassen; kindergerecht wäre ein offenes Haus, in dem punktuell gelernt wird, wie auf einem Bauernhof."

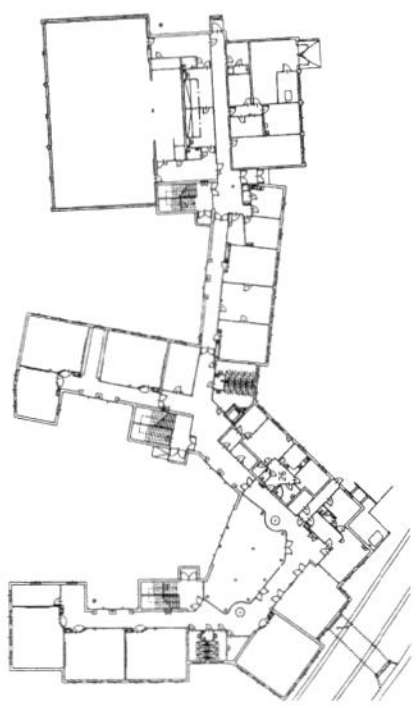

Roland Rainer **11.-3**

Evangelische Glaubenskirche

1962

Braunhubergasse 20
Besichtigung: öffentlich zugänglich
Transport: L71, L72 (Weißenböckstraße)

Das Grundstück liegt in einer Gewerbe- und Industriezone in Simmering. Daher erfolgt der Zugang zur Kirche über ein halböffentliches Atrium, von dem aus auch das Gemeindezentrum erschlossen wird. Die sakrale Wirkung des hohen Kirchenraumes beruht auf der Lichtführung und der abstrakten Verwendung der Kreuzsymbolik in den weiß geschlämmten Ziegelausfachungen des Stahlbetonskelettes. Über der im unteren Bereich verglasten Altarwand befindet sich ein raumhohes Lichtkreuz.

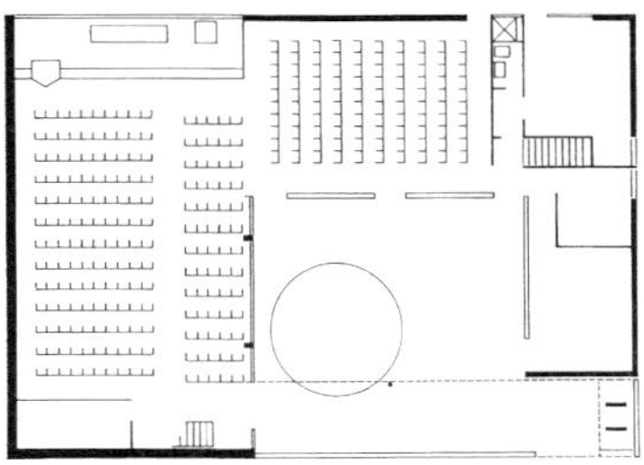

11.-4 *Blaich + Delugan, Dieter Blaich, Kai Delugan*

Hochhaus Simmering
2000

Simmeringer Platz 1
Besichtigung: von außen
Transport: U3 (Simmering)

Hochhäuser definieren Orte von übergeordneter Bedeutung, verdichtete Positionen innerhalb urbaner Strukturen. Auch in Wien versuchen Hochhäuser, diesem Prinzip zu folgen, wenn auch nicht immer mit der gleichen Stringenz. Die Endstation der Wiener U-Bahn U3 in Simmering war der Stadtplanung eine Akzentuierung wert, um diesen traditionellen Arbeiterbezirk punktuell aufzuwerten. Das Hochhaus markiert einen Orientierungspunkt innerhalb dieser sonst eher undefinierten Stadtlandschaft. Gestalterisch kommen zwei Ansätze zum Tragen: zur Simmeringer Hauptstraße als horizontal gegliedertes Hochhaus, zu den Wohnsiedlungen im Süden als vertikal gegliedertes Wohnhaus mit französischen Fenstern und verglasten Loggien. Die Architekten strebten eine „rücksichtsvolle Eingliederung" an die Umgebung an.

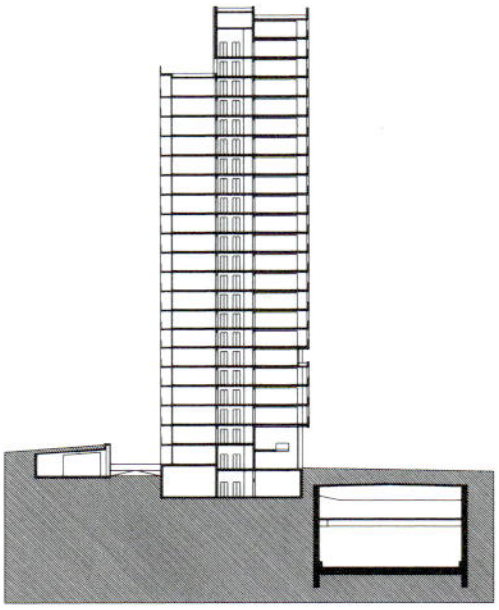

11.-5 *schluderarchitektur (Schluder/Kastner)*

Wohnbau
2001

Simmeringer Hauptstraße 192a
Besichtigung: von außen
Transport: U3 (Simmering)

Die Wohnbauvereinigung für Privatangestellte, GPA, hat in den letzten Jahren in Wien gezeigt, wie engagierter sozialer Wohnbau zur Jahrtausendwende ausschauen kann. Mit jungen Architekten und Architektinnen wurden die Fragen nach dem Wohnen neu hinterfragt. Zwischen Simmeringer Hauptstraße und Lorystraße entstand „interkulturelles Wohnen", wo zur Hälfte Bewohner aus Österreich und zur Hälfte Migranten gemeinsam leben. Dieser neue sozio-kulturelle Kontext ermöglicht Integration im kleinteiligen Umfeld. Sensationell sind die halböffentlichen Bereiche unter der aufgeständerten, fast 200 m langen Wohnzeile, beachtlich die Kosten pro Quadratmeter mit 835 Euro.

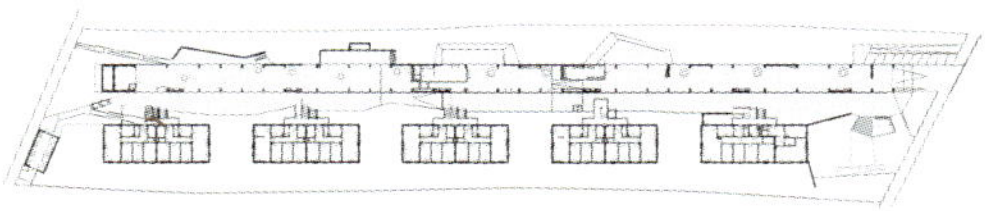

Bildungszentrum Simmeringer Markt

2006

Geiselbergstraße/Lorystraße/Gottschalkgasse
Besichtigung: Öffnungszeiten
Transport: U3 (Enkplatz)

Eine intelligente architektonische Antwort auf ein differenziertes Anforderungsprofil, ein „eiförmiger" Grundriss als Summe der Funktionen. Auf dem Platz des Simmeringer Marktes entsteht ein neues Bildungszentrum mit Musikschule, städtischer Bücherei und einer Volkshochschule. Der Platz wird zukünftig unterirdisch ca. 100 PKW-Stellplätze anbieten, mehrere Marktkioske werden für einen traditionellen „Bauernmarkt" angeboten. Die bestehenden alten Platanenbäume bieten dem Markt einen schattigen Platz.

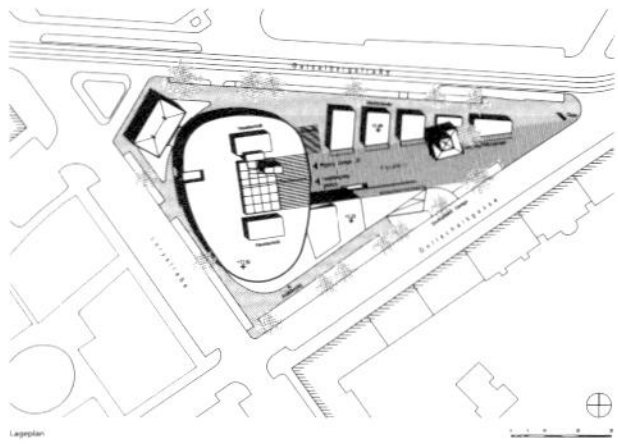

Siedlung Weißenböckstraße

1922

Simmeringer Hauptstraße, Weißenböckstraße, Wilhelm-Kreß-Platz
Besichtigung: von außen
Transport: L71, L72 (Weißenböckstraße)

Die Siedlung entstand in zwei Abschnitten und präsentiert auch zwei unterschiedliche Auffassungen. Der früher entstandene Teil besteht aus schmalen Reihenhäusern mit angeschlossenen größeren Gärten zur Selbstversorgung. Die Grünflächen wurden im späteren Teil reduziert und dichter verbaut. Die villenartigen Baukörper der Siedlungshäuser der Stufe II nehmen jeweils vier Wohnungen auf. Gruppiert wurden die Bauten um einen zentral gelegenen Platz mit Baumbestand.

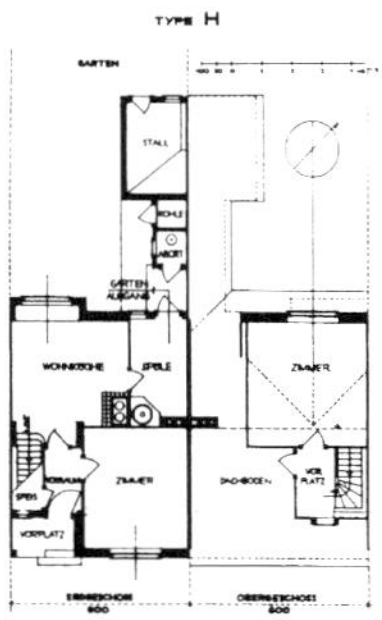

11.-8

Colin, Spranger, Jacobo da Strada, Pietro Ferrabosco; Adaptierung: Manfred Wehdorn

Neugebäude

1569; Adaptierung ab 2002

Simmeringer Hauptstraße 337, Neugebäudestraße
Besichtigung: von außen
Transport: L71, L72 (Zentralfriedhof, 2. Tor)

Das Jagdschloss für Maximilian II wurde ab 1569 in der Nähe der Wildbestände der Donauauen erbaut. Von der großzügigen Anlage mit den prunkvollen Gartenterrassen ist heute nicht mehr viel zu erkennen. Unter Maria Theresia wurde die Anlage als Pulverdepot benutzt und Teile des Renaissanceschlosses für den Bau der Schlossanlage in Schönbrunn, speziell für die Gloriette, verwendet. Die Gartenanlage wurde im 19. Jahrhundert in die Anlage des Wiener Zentralfriedhofes integriert. Sanfte Renovierung und Adaptierung seit dem Jahr 2002 durch Manfred Wehdorn.

11.-9

Karl J. Mylius und Alfred F. Bluntschli, Max Hegele

Zentralfriedhof, Lueger-Gedächtnis-kirche

1870, 1908

Simmeringer Hauptstraße 234
Besichtigung: öffentlich zugänglich
Transport: L71 (Zentralfriedhof, 2. Tor)

Der Wiener Zentralfriedhof wurde 1874 eröffnet und um die Jahrhundertwende erstmals erweitert. Der Hasenauer-Schüler Max Hegele gewann 1900 den Wettbewerb zur Errichtung des 2. Tores, der zweiten Aufbahrungshalle und der Dr. Karl Lueger-Gedächtnis-Kirche. Bei allen kräftig aufgetragenen Jugendstilelementen orientierte sich Hegele beim Bau der Kirche auch an historischen Vorbildern. Typologisch ungewöhnlich ist allerdings, dass er die Doppeltürme des Zentralbaus an die Hinterfront verlegt. Der Torbau geriet organischer. Insgesamt kann die Anlage die geforderte sakrale Stimmung vermitteln. Sanfte Renovierung dieser prachtvollen Kirche durch Manfred Wehdorn.

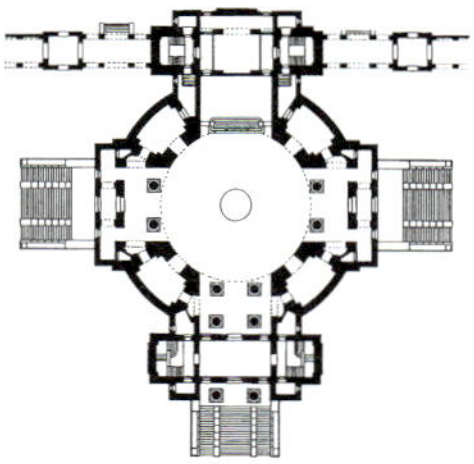

Krematorium

1921

Simmeringer Hauptstraße 337
Besichtigung: öffentlich zugänglich
Transport: L71, L72 (Zentralfriedhof)

Das Krematorium liegt innerhalb eines Mauergevierts, das zur Anlage des Neugebäudes gehörte. Holzmeisters Projekt, das nur den dritten Wettbewerbsplatz erreichte, wurde ausgeführt, weil es sich nach Meinung der Zeitgenossen am besten in die historische Substanz einpasst. Holzmeister zog das Krematorium und die angeschlossenen Arkaden unter Beibehaltung der vorgefundenen Achse in das Gelände ein. Holzmeister wurde diesen Vorgaben (sakraler Raum, Feuerbestattung) durch die Anwendung einer expressionistischen Formensprache gerecht. Der Bau wurde durch den Architekten selbst in den Jahren 1965-69 erweitert.

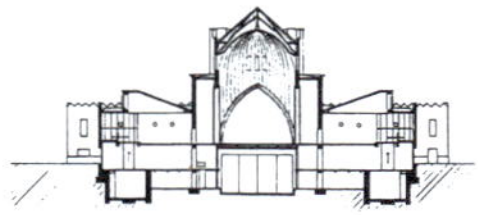

11.-11 *Martin Kohlbauer*

Wohnbau

2005

Thürnlhofstraße/Roschegasse
Besichtigung: von außen
Transport: L6, L71 (Zentralfriedhof 3. Tor)

Eine Wohnhausanlage mit Niedrigenergiequalität und sozialer Vielfalt: Die 137 geförderten Wohnungen sind ost- bzw. westseitig ausgerichtet, die Fassade ist durch große auskragende Loggien und Balkone definiert. Ein kompakter Baukörper mit vielen Bezügen zum Außenraum. Geschosswohnungen mit 2-5 Zimmern sowie Maisonetten mit 62-124 m². Im Erdgeschossbereich gibt es eine betreute Behindertenwohngemeinschaft.

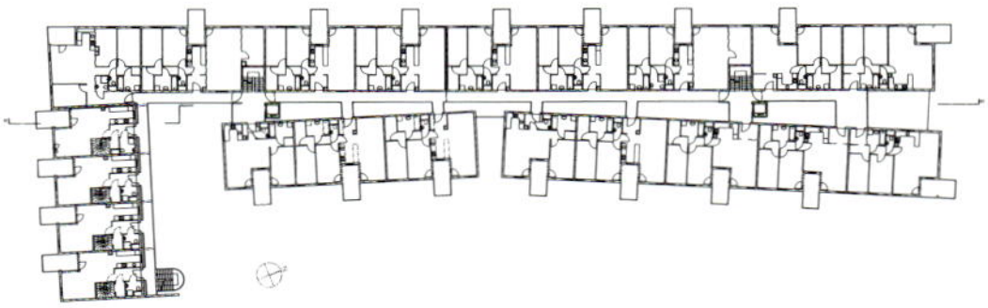

11.-12 *Georg W. Reinberg/Peter Thalbauer*

Wohnbau

2005

Thürnlhofstraße/Trepulkagasse
Besichtigung: von außen
Transport: L6, L71 (Zentralfriedhof 3. Tor)

Gegenüber dem Hauptfriedhof werden aufgrund eines Bauträgerwettbewerbes neue Wohnbauten errichtet, wobei die Baustelle derzeit als eine der umweltfreundlichsten (staubemissionsärmsten) Europas gilt. Reinberg/Thalbauer realisierten zwei Baukörper mit unterschiedlichem Konzept: Der Baukörper an der Roschegasse wird nordseitig über einen Laubengang erschlossen, südseitig gibt es eine Vollverglasung mit Loggien, der dazu rechtwinklige Baukörper wird durch einen Mittelgang erschlossen und besitzt ost-westorientierte Wohnungen. Die Gemeinschafträume befinden sich im Dachgeschoss, einschließlich einer allgemeinen Dachterrasse.

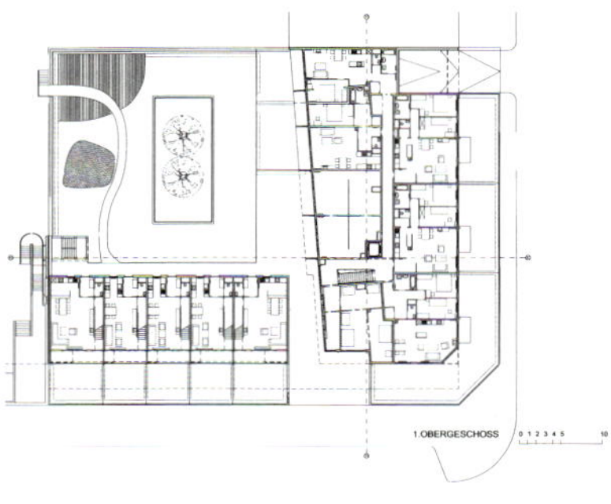

Wohnbebauung Leberberg (Nord)

Ab 1994

Rosa Jochmann Ring
Besichtigung: von außen
Transport: L71 (Leberberg)

Aufbauend auf ein bestehendes Bebauungskonzept aus den 70er Jahren wurde hier unter dem Druck der neuen Wohnbauoffensive der Stadt Wien zu Beginn der 90er Jahre eine Stadtrandsiedlung mit ca. 4.000 Wohnungen errichtet. Bemerkenswert sind der Wohnbau von Margarethe Cufer und Othmar Hasler mit integrierter Kinderbetreuung sowie der Wohnbau von Walter Stelzhammer. In unmittelbarer Nähe befindet sich das neue Seelsorgezentrum mit der Kirche St. Benedikt (Wolfgang Zehetner, Hans Walter Michl, Walter Zschokke).

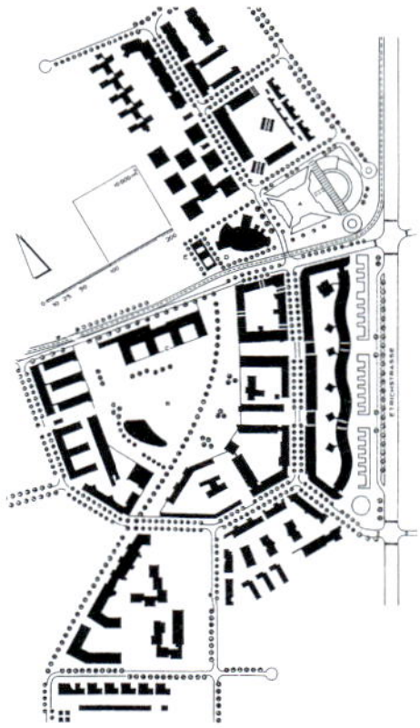

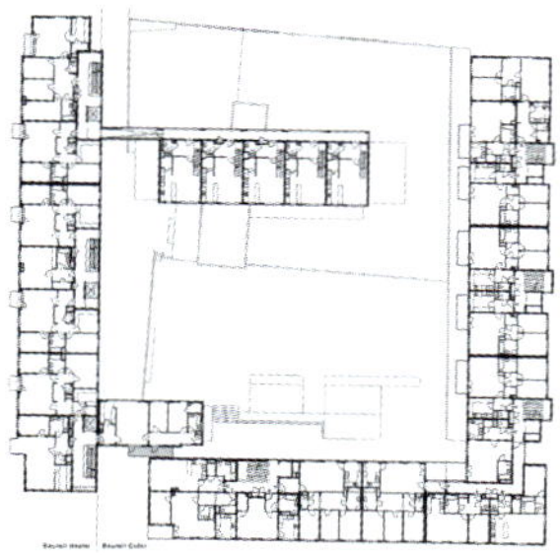

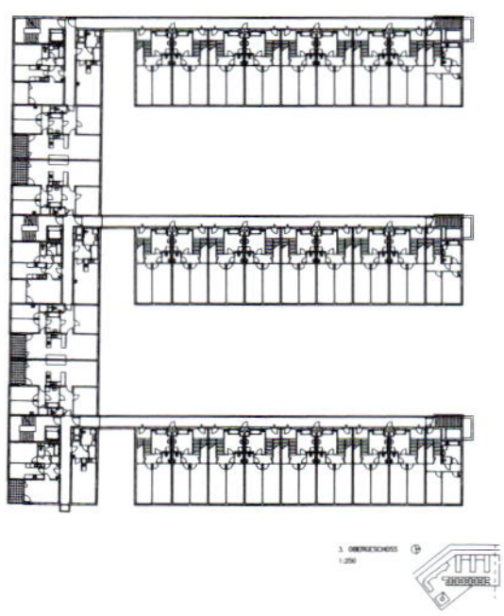

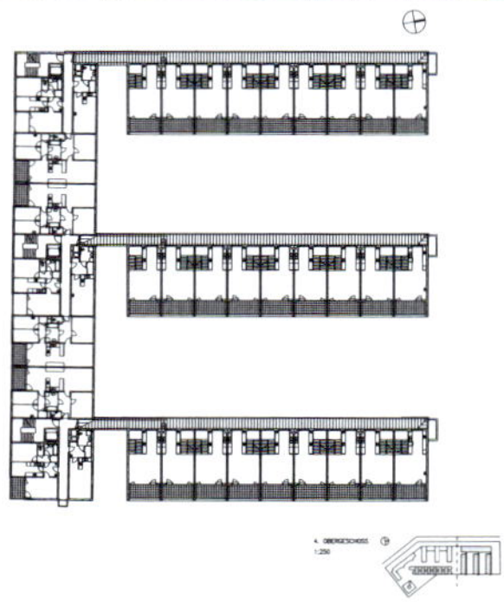

Wohnbebauung Leberberg (Süd)

Ab 1994

Reimmichlgasse
Besichtigung: von außen
Transport: L71 (Leberberg)

Südlich der großen Parkanlage entstand am Rosa-Jochmann-Ring in Abänderung des ursprünglichen Bebauungskonzeptes unter der Koordination der Werkstatt Wien eine differenzierte Bebauung mit öffentlichen Durchgängen und einzelnen Solitärbaukörpern, mit Wohnbauten von Spiegelfeld/Holnsteiner, Janowetz/Wagner, Heidecker/Neuhauser/Zwingl, August Sarnitz und Blazica/Spinadel und einem Kindergarten von Othmar Hasler. Weiter südlich befindet sich die Wohnbebauung von Schwalm-Theiss, der seine lineare, ein- bis dreigeschossige Bebauung durch kräftige Färbelung optisch differenzierte.

Volks- und Hauptschule Svetelskystraße

Im Zentrum der neuen Wohnbebauung am „Leberberg" entstand die größte Schule im Rahmen des „Schulbauprogramms 2000" der Stadt Wien. Für 750 Schüler (13 Volksschulklassen, 12 Hauptschulklassen, 12 Tagesschulklassen, Dreifachturnhalle, Speisesaal) wählten die Architekten eine Stahlbetonkonstruktion mit Glashaut, die durch ihre Struktur eine große Präzision vermittelt, gleichzeitig aber dem spielerischen Elan der Kinder einen pragmatischen, kartesianischen Raster entgegensetzt.

Svetelskystraße 4
Besichtigung: nach Vereinbarung
Transport: L71 (Leberberg)

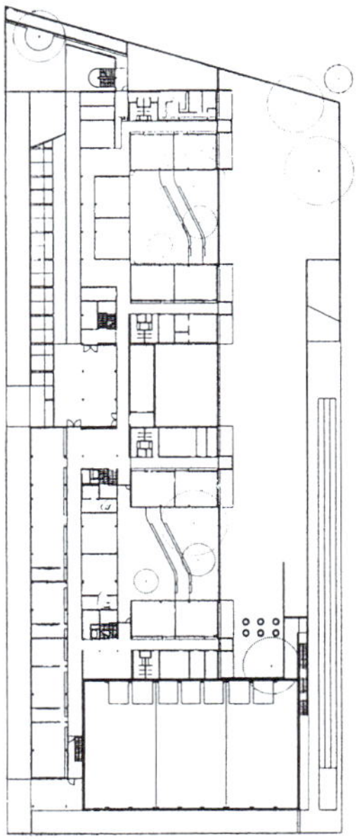

Gartensiedlung „Am Hofgartel“
1998

Am Hofgartel 16
Besichtigung: nur außen
Transport: L71 (Svetelskystraße)

Elegant verpackter verdichteter Wohnbau. Vier Zeilen mit „gestapelten“ Reihenhäusern ergeben hier eine Neuinterpretation von Roland Rainers Credo des „verdichteten Flachbaus“. Die einzelnen Wohneinheiten sind intelligent mit den Außenräumen verbunden, entweder mit den kleinen Gärten oder mit den geschützten Dachterrassen. Die tragenden Strukturen, Lifttüren, Stiegenhäuser sind aus Stahlbeton, die raumhüllenden Wände sind aus Kostenersparnis als vollwärmegedämmte Holzbauweise ausgeführt. Die 80 Wohneinheiten als Maisonetten haben durchschnittlich 80 Quadratmeter Wohnfläche.

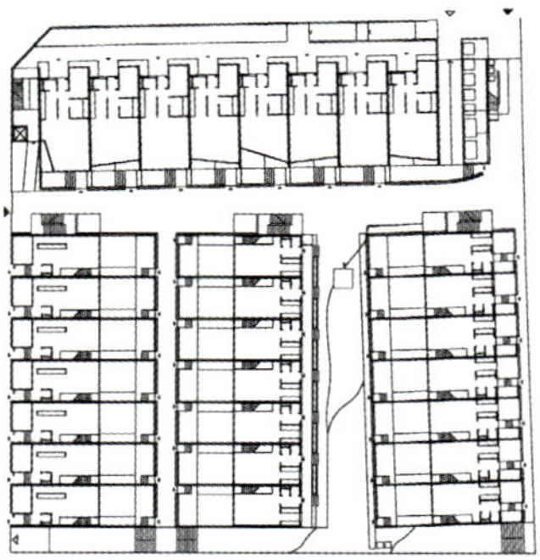

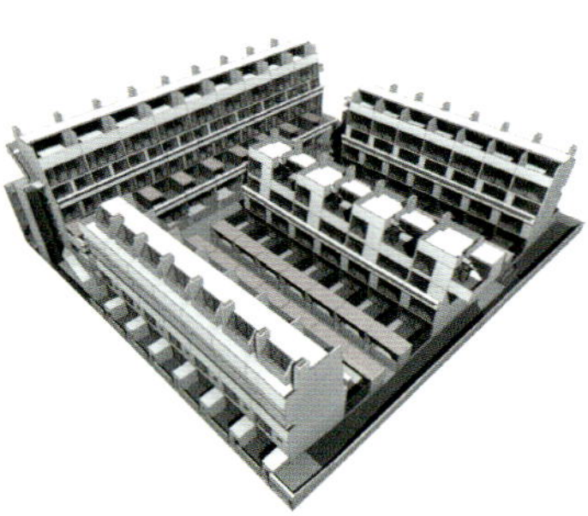

Wohnhausanlage

1995

Paulasgasse 14
Besichtigung: von außen
Transport: L71 (Leberberg)

Zwei Wohnbauprojekte, die gemeinsam von einem Fußweg erschlossen werden, bringen eine nachvollziehbare Wohnqualität durch eine geordnete Nord-Süd-Richtung ihrer dreigeschossigen Gebäude. Schwalm-Theiss & Gressenbauer organisierten sieben Zeilenbauten, die an den „Kopfseiten" verglaste Stiegenhäuser aufweisen, welche das zweite Obergeschoss mit Laubengängen erschließen. Die Wohnungen im Erdgeschoss werden direkt erschlossen, das erste Obergeschoss durch offene Stahlstiegen. „Das modulare System je nach Gebäudelänge von 1,38-1,53 m ermöglichte die freie Wahl der Wohnungsgröße in Sprüngen von ca. 12-13 m²" (Architekt).

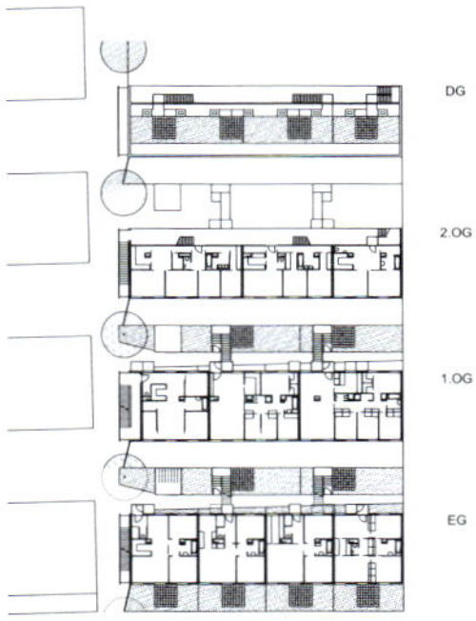

Wohnhausanlage

1995

Paulasgasse 16
Besichtigung: von außen
Transport: L71 (Leberberg)

In direkter Nachbarschaft zu den Wohnbauten von Schwalm-Theiss & Gressenbauer entstanden die farbenfrohen dreigeschossigen Zeilenbebauungen (66 Wohnungen) von wurnig/kljajic architekten. Verglaste Treppenhäuser erschließen das zweite Obergeschoss, nördlich „eingesteckte" Treppen erschließen das erste Obergeschoss, während die Erdgeschosswohnungen direkt vom jeweils nördlich gelegenen Fußweg betreten werden können. Durch diesen Erschließungsmodus erhalten alle Wohnungen eine große Privatheit, da dezentral erschlossen. Allen Wohnungen sind Freibereiche zugeordnet, den Bewohnern stehen verschiedene Typengrundrisse zur Auswahl.

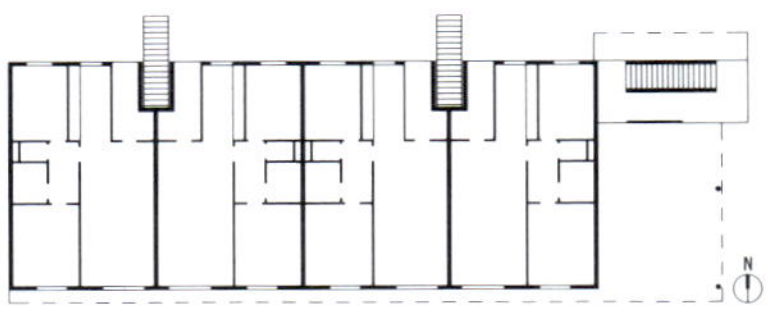

Flüchtlingsheim Zinnergasse

1994

Zinnergasse 29B
Besichtigung: von außen
Transport: U3, L71 (Zinnergasse/ Kaiserebersdorfer Straße)

132 Wohnungen in fünf Typen aufgeteilt (mit 31 m², 53 m² und 63 m² Wohnfläche) werden u-förmig intelligent zu einem Wohnheim mit Innenhof konfiguriert. Zwei fünfgeschossige Baukörper mit offenem Laubengang und ein dreigeschossiger Baukörper mit verglastem Laubengang vermitteln eine geschützte Intimität. Eine starke Farbigkeit wird mit roten und gelben Fassadenflächen gemeinsam mit graublauen Blechläden vor den Fenstertüren erzeugt.

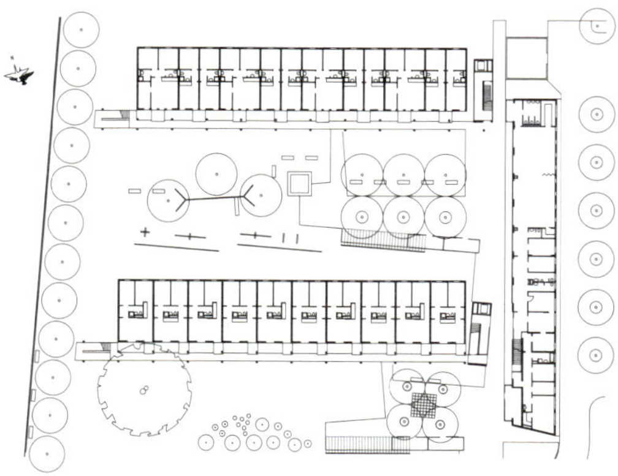

Franz E. Kneissl **11.-20**

Schmidgunstgasse
1991

Schmidgunstgasse 61
Besichtigung: von außen
Transport: L71 (Zinnergasse)

Der verdichtete Flachbau und das Reihenhaus haben in Wien eine relativ bescheidene Tradition. Unweit der Wohnhausanlage Leberberg wurde hier ein Hofhaustyp entwickelt, der den Bewohnern eine semiurbane Dichte und einen eigenen Garten anbietet. Durch eine geschwungene Anordnung der Baukörper entstehen überraschende Perspektiven im Außenbereich. Die Hofhäuser selbst sind U-förmig angelegt und haben eine mittige Erschließung: So entsteht ein kleiner Hof mit größerer Privatheit und ein offener Gartenraum.

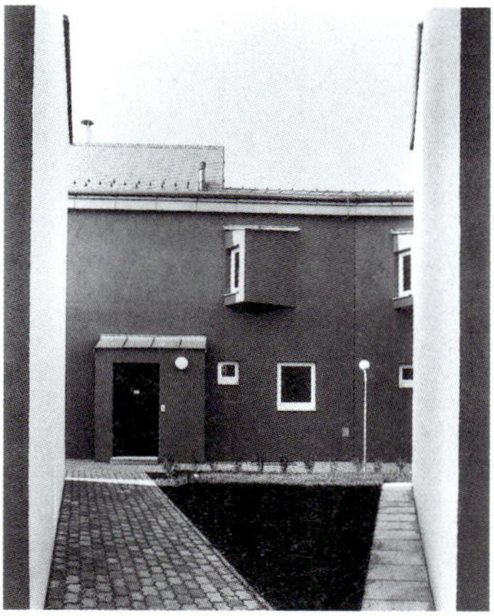

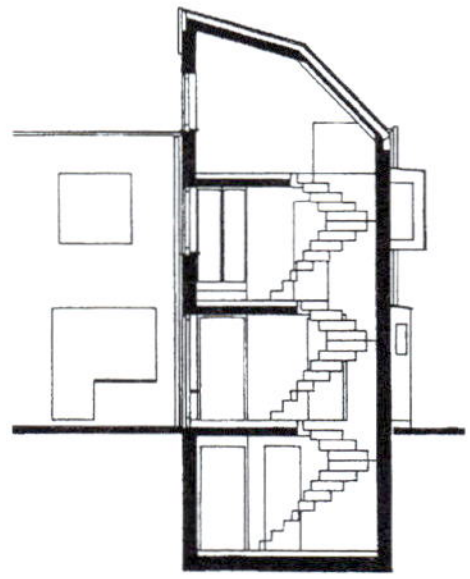

Christoph Mayrhofer **11.-21**

Außenstelle Stadtgartenamt
2001

Seeschlachtweg 430
Besichtigung: Öffnungszeiten
Transport: U3 (Simmering)

Kleine Architektur und Minimalbudget sind die ultimativen Herausforderungen junger Architekten. Bei großen Projekten kann man über die Gesamtvolumina beachtliche Reserven erzielen und diese kreativ nützen. Bei „Kleinarchitektur" muss alles stimmen, ohne Toleranz: Konzept, Material, Funktion, Ausschreibung und Baumanagement. Der Architekt hat hier mit einem Quadratmeterpreis von 709 Euro (2003) 636 m² Nutzfläche generiert, eine kleine effiziente Arbeitsbox, bei der Kontinuität des Materials und großzügige Gestaltungsentscheidungen zu einem überraschenden Ergebnis führten.

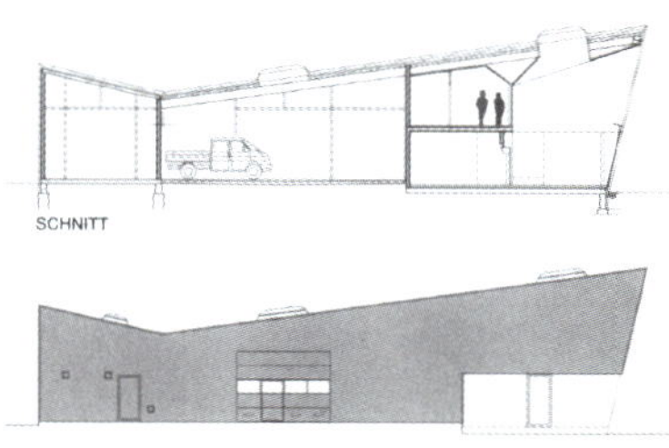

***11.**-22e* **Kindergarten**
Margarete Schütte-Lihotzky
1968
Rinnböckstraße 47

12. Bezirk, **Meidling** Indexnummern **12.**-1 … **12.**-26e

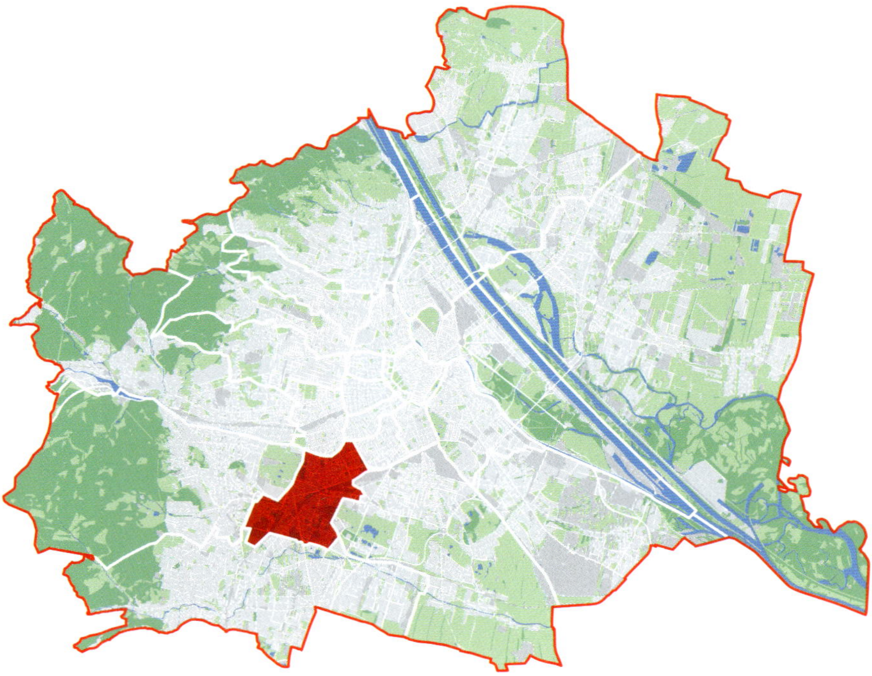

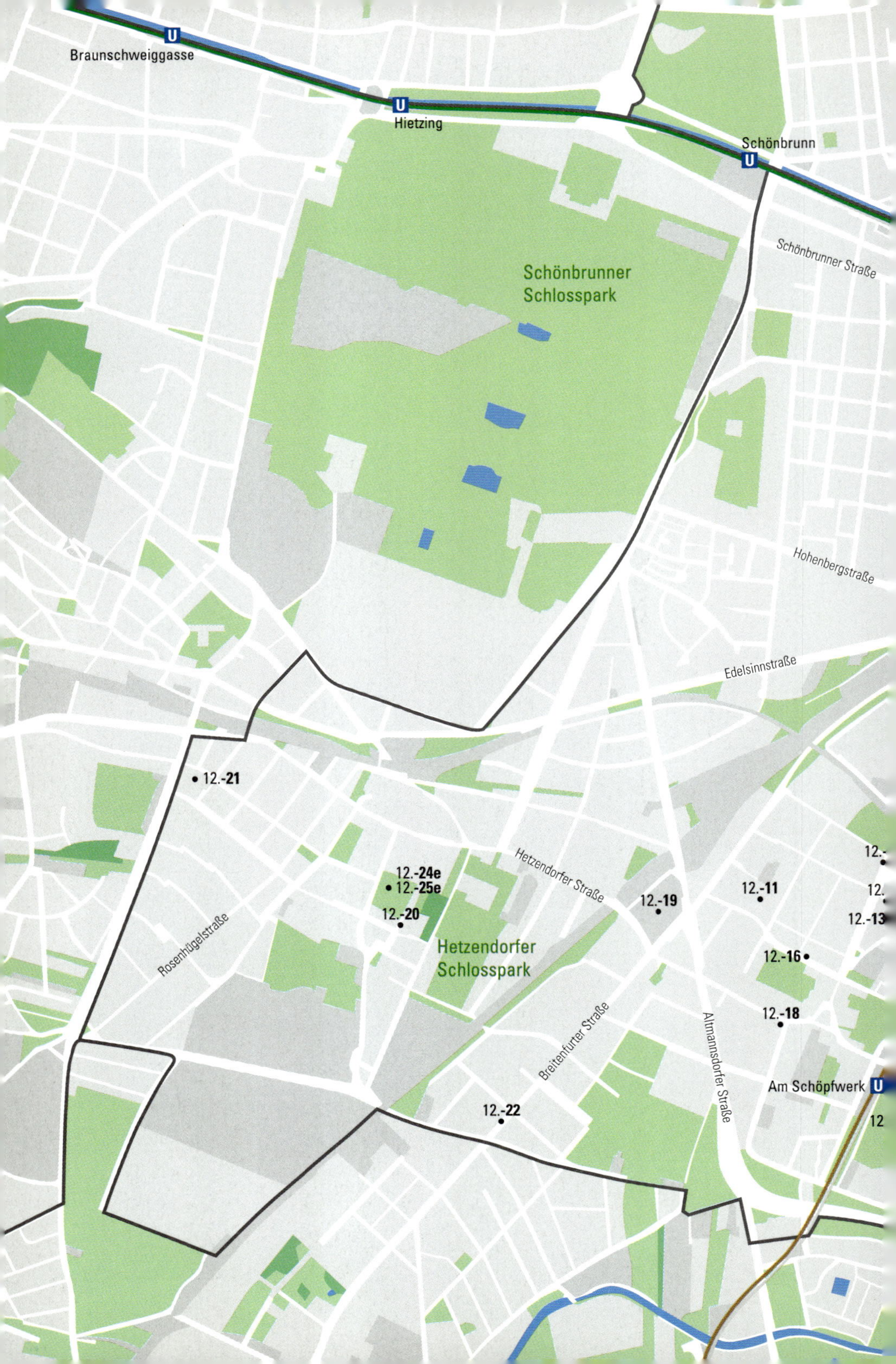
Braunschweiggasse
Hietzing
Schönbrunn
Schönbrunner Straße
Schönbrunner Schlosspark
Hohenbergstraße
Edelsinnstraße
12.-21
12.-24e
12.-25e
12.-20
Hetzendorfer Straße
12.-19
12.-11
12.-13
12.-16
12.-18
Hetzendorfer Schlosspark
Rosenhügelstraße
Breitenfurter Straße
Altmannsdorfer Straße
Am Schöpfwerk
12.-22

Margaretengürtel
12.-23e
12.-5
Längenfeldgasse
Arndtstraße
dling Hauptstr.
12.-7
12.-1
12.-6
12.-2
Niederhofstraße
12.-3
Längenfeldgasse
Meidlinger Hauptstr.
12.-4
12.-26e
12.-8
Eichenstraße
Philadelphiabrücke
12.-9
Wienerbergstraße
Tscherttegasse
Wienerberg
15 min
1000 m

Platzgestaltung Meidling

1989; 1995

Meidlinger Hauptstraße
Fußgängerzone
Besichtigung: öffentlich
Transport: U4 (Meidlinger Hauptstraße)

Fußgängerzonen versuchen, die Zentren der mit Individualverkehr verparkten Städte für die Fußgänger und Einkäufer zurückzugewinnen. Unter dem Druck der an den Stadträndern entstandenen Einkaufszentren eine stadtpolitische und ökonomische Notwendigkeit. Die Fußgängerzone Meidlinger Hauptstraße ist ein beispielhafter Versuch, wo durch die Gestaltung urbane Qualität für den Bezirk wiederentdeckt wurde und die Stadtmöblierung neue, städtische Atmosphäre vermittelt – und kein kitschiger Behübschungsversuch als Wiedergutmachung für verloren gegangenen Stadtraum.

Büropenthouse Meidlinger Hauptstraße

2001

Meidlinger Hauptstraße 15/Arndtstraße 89/Niederhofstraße
Besichtigung: von außen
Transport: U6 (Niederhofstraße)

An prominenter städtebaulicher Stelle findet hier eine weithin sichtbare Dachaufstockung statt, die dem dreiseitig freistehenden Althaus eine komplett neue Identität überträgt. Das Büropenthouse mit ca. 600 m² „bekrönt" mit seiner expressiven Form die traditionelle Lochfassade und vervollständigt gleichzeitig das Haus mit seinem neuen Dachaufbau. Eine spannende Wechselbeziehung zwischen Altbestand und Neubau, der in seiner Radikalität hier an dieser Stelle gut gewählt erscheint.

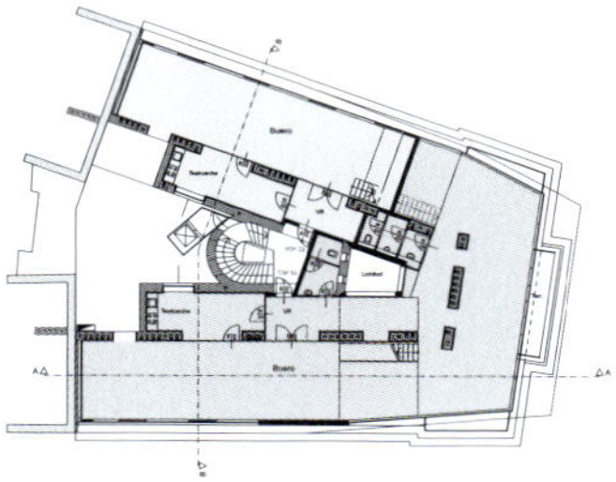

Walter Stelzhammer 12.-3

Wohnhaus Mandlgasse

1990

Mandlgasse 25-27
Besichtigung: von außen
Transport: U6 (Niederhofstraße)

Eine Lückenverbauung erfordert Umdenken bei der Planung qualitativer Wohnungen. Der Lagequalität des Ortes stehen meistens Beschränkungen des Baugrundstückes gegenüber. Stelzhammer realisierte trotz beengter Hinterhofsituation 19 hochwertige Wohneinheiten. Die Straßenfront wurde durch additive Wölbungen gegliedert, die Hofsituation durch begrüntes Rankgerüst und Brückenstege mit dem Wohnbereich verbunden. „Ein differenzierter Raum- und Lichtplan ermöglichte selbst auf diesem beengten Grundstück eine hohe Wohnqualität. Die Maßnahmen dafür sind Split-Level-Typen der Wohnungen, der durchgehende Laubengang an der Hofseite mit der Raumerweiterung des Rankgerüstes an der gegenüberliegenden Feuermauer." (Dietmar Steiner)

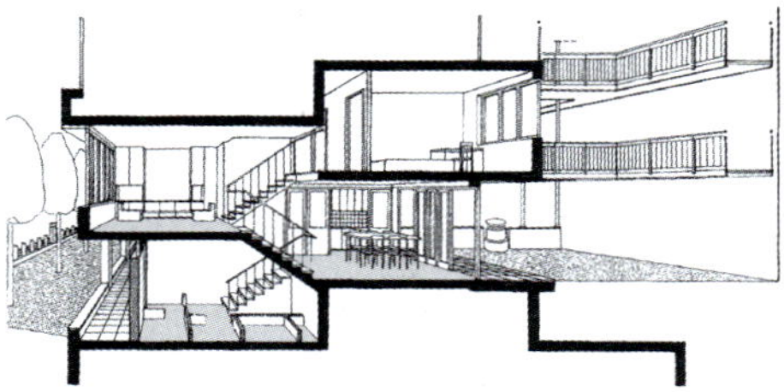

Karl Ehn

Bebel-Hof

1925

Steinbauergasse, Aßmayergasse, Klährgasse, Längenfeldgasse
Besichtigung: von außen
Transport: U4, U6 (Längenfeldgasse)

Der Superblock ist nicht so eindeutig als sozialistische „Propagandaarchitektur" festzumachen wie etwa der Karl-Marx-Hof des Architekten. Ehn verzichtet auf „literarische" Anspielung und setzt auf dynamische Momente wie Eckbalkone und die über Eck zusammengefassten Fenster. Die Gebäudeecken werden durch in die Blockrandverbauung eingeschobene Wohntürme betont, die Mittelachse durch einen Rundturm. Eine Ladenzeile im Erdgeschoss begleitet die Hauptfront und dient gleichzeitig als Terrasse für die darüber liegenden Wohnungen.

BEHF Architekten (Ebner, Hasenauer, Ferenczy)

Wohnbau

2002

Kollmayergasse 18
Besichtigung: von außen
Transport: U4 (Margaretengürtel)

„Eine strenge Kiste mit Einschnitten" – so umschreibt Ferenczy von BEHF Architekten seine ungewöhnlich radikale „Kammermusik" in Sachen sozialer Wohnbau in Wien-Meidling, einem traditionellen Arbeitervorort mit Industrie und Gewerbe. Der Sichtziegelbau erinnert einerseits an die Arbeiterhäuser der Südbahngesellschaft in Wien-Meidling aus dem Jahr 1870 und gleichzeitig an die monumentalen Bauwerke der Industriekultur. Trotzdem hat das skulptural geformte Wohnhaus mit 14 Wohnungen (50 m², 85 m² und 100 m²) eine urbane Zeitgeistigkeit, wie man diese sonst nur von der jungen holländischen Architektur kennt.

Leopoldine-Glöckel-Hof

1931

Steinbauergasse, Gaudenzdorfer Gürtel, Herthergasse, Siebertgasse
Besichtigung: von außen
Transport: L6, L18 (Margaretengürtel/ Arbeitergasse)

Die geschlossene Blockrandverbauung wurde von Frank durch ein subtiles Farbkonzept belebt, weshalb dieser Wohnbau der Gemeinde Wien auch als „Aquarell-Hof" bezeichnet wurde. Bei der Renovierung dieser ansonsten sehr sparsam gegliederten Anlage wurde die Färbelung nicht berücksichtigt, wodurch der Charakter des Hofes verloren ging.

archiguards projects 12.-7

Bürohaus_r12

2002

Fockygasse 29-31
Besichtigung: von außen
Transport: L62 (Marx Meidlinger Straße)

Ein innovatives Bürogebäude als Resultat guten Teamworks: Die Architekten haben mit Verständnis die Arbeitsabläufe in einer Druckerei umgesetzt, der Statiker (Oskar Graf) hat ein überzeugendes konstruktives „Gestell" entworfen, der Haustechniker (Christian Koppensteiner) hat ein sinnvolles Energiekonzept erarbeitet, sodass das Gebäude im Winter ohne Heizung auskommt, da die Abwärme der Druckmaschinen in den Energiekreislauf des Hauses eingespeist wird. Die Straßenfassade zeigt mit einem großen „Fenster" die dahinter liegende horizontale Erschließung.

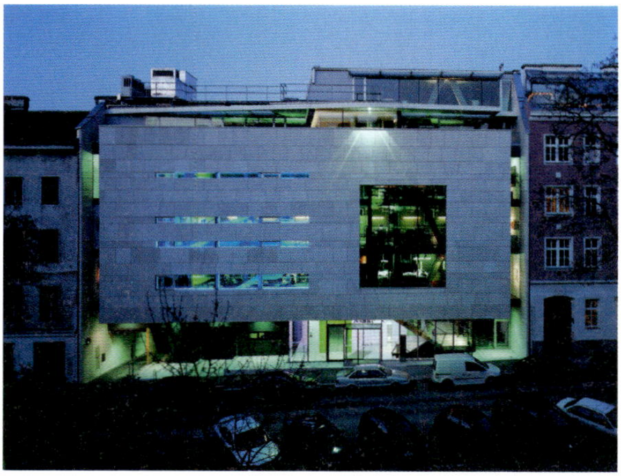

12.-8 *Wilhelm Flattich*

Arbeiterhäuser der Südbahn-gesellschaft

1870

Eichenstraße 5-21
Besichtigung: von außen
Transport: U6 (Philadelphiabrücke)

Die Wohnhäuser in der Eichenstraße sind ein seltenes Beispiel Wiener Arbeiterhäuser, die speziell durch das sichtbare Ziegelmauerwerk Assoziationen mit englischen Arbeiterwohnbauten hervorrufen. Eine funktionale Zeilenbebauung entlang der Südbahn-Eisenbahntrasse, die trotz ihrer Kleinteiligkeit an die Monumentalität von Industriebauwerken erinnert.

12.-9 *Gustav Peichl*

Rehabilitations-zentrum Meidling

1966

Untermeidlinger Straße 26-28, Kundratstraße
Besichtigung: von außen
Transport: U4, Bus 10A (UKH–Meidling)

Das Rehabilitationszentrum für Hirnverletzte in Meidling wurde nach medizinischen Gesichtspunkten aufgrund eines Raum- und Funktionsprogramms des Spezialisten für Nervenkrankheiten, Dr. Mifka, geplant. Die gesamte sternförmige Anlage wurde in Stahlbetonfertigteilen errichtet und enthält eine Bettenstation für 52 Patienten mit den dazugehörigen Forschungsräumen, Rehabilitationseinrichtungen und Beschäftigungstherapien. Pro Etage sind Aufenthaltsterrassen vorgelagert.

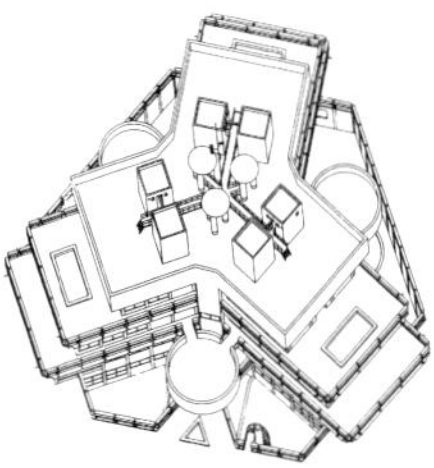

Rollingergasse

1985

Rollingergasse 16-20
Besichtigung: von außen
Transport: U4, Bus 15A (Ruckergasse)

Bei dieser 180 Einheiten umfassenden Wohnhausanlage zitiert Kleihues ein Hauptwerk der Sozialutopie, das Familistère (ab 1859) von Jean Baptist Godin (1817-88), wo die Erschließung der Wohnungen über einen überglasten Hof erfolgt. Diese Atriumhöfe sollen „Gemeinschaft, Familie und Zusammengehörigkeit" symbolisieren und werden dadurch zu einem wesentlichen semantischen Credo eines fundamentalen Sozialismus. Die einzelnen Wohnungen entsprechen dem Standard des sozialen Wohnbaus, wodurch die Atriumhöfe zu überdimensionalen Erschließungshallen mutieren. Den Sparmaßnahmen sind Gestaltungsmerkmale zum Opfer gefallen.

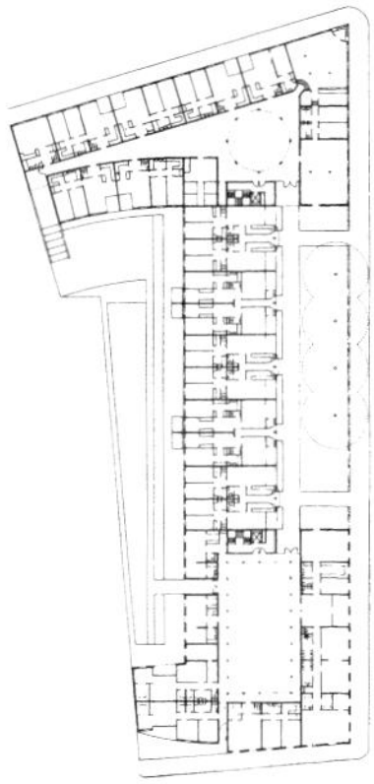

Siedlung Hoffingergasse

1921

Hoffingergasse, Stegmayergasse, Elsniggasse, Sonnergasse, Schneiderhangasse
Besichtigung: von außen
Transport: L62 (Altmannsdorfer Straße)

Die Anlage der Siedlung entspricht Franks Prinzip, keinen wie auch immer gearteten Systemzwang zu akzeptieren. Grundsätzlich sind die Siedlungshäuser mit angeschlossenen Kleingärten entlang der Ost-West-Achse orientiert. Wo sich durch den Anschluss an den Straßenverlauf Abweichungen ergeben, wird auf diese mit einer geänderten Ausrichtung reagiert. Eine zusätzliche Auflockerung erhält die Anlage durch die Allee in der Oswaldgasse. Die Mehrzahl der Häuser hat neben dem Wohnteil einen kleinen Wirtschaftstrakt im Garten. 2000 Arbeitsstunden mussten die zukünftigen Bewohner auf der Baustelle durch Eigenleistungen selbst beitragen.

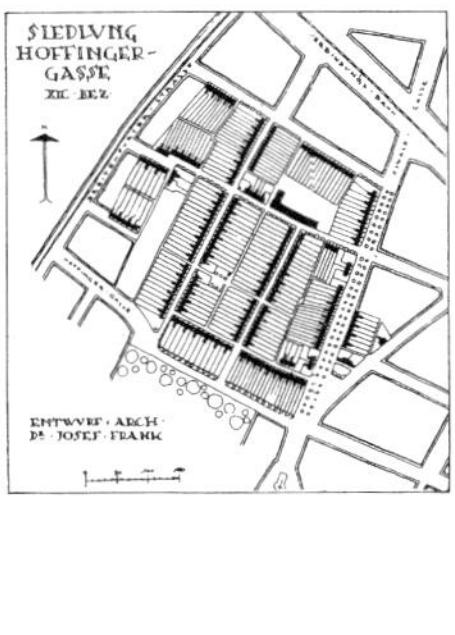

Architekten: ARGE dyn@mosphäre, Rainer Pirker, ARCHItecture-Team, POOR BOYs ENTERPRISE

Areal „Kabelwerk" – Wettbewerb Städtebau

1996

Oswaldgasse, Hoffingergasse, Thorvaldsengasse
Besichtigung: von außen
Transport: U6 (Tscherttegasse)

1996 wurden die Kabelwerke KDAG aus dem Bezirk Wien-Meidling abgesiedet. Um diese Lücke im dicht besiedelten Gebiet auszufüllen, entschied sich die Stadt Wien zu einem Wettbewerb. Der damalige Planungsstadtrat Hannes Swoboda lud zum Millenniums-Workshop, der Zukunft weisende Strategien für den Wohnbau erörtern sollte. Die Sieger des Wettbewerbes (Florian Haydn und Rainer Pirker) entwickelten bewusst oder unbewusst eine Fülle von assoziativen Begriffen zu dem früheren Standort der Fabrik: Impulsator, Transformator, Attraktor etc. Interne Umstände verhinderten jedoch, dass die beiden Architekten selbst an der planerischen Umsetzung teilhaben. Heute setzt ein Team von sechs Architekturbüros die Planung um, die damals alle Teilnehmer am Wettbewerb waren (Büros: Mascha & Seethaler, Hermann & Valentiny, Martin Wurnig & Branimir Kljajic, Werkstatt Wien mit Markus Spiegelfeld, pool Architektur, Schwalm-Theiss & Gressenbauer). Der Wettbewerbsbeitrag verstand sich nicht nur als ein Bebauungsplan, sondern als ein Strategieplan, um zukünftige Bedingungen für einen Stadtteil vorzubereiten. In weiterer Folge begann ein Test- und Experimentierverfahren mit Teams (Bauträger und Architekten), welche mögliche Bebauungsvarianten auf den vorgezeichneten „Feldern" versuchen sollten. Gleichzeitig begannen Kulturaktivitäten im alten „Kabelwerk", um den Ort positiv zu besetzen. Ein vielversprechendes, neues Konzept zur Stadtentwicklung. Derzeit werden die ersten Wohnbebauungen fertig gestellt, es herrscht noch immer Baubetrieb. Work in Progress.

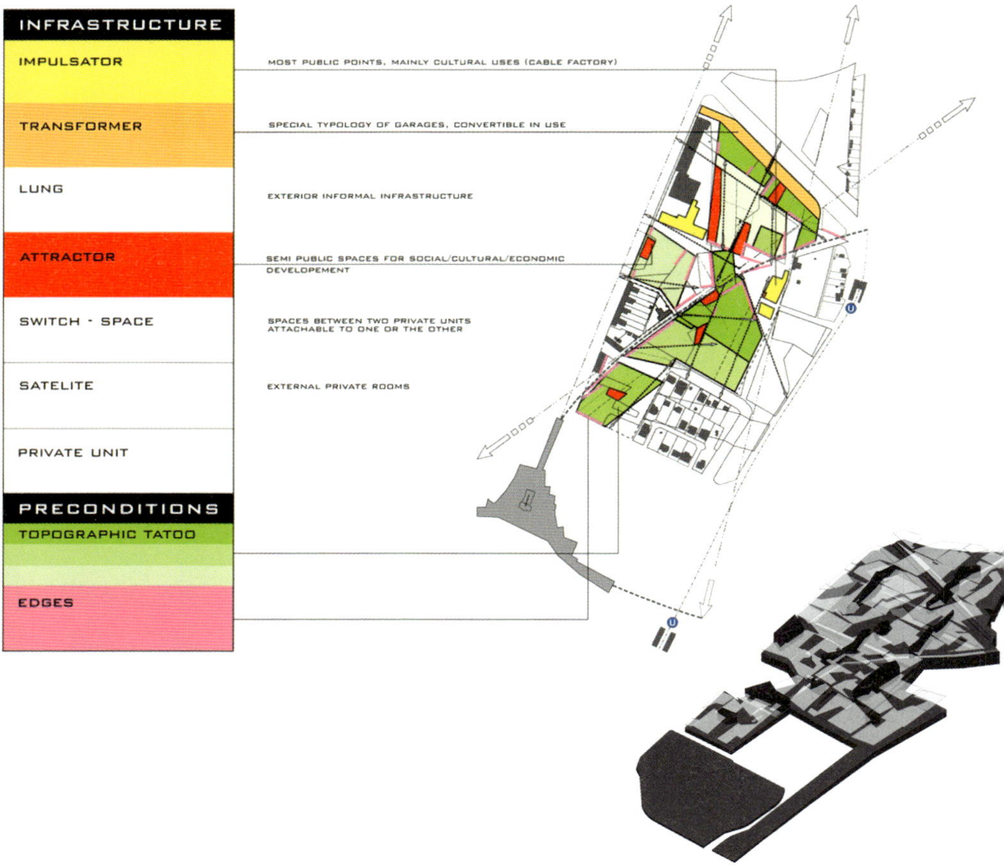

Wohnbau „kabel"

2002

Helene-Potetz-Weg 7
Besichtigung: von außen
Transport: U6 (Tscherttegasse)

Umgesetzt werden die stadtplanerischen Visionen von der Kabelwerk Bauträger GmbH, einem Zusammenschluss mehrerer in Wien tätiger Bauträger, welche für die Finanzierung, Umsetzung und Vermarktung des Areals zuständig sind. Einen ersten viergeschossigen Wohnbau mit ca. 80 Eigentumswohnungen unterschiedlicher Größe und Typologien hat pool Architektur im August 2006 fertig gestellt, einen l-förmig geknickten Baukörper in Scheibenbauweise mit Mittelgangerschließung für die Wohnungen. Im Erdgeschoss werden die meisten Wohnungen sehr sympathisch direkt vom Vorgarten aus betreten, im Dachgeschoss wiederum gibt es Ausstiege auf die große Dachterrasse. Für unglaubliche 972 Euro pro Quadratmeter (2006) haben hier die Architekten eine vielfältige Wohnatmosphäre realisiert. Freiraumplanung: Heike Langenbach.

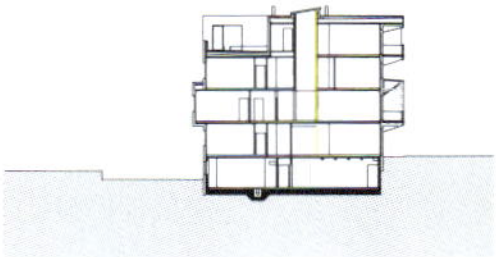

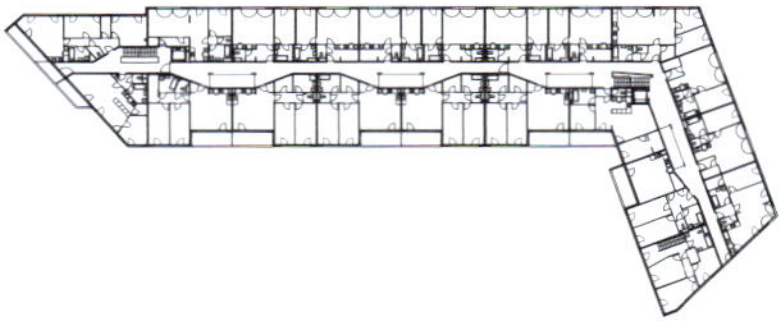

Kabelwerk-Siedlung am Park

2002

Thorvaldsengasse 34-44
Besichtigung: von außen
Transport: U6 (Tscherttegasse)

In direkter Nachbarschaft zum Wohnhaus der pool Architektur entwickelten die Architekten einen verdichteten Flachbau mit Atriumhäusern und einem Zeilenhaus mit Maisonettewohnungen. Durch kleine Fußgängergassen werden die einzelnen Atriumwohnhäuser erschlossen, die kleinteilige Struktur vermittelt hier das Gefühl einer Stadt in der Stadt. Die intensive, bunte Farbgebung der Häuser täuscht eine Individualität vor, die es nicht gibt, hilft aber für die Orientierung der Bewohner und Besucher. Die Wohnqualität ist überzeugend, die Nutzung der Gärten und Terrassen eine willkommene Ergänzung zu den intelligenten und sparsamen Grundrissen.

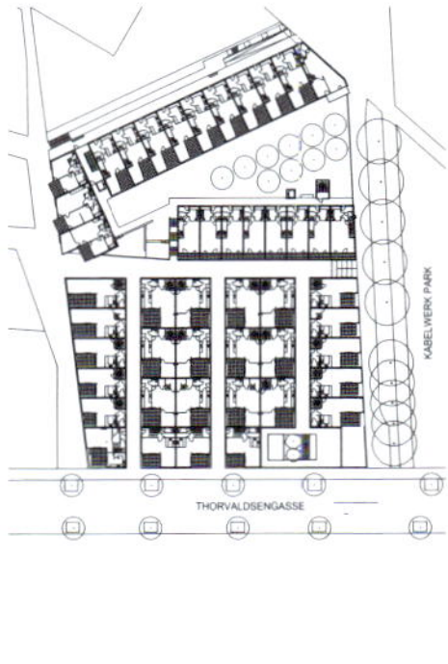

Wohnhaus und Kindergarten

2002

Oswaldgasse 33
Besichtigung: von außen
Transport: U6 (Tscherttegasse)

Das historische Backsteinindustriegebäude wird in ein Wohnhaus mit 53 Wohnungen und in einen fünfgruppigen Kindergarten umgebaut. Der Charakter des Bestandsobjektes wird in den loftartigen Wohnungen spürbar, die den Wohnräumen vorgelagerte Loggiazone erlaubt die Erhaltung der historischen Ziegelwand. Auf der Gartenseite ergibt sich aufgrund der neu gewidmeten großen Trakttiefe eine neue Kubatur aus Erkern und Loggien. Um die wunderbare Fernsicht zu genießen, werden auf dem Altbau zwei Dachgeschosse aufgestockt.

Gartenhotel Altmannsdorf

1994

Hoffingergasse 26-28
Besichtigung: öffentlich zugänglich
Transport: L62 (Altmannsdorfer Straße)

Hotelneubauten in Wien leben von der Erwartungshaltung der Gäste: Dem traditionellen Wien-Image wird hierbei meistens der Vorzug gegeben. So gesehen ist die Umplanung und Neuplanung des Gartenhotels Altmannsdorf eine erfreuliche Ausnahme: Individuell gestaltete Möblierung der Hotelzimmer und individuelle Gestaltung der öffentlichen Hotelbereiche setzen sich wohltuend gegen die Einheitsmöblierung von internationalen Hotelketten ab. Mit vielen Durchblicken und Sichtverbindungen wird auf die Gartensituation reagiert. Farbgestaltung vom Künstler Oskar Putz, Statik von Oskar Graf. Die Geschichte des Ortes war vielschichtig: Augustinerkloster im 14. Jahrhundert, Wohnhaus der Familie Frankl seit 1819, Dr. Karl-Renner-Institut seit 1976, seit 1981 Hotel.

Wohnhausanlage Am Schöpfwerk

1967

Am Schöpfwerk, Lichtensterngasse, Zanaschkagasse
Besichtigung: von außen
Transport: U6 (Am Schöpfwerk)

Mit der Großwohnanlage „Am Schöpfwerk" mit 2.151 Wohnungen war Ende der 60er Jahre der Versuch unternommen worden, auf die Fehler der 50er Jahre zu reagieren. Zurückgreifend auf eine kritische Wohnbauausstellung, die Hufnagl und Windbrechtinger im Rahmen der österreichischen Gesellschaft für Architektur durchführten, wurde das Thema der „Wiener Höfe" der Zwischenkriegszeit neu formuliert. Durch eine Wohnungsvielfalt (Terrassenwohnungen, Maisonetten, Split-Level-Wohnungen) und Durchmischung mit öffentlichen Funktionen wurde eine neue Urbanität angestrebt. Architekten: V. Hufnagl, E. Bauer, L. Parenzan, J. Peters, M. Pribitzer, F. Waclawek, T. u. W. Windbrechtinger.

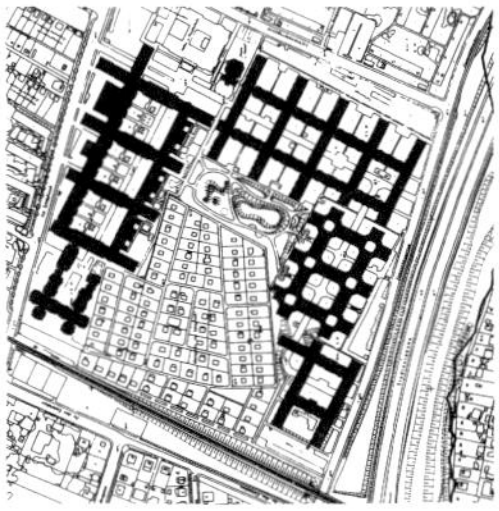

Rüdiger Lainer, Gertraud Auer **12.-18**

Wohnhaus

1993

Rothenburgstraße 2
Besichtigung: von außen
Transport: L62 (Altmannsdorfer Straße)

An der Kreuzung Hetzendorfer Straße – Rothenburgstraße entstand eine neue Blockrandbebauung durch die Werkstatt Wien (Günther Holnsteiner, Markus Spiegelfeld) und Rüdiger Lainer für einen gemeinsamen Bauträger. Lainer und Auer verteilen die 22 Wohnungen auf zwei Baublöcke, die mit einer Brücke verbunden sind und von einem Stiegenhaus erschlossen werden. Durch Schichtungen und Modellieren der Außenwände entsteht ein plastisches Spiel von Flächen und Kuben, das gemeinsam mit einer differenzierten Färbelung den beiden Häusern eine hohe Identität verleiht.

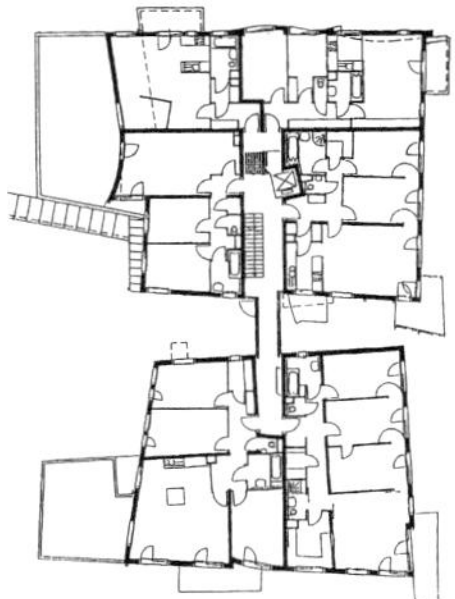

Wohnpark Hetzendorf

1998

Altmannsdorfer Straße/Breitenfurter Straße/Hetzendorfer Straße
Besichtigung: von außen
Transport: L62 (Hetzendorf)

„Mein Konzept sieht das ganze Repertoire einer Stadt vor. Es umfasst kleingliedrige Wohnungen bis zu großzügigen Maisonetten, Balkone bis Eigengärten. Auch Kaskaden und Türme sind eingeplant" (Boris Podrecca). Auf 1,3 ha entstand der Wohnpark Hetzendorf mit 312 Wohnungen und ca. 800 m² Bürofläche und ca. 7.000 m² Grünfläche mit einer Altbaumgruppe im Inneren der Blockrandbebauung. Zwei Wohnhochhäuser mit je 42 m Höhe setzen zwei städtebauliche Akzente.

Die Volksschule Rohrwassergasse gehört zum Typus der Hallenschulen und war zum Zeitpunkt des Entwurfes noch nicht für einen Ganztagesbetrieb geplant. Eine lichtdurchflutete zweigeschossige Halle mit sichtbarer Trapezblech-Stahldachkonstruktion bildet das Zentrum der gesamten Schule: Eine wohnliche, gut proportionierte Raumsituation ermöglicht die Identifikation der Schüler mit „ihrer" Schule.

Schule Rohrwassergasse

1993

Rohrwassergasse 2/Margarete Seemann Weg 1
Besichtigung: nach Vereinbarung
Transport: L62 (Schloss Hetzendorf)

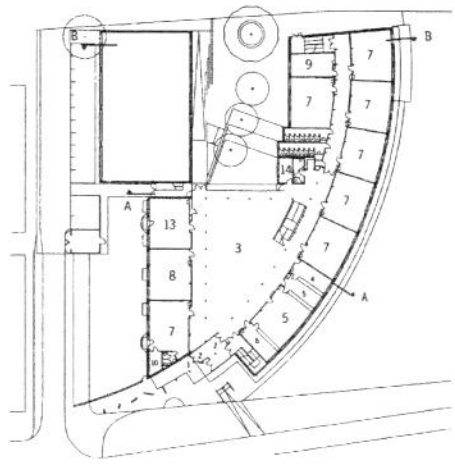

Hugo Mayer, Emil Krause **12.-21**

Die Anlage – von der Genossenschaft „Pioniere vom Rosenhügel" errichtet – war mit 543 Häusern eine der größten Wiener Selbstversorgersiedlungen. Die Bebauung ist differenziert, es gibt fünf Grundrisstypen mit insgesamt 16 Varianten, die Gartengröße ist gleichbleibend 350 m². Vorbildlich für die Siedlungsstruktur waren mittelbar das Ideal der englischen Gartenstädte und unmittelbar Hannes Meyers Baseler Friedhofssiedlung. Das angeschlossene Genossenschaftshaus ist 1968 abgebrannt.

Kleingartensiedlung Rosenhügel

1921

Atzgersdorfer Straße, Defreggerstraße, Endergasse, Rosenhügelstraße
Besichtigung: von außen
Transport: L62 (Atzgersdorfer Straße)

Wohnbau „Die gestapelte Kleingartensiedlung"

2000

Breitenfurter Straße 114
Besichtigung: von außen
Transport: L62 (Meidling), Bus 62A (Kirchfeldgasse)

Wie ein roter Vorhang begleitet die Straßenfassade den Fußgänger oder den Autofahrer entlang der Breitenfurter Straße. Der Laubengang als Erschließungselement an dieser stark befahrenen Straße wird zum intensiven optischen Identifikationsmerkmal. Die 188 Wohnungen entwickeln sich in die Tiefe des Grundstückes (die zeilenförmigen Baukörper stehen senkrecht zur Breitenfurter Straße) und sind so optimal vom Verkehrslärm abgeschirmt. Eine großzügige und logische Behandlung eines schwierigen Wohnbaugrundstückes. Helmut Richter hat diese Gedanken in der Wohnhausanlage Brunner Straße sinngemäß entwickelt (siehe 23.-12).

Erwähnungen **12. Bezirk**

***12.**-23e* **Stadtbahn-Brücke über die Zeile**
Otto Wagner
1895 (Wienzeile-Brücke)
Sechshauser Gürtel, Linke Wienzeile

***12.**-24e* **Rosenkranzkirche Hetzendorf**
Innenraumgestaltung Friedrich Achleitner, Georg Gsteu
1956
Marschallplatz

***12.**-25e* **Kindergarten Hetzendorf**
Johann Georg Gsteu
1968
Marschallplatz 6

***12.**-26e* **Wohnbau**
Martin Kohlbauer
2002
Fockygasse 52/Murlingengasse 12

13. Bezirk, **Hietzing** Indexnummern **13.**-1 … **13.**-47e

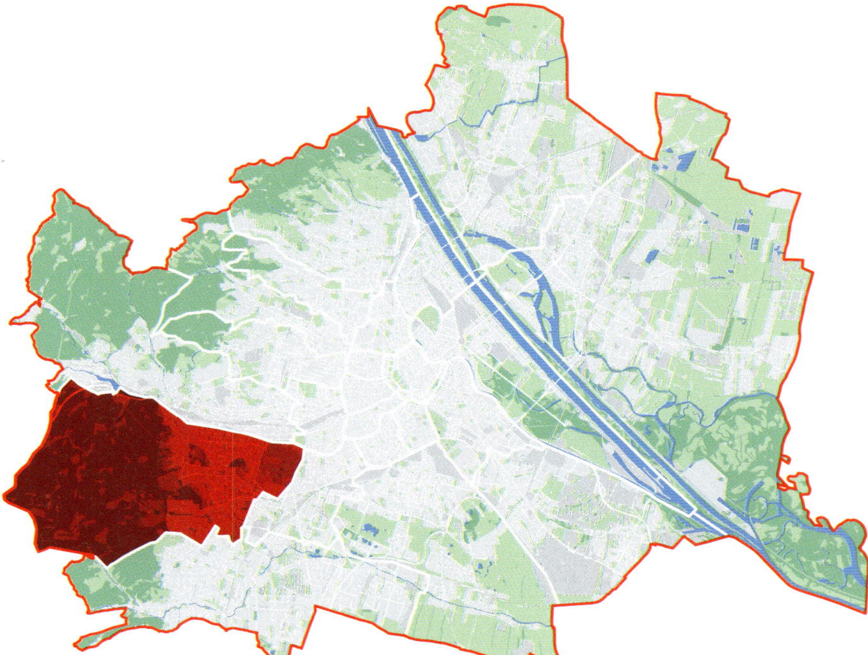

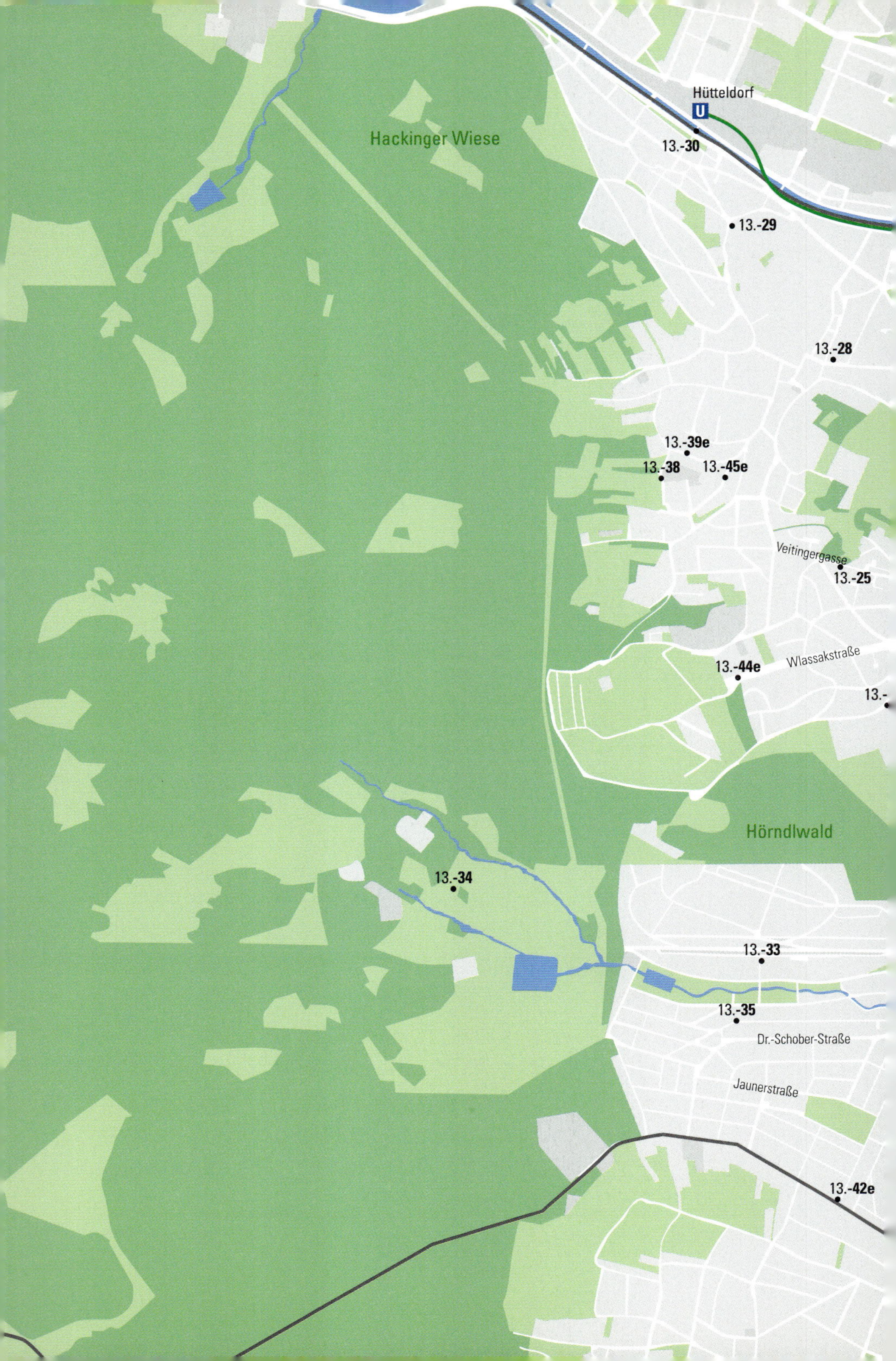

Hütteldorf
U
Hackinger Wiese
13.-30
13.-29
13.-28
13.-39e
13.-38
13.-45e
Veitingergasse
13.-25
13.-44e
Wlassakstraße
13.-
Hörndlwald
13.-34
13.-33
13.-35
Dr.-Schober-Straße
Jaunerstraße
13.-42e

Hütteldorfer Straße
Johnstraße
Ober St. Veit
Unter St. Veit
Auhofstraße
Braunschweiggasse
Hietzing
Schönbrunn
Hietzinger Hauptstraße
13.-22
13.-20
13.-46e
13.-18
13.-7
13.-6
13.-2
13.-1
13.-21
13.-17
13.-15
13.-13
13.-14
13.-16
13.-19
13.-23
13.-5
13.-11
13.-12
13.-8
13.-9
13.-10
13.-4
Küniglberg
Schönbrunner Schlosspark
Maxingstraße
13.-26
13.-3
13.-24
13.-47e
Speisinger Straße
Hetzendorfer Straße
13.-32
15 min
1000 m

Schönbrunn-Schloss

1696

Schönbrunn-Park
1705
Schönbrunner Schlossstraße
Besichtigung: öffentlich zugänglich
Transport: U4 (Schönbrunn)

Das Schloss Schönbrunn zählt die meisten Besucher der Bundeshauptstadt Wien und gilt als bedeutendstes Barockschloss Österreichs. Als Antwort der Habsburger auf Versailles wurde das Schloss von J. B. Fischer v. Erlach für Kaiser Leopold I. konzipiert. Ursprünglich sollte der Schlossbau auf der Anhöhe stehen, die heute von der sogenannten „Gloriette" dominiert wird. Aus finanziellen Gründen wurde ein reduzierter Entwurf J. B. Fischer v. Erlachs ausgeführt, der nach dessen Tod von seinem Sohn J. E. Fischer von Erlach weitergeführt und unter Kaiserin Maria Theresia von Nicolaus Pacassi fertig gestellt wurde. Der Schönbrunn-Schlosspark ist eine der bedeutendsten und am besten erhaltenen barocken Gartenanlagen Österreichs. Planung von Jean Trehet (1705). Nebenbauten in den Blickachsen: u. a. die Gloriette (J. F. Hetzendorf von Hohenberg, 1772-75, Umbau in ein Café durch F. Ullmann, 1996), die Menagerie (Jean Nicolas Jadot, 1751). Laufend Sanierungsarbeiten, begleitet vom Bundesdenkmalamt.

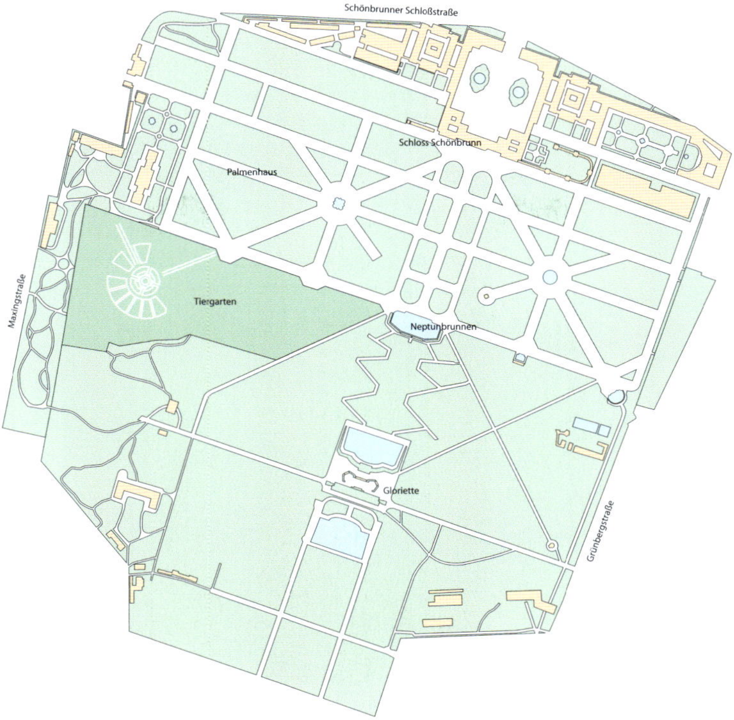

Auböck & Karasz

13.-2

Schönbrunner Schlossplatz

2005

Schönbrunner Straße
Besichtigung: öffentlich
Transport: U4 (Schönbrunn)

Die Sommerresidenz der Habsburger, das Schloss Schönbrunn, ist die größte touristische Attraktion Österreichs. Die intensiven Verkehrsströme des Alltags entlang des Wienflusses und die Besucherströme zum Schloss sind seit Jahrzehnten ein ungelöstes Problem. Ein Wettbewerb sollte diese „Touristenfalle" gestalterisch lösen, das Projekt der S+S Architekten gemeinsam mit den Landschaftsplanern Auböck & Karasz wollte eine Gesamtlösung mit Tiefgarage. Vorläufig haben sich die Stadt Wien und der Bezirk auf die kleine Lösung der Vorplatzgestaltung geeinigt, die von Auböck & Karasz vorbildlich im Sinne einer historischen Neuinterpretation gelungen ist. „Die Sphinxen und Löwen spannen das Mittelstück gleichsam ein und bezeichnen in ihrer Situierung die historische Kontinuität seit dem 17. Jahrhundert."

13.-3 *Franziska Ullmann*

Gloriette Café-Restaurant
1995

Schloss Schönbrunn
Besichtigung: öffentlich zugänglich
Transport: U4 (Schönbrunn)

Kaiser Franz I. benutzte den verglasten Mittelteil der Gloriette als Frühstückszimmer. Von hier aus hat man einen wunderbaren Blick zurück auf das Schloss Schönbrunn und weiter bis zur Innenstadt. Leider gab es diese Verglasung nur bis 1926 und nach Behebung der Bombenschäden aus dem Zweiten Weltkrieg hatte die Gloriette nur ein marginales Interesse hervorrufen können. Die Sanierung durch Reinhard Eisterer (1993-95) führte dazu, dass Franziska Ullmann mit der Planung für eine Café-Restaurant-Nutzung beauftragt wurde. Die Ausstattung ist in hellem Ahornholz gehalten, in der Mitte des Raums kamen rote Loom Chairs und Tische zur Verwendung, die eine Atmosphäre zum Wintergarten assoziieren.

13.-4 *Hans Lechner, Manfred Wehdorn, ARGE Neversal und Edelbacher & Hartmann u. a.*

Tiergarten Schönbrunn, verschiedene Gehege
seit 1993, 2002, 2003

Besichtigung: öffentlich
Transport: U4 (Hietzing)

1752 als private Menagerie Schönbrunn durch Kaiser Franz Stefan I. von Lothringen, Ehemann Maria Theresias, eröffnet, gehört dieser älteste Zoo der Welt auch heute noch zu den großen Attraktionen Wiens mit über 1,6 Millionen Besuchern im Jahr 2002. Seit der Privatisierung des Tiergartens im Jahr 1991 wurden über zehn neue Anlagen errichtet, um eine artgerechte und publikumsfreundliche Tierhaltung zu ermöglichen. Die ehemalige Barock-Menagerie des Kaisers wird heute durch interessante Glas-Stahl Architekturen ergänzt. Nicht alle Interventionen erfüllen den Anspruch, auch einen architektonischen Beitrag zu liefern, besonders interessant sind die Löwenanlage (Manfred Wehdorn, 1994), das Regenwaldhaus (ARGE Neversal und Edelbacher & Hartmann, 2002) sowie das neue Wüstenhaus (Hartmann, 2003).

Schönbrunn-Palmenhaus

1881

Schönbrunn-Schlosspark
Besichtigung: öffentlich zugänglich
Transport: U4 (Hietzing)

Zum Zeitpunkt der Errichtung (1879-82) auf dem Gelände des botanischen Gartens war das Palmenhaus mit 114 m Länge, 25 m Höhe und 29 m Breite weltweit eines der größten seiner Art. Die Vorbilder für den Planer waren englische und französische Glashausbauten der Jahrhundertmitte (des 19. Jahrhunderts), die er auf einer Dienstreise studiert hatte. Durch die Verteilung der gläsernen Volumina in einen Mittelpavillon und Seitenflügel, lehnt sich der Bau typologisch an Schlossbauten an und verbindet damit traditionelle Repräsentationsarchitektur mit den neuen Materialien Glas und Stahl. Im Zweiten Weltkrieg wurde das Glashaus schwer beschädigt, in den 1950er Jahren wiederaufgebaut, nach jahrzehntelanger Vernachlässigung 1986-90 Generalsanierung von Herbert Prehsler mit neuer Verbundverglasung anstelle der originalen Doppelverglasung. Bedeutende Pflanzensammlung in drei Klimazonen.

Stadtbahn-Hofpavillon
1898

Schönbrunner Schlossstraße
Besichtigung: Öffnungszeiten
Transport: U4 (Hietzing)

Der Hofpavillon ist Teil der Wientallinie und datiert aus dem Jahr 1898. Seine Bedeutung ist eher symbolischer Natur, da er nur ein einziges Mal wirklich verwendet wurde, nämlich zur Eröffnung der Wiental-Stadtbahn durch Kaiser Franz Josef. Der oktogonale, mit einer Kuppel überwölbte Hauptraum hat im Inneren eine zweite abgehängte Kuppel. Ein großes Bild zeigt die Stadt Wien aus der Vogelperspektive. Heute wird der Hofpavillon durch das Museum der Stadt Wien als Museum geführt. Renovierung durch Adolf Krischanitz in den 80er Jahren.

Josef Plečnik und Josef Czastka **13.-7**

Adaptierung des Waidmannshauses
1901

Hietzinger Hauptstraße 6
Besichtigung: von außen
Transport: U4 (Hietzing)

Der Umbau Josef Plečniks wurde in den frühen 1920er Jahren nochmals durch Rudolf Goebel verändert, der vor allem die Seitenflügel aufstockte. Das Frühwerk, das in seiner „barocken" Konzeption schon Anklänge an die Sensibilität zeigt, mit der Plečnik in seinen späteren Werken lokale Traditionen umzusetzen wusste, zeigte den jungen Slowenen schon damals als ungewöhnlichen Wagner-Schüler.

13.-8

Ernst Lichtblau

Wohnhaus Wattmanngasse

1914

Wattmanngasse 29
Besichtigung: von außen
Transport: U4, Bus 56B, Bus 58B (Tiroler Gasse)

Das Frühwerk des Wagner-Schülers Ernst Lichtblau wird von dunklen und plastischen Reliefbändern dominiert. Die Betonung der Horizontale weist allerdings schon jenen aufgeschlossenen und dynamischen Zug auf, den die späteren Arbeiten des Architekten, vor allem sein Pavillon auf der Österreichischen Werkbundausstellung 1930, erreichen werden.

13.-9

arge SI+, AllesWirdGut Architektur ZT, rainer pirker ARCHItexture; werkraum_wien (Statik)

Einfamilienwohnhaus

2001

Gloriettegasse
Besichtigung: von außen
Transport: U4, Bus 56B (Tiroler Gasse)

Als „Goldnugget in der Schutzzone" wurde dieser Villenneubau vielfach bezeichnet, der wegen seiner unkonventionellen Architektur sogar dem Gestaltungsbeirat der Stadt Wien vorgelegt wurde, was sonst nur bei besonders stadtbildrelevanten und größeren Bauten der Fall ist. Mehrere Architekturbüros wurden zu Vorentwürfen eingeladen, die Auftraggeber spielten eine aktive Rolle bei der Umsetzung. Das „gefaltete" Gebäude erzielt eine hohe räumliche Qualität, der Bezug zum Garten wurde besonders sorgfältig herausgearbeitet. Bei Bedarf in der Zukunft lässt sich das Haus ohne großen Umbauaufwand wieder in zwei getrennte Einheiten zurückführen. Die hohe Stützmauer mit integrierter Garage trennt die Straßenwelt vom „Golden Nugget".

Haus Bösch
Haus Roland Rainer

1968

Weidlichgasse 17 und 17a
Besichtigung: von außen
Transport: U4, Bus 56B (Tiroler Gasse)

Die beiden Häuser Weidlichgasse 17, Wohnhaus Roland Rainer (1964-66) und Weidlichgasse 17a, Wohnhaus Familie Bösch (1968-70) wurden beide auf einem ursprünglich gemeinsamen Grundstück errichtet. Das Wohnhaus des Architekten entspricht als Atriumhaus den Prämissen seiner eigenen Wohnphilosophie. Zur Straße hin verschlossen, öffnet sich das Haus zum Garten. Eine Hommage an die Tradition der Atriumhäuser Chinas. Das Wohnhaus Bösch folgt der topografischen Hangsituation.

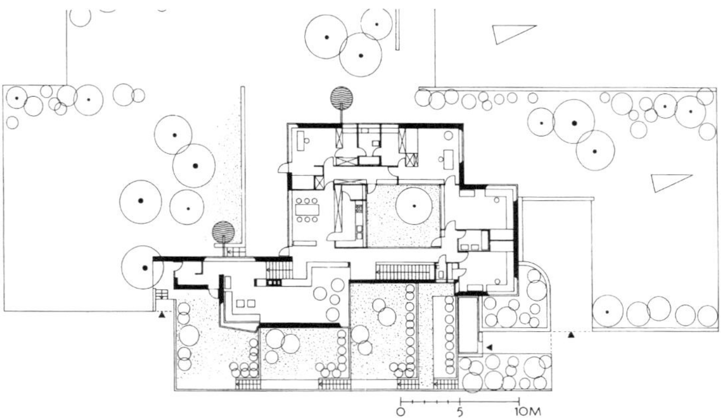

Villa Skywa-Primavesi

1913

Gloriettegasse 18
Besichtigung: von außen
Transport: U4, L60 (Gloriettegasse)

Zwei miteinander korrespondierende Faktoren sind für die Gestaltung der äußerst großzügig angelegten Villa ausschlaggebend: die Auflösung eines durchgehenden Mauerwerkes zu Gunsten vielfältiger Schichtungen und die Anlage von verschiedenen Baukörpern an Stelle einer Großform. Die Villa ist der Höhe- und gleichzeitige Endpunkt der verfeinerten Wiener Wohnkultur, die von einer großbürgerlichen Klientel getragen wurde und mit dem Ersten Weltkrieg unterging. Das Selbstbewusstsein, mit dem der Bau seine Bestimmung an den Fassaden zelebriert, wird in den nahe gelegenen, zum Teil früher entstandenen Wohnbauten für die bürgerliche Welt von Hoffmanns Gegenspieler Adolf Loos schon zurückgenommen und weicht der Konzentration auf die Ausstattung des Innenraumes.

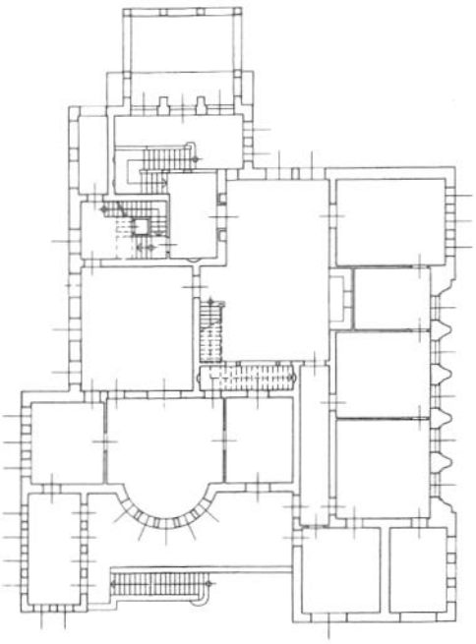

Die Kleinsiedlung Drachs (1930-32) war eine Parallelaktion zur Wiener Werkbundsiedlung Josef Franks. Die einzelnen Häuser der Reihenbebauung sind durch eine unterschiedliche Behandlung gekennzeichnet und somit individualisiert. Begehbare Dachterrassen sorgen für zusätzliche Lebensqualität bei reduzierter Wohnfläche. Das Prinzip der Siedlung ist dem Franks nicht so unähnlich: Statt der monotonen Reihe, die zwar ehrlich ihren gleichbleibenden Inhalt (Wohnraum) ausdrückt, aber die psychischen Interessen ihrer Bewohner vernachlässigen kann, wird hier auf Formenvielfalt, wenn auch nicht übertriebenen Formenreichtum, gesetzt.

Malfatti-Siedlung

1930

Franz-Schalk-Platz 1-5
Besichtigung: von außen
Transport: L60 (Gloriettegasse)

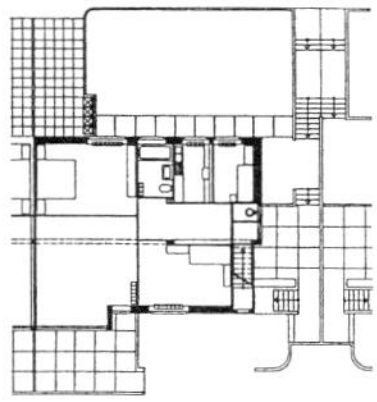

Der Schulbau entstand eigentlich in drei Etappen. 1906-09 wurde der Altbau des Mädchen-Lyzeums errichtet, an den 1930-31 das Architektenduo Jaksch und Theiss einen Zubau anschloss. Als Mitarbeiter an diesem für österreichische Verhältnisse ungeheuer modernistischen Bau wurde der junge Bernhard Rudofsky beschäftigt. Die großzügige Verwendung von Glas und Glasziegeln sorgt für eine gute Durchlichtung der Räume, die reduzierte Linienführung für die gebotene Sachlichkeit, die aber durch die Materialwahl nie in Nüchternheit kippt. Der Schulbau wurde 1990-95 durch die Architektengruppe Melicher, Schwalm-Theiss & Gressenbauer großzügig erweitert und der Altbestand saniert.

Allgemeine höhere Schule Wenzgasse

1930, 1990

Wenzgasse 7
Besichtigung: nach Vereinbarung
Transport: U4, L60 (Gloriettegasse)

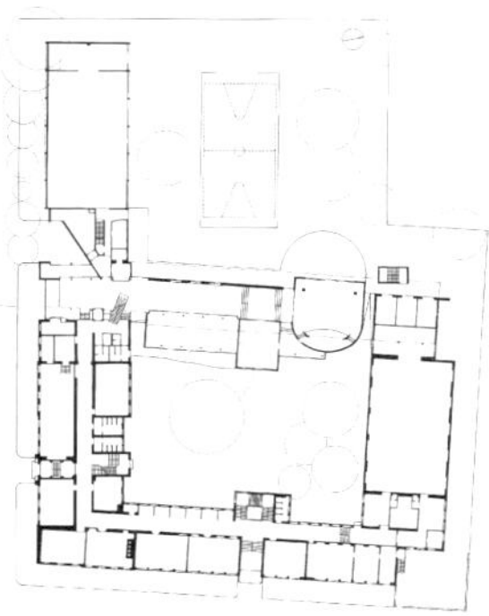

Haus Scheu

1912

Larochegasse 3
Besichtigung: von außen
Transport: L58 (Fleschgasse)

Das Einfamilienwohnhaus, das im obersten Stock über eine zusätzliche Wohnung mit eigenem Eingang verfügt, hat vor jedem der ostseitig gelegenen Schlafzimmer eine großzügige Terrasse platziert. Der konsequenten Gliederung des Blocks – die Terrassen springen bei einer Gesamtlänge des Baus von 16 Metern jeweils vier Meter zurück – entspricht die Gestaltung der Fenster, deren unterschiedliche Größe durch Kombinationen von einem Modul erreicht wird. Das Haus stieß bei seiner Planung auf Widerstände von Seiten der Baubehörde, die vom Bauherrn eine vollständige Bewachsung und vom Architekten einen Vorschlag für die Verbauung des Nachbargrundstücks verlangte. Dieser wurde allerdings nie verwirklicht.

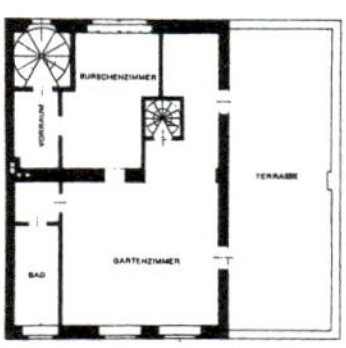

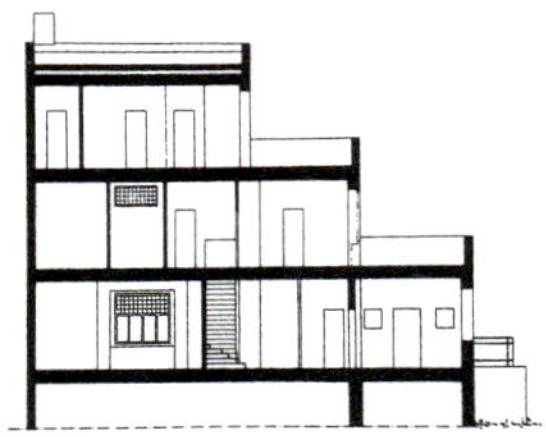

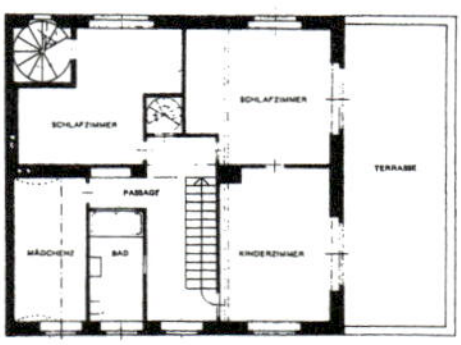

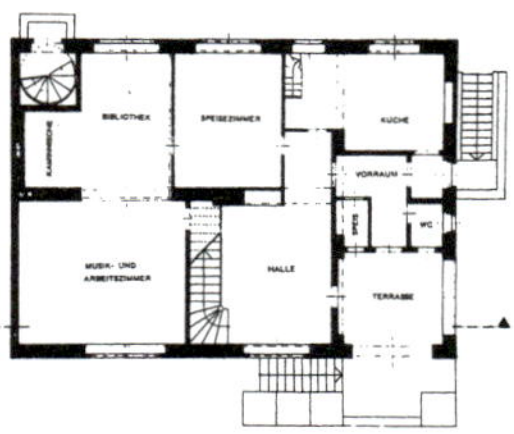

Haus Beer

1929

Wenzgasse 12
Besichtigung: von außen
Transport: U4, L60 (Gloriettegasse)

Nicht zufällig schrieb Josef Frank aus Anlass der Publikation dieser Villa den Artikel „Das Haus als Weg und Platz", in dem er für die Innenraumgestaltung und den Städtebau gleichermaßen gültige Kriterien für Wegführung und Maßstäblichkeit aufstellte und vor allem das Ablegen einer für ihn unsinnigen, dogmatischen Regelmäßigkeit propagierte. Der Bau entwickelt sich in distanzierter Abhängigkeit vom Loos'schen Raumplan als sehr viel freiere Abfolge von Räumen, die am Außenbau als „Raumtaschen" (J. Frank) ablesbar sind. (Das ausgeklügelte Innenraumkonzept wird leider durch einen Einbau neueren Datums empfindlich gestört.) Geschlossene Straßenfassade. Die Gartenfassade ist durch eine Vielzahl von Balkonen und Terrassen gestaltet.

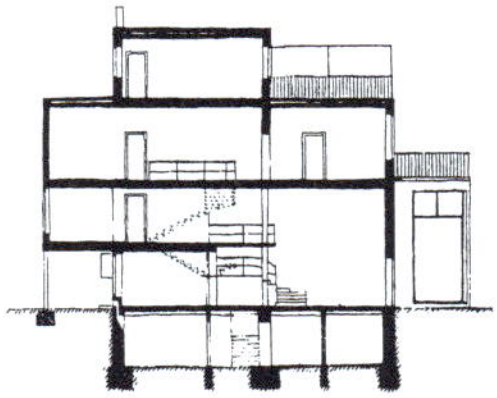

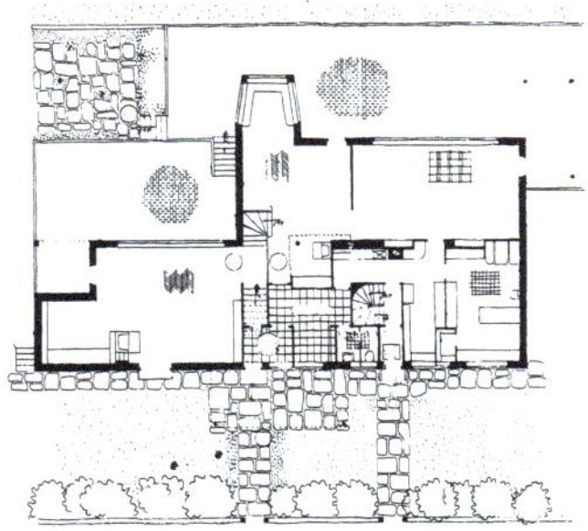

Wohnhaus Beckgasse
1900

Beckgasse 30
Besichtigung: von außen
Transport: L60 (Gloriettegasse)

Plečniks Intervention in den Bau des Wohnhauses erfolgte erst relativ spät. Außer einigen Korrekturen im Inneren, konnte er nur mehr die Fassadengestaltung maßgeblich beeinflussen: Diese ist dementsprechend unorthodox ausgefallen. Seriell vorgefertigte Schmuckelemente wurden gleichmäßig in den Putz eingebracht. Deutlicher kann man eine angestrebte Trennung von Struktur und Schmuckform wohl kaum formulieren.

13.-17 *Adolf Loos*

Haus Strasser
1918

Kupelwiesergasse 28
Besichtigung: von außen
Transport: L58 (Fleschgasse)

Der Bestand aus dem 19. Jahrhundert wurde von Loos so geschickt in den Umbau eingebunden, dass man ihn kaum noch verorten kann. Der Bau ist eine Vorstufe für die folgenden „Raumpläne" des Architekten. Der Komplexität des Inneren entspricht die Fassadengestaltung, die vollständig aus diesem heraus legitimiert ist. Die „Ausstülpungen" sind typisch für die frühe Phase des Loos'schen Raumdenkens, sie werden in späteren Entwürfen zugunsten einer „Verblockung" des Baukörpers und einer systematischen Fassadengestaltung wieder zurückgenommen.

Villa Wustl

1912

Auhofstraße 15
Besichtigung: von außen
Transport: L58 (Wenzgasse)

Oerley integrierte ein Glashaus, das noch zum Vorgängerbau gehörte – das Schloss des Herzogs von Braunschweig – in den Neubau einer Villa für den Schraubenfabrikanten Richard Wustl. Die wesentliche Leistung des Architekten war es, einen Ausgleich zwischen den stark differenzierten Raumformen, die sich auch durchaus am Außenbau abzeichnen, und einer klar lesbaren symmetrischen Fassadengestaltung – z. B. der Gartenseite – zu erzielen. In die Auffahrt sind jene Vasen integriert, die Oerley für den Secessionsbau entworfen hatte. Ursprünglich hatte das Haus eine zweigeschossige lichtdurchflutete Innenhalle – in Anlehnung an englische Vorbilder. Vertäfelungen, großartige Einzelraumgestaltungen. Leider wurde das Bauwerk im Inneren stark verändert.

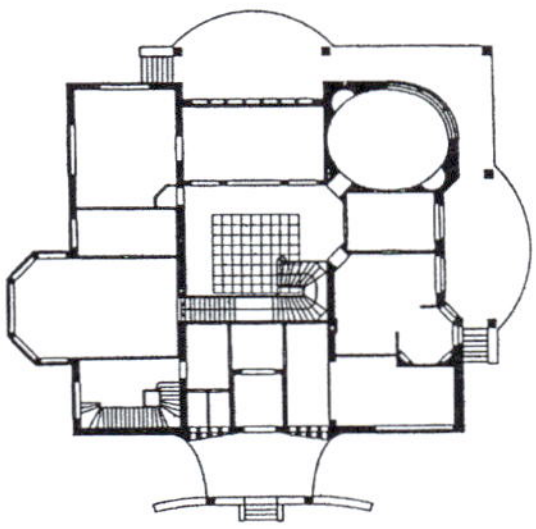

Haus Steiner

1910

St. Veit-Gasse 10
Besichtigung: von außen
Transport: L58 (Hummelgasse)

Seit der Publikation der ersten Fotos im Jahr 1910 wurde das Haus Steiner zu einer Ikone der Architekturgeschichte der Moderne und des 20. Jahrhunderts: Die Fassade war ohne Ornamente. Ein Haus mit Überraschungseffekt, die Straßenseite musste aufgrund von Baubestimmungen eingeschossig mit ausgebauter Mansarde gehalten werden, die Gartenfassade ist dagegen dreigeschossig und vielfältig gegliedert. Die Überleitung zwischen beiden Niveaus leistet ein halbtonnenförmiges Dach. Im Inneren klingt trotz der durchgehenden Geschossebenen aufgrund der unterschiedlichen Raumhöhen ein „Raumplan"-Konzept an. Hinter dem großen Fenster an der Straßenseite im ersten Stock lag das Atelier der Bauherrin, der Grafikerin Lilly Steiner.

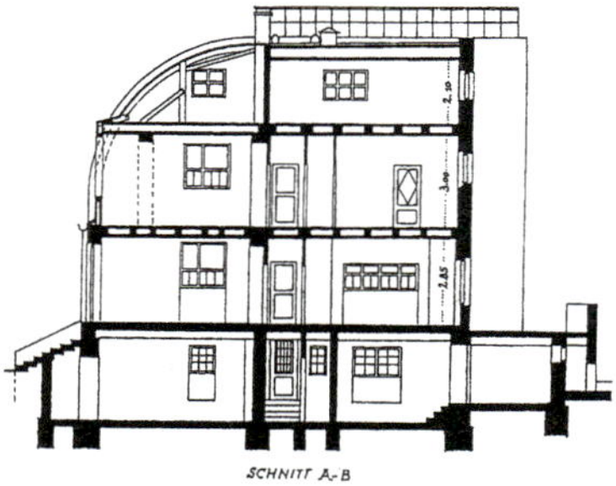

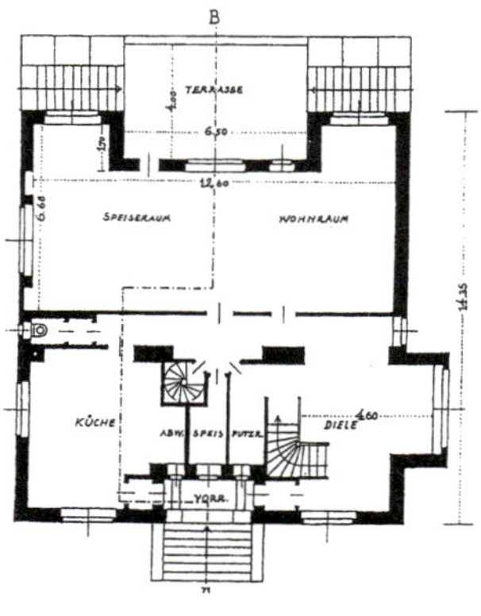

Haus Rufer

1922

Schließmanngasse 11
Besichtigung: von außen
Transport: U4 (Braunschweiggasse)

Wie das Haus Horner ist auch dieses Wohnhaus eine ausgeklügelte Minimalvariante eines Einfamilienhauses. Auf einer Fläche von nur 10 x 10 Metern und um eine tragende Säule in der Mitte entwickelte Loos ein differenziertes räumliches Konzept, das sich auch in die Fassaden einschreibt. Durch Kopien von Fragmenten des Parthenon-Frieses konnte Loos einerseits die Fassadengliederung der Nordfassade harmonisieren, andererseits aber auch dem Begriff der Bauplastik eine erweiterte Dimension geben.

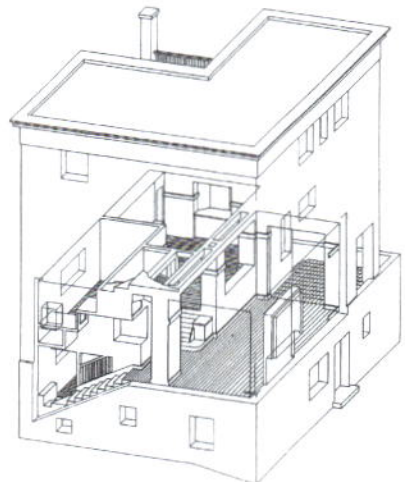

Adolf Krischanitz **13.-21**

Privatmuseum (Meditationsraum) Hietzing

2003

Goldmarkplatz 8
Besichtigung: von außen (keine Besichtigung möglich)
Transport: L58 (Verbindungsbahn)

Ein „Sonderbauwerk" direkt an der Straße in einer Villen-Gegend weckt die Neugierde. Das Sichtbetongebäude erklärt sich als Privatmuseum, dessen schlichte Proportionen das Gebäude selbst zu einem Kunstwerk machen. Straßenseitig zeigt sich eine fast symmetrische Fassade mit einem Mittelteil aus Sichtbeton und zwei seitlichen Glasöffnungen. Zum eigenen Garten hin öffnet sich das Hauptgeschoss mit zwanzig großformatig liegenden Fenstern, horizontal viergeteilt, vertikal fünfgeteilt. Die präzise Positionierung der Sichtbetonfugen mit den Fensterachsen lässt an einen japanischen Schrein denken. Der Innenraum lebt von der konsequenten Lichtregie und der Überhöhung des Zentralraumes.

13.-22

Gunther Wawrik, Hans Puchhammer

Bürohaus
1970

Auhofstraße 41a
Besichtigung: von außen
Transport: U4 (Unter St. Veit)

Bürohausbauten in den 70er Jahren waren dominiert von der Forderung nach Flexibilität und Nutzungsvariabilität. Beide Funktionen sind in diesem kleinen Bürohaus vorbildlich gelöst, eine weit gespannte Betonrahmenkonstruktion ermöglicht die freie Einteilung der Räume. Die transparente Glashaut zeigt die expressive Konstruktion.

13.-23

Josef Lackner

Konzils-Gedächtniskirche
1965

Lainzer Straße 138
Besichtigung: öffentlich zugänglich
Transport: L60, L61 (Jagdschlossgasse)

Der Kirchenbau der 60er Jahre war von einer Umbruch- und Aufbruchstimmung innerhalb der Kirche gekennzeichnet. Durch die „Öffnung" und „Demokratisierung" der Institution Kirche wurden auch neue Architekturkonzepte möglich. Lackner entwickelt hier über einem quadratischen Grundriss einen kontrastreichen Kircheninnenraum mit schweren Außenmauern, die einen Umgang (Kreuzgang) im ersten Obergeschoss beinhalten. Ein rund umlaufendes Oberlichtband bringt genügend Licht in den Innenraum und lässt optisch das Dach schweben. Spätere Ergänzungen und Umbauten durch den Architekten Sepp Müller.

ORF-Zentrum

1968, 1982-85 Erweiterung

Würzburggasse, Küniglberg
Besichtigung: nach Vereinbarung
Transport: U4, Bus 58B (ORF-Zentrum)

Der österreichische Rundfunk erhielt in den späten 60er Jahren eine neue Struktur und ein neues Architekturimage. Auf Länderebene waren dies die ORF-Landesstudios von Gustav Peichl, das ORF-Hauptzentrum am Küniglberg wurde von Roland Rainer geplant und realisiert. Entsprechend dem medialen Sendungsauftrag des ORF folgen die Bauwerke einer besonders technischen Architektursprache: Stahlbeton Präfabrikation, funktionelle Gliederung, integrierter Sonnenschutz etc. Es gelang Rainer, den Großbaukörper durch funktionelle Einzelbaukörper zu gliedern und zu gestalten. Bauzeit 1968-76, laufend Ergänzungen. Derzeit große Diskussion über notwendige Generalsanierung oder Totalabbruch (Stand 2007).

Werkbundsiedlung

1930

Jagdschlossgasse, Veitingergasse, Woinovichgasse, Jagicgasse
Besichtigung: von außen
Transport: U4, Bus 54B (Gobergasse)

Josef Frank, der Initiator der Wiener Werkbundsiedlung (1930-32), war der einzige Österreicher gewesen, der an der Errichtung der berühmten Siedlung am Stuttgarter Weißenhof beteiligt war. Fünf Jahre nach deren Vollendung wurde sein Gegenkonzept als Österreichische Werkbundausstellung 1932 eröffnet. Neben der heimischen Architekturelite waren von Frank auch jene internationalen Größen eingeladen worden, die seiner Meinung nach bei der Konzeption der Stuttgarter Siedlung übergangen worden waren. Das Siedlungskonzept mit seiner gekrümmten Wegführung, die scheinbar natürlich in kleine Plätze mündet, entspricht Franks theoretischen Maximen von geplanter „Zufälligkeit", welche die Lebensqualität eines „gewachsenen" Ensembles evozieren soll. Die Siedlungshäuser sollten eine Vielzahl von möglichen

Lurcat

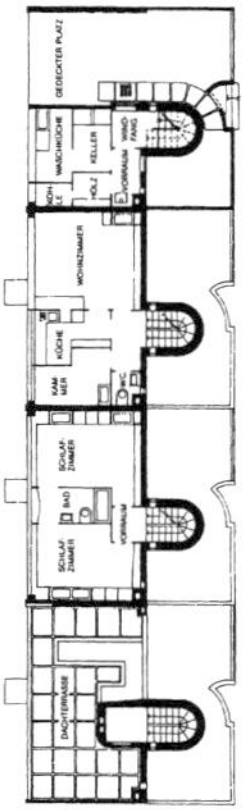

Frank

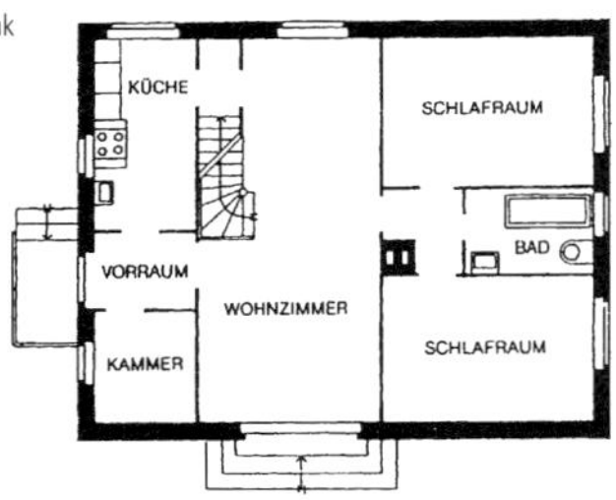

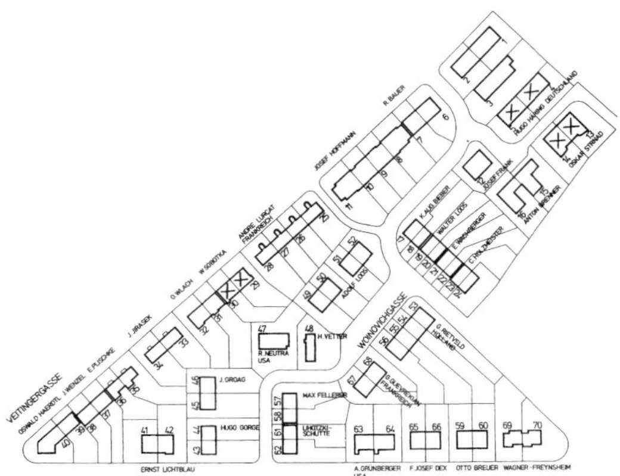

Typen vorstellen: Von den freistehenden Einfamilienhäusern reicht das Spektrum über Doppelwohnhäuser bis zu Reihenhäusern. Die Innenorganisation der Häuser konnte dem zeitgenössischen Besucher ebenfalls eine große Vielfalt von Wohnmöglichkeiten über sehr reduziert gehaltenen Grundrissen vermitteln. Das Konzept der Färbelung wurde vom ungarischen Maler Laszló Gábor entwickelt. Die Siedlung ist die „dichteste Packung" hochqualitativer Architektur der „klassischen Moderne" in Österreich. Ihren Höhepunkt an Kompaktheit und räumlicher Komplexität findet sie in den beiden Doppelwohnhäusern von Adolf Loos. 1983-85 wurde die Anlage von Adolf Krischanitz und Otto Kapfinger renoviert, wobei sinnvolle, von den Bewohnern angebrachte Veränderungen beibehalten wurden.

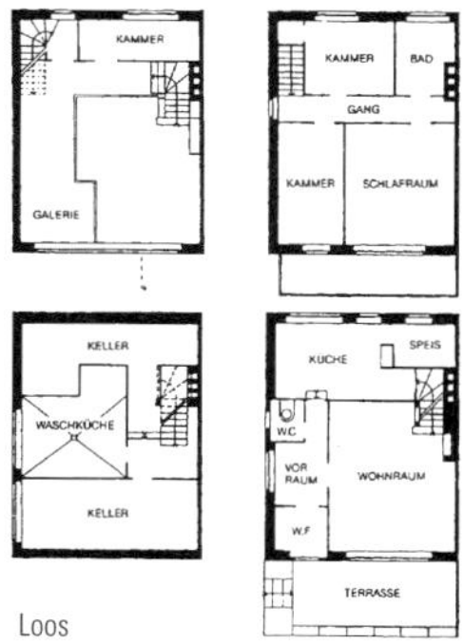

Loos

13.-26 *Adolf Loos*

Haus Horner

1912

Nothartgasse 7
Besichtigung: von außen
Transport: U4, Bus 55B (Tolstoigasse)

So prätentiös Loos zum Teil bei der Errichtung von Großaufträgen und der Inneneinrichtung seiner Bauten sein konnte, war ihm der preisgünstige Wohnbau immer ein Anliegen. Das Haus Horner ist ein gutes Beispiel für dieses pragmatische Denken: Über einer minimalen Fläche von nur 10 x 11 m errichtete Loos ein Einfamilienhaus, das lediglich über tragende Außenmauern verfügt, ganz gemäß seiner Vorstellung von einer Wand, die einzig als schützendes und tragendes Element für die Innenausstattung zu dienen hat.

13.-27 *Luigi Blau*

Haus T.

1983

Gogolgasse 58
Besichtigung: von außen
Transport: U4, Bus 54B (Gogolgasse)

Dieses Einfamilienhaus reagiert in seiner Grundrissgestaltung sowohl auf die Topografie des Grundstückes als auch auf die Tradition der Wiener Moderne. Ein Nordosthang mit geringer Besonnung und straßenseitiger Terrasse waren die schwierigen Randbedingungen für die Verbauung. Das Haus entfaltet im Innenbereich eine differenzierte, durch Höhen gestaffelte Raumsequenz mit überraschenden Durchblicken und Aussichten. Einbaumöbel nach Entwürfen des Architekten.

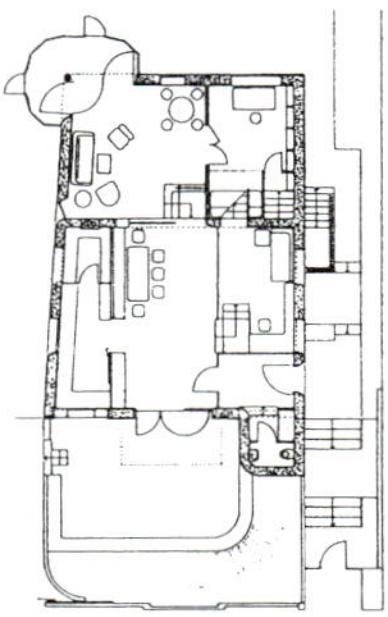

Schule Hietzinger Hauptstraße
1992

Besichtigung: nach Vereinbarung
Transport: Bus 53B (Wolfrathplatz)

Dieser Zubau zu einer bestehenden Volksschule aus der Zeit der Monarchie wurde mit großer Sensibilität durchgeführt. Während der Bauphase war der Anbau heftig umstritten, das Ergebnis zeigt einen gut proportionierten Kubus mit Lochfassade und gelben Emailglasplatten. Dadurch wird materialmäßig eine kritische Distanz zur bestehenden Putzfassade erreicht, ohne sich architektonisch der Verpflichtung zu entledigen, die Verbindung zwischen Altbau und Neubau gestalterisch zu lösen. Das Raumprogramm besteht aus vier Unterrichtsklassen, zwei Teilungsräumen, Bibliothek und Nebenräumen. Die ostseitig angelegten Unterrichtsklassen werden durch kleine auskragende, verglaste Erker aufgelockert, die konventionellen Klassen bekommen durch diesen Annex eine private Nische.

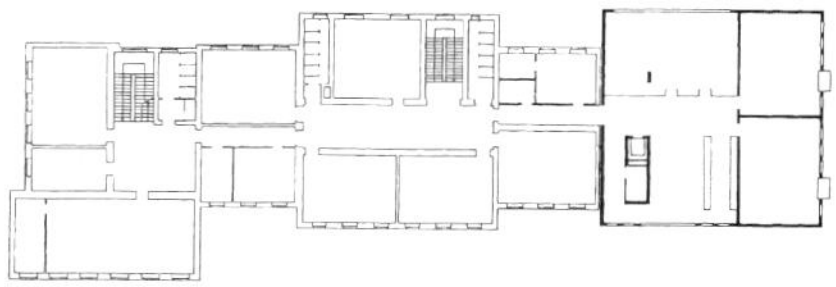

Konvent der Dominikanerinnen
1963

Schlossberggasse 17, Seuttergasse 1
Besichtigung: von außen
Transport: U4, Bus 53B (Seuttergasse)

Das Konvent für 100 Mädchen versucht den Internatsgedanken durch eine familienähnliche Struktur zu erneuern. Fünf Häuser für je 20 Mädchen bilden eine kammförmige Einheit, welche durch einen „Kreuzgang" mit dem Speisesaal und dem Turnsaal verbunden ist. Die präzise Geometrie ist in Stahlbeton mit Holzfenstern ausgeführt, die Bepflanzung gibt dem Bauwerk sympathische Zeitspuren.

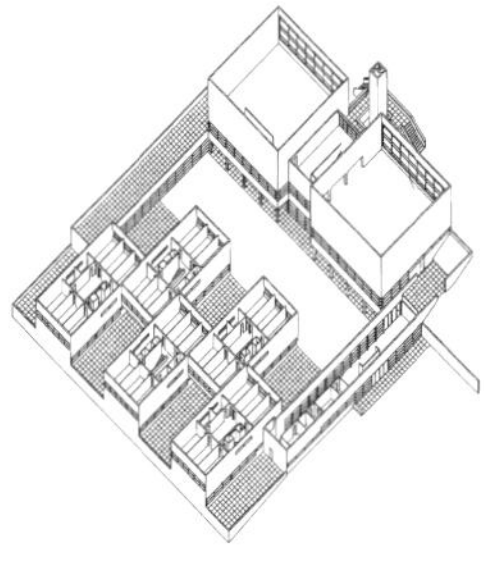

13.-30 *Dieter Henke, Marta Schreieck*

Hackinger Steg
1995

U4-Station Hütteldorf
Besichtigung: öffentlich zugänglich
Transport: U4 (Hütteldorf)

Der Hackinger Steg verbindet zwei Wiener Bezirke (13. Bezirk, Wien-Hietzing/Hacking und 14. Bezirk, Wien-Penzing/Hütteldorf), die durch den Wienfluss getrennt sind. Positioniert ist der Steg an der Endstation der U-Bahnlinie U4, welche in der von Otto Wagner geplanten alten Stadtbahntrasse im Wiental entlangführt. Die Stahl-Glas-Konstruktion wurde von den Architekten gemeinsam mit dem Statiker Wolfdietrich Ziesel entwickelt und stellt eines der schönsten Brückenbeispiele der letzen Jahre in Wien dar. Das Dach ist ein 4,5 m breites, 60 m langes räumliches Fachwerk. Rampe und Lift ermöglichen den behindertenfreundlichen Zugang.

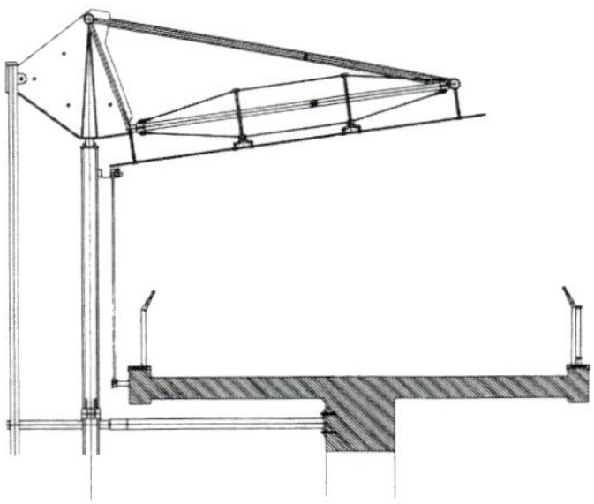

13.-31 *Karl Schartelmüller*

Siedlung Lockerwiese
1928

Wolkersbergenstraße, Engelhartgasse, Versorgungsheimstraße
Besichtigung: von außen
Transport: L61, L62 (Wolkersbergenstraße)

Ein später Versuch eines beamteten Architekten, den Siedlungs-Typ wiederzubeleben. Die Siedlung Lockerwiese war nicht als „Selbstversorgersiedlung" (im Sinne des eigenen Gemüseanbaus etc.) gedacht wie viele der früheren Anlagen, sondern als eine reine Wohnsiedlung. Die Reihenhäuser mit angeschlossenen Kleingärten verdichten sich gelegentlich zu Blöcken, bilden geschwungene Gassen und kleine Plätze aus und schließen auch öffentliche Grünflächen ein. Die scheinbar einfach gestalteten Volumina eröffnen beim zweiten Blick eine Ökonomie des Lakonischen mit subtilen Detaillösungen. Gestaltungssanierung durch Erich Raith.

Fritz Judtmann, Egon Rieß — 13.-32

TBC-Pavillon im Lainzer Krankenhaus
1929

Die Krankenhausanlage wurde von Josef Klingsbigl und Johann Nepomuk Scheiringer 1908-13 errichtet. 1929-30 erfolgte eine erste Erweiterung um einen Block zur Behandlung von Tuberkulose-Patienten durch Fritz Judtmann und Egon Rieß. Die nüchtern-sachliche, aber nicht unfreundliche Gestaltung dieses architektonisch interessantesten Baus der Anlage mittels großzügiger Durchfensterung und vielfältigen Staffelungen und Schichtungen konnte das Vertrauen in eine moderne Medizin und deren Erfolge ausdrücken.

Wolkersbergenstraße 1, Lainzer Krankenhaus, Pav. VIII
Besichtigung: von außen
Transport: L61, L62 (Krankenhaus Lainz)

thaler.thaler (Ursina Thaler-Brunner, Norbert Thaler) — 13.-33

Einfamilienhaus, Haus s
2003

Eine schwarze, schattenlose Eternitfassade überzieht das kleine Reihenhaus, das sich bewusst in den Bestand einfügt, dessen städtebauliche Planung von Margarethe Schütte-Lihotzky stammt, eine der ersten Architektinnen Österreichs. Das kleine Reihenhaus mit nur 67 m² Grundfläche überzeugt durch seine offenen Ebenen, Flexibilität der Möblierung (Küchenzeile auf Rädern) und der großzügigen Lichtführung. Als abgeschlossene Räume wurden die Schlaf- und Sanitärbereiche geplant.

Hermesstraße 141
Besichtigung: von außen
Transport: Bus 60B (Kleiner Ring)

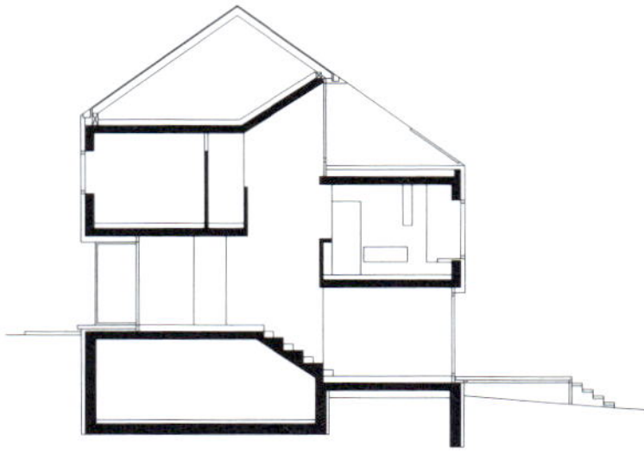

13.-34 *Carl von Hasenauer*

Hermes-Villa

1882

Lainzer Tiergarten
Besichtigung: zugänglich bei Veranstaltungen
Transport: Bus 60B (Lainzer Tor)

Obwohl der Hauptbau der Villa, die als Jagdschloss für Kaiserin Elisabeth errichtet wurde, ein wenig gewollt malerisch wirkt, ist das gesamte Ensemble überzeugend in die umgebende Landschaft eingebettet. Hier wirkt die Verbindung von Park und Gebäude als notwendige Ergänzung: die romantische Idee verlangt nach dem Entrücktsein von der Alltagswelt. Nur wenige Kilometer vom Schloss Schönbrunn ist diese Idylle kurzfristig erlebbar.

13.-35 *Pichler & Traupmann*

Wohnhaus

1999

Granichstaedtengasse 84
Besichtigung: nur außen
Transport: Bus 56B, 156B (St.-Hubertus-Platz)

Ein zweigeschossiges Einfamilienwohnhaus mit teilweise ausgebautem Untergeschoss, welches sich aus der Hanglage sinnvoll ergab. Das verputzte Obergeschoss scheint über dem Hauptgeschoss zu schweben, da es mittels Stahlstützen tatsächlich fast keine festen Mauerverbindungen gibt. Extensive Verglasungen bringen natürliches Licht von mehreren Seiten in die Innenräume, die exklusive Bauqualität rückt das Haus in gedankliche Nähe zu Projekten aus der Schweiz. Das Haus als perfekte Wohnhülle.

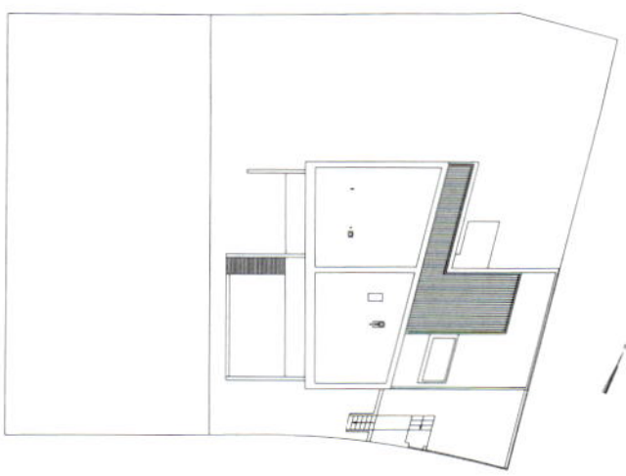

pool Architektur (Rudnicki, Lammerhuber, Linemayer, Wallnöfer) 13.-36

living in spe – Einfamilienhaus

1999

Eyslergasse 48
Besichtigung: von außen
Transport: U4, Bus 56B, 156B (Buchbindergasse)

„Living in spe" ist eine sympathische Bezeichnung für ein Einfamilienwohnhaus, das sich der zukünftigen Situation des Wohnens widmen möchte. Auf einem kleinen Grundstück von nur 430 m² entstand in unspektakulärer Nachbarschaft eine spektakuläre Ausnahme: Durch eine geschickte Ausnützung der Bauordnung betritt man das Haus in einem Halbstock unter dem ideellen „Hauptniveau", wobei das Split-level-Haus genau genommen gar kein „Hauptniveau" besitzt, sondern sich entlang einer skulpturalen Treppe entwickelt. So gesehen ein neuer, alter Versuch im Sinne von Adolf Loos, „Raum" als das eigentliche Medium der Architektur zu sehen.

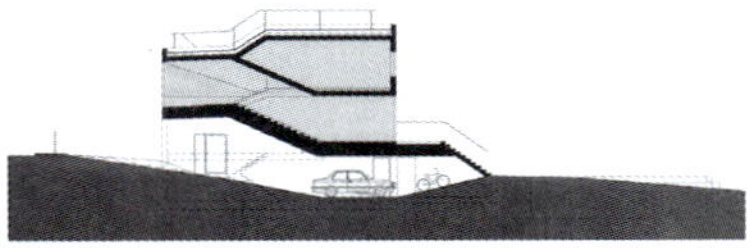

Schnitt

propeller z 13.-37

Einfamilienhäuser

2000

Wien-Hietzing (keine Straßenangabe erwünscht)
Besichtigung: nur außen
Transport: keine Angabe

Das Einfamilienwohnhaus ist nach wie vor die beliebteste Wohnform in Österreich (wahrscheinlich weltweit) und steht ideologisch für Individualismus und kultiviertes Wohnen. Im gegenständlichen Fall haben sich zuerst zwei Schwestern für den Bau eines Wohnhauses entschieden, während der Planung konnte der Vater das Nachbargrundstück erwerben und folglich entstand ein interessanter Dialog von zwei unkonventionellen Wohnbauten, die in einen architektonischen Dialog treten. Gekennzeichnet vom Materialmix mit großen Glasflächen und „einfachen" Baumaterialien, wurde hier zweimal eine „dritte Haut" der besonderen Art realisiert: engagierte, differenzierte Architektur für private Auftraggeber.

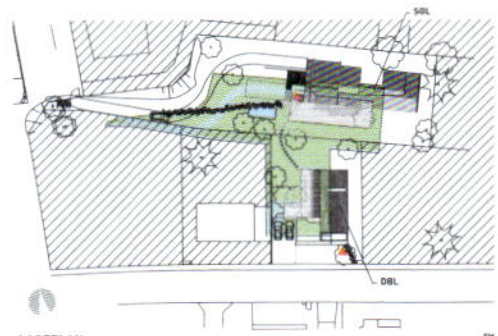

LAGEPLAN

Villa Pia, Einfamilienwohnhaus

2002

Josef-Pommer-Gasse
(Kleingartensiedlung)
Besichtigung: von außen
Transport: Bus 54B (Ghelengasse)

Nach dem Wiener Kleingartengesetz sind Wohnhäuser in dieser Umgebung in Bezug auf Fläche, Höhe und Kubatur genau begrenzt. Die maximale Bruttogeschossfläche darf nicht mehr als 50 m² betragen. Mit diesen Randbedingungen ergeben sich interessante und große Herausforderungen für die (zumeist) jüngeren ArchitektenInnen. Bei diesem Beispiel ist nicht nur die Raumökonomie beachtenswert, sondern auch die sympathische Idee, den Zyklus der Jahreszeiten am hölzernen Rankgerüst zu verfolgen.

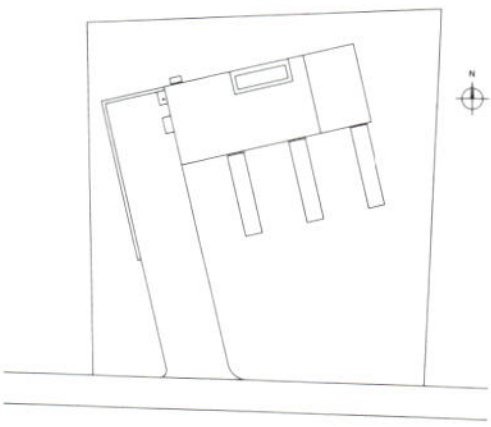

Erwähnungen ***13. Bezirk***

13.-39e **Haus Stoessl**
Adolf Loos
1911
Matrasgasse 20

13.-40e **Wohnhaus**
Ernst Lichtblau
1922
Meytensgasse

13.-41e **Haus Bettelheim**
Wilhelm Holzbauer
1966
Joseph-Lister-Gasse 22

13.-42e **Wohnhaus Porpaczy**
Roland Hagmüller
1984
Wittgensteingasse 50

13.-43e **Wohnhaus Knobling**
Heinz Tesar
1985
Grobeckkergasse 4

13.-44e **Villen und Ordination**
Karla Kowalski, Michael Szyszkowitz
1987-2001
Wlassakstraße 94-96

13.-45e **Wohnhaus**
Gert M. Mayr-Keber
1989
Schweizertalstraße 44

13.-46e **Bürohaus**
BKK-2
1991
St. Veitgasse 50

13.-47e **Wintergarten Zubau Privathaus**
Bulant & Wailzer
2002
Wattmanngasse

14. Bezirk, ***Penzing*** *Indexnummern* ***14.****-1 …* ***14.****-28e*

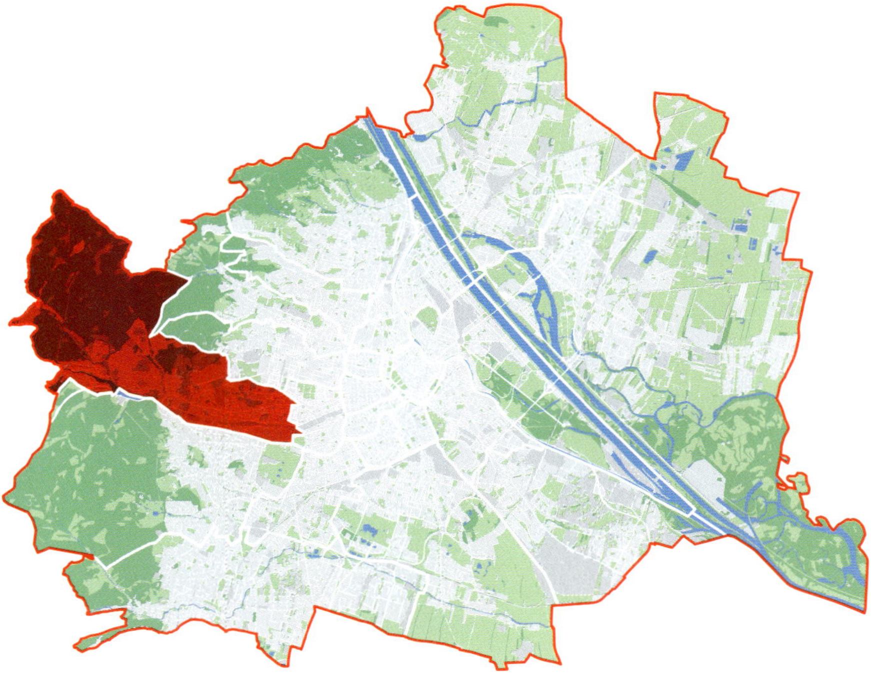

Mauerbachstraße
Edenstraße
Hüttelbergstraße
14.-24e
Bahnstraße
Riedstraße
14.-19
14.-16
14.-15
14.
14.-26e
Anzbachgasse
A1 West Autobahn
Linzer Straße
14.-14
14.-13
14.-12
Hütteldorf
U
15 min
1000 m

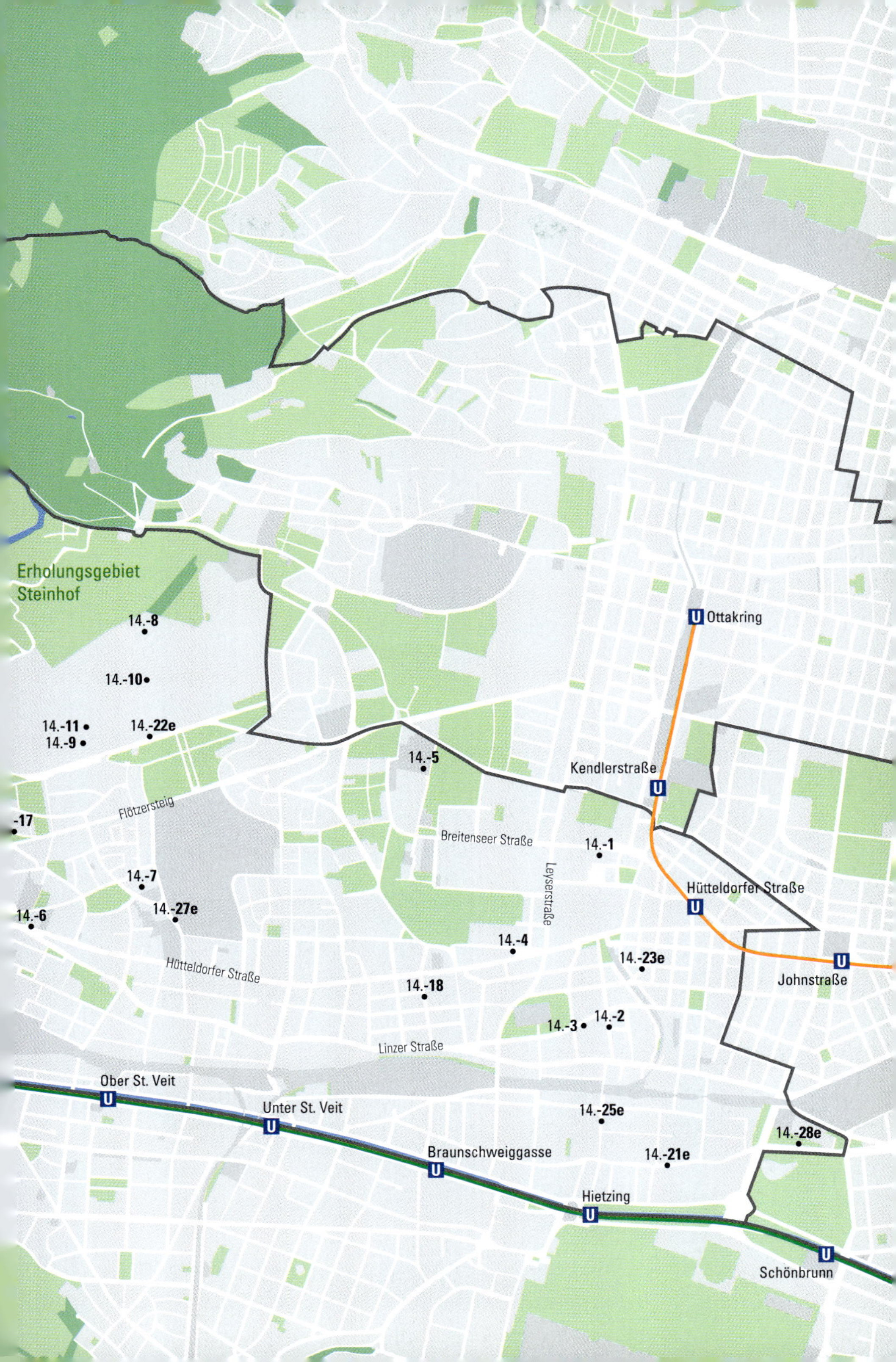

Erholungsgebiet
Steinhof
14.-8
14.-10
14.-11
14.-22e
14.-9
14.-5
Ottakring
Kendlerstraße
Flötzersteig
-17
Breitenseer Straße
14.-1
Leyserstraße
14.-7
14.-27e
14.-6
Hütteldorfer Straße
14.-4
14.-23e
Johnstraße
Hütteldorfer Straße
14.-18
14.-3
14.-2
Linzer Straße
Ober St. Veit
Unter St. Veit
14.-25e
14.-28e
Braunschweiggasse
14.-21e
Hietzing
Schönbrunn

14.-1 *Anton Schweighofer*

Muthsamgasse
1986

Muthsamgasse 3
Besichtigung: von außen
Transport: L49, L10 (Laurentiusplatz)

Anton Schweighofer hat mit seiner Grundrisstypologie des „Zentralraumes" eine wesentliche Bereicherung zum Spektrum des sozialen Wohnbaus geleistet. In diesem Projekt ist den meisten Räumen eine großzügige Loggia vorgelagert, die als gestaltbestimmende „Loggiawand" ein südländisches Element nach Wien importiert. Die über fünf Geschosse reichenden Eternit-Hohlprofile bewirken eine für den Wohnbau unübliche Monumentalisierung (Kolossalordnung).

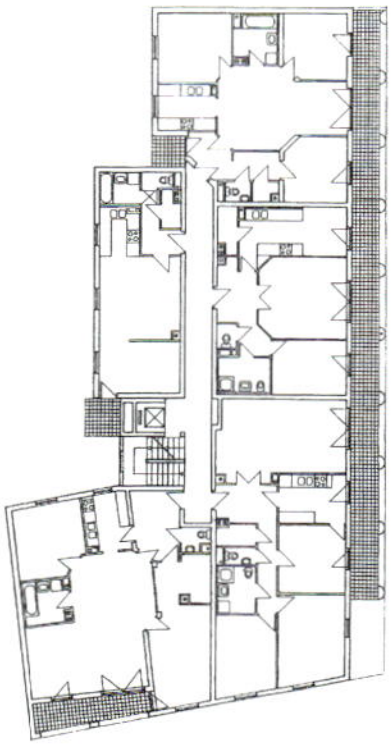

14.-2 *BKK-3 (Lammerhuber, Linemayr, Sumnitsch, Wallnöfer, Winter, Wurster)*

„Miss Sargfabrik"
1999

Missindorfstraße (Ecke Fenzlgasse)
Besichtigung: von außen
Transport: U3, L52 (Diesterweggasse)

Mit dem Projekt „Miss Sargfabrik" setzt BKK-3 die intelligente planerische Umsetzung von Bauordnung und innovativem Wohnkonzept um. Die modellhafte Bauherren-Situation als Verein führt zu einer besonders ungewöhnlichen Architektur. Das Bauwerk wurde in kräftigen Farben realisiert, die mittlerweile zu einem Erkennungszeichen der Architektengruppe wurden. Gute Architektur fordert auch mutige Bauherren und Baufrauen.

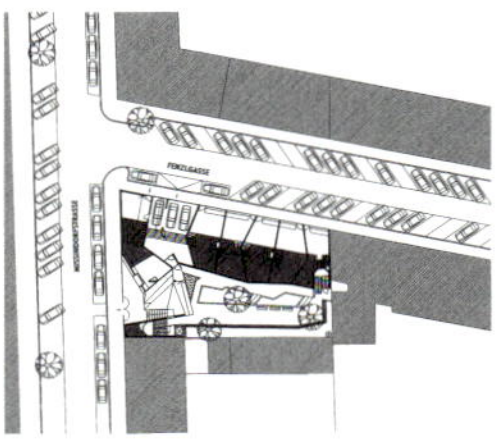

Mit dem „Wohnheim" auf dem Gebäude einer ehemaligen Sargfabrik wurde sowohl in sozialer, konzeptueller, rechtlicher (Wohnheim-Verein) als auch architektonischer Hinsicht ein neuer Maßstab in Sachen innerstädtisches Wohnen gesetzt. Ausgezeichnet mit dem Adolf-Loos-Preis 1996 zeigt dieses Gebäude eine hybride Struktur von Wohnungen, Restaurants, Seminarräumen, Veranstaltungssaal und Bad mit ca. 200 m² Gemeinschaftsflächen und ca. 600 m² Wohnnutzfläche. BKK-2 Team: C. Lammerhuber, A. Linemayr, F. Sumnitsch, F. Wallnöfer, J. Winter, E. Wurster.

Wohnheim Matznergasse

1993

Matznergasse 8/Goldschlagstraße 169
Besichtigung: teilweise
Transport: U3, L52 (Diesterweggasse)

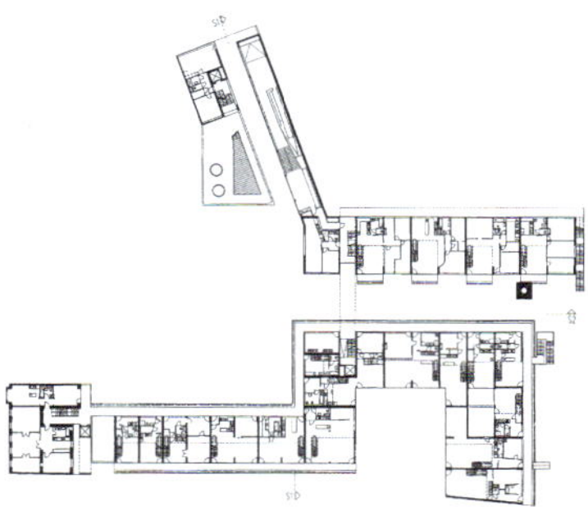

Büro- und Fitnesscenter
2003

Hütteldorfer Straße 130
Besichtigung: Öffnungszeiten
Transport: L49 (Leyserstraße)

Umbau und Anbau an ein bestehendes Industriegebäude, Nutzungstransformation in ein modernes Bürohaus sowie Fitnesscenter. „Ähnlich wie Anfang des vergangenen Jahrhunderts Architekt Franz Sobotka eine stark strukturierte Sichtziegelfassade als Blendwerk vor die damals hochmoderne Stahlbetonskelettstruktur gesetzt hat, wurde nun für die Neubauteile eine vergleichbare Vorgehensweise gewählt. Die aus statischen Gründen extrem leichten Auf- und Zubauten mit ihren Stahlkonstruktionen und Betonfertigteilwänden erhalten eine Haut aus Aluminiumgusstafeln." (Architekt)

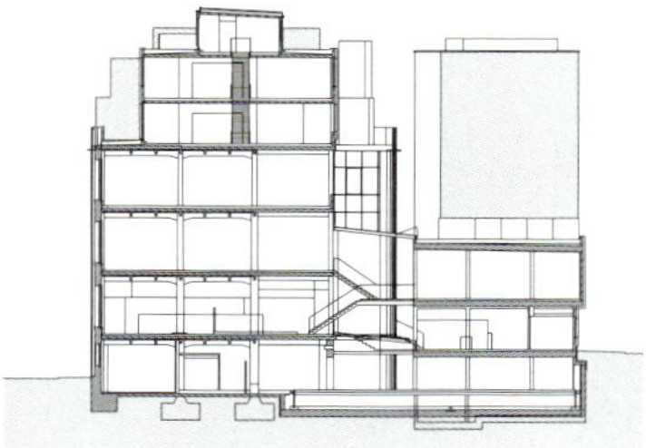

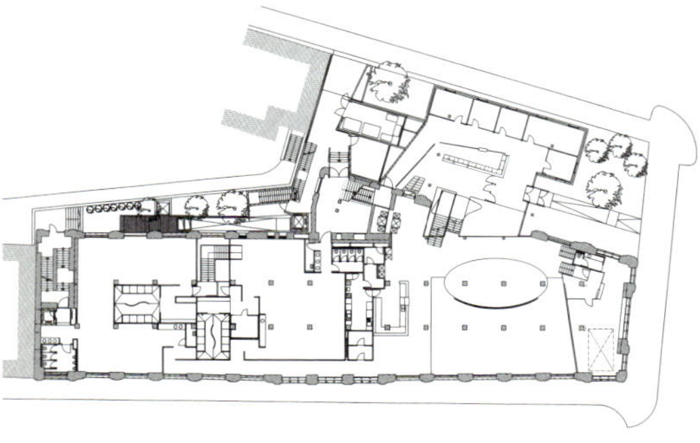

Zeiss-Werke

1915

Abbegasse 1
Besichtigung: von außen
Transport: L46, Bus 48A (Waidäckergasse)

Das in exponierter städtebaulicher Lage befindliche Produktionsgebäude der Zeiss-Werke spiegelt die verschiedenen Ausdrucksmöglichkeiten, die der Industriebau in dieser frühen Phase noch harmonisieren konnte, perfekt wider: Einerseits ist die profane Nutzung durch die Betonung der konstruktiven Bestandteile klar ausgewiesen, andererseits konnte der Bau durch die – damals noch solitäre – Lage und eine an sakrale Vorbilder erinnernde Verteilung der Maßen die Hegemonie des Herstellers von optischen Präzisionsgeräten vermitteln. Heute geänderte Nutzung.

Seelsorgezentrum Baumgarten

1960

Hütteldorfer Straße 280, Linzer Straße
Besichtigung: nach Vereinbarung
Transport: L49 (Baumgarten)

Das Konzept der Kirche entfaltet seine räumliche Qualität im Innenraum, wo ein kreuzförmiges Lichtband von der Decke bis zum Boden reicht. Über einem quadratischen Grundriss erhebt sich eine auskragende Stahlbetonkonstruktion, die aufgrund des zentralen Lichtbandes wie ein auseinander gezogener Kubus wirkt. Die äußere Anlage ist ebenfalls symmetrisch angelegt und besetzt mit Pfarrhof, Sakristei, Pfarrsaal und Glockenturm jeweils die vier äußeren Quadrate.

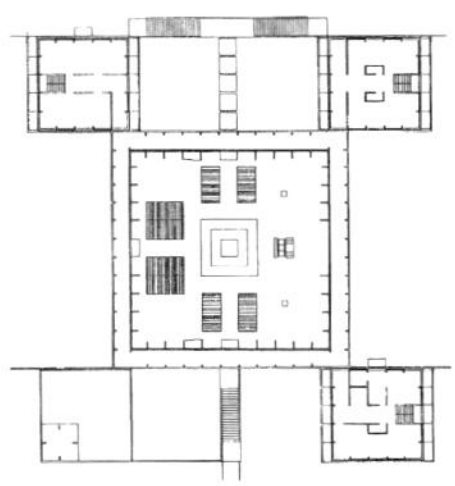

Schule Waidhausenstraße/Kinkplatz

1994

Kinkplatz 21
Besichtigung: nach Vereinbarung
Transport: L49, Bus 47A (Baumgartner Friedhof)

„Ich wollte eine Schule machen, bei der nicht gleich das Unangenehme, das bei Schulen immer so auffällt, sich bemerkbar macht." (Helmut Richter) Ergebnis dieses Architektenwunsches ist ein transparenter, keilförmiger Glaskubus, der die Schulhalle und die Dreifach-Turnhalle aufnimmt. Im Anschluss daran entwickeln sich kammartig drei konventionelle Klassentrakte, die als Betonskelett mit Fertigteildecken ausgebildet wurden. Mit starker gebäudeplastischer Kraft organisiert Richter das umfangreiche Raumprogramm einer Schwerpunkthauptschule mit 20 Klassen. Die räumliche Offenheit des Schulgebäudes impliziert eine neue Offenheit der pädagogischen Einstellung zum Unterricht.

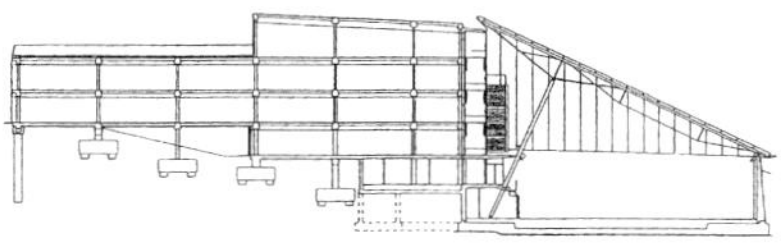

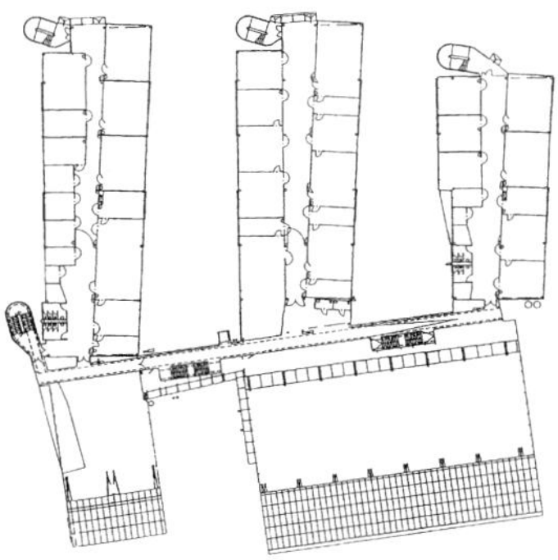

Kirche am Steinhof (St. Leopold)

1905

Baumgartner Höhe 1
Besichtigung: während der Öffnungszeiten
Transport: L46, Bus 48A (Psychiatrisches Krankenhaus)

Die Neuplanung des psychiatrischen Krankenhauses wurde aufgrund eines Wettbewerbes (1902-04) realisiert, bei dem weitgehend der Lageplan von Otto Wagner realisiert wurde. Von Wagner selbst wurde aber nur die Kirche St. Leopold realisiert, deren Entwurf zwischen November 1903 und März 1904 anzusetzen ist (Otto Graf). Einer Stadtkrone vergleichbar thront die Kirche mit goldener Kuppel am Rande des westlichen Wienerwaldes und stellt einen fast mythisch-mystischen Bezug zur Stadt Wien dar. Ein architektonisches Meisterwerk und ein „absolute must" für jeden Wien-Besucher. Sanierung durch die ARGE GP: Architekten Frank & Partner, Treberspurg & Partner Architekten.

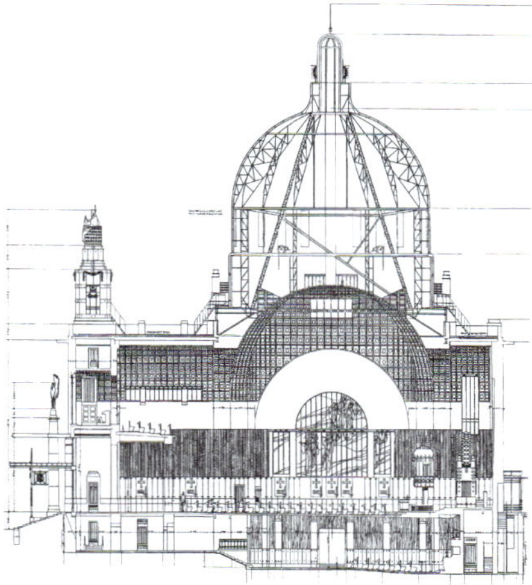

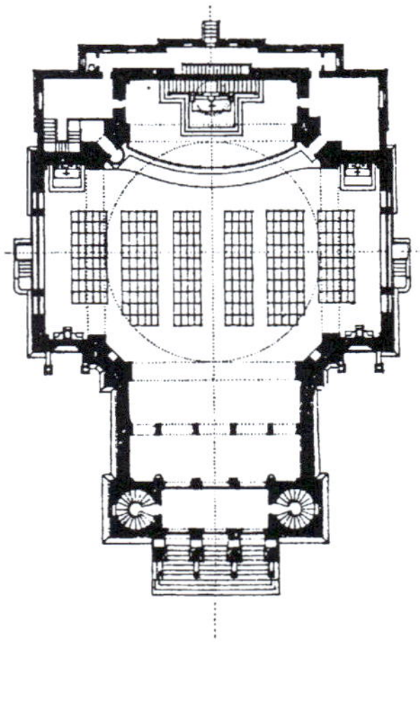

SMZ Baumgartner Höhe, Otto Wagner Spital, Pavillon 3, 5, 11

1997

Sanatoriumstraße 2
Besichtigung: öffentlich zugänglich
Transport: U4, Bus 47A
(SMZ Baumgartner Höhe)

Im Jahr 1907 eröffnete die „Landesheil- und Pflegeanstalt für Geistes- und Nervenkranke Am Steinhof", damals die modernste und größte Anstalt Europas. Aufgrund eines EU-weiten Wettbewerbes wurden drei Architektenteams für die Totalsanierung einzelner Pavillons ausgewählt. Beneder/Fischer renovierten die Pavillons 3, 5 und 11 als neurologisches Zentrum. Außen strikt renoviert, im Inneren ein zeitgenössisches Krankenhaus mit intensiver Farbgebung und großzügigen Wanddurchbrüchen zwecks natürlicher Belichtung. Planungsbeginn 1997, Fertigstellung März 2002, Nutzfläche ca. 10.355 m².

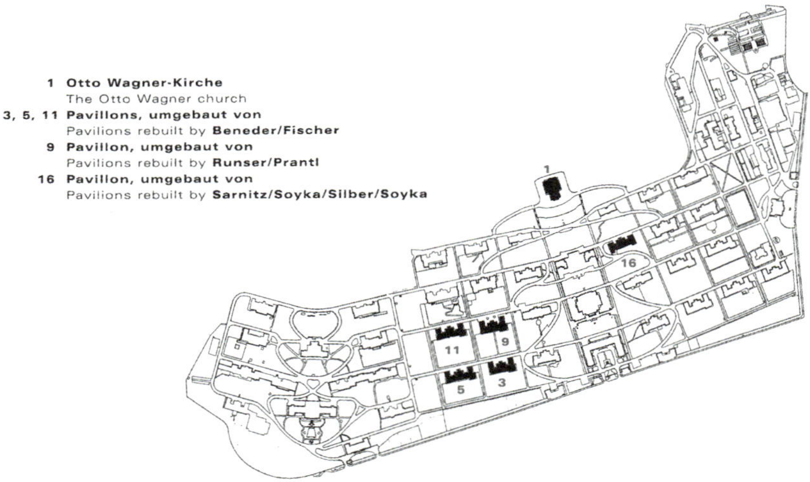

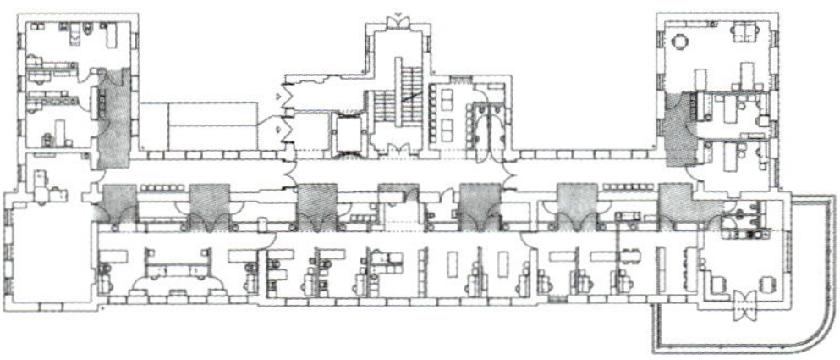

SMZ Baumgartner Höhe, Otto Wagner Spital, Pavillon 16

1997

Sanatoriumstraße 2
Besichtigung: öffentlich zugänglich
Transport: U4, Bus 47A
(SMZ Baumgartner Höhe)

Innerhalb der Totalsanierung stellt der Pavillon 16 insofern eine besondere Aufgabe dar, als hier mit Auflagen des Bundesdenkmalamtes zwei neue, nordseitige Stahl-Glas-Zubauten erfolgten, welche aufgrund des geänderten Raumprogramms notwendig wurden. Die psychiatrische Abteilung erhielt im Inneren differenzierte Materialien, Böden aus Terrazzo, Holz und Linol. Der Platz für die neuen Sanitärboxen wurde durch die totale Entfernung der alten Mittelmauer ermöglicht. Horizontale Verglasung oberhalb der Sanitärboxen ermöglicht eine neue Querbelichtung des Pavillons. Planungsbeginn 1997, Baubeginn 2001, Fertigstellung Mai 2002.

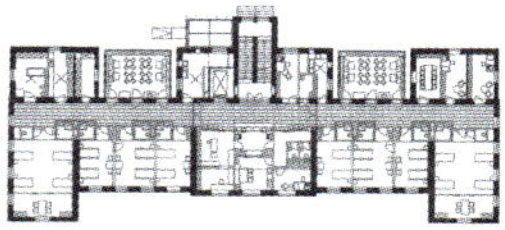

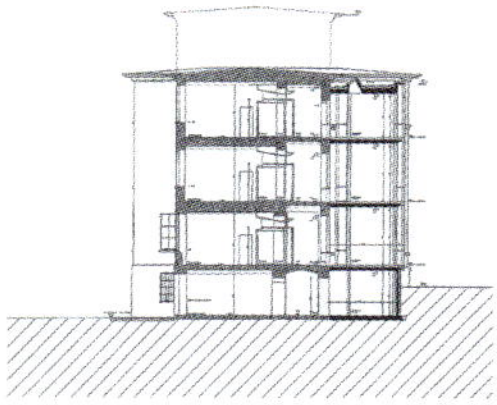

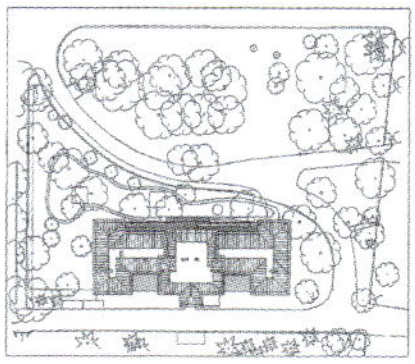

SMZ Baumgartner Höhe, Otto Wagner Spital, Pavillon 9

1997

Sanatoriumstraße 2
Besichtigung: öffentlich zugänglich
Transport: U4, Bus 47A
(SMZ Baumgartner Höhe)

Der Pavillon 9 hatte bezüglich seiner Totalsanierung ähnliche Randbedingungen zu erfüllen wie Pavillon 16, auch hier musste die Mittelmauer entfernt werden, um den notwendigen Raum für die Sanitärboxen zu ermöglichen. Obwohl nicht sofort erkennbar, so sind die Pavillons in ihren Maßen leicht verschieden, sodass sich daraus eine interessante Variation ergibt. Thema und Variation als Grundgedanken für die neuen Implantate am Steinhof. Planungsbeginn 1997, Fertigstellung November 2001.

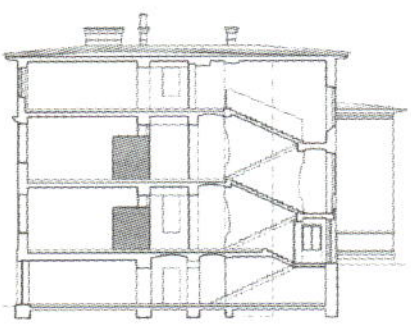

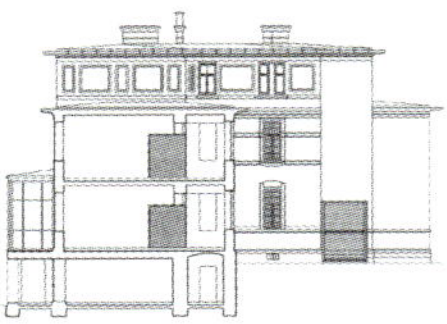

Otto Wagner vermittelte den Auftrag zur Errichtung der Villa an seinen Schüler Otto Schönthal, der in die typische Vorstadtumgebung der äußeren Linzer Straße einen Bau setzte, der, obwohl er in einer geschlossenen Häuserzeile steht, den Namen Villa nicht umsonst trägt. In Wagner'scher Manier stellt Schönthal den Baukörper frei und bindet ihn nur durch niedrigere Seitenrisalite an die Nachbarbauten an. Die die Dachlinie berührenden Fenster der Risalite erinnern an Josef Hoffmanns gleichzeitigen Großauftrag des Palais Stocklet in Brüssel. Renovierung durch Boris Podrecca (1975-82). Im Garten befindet sich das Atelierhaus GGK (Holzhaus), ebenfalls von Boris Podrecca (1984-86).

Villa Vojcsik

1901

Atelierhaus GGK
1984
Linzer Straße 375
Besichtigung: von außen
Transport: L49 (Bahnhofstraße)

Restaurants zählen zu den „Zeitgeistmessern" einer urbanen Qualität des Ausgehens, weshalb ihre optische und ästhetische Qualität die Wünsche und Sehnsüchte einer Gesellschaft abbilden. Ein Restaurant ist immer mehr als ein Restaurant, es ist gleichzeitig auch gesellschaftliche Bühne: Das Asia-Restaurant mit stimmungsvoller aber zurückhaltender Raumeinfassung positioniert sich außerhalb der zwischenzeitlich weit verbreiteten „Coolness" in der Asia-Trendgastronomie. Lichtplanung von Christian Ploderer.

Restaurant L 421

2004

Linzer Straße 421
Besichtigung: Öffnungszeiten
Transport: L49 (Bujattigasse)

Wohnhausanlage

2001

Linzer Straße 421a
Besichtigung: von außen
Transport: L49 (Bujattigasse)

Im Wohnbau ist immer auch eine Frage, wie „Raum" organisiert und interpretiert wird. Die Architektin vertritt eine fundamentale architektonische Position, derzufolge die Qualität der Architektur von der Raumvielfalt abhängt: Folgerichtig werden die Wohnungen als Raumkörper interpretiert, wo die Wohnqualität nicht nur von der Wohnfläche abhängt. Ergebnis ist ein Patchwork aus unterschiedlichen Wohnungen mit differenzierten Raumhöhen, Split-Level-Wohnungen, Wohnungen mit zweigeschossigen Raumnischen (sogenannte „voids") und Wohnungen mit Zwischenetagen. Die 50 Wohnungen bieten ein hervorragendes architektonisches Erleben, der baulichen Umsetzung wäre in der Ausführung entsprechende Sorgfalt zu wünschen gewesen.

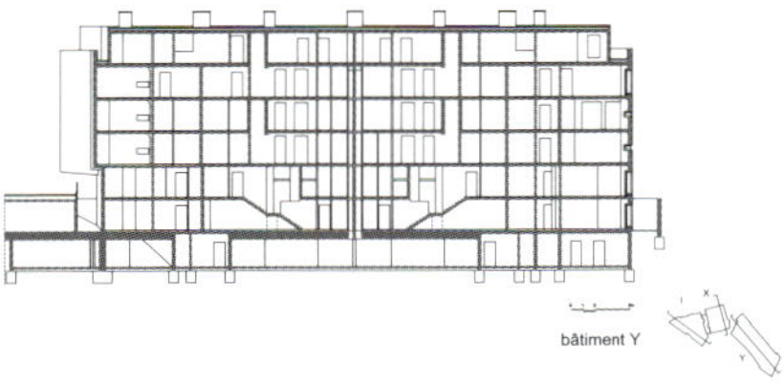

Otto Wagner **14.-15**

Villa Wagner I
1886

Die großzügige Vorstadtvilla in Waldrandlage in Hütteldorf entstand 1886 als Wagners eigenes Wohnhaus im „Stile der freien Renaissance“. Die rechte Pergola wurde 1895 verglast, die linke 1899 zu einem Studio umgestaltet. Auf der Straßenfassade befinden sich zwei Inschriften, die Wagners architektonisches Denken verdeutlichen: Sine arte sine amore non est vitae. Sola domina necessitas. Bauwerk heute verändert, Innenräume nicht im Original erhalten.

Hüttelbergstraße 26
Besichtigung: von außen,
innen: nach Vereinbarung
Transport: L49, Bus 148
(Campingplatz Wien West I)

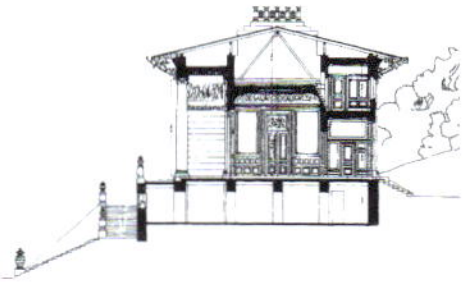

Otto Wagner **14.-16**

Villa Wagner II
1912

Neben dem Haus aus dem Jahr 1886, das er an den Varietébesitzer Ben Tiber verkauft hatte, setzte Wagner ein Vierteljahrhundert später eine Demonstration gegen den „malerischen“ Heimatstil der Jahre vor dem Weltkrieg. Die Baubewilligung wurde am 8. August 1912 erteilt. Wagner verkaufte das Haus am 25. September 1916, da er dort, wo seine Frau gestorben war, nicht mehr leben wollte (Otto Graf).

Hüttelbergstraße 28
Besichtigung: von außen
Transport: L49, Bus 148
(Campingplatz Wien West I)

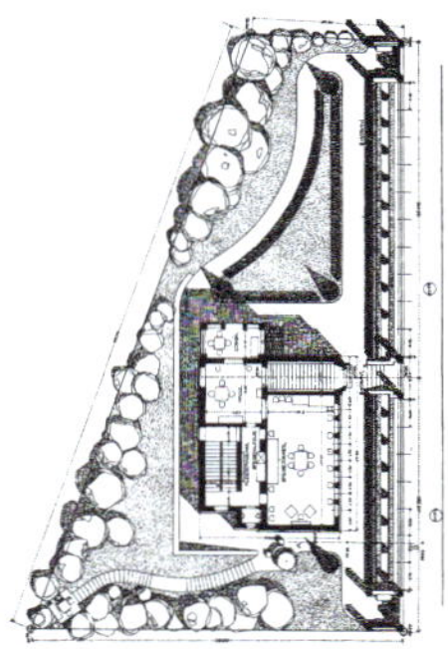

14.-17 *HOLODECK.at + m. gilbert*

Wohnhaus mit Garten

2001

Krafft-Ebing-Gasse 3
Besichtigung: von außen
Transport: L49 (Flötzersteig)

Einfamilienhäuser wurden in den letzten Jahren immer mehr zu Architektur-Labors. Mit einer neuen Generation von AuftraggeberInnen hat sich auch der Anspruch des Wohnens selbst geändert. Nicht das unscheinbare „Zuhause", sondern das bewusste „Erlebnishaus" ist angesagt. Durch das gestalterische Thema der Faltungen wurde diesem Haus seine eigenständige Identität gegeben, bandartig gehen Böden, Wände und Decken ineinander über, dazwischen große Glasflächen. Auf der höchsten Ebene befindet sich das Elternschlafzimmer, ein modernes „Wolkenkukusheim".

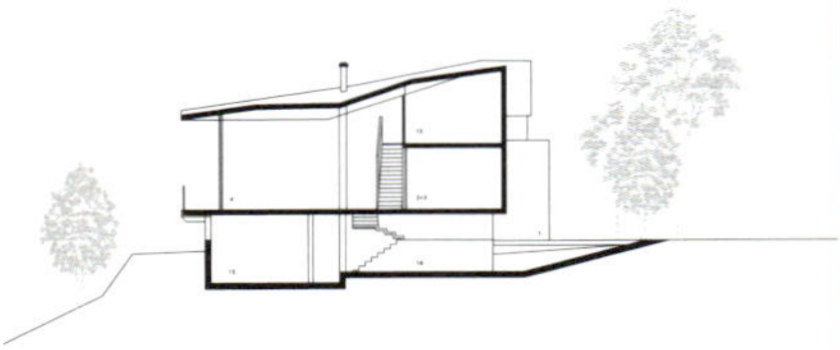

14.-18 *Eva Ceska, Friedrich Priesner*

Wohnbau

1994

Ludwiggasse 14
Besichtigung: von außen
Transport: U4, Regionalbus 150, 151 (Weidlingau-Wurzbachtal)

Geförderter Wohnbau ist nach wie vor eine Herausforderung für Architekten. Die Sachzwänge sind vielfältig, die Ausnützung der Bauordnung immer eine Notwendigkeit, um die geforderte Nutzfläche zu erzielen. Der Baukörper entwickelt sich quer zur Erschließungsstraße, um die Lärmbelästigung zu minimieren, im Erdgeschoss befinden sich Gartenwohnungen, im ersten und zweiten Obergeschoss Maisonettewohnungen mit Dachterrassen. Planungsbeginn war 1991, Fertigstellung 1995.

Wohnhausanlage

2000

Josef-Ressel-Straße 1
Besichtigung: von außen
Transport: L49, Bus B149 (Josef-Ressel-Straße)

Als Wohnbauexperiment von Krischanitz initiiert, war die gemeinsame Überlegung, mit dem Material „Beton" eine neue Realität des Wohnens zu erzeugen. Zwölf Einzelhäuser, als Mehrfamilienhäuser mit den unterschiedlichsten Grundrissen und Wohnphilosophien von neun verschiedenen Architekten geplant, sind Ausgangspunkt für diese kleine Siedlung. Unterschiedliche Haltungen der Moderne, Spätmoderne und Postmoderne werden von folgenden Architekten geplant: Peter Märkli, Adolf Krischanitz, Hans Kollhoff, Otto Steidle, Meili Peter Architekten, Roger Diener, Heinz Tesar, Max Dudler, Hermann Czech. Eine Sensation für Wien.

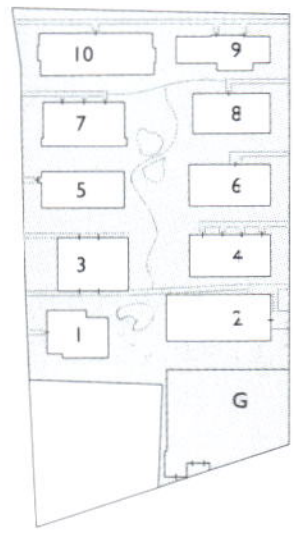

1	Märkli	6	Diener
2	Krischanitz	7	Tesar
3	Kollhoff	8	Dudler
4	Steidle	9	Czech
5	Meili Peter	10	Krischanitz

Wohnhaus mit Garten

2001

Rosentalgasse,
Gruppe 8, Parzelle 12
Besichtigung: von außen
Transport: L49 (Rosentalgasse)

Dieses Haus ist ein klassischer Blickfang: in prächtiger Hanglage, mit großflächigen Verglasungen und fein abgestimmtem Materialmix. Dieses kleine Haus gleicht aber auch einer Architekturetüde mit den wesentlichen Qualitäten eines Parcours d'Architecture auf kleinstem Raum. Überraschungen durch Blickbeziehungen, Großzügigkeit durch Wandflächen aus Glas, Funktionalität und Überraschung im perfekten Ausnützen und Inszenieren von Räumen. Fast wie ein Boot am Land!

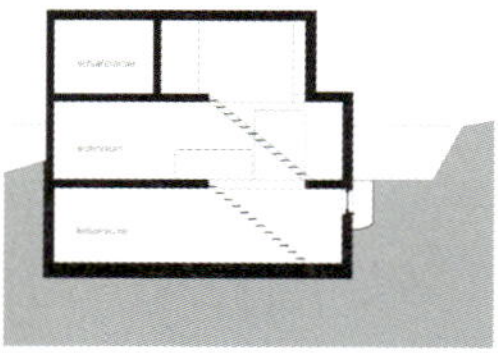

Erwähnungen **14. Bezirk**

14.-*21e* **Wohnhaus Penzinger Straße**
Karl Fischl
1901
Penzinger Straße 40

14.-*22e* **Baumgartner Höhe**
Franz Berger
1902
Baumgartner Höhe 1,
Psychiatrisches Krankenhaus Steinhof

14.-*23e* **Sebastian Kelch Gasse**
Josef Frank
1928
Sebastian Kelch Gasse 1-3

14.-*24e* **Haus Bacher**
Wilhelm Holzbauer, Friedrich Kurrent, Johannes Spalt (Arbeitsgruppe 4)
1963
Günselgasse 20

14.-*25e* **Volksschule Diesterweggasse**
Gustav Peichl
1976
Diesterweggasse 30

14.-*26e* **Lager- und Bürogebäude Grothusen II**
Gunter Wawrik
1979
Albert-Schweizer-Gasse 5

14.-*27e* **Waidhausenstraße**
Rüdiger Lainer, Gertraud Auer
1987
Waidhausenstraße 24

14.-*28e* **Erweiterung Techn. Museum (Eingangshalle)**
Atelier i. d. Schönbrunner Straße
1993
Mariahilfer Straße 212

15. Bezirk, **Rudolfsheim-Fünfhaus** *Indexnummern*	**15.**-1 … **15.**-21e
16. Bezirk, **Ottakring** *Indexnummern*	**16.**-1 … **16.**-21e
17. Bezirk, **Hernals** *Indexnummern*	**17.**-1 … **17.**-10e

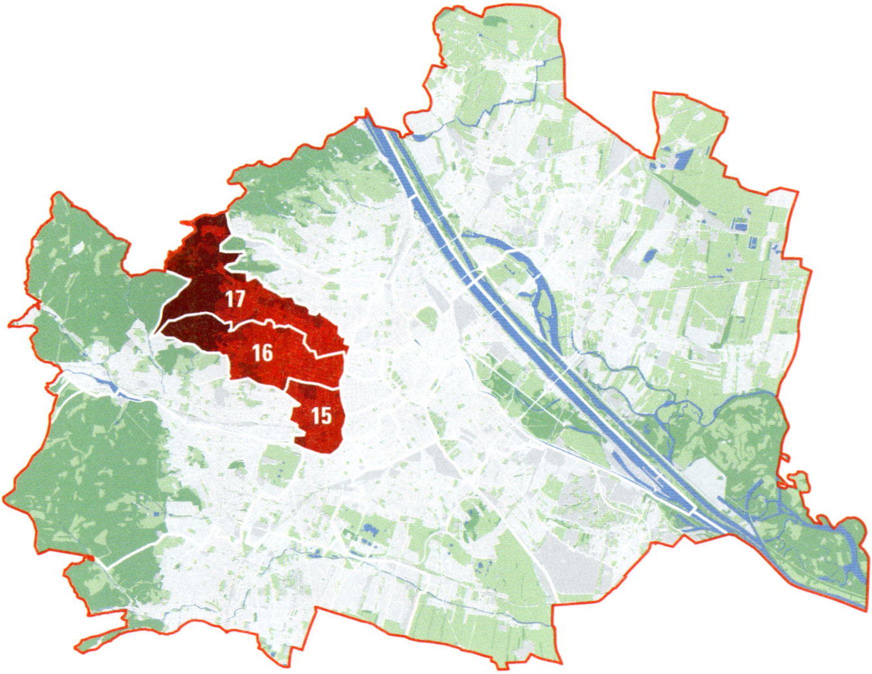

16.-18
Hütteldorf
U
Ober St.
U
15 min
1000 m

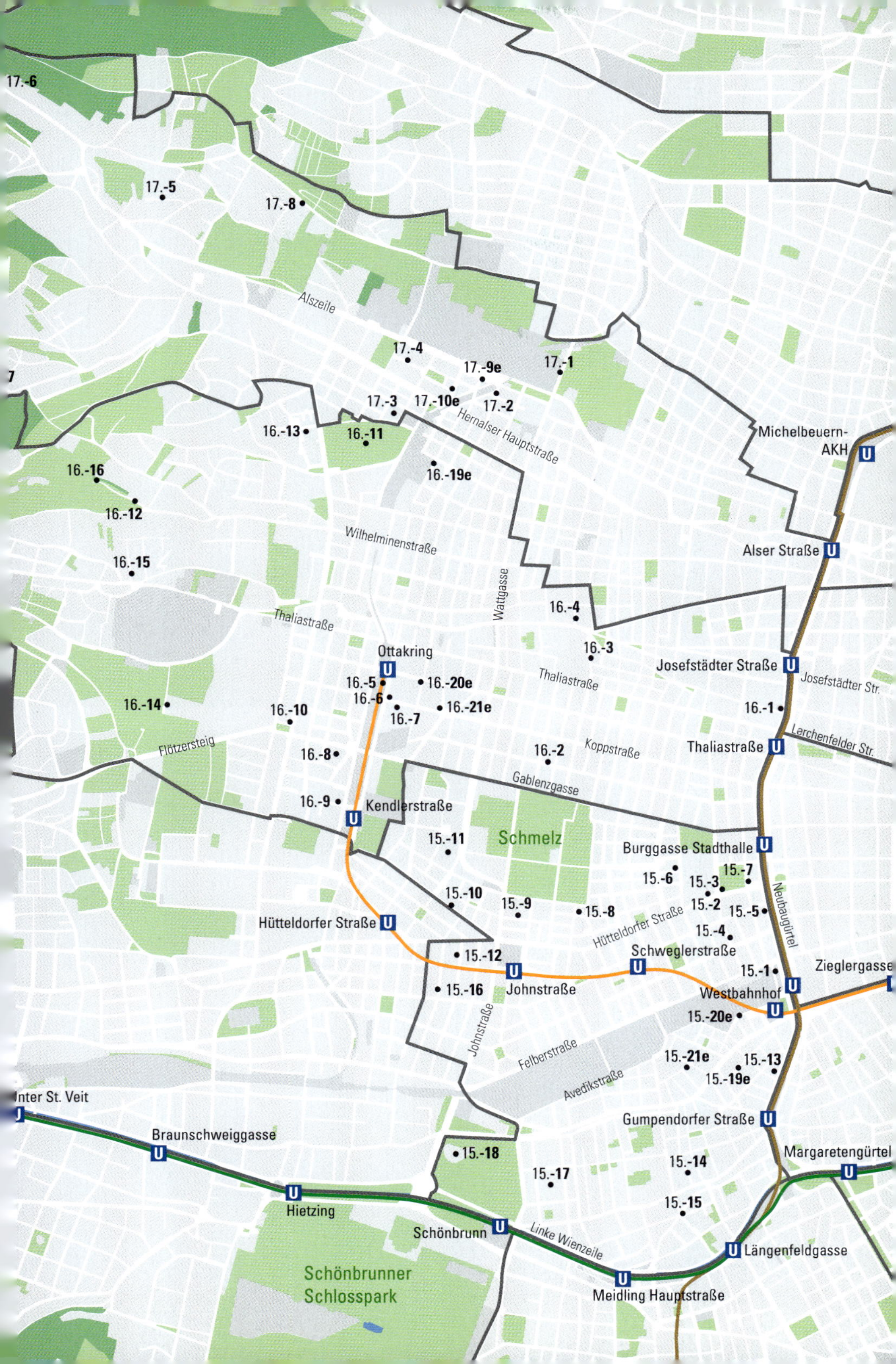
17.-6
17.-5
17.-8
Alszeile
17.-4
17.-9e
17.-1
17.-3
17.-10e
17.-2
Hernalser Hauptstraße
16.-13
16.-11
16.-16
16.-19e
16.-12
Michelbeuern-AKH
Wilhelminenstraße
Alser Straße
16.-15
Wattgasse
16.-4
Thaliastraße
16.-3
Ottakring
Josefstädter Straße
Josefstädter Str.
16.-5
16.-20e
Thaliastraße
16.-6
16.-21e
16.-14
16.-10
16.-7
16.-1
Flötzersteig
16.-8
16.-2
Koppstraße
Thaliastraße
Lerchenfelder Str.
Gablenzgasse
16.-9
Kendlerstraße
15.-11
Schmelz
Burggasse Stadthalle
15.-6
15.-7
15.-3
15.-10
15.-2
15.-9
15.-8
15.-5
Hütteldorfer Straße
Hütteldorfer Straße
15.-4
Neubaugürtel
Schweglerstraße
15.-12
15.-1
Zieglergasse
15.-16
Johnstraße
Westbahnhof
15.-20e
Johnstraße
Felberstraße
15.-21e
15.-13
15.-19e
Avedikstraße
Inter St. Veit
Gumpendorfer Straße
Braunschweiggasse
Margaretengürtel
15.-18
15.-17
15.-14
Hietzing
15.-15
Schönbrunn
Linke Wienzeile
Längenfeldgasse
Schönbrunner Schlosspark
Meidling Hauptstraße

Bahnhof Wien West, Wettbewerb städtebaulicher Masterplan

2002

Europaplatz (Rudolfsheim-Fünfhaus)
Besichtigung: Öffnungszeiten
Transport: U3, U6 (Westbahnhof)

Der Bahnhof Wien West ist Ausgangspunkt und Endpunkt der Westbahn, ein Hauptbestandteil des österreichischen Hochleistungsnetzes mit gleichzeitiger regionaler, nationaler und internationaler Bedeutung, mit einer täglichen Personenfrequenz von 45.000 Personen (im Jahr 2007). Das unter Denkmalschutz stehende Bahnhofsgebäude aus den 1950er Jahren wird auf einen zeitgemäßen Standard gebracht. Um die eigentliche Bahnhofshalle herum entsteht ein umfangreiches Gastronomie-, Handels- und Dienstleistungszentrum. Diese Bahnhofcity mit Hotel wird bis 2010 realisiert. Der städtebauliche Masterplan inkludiert weitere Bereiche entlang der Mariahilfer Straße und der Felberstraße. Eines der großen neuen städtischen Schwerpunktzentren (siehe auch 10.-1).

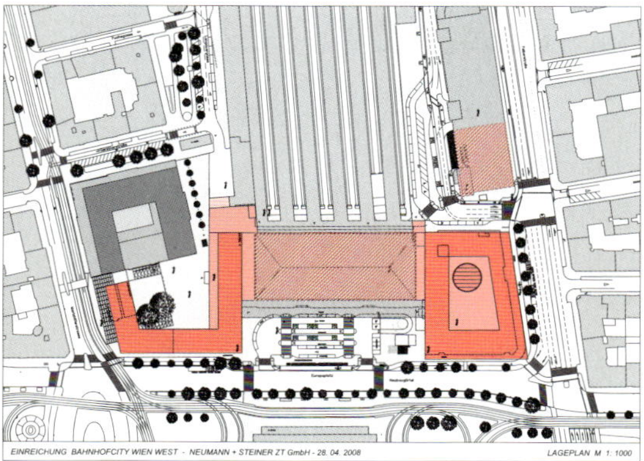

Zum Zeitpunkt des Entstehens eine der ganz großen Stadthallen Europas und Symbol des modernen Wiederaufbaues von Wien. In unmittelbarer Nähe des Westbahnhofes wurde die Wiener Stadthalle als Ergebnis eines internationalen Wettbewerbes (u. a. Beteiligungen von Nervi und Aalto) errichtet. Mit einem Fassungsvermögen von 15.000 bis 20.000 Zuschauern ist die Stadthalle der größte Veranstaltungsraum von Österreich. Die zur Mitte hin durchhängende Stahlbetonkonstruktion (Prof. Baravalle) steigt mit zunehmender Höhe der Tribünen an. Von 1971-74 um eine große Schwimmhalle erweitert, 1994 wurde das Foyer der Haupthalle neu renoviert und eine kleine Veranstaltungshalle (Halle E) neu errichtet.

Stadthalle, Halle E, Erweiterung Musiktheater

1958; 1974; 1994

Vogelweidplatz, Märzstraße, Gablenzgasse
Besichtigung: öffentlich zugänglich
Transport: L49, U6 (Burggasse-Stadthalle)

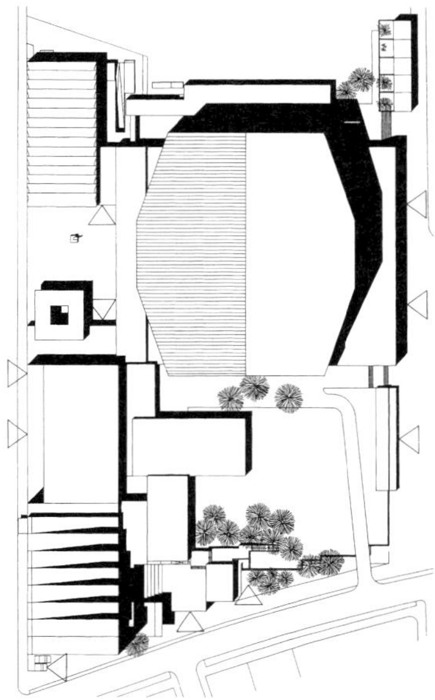

Wiener Stadthalle, Halle F

2003

Vogelweidplatz 14
Besichtigung: während der Öffnungszeiten
Transport: L49, U6 (Burggasse-Stadthalle)

Nachdem das Umfeld der alten Stadthalle durch ein großes Schwimmbad (1971-74, Roland Rainer) und die Halle E (1994, Johanna Rainer, Roland Rainer) laufend erweitert worden war, musste aufgrund geänderter Nutzungsanforderungen eine kleinere Veranstaltungshalle konzipiert werden, da die große Stadthalle mit einem Fassungsvermögen von 15.000 bis 20.000 Besuchern für viele Events zu groß war. In einem offenen Wettbewerb gewann das Vorarlberger Architektenbüro mit einer überzeugenden, weil raumsparenden Lösung: Durch die teilweise Auskragung der Halle wurde ein überdachter Vorplatz gewonnen, ferner wurde gestalterisch die „alte" Linie der Fassade der Stadthalle eingehalten. Eine intelligente Gestaltung mit präziser Ausführung der Architekturdetaile. Statik: Kollitsch & Stanek, Zemler & Raunicher.

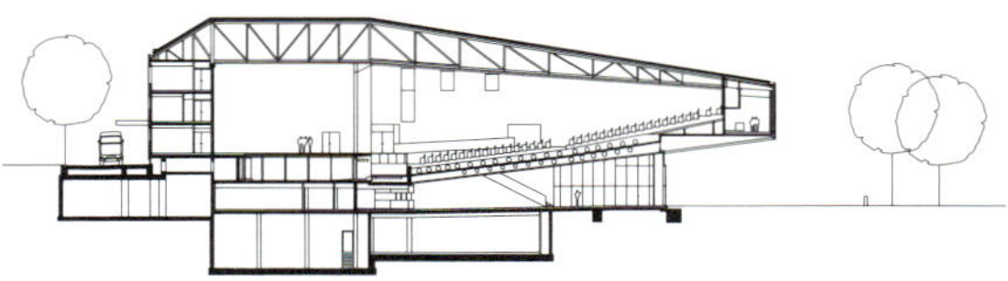

Sonderschule für sehbehinderte Kinder Zinckgasse
1992

Eine Sonderschule für sehbehinderte Kinder als Baulückenverbauung zu realisieren, ist eine zweifache Herausforderung: Neben der existierenden funktionellen Komplexität kommt dem Aspekt des Tageslichtes und der Haptik besondere Bedeutung zu. Die 8-klassige Schule versucht auf kleinstem Raum durch Materialvielfalt und ausgeklügelte Lichtführung die Sinnlichkeit der Schüler zu fördern (Materialien: Weichholz, Hartholz, Sichtbeton, Klinker, Terrazzo, Keramik, Glas, Putzflächen).

Zinckgasse 12-14
Besichtigung: nach Vereinbarung
Transport: L9, L49 (Beingasse)

Bürohaus
2005

Dieses Bürohaus ist an einer markanten Ecke des Gürtels gelegen, in unmittelbarer Nähe zur neuen Hauptbibliothek und den Überdachungen des Urban-Loritz-Platzes und versteht sich als „neuer Schlussstein" innerhalb dieser Blockrandbebauung. Durch eine Arkade im Erdgeschoss verankert sich das Gebäude in der intensiven urbanen Zone und zeigt Respekt vor dem Fußgänger. Die rhythmisch, horizontal gegliederte Fassade verweist auf einen funktionellen Bürobau, im Inneren begrüßt ein Wintergarten Besucher und Benutzer. Ein Bauträger hat dieses Bürohaus für seinen Eigenbedarf errichtet, das Resultat ist auch eine Aufwertung der städtebaulichen Situation vor Ort.

Neubaugürtel 21/Märzstraße 1
Besichtigung: von außen
Transport: U6 (Urban-Loritz-Platz)

Seipel-Dollfuß-Kirche (Kanzlerkirche)

1933

Vogelweidplatz 7-8
Besichtigung: öffentlich zugänglich
Transport: U6 (Burggasse)

Die Kirche wurde zum Andenken an den 1932 gestorbenen österreichischen Bundeskanzler Ignaz Seipel erbaut. Nach der Ermordung seines Nachfolgers Engelbert Dollfuß bei einem Putschversuch der illegalen Nationalsozialisten wurde auch dieser dort beigesetzt. Der Ort wurde so zu einem Zentrum austro-faschistischer Identitätsbildung, weshalb die beiden Kanzler-Särge nach dem Anschluss Österreichs umgehend entfernt wurden. Holzmeister entwickelte den Bau aus der Kloster-Typologie, was sowohl der topografischen Lage auf einer großflächigen Bebauungslücke als auch den Anforderungen als Seelsorgezentrum mit angeschlossenem Pfarr- und Seelsorgehaus entsprach.

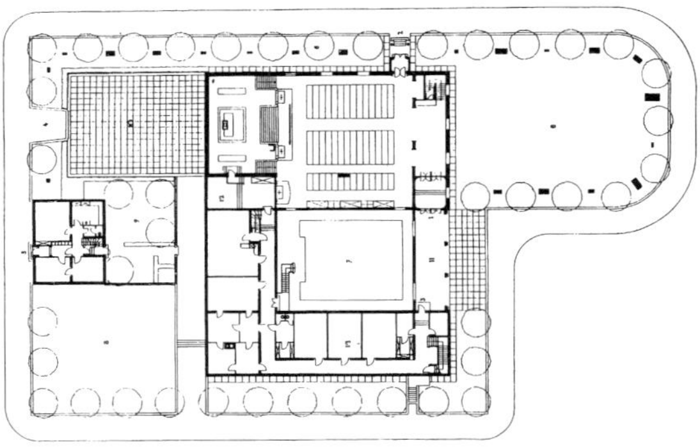

Vogelweid-Hof

1926

Hütteldorfer Straße 2A, Wurzbachgasse, Sorbaitgasse
Besichtigung: von außen
Transport: U6 (Burggasse)

Leopold Bauer war Wagner-Schüler, wandte sich aber schon früh von dessen „Rationalismus" ab und einer sehr pittoresken Auffassung zu, der er speziell für den Wohnbau, aber auch wichtige soziale und emotionale Qualitäten koinzidierte. Zur Steigerung dieser Qualitäten setzte er im „Vogelweid-Hof" unter anderem auch auf eine malerische Ausstattung der Laubengänge, deretwegen der Bau auch „Märchen-Hof" genannt wird.

Oskar Strnad **15.-8**

Wohnhausanlage Holochergasse

1931

Holochergasse 40, Loeschenkohlgasse 30-32, Oeverseestraße, Preysingstraße
Besichtigung: von außen
Transport: U3 (Johnstraße)

Oskar Strnad gebautes Oeuvre ist verglichen mit dem Einfluss seiner Lehre und seiner Texte relativ gering. Neben wenigen Einfamilienhäusern, u. a. die Villa in der Cottagegasse und die Villa Wassermann, gehören ein Teil des Winarskyhofes und die Wohnhausanlage Holochergasse zu den größten Bauvolumen, die er errichten konnte. Strnad, der in seinen frühen Bauten und vor allem in seinen Einrichtungen zwischen rokokohafter Zartheit und biedermeierlicher Transparenz changierte, orientierte sich hier an der Schlichtheit, die sein langjähriger Partner Josef Frank bei der Errichtung von Wohnbauten der Gemeinde Wien an den Tag legte.

Otto Polak-Hellwig

Heimhof

1921

Pilgerimgasse 22-24, Oeverseestraße 25-29, Wurmsergasse 45-47, Johnstraße
Besichtigung: von außen
Transport: U3 (Johnstraße)

Der „Heimhof" wurde als sogenanntes Einküchenhaus errichtet, bei dem die Versorgung durch eine Zentralküche in einem Speisesaal oder durch Speiseaufzüge erfolgte. Nach einer Erweiterung 1926 umfasste der Hof insgesamt 246 Wohneinheiten. Neben der Zentralküche standen den Mietern ein Kindergarten, Sonnenterrassen und eine Zentralwäscherei zur Verfügung. Initiatorin der Anlage war die Sozialistin Auguste Fickert, die damit eine Verbesserung der Lebenssituation berufstätiger Ehepaare versprach.

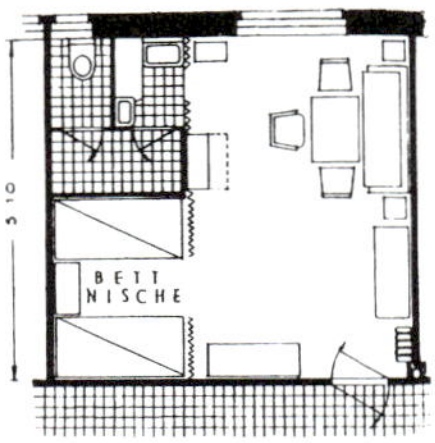

Albert Wimmer

Wohnhausanlage „Corte Verde"

2000

Schanzstraße 18-22
Besichtigung: von außen
Transport: U3 (Johnstraße)

Die gründerzeitliche Blockrandstruktur ist immer wieder eine Herausforderung für die zeitgenössische Architektur. Auf einem 50 x 40 m großen Grundstück hat der Architekt ein modernes Implantat realisiert, mit mehrgeschossigem Wohnbau zur Straße und einer verdichteten Hofbebauung mit begrünten Dachgärten. Auf einem dreigeschossigen Backsteinsockel „sitzen" zwei skulptural ausgebildete Baukörper, welche das Projekt mit seinen 67 Wohnungen weithin sichtbar werden lässt. Zusätzliche Durchmischung durch Ateliers und Sozialeinrichtungen.

Wohnhausanlage Schmelz

1919

Possingergasse, Gablenzgasse, Minciostraße, Oeverseestraße, Mareschplatz
Besichtigung: von außen
Transport: U3, Bus 10A (Akkonplatz)

Hugo Mayer war einer der führenden Vertreter der Wiener Gartenstadtbewegung, der auch mit Adolf Loos an der Realisierung der Heuberg-Siedlung arbeitete. Auf der Schmelz kombinierte Mayer eine geschlossene Randbebauung, die als erster Teil der Anlage errichtet wurde, und frei stehende Blöcke. Die Anlage hatte neben einer Waschküche auch einen Versammlungsraum, Geschäfte und Bäder. Die Ausformulierung hält bodenständige und gestraffte Elemente in der Balance.

Friedrich Kurrent 15.-12

Wohnhaus Nobilegasse

1985

Nobilegasse 51-53
Besichtigung: von außen
Transport: U3 (Johnstraße)

Es ist schwierig, gute Beispiele für „Neues Bauen in alter Umgebung" zu finden. Bei dieser Verbauung der 30 m breiten Baulücke in einem Gründerzeitviertel setzt Kurrent das Stiegenhaus gekonnt in die Straßenfassade und bewirkt mit der Split-Level-Erschließung eine Aufteilung des Baukörpers. Die gleichmäßige Fassade wird somit durch den Stiegenhausturm kontrastiert (Zitat des Hauses der Grazer Stadtwerke, Steinbüchel-Rheinwall, 1928-32, Hinweis durch Friedrich Achleitner).

15.-13 *Friedrich von Schmidt*

Fünfhauser Pfarrkirche (Maria vom Siege)
1864

Mariahilfer Gürtel
Besichtigung: öffentlich zugänglich
Transport: U6, L6 (Mariahilfer Gürtel)

Die in unmittelbarer Nähe des Linienwalls (heutiger Stadtbahnverlauf) stehende Kirche ist ein Versuch Friedrich von Schmidts, die grundlegend verschiedenen Typen des Längs- und Zentralraums zur Synthese zu bringen. Der Bau ist eigentlich am besten im Vorbeibewegen zu erfassen, da sich die unterschiedlichen Silhouetten so am besten auffächern.

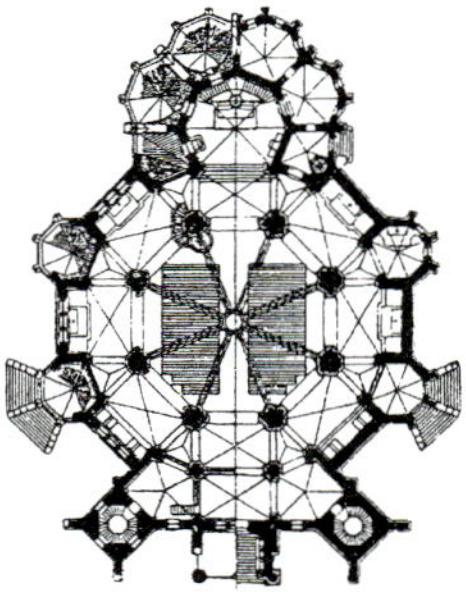

15.-14 *Anja Fischer, Ernst Beneder*

Wohnhausanlage
1997

Arnsteingasse 2-6/Sechshauserstraße 44
Besichtigung: von außen
Transport: Bus 57A (Grimmgasse)

Im dicht verbauten Gebiet von Wien-Fünfhaus haben die Architekten im Rahmen eines Bebauungsvorschlages für die Neufestsetzung eines Flächenwidmungs- und Bebauungsplanes durch die Stadt Wien einen neuen „Stadtbaustein" entworfen, mit der Aufgabe, den Baublock mit mehreren Häusern neu zu schließen. Die Baulücken verzahnen sich mit dem Bestand und geben einen der Blockstruktur entsprechenden Maßstab vor, innerhalb dessen die Architektur vielfältige urbane Merkmale zeigt: Türme, Laubengänge und Penthäuser.

Sparkasse

1970

Sparkassenplatz 4/Ullmannstraße
Besichtigung: öffentlich zugänglich
Transport: Bus 9A (Sparkassenplatz)

Diese in zwei Etappen (1970-72 und 1989) erfolgte Adaptierung eines Gründerzeithauses für die Nutzung einer Bankfiliale ist durch eine Reihe von architektonischen und funktionalen Elementen interessant. Die Kreisform der Fenster in der Fassade resultiert funktionell aus der „Druckrohrlösung" und formal aus den Bogenfenstern und dem Uhr-Element des Altbaues. Im Innenraum Differenzierung durch ein Galeriegeschoss. 1989 erfolgte der Einbau des großen Stahl-Glas-Tores.

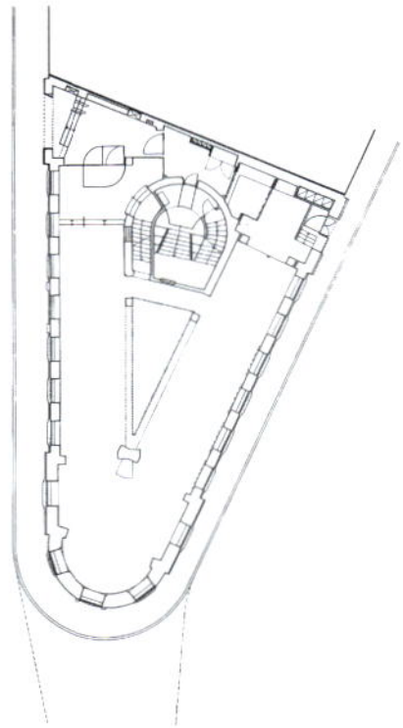

Büro- und Wohnhaus (Umbau, Aufstockung)

2005

Flachgasse 35-37
Besichtigung: während der Öffnungszeiten
Transport: U3 (Johnstraße)

Das Gebäude in Wien Fünfhaus, Flachgasse 35-37, kann als wunderbares Beispiel einer intelligenten Transformation eines Gewerbehauses (ehemalige Metallwarenfabrik Grünwald, 1907) aus der ersten Wiener Gründerzeit um 1900 gelten. Mit seiner zehnachsigen, dreigeschossigen Fassade repräsentiert das Haus eine zurückhaltende Industriearchitektur, mit Pilasterordnung und sichtbaren Ziegelsteinbögen als Fensterstürze. Der Umbau und die Aufstockung durch die Architekten Dietrich|Untertrifaller respektieren den Bestand und setzen fast unmerklich eine zweigeschossige Dachaufstockung mit vier Wohnungen auf das Bestandshaus. Beispiel einer „scheinbar-unscheinbaren" Transformation von hoher urbaner Qualität ohne die übliche laute Haltung der „neoexpressiven-dekonstruktivistischen Hier-bin-Ich"-Architektur. 1981 wurde das Gebäude erstmals von Matthäus Jiszda für den Designgroßhandel „Prodomo" adaptiert.

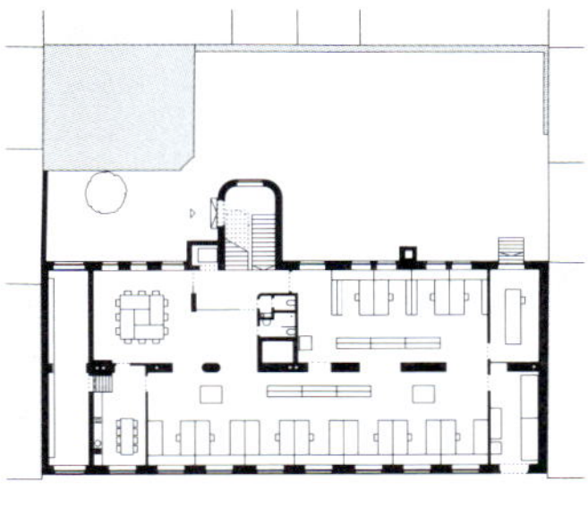

Wohnhausanlage „Wohnen Morgen“

1974

Anschützgasse, Jheringgasse, Siebeneichengasse, Weiglgasse
Besichtigung: nur außen
Transport: L52, L58 (Anschützgasse)

Unter dem Titel „Wohnen Morgen“ wurden in den 70er Jahren in allen österreichischen Bundesländern Wettbewerbe durchgeführt. Das Siegerprojekt von Wilhelm Holzbauer zeigt einen typologischen Ansatz (Straße und Gartenhof), der eine Durchmischung von öffentlichen und privaten Bereichen sinnvoll organisiert. Die öffentliche Straße wird mit Geschäften durchmischt und durch Laubengänge belebt; die Gartenhöfe erreichen durch eine terrassenartige Anlage maximale Privatheit. Ein gelungenes Sanierungsmodell für den urbanen Bereich.

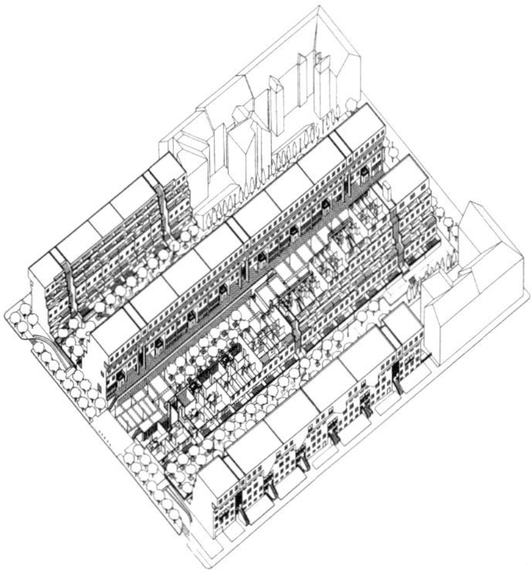

In der Zeit des Wiederaufbaus hat Franz Schuster mit diesem Bauwerk ein Zeichen humaner und heiterer Architektursprache gesetzt. Ein leicht gebogener Erschließungsbereich mit kammartiger Anordnung der Speisesäle und Spielhöfe überzeugt durch die räumliche Differenzierung von Innen- und Außenraum. Jede Spielgruppe hat zusätzlich zum Haupteingang einen separaten Zugang. Erweiterung durch Dimitri Manikas.

Sonderkindergarten Schweizerspende

1948

Auer-Welsbach-Park
Besichtigung: nach Vereinbarung
Transport: L52, L58 (Penzinger Straße)

GARTENANSICHT

STRASSENANSICHT

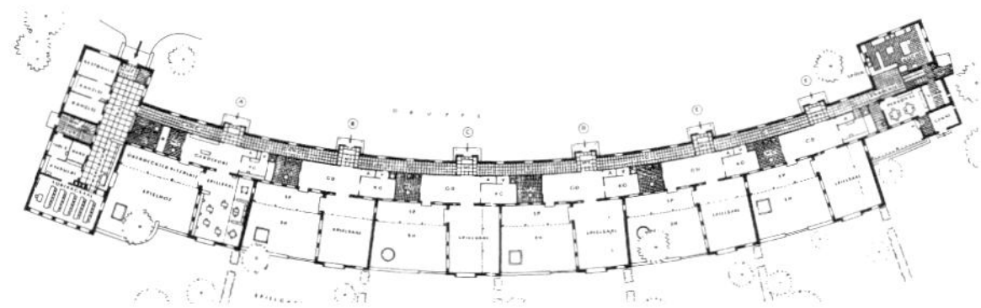

IP Two Business Center

2003

Lerchenfelder Gürtel 43
Besichtigung: von außen
Transport: U6 (Thaliastraße)

Ein Gründerzentrum der anderen Art: In einem klassischen Wiener Umfeld der Wiener Jahrhundertwende Gründerzeit, direkt an prominenter Lage am Lerchenfelder Gürtel, befindet sich dieser neue Impulsator für das neue Arbeiten. Die Architektursprache verrät den Impuls: Hier beginnt das Neue, hier beginnt die Herausforderung. Schräge Wände, schiefe Böden, geneigte Decken und ein Stiegenhaus mit freier Form zeigen die Bereitschaft zum Experiment. Eine intelligente Ausnützung der Bauordnung gehört zum Repertoire der Architekten. Ein Blickfang!

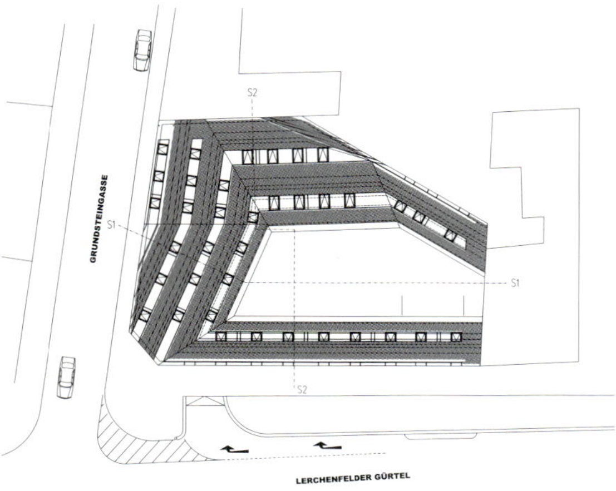

„Pleĉnik gelang (...), provoziert durch eine neue Bautechnik, die Weiterentwicklung eines uralten Raumtypus, der mit der Kirche immer verbunden war und hier, für alle nachvollzieh- und erlebbar eine lebendige, ja eine in die Zukunft gerichtete Beziehung einging" (F. Achleitner). Pleĉniks Kirchenbau weist auf allen Ebenen innovative Momente auf: Schon ein Seelsorge-Zentrum in einem Arbeiterbezirk war neuartig. Die Verwendung von Eisenbeton erlaubte dem Architekten nicht nur ein neuartiges Raumkonzept, das den klassischen, basilikalen Typus neu erfasst, sondern auch die Auslotung der sinnlichen Möglichkeiten dieses Baustoffes. Das „Non-finito" (Fassade) war vom Architekten nicht beabsichtigt, erzeugt aber für die heutige Betrachtung noch zusätzliche Reize.

Heilig-Geist-Kirche (Pfarrkirche Schmelz)

1910

Herbststraße 82
Besichtigung: öffentlich zugänglich
Transport: U6, L9 (Koppstraße)

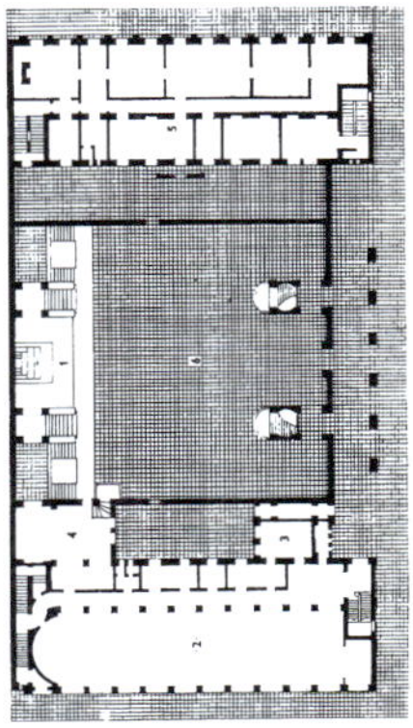

16.-3 *Ottokar Uhl*

Wohnhaus Festgasse

1977

Festgasse 12-14, J.-N.-Berger-Platz 7-9
Besichtigung: von außen
Transport: LJ (Berger-Platz)

Mit diesem Wohnbau realisierte Uhl das erste Mitbestimmungsmodell der Gemeinde Wien. Grundraster ist eine Stahlbetonscheibenbauweise, mit 7,60 m und 5,80 m Nettospannweiten und einer Tiefe von 15,0 m (11,4 m bis 16,80 m, abhängig vom Ausbau durch Loggien oder Balkone). Die Küchenschächte waren fixiert, ebenso Bad und WC. Die Mieter konnten die Grundrisse frei mitgestalten, ab dem 4. Obergeschoss ebenso die Fassade. Der Dachgarten ist ein Entwurf von Gunnar Martinsson.

16.-4 *Nehrer + Medek und Partner*

Wohnbau

2004

Baldiagasse 3-5
Besichtigung: von außen
Transport: LJ,L44 (J.-N. Berger-Platz)

Im dicht-verbauten Gebiet von Wien-Ottakring ist diese „Gartensiedlung" trotz der relativen Bauhöhe mit sechs Geschossen plus Dachgeschoss eine überraschende Ausnahme: Die klug gewählte Positionierung der einzelnen Baukörper bildet einen durchgrünten Innenhof, die Wohnungen sind teilweise über einen Laubengang erschlossen, was der Belüftung und der Kommunikation dient. Ein Großteil der Wohnungen sind Maisonetten, im Erdgeschoss mit Gartenanteil, in den Obergeschossen mit Dachterrassen. Überzeugend: Ein Partnerarchitekt des Architekturbüros wohnt auch hier.

Wohnbau

1996

Paltaufgasse 1
Besichtigung: von außen
Transport: U3 (Ottakring)

Durch die neue Endstation der Wiener U-Bahn U3 im Stadtteil Ottakring hat sich der ganze Bereich einer städtebaulichen Wandlung unterzogen. Neben der U3-Endstation (Architektengruppe U-Bahn) hat Hermann Czech einen Wohnblock entworfen, in dessen Inneren sich die beiden Gleise für die Wendeanlage der U-Bahn befinden. Die Qualität der Architektur definiert sich über einen pragmatischen Funktionalismus, wobei der Maßstab der U-Bahn und der Maßstab des Wohnens konsequent eingehalten werden. Stadträumlich respektiert Czech den Verlauf der Straßenführung, architektonisch reagiert der Architekt mit einem Nutzungsmix aus Geschäften und darüberliegenden Wohnungen. Erst in den oberen Dachgeschossen gibt es Terrassen und Loggien.

Personalwohnheim

1997

Paltaufgasse 16
Besichtigung: von außen
Transport: U3 (Ottakring)

Neues Landmark der Ottakringer Stadterneuerung ist das als „Schwesternturm" bezeichnete Personalwohnheim der Wiener Krankenhäuser, das 1999 fertig gestellt wurde. Der ellipsenförmige, 60 m hohe Wohnturm mit 20 Stockwerken beherbergt 280 Einpersonenwohneinheiten, 20 Einheiten für Gastärzte und 40 Mutter-Kind-Wohneinheiten. Im obersten Geschoss befinden sich die Gemeinschaftseinrichtungen mit einer südseitigen Terrasse.

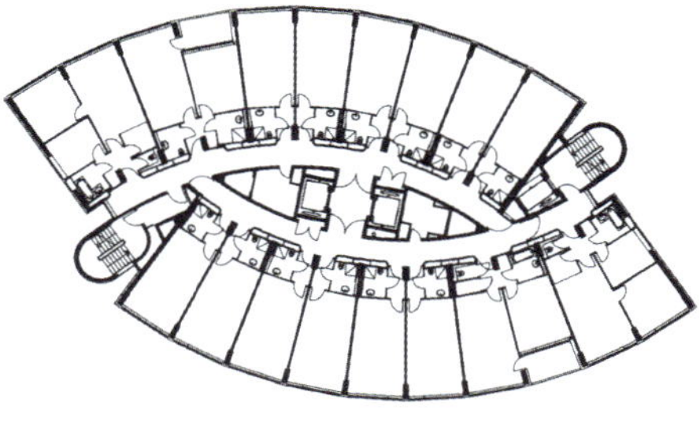

16.-7

Helmut Wimmer

Wohnanlage Odelgagründe

1997

Koppstraße 103
Besichtigung: von außen
Transport: U3 (Ottakring)

Helmut Wimmer hat sich über viele Jahre dem Wohnbau gewidmet, speziell dem Aspekt der Flexibilität. Die Verbauung der Odelgagründe reagiert auf diese Flexibilität des Wohnens mit einem Achsraster von 5,5 m. Vom Laubengang durch die Nassräume getrennt entwickeln sich die Wohn- und Schlafräume, welche innerhalb des Rasters frei unterteilt werden können. Die Wohnungen als „adaptierbare" Lebensbegleiter.

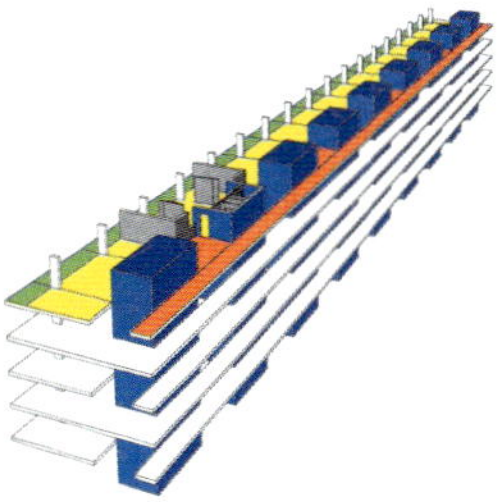

16.-8

Theodor Bach, Leopold Simony

Jubiläumshäuser

1898

Maderspergerstraße, Wernhardtstraße, Gutraterplatz, Roseggerstraße
Besichtigung: von außen
Transport: U4, L10 (Gutraterplatz)

Die von der „Franz Joseph-Jubiläumsstiftung" errichteten Wohnhäuser waren ein früher Gegenwurf zu den verbreiteten Mietszinshäusern. Zahlreiche Mängel, die das Leben in diesen unerträglich machten, wurden in diesen Neubauten behoben. Um eine bessere Durchlüftung und Belichtung zu sichern, wurden etwa nur 45 % der Fläche verbaut, und viele der Wohnungen hatten Innentoiletten, um die sanitären Zustände zu verbessern. Diese Art der Bebauung ist ein Vorläufer der Wohnbauten der Gemeinde Wien: Dass auch die konservativ-repräsentative Gestaltung des Äußeren im Gegensatz zur innovativen räumlichen Organisation für die Architekten der Gemeinde vorbildlich wurde, kann nur vermutet werden.

pool Architektur ZT GmbH (Rudnicki, Lammerhuber, Linemayr, Wallnöfer) — 16.-9

Ein wesentlicher Aspekt der Herangehensweise von pool Architektur ZT ist die ständige Suche nach zusätzlichen funktionalen und emotionalen Dimensionen, die, untereinander und mit der ursprünglichen Fragestellung verbunden, den Raum, das Gebäude, die Stadt mit vorher nicht dagewesener Energie und Potenzialität aufladen. Die Büro- und Geschäftsflächen sind um etwa einen Meter gegenüber dem Straßenniveau angehoben und ermöglichen eine natürliche Belüftung der Stellplätze. Das Erscheinungsbild des Gebäudes wird durch die roh belassene, innengedämmte Stahlbetonkonstruktion und die großflächigen Verglasungen des Shops und des Kommunikationsbereichs bestimmt.

Büro- und Geschäftshaus

2000

Adolf-Czettel-Gasse 9
Besichtigung: von außen
Transport: U3 (Kendlergasse)

Architekten Kopper, Croce & Klug — 16.-10

Eine Straßenbahnremise hat einen anderen Maßstab als die übrigen Wohnviertel. Die Länge und Höhe der Remise verändern den Bebauungsmodus. Die Architekten setzten entlang der stark befahrenen Maroltingergasse eine Wohnzeile, deren unterste drei Geschosse den großen Maßstab der Remise widerspiegeln. Darüber beginnen die eigentlichen Wohnbauten, wodurch die Gesamtzahl der Stockwerke auf neun Geschosse anwächst. Ein hybrides Gebäude dieser Art ist eine Herausforderung für jeden Architekten und jede Architektin.

Wohnanlage & Remise Ottakring

1996

Joachimsthaler Platz 1/
Maroltingergasse 47-49
Besichtigung: von außen
Transport: L46 (Joachimsthaler-Platz)

16.-11

Erich Leischner

Kongressbad

1928

Julius-Meinl-Gasse 7
Kongresspark
Besichtigung: Öffnungszeiten
Transport: L43 (Hernals)

Die Errichtung von Freizeitanlagen war eine Begleitmaßnahme zum Wohnbauprogramm der Gemeinde Wien in der Zwischenkriegszeit. Die Stimmung der Sportanlage als Zentrum der Arbeiterkultur ist heute noch spürbar. Dazu trägt sicherlich auch die Mischung aus Sachlichkeit, etwa der einfachen farbigen Holzverschalungen, und Verspieltheit der Details bei. Wenn die großzügige Anlage auch nicht den Luxus der mondänen Seebäder der Zeit ausstrahlt, so spiegelt sich in ihr doch die Weltoffenheit, das Körper- und vor allem Selbstbewussstsein, das die Sozialdemokratische Partei bei ihren Anhängern zu wecken bemüht war.

16.-12

thaler.thaler architekten (Ursina Thaler-Brunner, Norbert Thaler)

Einfamilienhaus

2004

Sprengersteig 1
Besichtigung: von außen
Transport: U3 (Ottakring), Bus 146B (Kempfengerngasse)

Auf einem kleinen, dreieckförmigen Grundriss entstand ein selbstbewusstes Kleinhaus, das die gesetzlich limitierte Kubatur von 250 m³ turmartig und theatralisch in Szene setzt, wobei die unverbaubaren Ausblicke als architektonischer Leitfaden für die Fenestrierung diente. Das konstruktive Holzhaus ist mit Baueternit verkleidet, was die Architekten wie folgt argumentieren: „Aufgrund der vorherrschenden Materialien der Umgebung haben wir uns bewusst gegen eine Holzoptik entschieden. Der Holzbau muss heute nicht mehr über eine Holzfassade definiert sein. Die Stärken des modernen Holzbaues liegen vielmehr in der jetzt möglichen Konstruktion polygonaler Geometrien und der Loslösung von der Orthogonalität."

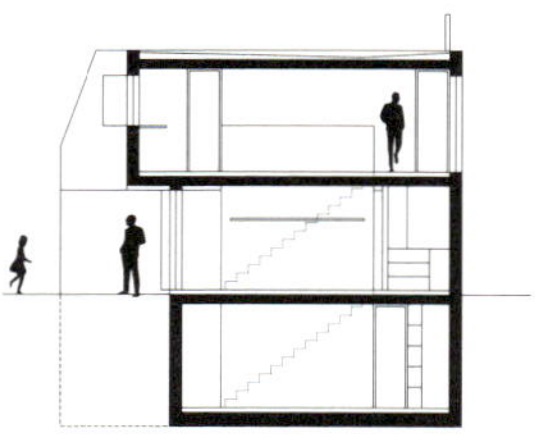

Sandleiten-Hof

1924

Sandleitengasse, Steinmüllergasse, Metschlgasse, Baumeistergasse
Besichtigung: von außen
Transport: L44 (Sandleitengasse)

Das Großprojekt (1.576 Wohnungen) wurde von einem Großaufgebot von Architekten errichtet. Zwei unterschiedliche Bebauungstypen wurden angewandt: Um Monotonie zu vermeiden, wird die geschlossene Verbauung in S-Form um Höfe und Plätze gelegt, die Bebauungslinien folgten durchaus auch topografischen Vorgaben. Im Übergangsbereich zwischen dem Hof und dem angrenzenden Villengebiet ist die geschlossene Verbauung in frei stehenden Häusern aufgelöst. Die Anlage war auch durch ihre selbstständige Infrastruktur ein Vorzeigeprojekt der Gemeinde Wien, es gab eine Bücherei und ein eigenes Postamt. Architektenteam: E. Hoppe, O. Schönthal, F. Matuschek, S. Theiß, H. Jaksch, F. Krauß, J. Tölk.

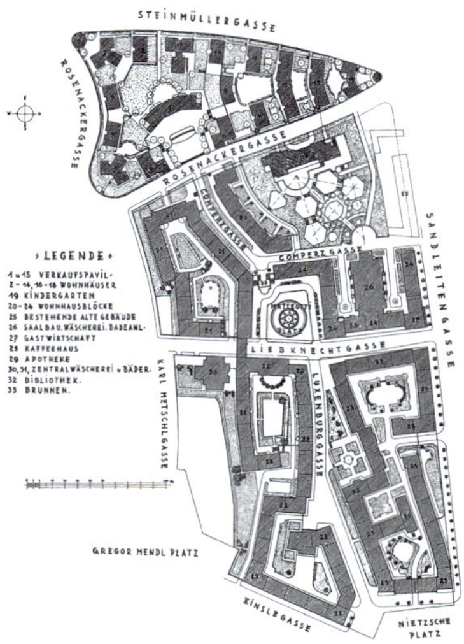

16.-14 *Otto Wagner*

Heilstätte für Lupuskranke

1090

Montleartstraße 37, Wilhelminenspital-Pavillon 24
Besichtigung: von außen, Krankenhausbetrieb
Transport: L46 (Rankgasse)

Die „Lupusheilstätte" befindet sich auf dem heutigen Gelände des Wilhelminenspitals. Der im Prinzip H-förmige Grundriss ist funktionell gegliedert, alle Patientenräume sind nach Süden orientiert. Wagners Innovation bestand darin, möglichst kleine Räume zu schaffen, um „auch diesbezüglich der Individualität der Kranken Rechnung zu tragen" (Otto Wagner, Erläuterungsbericht). Die Fassade wurde in Terra nuova mit eingelegten, zwei Zentimeter tiefblauen Glasplatten als Dekor ausgeführt.

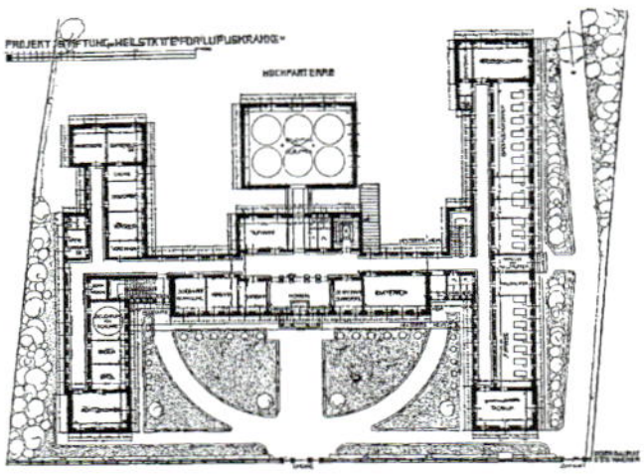

16.-15 *Adolf Krischanitz*

Wohnhausanlage Engilgasse

1992

Engilgasse
Besichtigung: von außen
Transport: Bus 45B (Funkengerngasse)

Auf einem Eckgrundstück in einem locker mit zahlreichen Ein- und Zweifamilienhäusern bebauten Quartier steht das in drei Trakte gegliederte Gebäude. Der Zugang erfolgt von Norden von der etwas höher gelegenen Pschorngasse und führt über zwei Stege ins Hochparterre der zwischen die Wohntrakte geklemmten Stiegenhäuser. Die drei Wohntrakte haben alle denselben längsrechteckigen Zuschnitt, die äußeren sind zwei-, der mittlere dreigeschossig. Sie enthalten klar formulierte Dreizimmergrundrisse, deren Wohnräume nach Süden orientiert sind. Jeweils ein Teil des Stiegenhauses ist, soweit möglich, bereits zur Wohnung geschlagen, so dass dieser Vorbereich eine Filterfunktion erhält. Farbgestaltung: Oskar Putz.

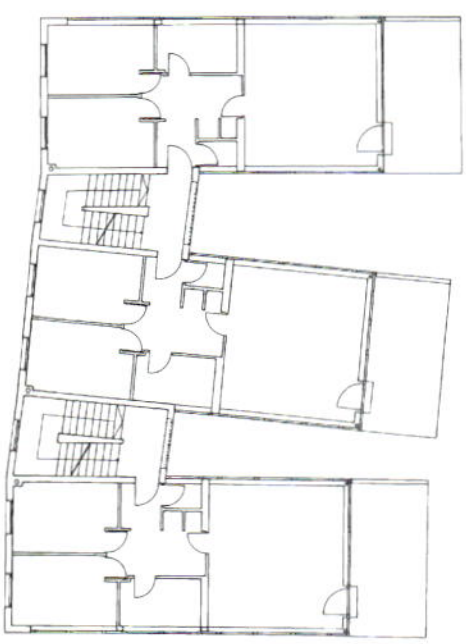

Ein knappes Budget für ein Maximum an Fläche: Erst nach einer Studie über Möglichkeiten zur Kostenoptimierung im Holzbau akzeptierten die Architekten, den Auftrag zu übernehmen. Auf einem großzügigen Grundstück mit Blick über die Stadt sollte ein Wohnhaus mit ca. 250 m² entstehen. Da die bestehende Flächenwidmung als Kleingartengebiet keine größeren Bauflächen als 50 m² ermöglicht, wurde der Wohnbereich in den Hang gebaut und entsprechend der Bauordnung als Keller definiert, die zwei Dachaufbauten nehmen den Maßstab der Umgebung auf und entsprechen der Baufläche von ca. 50 m². Breaking the rules ...

Einfamilienhaus Ottakring

1999

Sprengersteig 21
Besichtigung: von außen
Transport: L44, Bus 46B (Kempfengerngasse)

querkraft architekten zt gmbh

16.-17

Eines der am meisten publizierten Einfamilienhäuser der jüngeren Zeit, ein Hauch von Los Angeles in einem westlichen Bezirk von Wien. Die Aussicht war daher auch der generierende Entwurfsmotor, auf einem Sockel ankert ein zweigeschossiges Stahlskelett mit durchgehenden Balkonen über die gesamte Schauseite. Man denkt unweigerlich an die Case-Study-Houses der 1950er Jahre, die das neue kalifornische „Art of Living" in die ganze Welt exportierten. Aluminiumpaneele umschließen die Stahlkonstruktion, die Glasfassade bleibt frei von tragenden Elementen.

Einfamilienhaus DRA

2001

Wien-Ottakring (Adresse nicht erwünscht)
Besichtigung: nur außen
Transport: keine Angabe

Konrad-Lorenz-Institut für Verhaltensforschung

1992

Savoyenstraße
Besichtigung: nach Vereinbarung
Transport: L44, Bus 146B (Schloss Wilhelminenberg)

Das Konrad-Lorenz-Institut für vergleichende Verhaltensforschung der österreichischen Akademie der Wissenschaften entstand durch Umbau, Zubau und Neubauten an die legendäre Biologische Station von Otto Koenig. Anton Schweighofer transformiert eine Streusiedlung in eine neue Gemeinschaft: Das Institut besteht aus Labors, Aquarien, Freiflughalle, Bibliothek und Gemeinschaftseinrichtungen. Die hauptsächlichen Baumaterialien sind Holz und Glas.

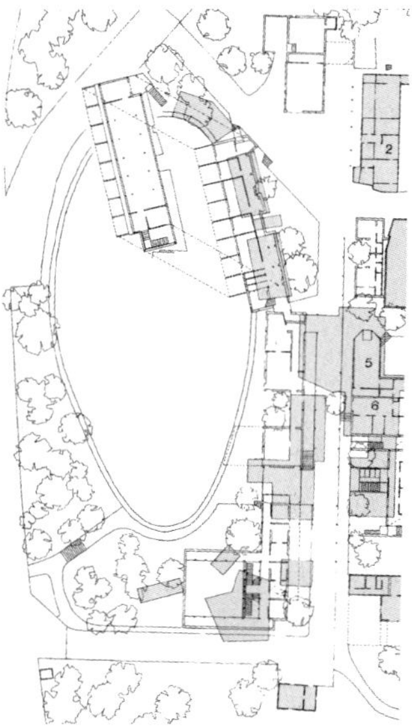

Hauptwerkstätten MA 48

2000

Lidlgasse 5
Besichtigung: von außen
Transport: Bus 10A (Richthausenstraße)

Nach dreijähriger Planungszeit und einjähriger Bauzeit ist nun das Ergebnis des Gutachterverfahrens aus dem Jahr 2000 sichtbar: Die Hauptwerkstätten für die Magistratsabteilung 48 (Müllentsorgung) haben hier mit einem neuen plastischen Baukörper auch ein neues Image bekommen. Die perfekte Verkleidung der Baukörper mit einer hinterlüfteten Metallvorhangfassade wird durch die bündigen Fensterbänder und das große, gebogene Panoramafenster noch betont. Hier wird perfekte Arbeit geleistet – so die Message der perfekten Architektur. In der großen Halle (50,7 auf 20,7 m) werden bis zu 18 Fahrzeuge der MA 48 gleichzeitig repariert bzw. gereinigt, ca. 150 Bedienstete arbeiten an diesem Standort.

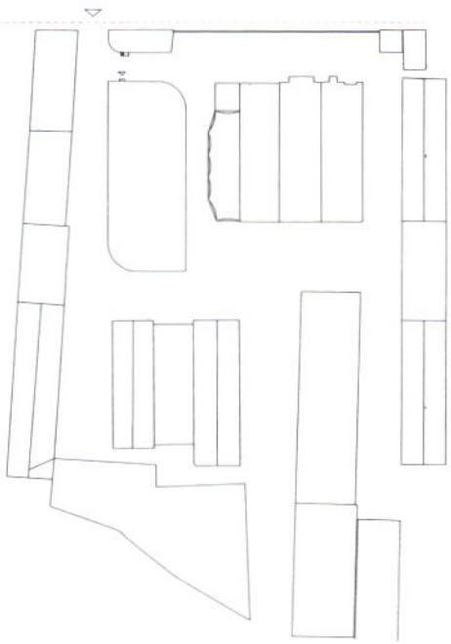

Rettungsstation Hernals

2002

Gilmgasse 18
Besichtigung: Öffnungszeiten
Transport: S45 (Hernals)

Im Jahr 2002 wurde ein Wettbewerb ausgeschrieben, um die Rettungsstation Hernals entsprechend den neuen funktionalen Anforderungen zu adaptieren. Das denkmalgeschützte Gebäude wurde punktuell entkernt, die Verbindungswege horizontal geebnet und die ursprünglich verwinkelte Struktur bereinigt. Der neue Eingangsbereich mit von oben belichteter Treppenhalle gibt dem Gebäude ein entsprechendes Verteilersystem. Im Untergeschoss ist Wiens erstes „Rettungsmuseum" geplant.

Wiedenhofer-Hof

1924

Zeillergasse, Beringgasse, Liebknechtgasse, Pretschgogasse
Besichtigung: von außen
Transport: U2, L43 (Hernals)

Für Josef Frank, eigentlich Vertreter der Siedlerbewegung und Kritiker der groß angelegten „Volkswohnpaläste", war der Wiedenhofer-Hof schon jenseits der Grenze zulässiger Verdichtung im Wohnbau (er wurde in den 1950er Jahren nochmals aufgestockt). Trotzdem kann die zum Kongresspark orientierte Hauptfront Franks Vorstellungen von Maßstäblichkeit, Formenreichtum und Übersichtlichkeit vermitteln. Wegen seiner roten Färbelung wurde der Hof freundlich als „Paprika-Kiste" und etwas feindseliger als „Rote Burg" bezeichnet.

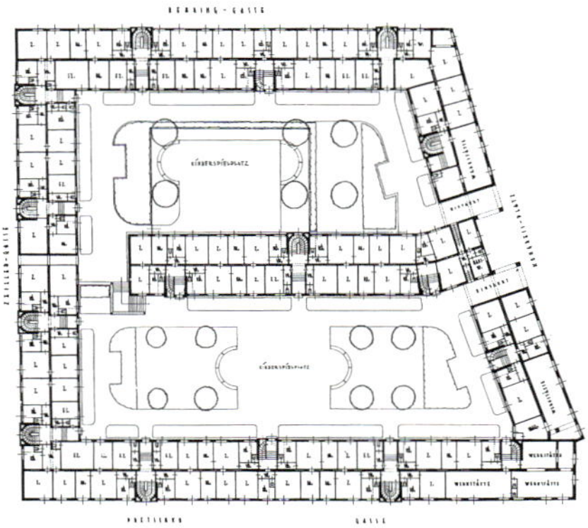

Wohnbau Frauenfelderstraße

1991

Frauenfelderstraße 14
Besichtigung: von außen
Transport: U2, L43 (Hernals)

Dieses Bauwerk zeigt beispielhaft den neuen Ansatz einer wiederentdeckten Moderne im Wiener Wohnbau. Das Architektenteam hat gemeinsam mit einer Wohnbaugenossenschaft als engagierte Bauherren ein Konzept realisieren können, welches größtmögliche Raumqualität mit einer neutralen Grundrissform verbindet. Über einen großen offenen Stiegenhausportikus wird das Haus mittels Laubengängen erschlossen; als Wohnungstypen werden Geschosswohnungen, Maisonetten und Dachgeschosswohnungen angeboten. Die zweigeschossigen horizontal verschiebbaren Jalousieelemente vor den Loggien der Maisonettenwohnungen reduzieren ästhetisch den Maßstab des sechsgeschossigen Wohnhauses.

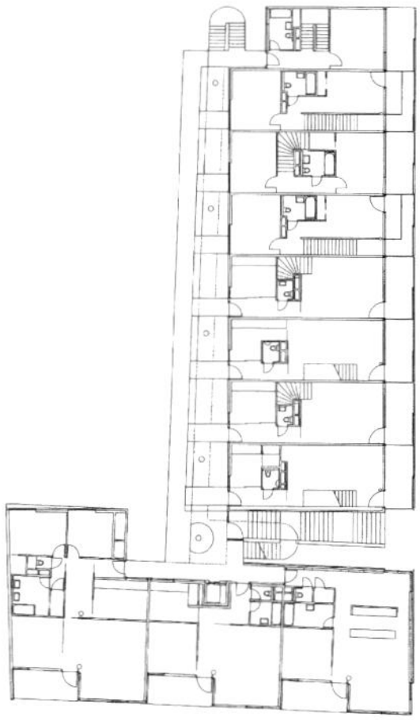

17.-5 *Hermann Czech*

Haus Schmidt
1980

Seemüllergasse 29
Besichtigung: von außen
Transport: L43 (Neuwaldegg)

Dieses private Wohnhaus mit einer psychotherapeutischen Praxis reagiert topografisch (Hanglage, bestehende Baumgruppe, bestehendes Swimmingpool), funktionell (Wohnhaus und Praxis) und kulturell (Wiener Wohntradition: Josef Frank, Adolf Loos). Formal verbindet ein Zylinder (Bibliothek) die zwei kubischen Bauteile. Nutzung aktiver und passiver Solarenergie innerhalb einer konventionalisierten Architektursprache. „Der Bau ist insgesamt ein wienerischer Kommentar zur Postmoderne, die hier sehr früh auf ihre Grenzen und auf eine andere Komplexität des Geschichtlichen verweisen wird." (Achleitner)

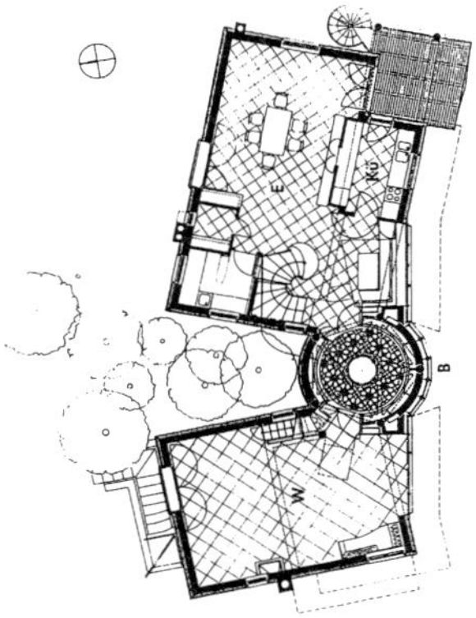

17.-6 *Max Rieder, Wolfgang Tschapeller, Hans Peter Wörndl*

Wohnbau Wittgensteingründe
1986

Neuwaldegger Straße 38A
Besichtigung: von außen
Transport: L43, Bus 43B (Geroldgasse)

Im Tal zwischen dem Heuberg und dem Schafberg liegt die Neuwaldegger Straße, die stadtauswärts direkt in den Wienerwald führt. Am Ende dieser Straße befindet sich die Wohnhausanlage, der erste größere Auftrag des damals jungen Architektenteams. Mit seiner zeitgenössischen Architektursprache setzt sich das Bauwerk bewusst gegen die bürgerliche Tradition der Vorstadtvillen. Ausgewogene Materialvielfalt und räumliche Differenzierung.

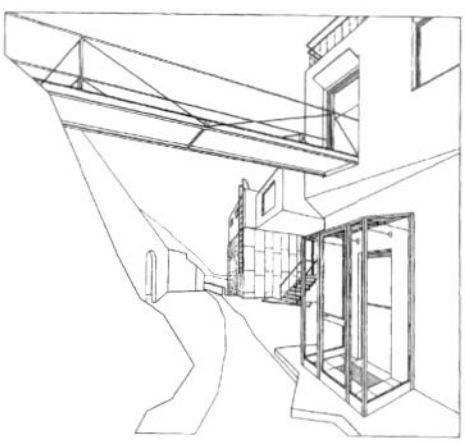

Heuberg-Siedlung

1921

Kretschekgasse, Röntgengasse, Schrammelgasse, Plachygasse, Trenkwaldgasse
Besichtigung: von außen
Transport: L43, Bus 44B (Siedlung Heuberg)

Loos war zur Zeit der Planung Chefarchitekt des Wiener Siedlungsamtes und als solcher ein überzeugter Vertreter der kleinstrukturierten „Selbstversorger"-Siedlungen am Stadtrand, von denen er sich eine Verbesserung der Lebenssituation und der Selbsteinschätzung der Arbeiter versprach. Ob der Lageplan der Siedlung von Loos stammt, kann nicht mit Sicherheit festgestellt werden, seine Autorenschaft für die Häuser in der Plachygasse 1-13 ist aber gesichert. Sie wurden auch nach seinem Patent für das „Haus mit einer Mauer" errichtet. 1921 Planung – 1923/24 Ausführung).

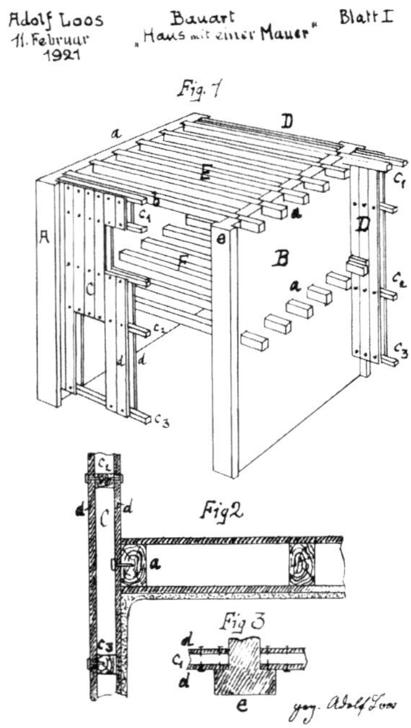

Einfamilienwohnhaus

2002

Czartoryskigasse 179 A
Besichtigung: von außen
Transport: Bus 42B (Schafberghöhe)

„Raum mit Aussicht" – so bezeichnet der Architekt sein Wohnhaus, das er nach eigenen Angaben nicht plante, sondern entwickelte. Das zweigeschossige Hanghaus mit einer 105 m² großen Hauptebene und einer Untergeschossebene mit 80 m² ist konstruktiv zweigeteilt, der untere Bereich ist als WU-Betonwanne ausgeführt, das Obergeschoss als Holz-Glas Konstruktion. Entsprechend der großartigen Aussicht wurde auch der Hauptraum multifunktional geplant, nur für den Schlafbereich, das Bad und die Küche gibt es definierte Zonen. Die geschosshohe Verglasung erlaubt einen atemberaubenden Ausblick auf die Stadt, verstärkt noch durch die Tatsache, dass das Hauptgeschoss über dem Sockelbereich auskragt und somit das Gefühl des „Fliegens" noch verstärkt. Eine seitliche Terrasse wird direkt von der Küche aus bedient.

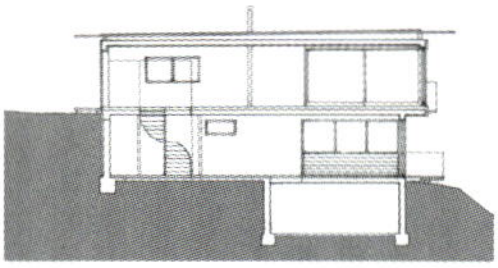

Erwähnungen 15., 16. und 17. Bezirk

***15.**-19e* **Wohnhaus**
Franco Fonatti
1988
Gebrüder-Lang-Gasse 16

***15.**-20e* **Bezirksgericht Fünfhaus**
Günther Oberhofer
1995
Gasgasse 1-7

***15.**-21e* **Wohnbau**
Martin Kohlbauer
2003
Viktoriagasse 10

***16.**-19e* **Wohnbau**
Cornelia Schindler, Rudolf Szedenik
2000
Seitenberggasse 53-63

***16.**-20e* **Laborgebäude**
Manfred Nehrer und Reinhard Medek
1993
Hasnerstraße 127/Koppstraße 116

***16.**-21e* **Hauptschule**
Atelier 18: Eder, Pal, Weber, Wieden
1994
Koppstraße 110

***17.**-9e* **Vorortelinie-Richthausbrücke**
Otto Wagner
1896
Richthausenstraße, Hernalser Friedhof

***17.**-10e* **Holy-Hof**
Rudolf Perco
1928
Heigerleinstraße 104

18. Bezirk, ***Währing*** *Indexnummern* ***18.****-1 … **18.**-14e*

19. Bezirk, ***Döbling*** *Indexnummern* ***19.****-1 … **19.**-47e*

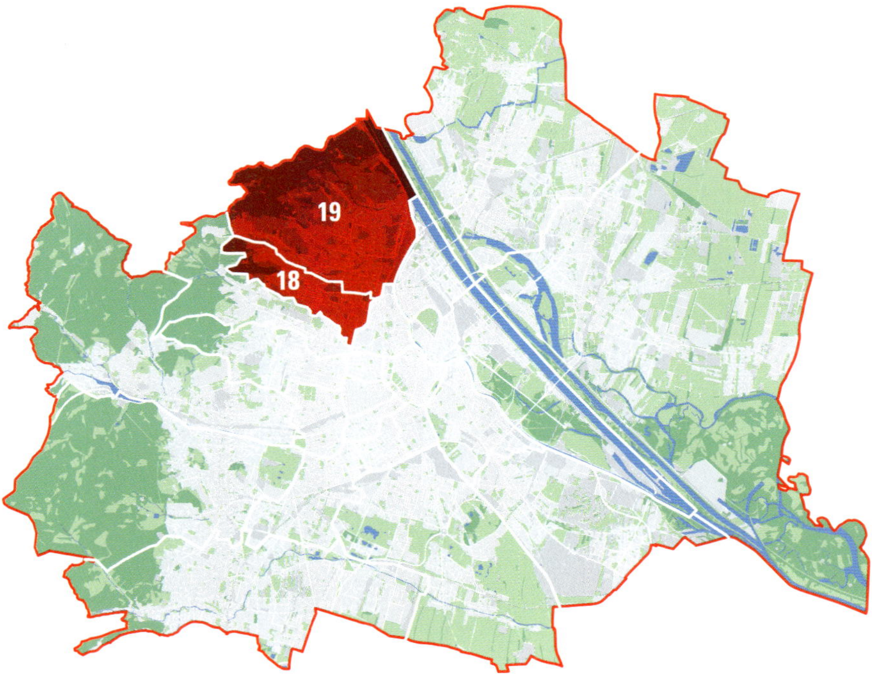

Himmelstraße
19.-36
19.-35
19.-34
Hackenbergweg
Krottenbachstraße
18.-9
18.-13e
19.-33
19.-32
18.-7
18.-11e
19.-9
18.-8
Gersthofer Straße
Bastiengasse
Herbeckstraße
15 min
1000 m

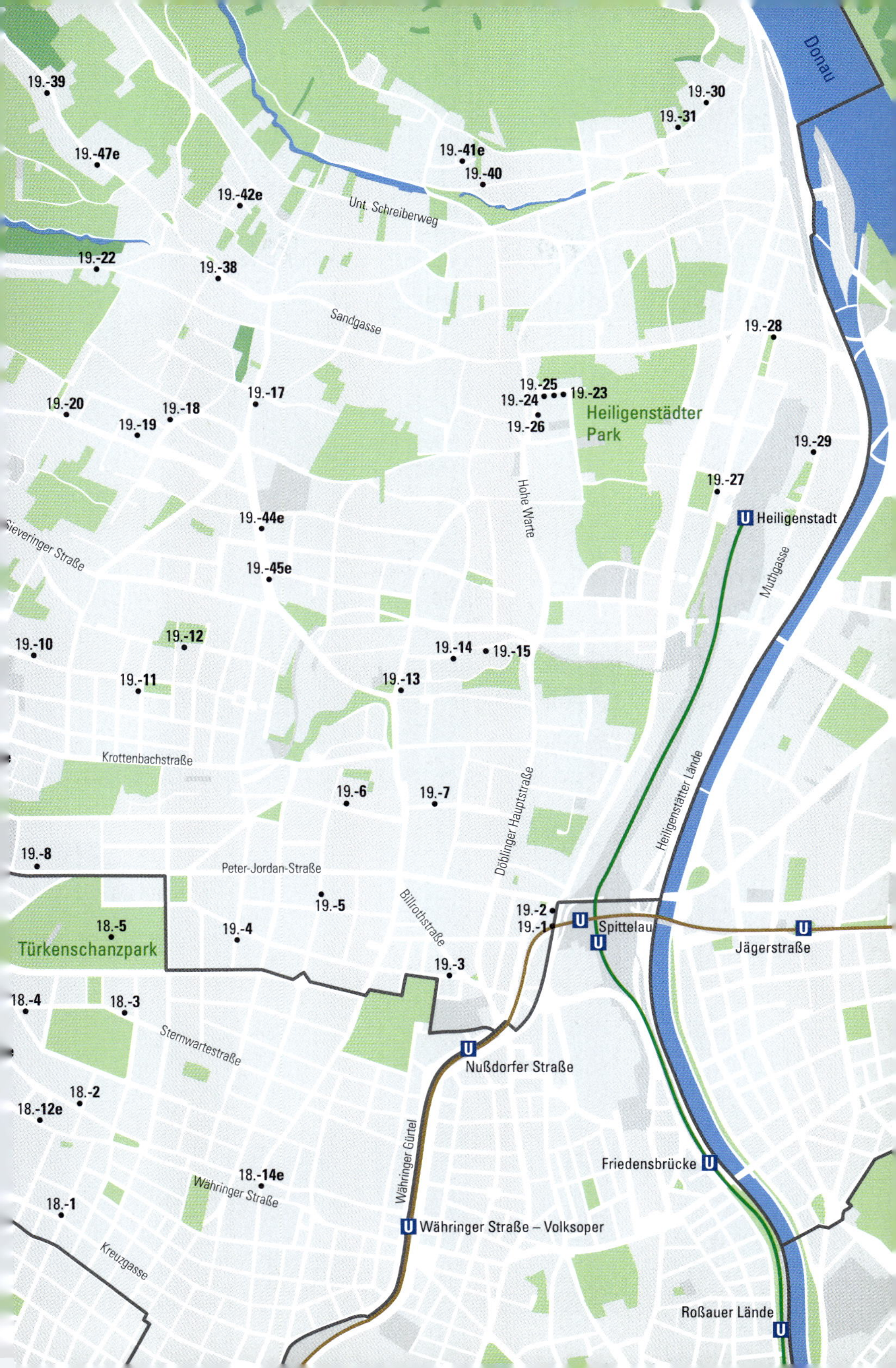

Donau
19.-39
19.-30
19.-31
19.-47e
19.-41e
19.-40
19.-42e
Unt. Schreiberweg
19.-22
19.-38
Sandgasse
19.-28
19.-25
19.-24
19.-23
19.-26
Heiligenstädter Park
19.-20
19.-18
19.-19
19.-17
19.-29
19.-27
Heiligenstadt
Hohe Warte
19.-44e
Sieveringer Straße
19.-45e
Muthgasse
19.-12
19.-10
19.-11
19.-14
19.-15
19.-13
Krottenbachstraße
19.-6
19.-7
Döblinger Hauptstraße
Heiligenstädter Lände
19.-8
Peter-Jordan-Straße
19.-5
Billrothstraße
19.-2
19.-1
Spittelau
Jägerstraße
18.-5
Türkenschanzpark
19.-4
19.-3
18.-4
18.-3
Sternwartestraße
Nußdorfer Straße
18.-2
18.-12e
Währinger Gürtel
Friedensbrücke
18.-14e
Währinger Straße
18.-1
Währinger Straße – Volksoper
Kreuzgasse
Roßauer Lände

Wohnanlage Remise

1998

Kreuzgasse 72-76
Besichtigung: von außen
Transport: U2, L42 (Vinzenzgasse)

Straßenbahnremisen werden durch die veränderte Situation des öffentlichen Nahverkehrs mittels U-Bahn immer öfter obsolet. 1994 wurde mithilfe eines Gutachterverfahrens die Möglichkeit diskutiert, inwieweit die Anforderungen des Denkmalschutzes und die Anforderungen eines zeitgemäßen Wohnbaus bei der Revitalisierung einer Straßenbahnremise zum Tragen kommen könnten. Szyszkowitz/Kowalski lösten das Problem, indem sie die Remisen für Geschäfte, Turnsäle und Parkplätze benutzen und den tatsächlichen Wohnbau für 152 Wohnungen straßenseitig an den Restflächen ansiedelten.

Volksschule Köhlergasse
1977

Gentzgasse/Köhlergasse
Besichtigung: nach Vereinbarung
Transport: L40, L41 (Weinhauser Gasse)

Entworfen in den Jahren 1977-78, wurde dieser Schulbau erst 1990 fertig gestellt. Die lange Planungs- und Realisierungsphase verweist auf die komplexe Situation im Wiener Schulbau. Auf engstem Raum hat Hollein hier einen beeindruckenden Reichtum an räumlichen Qualitäten, Materialvielfalt und Lichtführung realisiert: Eine kleine Stadt für kleine Menschen, Räume zum Entdecken und Räume für die Geborgenheit. Baukunst als didaktisches Element.

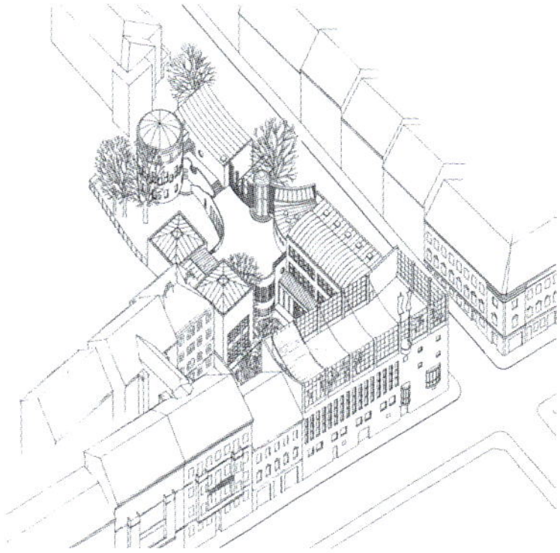

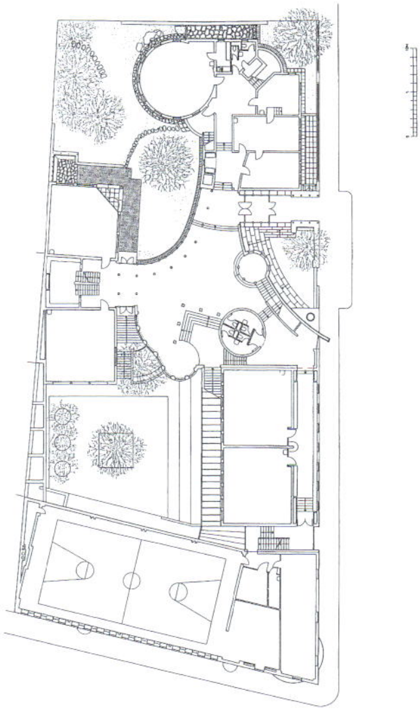

Villa Gessner
1907

Sternwartestraße 70
Besichtigung: von außen
Transport: L40, L41 (Gersthof)

Gessners Umgang mit dem Volumen zeigt ein typisches Motiv aus der Wagner-Schule: den blockhaften Baukörper und das sehr weit auskragende Traufgesims. Die einfache Putzfassade mit den an englischen Vorbildern orientierten „bay-windows" ist allerdings unkanonisch und zeigt den zunehmenden Einfluss der Arts & Crafts-Bewegung auf das Wiener Baugeschehen, während die den Bau begrenzenden Pylonen noch an die hieratischen Gestaltungen der Wiener Secessionisten erinnern.

18.-4 *Lois Welzenbacher*

Haus Arnold
1923

Sternwartestraße 83
Besichtigung: von außen
Transport: L40, L41 (Gersthof)

Schon bei diesem Frühwerk zeigt sich Welzenbachers Sensibilität bei der Einpassung seiner Bauten in ein architektonisches oder oft auch landschaftliches Milieu. Mit dem eingeschwungenen Grundriss reagiert er auf die Grundstücksgrenze, mit dem klassizierenden Säulenportikus auf die Lage im Wiener Vorstadtbezirk. Verfremdet wird der „biedermeierliche" Eindruck des Baus durch die „hinuntergesetzten" Kapitelle der Säulen.

Heinrich von Ferstel, Gustav Sennholz, Heinrich Goldemund, Wenzel Hybler 18.-5

Türkenschanzpark

1885

Gregor-Mendel-Straße, Hasenauerstraße, Max-Emanuel-Straße
Besichtigung: öffentlich zugänglich
Transport: Bus 37A, Bus 40A (Gregor-Mendel-Straße)

Der Park wurde anstelle einer Verteidigungsanlage aus der Zeit der Türkenbelagerung auf Initiative Heinrich von Ferstels errichtet, die planerische Umsetzung erfolgte durch den Stadtgärtner Gustav Sennholz. Vorbild für die gärtnerische Gestaltung war das Flair alpiner Sommerfrischen, deren pittoreske Erscheinung mittels künstlicher Wasserfälle, Kunstfelsen und einer malerischen Felsschlucht heraufbeschworen werden sollte. Eine Erweiterung der Anlage erfolgte auf allgemeinen Wunsch Anfang des 20. Jahrhunderts.

Luigi Blau 18.-6

Villa

1993

Gersthoferstraße 84
Besichtigung: von außen
Transport: L41 (Türkenschanzplatz)

Im unteren Teil der Gersthoferstraße befindet sich eine Reihe von Biedermeierhäusern, die unter Denkmalschutz stehen. Zur Straße geschlossen, öffnen sich diese Bauten über einen Innenhof zu den angrenzenden Gärten. Luigi Blau hat die anspruchsvolle Herausforderung einer Totalsanierung mit Zurückhaltung und Selbstbewusstsein einer zeitgenössischen Architekturhaltung realisiert. Der Bestand wurde behutsam renoviert, der neue Gartentrakt setzt sich farblich und materialmäßig ab. Ein zweigeschossiger neuer Wintergarten akzentuiert den Zubau.

Haus Moller
1927

Starkfriedgasse 19
Besichtigung: von außen, Fotografierverbot!
Transport: L41 (Scheibenbergstraße)

Loos lebte bereits in Paris, als er dieses Haus plante. Das Einfamilienhaus integriert sich auch bruchlos in die Reihe der Bauten, die er in der Zeit seine „Emigration" entwarf. Ähnlich wie etwa im Haus Tristan Tzara in Paris löst sich die strenge, symmetrische Straßenfront mit den eindeutig anthropomorphen Zügen in der Raumabfolge des Inneren auf. Der eindeutig als Schaufassade ausgeprägten „öffentlichen" Straßenfront ist eine gelockerte „private" Gartenseite gegenübergestellt. Nur die Außenmauern des Bauwerkes sind tragend; dadurch wurde das Ineinandergreifen der Räume im Inneren erleichtert. Derzeitige Nutzung als Residenz der Botschaft von Israel.

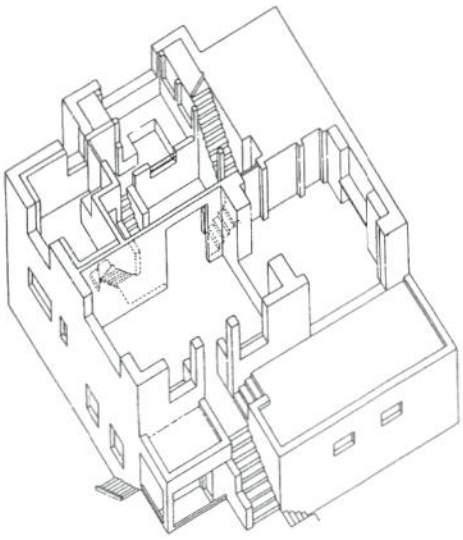

Einfamilienhaus

1989

Franz-Barwig-Weg 4
Besichtigung: von außen
Transport: L41 (Pötzleinsdorf)

Zugang und südlicher Teil des Gartens befindet sich beim öffentlichen Erschließungsweg, der private Teil des Gartens ist ein sanft abfallender Nordhang. Krischanitz reagiert auf diese Situation mit einem parabelförmigen Grundriss, der im Süden von einem „Schild" gehalten wird und im Norden – am Scheitel der Parabel – einen verglasten Wintergarten besitzt. Ein konstruktiver Stahlrahmen ermöglicht die umlaufenden Bandfenster. Decken und Wände sind aus Holz, das „Schild" ist ein Mauerwerksbau mit interessanter Lochfassade.

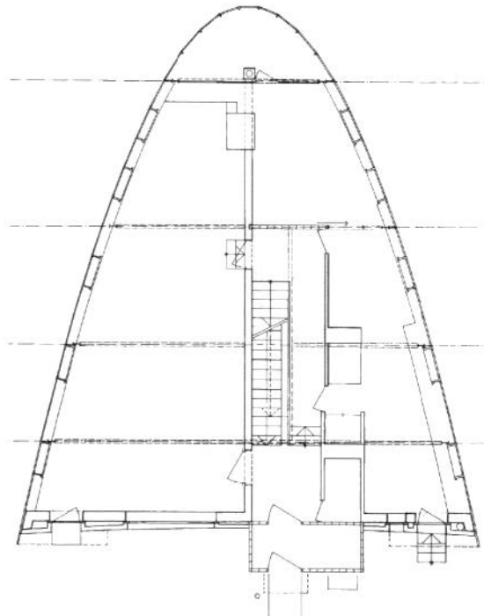

Rudolf Prohazka **18.-9**

Einfamilienhaus

1988

Pötzleinsdorfer Höhe 25a
Besichtigung: von außen
Transport: L41, Bus 41A
(Pötzleinsdorfer Höhe)

In Einfamilienhäusern verdichten sich die kulturellen Wertvorstellungen vom Wohnen: die Maßbekleidung für familiäre Behausung. Dieses Wohnhaus artikuliert den Dualismus von privaten Schlafräumen mit Lochfassade in den beiden Untergeschossen und öffentlicher Wohnebene mit transparenter Verglasung auf dem obersten, dritten Geschoss: So wird die Hanglage optimal für die Fernsicht benutzt.

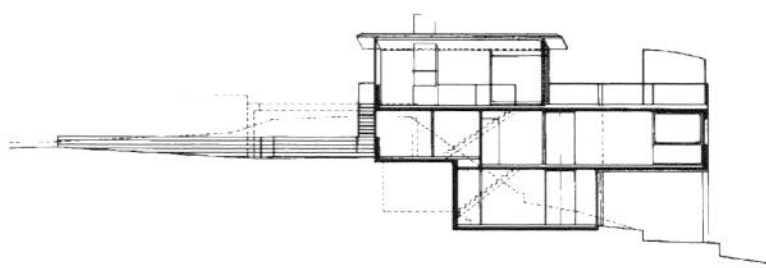

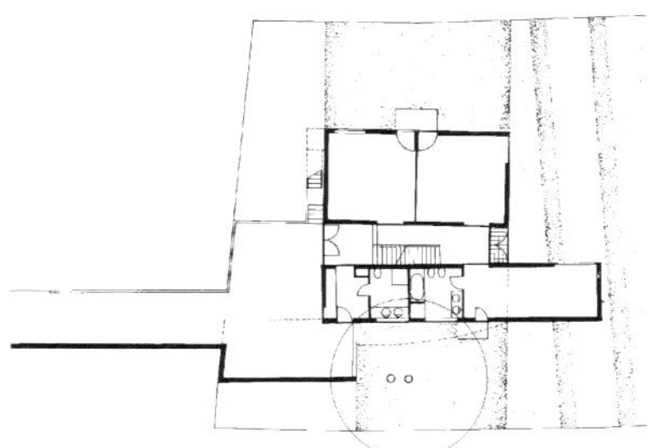

19.-1 *Silja Tillner*

Bürohaus Stadtbahnbögen Spittelau „Skyline“

2001

Heiligenstädter Straße 29
Besichtigung: von außen
Transport: U4, U6 (Spittelau)

Baubeginn für dieses spektakuläre Bürogebäude oberhalb der historischen Stadtbahnbögen von Otto Wagner war das Jahr 2005, die Fertigstellung ist für 2008 geplant. Nach einer intensiven Planungsphase und intensiver Diskussion entstand hier mit optimaler Verkehrsanbindung ein Büro- und Geschäftshaus mit insgesamt 13.700 m^2 Nutzfläche, variabel aufteilbar. Ähnlich wie bei der Hauptbibliothek der Stadt Wien wird hier die Lagegunst oberhalb der Stadtbahn als reales Grundstück verwertet.

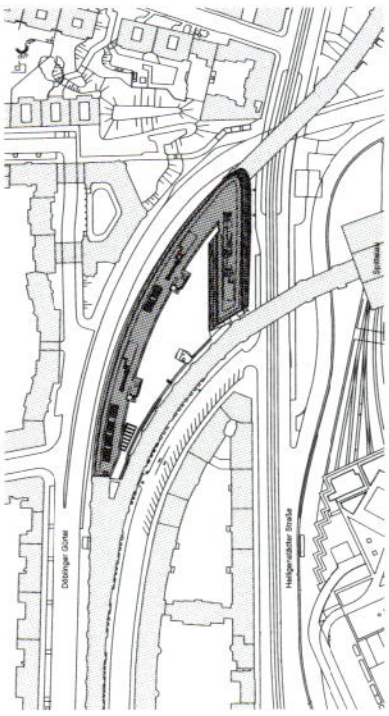

19.-2 *Bulant & Wailzer, Karlheinz Wagner (Statik)*

Fußgängerbrücke

2005

Döblinger Gürtel
Besichtigung: öffentlich
Transport: U6, U4 (Spittelau)

Mit dem „Skywalk“ wird eine direkte Rad- und Fußgängerverbindung zwischen dem 9. und dem 19. Bezirk geschaffen. Der Steg schwebt in ca. 11 m Höhe über der Heiligenstädter Straße, mit einer Breite von 4,5 m und einer Gesamtlänge von 120 m und durchdringt einen denkmalgeschützten Pfeiler der Stadtbahnbögen von Otto Wagner. Die Balkenbrücke besteht aus Randbalken mit veränderlichen Trägerhöhen, die den auftretenden Biegungskräften entsprechen und bei der Straßenüberquerung überhöht ausgebildet wurden, um die erforderlichen Lichtraumprofile einzuhalten. Eine Brücke als begehbare Event-Statik.

Klose-Hof

1924

Philippovichgasse 1, Werkmanngasse, Fickertgasse, Peezgasse
Besichtigung: von außen
Transport: L38 (Glatzgasse)

Josef Hoffmann errichtete den Wohnbau für die Gemeinde Wien mit 140 Wohneinheiten in einem traditionell großbürgerlichen Wohngebiet. Durch das Einfügen eines solitären Wohnturms durchbricht Hoffmann das bewährte Hofschema für Wohnbauten. In der Detailformulierung reduziert er die von ihm gerne verwendeten Klassizismen auf ein der Bauaufgabe angemessenes Ausmaß. Dass dieser Hof zum Feinsten gehört, was der Wiener soziale Wohnbau zu bieten hatte, zeigt auch die Bauplastik, die vom Bildhauer Anton Hanak stammt.

Haus Mandl

1916

Blaasstraße 8
Besichtigung: von außen
Transport: U4, Bus 10A (Blaasstraße)

Dass der Loos'sche Raumplan auch bei Umbauten von Altbeständen zu befriedigenden Lösungen führte, zeigt einmal mehr das pragmatische Denken seines gerne als Dogmatiker angesehenen „Entdeckers". In diesem Fall sind der Cottage-Villa im Süden und Osten Zubauten vorgelagert, die am Äußeren leicht als additive Anbauten zu erkennen sind, im Inneren aber ohne Zäsur in den Altbau übergehen.

19.-5

Adolf Loos

Haus Duschnitz

1915

Weimarer Straße 87
Besichtigung: von außen
Transport: U4, Bus 10A (Blaasstraße)

Ein Filzfabrikant, der vom Ersten Weltkrieg profitierte, leistete sich noch während der Kriegsdauer den Umbau einer bestehenden Cottage-Villa, in der auch Platz für seine Kunstsammlung und ein Musikzimmer geschaffen werden sollte. Loos veränderte den Altbestand wenig, sondern ergänzte ihn lediglich durch kubische Anbauten, die gleichzeitig Terrassen ausbilden. Im Herrenzimmer wurde eine Decke aus dem 16. Jahrhundert installiert. Der Orgelsalon des Hausherren gehörte zu den aufwändigsten Innenraumentwürfen des Architekten.

19.-6

Josef Frank, Oskar Wlach

Haus Bunzl

1936

Chimanistraße 18
Besichtigung: von außen
Transport: L38 (Gatterburggasse)

Nachdem sich Josef Frank konsequent von den „Zwängen" (wie er es sah) der Symmetrie verabschiedet hatte, begann er auch den geschlossenen Baukörper aufzulösen und die Raumabwicklung in der Ebene auszubreiten (im nächsten Schritt wird er dann auch die gerade Linie verwerfen). Beim Bau des Hauses in der Chimanistraße gruppierten die beiden Architekten die nach Funktionen unterschiedlich dimensionierten Baukörper um eine offene Wohnterrasse, die sich zum Garten hin orientiert.

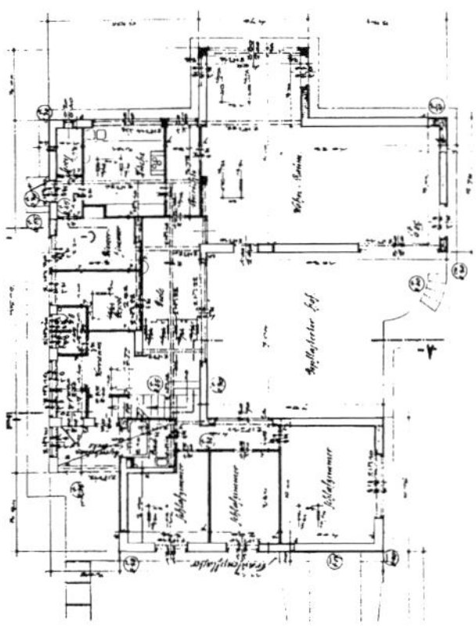

Wohnhaus Gatterburggasse
1989

Gatterburggasse 2c
Besichtigung: von außen
Transport: L38 (Gatterburggasse)

Das für die Gemeinde Wien errichtete Wohnhaus in Grinzing thematisiert den von Schweighofer entwickelten Zentralraum-Grundriss. In der Mitte der Wohnung befindet sich ein „undefinierter" quadratischer Raum, der in Abhängigkeit von den Benutzerwünschen seine Funktion erhält: als Speiseraum, als Kinderspielraum oder als Wohnraum. Die anschließenden, fast gleich großen Räume sind nutzerneutral und erlauben somit größtmögliche Flexibilität. Äußerlich sind die beiden Wohnbauten als weiß verputzte, zurückhaltende Bauten der Moderne mit gekurvtem Dach gut erkennbar.

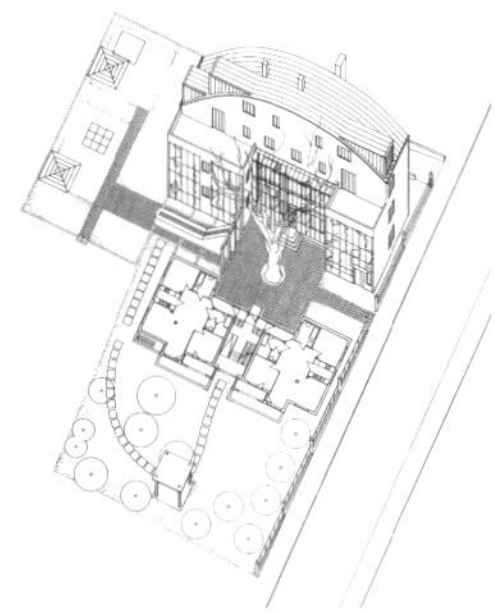

Institutsgebäude der Hochschule für Bodenkultur
1967

Peter-Jordan-Straße 82
Besichtigung: nach Vereinbarung
Transport: U4, Bus 37A (Dänestraße)

Bauten für den universitären Bereich sind zum einen Funktionsbauten, zum anderen Darstellung einer öffentlichen Baukultur. Als eines der ersten wirklich modernen Institutsgebäude in Wien nach dem Zweiten Weltkrieg ist seine Bedeutung mit dem der juridischen Fakultät (1969-83, Ernst Hiesmayer) vergleichbar: In beiden Fällen wurde durch eine technische Ästhetik der Fortschrittsglaube in der Wissenschaft symbolisiert. Schweighofers „dynamischer" Organismus hat eine Fassade aus vorgerostetem Stahl, der in den 70er Jahren eine technische Novität war. Großzügige Hallen im Inneren und eine übersichtliche Grundrisslösung.

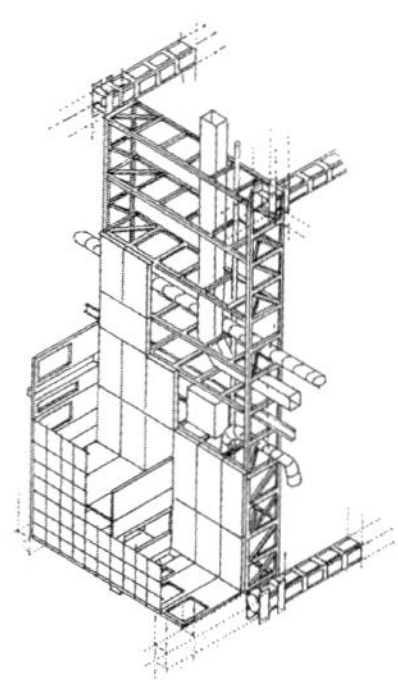

Häuser in der Wilbrandtgasse

1913

Wilbrandtgasse 3 und 11
Besichtigung: von außen
Transport: L41 (Scheibenbergstraße)

Josef Frank war der federführende Akteur bei der Planung dieses Ensembles, von dem nur zwei Bauten verwirklicht wurden. Das bemerkenswertere Objekt ist das Haus Nr. 3, in dem Frank seine erst viel später schriftlich fixierte Idee einer architektonischen Gestaltung, die so aussehen sollte, als wäre sie dem Zufall unterworfen, anklingen lässt. Die Straßenfassade ist zwar achsial gedacht, aber mit verblüffenden Abweichungen versehen, die dem Bau den Anschein des „Gewachsenseins" verleihen. Das Verhältnis dieser Schaufront zur aufgelockerten und terrassierten Gartenfront ist ähnlich spannungsvoll wie bei dem gut ein Jahrzehnt später entstandenen Haus Moller von Adolf Loos.

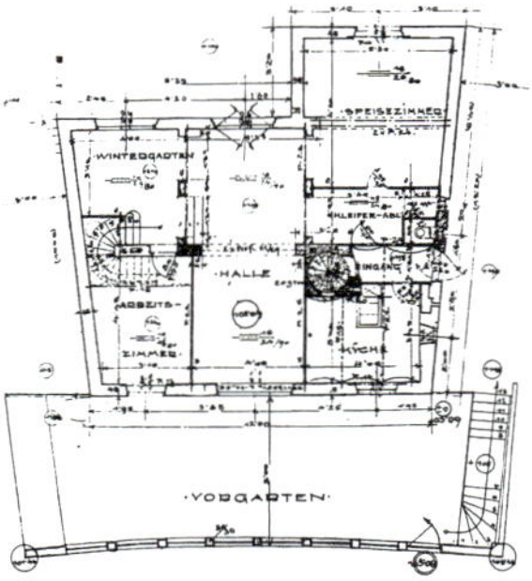

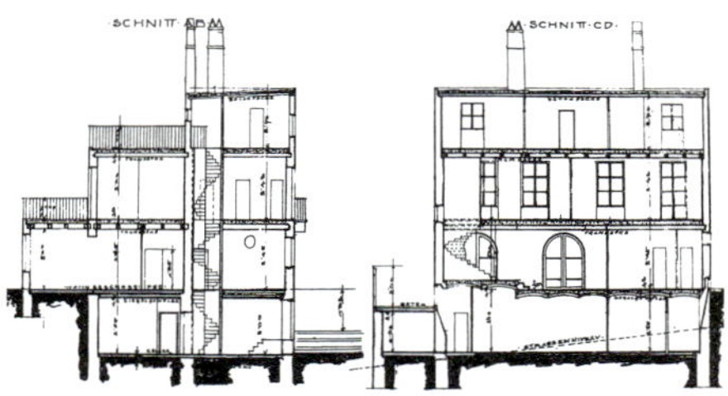

Wohnhausanlage Gräf- und Stift-Gründe

1981

Weinberggasse 70-74
Besichtigung: von außen
Transport: Bus 35A (Kratzlgasse)

Die Stadt führte im Herbst 1981 einen Architektenwettbewerb für die Wohnbebauung der ehemaligen Gräf- und Stift-Gründe durch. Durch das Zusammenwirken der beauftragten Preisträger ergibt sich ein reichhaltiges Angebot an verschiedenen Wohnformen. Bauteil West: (1) Helmut Richter, Heidulf Gerngroß; (2) Anton Schweighofer; (3) Johann Brennig, Helmut Christen, Michael Stepanek, Christoph Thetter, Helmut Wimmer; Bauteil Ost: Günther Lautner, Peter Scheifinger, Rudolf Szedenik, Walter Hoffellner, Bernd Stanzel, Ernst Hoffmann.

Kirche St. Judas Thaddäus in der Krim

1924

Budinskygasse 19
Besichtigung: öffentlich zugänglich
Transport: S45, Bus 35A (Rodlergasse)

Holzmeister konnte nur den straßenseitig gelegenen Teil der Kirche vollenden (1924-32). Er setzte bei Beibehaltung der Traufhöhe der umliegenden Bebauung durch den „gelängten" Turm ein markantes Zeichen. Die Kirche wurde im Zweiten Weltkrieg beschädigt und 1956 durch den Bau des Kirchenschiffes fertig gestellt.

Volksschule in der Krim

1961

Flotowgasse 25
Besichtigung: nach Vereinbarung
Transport: U4, S45 (Krottenbachstraße)

Die 8-klassige Volksschule gruppiert sich um einen Atriumhof und ordnet jeder Schulklasse eine „Freiluftklasse für den sommerlichen Unterricht in der Natur zu. Mit diesen Mitteln bricht der Architekt die alten Schulmuster auf und bietet eine neue Lösung. Die klare Grundrissdisposition und die sparsame Ausführung (Sichtbeton, Putz, Holz) tragen zur überzeugenden Komposition bei.

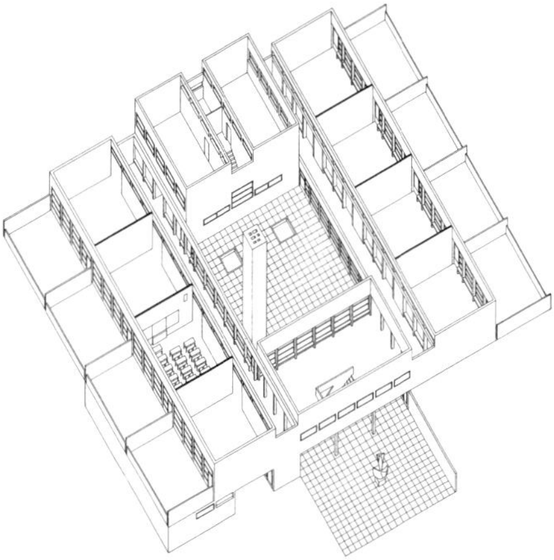

Wohnhausanlage Silbergasse

1951

Silbergasse 2-4
Besichtigung: von außen
Transport: L38 (Silbergasse)

Die bescheidene Wohnhausanlage mit 70 Wohnungen wird um ein „turmartiges" Wohnhaus angelegt, welches das Zentrum der Anlage bildet. Einheitlicher Fenstertypus auch im Bereich des Stiegenhauses. In seiner Schlichtheit entspricht der Entwurf des damals 81-jährigen Josef Hoffmann durchaus den vergleichbaren Gemeindebauten der Nachkriegszeit. Die zur Straße geplante Pergola ist nicht mehr vorhanden.

Zacherlfabrik

1888

Nusswaldgasse 14
Besichtigung: von außen
Transport: L38 (Silbergasse)

In den Neubau der Insektenpulver-Fabrik wurde eine Anlage von 1873 integriert. Der Einsatz von persischen Formen ist durch eine Ingredienz des hergestellten Produktes legitimiert, das aus Persien bezogen wurde. Die Fabrikanlage stellt in ihrem Fantasiereichtum ein Unikum in der Wiener Baulandschaft dar.

Haus Knips

1924

Nußwaldgasse 22
Besichtigung: von außen
Transport: L37 (Barawitzkagasse)

Der nur scheinbar schlichte Bau der Villa Sonja Knips lädt zu einer detailgenaueren Besichtigung ein. Hoffmanns Neigung zu plastischen Dekorationen ist einer zeichenhaften, zurückhaltenden Gliederung gewichen, die komplizierten Mauerschichtungen einer glatten, nur durch aufgesetzte Zierelemente unterbrochenen Wand. Die Gartenseite ist stärker gegliedert als die Straßenfassade. Die Villa entwickelt sich hauptsächlich in Längsrichtung, entlang der Straße, selbst an der breitesten Stelle, sind nur zwei Raumschichten hintereinander gelegt.

Privates Hallenbad in Wien-Döbling

1997

Wien-Döbling (Bekanntgabe der Adresse nicht gewünscht)
Besichtigung: keine
(unterirdisch, im Garten)
Transport: keine Angabe

Viel, sehr viel ist über dieses unterirdische Privathallenbad einer prominenten Wiener Familie geschrieben worden. Das Team: the nextENTERprise – e.j. fuchs/mth. harnoncourt – in Kooperation mit Florian Haydn, hat hier mit dem Statiker Karlheinz Wagner eine räumliche Sequenz baulich umgesetzt, die viele methaphorische Assoziationen ermöglicht. „Die Situation, den Garten oberirdisch nicht bebauen zu können und unsere Vorstellung von einem Raum zum ‚Fernreisen', machten den Erdraum zum Bauplatz. Gedanklich transformiert sich das ‚Wohn-Bad' zu einem in der Erdmasse schwimmenden Lufteinschluss, der mit der Villa über eine langgestreckte Rampe verbunden ist." (ArchitektIn)

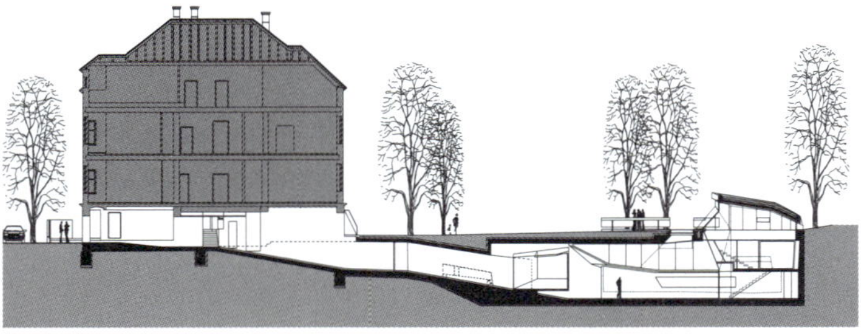

19.-17 *Jan Kotera*

Villa Lemberger

1914

Grinzinger Allee 50-52
Besichtigung: von außen
Transport: L38 (An den Langen Lüssen)

Das einzige bekannte Werk des tschechischen Wagner-Schülers Jan Kotera ist diese Villa von beeindruckenden Ausmaßen. Kotera gliedert dieses Volumen in zwei beinahe selbstständige Baukörper, indem er einen Wohntrakt um einen Innenhof gruppiert, dem er einen Wirtschaftstrakt anfügte. Die Fassadengestaltung ist nicht nur durch expressivistische Zierformen, die das klassische Vokabular fantasiereich verfremden, sondern auch durch den Einsatz von Putz und Sichtziegelmauerwerk belebt. Durch die Terracotta-Verkleidung im Obergeschoss bekommt dieses Stockwerk den Charakter einer Mansarde.

19.-18 *Siegfried C. Drach*

Haus in der Leopold-Steiner-Gasse

1935

Leopold-Steiner-Gasse 45
Besichtigung: von außen
Transport: L38 (Paradisgasse)

Das Wohnhaus weist typische Züge der Wiener Variante der „Neuen Sachlichkeit" auf, die von Zeitgenossen gelegentlich mit „charmant" umschrieben wurde. Durch die geschlossenen Mauern, eine fast malerische Auflösung des Baukörpers und die Akzentuierung der Linien durch reduzierte Gesimse setzt der Architekt bei aller evozierter Dynamik auf individualisierte Wohnlichkeit und (sagen wir es doch ruhig einmal) eine gewisse Gemütlichkeit.

Villenkolonie Kaasgraben
1912

Kaasgrabengasse 30/32, 36/38,
Suttingergasse 12/14, 16/18
Besichtigung: von außen
Transport: L38 (Paradisgasse)

Die Zusammenfassung mehrerer Villenbauten zu einem größeren Ensemble mit Siedlungscharakter ist sicherlich als interessanter Versuch zu werten, das Vorstadtbild zu vereinheitlichen, wobei Hoffmann die Schwierigkeiten eines solchen Unterfangens geschickt umgeht. Er ordnet die Bauten an der Grundstücksgrenze an, um so die Großzügigkeit der Freiräume zu erhalten, die einem Villenbau zusteht. Die architektonische Ausformulierung der Baukörper ist zurückhaltend und strahlt eine „gediegene" Bürgerlichkeit aus, ohne allzu bieder zu werden. Die Baudaten sprechen der Anlage allerdings Hohn, denn gerade die mittelständische Schicht, für die sie berechnet war, sollte nach dem Ersten Weltkrieg einen starken finanziellen Einbruch erleiden.

Einfamilienhaus
2002

Kaasgrabengasse 63
Besichtigung: von außen
Transport: L38 (Paradiesgasse)

Döbling ist einer der begehrenswertesten Wohnbezirke von Wien, die Tradition der großen Architekten, die hier dem bürgerlichen, kultivierten Wohnen mit neuen Ideen und Beispielen ein Denkmal setzten, reicht von Loos, Hoffmann, Frank, Holzbauer bis Peichl. Christian Heiss hat diese Herausforderung in Zusammenarbeit mit den Auftraggebern als „Maßanzug" für die Familie verstanden und primär die Aspekte von Tageslicht, Ausblick (Kaasgrabenkirche als Fokus), Raumsequenz und Raumtransparenz verstanden. Das nur 15 m breite Grundstück verlangte dem Architekten und dem Auftraggeber drei Entwürfe ab, bevor das Gebäude auch bauordnungskonform verankert werden konnte. Als Ergebnis gibt es „Postkartenblicke" zum täglichen Wohlfühlen.

Haus eines Kunstsammlers

1978

Kaasgrabengasse 110
Besichtigung: von außen
Transport: L38 (Paradisgasse)

In der Tradition der großbürgerlichen Villen der Jahrhundertwende entstand dieses postmoderne Haus eines Kunstsammlers mit einem umfangreichen Raumprogramm. Semantisch und formal unterscheidet der Architekt die öffentlichen Bereiche mit einer Marmorfassade (Eingangstempel, Wohnhalle, Speiseraum) von den privaten Schlafbereichen mit einer Putzfassade. Differenzierte Innenräume und exklusive Materialausstattung kennzeichnen die kultivierte Wohnatmosphäre.

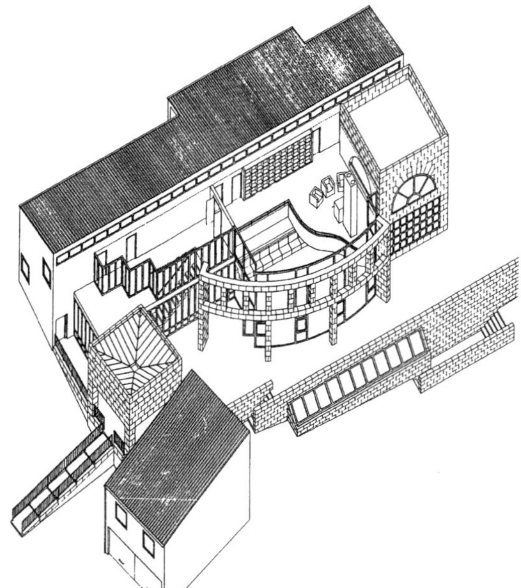

Haus Peichl
1960

Himmelstraße 47
Besichtigung: von außen
Transport: L38 (Grinzing)

Die äußeren Abmessungen des Hauses resultieren aus den Bebauungsvorschriften der schmalen Hangparzelle. Zur Straße wirkt der weiße, kubische Baukörper zurückhaltend und kommuniziert nur durch ein horizontales Fensterband, die Gartenseite (Südseite) ist komplett verglast und öffnet sich zu den Weinbergen. Beispiel einer Wiener Wohnkultur, die sich an den Prinzipien der klassischen Moderne orientiert.

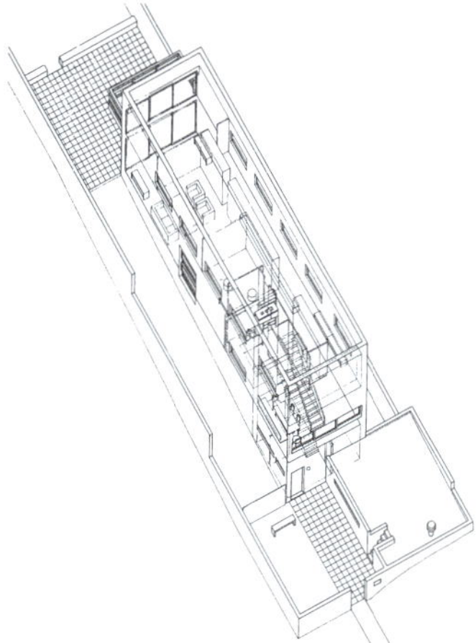

Josef Hoffmann **19.-23**

Haus Moser-Moll I
1900

Steinfeldgasse 8, Geweygasse 13
Besichtigung: von außen
Transport: L37 (Geweygasse)

Die Spannung des Doppelwohnhauses für die Wiener Maler Carl Moll und Kolo Moser ergibt sich durch das kalkulierte Abwägen von Homogenität und prononcierter Differenzierung. Walmdach und Fachwerkgiebel und wohl auch der starke Landschaftsbezug – auch im Inneren – stehen mit dem städtischen Typus des Doppelwohnhauses in einem Widerspruch, der die topografische Situation des Baus im Wiener Cottage auf den Punkt bringt. Anregungen bezog Hoffmann aus dem englischen Landhausbau.

Haus Ast

1909

Steinfeldgasse 2, Wollergasse 12
Besichtigung: von außen
Transport: L37 (Hohe Warte)

Die Villa Eduard Ast wurde als letzter Beitrag zum „Hoffmann-Konglomerat" auf der Hohen Warte errichtet. Sie liegt auf dem Eckgrundstück zwischen den Häusern Spitzer und Moll. Hoffmann nützte die Ecksituation, um eine erhöhte gemauerte Terrasse mit dem Sockelgeschoss des Baus zu verbinden. Der Hauptbau ist über annähernd quadratischem Grundriss errichtet, nur das Treppenhaus durchbricht die stereometrische Figur. Der geschickte Rhetoriker Hoffmann führt in diesem Bau seine Kenntnis des klassischen Architekturvokabulars auf recht unorthodoxe Weise vor, so überziehen etwa Kanneluren die gesamten Mauerflächen.

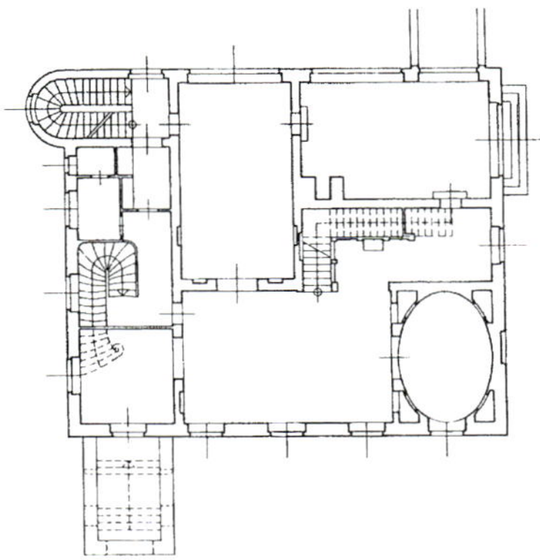

Wohnhaus Spitzer

1901

Steinfeldgasse 4
Besichtigung: von außen
Transport: L37 (Hohe Warte)

Für Josef Hoffmann bildete das Haus Spitzer mit dem Doppelwohnhaus Moll-Moser und dem Haus Henneberg ein Ensemble. Wie in diesen dominieren auch hier Elemente der englischen Arts-and-Crafts-Bewegung den stark gegliederten Baukörper, der noch zusätzlich durch einen ausgelagerten Eingangsbereich, der von oben als Terrasse genutzt werden kann, aufgelockert wird. Der verglaste Erker an der Straßenfassade gehörte zum fotografischen Atelier des Bauherrn. Der Bau wurde im Inneren leicht verändert, das Äußere ist aber in gutem Erhaltungszustand.

Haus Moll II

1906

Wollergasse 10
Besichtigung: von außen
Transport: L37 (Geweygasse)

Das zweite Wohnhaus des Malers Carl Moll (siehe Haus Moser-Moll: 18, Starkfriedgasse 19) liegt in der unmittelbaren Nachbarschaft von Hoffmanns Häusern Brauner und Henneberg. Hoffmann fügte dem über annähernd quadratischen Grundriss errichteten Wohntrakt einen turmartigen Zubau bei, der im Erdgeschoss die Küche und im Obergeschoss das Atelier des Malers aufnahm und der sich durch die Verwendung von Putz vom eternitverkleideten Hauptbau deutlich abhebt. Der Bau wurde 1928 durch Zubauten verändert und 1971/72 von Erich Boltenstein renoviert.

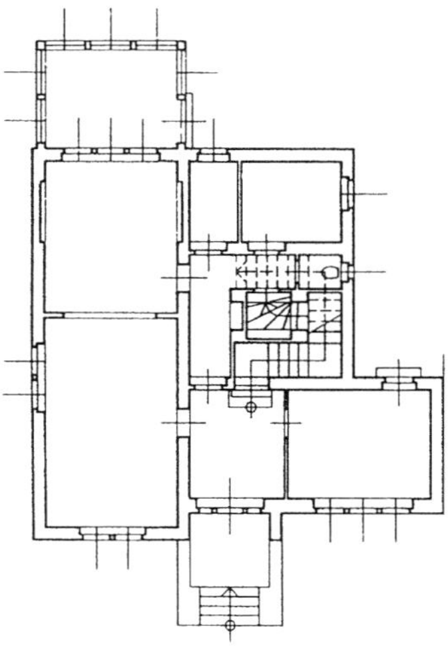

Karl-Marx-Hof und Svoboda-Hof

1926

Heiligenstädter Straße, Grinzinger Straße, Boschstraße
Besichtigung: von außen
Transport: U4 (Heiligenstadt)

Der „Karl-Marx-Hof" gilt als Flaggschiff der Wohnbauten der Gemeinde Wien. Und dies nicht zufällig: Er ist zwar nicht die größte Wohnanlage, seine 1.325 Wohneinheiten werden vom „Sandleiten-Hof" um gut 200 überboten, aber keiner der anderen „Superblöcke" kann den Machtanspruch der Sozialdemokratie so ungebrochen vermitteln. Seine Monumentalität – vor allem das geschlossene Sockelgeschoss und die turmartigen Aufbauten – wurde von den Austrofaschisten auch prompt missverstanden und führte 1934 zu blutigen Kämpfen um die „Rote Festung". Die eigentliche architektonische Leistung des Architekten (Wagnerschüler) war die Gliederung der ca. 1 km langen Straßenfronten, die er mit großzügiger Geste ordnete.

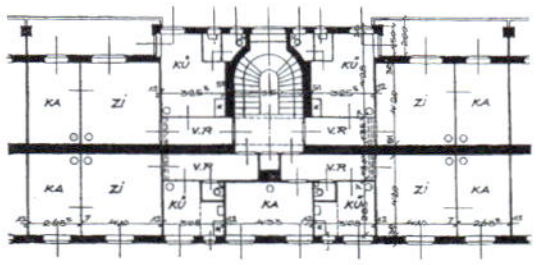

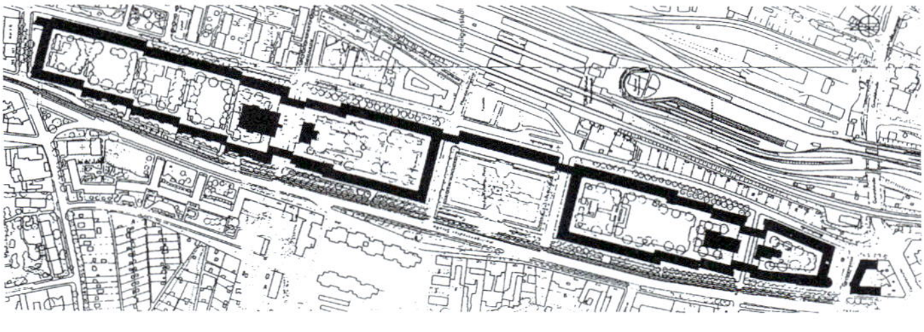

Q 19 Einkaufszentrum Wien-Döbling

1999

Kreilplatz 1
Besichtigung: während der Öffnungszeiten
Transport: U4, Bus 38A (Kreilplatz)

Mit einer verbauten Bruttogeschossfläche von 54.366 m² und über 210.000 m³ an ober- und unterirdischer Kubatur gehört das als Q 19 bezeichnete Einkaufszentrum zu den großen, dominierenden Bauwerken des Bezirkes. „Eine Shopping-Mall im dicht verbauten Kernstadtgebiet, noch dazu als Umbau eines denkmalgeschützten Fabrikgebäudes – das klingt wie die Quadratur des Kreises." (Zitat Matthias Boeckl) Peter Lorenz hat hier die Erwartungen des Betreibers erfüllt, gleichzeitig aber eine urbane Intervention von hoher Qualität für das gesamte Umfeld erreicht. Die intelligente Verbindung von denkmalgeschütztem Bestand, Atrium und Parkgarage gehörten zu den besonders auffallenden Qualitäten.

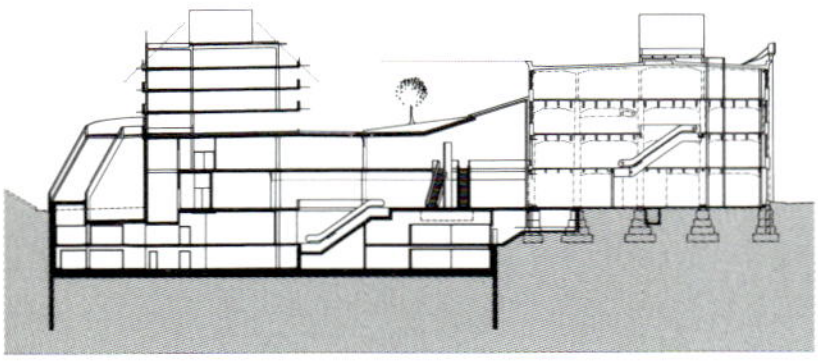

Bürogebäude

1992

Muthgasse 107
Besichtigung: von außen
Transport: Bus 11A, 39A (Mooslackengasse)

Dieses Bürogebäude wurde mit dem Adolf-Loos-Preis für Architektur (1993) ausgezeichnet und vereinigt die seltene Gelegenheit in Wien, dass Architekt und Bauherr die gleiche Person sind. Neben einem bestehenden Backsteingebäude aus dem Jahr 1897, welches der Architekt als sein eigenes Büro nutzt, entstand ein einfaches, lineares Bürohaus, bei dem mehr Wert auf die gute Ausführung gelegt wurde als auf scheinbar wertvolle Materialien. Graue Betonziegel mit gleichmäßiger Fenestrierung und einem nach außen versetzten und verglasten Stiegenhaus kennzeichnen die reduzierte Architektur. Im Vergleich zu den üblichen Bürohäusern eine beachtenswerte Leistung.

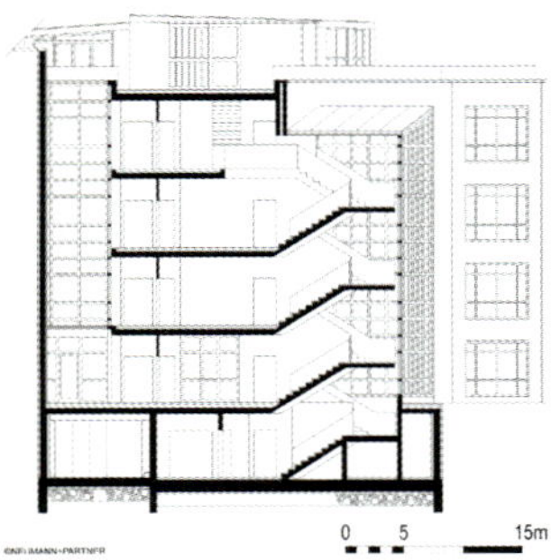

Hans Peter Petri 19.-30

1966 hatte der vor kurzem verstorbene Architekt Ernst Hiesmayr (1920-2006) in schöner Hanglage in den Weinbergen das „Clima Villenhotel" realisiert. Fast vier Dekaden später will der neue Eigentümer die Wohnhausanlage sanieren und verdichten und als Luxuswohnungen neu für den Markt aufbereiten. Die Transformation der späten klassischen Moderne mit den fehlenden bauphysikalischen Anforderungen der heutigen Zeit ist auch eine Frage der Neuinterpretation des historischen Erbes. Neu geschaffen wurden 22 getrennt vermietbare Luxuswohnungen zwischen 150 und 250 m^2, mit offenen Kaminen, loftartigen Wohn-Küchen sowie mehreren Bädern pro Wohnung. Das ursprüngliche Hallenbad im Untergeschoss wurde adaptiert und wird jetzt als Wellnessbereich bezeichnet.

Wohnhausanlage Nussberggasse
2002

Nussberggasse 2c
Besichtigung: von außen
Transport: LD (Endstation Zahnradbahnstraße)

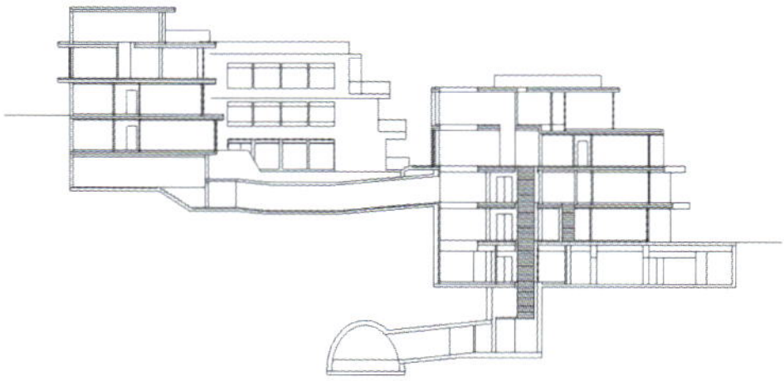

Hubert Rieß 19.-31

Ein Mehrfamilienhaus –sechs Wohneinheiten – am Fuße eines Weinberges in Wien-Nußdorf macht neugierig, zumal wenn es sich mit seiner Holzverschalung und seiner zeitgenössischen Architektursprache von den Nachbarhäusern absetzt. Das Gebäude wurde in Holzmodulbauweise errichtet, die einzelnen Module inklusive Fenster, Wärmedämmung und Installationen wurden vorgefertigt und mit dem Autokran vor Ort versetzt. Zwei größere Wohnungen nehmen das Erdgeschoss ein, während die vier weiteren Wohnungen als Maisonetten gebaut wurden. Eine logische Aufteilung, die alle Wohnungen optimal mit dem Freiraum verbindet. Planungsbeginn 1999, die Ausführung erfolgte 2004-2005.

Wohnhaus Sigmund
1999

Nussberggasse 12a
Besichtigung: von außen
Transport: Linie D (Beethovengang)

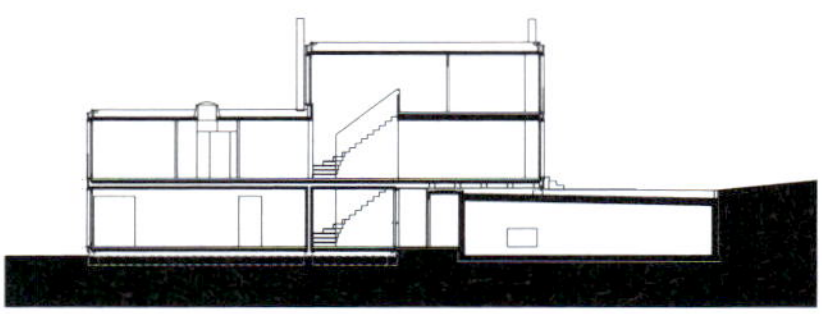

August Sarnitz

Wohnbau
2003

Glanzinggasse 35-37
Besichtigung: von außen
Transport: Bus 35A (Glanzing)

Die ehemalige Kinderklinik Wien-Glanzing wurde im Rahmen der Neuordnung der städtischen Spitäler verkauft und im Rahmen einer Totalsanierung in Zusammenarbeit mit dem Bundesdenkmalamt nach den Prinzipien des sanften Denkmalschutzes renoviert und zu einem Wohnhaus mit hochwertigen Wohnungen umgebaut. Im Jugendstil-Bestand wurde im Halbgeschoss ein großzügiger Wellnessbereich mit einem Nurglaserker eingebaut, mit direktem Ausgang in den Park. Angrenzend an das Haupthaus wurde ein Neubau mit sechs Maisonettewohnungen nach dem „Raumplansystem" errichtet, wobei die neuen Raumhöhen zwischen 2,5 m und 7,0 m variieren.

19.-33

Günther Holnsteiner

Wohnbau
2003

Raffelspergergasse 1
Besichtigung: von außen
Transport: Bus 35A (Glanzing)

Auf dem Grundstück der ehemaligen Kinderklinik Wien-Glanzing errichtete der Architekt sorgfältig positioniert vier Stadtvillen, zwei Einfamilienhäuser sowie ein Doppelhaus. Im Maßstab vermitteln die Bauwerke von der Bauklasse I über die Bauklasse II zum bestehenden mehrgeschossigen ehemaligen Krankenhaus. Die Hauptgeschosse sind weiß verputzt, mit großflächiger Fenestrierung, die Dachgeschosse sind zurückgesetzt und mit horizontaler Holzlattung verkleidet. Die Tiefgarage wurde so geplant, dass möglichst viele Altbäume erhalten bleiben konnten.

Georg Marterer **19.-34**

Tee-Haus

1996

Reumannstraße 59
Besichtigung: von außen
Transport: Bus 35A (Neustift am Walde)

Ein Stahlhaus ist in Wien grundsätzlich etwas Besonderes. Die exponierte Lage, der großartige Ausblick auf die gegenüberliegenden Weinberge und die disziplinierte Ausführung der konstruktiven und architektonischen Details unterstreichen die Qualität. Die Statiker Gmeiner Haferl Zivilingenieure zeichnen für viele besondere Konstruktionen verantwortlich, hier ist gemeinsam mit dem Architekten eine schöne Planung realisiert worden. Dreigeschossige Stahlkonstruktion auf einer Stahlbetonplatte, Achsmaß 2,42 m, Stirnseite mit zwei Feldern, Längsseite mit vier Feldern, Ausfachung mit Glas oder mit Holzpaneelen. Eine architektonische Fuge.

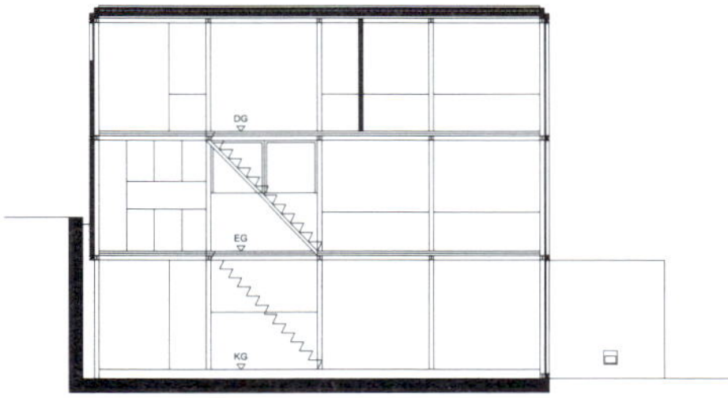

Günther Holnsteiner **19.-35**

Wohnbau

1997

Agnesgasse 43
Besichtigung: von außen
Transport: Bus 35A (Agnesgasse)

Neustift am Walde gehört zu den bevorzugten Wohngegenden von Wien. Die „Ausnutzung" der Bauordnung ist folglich eine vielfach zitierte Notwendigkeit. Umso erfreulicher sind die gelungenen Beispiele gehobener Wohnarchitektur wie in der Agnesgasse, wo der Architekt durch eine intelligente, kleinteilige Architektur sechs Einfamilienhäuser zu einer Hangbebauung komponierte, jedem Wohnhaus seinen Freibereich zuordnete, die Hanglage nach Südwesten gut ausnützte und die Dachgeschosszone in Form von aufgesetzten „Studios" aus einer Holzriegelkonstruktion thematisierte. Schiebefenster ermöglichen das nahezu vollständige Öffnen der Gartengeschosse. Eine überzeugende Interpretation im Sinne der klassischen Moderne.

Wohnhaus Salmannsdorf

1986

Salmannsdorfer Straße 66
Besichtigung: von außen
Transport: U6, Bus 35A (Salmannsdorf)

Umbauarbeiten bestehender Wohnbausubstanz sind ein wesentlicher Teil der Wiener Wohnkultur. Seit Adolf Loos versucht die Moderne in Wien, durch Transformation, Adaption, Regulation und partielle Neuerung einen semantischen Dialog mit der Geschichte zu führen. Das Haus in Salmannsdorf ist hierfür ein treffendes Beispiel: Die Innenraumstruktur wurde fast zur Gänze erneuert, die Außenfassade ergänzt, adaptiert und erneuert (Farbgestaltung: Oskar Putz). Farbkontraste und Materialmix sind wegweisend für die neuen Projekte von Krischanitz.

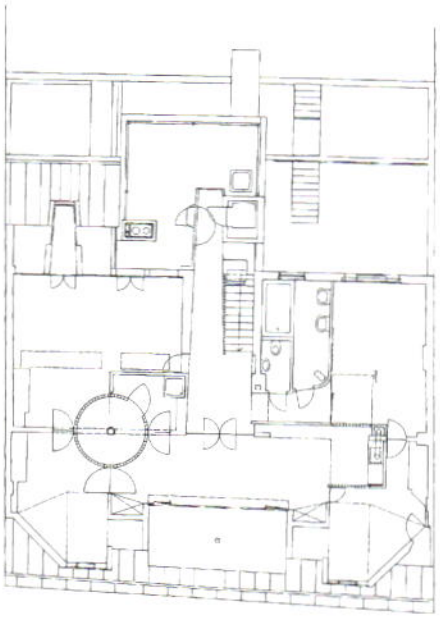

19.-37 archiguards projects

Haus L, Ferienhaus in Wien-Döbling

2000-2001

Wien-Neustift am Walde (Adresse zurückgehalten)
Besichtigung: von außen
Transport: keine Angabe

Ferienwohnhäuser sind die Essenz einer zielgerichteten Planung: Hier werden Wünsche umgesetzt, hier werden Atmosphären kreiert, hier werden für temporäres Wohnen spezifische Qualitäten erzeugt. Der Auftraggeber versteht das Ferienhaus in Neustift als temporäre Alternative zu seiner Stadtwohnung in Wien. Es entstanden im Prinzip zwei Räume: im auskragenden Obergeschoss eine „weiße Röhre" (Entspannung und Ruhe) mit Panoramafenster und abgeschirmter Südterrasse, im teilweise eingegrabenen Untergeschoss befinden sich der zweite Raum, ein Bad sowie der Zugang zum Weinkeller. Der „erdige" Bereich wird mit dem Kulinarischen assoziiert.

Umbau eines Wohnhauses in Wien-Grinzing

1999

Dieser sensible Umbau eines bestehenden Hauses in der bevorzugten Wohnlage von Grinzing bringt in das Weinhauerdorf einen Hauch „kalifornisches" Wohngefühl. Der neue Pool in enger Kombination mit dem Haus, die verschiedenen Aus- und Durchblicke, das Verweben von Innen- und Außenraum machen diesen Umbau zu einer überzeugenden Synthese von Alt und Neu. Metaphorisch bezeichnet das Architektenteam die architektonischen Elemente seiner Interventionen mit „Steg" und „Tropfen".

Himmelstraße 13
Besichtigung: von außen (keine Besichtigung möglich)
Transport: L38 (Grinzing)

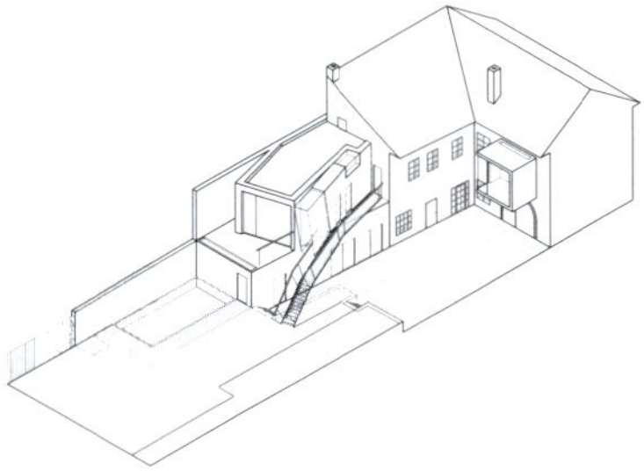

Oskar Strnad, Oskar Wlach (Josef Frank) **19.-39**

Haus in der Cobenzlgasse

1910

Ein Werk aus der Zeit, als Oskar Strnad mit Oskar Wlach und Josef Frank eng zusammenarbeitete. Der Bau ist tatsächlich „schon wieder" klassizistisch und nicht „noch immer". Dass dieser Klassizismus aber durchaus reflektiert und gebrochen angewandt wurde, zeigt schon die ungewöhnliche Anlage des Säulenportikus, der eben nicht zur Straßenfassade orientiert ist. Der Geländesprung des Hanggrundstücks wird durch eine mehrfach geteilte Außentreppe überwunden. Der Bau ist ein Initialwerk der Gruppe, die als kritische Instanz das Wiener Baugeschehen der Zwischenkriegszeit begleiten und kommentieren wird.

Cobenzlgasse 71
Besichtigung: von außen
Transport: Bus 38A (Oberer Reisenbergweg)

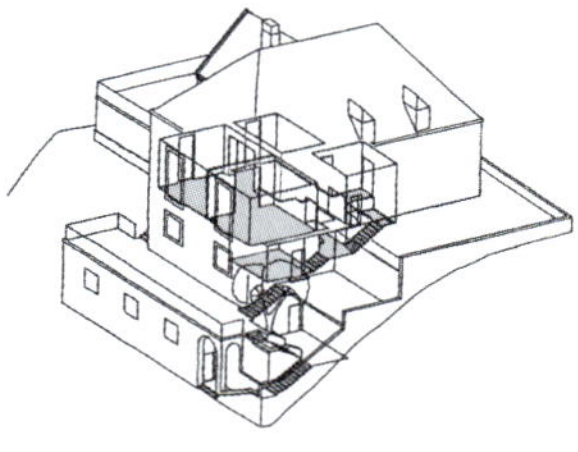

19.-40 *Gerhard Steixner*

Einfamilienwohnhaus

2005

Frimmelgasse 40
Besichtigung: nur von außen
Transport: LD (Beethovengang)

Es scheint sie noch zu geben, die erfreuliche Synergie zwischen Auftraggeber und Architekt, die ein Ergebnis der besonderen Art ermöglicht. „Standard Solar" stand am Anfang für eine neue Interpretation des Wohnens, mit ökologischem und gestalterischem Anspruch. Das neunte Projekt dieser Reihe überzeugt durch eine ausgeklügelte Nutzung passiver Sonnenenergie mit effektiver Raumlüftung und ökologischen Materialien. Die loftartige Innenraumgestaltung mit heterogenem Materialmix verrät viel von der intensiven Detailplanung und der intensiven Diskussion mit den Auftraggebern.

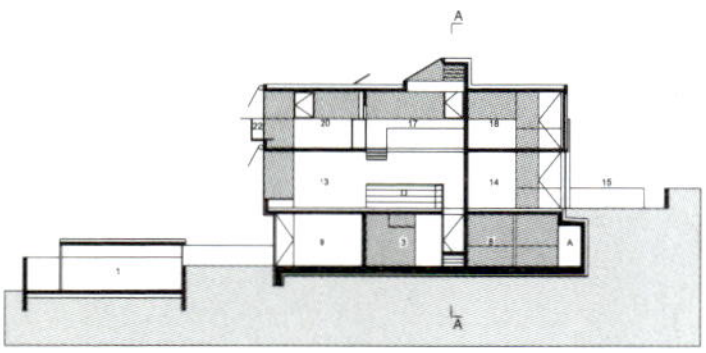

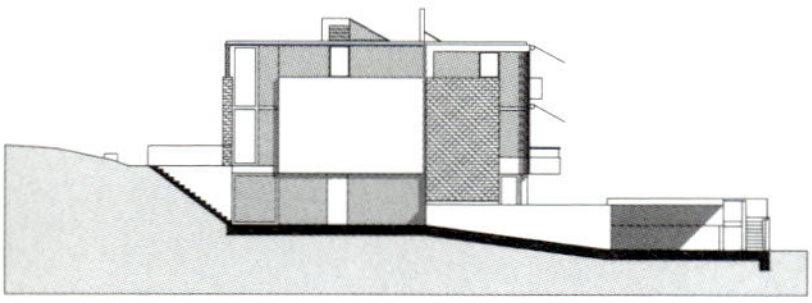

Erwähnungen **18. und 19. Bezirk**

***18.**-10e* **Station Gersthof der Vorortelinie**
Otto Wagner
1896
Gersthofer Straße, Währinger Straße, Gentzgasse

***18.**-11e* **Wohnhaus**
Hans Glas
1932
Wilbrandtgasse 23

***18.**-12e* **Hans Radl Schule**
Viktor Adler
1958
Währinger Straße 173-181

***18.**-13e* **Terrassenhausanlage**
Roland Rainer
1984
Pötzleinsdorfer Straße 178-180

***18.**-14e* **„Marienapotheke"**
Stadtgut
2000
Martinstraße 93

***19.**-41e* **Haus S. F.**
Luigi Blau
1975
Hansi-Niese-Gasse 18

***19.**-42e* **Wohnhaus R.**
Boris Podrecca
1990
Kosselgasse 17

***19.**-43e* **Hackenberggasse**
Günther Oberhofer
1990
Hackenberggasse 17-19/
Raimund Zoder Gasse 10-16

***19.**-44e* **Bürohaus Grinzinger Allee**
Ulrike Janowetz
1991
Grinzinger Allee 18

***19.**-45e* **Bürohaus Grinzinger Allee**
Heinz Neumann
1994
Grinzinger Allee 3

***19.**-46e* **Einfamilienhaus**
Ernst Hoffmann
1994
Koschatgasse 2

***19.**-47e* **Wohnhausanlage Cobenzlgasse**
Rüdiger Lainer
2003
Cobenzlgasse 35

20. Bezirk, ***Brigittenau*** *Indexnummern* ***20.****-1 … **20.**-13*

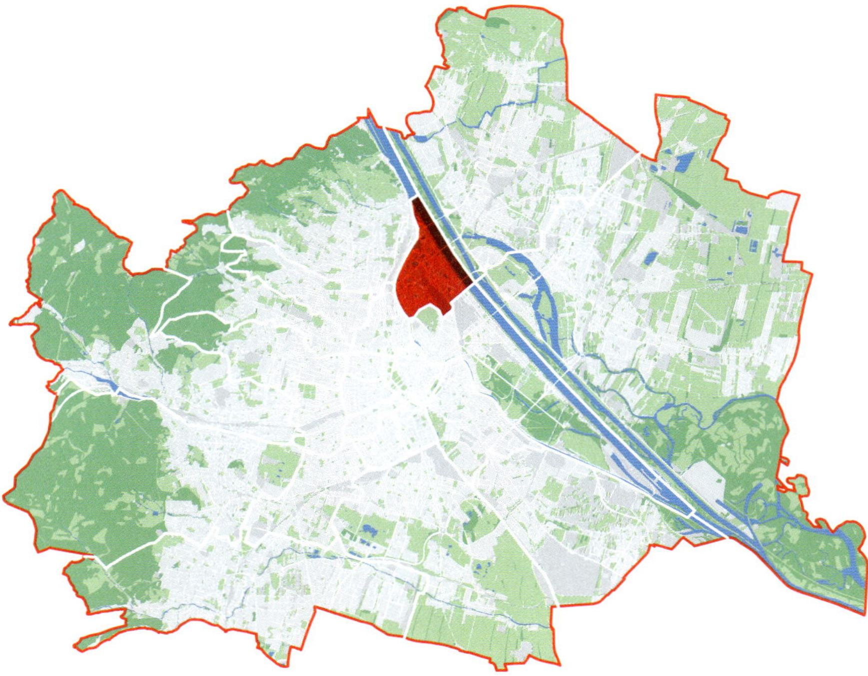

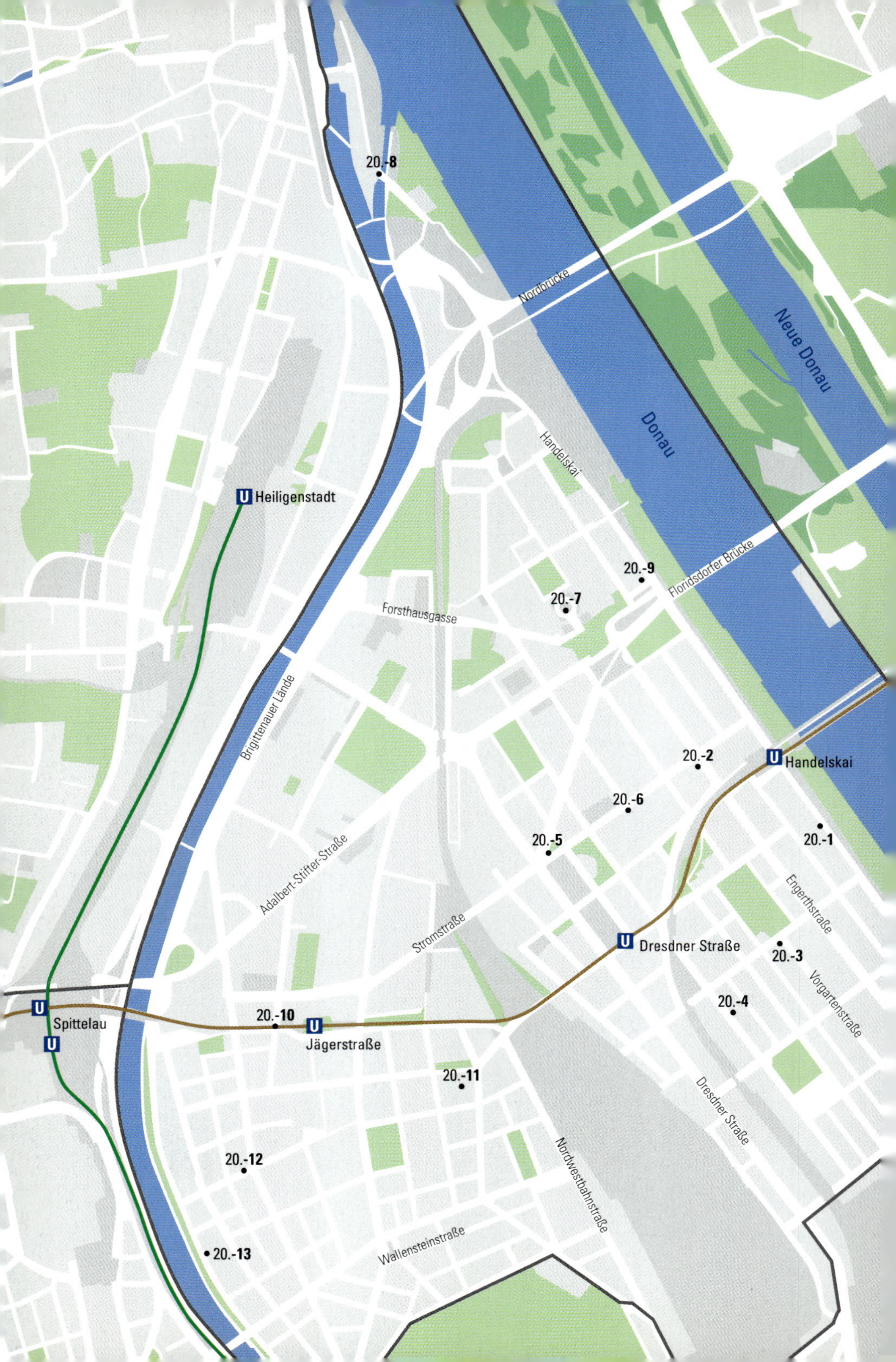

20.-8
Nordbrücke
Neue Donau
Donau
Handelskai
U Heiligenstadt
20.-9
Floridsdorfer Brücke
20.-7
Forsthausgasse
Brigittenauer Lände
20.-2
U Handelskai
20.-6
20.-5
20.-1
Adalbert-Stifter-Straße
Engerthstraße
Stromstraße
U Dresdner Straße
20.-3
Vorgartenstraße
U Spittelau
20.-10
U Jägerstraße
20.-4
U
20.-11
Dresdner Straße
20.-12
Nordwestbahnstraße
20.-13
Wallensteinstraße

15 min
1000 m
U Floridsdorf
U Neue Donau
Alte Donau
Donaupark
Alte Donau U
U Kaisermühlen – VIC
U Donauinsel
...er Brücke

Millennium Tower, Wohnbebauung

1999

Handelskai 94-96
Besichtigung: öffentliche Flächen und nach Vereinbarung
Transport: S1, S2, U6 (Handelskai)

Mit einer Gesamthöhe von 202 m (inklusive Antenne) ist der Millennium Tower das höchste Gebäude Österreichs. Seine Wirkung als solitäres Hochhaus unterstreicht noch diesen Charakter. Der 50-geschossige Büroturm wurde als Stahlbetonkonstruktion errichtet, die Antennenkonstruktion hat eine Höhe von 30 m. Im Grundriss überlagern sich fragmentarisch zwei Kreisformen, die in der Mitte durch einen projizierenden rechteckigen Bauteil unterbrochen werden. Der Millennium Tower mit Einkaufspassage und angrenzenden 400 Wohnungen und Urban Entertainment Center ist Teil eines Urban-Renewal-Projekts in Wien-Brigittenau.

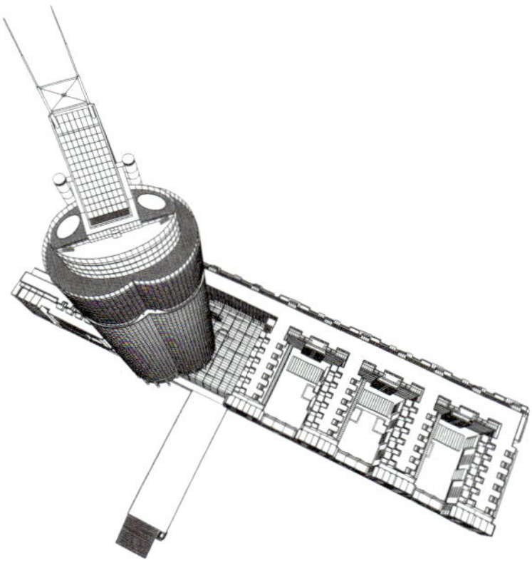

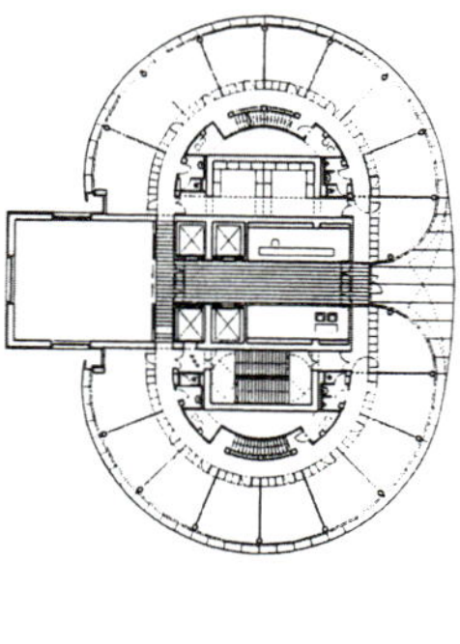

Polytechnikum und Schule

1998

Engerthstraße 76-80A
Besichtigung: nach Vereinbarung
Transport: S1, S2, U6 (Handelskai)

Die Schule von Holzbauer und Piva befindet sich in unmittelbarer Nähe zum Millennium Tower und zu den berühmten Wohnhöfen, dem Winarsky-Hof und dem Otto-Haas-Hof (Behrens, Hoffmann, Frank, Strnad, Wlach u. a., 1924). Eine dreiseitig, dreigeschossige Bebauung umschließt mittig die zwei Turnsäle und öffnet sich mit einer Rahmenwand zum Bahndamm. Die große Kubatur wird von Holzbauer/Piva souverän gegliedert. Die schräge Begrenzung, bedingt durch den Bahndamm, unterbricht die rechtwinklige Anordnung der Gesamtanlage.

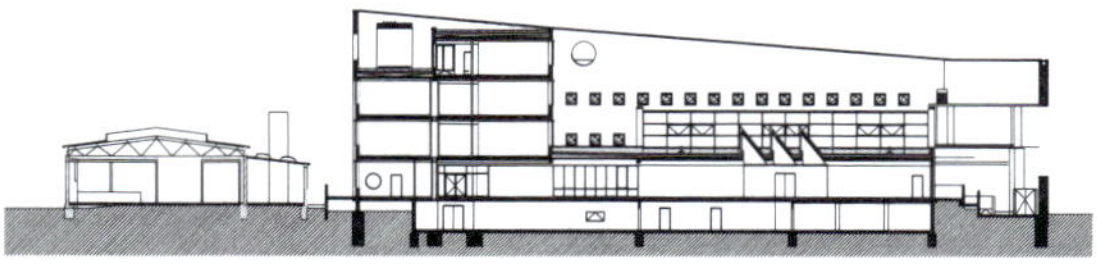

SCHNITT 1:1

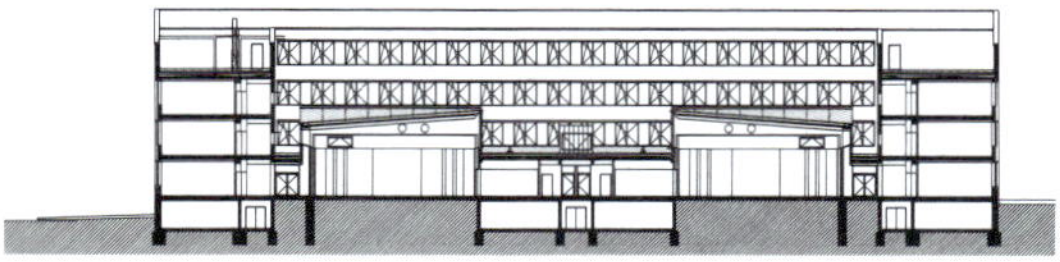

SCHNITT 2:2

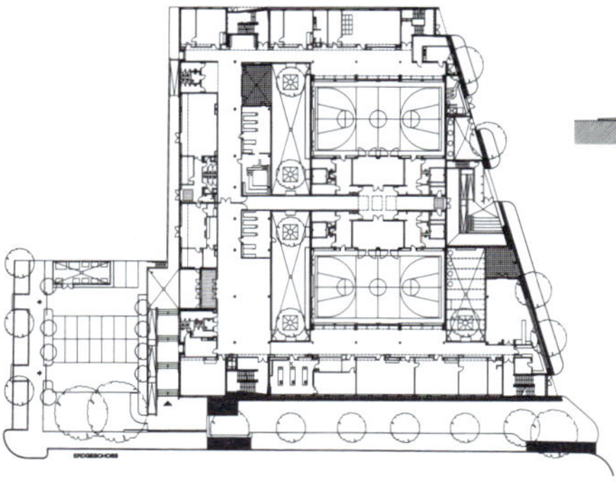

ERDGESCHOSS

20.-3 PPAG – Anna Popelka, Georg Poduschka

Wohnhaus Vorgartenstraße/ Traisengasse

2003

Traisengasse 12/Vorgartenstraße 68
Besichtigung: von außen
Transport: S1, S2 (Traisengasse)

Sozialer Wohnbau hat in Wien eine besondere Tradition: das Interesse der Gemeinschaft auf der einen Seite, die Interessen der Bewohner, der Bewohnerinnen auf der anderen Seite. Eine Balance zwischen beiden zeichnet einen guten sozialen Wohnbau aus. PPAG haben in dem 32 Wohnungen umfassenden Eckbauwerk versucht, mit einem gewissen „Respekt“ die öffentlichen Bereiche großzügig zu gestalten, damit hier eine Identität der Nutzer mit dem Haus aufgebaut wird. Neben einem gemeinsamen Innenhof gibt es eine allgemein benützbare Dachterrasse mit einem kleinen anschließenden Aufenthaltsraum, das Stiegenhaus erweitert sich zu einem kleinen Atrium. Kleine, aber wichtige Zeichen für eine Gemeinschaft. Die Fassade wird durch scheinbar willkürlich verteilte Fensterpositionierung „dynamisiert“, dadurch werden die gleichförmigen Wohnungen indirekt individualisiert. Im Erdgeschoss mit Vorgarten befindet sich ein Wohnheim für Kinder aus Problemfamilien.

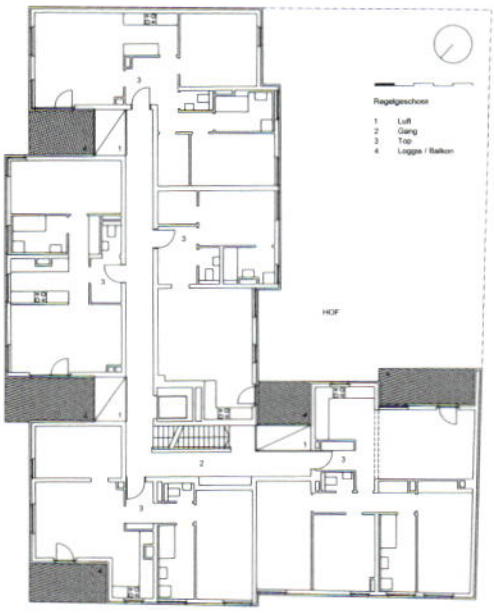

20.-4 Atelier 4

Wohnbau

1999

Pasettistraße 77 + 79
Besichtigung: von außen
Transport: S3 (Traisengasse)

Metallgitter rhythmisieren die Fassade mit der Laubengangerschließung. Die 70 Wohnungen sind primär zu einem Innenhof hin orientiert. Fast alle Zwei- und Dreizimmerwohnungen wurden mit Eigengarten, Loggia oder Dachterrasse geplant. Ökologisch bemerkenswert ist der hauseigene Brunnen zur Gewinnung von Brauchwasser.

Städtebauliches Leitbild Höchstädtplatz

1999

Hochstädtplatz
Besichtigung: von außen
Transport: U6 (Dresdner Straße)

Die Ansiedlung zweier Firmen gab dem Bezirk Brigittenau die Chance, über ein Großprojekt nachzudenken, welches als Impulsgeber für den ganzen Bezirk dienen soll. Das Gutachterverfahren gewann Erich Raith mit seiner Analyse, dass die Marchfeldstraße ihre Verbindungsfunktion zum rechten Donauufer verloren hat. Basierend auf dieser Annahme konnte eine völlig neue, großzügige städtebauliche Konzeption entwickelt werden. Der Höchstädtplatz wird von einer von Verkehr durchzogenen Restfläche zu einem attraktiven, verkehrsberuhigten Großraum, der sich bis zur U-Bahnstation Dresdner Straße zieht. Mit der Adresse Höchstädtplatz 4 entstand ein ca. 80 m hohes Hochhaus (Erich Raith, Reinhardt Gallister, Albert Wimmer).

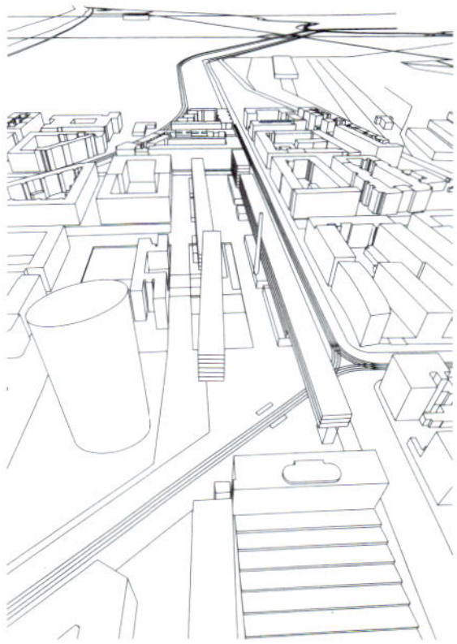

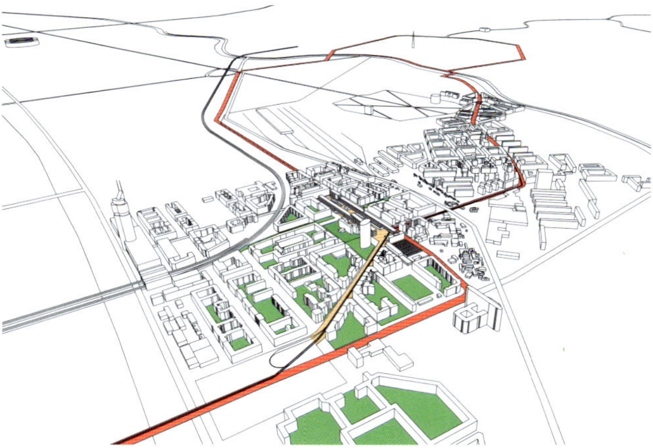

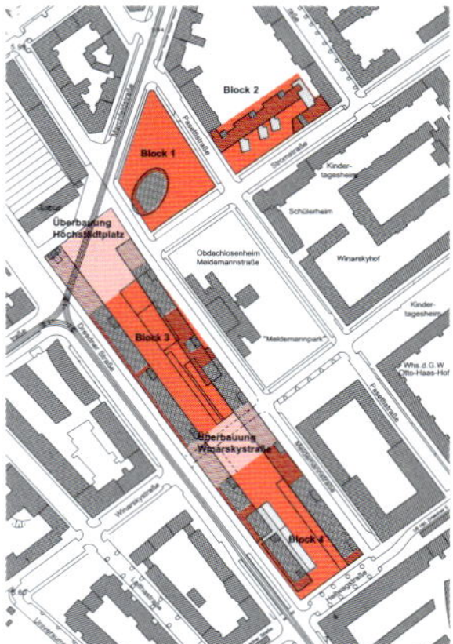

Winarsky-Hof und Otto-Haas-Hof

1924

Stromstraße 36-38, Winarskystraße, Durchlaufstraße, Pasettistraße
Besichtigung: von außen
Transport: U6 (Dresdner Straße)

Für die Errichtung dieses Prestige-Objektes der Gemeinde Wien wurde die Elite der Wiener Architektur aufgeboten. Dementsprechend vielfältig ist auch die Detailformulierung der Blöcke ausgefallen. Die einzelnen Bauten des Winarsky Hofes entwickeln sich als ineinander verschachtelte Höfe entlang einer Symmetrieachse, wobei die äußere Bebauung teilweise aufgelockert ist. Für den gleichzeitig errichteten Haas-Hof hatte Adolf Loos ein Terrassenhaus geplant, das nicht verwirklicht wurde. Architektenteam: P. Behrens, J. Hoffmann, J. Frank, O. Strnad, O. Wlach, K. Dirnhuber, F. Schuster, M. Lihotzky.

Wohnhausanlage Friedrich-Engels-Platz

1930

Friedrich-Engels-Platz, Wehlistraße, Leystraße, Forsthausgasse, Kapaunplatz
Besichtigung: von außen
Transport: L31 (Friedrich-Engels-Platz)

Die betont großstädtische Architektur dieses Superblocks (1930-33) schließt sehr viel unmittelbarer an die Lehren Otto Wagners an als die meisten der von seinen Schülern errichteten Wohnanlagen der Gemeinde Wien. Für Manfredo Tafuri entspricht die Anlage jener „glücklichen Unterbrechung", die Wagner als Gegenpol zur gleichmäßig strukturierten Stadtanlage vorsah. Nach diesem Prinzip ist auch der Baukörper selbst organisiert: Die sparsame und konstante Gliederung der Fassade durch Bänderungen und Gesimse wird nur an besonders neuralgischen Punkten wie der Eingangssituation mit den achtgeschossigen Wohntürmen durch zusätzliche Akzente überlagert.

Nussdorfer Wehr- und Schleusenanlage

1894

Beginn des Donaukanals
Besichtigung: öffentlich zugänglich
Transport: S40 (Nußdorf)

Die von Otto Wagner geplante Wehranlage (1894-98) mit dem Verwaltungsgebäude interpretiert das technische Bauwerk gleichzeitig als ein Stadttor am Wasser, wo zwei überdimensionale, fast sechs Meter hohe Löwenpylone die Stadt symbolisch bewachen. Otto Wagner gibt an, ca. 1.500 Pläne für die Werke am Donaukanal gezeichnet zu haben. Anfang der 70er Jahre (1971-75) wurde zur Erzielung des totalen Hochwasserschutzes für Wien die bestehende Nußdorfer Anlage entsprechend den neuen technischen Anforderungen umgebaut. Das ursprüngliche „Nadelwehr" Otto Wagners wurde im Zuge der Errichtung von zwei Segmentverschlüssen entfernt. Durch die Trassierung der vorbeiführenden Hochstraße nach Klosterneuburg wurde die Bedeutung der Löwenpylone vollends degradiert.

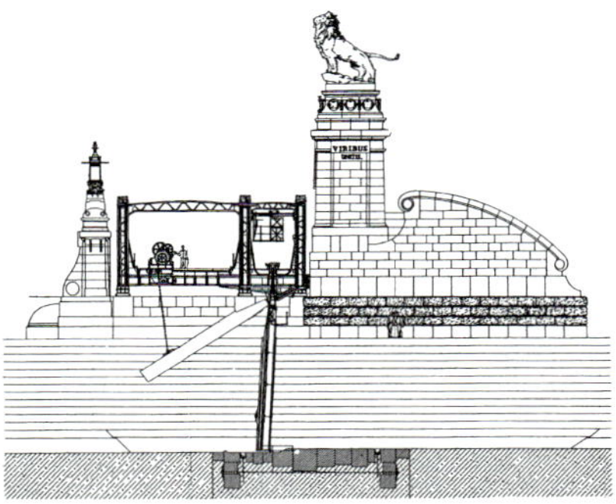

Die Bebauung nimmt die Linearität des Donauflusses auf, an dem Eckpunkt zum Engels-Platz gibt es einen Akzent durch einen Turm. Zum Handelskai sind in einem zweigeschossigen Sockelbereich Supermarkt und Parkplätze untergebracht, darüber befinden sich die Erschließungsebenen mit Ausblick auf den Donaustrom. Als „Schwebebalken" bezeichnen die Architekten das Konzept der aufgeständerten Geschosswohnungen zum Handelskai, zum Engels-Platz zeigt die Fassade Maisonettenwohnungen.

Wohnbau Handelskai

1994

Handelskai, Friedrich-Engels-Platz
Besichtigung: von außen
Transport: L31 (Friedrich-Engels-Platz)

Otto Häuselmayer **20.-10**

Otto Häuselmayer gehört zu jener Architektengeneration, die während der Nachkriegszeit heranwuchs und welche die architektonischen Irrtümer und Fehler jener Zeit miterlebten. Sein eigenes Engagement im Wohnbau ist daher von hauptsächlich zwei Prämissen gekennzeichnet: zum einen der Glaube an die architektonische Qualität der Moderne (sowohl ästhetisch als auch ikonografisch), zum anderen die Umsetzung urbaner Qualitäten im Wohnhausbereich. Bei seiner Bebauung Jägerstraße/Wexstraße war der Maßstab zur Straße ebenso relevant wie die „Öffnung" des Baukörpers zur Grünanlage. Die siebengeschossige Straßenecke wurde durch zwei überdimensionale Stützen betont, die ihrerseits einen erkerartigen Bauteil tragen. Das auskragende letzte Hauptgeschoss umrahmt den Baukörper und verleiht eine optische Präsenz: Dadurch wird das Gebäude zu einer urbanen Orientierung.

Wohnhaus Wexstraße

1993

Jägerstraße, Wexstraße, Leipziger Platz
Besichtigung: von außen
Transport: U6 (Leipziger Platz)

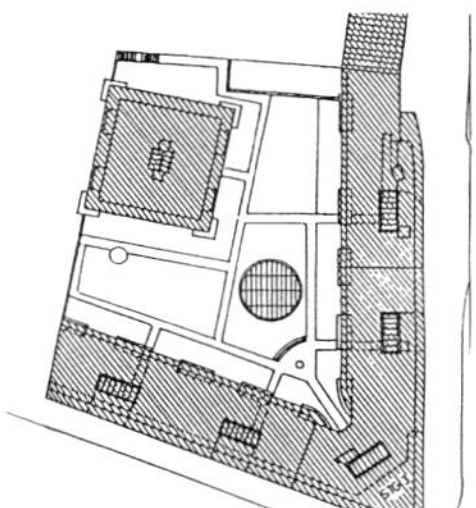

20.-11 *H. Glück, W. Holzbauer, H. Hilmer & C. Sattler*

Vollwertwohnen Hartlgasse

1985

Hartlgasse, Dammstraße, Pappenheimgasse
Besichtigung: von außen
Transport: L33 (Jägerstraße)

Mit dem Titel „Vollwertwohnen" wurde eine Initiative der Stadt Wien bezeichnet, wo internationale Architekten gemeinsam mit Wiener Architekten zu einem hochwertig ausgestatteten sozialen Wohnbauprogramm eingeladen wurden. Neben dem Wohnbau Rollingergasse (Index-Nr. 12.-10) stellt die Wohnhausanlage Hartlgasse mit Hilmer/Sattler ein Beispiel dieser internationalen Zusammenarbeit dar. Bauteil Holzbauer: Geschoss- und Maisonettenwohnungen; Bauteil Glück: terrassierte Maisonettenwohnungen mit Schwimmbad am Dach; Bauteil Hilmer/Sattler: Geschosswohnungen um einen glasgedeckten Lichthof.

20.-12 *Schluder/Kastner*

Wohnbau

2001

Gerhardusgasse 18-20
Besichtigung: von außen
Transport: U6 (Jägerstraße)

Schluder/Kastner haben sich durch unkonditioniertes Verhalten mit neuen Ideen im sozialen Wohnbau hervorgetan. Bei dieser Eckbebauung wird sehr nachvollziehbar die „Ecke" auch farblich hervorgehoben, die Straße hingegen durch den Laubengang als Erschließung noch betont. Dieses Niedrigenergiehaus entwickelt 32 Wohnungen, davon zwei Dachwohnungen mit großen Terrassen. Die hofseitigen Wohnungen werden durch Balkone und Loggia ergänzt.

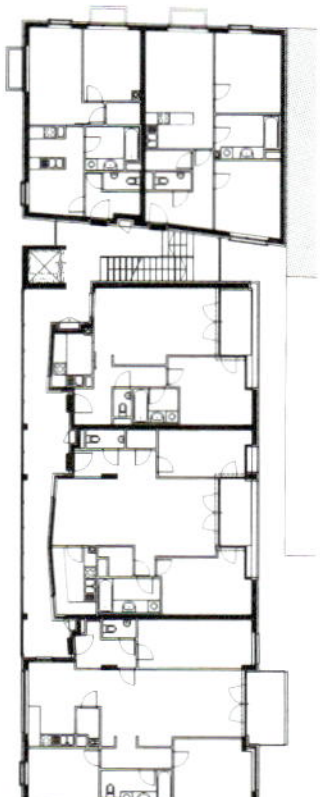

Der Donaukanal gehört zu den wichtigsten innerstädtischen Zäsuren von Wien. Hier ein Gebäude zu errichten heißt, sich der Stadtkante sichtbar auszusetzen. Podrecca realisiert mit seinem Verwaltungsbau ein Stück Wiener Architekturreflexion, da jede der drei Fassaden des Eckhauses anders behandelt wurde: verglaste Curtain Wall zum Donaukanal, Bandfassade mit Naturstein und geputzte Lochfassade zu den beiden Nebenstraßen. Die semiöffentliche Funktion des Verwaltungsbaues wurde durch den öffentlich zugänglichen Innenhof noch betont.

Basler Versicherungen Bürogebäude

1990

Brigittenauer Lände 50-54
Besichtigung: Innenhof und Restaurant
Transport: U4 (Friedensbrücke)

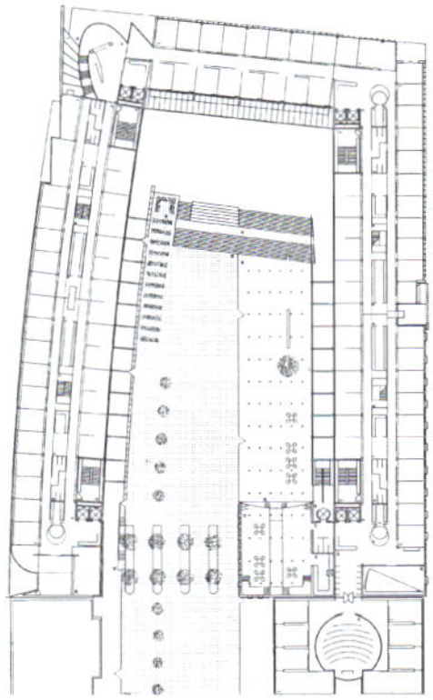

21. Bezirk, ***Floridsdorf*** *Indexnummern* ***21.****-1 …* ***21.****-38e*

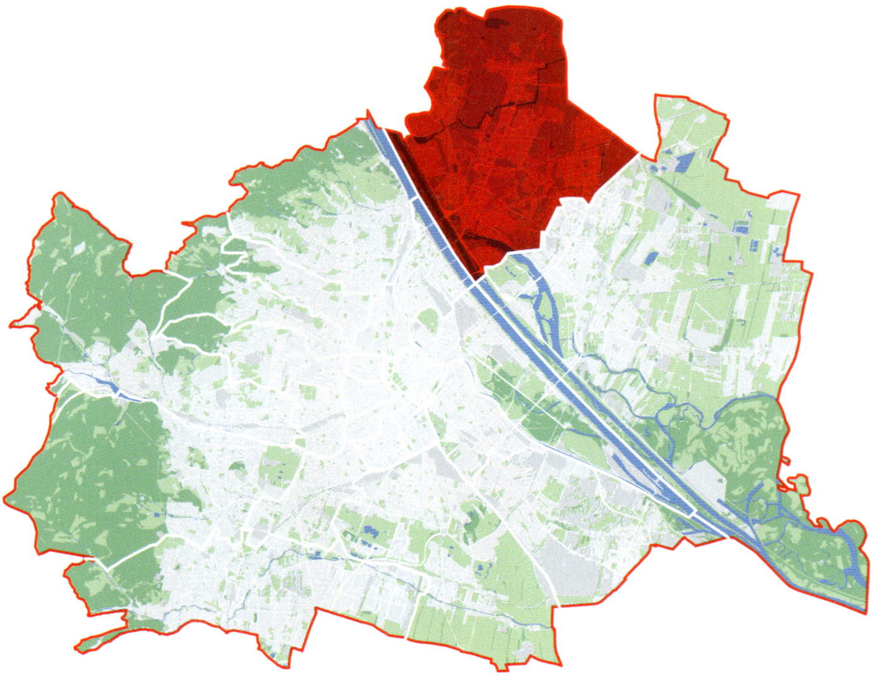

21.-35e
Mayerweckstraße
21.-24
21.-22
21.-23
21.-10
Prager Straße
21.-21
21.-20
21.-8
21.-
21.-37e
21.-19
Donau
Neue Donau
Brünner Straße
21.-18
21.-6
21.-34e
21.-36e
A22 Donauufer Autobahn
21.-5
Floridsdorf
21.-2
21.-
Franklinstr.
21.-32
21.-1
Heiligenstadt
Neue Donau
21.-3
Handelskai
Dresdner Straße
Spittelau
Jägerstraße

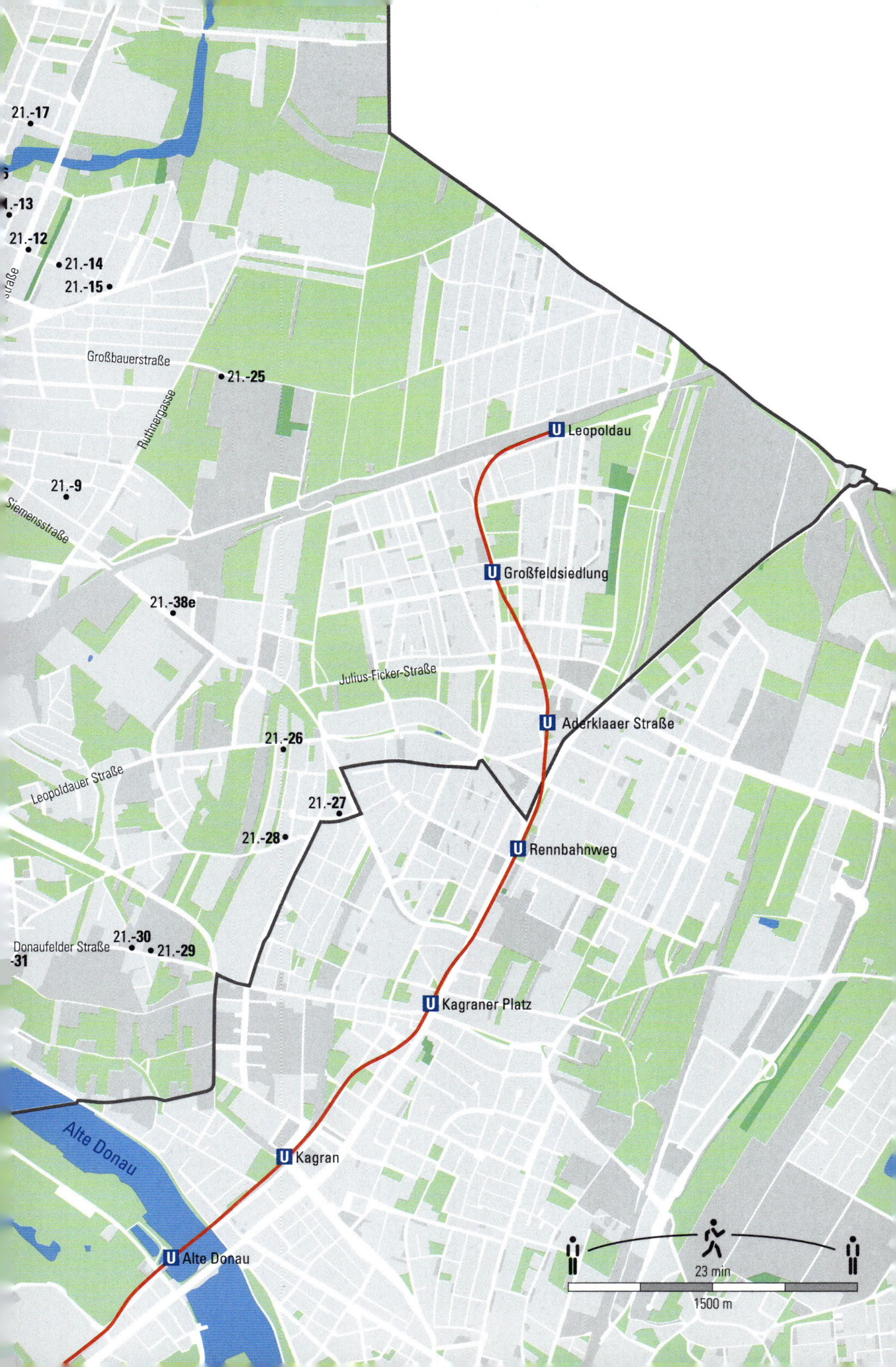

21.-17
.-13
21.-12
21.-14
21.-15
Großbauerstraße
21.-25
Ruthnergasse
21.-9
Siemensstraße
21.-38e
Leopoldau
Großfeldsiedlung
Julius-Ficker-Straße
Aderklaaer Straße
21.-26
Leopoldauer Straße
21.-27
21.-28
Rennbahnweg
Donaufelder Straße
21.-30
21.-29
-31
Kagraner Platz
Alte Donau
Kagran
Alte Donau
23 min
1500 m

Paul-Speiser-Hof

1929

Franklinstraße, Bodenstedtgasse, Großmannplatz, Freytaggasse
Besichtigung: von außen
Transport: U6 (Floridsdorf)

Der großzügig dimensionierte Hof weist gleich mehrere innovative Momente im Zusammenhang mit dem Wohnbauprogramm der Gemeinde Wien auf: Die Anlage ist zwar als konventioneller Riesenhof konzipiert, aber die Detailformulierung der Kubaturen und Fassaden weicht besonders bei jenem Bauteil, der von Ernst Lichtblau ausgeführt wurde, vom Üblichen ab. Die Gebäudeecken werden durch Staffelungen aufgelöst und die Symmetrie der Fassaden mittels Abweichungen gebrochen, ein Einfluss Josef Franks darf hier wohl vermutet werden.

Das Architekturbüro Schwalm-Theiss & Gressenbauer hat in den vergangenen Jahren eine Reihe von interessanten Schulumbauten und Wohnungsanlagen realisiert. Die Funktionssanierung und Erweiterung des Bundesgymnasiums und Bundesrealgymnasiums in der Franklinstraße zeichnet sich durch eine interessante Mischung aus ruhiger Architektur der Klassenräume und einer expressiven Architektur der öffentlichen Räume aus. Der transparente, multifunktionale Verbindungstrakt mit dem klar formulierten Mehrzweckraum wird in funktionaler und architektonischer Hinsicht zum neuen Zentrum der Schule.

Schule Franklinstraße

1999

Franklinstraße 21
Besichtigung: nach Vereinbarung
Transport: S1, S2, S3, U6 (Floridsdorf)

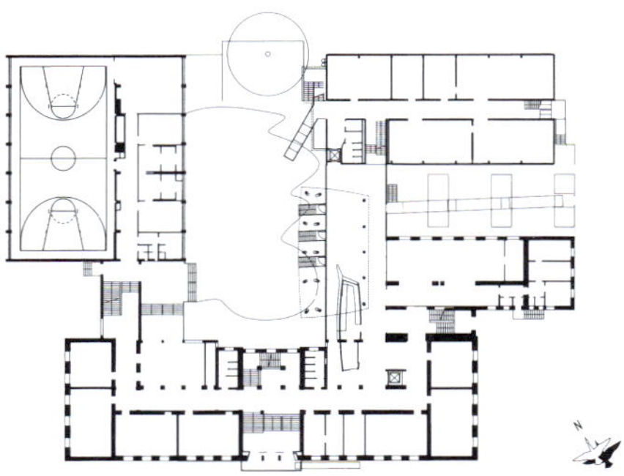

Wilhelm Schütte, Margarethe Schütte-Lihotzky

Sonderschule Floridsdorf

1960

Franklinstraße 27-33
Besichtigung: nach Vereinbarung
Transport: U6 (Floridsdorf)

Das Architektenehepaar Wilhelm Schütte und Margarethe Schütte-Lihotzky zählt zu den wichtigen österreichischen Architekturtheoretikern des 20. Jahrhunderts. Vom Haushalt (Frankfurter Küche) bis zur Pädagogik (Kindergärten, Schulen) ist ihr Engagement dokumentiert. Die fast quadratischen Schulklassen haben doppelseitige Belichtung, die freie Bestuhlung war zum damaligen Zeitpunkt eine Innovation. Konzeptueller Schulbau versus formalen Ästhetizismus.

Patricia Zacek

Sozialer Wohnbau

2004

Schenkendorfgasse 17
Besichtigung: von außen
Transport: U6 (Florisdorf)

Die Kreuzung Schenkendorfgasse/Bertlgasse zeigt eine typische Situation für Wien-Floridsdorf, mit unterschiedlichen Höhenentwicklungen der Nachbarhäuser. Das neue Haus wirkt zweigeteilt, mit einer Loggienfassade zur Schenkendorfgasse und einer verglasten Laubengangfassade zur Bertlgasse. Tatsächlich hat sich die Architektin auch für diese konsequente typologische Unterscheidung entschieden, da auf der einen Seite des Wohnhauses Etagenwohnungen geplant wurden, auf der anderen Seite Maisonettewohnungen. Im Grundriss befindet sich daher im Zentrum der Anlage die Erschließung mit großzügigem Stiegenhaus und Aufzug sowie im Erdgeschoss der Ausgang in den gemeinsamen Gartenbereich.

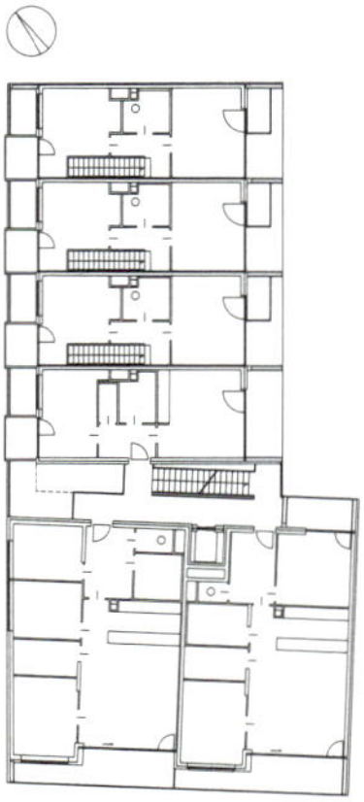

Die Transformation des bestehenden historischen Eckgebäudes durch den Zubau ist das Beispiel von intelligentem zeitgenössischem Umgang mit einer historischen Bausubstanz. Der dreigeschossige, hallenartige Zubau erhält zur südseitigen Straße eine Lamellenfassade, wodurch der Lichteinfall in den Kassenraum geregelt werden kann. Beide Bauteile bleiben in ihrer ästhetischen Architektursprache autonom.

Zentralsparkasse Floridsdorf (h.: Bank Austria)

1971

Floridsdorf, Am Spitz 11
Besichtigung: während der Öffnungszeiten
Transport: L31, L33 (Am Spitz)

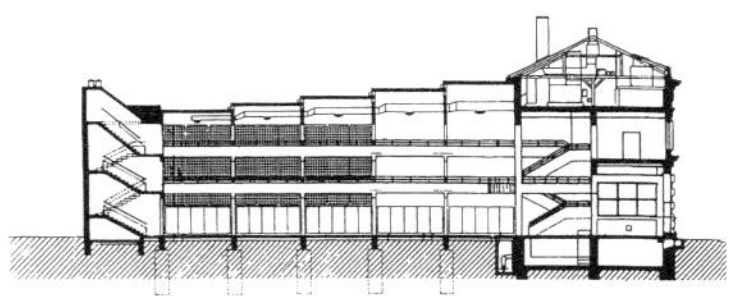

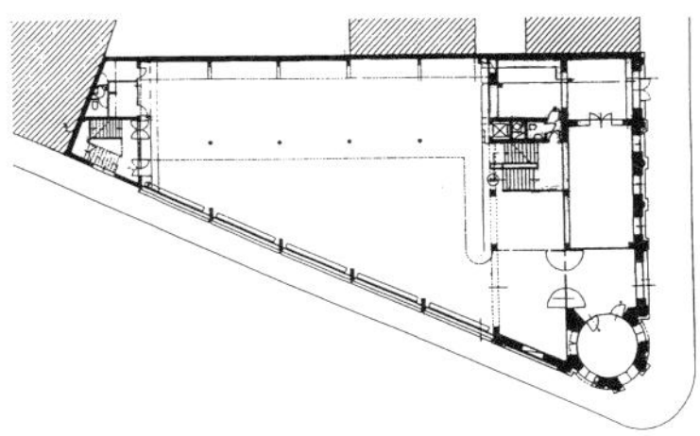

21.-6 *H. Wimmer, E. Reichl mit P. Zauchenberger und K. Koller*

Brünner Straße
1993

Brünner Straße 31/Gerichtsgasse 12
Besichtigung: von außen
Transport: L31 (Schlingermarkt)

Das Wohnhaus von Helmut Wimmer und Eva Reichl bildet mit seinen 93 Wohnungen eine typische Wiener Blockrandbebauung. Ausgehend von der Brünner Straße stellt ein Wegesystem eine kontinuierliche Abfolge von Räumen vom urbanen Bereich zur einzelnen Wohnung dar. Durch diese Wegesysteme (Rampen, Freitreppen, Stiegenhäuser, Laubengänge) entsteht eine komplexe räumliche Beziehung zwischen dem horizontalen und vertikalen Stadtraum. Unterschiedliche Wohnungstypen (Geschosswohnungen, Maisonetten, Laubengangwohnungen) garantieren jene Nutzungsvielfalt, welche städtische Heterogenität auszeichnet. Dass die Nutzungsvielfalt von den Benutzern angenommen wurde, beweist die intensive Nutzung der Loggien und Veranden.

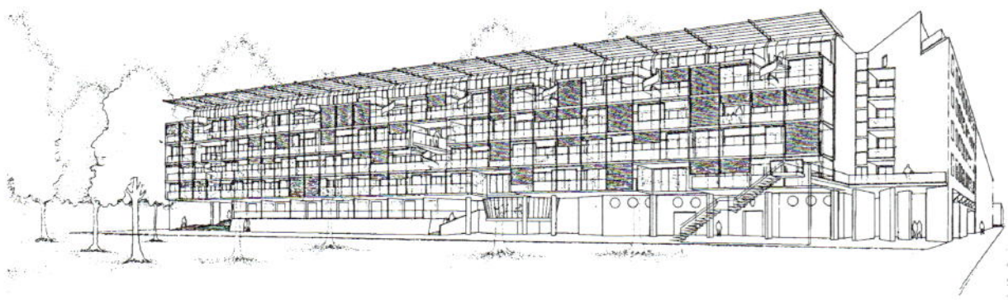

21.-7 *Walter Stelzhammer*

Mega Baumax Shop
2001

Brünner Straße 74/Shuttleworthstraße 2-4
Besichtigung: Öffnungszeiten
Transport: L31, L33 (Shuttleworthstraße)

Der auskragende Glasspitz dient als Werbeträger an einer stark befahrenen Straße und ruft bei ArchitektInnen ebenso Erinnerungen an die expressive Glasarchitektur der gläsernen Kette hervor. Aufbauend auf ein gemeinsam mit Architekt Hoffmann erarbeitetes städtebauliches Gutachten für die Errichtung eines Fachmarktzentrums wurde diese 10.000 m² große Struktur realisiert. Unter einem gewölbten, extensiv begrünten Dach befinden sich ein Baumarkt sowie eine Tiefgarage mit 160 Stellplätzen. Realisierung 2003-2004.

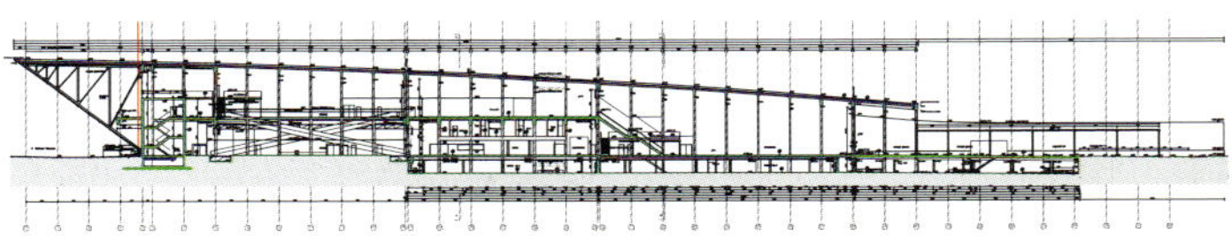

Bürohaus
1991

Ignaz-Köck-Straße/Lundenburgergasse
Besichtigung: nach Vereinbarung
Transport: L31, L33 (Shuttleworthstraße)

Das Bürogebäude für den Medienkonzern von Kurt Falk repräsentiert jene Metapher zur Schiffsarchitektur, die zu Beginn der Moderne als literarisches Zitat diente. Das scheinbar vor Anker liegende Haus mit seinen vor der Glasfassade umlaufenden Service-Balkonen setzt sich konstruktiv von den Produktionshallen ab. Einer Kommandobrücke gleich ragen die drei Bürogeschosse über dem Eingang vor.

Siedlung Siemensstraße
1950

Siemensstraße, Ruthnergasse,
Scottgasse, Wankläckergasse
Besichtigung: von außen
Transport: Bus 30A, 31A (Ruthnergasse)

In den Jahren 1950-53 von Franz Schuster nach den Prinzipien des Siedlungsbaues entwickelt, die den Gedanken des „Gartenstadtkonzeptes" vergleichbar sind. Die zweigeschossigen Häuserzeilen mit Kleinwohnungen hatte der Architekt für eine spätere Zusammenlegung bereits technisch vorgerüstet. Mit einfachsten baulichen Mitteln und einer entsprechenden Bepflanzung ein Beispiel sozial engagierten Bauens.

21.-10 *Heidulf Gerngroß, Werkstatt Wien*

Loftsiedlung Wien Floridsdorf
1994

Ödenburgerstraße 87
Besichtigung: von außen
Transport: S3 (Jedlersdorf)

An der Peripherie von Wien entstand eine Mustersiedlung (1994-97) mit der Bezeichnung „Wiener Loft", wo die Idee einer teilfertigen – aber bezugsfertigen – Loft-Wohnung realisiert wurde. Die Nasszellen mit Küchenzeile und einer Galerietreppe bilden den fixen Kern des Loftes, eine zweite Ebene (Schlafen, Kinder, Arbeiten) kann im Selbstausbau später erfolgen (zweigeschossige Raumeinheiten, 95 m^2 bezugsfertig, bis 127 m^2 ausbaufähig). Dieser Versuch, der Kostenexplosion im sozialen Wohnbau entgegenzuwirken, bringt bei diesem Selbstausbaumodell bei gleichen Kosten eine größere Wohnfläche. 17 Lofts sind um einen Innenhof gruppiert, in Ziegelbauweise errichtet und mit kräftiger gelber und neutraler weißer Färbelung versehen. In unmittelbarer Umgebung: Jugendheim der Gemeinde Wien, nach dem gleichen „Schnellhaus"-Prinzip. Adresse: Wien 21., Mitterhofgasse 2.

21.-11 *Gustav Peichl, Rudolf F. Weber*

Volks- und Hauptschule Hanreitergasse
1994

Hanreitergasse 2, Ocwirkgasse
Besichtigung: nach Vereinbarung
Transport: L31 (Brünner Straße/ Gerasdorfer Straße)

Das große Schulzentrum Hanreitergasse von Gustav Peichl und Rudolf F. Weber setzt sich aus fünf funktionell differenzierten Baukörpern um einen Schulhof zusammen und bildet somit eine kleine „Schulstadt": elliptischer, metallverkleideter Eingangsbau; begrünter, tonnenförmiger Turnsaalbereich; zwei Schultrakte mit Süd-Ost-Orientierung; Tagesheim mit Nord-West-Orientierung. Mittels transparenter Glasbrücken wird der Eingangsbau mit den Schultrakten verbunden. Die klare Ordnung wird durch sensible Materialverwendung versinnlicht.

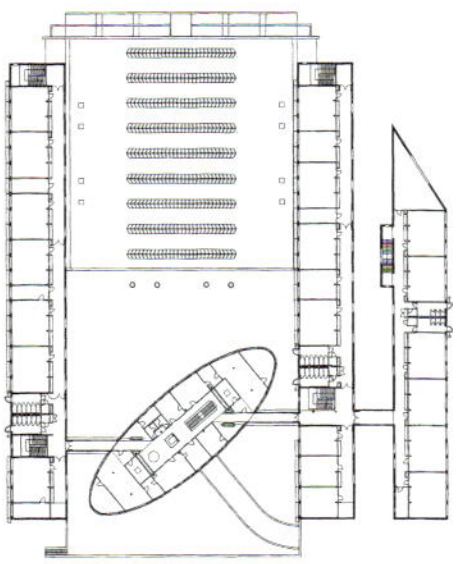

Wohnhausanlage

1993

Brünner Straße/Empergergasse
Besichtigung: von außen
Transport: L31 (Empergergasse)

Die Wohnhausanlage mit 215 Sozialwohnungen ist Teil eines größeren Stadterweiterungsgebietes im Norden Wiens. Sie ist als Niedrigenergie-Siedlung konzipiert: Sonnenfenster, Pufferräume mit Wintergärten, Lüftungsanlage mit Wärmerückgewinnung und hohe Wärmedämmung ermöglichen einen Energieverbrauch von unter 40 kw/m²a. Der 330 m lange Riegelbau zur Brünner Straße schirmt durch mehrere Schichten die hofseitigen Wohnungen ab. Im Osten des Riegels befinden sich in schall- und windgeschützter Lage zehn dreigeschossige Zeilenbauten mit je vier Reihenhäusern. Eine konsequente, Energie sparende Architektur. Energieplanung: Büro Schmied-Schwelch.

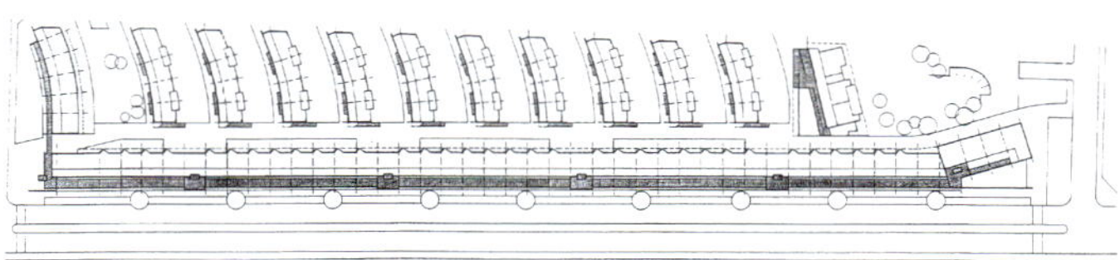

Wohnbau Ocwirkgasse

1994

Ocwirkgasse 7
Besichtigung: von außen
Transport: L31, L33 (Empergergasse)

Die große Wohnhausanlage an der äußeren Brünner Straße ist primär eine Ansammlung von vielen Wohnungen. Weder das planerische Konzept noch die architektonische Gestaltung finden eine größere Resonanz. Bemerkenswert sind einige kleinere Bauaufgaben. Als Versuch einer Zentrumsfunktion könnte die kleine Kirche von Häuselmayer angesehen werden. Mit einem kleinen Vorplatz ausgestattet, entwarf Häuselmayer hier eine Weiterentwicklung seiner Kirche am Wienerberg mit tonnenförmigem Dach. In unmittelbarer Nähe ein bemerkenswerter Wohnbau von Melicher/Schwalm-Theiss und Gressenbauer, der durch seine Maßstäblichkeit und Differenziertheit Rücksicht auf alltägliche Wohnansprüche nimmt.

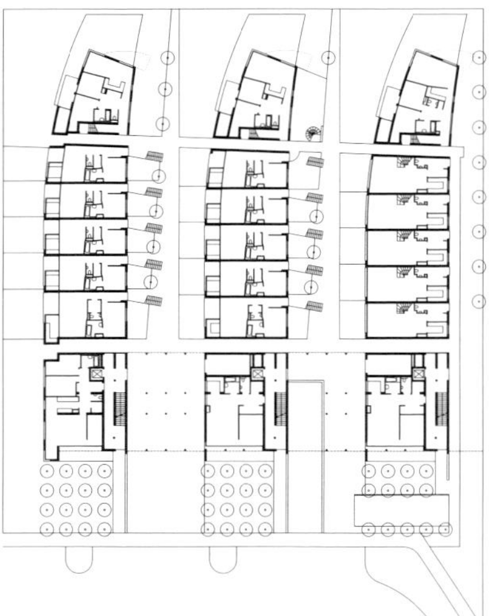

Eine angerartige Grünfläche bildet das Rückgrat dieser zwei- und dreigeschossigen Siedlung, die jedoch an Kreuzungsbereichen und an Torsituationen viergeschossig ausgebildet ist. Alle Gemeinschaftseinrichtungen sind fußläufig erreichbar (Schule und Kindertagesheim). Behindertengerechte Wohnungen im Erdgeschoss und Mietergärten versuchen, die Qualität der Siedlungsideologie der 20er Jahre aufzugreifen.

Wohnhausanlage Ernst Theumerhof

1977

Empergergasse, Koschiergasse
Besichtigung: von außen
Transport: L31 (Empergergasse)

Viktor Hufnagl **21.-15**

In ähnlicher Weise wie bei der Wohnhausanlage „Am Schöpfwerk" werden Referenzen der Wiener Architektur der Wohnhöfe zitiert. Die Umsetzung vom Wettbewerb der ersten Baustufe (1973) bis zur Fertigstellung (1982) dauerte fast ein Dezennium. Die einzelnen Höfe sind miteinander verbunden und reagieren auf die Dimensionen und Proportionen der bestehenden Siedlungsstruktur. Aufgrund der relativ geringen Verbauungsdichte eine angenehme Maßstäblichkeit.

Wohnanlage Gerasdorfer Straße

1980

Gerasdorfer Straße 61
Besichtigung: von außen
Transport: Bus 32A (Ratzenhofergasse)

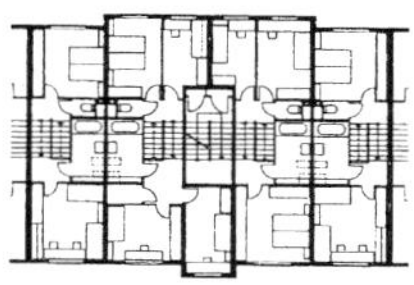

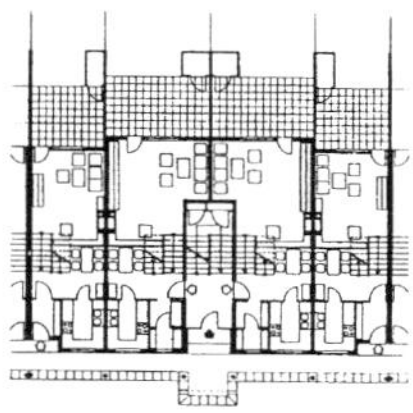

21.-16 *Markus Geiswinkler*

Kindertagesheim der Stadt Wien
1994

Gschweidlgasse 1
Besichtigung: von außen
Transport: L31, Bus 30A (Gschweidlgasse)

„Das Konzept ist intelligent, die visuelle Erscheinung subtil. Hier geht es um eine Architektur, die auch höchsten Ansprüchen genügt." (Liesbeth Waechter-Böhm)
Die Gruppenräume sind nach Norden orientiert, weil dort ein schöner Bezug zur Landschaft und zum Grünbereich des Marchfeldkanals besteht. Hier entstand ein Haus für Kinder, in einem Maßstab für Kinder: Nicht vordergründig, sondern mit behutsam platzierten Fenstern in Augenhöhe der Kleinkinder, kontrastieren graue Farbtöne und Naturholz mit dem Außenraum, der durch große überdachte Terrassen weit in das Innere des Hauses geführt wird.

21.-17 *Stefan Hübner/Peter Leibetseder*

Volksschule, Musikschule Schumpeterweg
1992

Schumpeterweg 3
Besichtigung: nach Vereinbarung
Transport: L31 (Empergergasse)

Gemeinsam mit der schräg gegenüber liegenden Kirche von Otto Häuselmayer bildet diese Volksschule mit Musikschule das geistige Zentrum der neuen Wohnbebauung Brünner Straße. An der Peripherie der Städte übernehmen die Schulen den Anspruch öffentlicher Baukunst: hier im Sinne einer heterogenen, differenzierten und collagierten Architektursprache, zwischen postmodernem und fragmentarischem Gestaltungsansatz.

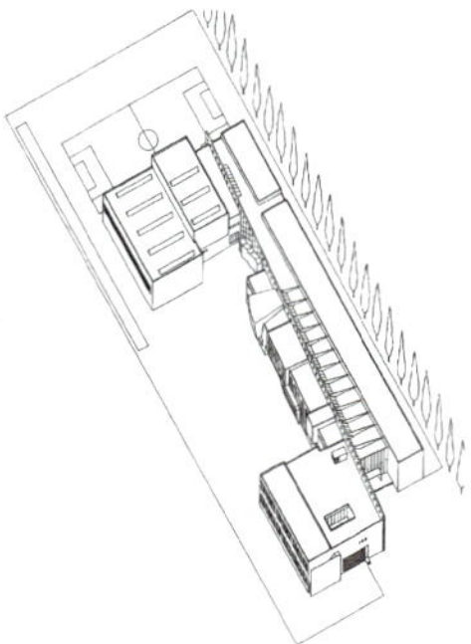

Hubert Gessner **21.-18**

Die Blockrandbebauung bildet mit fast imperialer Geste einen exedrenförmigen Vorplatz aus. Der in der Mittelachse gelegene Haupteingang wird noch durch einen überhöhten Torbau betont. Die Pathetik wird durch die sparsame Verwendung von Schmuckformen relativiert.

Karl-Seitz-Hof

1926

Jedleseer Straße 66-94, Voltagasse,
Bunsengasse, Dunantgasse, Edisongasse
Besichtigung: von außen
Transport: L26 (Koloniestraße)

Ottokar Uhl u. a. **21.-19**

Ottokar Uhl, einer der Pioniere des partizipatorischen Bauens in Österreich, hat hier gemeinsam mit sechzehn Familien einen experimentellen und exemplarischen kinderfreundlichen Wohnbau errichtet. Zwei separate Häuser liegen an einem gemeinsamen Gartenhof mit Gemeinschaftseinrichtungen. Die relativ großen Wohnungen, Geschosswohnungen und Maisonettenwohnungen sind in Scheibenbauweise mit nicht tragenden Außenmauern errichtet, wodurch die Gestaltung der Fassade und die Innenraumaufteilung durch die Nutzer ermöglicht wurden. Das gesamte Projekt wurde im Rahmen der staatlichen Wohnbauförderung realisiert.

Wohnen mit Kindern

1980

Jeneweingasse 32, Wienergasse 6
Besichtigung: von außen
Transport: L26 (Hopfengasse)

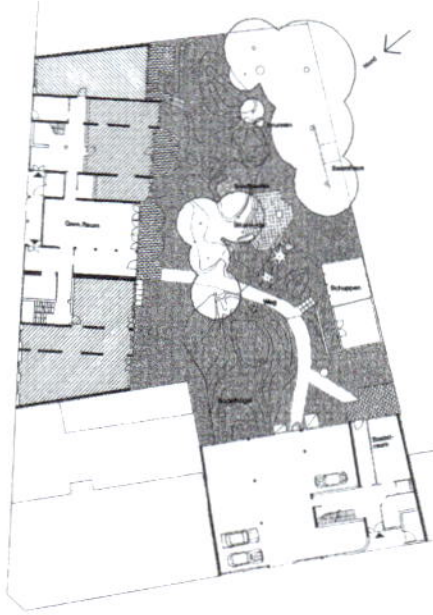

Wohnhausanlage
2002

Rudolf-Virchow-Straße 14 + 16
Besichtigung: von außen
Transport: S3 (Jedlersdorf)

In diesem „kooperativen Projektentwicklungsverfahren" haben die drei ArchitektInnen – Glück, Lainer und Cufer – über zwanzig verschiedene Bebauungsvorschläge unterbreitet. Resultat ist eine dichte Packung an Wohnungen, die untereinander durch Brücken verbunden wurden, um die Erreichbarkeit des Schwimmbades auf dem mittleren Bauteil von Glück zu ermöglichen. Hauptthema beim Projekt Cufer war der Lärmschutz, der intelligent gelöst wurde, nicht nur durch den verglasten Laubengang, sondern auch durch die „angedockten" Einlagerungsräume.

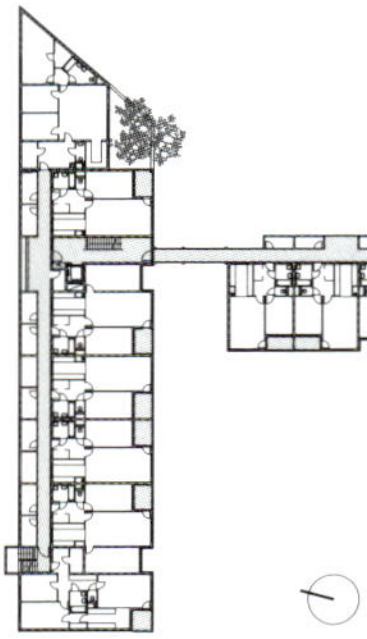

21.-21 ***Rüdiger Lainer***

Wohnhausanlage
2002

Rudolf-Virchow-Straße 10
Besichtigung: von außen
Transport: S3 (Jedlersdorf)

Charakteristisch beim Bauteil Lainer sind die stark skulpturalen Ausbildungen der Loggien und Terrassen, die dem Baukörper seine besondere Identität verleihen. „Tiefe ‚Eindrücke' und kragende ‚Ausdrücke' gliedern den lang gestreckten Quader, integrieren Freiraum in die Massivität." (Architekt). Der sechsgeschossige plus Dachgeschoss hohe Wohnbau ist ebenfalls durch Brücken mit dem Bauteil Glück verbunden, um das Schwimmbad für die Bewohner zugänglich zu machen. Die Erdgeschosswohnungen verfügen über Gartenanteile.

Wohnbau „Mühlweg"

2004

Mühlweg vis-à-vis 43
Besichtigung: von außen
Transport: L26 (E.-Hawranek-Platz)

Die Holzbauweise für Mehrfamilienhäuser stellt eine interessante Alternative zum konventionellen Wohnbau dar. Die neuen Projekte am „Mühlweg" zeigen mit drei Architektenteams eine unterschiedliche Herangehensweise an das Thema. Eine besonders ökonomische Aufteilung der französischen Fenster kennzeichnet das Projekt von Hubert Rieß, die Loggien sind vor die Fassade gesetzt. In Summe wurden 102 Wohnungen realisiert.

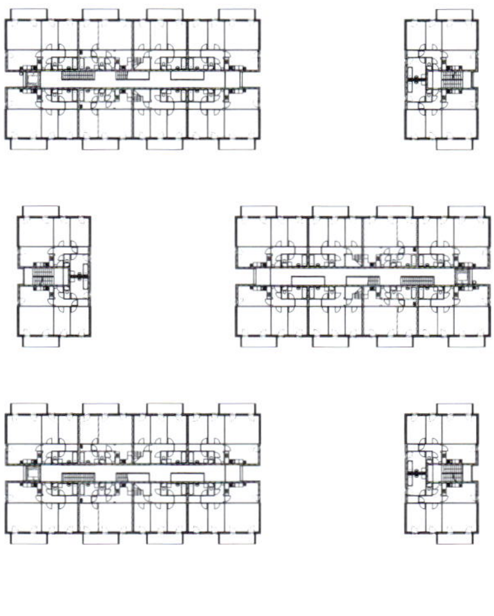

21.-23

Kaufmann & Kaufmann (Bauteil: A)

Wohnbau „Mühlweg"

2004

Mühlweg vis-à-vis 43
Besichtigung: von außen
Transport: L26 (E.-Hawranek-Platz)

Alle 84 Wohnungen dieses Projektes verfügen über einen privaten Freiraum. Das Sockelgeschoss (Erdgeschoss) ist in Massivbauweise ausgeführt, die drei darüber befindlichen Obergeschosse wurden als komplette Holzkonstruktion ausgeführt. Mittels geschosshoher Holztafeln wird die Fassade modular gestaltet. Die Loggien sind in den Baukörper eingeschnitten, wodurch eine besonders elegante, fast minimale Architektursprache entsteht.

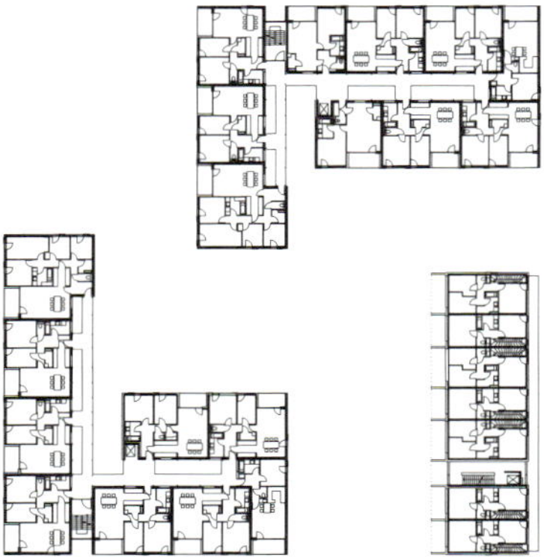

21.-24

Dietrich | Untertrifaller Architekten (Bauteil: C)

Wohnbau „Mühlweg"

2004

Mühlweg vis-à-vis 43
Besichtigung: von außen
Transport: L26 (E.-Hawranek-Platz)

Vier Stadtvillen mit insgesamt 68 Wohnungen gruppieren sich um eine zentrale Grünfläche. Auch hier wird eine Variation des mehrgeschossigen Holzbaues exemplarisch vorgeführt, die gewählte Bauweise führt zu einem Passivhausstandard. Auskragende Loggien betonen die Ecken der einzelnen Stadtvilla. Eine SOS-Kinderdorfgruppe hat in einer Wohnung ein neues Zuhause gefunden.

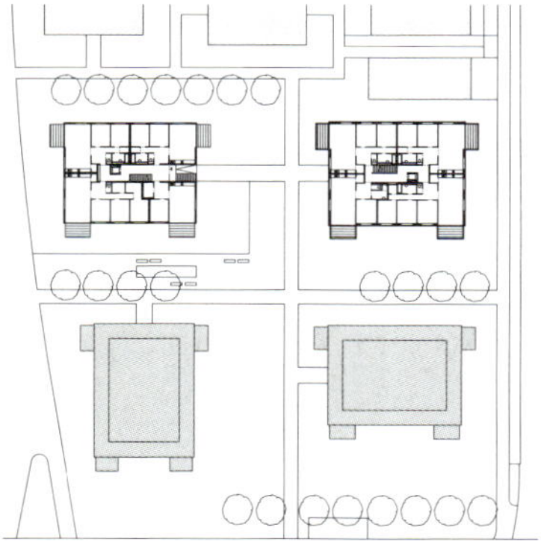

Im Mai 1999 wurde ein Architekten-Verhandlungsverfahren mit europaweiter Interessentensuche ausgeschrieben. Durch die Absiedelung der Busgarage im Stadtentwicklungsgebiet des Nordbahnhofgeländes war ein Neubau erforderlich geworden. Das Architektenteam hat die Aufgabe klar in Verwaltung (Norden), Werkstätte und Abstellhalle (180 Normalbusse) gegliedert. Großzügige Oberlichter ermöglichen eine Lichtführung tief in die Arbeitsräume, die Dachkonstruktion ist größtenteils als Stahlfachwerk ausgeführt.

Autobusgroßgarage Leopoldau

1999/2003

Katharina-Scheitergasse 6
Besichtigung: von außen
Transport: L30, L31 (Carabelligasse), Bus 36A (Ruthnergasse)

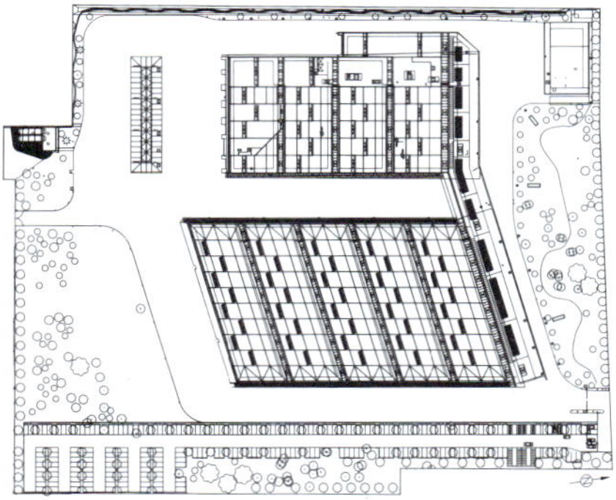

Wohnbebauung

1994

Leopoldauerstraße 168
Besichtigung: von außen
Transport: Bus 29A (Eipeldauerstraße)

Auf private Initiative einer Wohnbaugesellschaft hin wurde Jean Nouvel zu dieser Wohnbebauung eingeladen und realisierte im Rahmen des geförderten Wiener Wohnbaus und der Wiener Bauordnung einen interessanten Loft-Typus mit maisonetteartiger Erschließung. Mittels eines „durchgestreckten" Stiegenhauses, Maisonetten und Laubengang entwickelt Nouvel ein für den Wiener Wohnbau völlig neues Wohnmuster. Vertikal bepflanzte Wandscheiben dienen als Sichtschutz zum Nachbarn.

Diese kammförmige zwei- und dreigeschossige Volksschule für Ganztagsbetreuung mit stark bauplastischer Akzentuierung der einzelnen Funktionen nimmt das trapezförmige Grundstück vollständig in Besitz: Freiflächen und Baukörper ergänzen sich zu einer dichten Packung. Die Zinkblechfassade bildet zusammen mit einer Lochfassade einen kontrapunktischen Rhythmus; einzelne Gangbereiche hingegen sind vollständig verglast.

Volksschule Zehdengasse

1993

Zehdengasse
Besichtigung: nach Vereinbarung
Transport: Bus 31A (Doeltergasse)

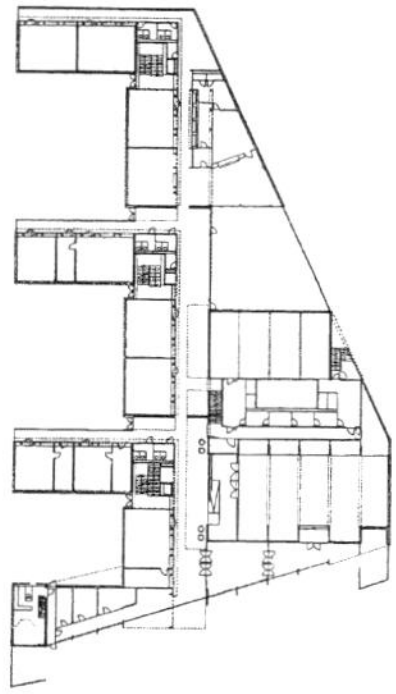

Zielsetzung dieses Projektes war ein Wohnbau mit günstiger Voraussetzung für die Entstehung nachbarschaftlicher Beziehungen. Vom Hof aus werden die Wohnungen über großzügige Laubengänge erschlossen. Die breiten Vorplätze bei den Wohnungseingängen schaffen eine räumliche Gliederung und ermöglichen zusätzliche Nutzungen. Eine große Öffnung in der Essküche verbindet den Laubengang mit den Wohnungen. Das Projekt „Interkulturelles Wohnen" mit 51 Wohnungen wurde vom Forschungsteam Leitner, Reppé und Appelt betreut.

Interkulturelles Wohnen

1994

Satzingerweg
Besichtigung: von außen
Transport: Bus 31A (Doeltergasse)

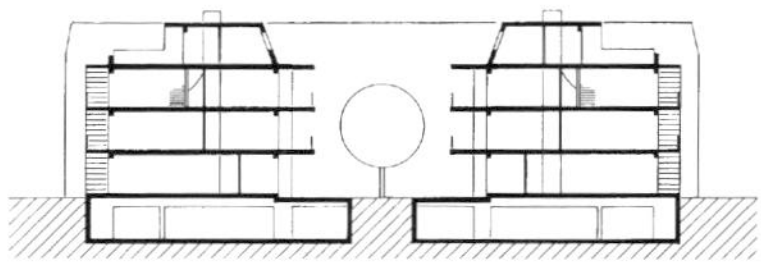

Frauen-Werk-Stadt

1994

Donaufelderstraße
Besichtigung: von außen
Transport: U6, L26 (Alfred-Nobel-Straße)

Initiiert vom Frauenbüro der Stadt Wien wurden im Herbst 1993 acht Architektinnen zum Expertinnenverfahren „Frauen-Werk-Stadt" zur Erarbeitung von Struktur-, Nutzungs- und Bebauungsvorschlägen unter Berücksichtigung eines frauengerechten Städtebaus eingeladen. Das von der Jury ausgewählte städtebauliche Leitprojekt ist von der Architektin Franziska Ullmann. Das Konzept von 350 Wohnungen und einer Kindertagesstätte (Elsa Prochazka) wird von unterschiedlichen Wohnbauträgern realisiert. Das Projekt „Frauen-Werk-Stadt" wurde anlässlich des 100. Geburtstages der Architektin in den „Margarete Schütte-Lihotzky Hof" umbenannt.

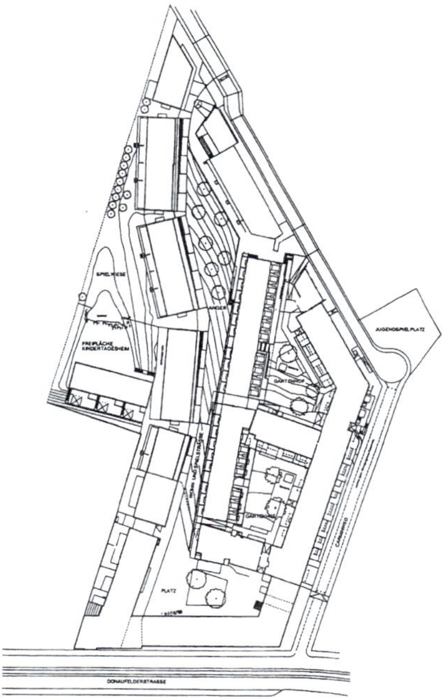
SPIELWIESE
FREIFLÄCHE KINDERTAGESHEIM
ANGER
JUGENDSPIELPLATZ
GARTENHOF
WOHN UND SPIELSTRASSE
PLATZ
DONAUFELDERSTRASSE

Compact City

1999

Donaufelderstraße 101
Besichtigung: von außen
Transport: U1, L26 (Alfred-Nobel-Straße)

Unter dem Titel „Compact City" firmiert in Wien-Floridsdorf der Versuch, mit einer typologischen Mischung aus Wohnen, Gewerbe und Supermarkt einen neuen Stadt-Generator zu erzeugen. Die engagierte, trendige und bunte Architektur kann aber nicht über die lokalen Planungsdefizite der Stadt hinwegtäuschen: Wie ein Hightech Flugzeugträger wartet „Compact City" auf ihren Einsatz. Angrenzend befindet sich die „Frauen-Werk-Stadt", in näherer Umgebung die Themenprojekte „Autofreie Stadt" und „Solar City".

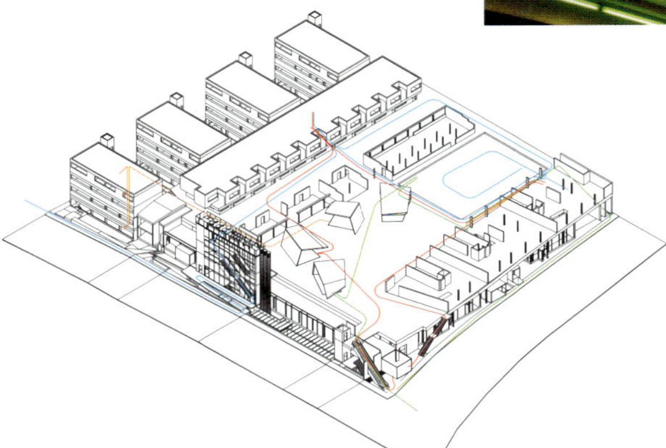

Autofreie Mustersiedlung

1996

Nordmanngasse
Besichtigung: von außen
Transport: U6, Linie 26 (Fultonstraße)

Ein Beispiel zum thematischen Wohnen: Im Zuge des Überdenkens des Wiener Garagengesetzes wurde hier ein Modellfall alternativer Verkehrspolitik durchgeführt. Statt dem Bau einer Tiefgarage konnten die Baukosten derselben für die vielfältigen Wohnfolgeeinrichtungen verwendet werden. So entstanden Dachgärten, ein Kinderspielraum, eine Gemeinschaftssauna sowie Fahrradhäuser in der Erdgeschosszone. Die Mieter konnten in umfangreichen Verfahren der Mitbestimmung die Wohnungsausbauten, die Loggien und Fassadenlösung individuell bestimmen. Sie organisierten eine Fahrradwerkstätte, Carsharing wird angeboten.

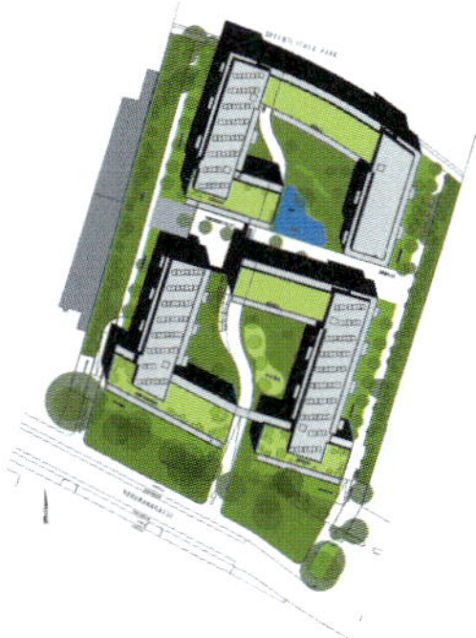

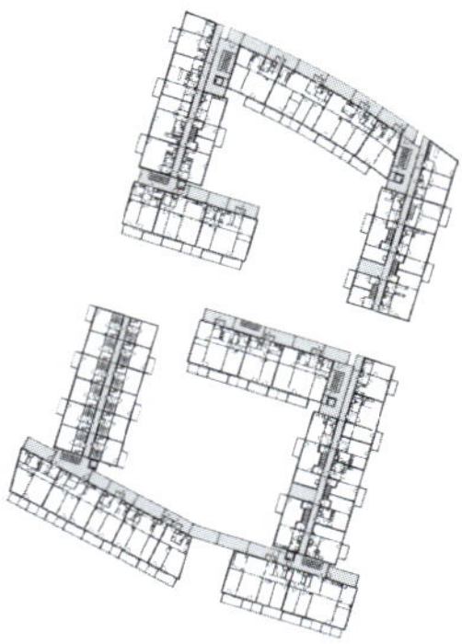

Nordsteg bei Nordbrücke, Fahrradbrücke

1995

Besichtigung: öffentlich zugänglich
Transport: L31 (Friedrich-Engels-Platz)

Verkehrsbauten waren von Anfang an die Lieblingsobjekte der modernen Architektur: Brücken mit großer Spannweite, Bahnhöfe und Airports. Aus der Notwendigkeit heraus, die Nordbrücke zu sanieren und eine Entlastungsbrücke für den Fahrverkehr zu entwickeln, resultiert der neue Nordsteg über die Donau und die Donauinsel. Ein 961 m langer und 8,6 m breiter Stahlsteg verbindet die beiden Ufer. Die intensive gelbe Farbe und die nach außen verlagerten Stahlrippen vermitteln einen Eindruck von Geschwindigkeit und Dynamik. Eine überraschende Lösung. Ingenieure: Büro Pauser, Planungsbeginn Herbst 1993, Verkehrsfreigabe Januar 1997.

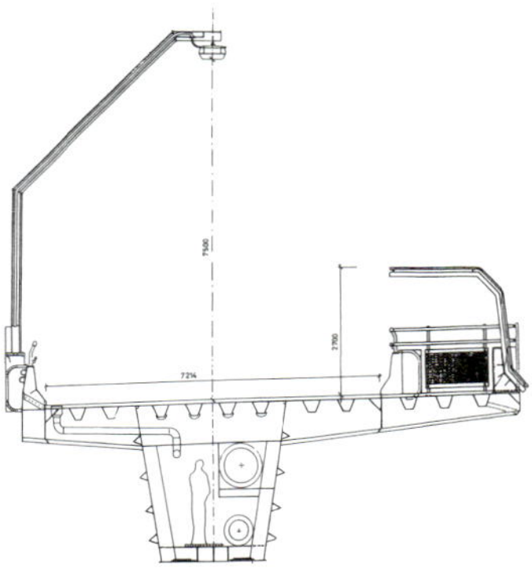

Die Gegend um die „Neue Donau" hat in den letzten Jahren eine dramatische Grundstückpreissteigerung erfahren. Der Freizeitwert der Umgebung ist sehr hoch, die Anbindung an das Zentrum gut. Die intensive Skulpturalität ist fast schon ein Trademark von Pichler & Traupmann geworden, das gegenständliche Haus zeichnet sich durch dramatisch gestaltete Innenräume mit besonders interessanten Raumbeziehungen aus. Ein besonders schönes Beispiel zeitgenössischer Einfamilienwohnhausarchitektur.

Wohnhaus

1999

Kugelfanggasse 60
Besichtigung: von außen
Transport: U6 (Neue Donau)

21.*-34e* **Dorotheum Floridsdorf**
Egon Kastner, Fritz Waage
1931
Pitkagasse 4

21.*-35e* **Wohnhaus Anton-Böck-Gasse**
Eva Ceska, Friedrich Priesner
1993
Anton-Böck-Gasse 4

21.*-36e* **„humanitas"**
Stadtgut (Werner Westhausser)
2003
Jedleseerstraße 66

21.*-37e* **SOS-Kinderdorf Wien – FamilienRAThaus**
Runser/Prantl architekten
2004
Anton-Bosch-Gasse 29

21.*-38e* **Siemens-City**
Soyka/Silber/Soyka
2005
Floridsdorf

22. Bezirk, ***Donaustadt*** *Indexnummern* ***22.****-1 ...* ***22.****-66e*

22.-26
Rennbahnweg
Donaufelder Straße
Kagraner Platz
22.-27
22.-29
22.-28
22.-66e
22.-23
22.-24
22.-22
Wagramer Straße
22.-20
Kagran
22.-21
Arbeiterstrandbadstraße
Donaustadtstraße
22.-60e
22.-25
Donaupark
Alte Donau
22.-8
22.-7
22.-6
22.-9
22.-15
22.-64e
22.-17
22.-16
22.-10
22.-11
22.-5
22.-14
22.-12
Erzherzog-Karl-Straße
22.-3
22.-2
Kaisermühlen – V.I.C.
22.-4
22.-1
22.-13
22.-19
22.-18
Donauinsel
22.-61e
22.-30
22.-63e
Alte Donau
Donaustadtstraße
A22 Donauufer Autobahn
22.-31
Donau
Neue Donau
22.-
22.-34
22.-33

22.-56
22.-57
22.-58
Breitenleer Straße
22.-55
Süßenbrunner Straße
22.-65e
22.-54
Quadenstraße
22.-53
Ostbahnbegleitstraße
22.-59
Erzherzog-Karl-Straße
Asperstraße
22.-49
22.-36
22.-37
22.-42
Langobardenstraße
22.-40
22.-41
22.-43
22.-44
22.-48
22.-35
22.-45
Groß-Enzersdorfer Straße
22.-39
22.-38
22.-46
22.-47
15 min
1000 m

Hausfeldstraße
Johann-Kutschera-Gasse
Groß-Enzersdorfer Straße
Eßlinger Hauptstraße
Kirschenallee
22.-50
22.-51
22.-62e
22.-52
15 min
1000 m

Donau-City

1992

Wagramer Straße/Leonard-Bernstein-Straße/Kratochwjlestraße/Donaustraße
Besichtigung: von außen
Transport: U1 (Kaisermühlen – VIC)

Mit der Öffnung der ehemaligen Ost-Staaten wurde in Wien eine „Neue Gründerzeit" proklamiert: Bevölkerungswachstum, Konjunkturaufschwung und eine neue Vermittlerrolle Wiens zwischen Ost und West wurden erwartet. Die „Donau-City" als bipolares, zweites Zentrum sollte der Stadt neue Impulse bringen. Im Rahmen der für 1995 geplanten Weltausstellung „Wien-Budapest", die aufgrund eines Volksentscheides abgesagt wurde, wurde dieses Gebäude früher als geplant für eine Nutzung frei. Flächenwidmungsplan laut einer Konzeption von Hans Hollein/COOP HIMMELB(L)AU, Masterplan von Adolf Krischanitz/Heinz Neumann. Objektplanung unter anderem von Holzbauer (Hochhaus), Hollein (Volksschule), Wohnbauten (Cufer, Delugan, Loudon u. a.).

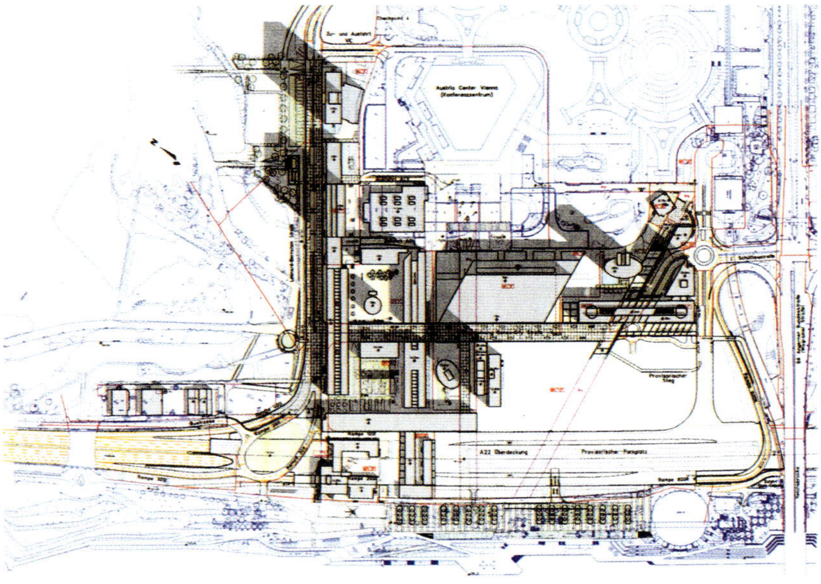

Kirche „Christus, Hoffnung der Welt"

1999

Donaucitystraße 2
Besichtigung: öffentlich zugänglich
Transport: U1 (Kaisermühlen – VIC)

Unter der frommen Bezeichnung „Christus, Hoffnung der Welt" versucht sich die ca. 21,5 m auf 21,5 m kleine Kirche im Umfeld der UNO-Türme und Donau-City-Hochhäuser Gehör zu verschaffen. Die Wiener Diözese hatte einen Wettbewerb unter dem Vorsitz von Boris Podrecca ausgeschrieben, den Heinz Tesar mit einer intelligenten Interpretation der Bauaufgabe gelöst hat. Seit der Gotik wird das Licht als die Metapher für religiöse Bauwerke interpretiert, gotische Kirchen sind im Grunde farbige Glaswände, welche bildlich vom kirchlichen Leben erzählen. Tesar hat die Lichtmetapher rational interpretiert und einen überraschenden Innenraum erzeugt. Die Lichtkuben an den oberen Gebäudeecken zitieren ein beliebtes Motiv von Carlo Scarpa.

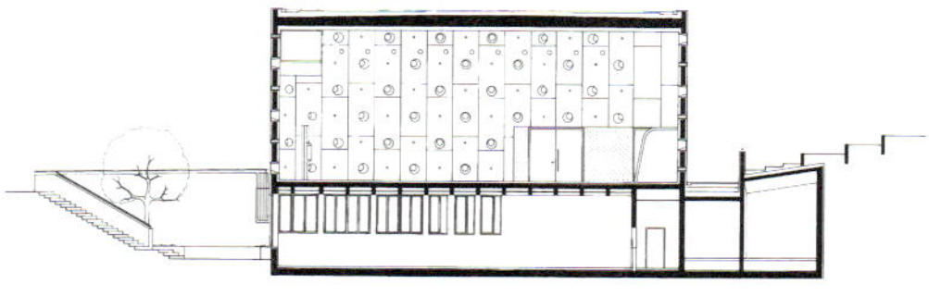

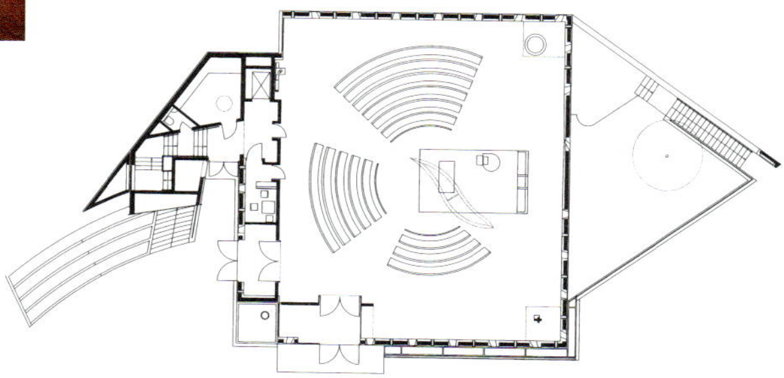

Hochhaus Andromeda

1993

Donau-City-Straße 6
Besichtigung: von außen
Transport: U1 (Kaisermühlen – VIC)

Das Diplomatencenter mit Büros und Wohnungen (1993-97) nimmt innerhalb des gesamten geplanten Donau-City-Bereiches eine besondere Stellung als städtebaulicher Merkpunkt im Sinne einer Torsituation ein. Die elliptische Form des Hochhauses reagiert formal auf die konkav geformten Baukörper der UNO-City. Die Außenhaut wurde zweimal durch eine über drei Geschosse „gekippte" Glaswand durchbrochen, hinter der sich mehrgeschossige Foyerräume befinden. In den obersten vier Geschossen sind Wohnungen, deren Terrassen in den elliptischen Baukörper eingeschnitten sind.

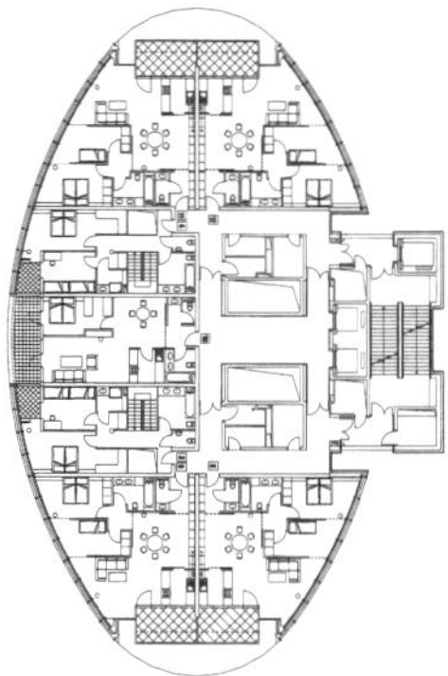

Donau-City, Tower 1 und 2

2004

Donau-City-Straße
Besichtigung: von außen
Transport: U1 (Kaisermühlen – VIC)

Mit seinen beiden Doppeltürmen setzt der französische Architekt (Zusammenarbeit mit Hoffmann und Janz Architekten) ein neues Wahrzeichen in der Donau-City, direkt am Ufer der neuen Donau. Die städtebauliche Gestaltung in der Erdgeschosszone stammt von Ortner & Ortner. „Das höchste und durch seine architektonische Ausprägung spektakulärste Bürogebäude Österreichs" (WED) wird mit 60 Geschossen und 220 m Gebäudehöhe tatsächlich eine neue Dimension an der Donau manifestieren. Der zweite Tower wird über 46 Geschosse mit rund 170 m Gebäudehöhe verfügen. Gemeinsam bieten die Tower etwa 95.000 m² Nutzfläche und repräsentieren somit nicht nur einen Teil der „big architecture", sondern auch einen Teil des „big business". Die Fertigstellung ist für 2010 geplant.

Ares Tower
1999

Bruno-Kreisky-Platz
Besichtigung: von außen
Transport: U1 (Vienna International Center)

Mit einer Höhe von 100 m ergänzt das zweihüftige, in der Höhe differenzierte Scheibenhochhaus die Skyline der Wiener Donau-City. Mit einer Mietfläche von ca. 29.000 m² eines der größeren Bürohochhäuser. Die Hauptfassade besteht aus einer zweischaligen Konstruktion, eine vorgehängte Glashülle bildet den Windschutz für die Sonnenschutzjalousien. Ein intelligenter Bürogrundriss mit guten Belichtungsverhältnissen und flexibler Unterteilung für unterschiedliche Mieteranforderungen.

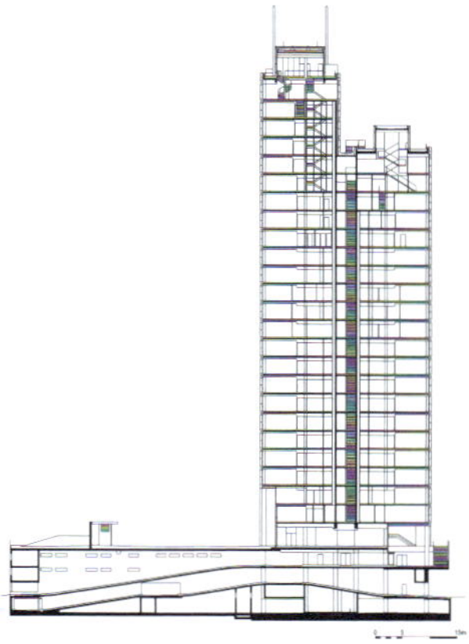

Wohnbau (Balken und Parzelle 13)
1994

Leonard-Bernstein-Straße 4-6, Stiegen 3, 4, 5, 11
Besichtigung: von außen
Transport: U1 (Vienna International Center)

Dieser Wohnbau ist vollständig zur Donau orientiert, mit prachtvollem Ausblick auf die Skyline von Wien, ein Laubengang wurde konsequent auf Stützen gestellt, damit man unter dem Haus hindurchschauen kann. „Der Bauteil von Delugan-Meissl bildet nicht nur einen formalen Übergang zur Donau. Die Architektur von Delugan-Meissl hat eine ganz eigene Qualität, die zwischen dem überwiegend gepflegt-sozialdemokratischen Charakter der Donau-City und dem unverschämten Individualismus und Hedonismus der Copa Kagrana, diesem anarchistischen Vergnügungsgebiet entlang der Donau, vermittelt." (Bart Lootsma)

Wohnbau

1994

Leonard-Bernstein-Straße 4-6,
Stiegen 8, 9, 10
Besichtigung: von außen
Transport: U1 (Kaisermühlen – VIC)

Das Team Cufer/Balogh/Bammer war eines der drei „Winning Teams" des Wettbewerbs und hat in weiterer Folge den Auftrag für eine umfangreiche Wohnbebauung erhalten. Gemeinsam mit Eric Steiner, aber jedes Team gestalterisch autonom, entwickelten die Architekten einen zweihüftigen Atriumwohnbautypus, wo von einem gebäudehohen verglasten Atrium aus die gesamte Erschließung des Wohnkomplexes erfolgt. Ergänzend dazu gibt es eine stadtseitig orientierte Maisonettenwohnzeile mit großen Terrassen. Der Bauteil Cufer und Partner wird zusätzlich durch einen runden Wohnturm ergänzt, dessen Fenestrierung einem versetzten, geometrischen Muster folgt.

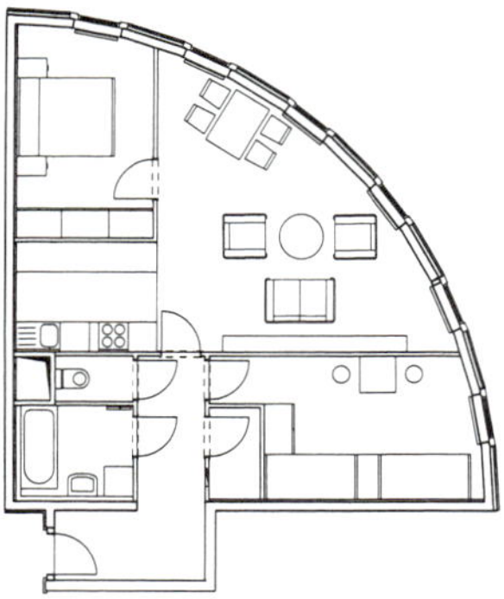

Wohnhochhaus (Mischek Tower)

1994

Leonard-Bernstein-Straße 8,
Stiegen 1 und 3 (Tower)
Besichtigung: von außen
Transport: U1 (Kaisermühlen – VIC)

Im nördlichen Teil der Donau-City errichteten die Architekten das höchste Wohnhochhaus von Wien, den Mischek Tower. Die 110 m hohe Wohnscheibe wurde als doppelhüftiges Wohnhaus konzipiert, das größte Fertigteilhaus von Wien (und auch Österreich) besteht aus über 10.000 vorgefertigten Einzelteilen. Die oberen Geschosse verjüngen sich und geben damit dem Gebäude seine charakteristische Form. Trotz der Höhe und der windigen Situation haben alle Wohnungen offene Loggien. Aufgrund der Höhe und der Größe ein neues Wahrzeichen der Donau-City.

Michael Loudon 22.-9

Wohnbau

1998

Leonhard-Bernstein-Straße 4-6,
Stiege 6 und 7
Besichtigung: von außen
Transport: U1 (Kaisermühlen – VIC)

Insgesamt wurden in den Bauteilen der „Donau City Wohnbau AG" mit Loudon, Delugan-Meissl, Cufer und Partner sowie Steiner 1016 Wohnungen sowie infrastrukturelle Einrichtungen wie Gastronomie, Arztpraxen und Geschäfte im Umfang von ca. 81.000 m² realisiert. Der Bauteil Loudon „schließt" die Donau-City zum angrenzenden Donaupark mit einem langen Atriumwohnbautypus wie Cufer/Steiner, allerdings bietet Loudon große Loggien als Gemeinschaftsräume an. Die Fassade ist repetitiv und zurückhaltend. Durchgehende Brüstungen werden als Träger für Schriftbänder genutzt (Grafikdesign Clemens Schedler, Wiener Dialektgedicht von H. C. Artmann).

22.-10 Hans Hollein, Neumann & Partner

Saturn Tower Bürohaus

2003 (Baubeginn)

Leonard-Bernstein-Straße
Besichtigung: von außen
Transport: U1 (Kaisermühlen – VIC)

Die WED (Wiener Entwicklungsgesellschaft für den Donauraum AG) plant, koordiniert und organisiert die Bereiche der Donau-City. In diesem Konzept der Standortentwicklung werden neben den Wohnbauten auch hochwertige Büroimmobilien realisiert. Der „Saturn-Tower", entworfen von den Architekten Hollein und Neumann, ist ein weiteres Beispiel für diese Entwicklung. Entwickler ist die WED, Eigentümer ist eine Immobilienbeteiligungsholding GmbH, Generalübernehmer ist IBM Österreich. Mit 20 Geschossen und 57.200 m² und ca. 90 m Gebäudehöhe eines der großen Bürohäuser Wiens, die einzelnen Geschosse mit variabler Größenaufteilung. Die Skylobby mit großer Terrasse im 21. Stock stellt ein Highlight des Gebäudes dar.

22.-11 Hans Hollein

Volksschule und Kindertagesheim

1999

Leonard-Bernstein-Straße 1
Besichtigung: nach Vereinbarung
Transport: U1 (Kaisermühlen – VIC)

Als „Schlussstein" setzt Hans Hollein einen vielseitig differenzierten Baukörper an den nordwestlichen Rand der Donau-City. Hollein zerlegt die Bauaufgabe Volksschule und Kindertagesheim in einzelne Baukörper, welche ihrerseits eine Identität durch Form und Materialien erhalten. Die schöne Innenhalle mit Sitzstufen zitiert einfache Formen des Theaters und ermöglicht eine vielfältige Nutzung. Ein Bauwerk, das nicht nur unterschiedliche Maßstäbe für Kinder und Erwachsene respektiert, sondern das sich auch selbstbewusst gegenüber der großen Wohnbebauung präsentiert.

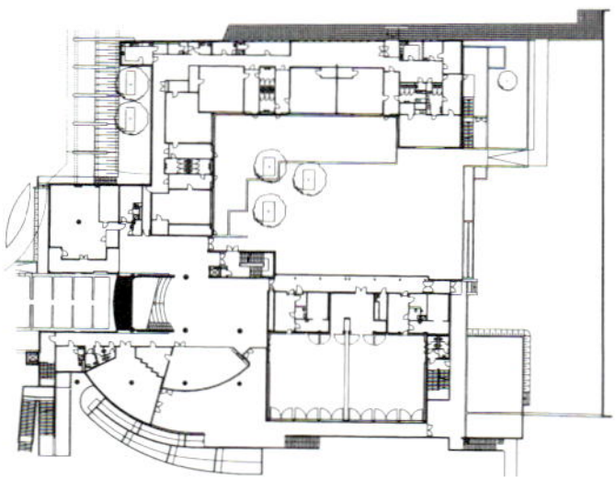

UNO-City (Internationales Zentrum)

1973

Wagramer Straße, Donaupark
Besichtigung: nach Vereinbarung
Transport: U1 (Kaisermühlen – VIC)

Die Bemühungen des österreichischen Bundeskanzlers Bruno Kreisky, Wien neben New York und Genf als dritten UNO-Standort anzuerkennen, führten 1970 zur Ausschreibung eines internationalen Wettbewerbes zur Errichtung des UNO-Zentrums. Obwohl die Jury einen 1. Preis vergab, wurde der 4. Preis von Johann Staber realisiert. Die im Grundriss signifikante Y-Form der Gebäude ist räumlich nicht relevant und städtebaulich umstritten. Das als „Vienna International Centre" bezeichnete Gebäude wurde später um ein großes Konferenzzentrum erweitert (1983-87).

Hochhaus, Cineplex Palace und Wohnpark neue Donau

1996, 1998

Wagramer Straße 2
Rudolf-Nurejew-Promenade 1-9
Besichtigung: von außen, Cineplex öffentlich
Transport: U1 (Kaisermühlen – VIC)

Wohnhochhaus, Urban Entertainment Center und Wohnpark Neue Donau bilden ein zusammenhängendes Konzept, das größtenteils über der darunterliegenden Donauautobahn A22 errichtet wurde. Harry Seidler, der austro-australische Gropius-Schüler, wurde 1923 in Wien geboren, emigrierte mit seinen Eltern 1938 nach England und studierte in Harvard bei Walter Gropius. Seidlers Architektur zeigt jene ungebrochene und unkritische Haltung gegenüber der Moderne, die mit ihrer eigenen Gestaltungskraft einen neuen Genius Loci zu schaffen versucht. Das neue Wohnhochhaus an der Wagramer Straße ist mit seinem geschwungenen Gebäudeabschluss ein weithin sichtbares Stadtzeichen von Wien geworden. Insgesamt wurden hier von einem einzigen Architekten Wohnungen für ca. 2.000 Menschen geplant, ein Vielfaches der sonst üblich gewordenen „Wohnungspolitik".

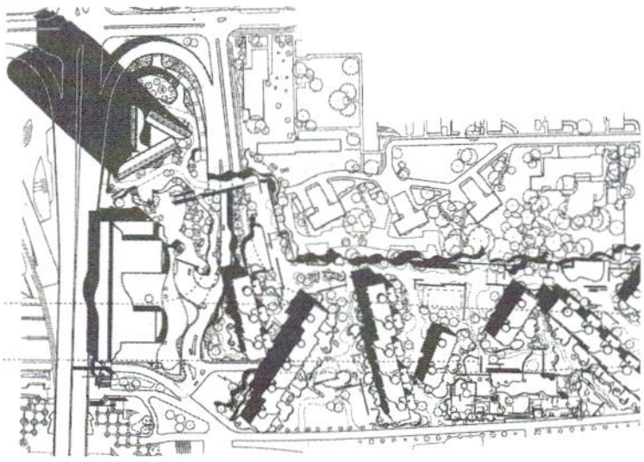

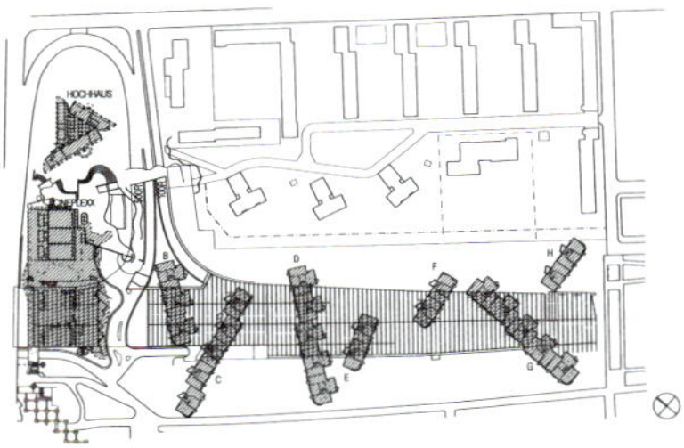

IZD-Tower, Bürohochhaus

1998

Wagramer Straße 21
Besichtigung: von außen
Transport: U1 (Kaisermühlen – VIC)

Mit ca. 120 m Bauhöhe ist der IZD-Tower ein stadtmarkierendes Objekt entlang der sonst eintönigen Wagramer Straße. Resultat eines Gutachterverfahrens, wurde der Turm im Laufe seiner Planungszeit immer „investorenfreundlicher" (sprich größer) und ist heute eines der flächenmäßig größten Bürohäuser von Wien. Mit dem markanten „Hammer" an der Turmspitze zitiert der Turm die euphorische, konstruktive Moderne und gibt gleichzeitig dem Tower eine distinkte Identität. Die vorgesetzte Glashaut spielt mit der semitransparenten Wirkung von mehrschichtigen Fassaden. Ein durchaus erfreulicher Beitrag zur Wiener Hochhausentwicklung.

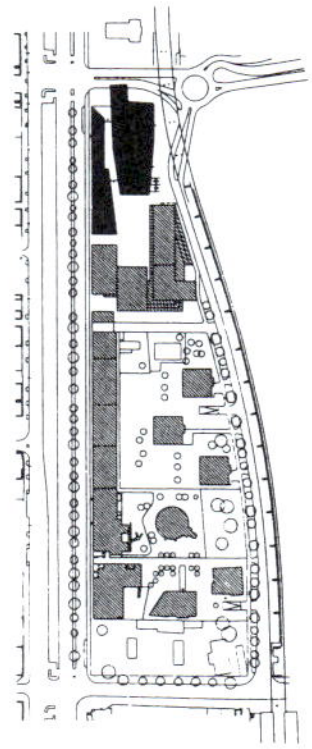

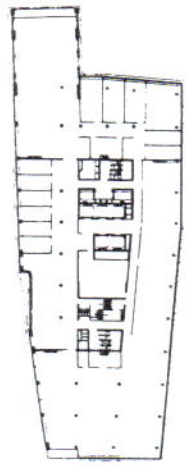

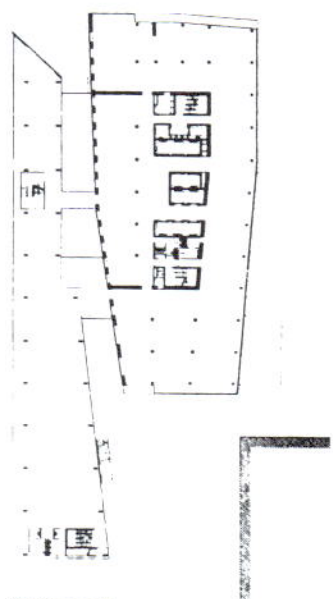

Wohnhochhäuser Wagramer Straße

1994

Wagramer Straße/Kratochwjlestraße
Besichtigung: von außen
Transport: U1 (Kaisermühlen – VIC)

Zwischen Wagramer Straße und Kratochwjlestraße in unmittelbarer Nähe der U-Bahn entstehen drei bemerkenswerte 25-geschossige Wohnhochhäuser. Der Lageplan ist so abgestimmt, dass es möglichst geringe Beschattung gibt, aber eine optimale Fernsicht. Gustav Peichls Wohnhochhaus, „Der runde Wagramer", überzeugt durch seine konsequente Zylinderform, welche die Hochhausform noch betont. Pro Etage gibt es vier Wohnungen, exklusives Penthouse mit großartigem Fernblick.

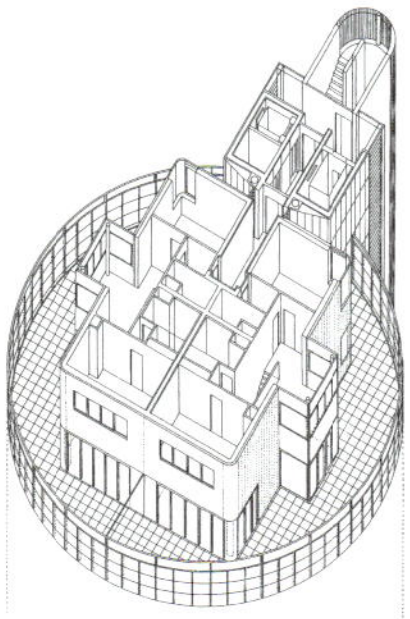

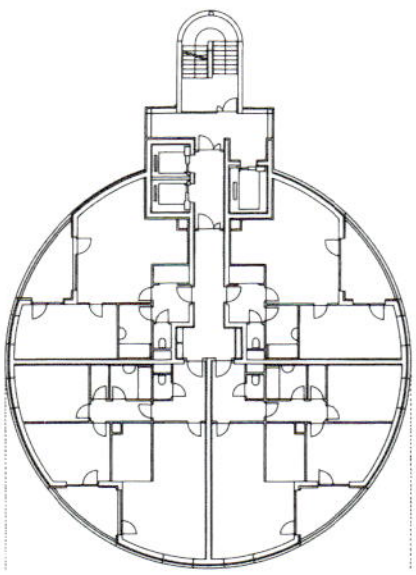

Strandbad Gänsehäufel
1948

Die erste große Badeanlage nach dem Zweiten Weltkrieg mit einem Platzangebot für 30.000 Besucher. Ein orthogonales Erschließungskonzept überlagert sich mit den biomorphen Formen der Insel. Die Gebäude sind zwischen und teilweise um die Bäume herum gebaut. Umkleidepavillons als Stahlbetonskelettbauten ausgeführt.

Moissigasse 21
Besichtigung: öffentlich zugänglich
Transport: Bus 90A (Gänsehäufel)

Nehrer + Medek und Partner **22.-19**

Volks- und Sportmittelschule der Stadt Wien
1997

Der Standort für die neue Schule über der Autobahn ist auf den ersten Blick weder optisch nachvollziehbar noch verständlich. Der größere Zusammenhang erklärt jedoch den Sachverhalt: Die Donauuferautobahn A22 wurde über mehrere Kilometer eingehaust, damit der angrenzende Bezirk Kaisermühlen einen Zugang zum Erholungsgebiet der Donau erhält. In weiterer Folge wurde die eingehauste Autobahn als neues Bauland verwendet, entweder für den Wohnbau (siehe 22.-9) oder eben für den neuen Schulbau. Neben den statischen und bauphysikalischen Herausforderungen entspricht die Doppelschule einem traditionellen Kammtypus mit vier Quertrakten. Fertigstellung 1999.

Am Kaisermühlendamm 1
Besichtigung: nach Vereinbarung
Transport: U1 (Kaisermühlen – VIC)

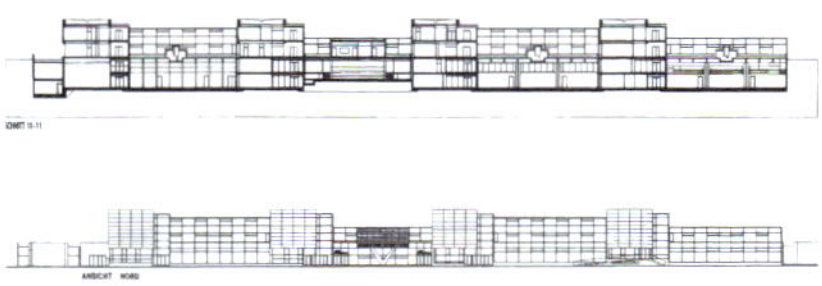

Eissporthalle

1990

Dr.-Adolf-Schärf-Platz
Besichtigung: öffentlich zugänglich
Transport: U1 (Donauzentrum)

Die Genealogie zur Eissport Wien-Donaustadt reicht bis in das Jahr 1990 zurück, als im Rahmen der geplanten Weltausstellung „Wien Budapest Expo 95" eine neue Sporthalle gebaut werden sollte. Das Siegerprojekt – als Ergebnis eines österreichweit offenen Wettbewerbes mit internationalen Zuladungen – von Müller/Berger/Krismer wurde nach einer Phase der Abstimmung in nur 20 Monaten Bauzeit realisiert. Entstanden ist ein großartiger Glaspalast, dessen technische Perfektion und formale Klarheit sich wohltuend sowohl auf die Sportler als auch auf die Besucher auswirkt. Das Programm bestand aus der Schaffung von zwei gleich großen Eisflächen, einer Trainingsfläche ohne Zuschauertribünen und einer Eishalle mit 4.350 Sitz- und Stehplätzen.

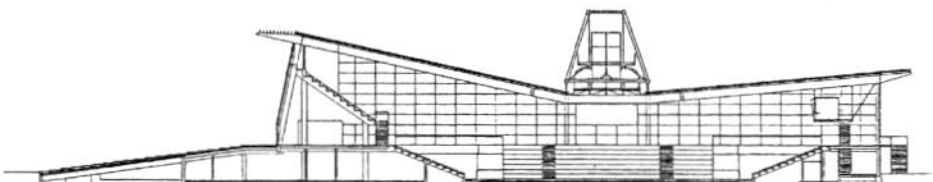

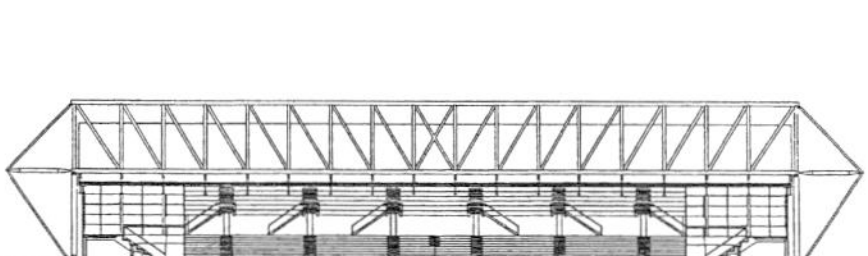

Die Generalsanierung einer Volksschule aus dem Jahr 1930 fragt nach den adäquaten Mitteln, zwischen respektablem Denkmalschutz und zeitgenössischer Architektur zu vermitteln. Ein weithin sichtbares Flügelmotiv definiert den neuen Aufbau für das zweite Obergeschoss, der statische Rhythmus der bestehenden Schule wird übernommen. „Sanft gelandet" ist die Aufstockung, eine V-Stütze trägt den auskragenden Bauteil. Planungsbeginn 1999, Fertigstellung August 2001.

Erweiterung/ Generalsanierung Volksschule Natorpgasse

2000

Natorpgasse 1
Besichtigung: öffentlich zugänglich
Transport: U1, Bus 94A (Portnergasse)

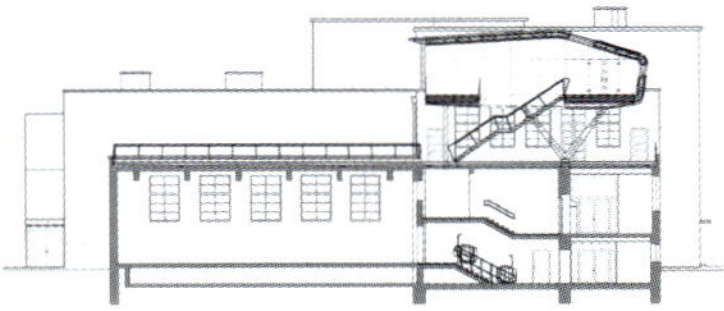

Delugan Meissl Associated Architects **22.-22**

Das Architektenteam konnte viele innovative Ideen im sozialen Wohnbau in Wien umsetzen, das Geheimnis scheint die unschlagbare Kombination von Erfahrung und Reduktion zu sein. Durch die Erfahrung kann das noch Machbare erkannt werden, die Reduktion hilft auf das Wesentliche zu fokussieren. Diese Wohnhausanlage ist eine Wunderbox der Fenestrierung, die geometrische Behandlung der Fassade erinnert an ein abstraktes (computergeneriertes) Muster, das für die radikalen Funktionalisten der Moderne unverständlich gewesen wäre. Bei gleichen Grundrissen ergeben sich durch die unterschiedlichen Fensterpositionierungen jeweils andere Möblierbarkeiten und andere Aussichten für die insgesamt 21 Wohnungen.

Wohnhausanlage

2005-6 (Ausführung)

Steigenteschgasse 26
Besichtigung: von außen
Transport: U1 (Kagran)

22.-23 *gerner°gerner plus*

Wohnhausanlage Bauteil B

2002

Meißauergasse 21-23/Komzakgasse 21
Besichtigung: von außen
Transport: U1 (Kagran)

Zwei Architektenteams teilen sich das Grundstück mit unterschiedlichen Bauklassen (Bauklasse I, II und III), das aufgrund der Verlängerung der U-Bahn U1 nach Leopoldau eine besondere verkehrstechnische Verbesserung erfahren hat. Der Bauteil Meißauergasse wurde von s&s Architekten realisiert, der Bauteil Komzakgasse/Ecke Meißauergasse von gerner°gerner plus. Bei diesem linearen Bauteil konnten gerner°gerner plus mit großem Verständnis der Auftraggeber (GESIBA) rechnen, um diese besondere Architektur im sozialen Wohnbau umsetzen zu können. Die beiden obersten Dachgeschosse mit farbiger Blechverkleidung bilden durch eine 45° bzw. 135° Neigung eine auskragende Ebene über die darunterliegenden Laubengänge, wodurch diese gegen die Witterung geschützt werden. Die Wohnungen sind mit Mietergärten, Loggien und Dachterrassen entsprechend ausgestattet. 80 geförderte Mietwohnungen entstanden im linearen Baukörper (Bauteil B), ca. 66 Wohnungen im Bauteil A.

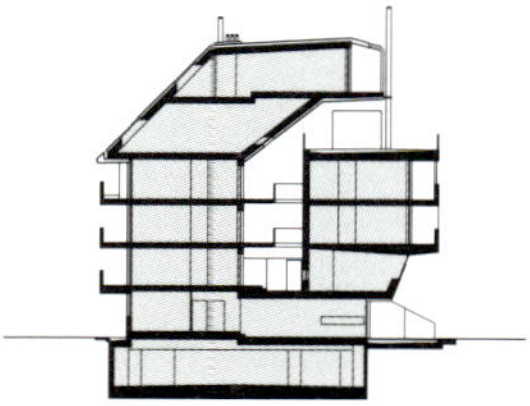

22.-24 *Karl Schartelmüller*

Siedlung am Freihof

1923

Kagraner Platz, Siebenbürgerstraße, Steigenteschstraße, Polletstraße
Besichtigung: von außen
Transport: L25, L26 (Steigenteschstraße)

Eine Gartensiedlung, bei deren Anlage Wert auf höchstmögliche Heterogenität gelegt wurde. Eine gekrümmte Hauptstraße führt durch das Siedlungsgebiet und wird durch einen kleinen Platz ergänzt. Die Kleinhäuser mit angeschlossenen Gärten sind zumeist in Zeilen organisiert oder bilden Höfe aus. Entsprechend der Siedlungsstrategie sind mehrere Haustypen verwendet worden, die in Summe 1042 Wohnungen bereitstellen.

In den 1920er Jahren wurde die Siedlung „Am Freihof" unter der Prämisse der kleinstädtischen Verdichtung realisiert, mit dem Garten als „Nutzgarten" für die damaligen Bewohner. Gegenwärtige, zeitgemäße Anforderungen schätzen die Freiflächen als erweiterten Wohnbereich, eine Verbauung der Freifläche erschien dem Eigentümer wenig sinnvoll. gaupenraub+/- entschied sich daher, unter Einbindung der Behörden einen prototypischen Entwurf zu realisieren, mit einem gartenseitigen Ausbau im Dachbereich – eine „unsichtbare" Aufstockung.

Wohnhaus mit Garten

1999

Wollekweg 13
Besichtigung: von außen
Transport: U1, Bus 94A (Kagraner Anger)

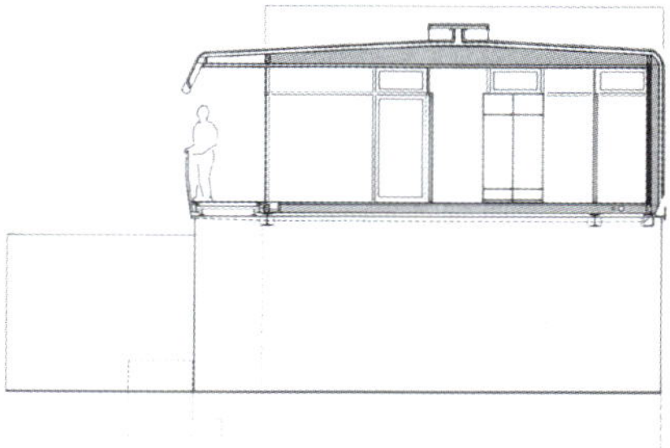

Egon Frauendorfer, Johann Gsteu, Eva Mang, Karl Mang u. a. **22.-26**

Aufbauend auf einem gemeinsamen Grundkonzept individueller Architektur der einzelnen Baukörper. Bemerkenswert der Bauteil von Johann Gsteu, wo ein Wohnhaus mit Mittelgangerschließung durch eine Sozialisierung der Gangfläche (Gemeinschaftsraum) und einem konsequenten Wohnungsgrundriss über die durchschnittliche Qualität des sozialen Wohnens verweist. Die zentrale Gruppierung von Küche, Wohnraum und Loggia innerhalb der Wohnungen führt zu minimalen „Verkehrsflächen". Partielle Nutzung der Dachflächen als kommunale Freiflächen. Architektenteam: E. Frauendorfer, J. Gsteu, E. Mang, K. Mang, A. Obermann, A. Pal, U. Schrittwiese, G. Schuster, M. Stein.

Josef-Bohmann-Hof

1973

Ehrlichweg, Ohnsorgweg, Absolonweg, Urteilweg, Boeklweg, Kubinplatz
Besichtigung: von außen
Transport: Bus 31A (Doeltergasse)

Wohnhausanlage

1998

Dückegasse 9
Besichtigung: von außen
Transport: L26 (Jos.-Baumann-Gasse)

Dieser Wohnbau für die Wohnbaugenossenschaft „Neues Leben" erinnert vage an die futuristischen Wohnprojekte von Le Corbusier, die zweigeschossigen Loggien sind eine direkte Referenz an den Großmeister der Moderne. Das ca. 115 m lange, sechsgeschossige Stahlbetongebäude mit 80 Wohnungen wird über einen Laubengang erschlossen, von dem abgesetzt zusätzlich kleinere Wohntürme erschlossen werden. Die weiße Fassade wird durch die bunt gefärbelten Loggieninnenbereiche kontrastiert, die unterschiedlichen Fenstergrößen beleben die lange, auf Stützen aufgeständerte Wohnanlage.

Wohnhausanlage
1999

Tokiostraße 7
Besichtigung: von außen
Transport: U1 (Kagran)

Über 450 Wohnungen entstanden entlang der Tokiostraße, Adolf Krischanitz hat hier 206 Wohnungen realisiert, wobei vom Architekten 40 (!) Wohnungsvarianten entwickelt wurden. Der weiße, achtgeschossige Baukörper mit rhythmischer Fenestrierung und eingeschnittenen Loggien verrät wenig von seinen komplexen Grundrissen. Die Fassaden sind der Höhe nach dreigeteilt, Basisgeschoss, fünfgeschossiges Mittelstück und ein durchgehendes Dachgeschossband. Durch verschiebbare Innentrennwände ist eine flexible Nutzung der Wohnungen möglich. Ratio und Raffinesse.

Wohnhausanlage
1999

Tokiostraße 12
Besichtigung: von außen
Transport: U1 (Kagran)

In direkter Nachbarschaft zu den Projekten von Adolf Krischanitz und Otto Häuselmayer hat Elsa Prochazka ihre achtgeschossige Bebauung durch auffallende Erkervorbauten gestaltet. Seit vielen Jahren versucht die Architektin spezifische, räumliche Qualitäten im sozialen Wohnbau umzusetzen, das Thema des „Erkers" hat sie dabei immer wieder bewusst eingesetzt. Besonders bekannt geworden ist die Architektin durch die Teilnahme am Projekt der „Frauen-Werk-Stadt", wo die Stadt Wien erstmalig nur Planerinnen eingeladen hatte (siehe 21.-29).

Johannes Spalt

Wohnhaus Varnhagengasse
1984

Varnhagengasse 9
Besichtigung: von außen
Transport: L25 (Konstanziagasse)

Das Gebäude nimmt den Maßstab der zwei angrenzenden Gebäude auf und erfährt seine spezifische Charakteristik aus dem auskragenden Sitzerkern (Holzkonstruktion), die den Wohnzimmern auf der südlichen Straßenseite vorgebaut wurden. Eine Besonderheit sind die unterschiedlichen Raumhöhen (Schlafräume 2,50 m, Wohnräume 2,75 m) und die daraus resultierenden Splitlevels. Interessante räumliche Schnittführung.

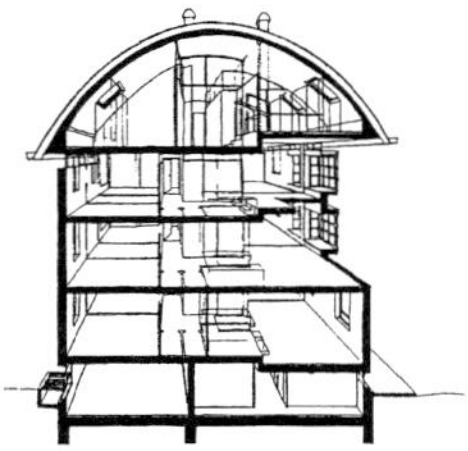

Michael Loudon

Wohnbau Heinrich-Lefler-Gasse
1994

Heinrich-Lefler-Gasse 24
Besichtigung: von außen
Transport: U1, L25 (Langobardenstraße)

Der bestimmende Faktor beim Entwurf dieses Wohnhauses waren die Grundrisse. Grundlegend für die Auffassung war das Angebot von möglichst nutzungsneutralen Räumen. Die große Flexibilität und Nutzungsvielfalt im Inneren des Hauses kontrastiert mit einer geordneten und zurückhaltenden Fassade, welche sich mit großer Selbstverständlichkeit als zeitgemäße Baukultur darstellt. Nur wer auch schweigen kann, ist offen für den Dialog.

Wohnbebauung Mühlgrundweg

1993

Hardeggasse 69
Besichtigung: von außen
Transport: U1, L25, Bus 92A (Strandbad Stadlau)

Die Siedlung umfasst 180 Wohnungen und 28 Reihenhäuser; dem städtebaulichen Leitprojekt der Architekten Melicher, Schwalm-Theiss und Gressenbauer entsprechend staffeln sich die Bauköper nach Süden hin ab. Das Punkthaus und Langhaus von Paul Katzberger und Karin Bily zeichnet sich durch flexible Grundrisse aus, die Reihenhäuser von Walter Stelzhammer nützen durch Innentreppen im Sinne des Raumplanes das Geländeniveau aus.

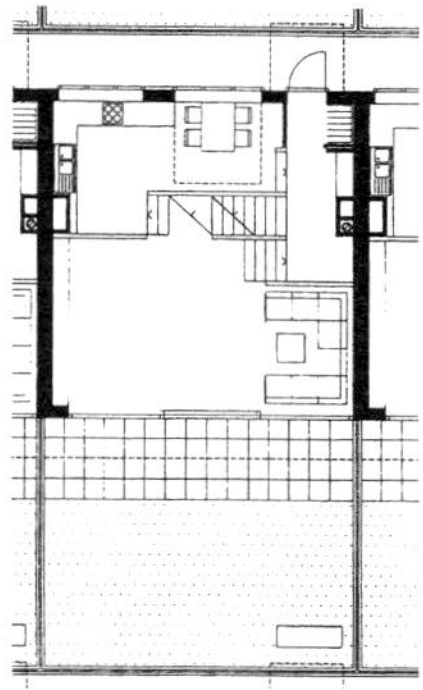

G. Reinberg, M. Treberspurg, E. Raith, Kislinger u. Trudak 22.-33

Kamillenweg

1989

Kamillenweg/Pappelweg/Haselnussweg
Besichtigung: von außen
Transport: U1, L25, Bus 96B (Kanalstraße)

Mit der Bezeichnung Ökologisches Bauen wird seit dem „Ölschock" im Jahr 1973 von Architekten der Versuch unternommen, die Energiebilanz ihrer Bauphysik genauer zu kontrollieren. Die Solarhäuser mit aktiver und passiver Solarnutzung sind ein wichtiger Beitrag zum ökologischen Wohnen. Die zehn Häuser dieser Siedlung gehören zu den meistdokumentierten Beispielen in Wiener Fach- und Populärmedien und gelten als wegweisend für den neuen Siedlungsbau (Typus der Veranda-Häuser: Leichtkonstruktion mit Wintergärten nach Süden, massive Nordseite).

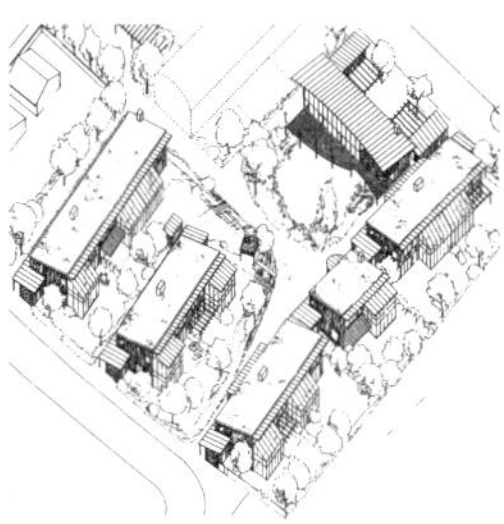

22.-34

Roland Hagmüller

Pappelweg
1990

Pappelweg 1-34
Besichtigung: von außen
Transport: U1, L25, Bus 96B (Kanalstraße)

Mit dem Adolf-Loos-Preis ausgezeichnet wurde diese Wohnbebauung von Roland Hagmüller in Stadlau (1990-92). Die Mischung von Reihenhäusern und Geschosswohnungen auf einem länglichen Grundstück ist besonders im Hinblick auf die Raumreserven der „Dachateliers" und die Bauausführung bemerkenswert: Das Fertigteilbetonskelett der Reihenhäuser ist mit Holzwänden ausgefacht.

22.-35

Boris Podrecca/Gotthard Eiböck

Kapellenweg
1986

Kapellenweg 36-38
Besichtigung: von außen
Transport: L25 (Langobardenstraße)

Im Umfeld der Wiener Peripherie nördlich der Donau setzt Boris Podrecca mit seiner Wohnbebauung „Kapellenweg" (1986-93) einen städtebaulichen Akzent, vergleichbar mit den großen Wohnbauten der Wiener Zwischenkriegszeit: Ein 200 Meter langes Wohnhaus bildet den Auftakt zur neuen Verbauung der Wulzendorferstraße in Wien-Aspern. Im fünfgeschossigen Wohnhaus sind Geschosswohnungen, Duplex- und Triplexwohnungen untergebracht.

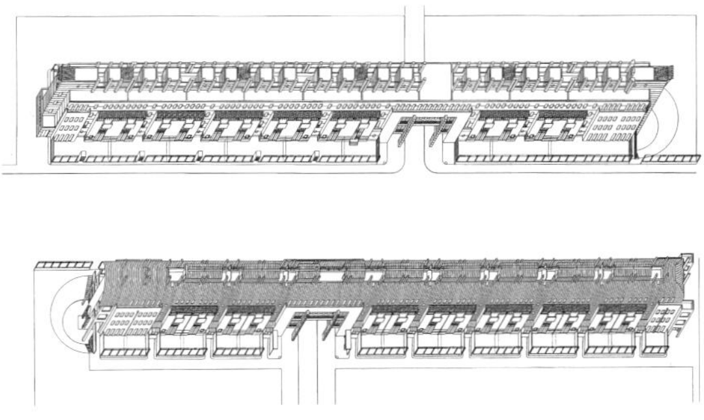

Viktor Hufnagl **22.-36**

In direkter Nachbarschaft zu Roland Rainers Siedlung Tamariskengasse befindet sich die viergeschossige Wohnbebauung von Hufnagl. Im Gegensatz zu vielen Wohnhäusern an der Peripherie wird hier ein Typus vorgestellt, der seine Wohnqualität aus einer inneren Erschließungsstraße mit glasüberdachten Innenhöfen bezieht. Durch Balkone und Terrassen wird dieser Bereich vielfältig gegliedert, es entsteht ein kontrollierter, halböffentlicher Bereich. In Ansätzen werden hier auch wieder die Gedanken der Sozialutopie (Familistère, ab 1859) von Jean Baptiste Godin (1817-88) aufgegriffen.

Wohnbau Zschokkegasse

1992

Zschokkegasse 91
Besichtigung: von außen
Transport: U1, L25 (SMZ Ost)

Roland Rainer **22.-37**

Der verdichtete Flachbau ist Roland Rainers überzeugende Antwort auf die Bebauungsform der Stadtrandgebiete und der Versuch, das Bedürfnis nach dem Einfamilienhaus zu befriedigen: Ebenerdige Atriumhäuser und zweigeschossige Reihenhäuser mit Gartenanteil für das familiäre Wohnen, Geschosswohnbauten mit Garconnieren und darüberliegenden Maisonetten für kinderlose Familien. Die Siedlung Tamariskengasse wird fußläufig erschlossen, im Zentrum befinden sich ein Kindergarten und Seniorenwohnheim (halbkreisförmige Bebauung).

Siedlung Tamariskengasse

1993

Tamariskengasse 102
Besichtigung: von außen
Transport: U1, L25 (SMZ Ost)

Wohnhausanlage Wulzendorf (West)

1993

Bergengasse
Besichtigung: von außen
Transport: L25 (Oberdorfstraße)

Das städtebauliche Leitbild für die „Wohnhausanlage Ostarichi" wurde von Walter Stelzhammer 1991 entwickelt. Das Konzept verfolgt eine größtmögliche hofbildende Einbeziehung des westlichen Grünraumes; die Bergengasse wird durch Wohnbrücken rhythmisch gegliedert. Dabei folgen die Baukörper einem orthogonalen Ordnungsprinzip: Ein dreigeschossiger Nord-Süd-Baukörper (Walter Stelzhammer) wird von vier viergeschossigen Ost-West-Baukörpern (Architektenteam Ablinger-Vedral) gekreuzt. In den Höfen befinden sich Reihenhäuser (Margarethe Cufer) sowie dazwischen ein Seelsorgezentrum (Stelzhammer). Insgesamt 204 Wohnungen mit 24 Reihenhäusern.

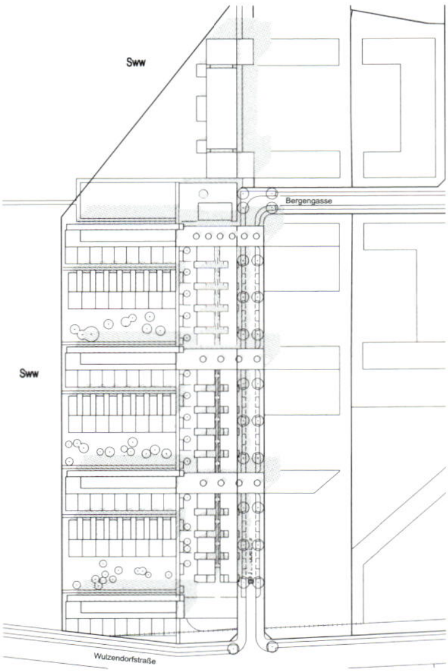

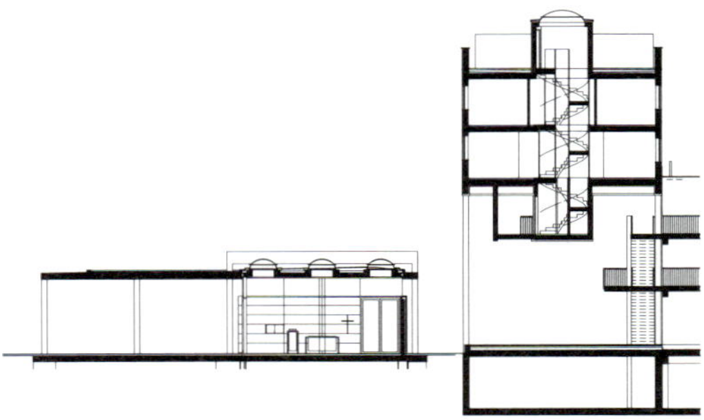

Wohnhausanlage Wulzendorf (Ost)

Bergengasse 4
Besichtigung: von außen
Transport: L25 (Oberdorfstraße)

Die östliche Bebauung für die Bergengasse übernimmt ebenfalls das städtebauliche Leitbild von Walter Stelzhammer, allerdings werden drei Wohnhöfe und eine Reihenhauszeile geplant. Der große Wohnhof im Norden wurde von August Sarnitz geplant (Geschosswohnbauten mit Maisonetten als Dachwohnungen), der Wohnhof an der Straßenkreuzung von Helmut Wimmer (flexible Schiebewände in den Wohnungen) der anschließende Wohnhof von Günther Holnsteiner und Markus Spiegelfeld, die Reihenhauszeile (mit Lamellensonnenschutzfassade) vom Architektenteam Haselwanter/Linsberger. Durch die gemeinsame weiße Putzarchitektur ergibt sich ein zusammenhängender Maßstab. Insgesamt 180 Wohnungen.

G. Peichl, M. Kohlbauer, P. Katzberger, NFOG, Gruppo ARCA, Michael Loudon u. a.

Siedlung Erzherzog-Karl-Stadt

1994

Erzherzog-Karl-Straße/Eibengasse/
Langobardenstraße/Anni-Rosar-Weg
Besichtigung: von außen
Transport: L25 (Oberdorfstraße)

In dem gemeinsam von Peichl und Kohlbauer erstellten Leitprojekt wurden in mehreren Bauetappen mehrere hundert Wohnungen realisiert. Die vielfältigen Außenräume versprechen eine angenehme Wohnqualität. Doppeltrakthäuser, Geschosswohnbauten, Reihenhäuser und ein rundes Turmhaus bieten unterschiedliche Wohnungen. Entlang der Entwicklungsachse Eibengasse wurden dreigeschossige Arkadenwohnhäuser errichtet, mit einer platzförmigen Erweiterung westlich der Schule. Nördlich der Eibengasse befindet sich eine Reihenhausbebauung, zur Erzherzog-Karl-Straße hin schließt eine mehrgeschossige Bebauung von Gustav Peichl die Siedlung ab. Beteiligte Architekten: Gustav Peichl, Rudolf F. Weber, Martin Kohlbauer, Peter Nigst, Paul Katzberger, Karin Bily, Michael Loudon, Gruppo ARCA.

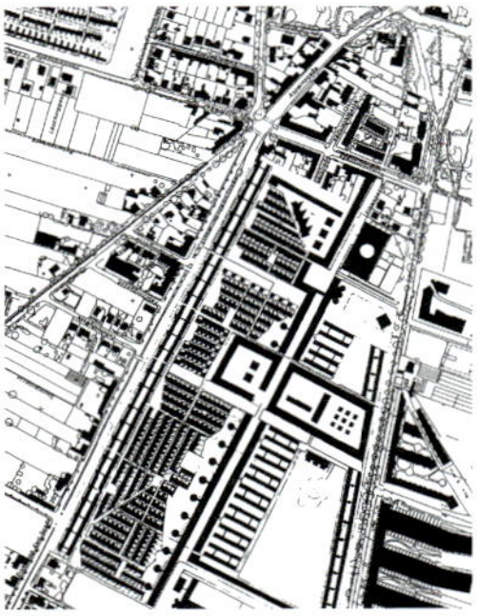

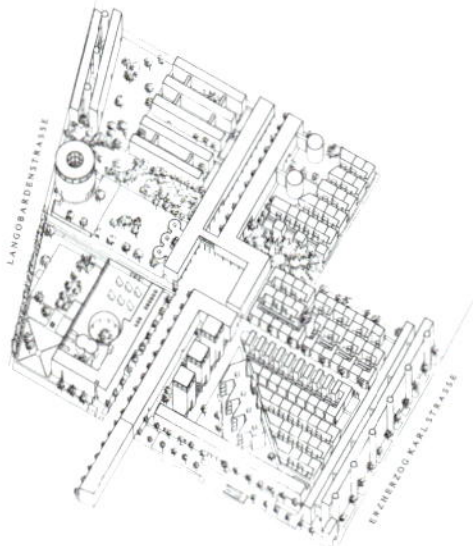

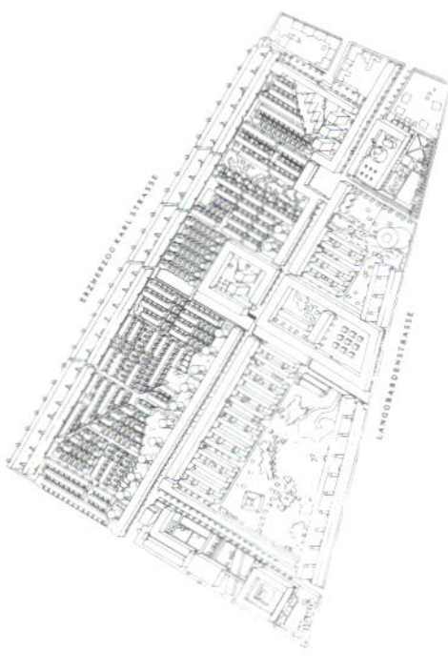

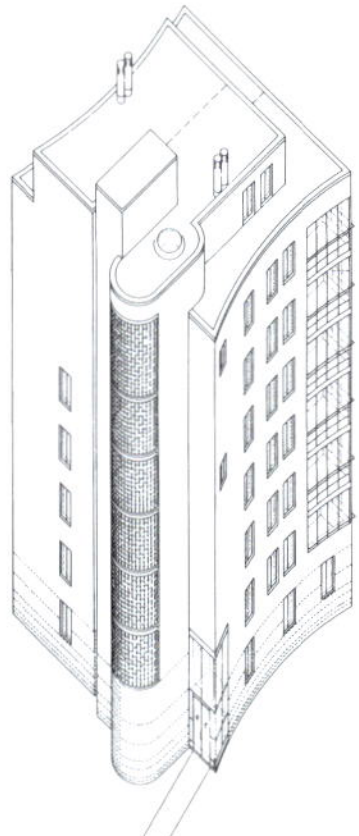

Martin Kohlbauer

Hauptschule Eibengasse

1992

Eibengasse 56-58
Besichtigung: nach Vereinbarung
Transport: L25 (Oberdorfstraße)

Diese Hauptschule ist als Siegerprojekt einer der wenigen bundesweit offenen Wettbewerbe entstanden. Der kompakte, weiß verputzte Baukörper vereinigt alle divergierenden Nutzungen einer Schule in einem kubischen Gebäude, wobei ein zentraler, runder Innenhof für gestalterische Spannung sorgt. In der inneren Organisation wird die optische Zentralität des Gebäudes (Rundhof) geschickt aufgebrochen und funktionell gegliedert.

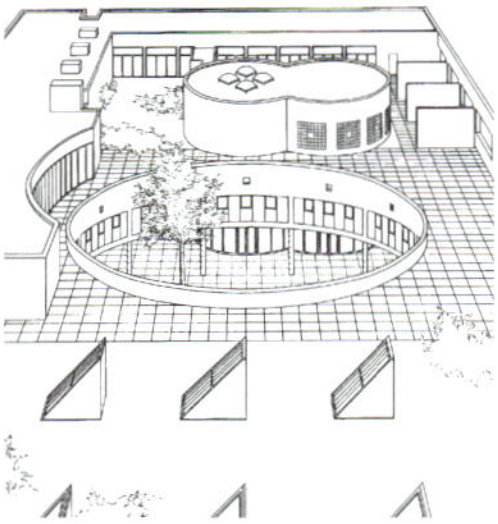

Gruppo ARCA (Fonatti, Gaisrucker, Veselinovic, Resetarits)

Wohnbau

1994

Erzherzog-Karl-Straße
Besichtigung: von außen
Transport: L25 (Oberdorfstraße)

Die Gruppo ARCA, die heute in dieser Zusammenstellung nicht mehr existiert, hat mit diesem 21 m hohen Rundbau ein städtebauliches Zeichen in der Langobardenstraße gesetzt. Das Kräftespiel zwischen geschlossenen Flächen (Betonsteinverkleidung) und dünner Haut (verglaste Veranden) bildet den signifikanten Reiz der Fassade. Der zylindrische Bau umschließt den offenen Innenhof mit Hauptstiegenhaus und Baumpflanzung (Bergahorn), um dem Rundbau eine Art symbolischer Mitte zu geben.

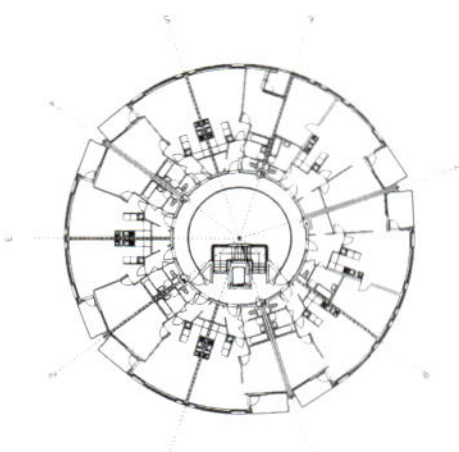

Das Grundstück an der Südfront des Siegesplatzes liegt im alten Ortskern von Aspern, die schmale, lange Grundstücksform (20 x 30 m) mit unterschiedlichen Bebauungsbestimmungen führte zu einer typologisch differenzierten Lösung. Verschiedene Haustypen (Haus am Siegesplatz, Torhäuser, Reihenhäuser, Geschossbau Benjowskygasse) stehen paradigmatisch als „pars pro toto" für eine mögliche städtebauliche Gesamtsituation.

Wohnhaus Siegesplatz/Benjowskygasse

1991

Siegesplatz 21/Benjowskygasse 11
Besichtigung: von außen
Transport: U1, Bus 26A (Aspern Siegesplatz)

Der verdichtete Flachbau vulgo „Teppichsiedlungen" ist seit der Frühzeit der Moderne ein Thema des Wohnbaus. Ob die radikalen Hofhäuser von Mies van der Rohe oder die verdichteten Wohnbebauungen von Roland Rainer, immer geht es darum, die Qualität des natürlichen, gewachsenen „Bodens" als ein Stück auratische Realität den städtischen Bewohnern zurückzugeben. Der Gesamtentwurf sieht straßenseitig eine mehrgeschossige Bebauung vor, während im inneren Bereich des Grundstücks der verdichtete Flachbau zurückgezogenes, privates Wohnen ermöglicht. Fertigstellung 2000.

Wohnbau

1998

Siegesplatz 18-19
Besichtigung: von außen
Transport: U1, L25, Bus 84A, 85A (Aspern Siegesplatz)

Bundesgymnasium/ Bundesreal- gymnasium

1999

Heustadelgasse 4
Besichtigung: nach Anmeldung
Transport: Bus 98 A (Heustadelgasse)

Ein Schulbau für ca. 1.000 Schüler mit großer Dreifachturnhalle stellt einen Maßstabssprung für den dörflichen Charakter von Aspern dar. Durch geschickte Aufteilung der Volumina mit einem versetzten Geschoss in das Terrain gelang es den Architekten, eine kompakte Glasbox um einen Innenhof („Atrium") herum zu organisieren, der trotz aller Größe eine fast spielerische Präsenz zuteil wird. Besonders maßstäblich ist der Zugang der Schule unter einem „schwebenden" Klassentrakt, wo die Statiker Gmeiner und Haferl eine besonders schöne und zierliche Konstruktion mit den Architekten umsetzen konnten. In diesem Umfeld ist die Stadtplanung gefordert, die zukünftigen „Übergänge" zum Schulstandort sinnvoll bebauen zu lassen. Noch liegt die Schule am Kornfeld.

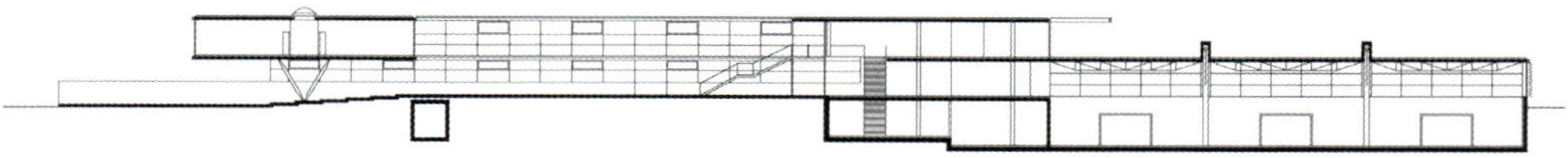

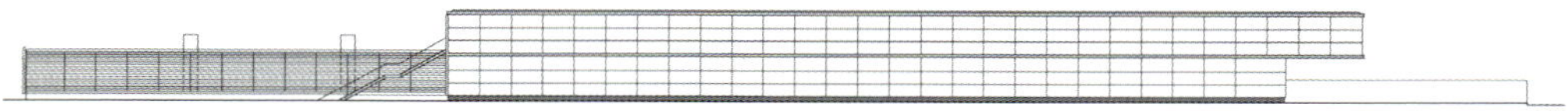

Siedlung Biberhaufenweg
1981

Biberhaufenweg
Besichtigung: von außen
Transport: Bus 85A, Bus 93A (Benjowskygasse)

„Mit dem Biberhaufenweg wurde so der Beginn eines neuen architektonischen Anspruchs im Wiener sozialen Wohnungsbau gesetzt. Historisch gesehen gehört er noch zur Periode der „Little Architecture", wo anhand kleinster Aufgabenstellungen grundsätzliche Fragen der Architektur exemplarisch abgehandelt wurden." (Dietmar Steiner) Die drei typologischen Grundformen städtischer Entwicklung – Platz, Straße, Anger – sind hier von den drei Architekten Häuselmayer, Pruscha und Tesar mit differenziertem Anspruch in persönlicher Handschrift realisiert worden, wobei eine einheitliche Wahl von Farben und Materialien dem Projekt eine zusätzliche Kohärenz gibt.

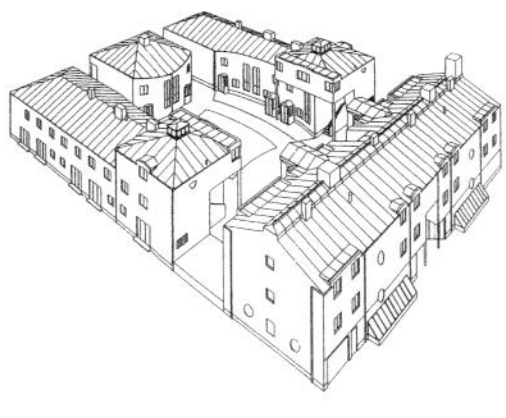

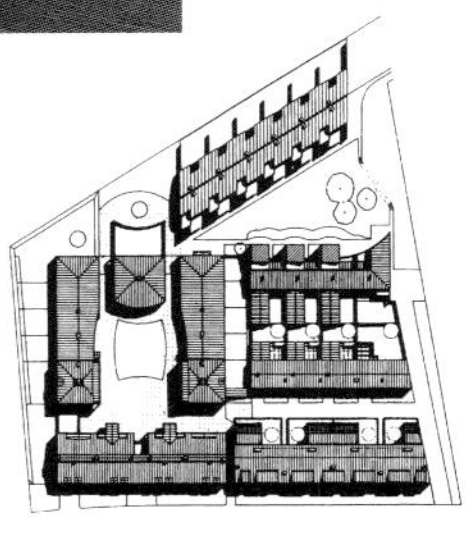

22.-47 *Georg W. Reinberg*

Wohnhausanlage „Aspern an der Sonne"

1998

Wulzendorferstraße 94, Müllnermaisgasse 11 (Stavangergasse)
Besichtigung: von außen
Transport: U1, Bus 92A (Wulzendorferstraße)

Bauen mit der Sonne oder vielfach vereinfacht „Solares Bauen" genannt, hat mit Georg W. Reinberg in Österreich einen profilierten Vertreter gefunden. Im Sinne einer ökologischen Ausrichtung der Architektur plant und baut der Architekt mit der Sonne, ergänzt aber diesen Ansatz mit energetischen und nachhaltigen Konzepten. Seine Wohnbauten kann man durchaus als neue, interessante Interpretationen von Tessenow ansehen, der in Wien, Dresden und Berlin die Grundlage für einen nachhaltigen Siedlungsbau gelegt hat.

22.-48 *ARTEC Architekten*

Apotheke

2002

Großenzersdorferstraße 4
Besichtigung: Öffnungszeiten
Transport: Bus 26A (Aspern-Siegesplatz)

Traditionelle Apotheken trennen gerne den holzvertäfelten Verkaufsraum von den Nebenräumen, wo die speziellen Rezepte gemischt oder die Arzneimittel fast geheim aufbewahrt werden. Die zeitgenössische Apotheke hingegen ist ein Dienstleistungsbetrieb geworden, der seinen Umfang erweitert hat: Ernährungsberatung, Kosmetik und Beratung zu Wellness. Das ersetzt zwar nicht den Besuch beim Arzt, erzeugt aber bei den Kunden den Wunsch, sich in der Apotheke informell zu informieren. Die Strategie der Architekten, hier durch Licht und Glas eine gebaute Metapher zu Offenheit und Ehrlichkeit zu erzeugen, war nahe liegend. Und der Auftraggeber hatte Mut und Vertrauen in das geniale Architekturkonzept.

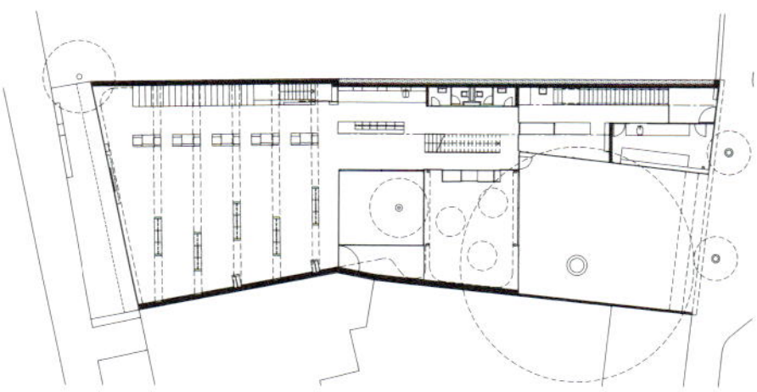

Siedlung Pilotengasse

1989

Pilotengasse/Hausfeldstraße
Besichtigung: von außen
Transport: U1, L25, Bus 97A (Goldregengasse)

Mit 200 Wohnungen handelt es sich bei der Siedlung Pilotengasse um eine mittelgroße Siedlung. Im Gegensatz zur nicht weit entfernten Siedlung Biberhaufenweg wird die Siedlung Pilotengasse durch ein strenges System linearer Baukörper geprägt: Nicht durch eine typologische Ordnung wie beim Biberhaufenweg, sondern durch ein System der Reihung um eine fiktive Mitte erhalten die Baukörper ihren Zusammenhalt. Die drei Architektenteams Herzog und de Meuron, Krischanitz sowie Steidle und Partner entwickelten eine subtile Interpretation des Reihenhauses, wobei Krischanitz in Zusammenarbeit mit Oskar Putz eine stark differenzierende Farbgebung für die einzelnen Reihenhäuser festlegte.

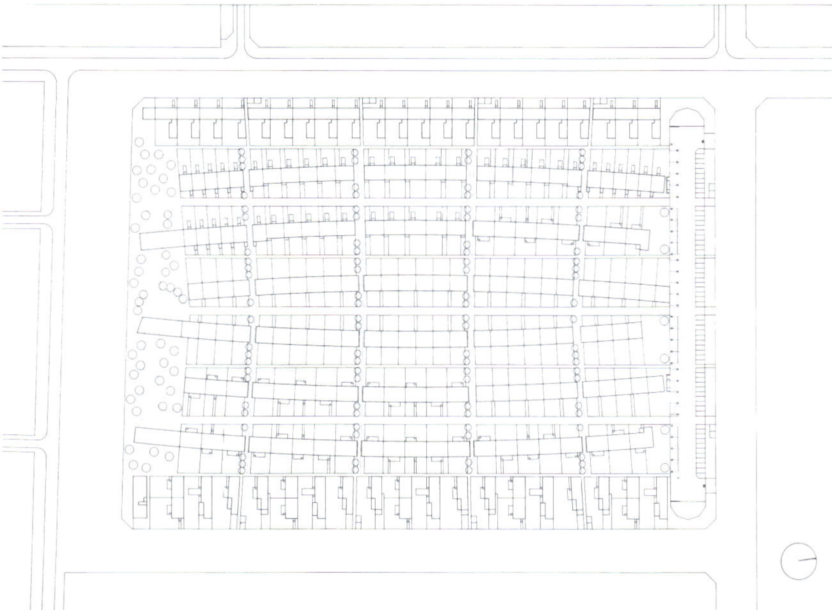

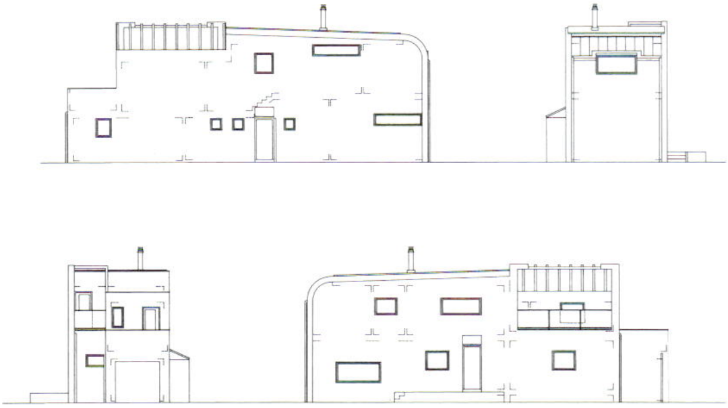

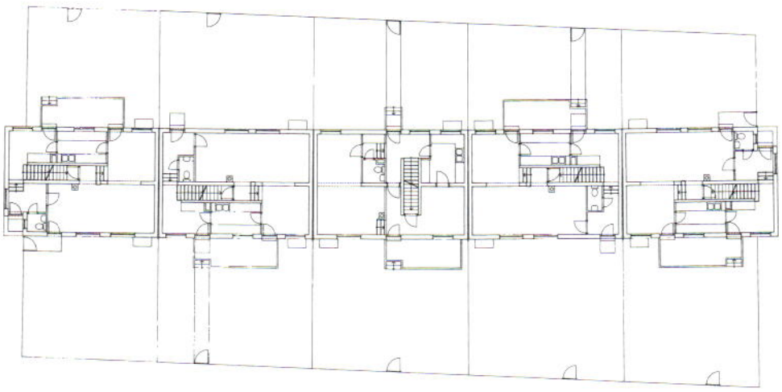

Günther Domenig, der Hauptvertreter der Grazer Schule, hat mit dieser Hauptschule einen Hauch steirischer Architektur nach Wien importiert. Insgesamt hat Domenig sich durchaus auf sparsame Mittel beschränkt. „Selbst der Gebäudeschwung bleibt nur auf einen vergleichsweise kurzen Teil der gesamten Traktlänge beschränkt. In der Hauptachse überwiegt auch bei diesem auf den ersten Blick organisch geformten Bauteil die Rationalität des rechten Winkels." (W. M. Chramosta)

Hauptschule Simonsgasse

1993

Simonsgasse
Besichtigung: nach Vereinbarung
Transport: Bus 26A (Eßling Schule)

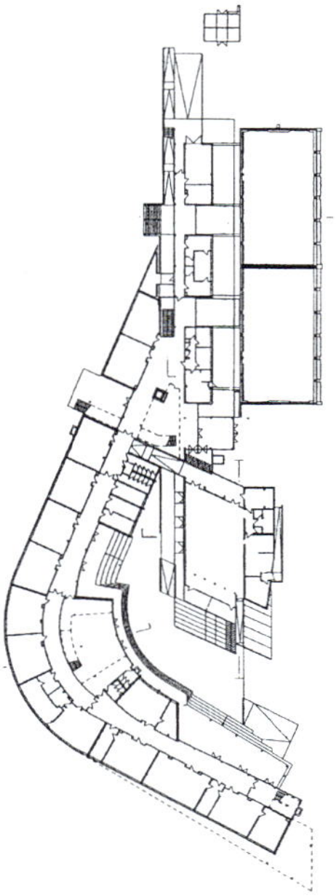

22.-51 *Leopold Dungl*

Wohnsiedlung Europan

1994

Colerusgasse/Seefeldergasse/Rosalia-Chladek-Gasse/Raphael-Donner-Allee
Besichtigung: von außen
Transport: U1, Bus 26A (Eßling Schule)

Die Siedlung Europan in Wien Eßling umfasst ca. 500 Wohnungen, der Anteil von Leopold Dungl besteht aus 27 Wohnungen. Der Planungsbeginn geht in das Jahr 1993 zurück, die Fertigstellung war im Oktober 1996. Drei kurze, aus jeweils fünf „Häusern" bestehende Zeilen sind nach dem Prinzip der „durchgesteckten" Wohnung organisiert, das heißt, die Wohnungen im Erdgeschoss haben gartenseitig einen 50 m² großen Wohnhof, die Wohnungen im ersten Stock gassenseitig eine 15 m² große Terrasse. Die versetzte Anordnung bietet Sichtschutz und Privatheit für die Außenräume.

22.-52 *Hempel, Fonatti, Baldass, Weiser, Gerngroß*

Wohnbau Wiethestraße

1991

Wiethestraße 84
Besichtigung: von außen
Transport: Bus 99B (Wiethestraße)

Das Siedlungsprojekt Wiethestraße mit dem städtebaulichen Konzept von Helmut Hempel hat die Herausforderung angenommen, an der Peripherie eine neue Identität zu verorten: Drei Architektenteams unter der Leitung eines Projektmanagements (Markus Spiegelfeld von der Werkstatt Wien) entwickelten eine neue Typologie von Reihenhäusern und errichteten anstelle von additiver Invarianz eine Siedlung mit synthetischer Kohärenz. Sowohl die Grundrisse als auch die Raumaufteilung der Reihenhäuser bieten räumliche Besonderheiten für den sozialen Wohnbau: Splitlevel und zum Teil zweigeschossige Räume.

Siedlung Gladiolenweg
1983

Gladiolenweg 21
Besichtigung: von außen
Transport: Bus 95B, Bus 96B (Gladiolenweg)

Die aus acht Reihenhäusern bestehende Zeile befindet sich im Umfeld einer Siedlung aus den 20er Jahren. Das Thema Reihenhaus wurde innovativ, unter Berücksichtigung passiver Solarenergie und biologisch vertretbaren Baumaterialien, interpretiert. Die räumlich differenziertere innere Organisation inkludiert einen bepflanzbaren, glasüberdachten Innenhof und einen atelierartigen Dachraum; Wohnraum mit größerer Raumhöhe.

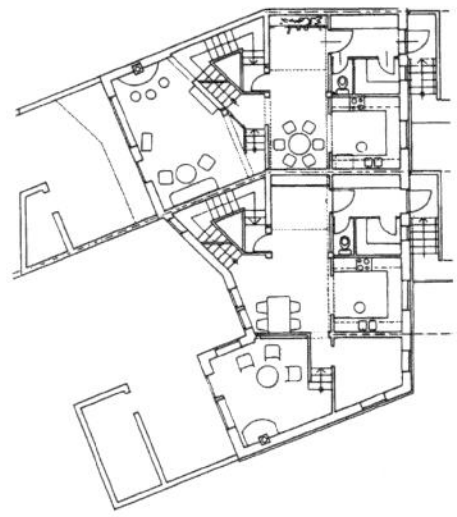

Mehrzweckhalle und Pfarrhaus
1984

Quadenstraße 53
Besichtigung: öffentlich zugänglich
Transport: Bus 95, Bus 96B (Am Heidjöchl)

Das Wohnen an der Peripherie stellt auch neue Anforderungen an den Kirchenbau. Ohne die traditionelle Raumabfolge einer Zentralkirche mit Vorhalle, Nartex und Hauptraum aufzugeben, gelang es der Architektengruppe, durch Verwendung einer Architekturcollage aus traditionellen Motiven (Rundbogen) und zeitgenössischer Bautechnologie (Betonfertigteile) ein von den Bewohnern angenommenes kirchliches Zentrum als Haus der Gemeinschaft zu errichten. Im Untergeschoss befinden sich Versammlungsräume und eine Küche.

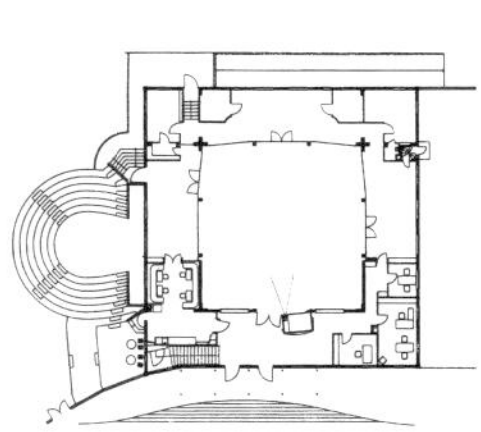

22.-55 *Atelier 4*

Volksschule Pastinakweg
1991

Pastinakweg 10
Besichtigung: nach Vereinbarung
Transport: Bus 86A (Korianderweg)

Zweigeschossige 12-klassige Volksschule für Ganztagsbetrieb mit zentraler zweigeschossiger Erschließungshalle, U-förmig um einen Innenhof gegliedert. „Dem Atelier 4 gelingt am Pastinakweg eine respektable Schule, die vorrangig auf die Akzeptanz der Kinder abzielt und nicht auf jene der Architekturkritik oder anderer Architekten." (W. M. Chramosta) Architektenteam: Atelier 4 – K. P. Erblich, Z. Vesselinov, M. Hirschler, P. Scheufler, G. Schweighofer.

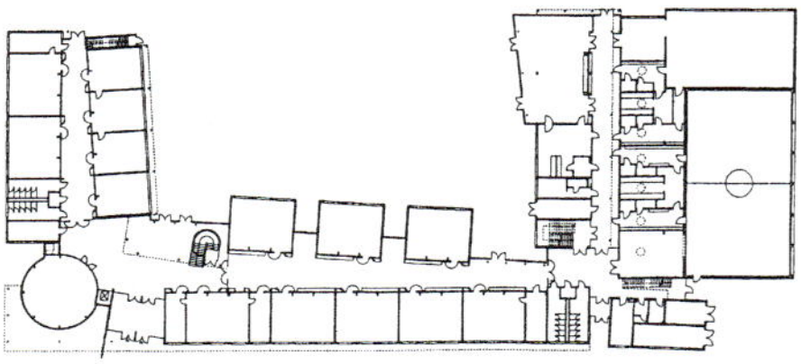

22.-56 *Georg W. Reinberg*

Kindertagesheim
2003

Schukowitzgasse 87
Besichtigung: nach Vereinbarung
Transport: U1, L25, Bus 96B (Schukowitzgasse)

Gemeinsam mit der angrenzenden Volksschule von Helmut Wimmer (22.-57) bildet das neue Kindertagesheim einen schulischen Schwerpunkt. Aus kontextuellen Gründen hat Reinberg sein Kindertagesheim ebenfalls eingeschossig angelegt. Als Spezialist für nachhaltiges Bauen hat der Architekt das Kindertagesheim als einen Parcours des Energiesparens angelegt, wo die Kinder direkt die Technologie sehen können: Der Warmwasserspeicher der Solaranlage ist sichtbar im Atrium aufgestellt, die Solarpaneelen sind Teil der südseitigen Fassadenverglasung, die Belüftungsanlage ist sichtbar verlegt.

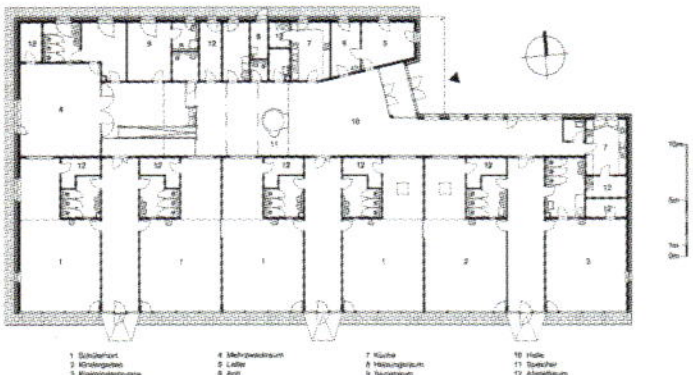

Volksschule in Wien-Breitenlee

1996

Schukowitzgasse 89
Besichtigung: nach Vereinbarung
Transport: U1, L25, Bus 96B
(Schukowitzgasse)

Schulen sind immer ein wesentlicher Beitrag zur örtlichen Gestaltung, zum einen durch den Maßstab der Schule selbst, zum anderen im Sinne einer kulturellen „Gestaltung" als Beitrag zu einem Diskurs über zeitgenössische Architektur. Mit der Volksschule in Wien-Donaustadt, im Ortskern von Breitenlee, knapp an der Grenze zum Stadterweiterungsbereich „Marchegger Ast", hat Helmut Wimmer die Schule als Stadtraum parafrasiert, indem die einzelnen Klassen um kleine Höfe gruppiert wurden und so ein stadträumliches Thema aufgreifen. Unter einem großen gemeinsamen Dach entfaltet sich die Vielfältigkeit der Schule. Planungsbeginn war März 1995, die Fertigstellung im August 1997.

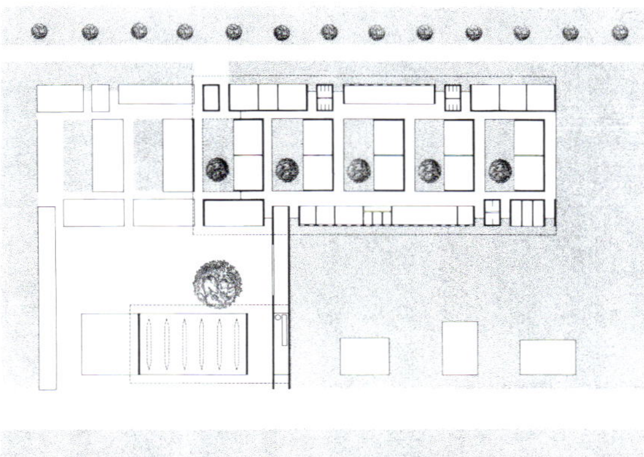

Wohnhausanlage

1994-2002

Breitenleer Straße 217
Besichtigung: von außen
Transport: U1 (Kagran), Bus 24A
(Breitenlee Friedhof)

Ein Hauch von Kalifornien am Rande der Stadt Wien in der Breitenleer Straße! Der Austro-Amerikaner Mark Mack, der in Kalifornien ursprünglich für seine exponierten Privatvillen in der San Franzisko Bay Area bekannt wurde, hat hier gemeinsam mit seinem Wiener Kollegen Roland Hagmüller und der Wohnbaugenossenschaft „Österreichisches Siedlungswerk" (ÖSW) eine überzeugende und maßstäbliche Bebauung entworfen. Abgesehen von der intensiven Färbelung in Fliederfarbe, Orange und Gelb, für die Mark Mack bekannt ist, zeichnen sich die Wohnungen durch interessante Grundrisse und überraschende Fensterpositionierungen aus. Die mehrgeschossige Wohnzeile mit Laubengangerschließung betont durch ihre Position die historischen Grundstücksgrenzen der bäuerlichen Feldereinteilung.

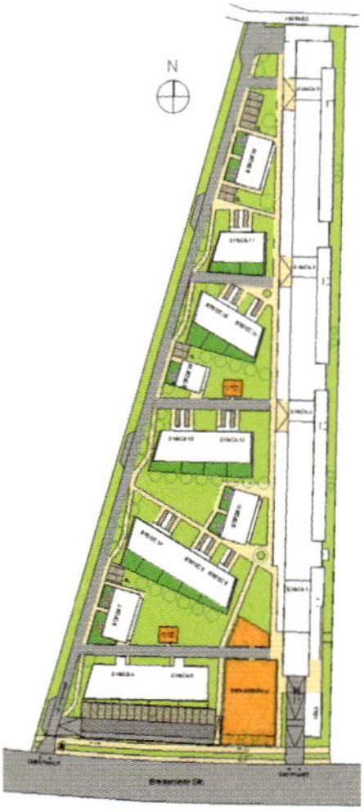

Der Stadtentwicklungsplan STEP 05 definiert das Flugfeld Aspern als eines der neuen 13 Zielgebiete. Das ca. 240 Hektar große Gebiet soll zukünftig 110 Hektar Nettobauland und rund 70 Hektar Grünflächen ausweisen, bis zu 8.500 Wohnungen, ca. 18.000 Arbeitsplätze in Dienstleistung und ca. 7.000 Arbeitsplätze im Bereich Produktion und Gewerbe erhalten. Der Master-Plan sieht in der Mitte einen großen Park mit Teichanlage vor, eine Hauptstraße verbindet den Park mit dem städtischen Hauptplatz im Norden, wo auch der Bahnhofsbereich vorgesehen ist. Hier soll urbane Qualität entstehen. Ein ambitioniertes Projekt der Stadt Wien und der Entwicklungsgesellschaft (Wiener Wirtschaftsförderungsfonds und Bundesimmobiliengesellschaft).

Flugfeld Aspern Städtebau

2006

Aspern Flugfeld
Besichtigung: keine, Projekt in Planung
Transport: zukünftig U2, S-Bahn

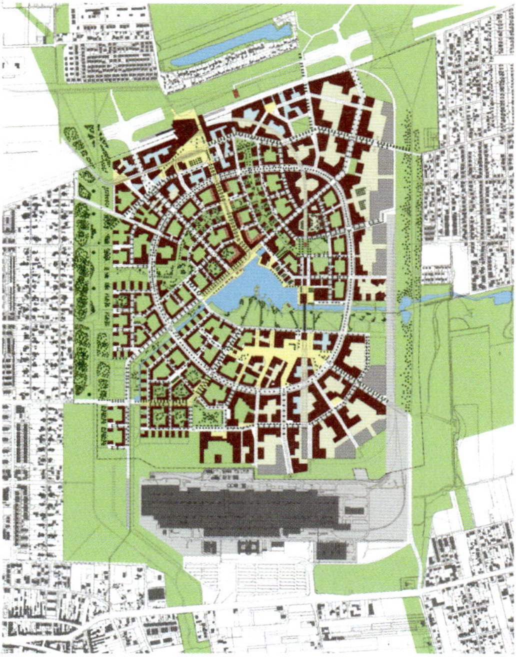

22.-*60e* **Allgemein höhere Schule Kagran**
Roland Rainer
1967
Bernoullistraße 3

22.-*61e* **Wohnhaus**
BKK-2
1991
Schiffmühlenstraße 48

22.-*62e* **Volksschule Viktor Wittner-Gasse**
Sepp Frank
1993
Viktor Wittner-Gasse 50

22.-*63e* **Wohn- und Geschäftshaus**
Ernst Hoffmann
1993
Am Kaisermühlendamm 87-92

22.-*64e* **Volksschule**
NFOG
1994
Wagramerstraße 45

22.-*65e* **Siedlung Süßenbrunn**
Otto Häuselmayer
1995
Süßenbrunner Straße

22.-*66e* **Wohnhausanlage**
Otto Häuselmayer
1999
Tokiostraße 3

23. Bezirk, ***Liesing*** *Indexnummern* ***23.****-1 …* ***23.****-26e*

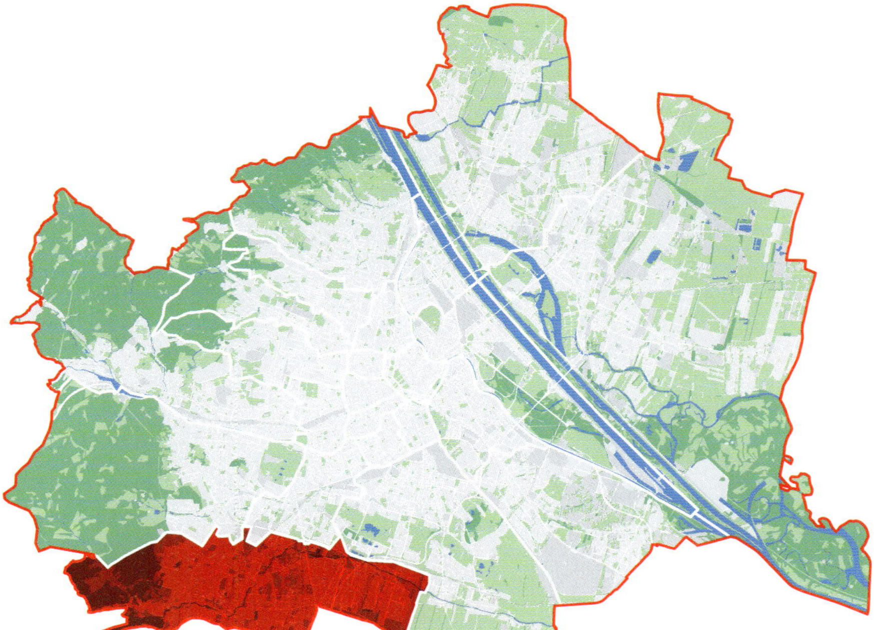

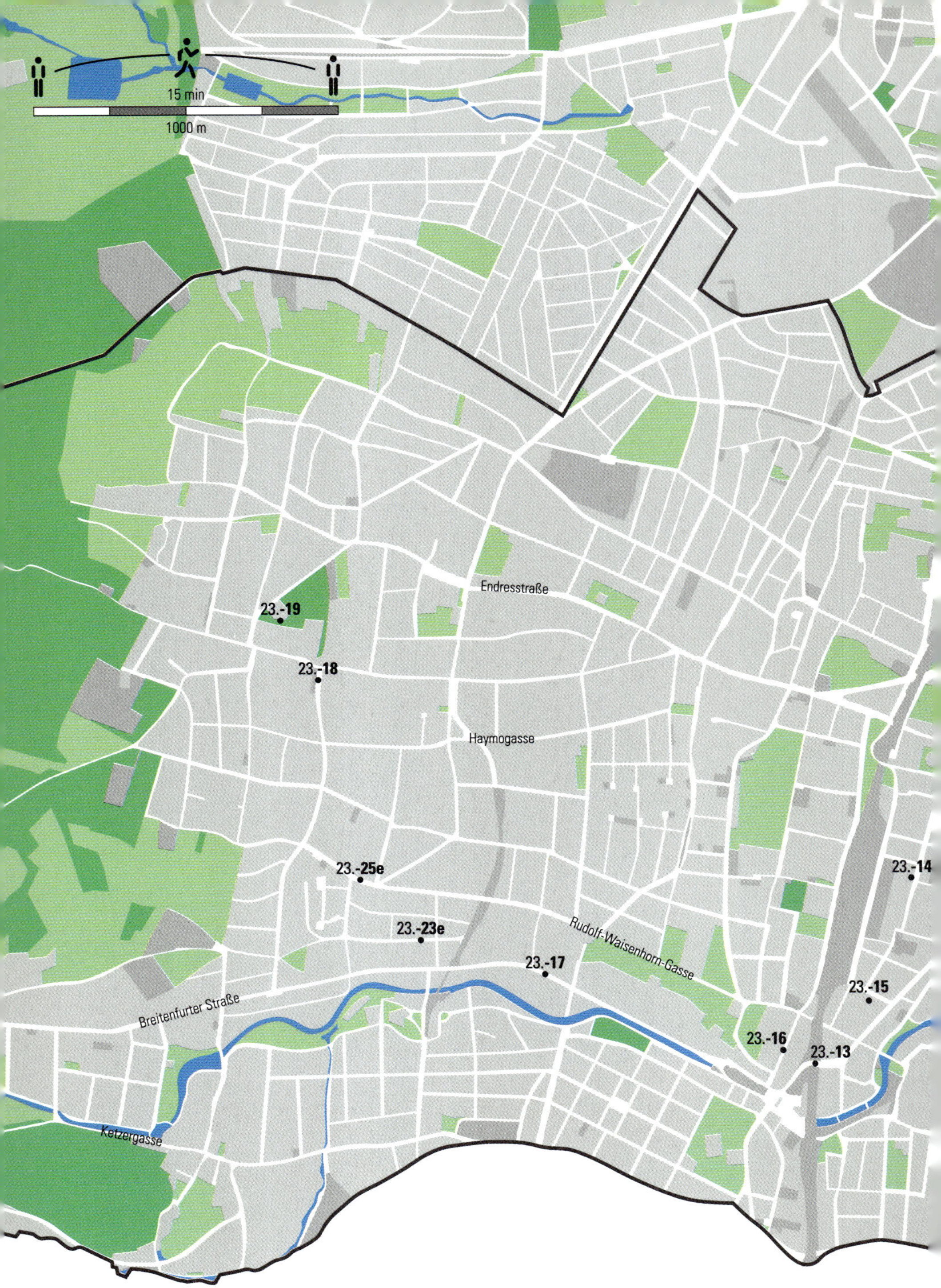
15 min
1000 m
Endresstraße
23.-19
23.-18
Haymogasse
23.-25e
23.-23e
Rudolf-Waisenhorn-Gasse
23.-17
23.-14
23.-15
23.-16
23.-13
Breitenfurter Straße
Ketzergasse

Tscherttegasse
Am Schöpfwerk
Breitenfurter Straße
23.-5
Liesing
Gregorygasse
Steinsee
Atzgersdorfer Straße
Alterlaa
23.-24e
23.-2
23.-1
23.-10
23.-3
23.-4
Erlaaer Straße
Altmannsdorfer Straße
23.-12
23.-11
Erlaaer Straße
Carlbergergasse
23.-7
23.-8
23.-9
Perfektastraße
Perfektastraße
23.-6
Siebenhirten
Ketzergasse

Tscherttegasse
Sterngasse
Oberlaaer Straße
Kolbegasse
Triester Straße
23.-20
Vösendorfer Straße
A2 Süd Autobahn
23.-22
Laxenburger Straße
23.-21
23.-26e
15 min
1000 m

In der Wiesen Nord Städtebau

Franziska Ullman; Peter Ebner, Otto Häuselmayer, Peter Scheifinger, Michael Hein, Boris Podrecca, Helmut Wimmer

1998

In der Wiesen/Anton-Baumgartner Straße/Erlaaer Straße
Besichtigung: von außen
Transport: U6, Bus 66A (Alterlaa)

Aus einem städtebaulichen Wettbewerb ging die Architektin Franziska Ullmann als Siegerin hervor. Ihre Grundvorgabe war eine „Mischung" unterschiedlicher Funktionen wie soziale Strukturen, unterschiedliche Bauträger, unterschiedliche Altersstrukturen etc. Bei der Umsetzung sind mehrere Architekten mit Projekten eingebunden, im Jahr 2000 wurden 900 Wohnungen in In der Wiesen Nord und 290 Wohnungen in der Perfektastraße fertig gestellt. Das neue Stadtteilzentrum „Entwurf Franziska Ullmann, Peter Ebner" wird mit einer Fußgängerbrücke mit Alterlaa verbunden. Die angrenzenden seitlichen Bauteile wurden von den Architekten Otto Häuselmayer (Osten) und Peter Scheifinger (Westen) geplant. Im Südwesten befindet sich die Volksschule, deren Planung von Wettbewerbssieger Michael Hein durchgeführt wurde.

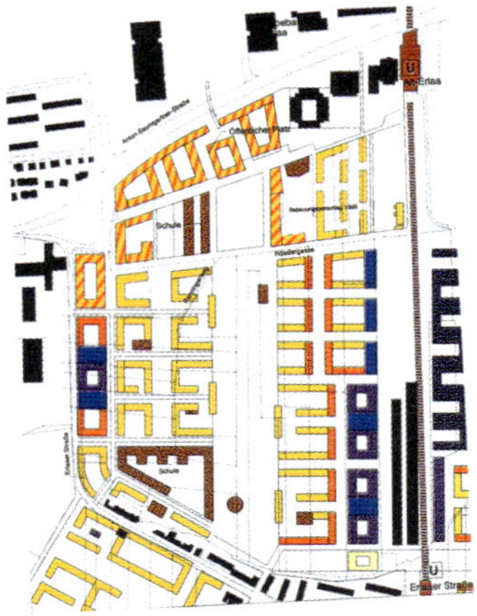

Bürobau, Multifunktionsbau, Generationenwohnen

1998

Anton-Baumgartner-Straße 125/
Erlaaer Platz
Besichtigung: von außen
Transport: U6 (Alt Erlaa)

Franziska Ullmann entwickelte das städtebauliche Leitprojekt „In der Wiesen" und realisierte auch im Kernbereich mehrere Bauwerke, zwei Bürogebäude, einen Multifunktionsbau sowie ein Bauwerk zum Thema „Generationenwohnen". Die beiden Bürobauten markieren den Eingang in den neuen Stadtteil (ähnlich wie der Turm im Bauteil von Boris Podrecca). Das „Karree" als Quartierszentrum bietet Geschäfte im Erdgeschoss, darüber ein Ärztezentrum sowie unterschiedliche Wohnungstypen: temporär nutzbare Minilofts, betreutes Wohnen für ältere Menschen, Maisonetten und Geschosswohnungen. Die offene Erdgeschosszone betont die Funktion des Zentrums.

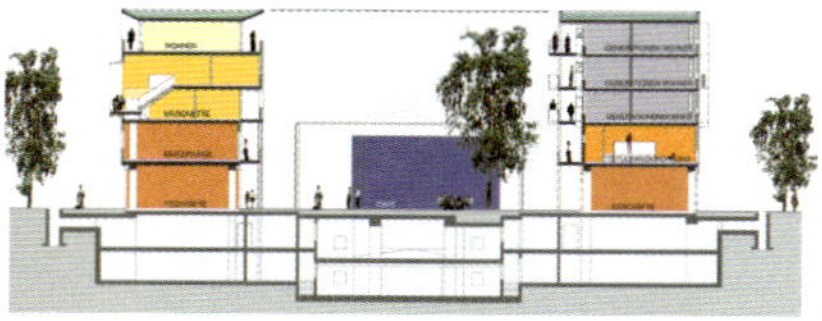

Die Anton-Baumgartner-Straße trennt den Wohnpark Alt Erlaa mit ca. 10.000 Einwohnern (Architekt Harry Glück) von dem neuen Planungsgebiet „In der Wiesen". Podrecca nimmt in seinem Entwurf die wichtige Straßenkurve als gestalterisches Element auf, das er zusätzlich „schuppenartig" überhöht. Von der Staßenseite aus werden die Wohnungen größtenteils durch Laubengänge erschlossen, hofseitig ergibt sich eine gekurvte Fassade mit großzügigen Loggien und Balkonen, die sich zum Süden hin zu einem Biotop öffnet. Insgesamt 159 Wohnungen.

Wohnhausanlage

1998

Anton-Baumgartner-Straße 133-135
Besichtigung: von außen
Transport: U6 (Alt Erlaa)

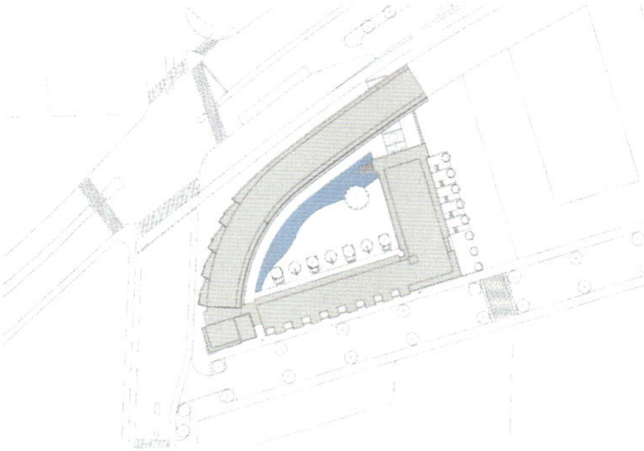

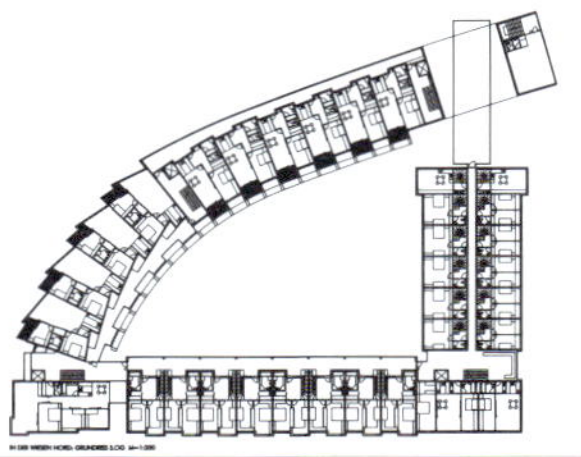

Volksschule (In d. W. Nord)

1997

In der Wiesen Nord
Besichtigung: nach Vereinbarung
Transport: U6 (Alt Erlaa)

Zu den öffentlichen und infrastrukturellen Einrichtungen dieses Stadterweiterungsgebietes gehört die Volksschule mit Kindertagesheim und Hort, die sowohl die Begrenzung des Platzes im Westen als auch in der klaren Abfolge von Baukörpern und Freiräumen eine Geste der Auflockerung und des Überganges zwischen der dichten Baumasse der umgebenden Bebauung und dem öffentlichen Raum formuliert. Das Projekt ist das Ergebnis eines internationalen Wettbewerbes (1997), die Baufertigstellung erfolgte im Jahr 2000.

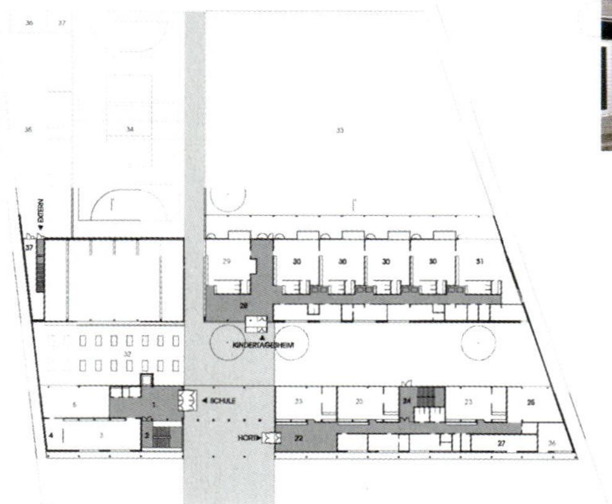

Wohnhausanlage

2004

Auer-Welsbach-Straße 63
Besichtigung: von außen
Transport: U6 (Philadelphiabrücke), Bus 62A (Kirchfeldgasse)

Vierzig Wohnungen wurden hier realisiert, allerdings mit einem Planungsaufwand der größer war als beim üblichen sozialen Wohnbau. Das Projekt war nämlich ein „Experimentierfeld" von Architekturabsolventen der beiden Wiener Kunstakademien, die mit einem engagierten Bauträger (EBG) unter Koordination von Mischek einen Bauträgerwettbewerb erfolgreich gewonnen hatten. Die Wohnprojekte verzichten auf kleinteilige Mietergärten, entschädigen dafür aber mit öffentlichen Bereichen sowie Hobbyraum und Spielraum.

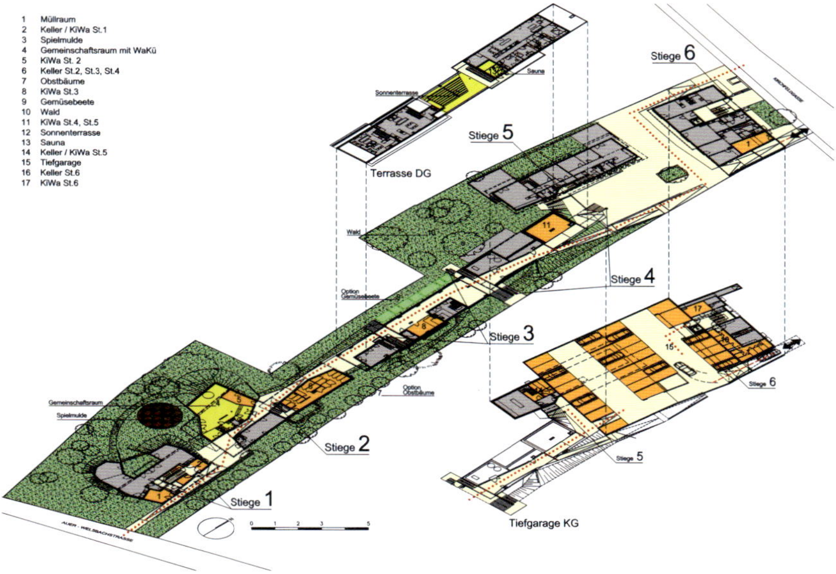

23.-6 *Johann Georg Gsteu*

U-Bahn Station U6

1990

Perfektastraße
Besichtigung: öffentlich zugänglich
Transport: U6 (Perfektastraße)

1990 begann Johann Georg Gsteu mit der architektonischen Gestaltung der U6/Süd, als die technische Planung im Wesentlichen schon abgeschlossen war. Trotzdem beschränkte sich seine Arbeit nicht nur auf Fassadenkosmetik. Mit der Eröffnung der U6/Süd im Jahr 1995 ist das Wiener U-Bahnnetz um 5,2 Kilometer länger und um fünf signifikante Stationsgebäude und jeweils zwei Betriebshallen reicher geworden. Die Verwendung von Aluminiumtrapezblech (Technologie: Einziehverfahren), blau lasiertem Beton und Glas gibt den Stationen eine markante Signalwirkung. Ähnlich wie Otto Wagner einhundert Jahre früher versucht Gsteu, die Gestaltung aus dem technischen Verfahren und seiner Herstellung zu legitimisieren.

23.-7 *Hermann & Valentiny (Hubert Hermann, Francy Valentiny)*

Wohnbau

1998

Dernjacgasse 6
Besichtigung: von außen
Transport: U6, Bus 64A (Perfektastraße)

Hubert Hermann und Francy Valentiny gehören zu den erfolgreichsten Schülern von Wilhelm Holzbauer und sind als Architekten in Österreich, Deutschland und Luxemburg tätig. Der gegenständliche Wohnbau gliedert sich in ein turmartiges Mehrfamilienhaus mit neun Stockwerken und einem linearen Baukörper mit Laubengangerschließung. Auffallend sind nicht nur die intensive orangerote Farbgebung, sondern auch der überproportional große Fensteranteil an der Fassadenfläche, die intelligente Grundrissanordnung und das kleine Biotop im sozialen Wohnbau. Originalton der Architekten: „Denn der Mensch braucht zum Leben auch Wasser." (Hubert Hermann)

Adolf Krischanitz 23.-8

Die Grundstücke Perfektastraße/Dernjacgasse sind hervorragend durch die U-Bahnlinie U6 erschlossen und daher erschien es sinnvoll, hier verdichteten Wohnbebau vorzusehen. Mehrere Bauträger haben hier mit ihren Architekten sehr zeitgemäßen Wohnbau realisiert, Krischanitz hat sich für eine zurückhaltende Architektursprache entschieden, mit horizontaler Fenestrierung beziehungsweise mit großflächigen Terrassentüren. Die Beschattung erfolgt teilweise durch die auskragenden Loggien.

Wohnbau

1997

Dernjacgasse 10
Besichtigung: von außen
Transport: U6 (Perfektastraße)

Rudolf Prohazka 23.-9

Das gesamte Wohnhausprojekt „Perfektastraße" inkludiert die Architekten Hermann & Valentiny, Adolf Krischanitz, Ganahl-Ifsits-Larch, Hans Puchhammer und Rudolf Prohazka. Aus der städtebaulichen Situation heraus war für den Bauteil Perfektastraße ein Lärmschutz notwendig, den Prohazka elegant mit einer Glaswand löst, um die dahinter liegenden Hofräume abzuschirmen und südseitig zu öffnen. Die Arkade entlang der stark befahrenen Perfektastraße ist ein sinnvolles urbanistisches Element, das man jedoch sinnvollerweise über mehrere Baublöcke hätte planen sollen.

Wohnbau

1997

Perfektastraße 50-56
Besichtigung: von außen
Transport: U6 (Perfektastraße)

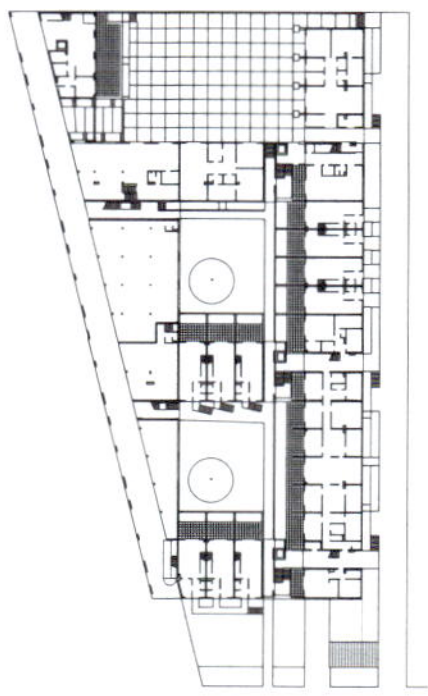

23.-10 *Walter Stelzhammer*

Wohnarche Atzgersdorf, 42 Atriumhäuser
1998

Ziedlergasse 8-10
Besichtigung: von außen
Transport: Bus 66A
(Atzgersdorf-Kirchenplatz)

Wohnbau ist unter anderem immer auch abhängig von der Topografie und der Konfiguration des Grundstücks. In den Vororten von Wien (auch in der Stadt Wien selbst) existieren noch viele Grundstücke, deren Form auf die ursprüngliche bäuerliche Nutzung zurückgeht, eine knappe Straßenbreite, aber eine sehr große Grundstückstiefe sogenannte „Handtuchgrundstücke". Die zeitgenössischen Wohnformen sind eher hilflos im Umgang mit diesen Dinosauriern ehemaliger Wirtschaftsformen. Mit Mut und Unterstützung des Bauträgers konnte Stelzhammer hier einen verdichteten Mehrgeschossbau errichten, der das Atrium-Prinzip in einer teppichartigen Verbauung aufgreift. Zweigeschossige, nach oben verglaste Atrien sorgen für die Hauptbelichtung, nach außen gibt sich das Gebäude bewusst verschlossen.

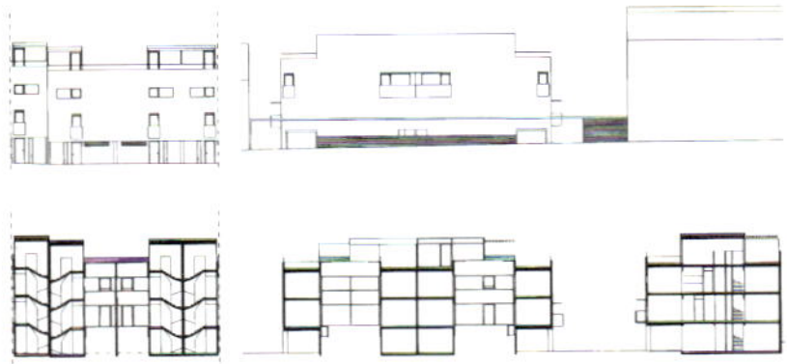

23.-11 *RATAPLAN*

Wohnbau Autofabrikstraße
1996

Autofabrikstraße 1
Besichtigung: von außen
Transport: Bus 62A (Carlbergegasse)

Ein ambitionierter kleiner Wohnbau, zwölf Wohnungen mit fünf verschiedenen Grundrisstypen. „Jede zweite Scheibe des in Stahlbetonschottenbauweise errichteten Gebäudes wurde schräg gestellt. Dadurch entstehen bei den Maisonetten im Obergeschoss abwechselnd Zwei- und Dreizimmer-Grundrisse sowie konische Eingangszonen, die sich zum Wohnraum hin weiten oder verengen." (Franziska Leeb) Die Erschließung erfolgt im Erdgeschoss direkt von der Straße, in den Obergeschossen durch einen Laubengang.

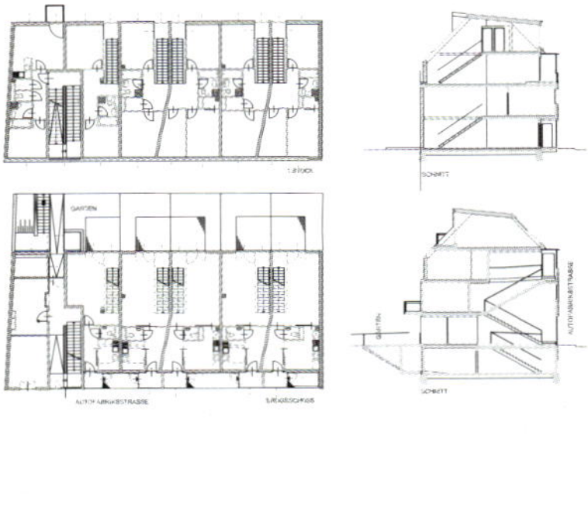

Brunner Straße

1986

Brunner Straße 26-32/Autofabrikstraße 7
Besichtigung: von außen
Transport: Bus 66A (Carlbergergasse)

Die Brunner Straße in Wien-Liesing gehört zu den wichtigsten Hauptverkehrsstraßen im Süden von Wien. Direkt an dieser Straße wurde einer sozialen Wohnbaugenossenschaft ein Grundstück angeboten. Der Architekt Helmut Richter schlug vor, das eigentliche Wohnhaus zu setzen, um so einen wirksamen Schwellenbereich gegen den Verkehrslärm aufzubauen. Die Wohnungen selbst besitzen einen kleinen lärmgeschützten Innenhof und orientieren sich ausschließlich in den Gartenbereich. Funktionell und materialmäßig ein konsequentes Bauwerk im Sinne der Moderne.

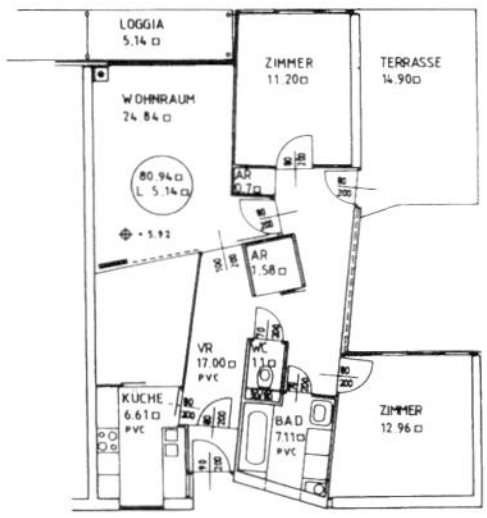

23.-13

COOP HIMMELB(L)AU (Städtebau), Delugan Meissl Associated Architects, Kaufmann Architektur (Bauplatz 1)

„Brauerei Liesing"-Städtebau/Wohnbau, Bürobau

2000, 2005, 2006

Breitenfurter Straße
Besichtigung: in Planung
Transport: S9 (Liesing)

Die Betriebsstilllegung der Brauerei Liesing hat im Rahmen der städtebaulichen Neudefinition für Liesing einen neuen Entwicklungsspielraum ergeben. Gutachterverfahren mit internationaler Beteiligung, einstimmiger Beschluss der Jury für das Projekt COOP HIMMELB(L)AU. Realisiert werden zurzeit zwei Projekte, von Delugan Meissl Associated Architects („Die fließende Bewegung der bereits städtebaulich vorgegebenen „Schlange" bestimmt die Ästhetik der formalen Lösung und wirkt sich gleichzeitig auch auf das Erlebnis des Wohnens an diesem Ort aus. Ein breit gewähltes Konstruktionsraster von durchschnittlich 6,30 m gewährleistet die fließende Aufnahme dieser Bewegung ohne Beengung in den Grundrissen... es werden sowohl Wohnformen mit integrierten Arbeitsmöglichkeiten angeboten, als auch Wohneinheiten mit koppelbaren Arbeitsräumen ‚City Lofts' ... Teleworker'.") und Kaufmann Architektur („Eine besondere Herausforderung ist es, auf die vorgegebenen Bebauungstiefen von bis zu 22 m mit einem entsprechenden Typologie- und Erschließungssystem zu reagieren um wichtige Bedürfnisse wie Licht, Luft und Sonne den Bewohnern nicht vorzuenthalten. ... Lange, unbelichtete Mittelgänge werden vermieden, stattdessen wird auf eine vertikale Erschließung zurückgegriffen").

23.-14

henke und schreieck (Bauteil L-Form)

Wohnbau

1998

Steinergasse 36
Besichtigung: von außen
Transport: Bus 66A (Steinergasse)

Im Jahr 1991 überraschten Henke und Schreieck die Wiener Wohnbaudiskussion mit dem großartigen Wohnbau in der Frauenfelderstraße, wo intelligent geplante Maisonettewohnungen für größtmögliche Wohnqualität sorgten. Das vorliegende Projekt „übersetzt" viele Erfahrungen in einen größeren Maßstab, versucht jedoch mit den übereinander gestapelten Maisonettewohnungen auch hier eine substanzielle Wohnqualität zu realisieren. Sechsgeschossig, zum Teil auf Pilotis aufgeständert, mit Treppenanlagen und Sitztreppen mit dem Freiraum gut verbunden. Angrenzender Bauteil von Geiswinkler & Geiswinkler.

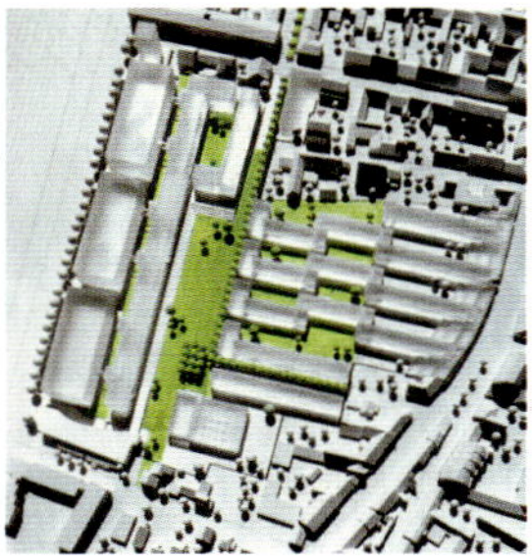

Arbeitsamt Liesing/ Wohnbau

1932; 1998

Dr.-Neumann-Gasse 7
Besichtigung: von außen
Transport: Bus 60A (Dr.-Neumann-Gasse)

Ein deutlicheres Bekenntnis zu einer modernen Architektur in der Bauhaus-Tradition hat es in der Wiener Architektur der Zwischenkriegszeit nicht gegeben. Die weitgehend transparente Straßenfront mit dem luziden Stiegenhausanbau steht einer geschlosseneren Gartenseite gegenüber. Den Publikumsverkehr konzentrierte Plischke im Erdgeschoss, wobei die Warteräume um eine zentrale Abwicklungshalle gruppiert sind. Der Bau brachte mehr internationale als nationale Anerkennung.
Totalsanierung ab 1998: Ein Bauträger hatte das Arbeitsamt mit dazugehörendem Grundstück mit der Auflage gekauft, den Altbau in Absprache mit dem Bundesdenkmalamt zu sanieren. Hermann Czech, selbst Schüler von Ernst Plischke, hat die Aufgabe der Totalsanierung vorbildlich durchgeführt. Czech thematisiert die neuen Fensteröffnungen bewusst als „Fremdkörper", sodass kein Eindruck einer zufälligen Manipulation entsteht.

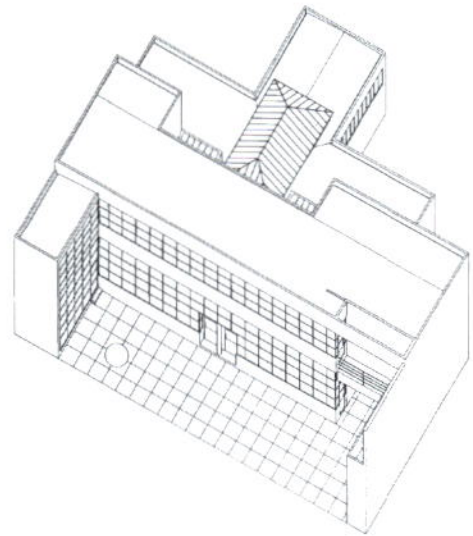

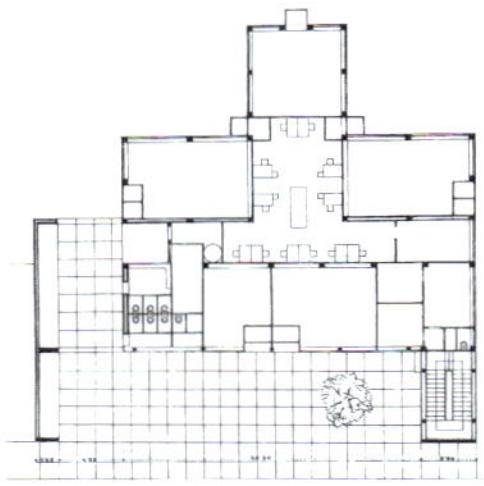

In nächster Nachbarschaft realisierten die Architekten Groh-Wagner 16 Wohnungen mit 1.200 m² Nutzfläche. Die rhythmische Fassade des Wohnbaus befindet sich in geistiger Nähe zur klassischen Moderne.

Schule Dirmhirngasse

1990

Dirmhirngasse 138
Besichtigung: nach Vereinbarung
Transport: S1, S2 (Liesing)

Die Schule Dirmhirngasse von Boris Podrecca fungiert als Erweiterungsbau für das kleine Schulgebäude aus Backstein auf der gegenüberliegenden Straßenseite. Mittels einer Glasbrücke werden beide Gebäude funktionell und optisch verbunden. Der Neubau besteht aus zwei Teilen, welche durch die Haupttreppe und die verglaste Halle separiert werden. Aus Platzgründen wurde die Turnhalle unterirdisch im Hof untergebracht, um auf dem Dach einen zusätzlichen Freiraum für die Schüler zu erhalten.

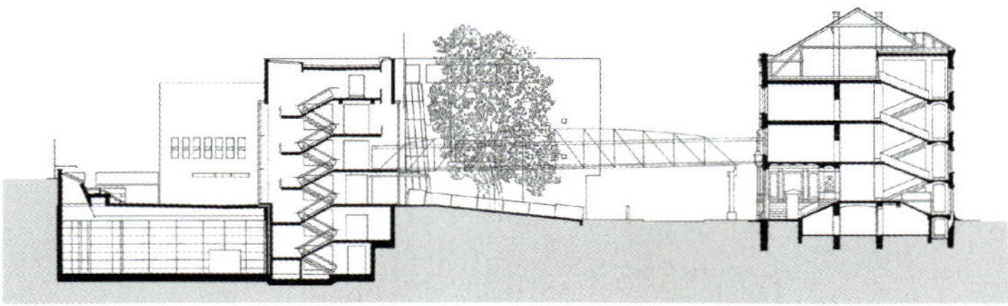

Breitenfurter Straße

1981

Breitenfurter Straße 380-413
Besichtigung: von außen
Transport: Bus 253, Bus 254, Bus 354 (Hoferstiege)

Nach einem Gesamtkonzept von Rob Krier entstand im Süden von Wien eine Wohnhausanlage im Sinne Krier'scher Stadtplanung. Der zentrale Rundbau sowie die beiden Randbauten sind von Krier selbst. Hier entfaltet sich im Bereich des sozialen Wohnbaus jenes postmoderne Architekturvokabular, mit dem Krier sein Konzept des „Urbanen Raumes" definiert: Straße, Platz und Block. Am Stadtrand von Wien eine kleine, synthetische Stadt.

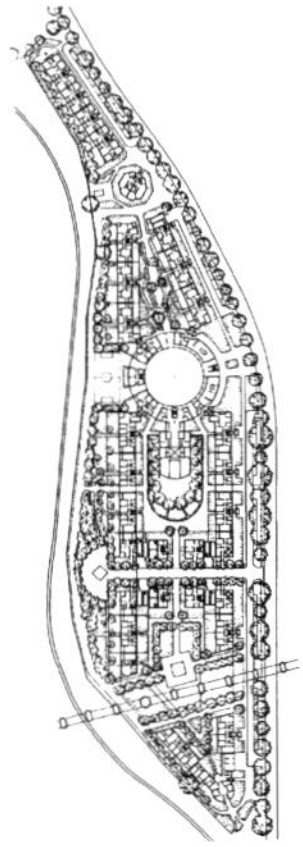

Siedlung Mauerberg

1956

Rodauner Straße, Mauerbergstraße, R. Waisenhorngasse, Lerchthalergasse
Besichtigung: von außen
Transport: Bus 60A (Maurer Berg)

Roland Rainers Philosophie des verdichteten Flachbaus wurde auf diesem Hanggrundstück exemplarisch umgesetzt. Das nach Süden abfallende Hanggrundstück galt als unbebaubar. Rainer realisierte einen Wohntypus nach ökologischen Grundsätzen, der in seiner Konsequenz bis heute seine Gültigkeit nicht verloren hat.

Kirche „Zur Heiligsten Dreifaltigkeit"

1965

Maurer Lange Gasse 137
Besichtigung: öffentlich zugänglich
Transport: Bus 60A (Kaserngasse)

Dem Bildhauer Fritz Wotruba gelang es, den Mythos des kleinen Berges durch die archaisch anmutenden Betonkuben der Kirche noch zu steigern. Die äußere Bauskulptur lässt die plastischen Vorstellungen des Bildhauers erkennen, die innere Raumskulptur wird durch die glatte Betondecke ihrer räumlichen Qualität weitgehend beraubt. Bauliche Realisierung durch den Architekten Fritz G. Mayr.

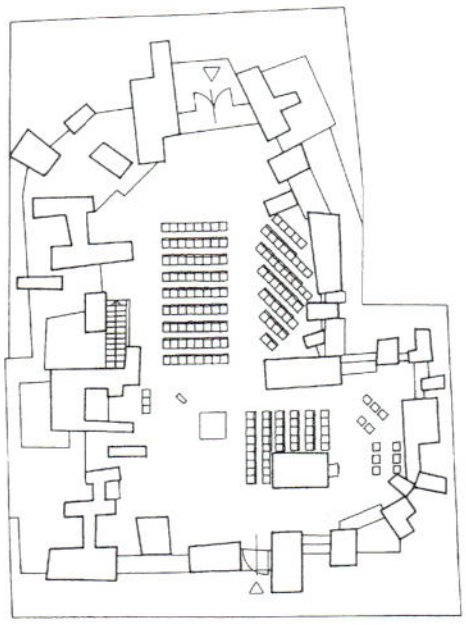

Siedlung Traviatagasse

1991

Besichtigung: von außen
Transport: Bus 16A (Pfarrgasse/Traviatagasse)

Der Masterplan von Abraham für die vier Architektengruppen (Abraham, Bruck/Giencke, Lautner/Scheifinger/Szedenik/Schindler, Pruscha) war das Ergebnis eines Gutachterverfahrens. Mittels rigider Geometrie verordnet Abraham der gestaltlosen Peripherie eine neue Identität. Die Architekten beantworten die Aufgabe mit typologischen und zum Teil traditionellen Wohnformen: Abraham antwortet mit dem vertikalen Wohnen im Reihenhaus, Pruscha organisiert ein introvertiertes, mehrgeschossiges Einfamilienhaus-Hofhaus, Bruck/Giencke verarbeiten den Typus des Terrassenhauses, und Lautner/Szedenik/Schindler antworten mit einer gemischten Wohnform. Die Geometrie und die zum Teil starke Introvertiertheit des Wohnens sind untypisch für Wien.

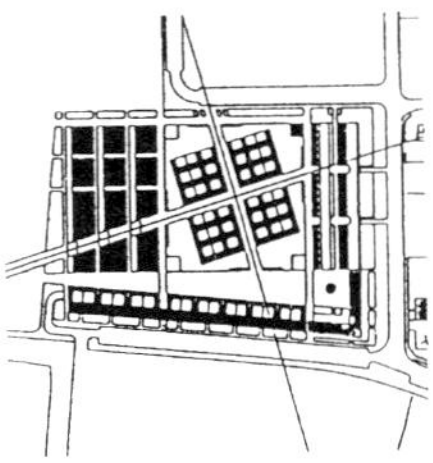

Wohnhaussiedlung Othellogasse

1986

Othellogasse, Jochen-Rindt-Straße
Besichtigung: von außen
Transport: Bus 67A (Birostraße, Jochen-Rindt-Straße)

Das von Melicher, Schwalm-Theiss und Gressenbauer konzipierte städtebauliche Leitbild entwickelt eine nach Norden abschließende, nach Süden offene Kammstruktur. „Die ebene, trapezförmige Parzelle trägt zwei große, städtebauliche Einheiten: den Platz auf der Tiefgarage, der zwischen Randbebauung und gekrümmter Zeile aufgespannt ist, und die Schar der Einzelhäuser. Damit wird das Generalthema jeder urbanen Wohnsituation, der Maßstabwechsel von der Fahr- in die Gehwelt, elegant bewältigt." (W. M. Chramosta) Architektenteam: Melicher, Schwalm-Theiss und Gressenbauer, Cufer, Gruss und Gruss, Schandl.

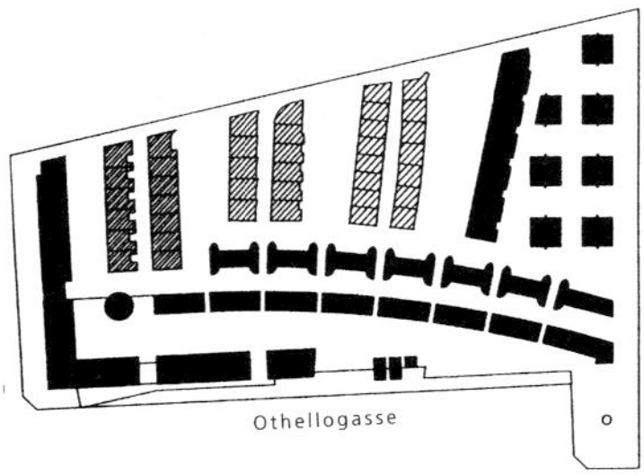

Heizkraftwerk

1993

Heizwerkstraße
Besichtigung: von außen
Transport: Bus 67A (Heizwerkstraße)

Die Aufgabenstellung, ein Heizkraftwerk im südlichen Wiener Becken zu situieren, erfordert eine adäquate städtebauliche Gestalt und eine zeitgenössische Interpretation einer verloren gegangenen Industrie-Baukultur. Durch ein großes Tonnendach sowie ein 10 Meter tiefes Eingraben in die Erde organisierte der Architekt die zwei gigantischen Durchlauferhitzer, die Pumpenhalle sowie die gesamte Servicestation samt Verwaltung.

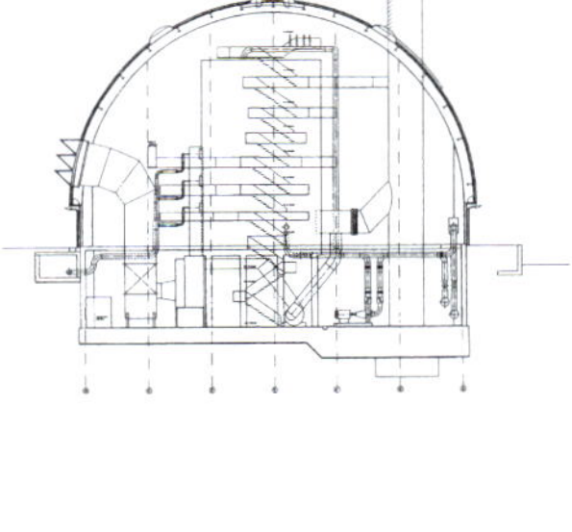

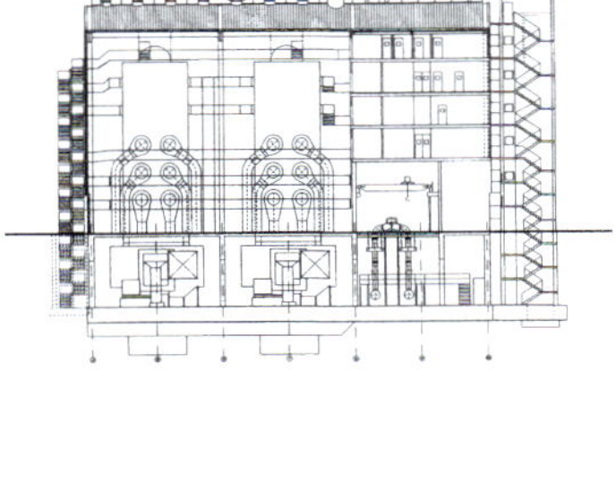

23.-*23e* **Haus Widtmann**
Hans Puchhammer, Gunther Wawrik
1966
Lechthalergasse 21

23.-*24e* **Johann-Gottek-Siedlung**
Helmar Zwick
1979
Johann-Gottek-Gasse

23.-*25e* **Wohnhaus in Wien-Mauer**
Dieter Henke, Marta Schreieck
1983
Rudolf-Waisenhorn-Gasse 148

23.-*26e* **Lexus Center**
Atelier Volkmar Burgstaller
2001
Richard-Strauss-Str. 34

Wien Umgebung *Indexnummern* ***U.****-1 … **U.**-19*

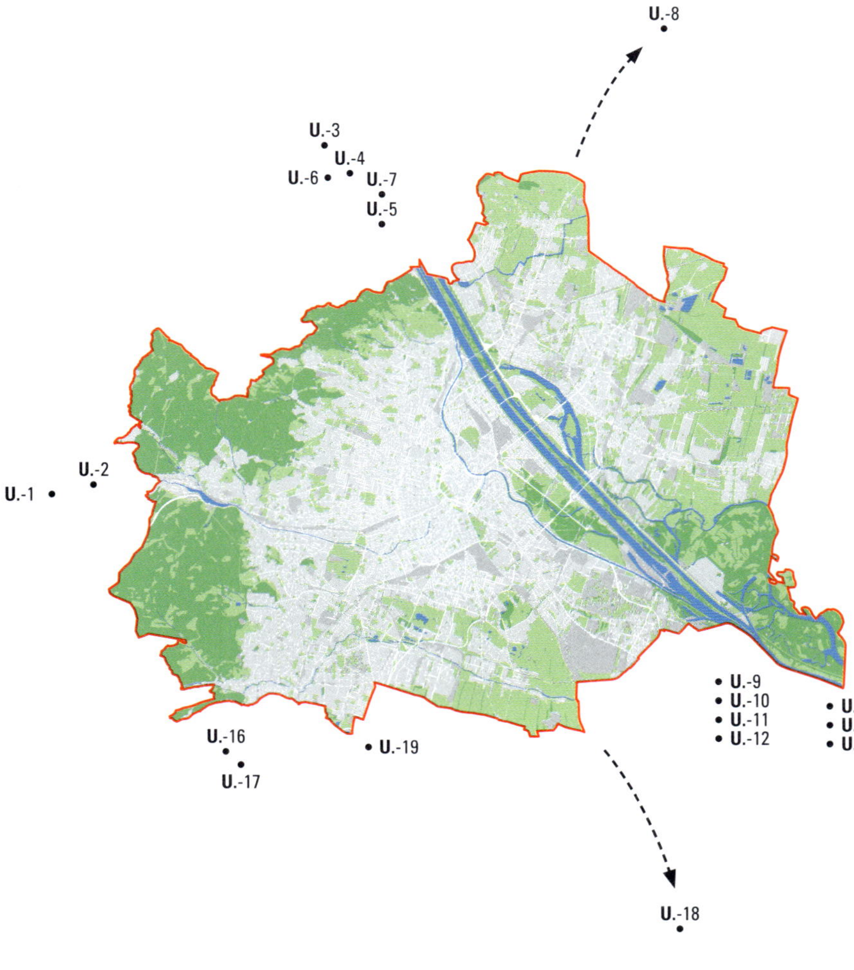

Sanatorium Purkersdorf
1904

Wiener Straße 74, Purkersdorf
Besichtigung: von außen
Transport: S50 (Purkersdorf Sanatorium)

Das Sanatorium, als Erholungsort für Mitglieder der Wiener Gesellschaft errichtet, zeigt Josef Hoffmann so unkapriziös, wie er eben auch sein konnte. Dem durch Vor- und Rücksprünge aufgelockerten Baukörper entspricht eine Verteilung der differenzierten Fensterformen, die von kalkulierten Überlagerungen einer axialen Gliederung und einer stockwerksgebundenen Rhythmisierung lebt. Geplant für Direktor Viktor Zuckerkandl als Kuranstalt für Heilbäder und physikalische Therapie. Stahlbetonbau mit zum Teil sichtbarer Konstruktion (Treppenhaus, Speisesaal), Ausstattung der Innenräume von der Wiener Werkstätte, die Möbelentwürfe zählen zu den bedeutendsten ihrer Zeit. 1926 „korrigierte" der Wagner-Schüler Leopold Bauer das Sanatorium durch einen Aufbau, der allerdings im Zuge einer Sanierung 1995 wieder abgetragen wurde.

Wohnbau Purkersdorf

2000

Wiener Straße 61, Purkersdorf
Besichtigung: von außen
Transport: S50 (Purkersdorf Sanatorium)

Unter dem Slogan „Hoffmann geht spazieren" wurde eine Neuinterpretation des wertvollen Ortes angedacht. Verdichtung des Hoffmannparks durch geförderten Wohnbau, Restaurierung der Paula Villa und die Umnutzung des Sanatoriums. Die Bauherrengemeinschaft beauftragte die Realisierung der Siegerprojekte des städtebaulichen Wettbewerbes. „Die Wirtschaftlichkeit der Realisierung musste im Rahmen der niederösterreichischen Wohnbauförderung eingehalten werden. ... Die Planergruppe BOA wurde nach Baubeginn mit der Freiraumplanung und der Ausarbeitung des Standortmarketings betraut....'Hoffmann geht spazieren' wird als Grundstein einer neuen Ausstrahlung des Ortes von allen mitgetragen und hoffentlich weiterentwickelt." (Architektin)

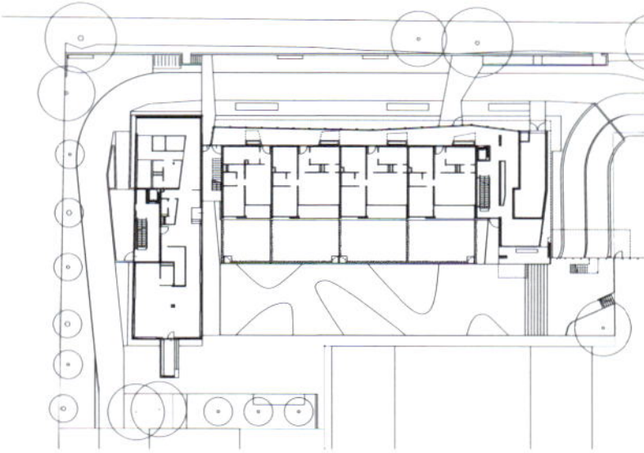

Umbau Stift Klosterneuburg

Ab 2004

Stift Klosterneuburg, Niederösterreich
Besichtigung: während der Öffnungszeiten
Transport: S40 (Klosterneuburg/Weidling)

Das Stift Klosterneuburg organisierte einen kleinen, geladenen Wettbewerb mit der Absicht, die bestehenden Kellerräume zu einem Besucherzentrum zu adaptieren. Georg Driendl gewann den Wettbewerb mit dem Argument, dass der gesamte Keller eine barocke Planung sei, die er virtuell dreidimensional darstellte. Nachdem über 22.000 Tonnen Schutt entfernt worden waren und simple vermauerte Öffnungen wieder hergestellt wurden, verwandelte sich die finstere Kellerwelt in eine lichte Welt. Die neue „Sala terrena" zeugt von der unglaublichen Raumqualität der barocken Baumeister. Gemeinsam mit den baulichen Interventionen von Heinz Tesar ist dem Stift mit seinem Erneuerungsprogramm ein wesentlicher Schritt gelungen.

Infrastrukturgebäude für das Stift Klosterneuburg

2001

Pater-Abel-Straße, Klosterneuburg
Besichtigung: teilweise
Transport: S40 (Klosterneuburg/Weidling)

Seit seiner Gründung im Jahr 1114 durch den Babenberger Markgraf Leopold III. repräsentiert das Stift Klosterneuburg eine untrennbare Verbindung zu Österreich. Kaiser Karl VI. war für den barocken Ausbau verantwortlich, seither beherrscht das Stift die Landschaft als Monumentalbauwerk. Aufgrund der großen Besucherzahlen und dem nach wie vor aktiven Klosterbetrieb war es notwendig geworden, für die Infrastruktureinrichtungen (Bus- und Autoparkplätze, Anlieferung, Lagerung etc.) eine geeignete Lösung zu finden. Bei einem geladenen Wettbewerb konnte Tesar mit seinem Entwurf überzeugen, die gesamten „Infrastrukturräume" in den Klosterberg einzugraben, um damit die Sichtachsen auf das Kloster und Blickrichtungen des Klosters nicht zu beeinträchtigen. Die großteils in qualitätvollem Sichtbeton ausgeführten Bauteile überzeugen durch ihre klare Präsenz, im Sinne der Beton-Brut-Arbeiten eines Le Corbusier. Von der neuen Terrasse ergibt sich ein wunderbarer Blick auf Wien.

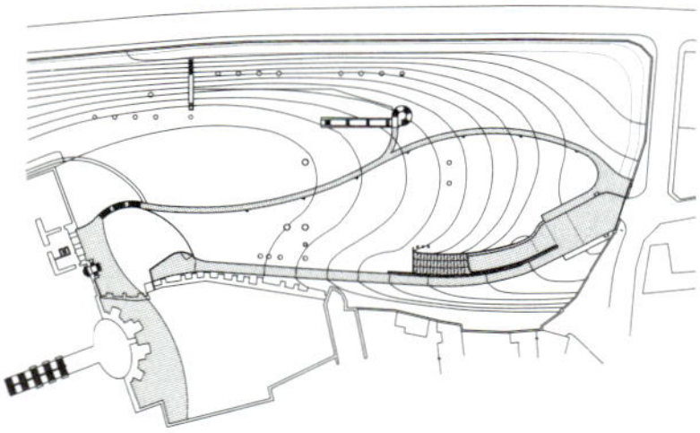

Schömer-Zentrale

1985

Aufeldstraße 17-23, Klosterneuburg
Besichtigung: nach Vereinbarung
Transport: S40 (Klosterneuburg/Weidling)

Als Ergebnis eines geladenen Gutachtens wurde von Heinz Tesar (1985-87) das Verwaltungshaus der Firma Schömer errichtet. Der viergeschossige Baukörper überrascht den Besucher durch eine großzügige, über alle Geschosse reichende, zentrale Halle, die als Gemeinschaftsraum für das ganze Haus gedacht ist. Alle Büros sind von dieser Halle aus zugänglich. Das bauliche Kernstück der Halle bildet die zweiläufige Haupttreppe, welche in ihrer Gestalt das Skelettale bildet; dieses Element ist Nutz- und Bildwerk in einem. An den Wänden der zentralen Halle befindet sich eine umfangreiche Sammlung österreichischer Gegenwartskunst (Sammlung Essl).

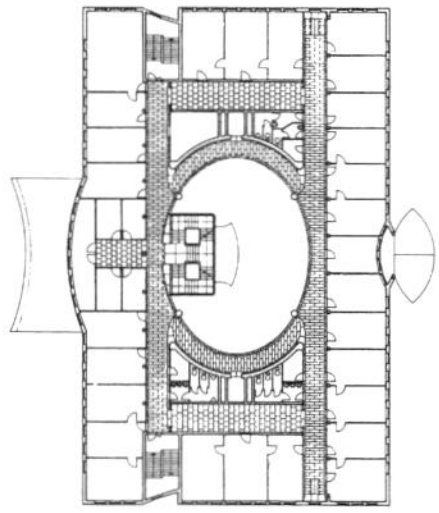

Evangelische Kirche Klosterneuburg

1992

Franz Rumpler Straße 14, Klosterneuburg
Besichtigung: während der Öffnungszeiten
Transport: S40 (Klosterneuburg/Weidling)

Grundgedanke dieses Projektes ist die Schaffung eines Gemeindezentrums für die evangelische Kirchengemeinde Klosterneuburg. Gemeinsam mit dem bestehenden Pfarrhaus (1907) erfüllt der Kirchenneubau diese Aufgabe: Ein kleiner, elliptischer Baukörper für etwa 150 Personen wurde mit beinahe barocker Lichtfülle ausgestattet, indem sowohl durch quadratische Fenster an der Südfassade als auch durch runde Oberlichter in der Sichtbetondecke natürliches Licht in den Kirchenraum einfallen kann. Resultat ist ein intensives Licht- und Schattenspiel, welches das immaterielle Licht als Metapher einer Göttlichkeit darstellt. In unmittelbarer Umgebung befindet sich ein Doppelwohnhaus (1991-94) von Heinz Tesar, Klosterneuburg, Am Ölberg 26-30.

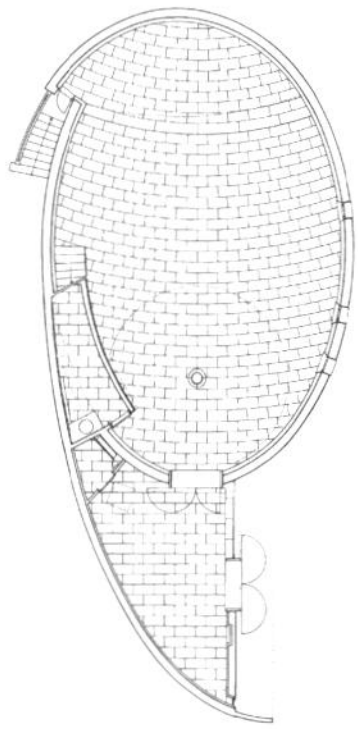

Sammlung Essl

1998

An der Donau-Au 1, Klosterneuburg
Besichtigung: während der Öffnungszeiten
Transport: S40 (Klosterneuburg/Weidling)

Das Ehepaar Agnes und Karlheinz Essl gehört zu den großen Kunstsammlern Österreichs, welche die umfangreichste Dokumentation von Kunst aus Österreich nach 1945 besitzen. Nachdem Heinz Tesar unter anderem schon das Verwaltungsgebäude für die Familie Essl entworfen hatte, wurde ihm auch der Entwurf für das neue Museum übertragen. Bauherrschaft und Architekt sind seit vielen Jahren befreundet: Resultat ist ein intelligenter Museumsbau mit vorzüglichen Lichtverhältnissen und differenzierter Raumabfolge. Das nach außen zurückhaltende Gebäude fokussiert ausschließlich auf die Präsentation der Kunstwerke. Gemeinsam mit den Sammlungen Goetz in München oder Grothe in Duisburg stellt die Sammlung Essl einen spannenden Versuch dar, private Sammlungen der Öffentlichkeit zugänglich zu machen. Fertigstellung November 1999.

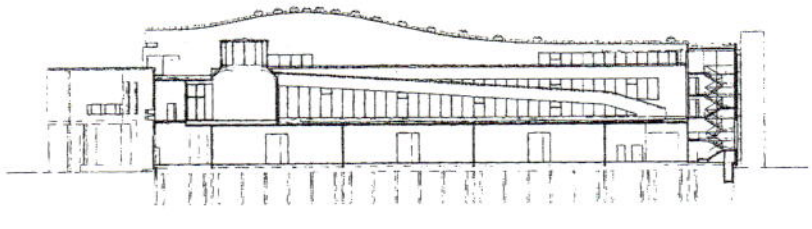

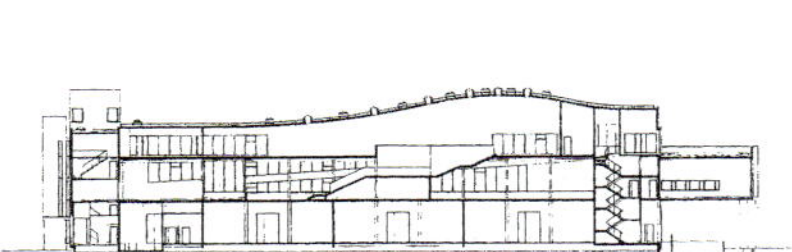

Bundesschulzentrum in Wolkersdorf, NÖ

2001

Withalmstraße 15, Wolkersdorf
Besichtigung: nach Vereinbarung
Transport: S2 (Wolkersdorf)

Schulbauten in ländlichen Gebieten haben schon immer auch eine übergeordnete Zentrumsfunktion übernommen, als kultureller Treffpunkt sowie als Ort sportlicher Veranstaltungen. Über dem Schulplatz ragt der Glaskörper der Bibliothek ca. 6 m aus und betont somit den „humanistischen" Aspekt des Wissens. Eine dreigeschossige, glasgedeckte Erschließungshalle fungiert als Verteiler, die Architekten interpretieren die Schule als Fortsetzung des Straßendorfes. „Die lineare Struktur des historischen Kernes von Wolkersdorf in einer zeitgemäßen baulich räumlichen Interpretation fortsetzen" (Architekten). Außenraumgestaltung durch das Büro „Land in Sicht".

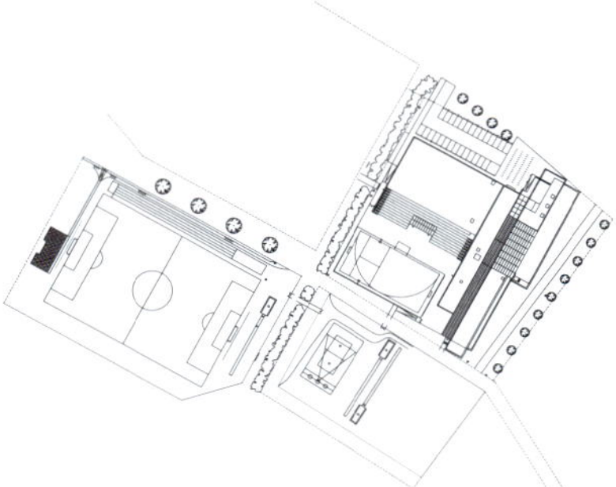

U.-9 *Waagner-Biró*

Rohrleitungsbrücke der OMV
1958

Schwechat
Besichtigung: öffentlich zugänglich
Transport: S7 (Schwechat Hauptplatz) und Regionalbus

Die Raffinerie Schwechat, betrieben von der OMV (früher ÖMV, Österreichische Mineralöl Verwaltung), ist ein Mischkonzern, der im Bereich der Mineralölverarbeitung tätig ist und ein Tankstellennetz in ganz Österreich betreibt. Abgesehen davon, dass die gesamte Raffinerieanlage – speziell in der Nacht – ein einzigartiges Architekturlichtspiel darstellt, sind die Rohrleitungsanlagen ein spezifisches Charakteristikum. Besonders beachtenswert dabei ist die Hängebrücke auf Ypsilon-Stützen, die als einziges Beispiel anonymer Ingenieurgestaltung der Nachkriegszeit gelten kann. Dient zur Verbindung der Raffinerie mit dem Ölhafen Lobau bei Schwechat-Mannswörth, Stromkilometer 1.914,3.

U.-10 *Hermann Czech*

Haus M.
1977

Kranichgasse 7, Schwechat
Besichtigung: von außen
Transport: S7 (Schwechat Hauptplatz)

Die Entstehung dieses Hauses ist ohne das Wissen über die theoretischen Arbeiten von Hermann Czech über Adolf Loos und die Wiener Moderne nicht verständlich. Ein manieristischer Ansatz verbindet hier die Ideen eines Raumplanes von Adolf Loos mit den Gedanken zur Bekleidungstheorie in der Architektur von Gottfried Semper. Das scheinbar zufällige Vorstadthaus am Rande einer Wohnsiedlung ist in Wahrheit eine architektonische Fuge zur Wiener Architekturtheorie von Semper, Loos und Frank.

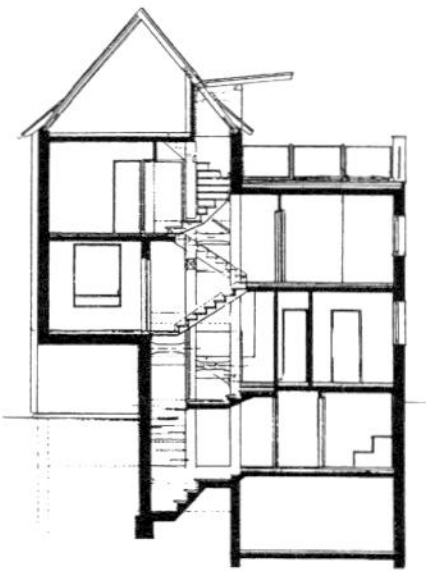

Baumax Schwechat, Baumarkt

1996

Pressburgerstraße/Budapesterstraße, Schwechat
Besichtigung: während der Öffnungszeiten
Transport: S7 (Schwechat Hauptplatz)

Die Eigentümer dieser Baumarktkette entschlossen sich in den 1990er Jahren, mit besonders großflächigen Baumärkten auf die gestiegene Nachfrage zu reagieren. An der Straßengabelung der Pressburgerstraße und der Budapesterstraße hatte der bestehende Baumarkt jährlich immer mehr Gewinn erzielt, sodass eine Erweiterung sinnvoll erschien. Das Konzept von henke und schreieck verwandelte den bestehenden containerförmigen Bau in ein dynamisches, transparentes Straßenschiff, dessen Bug perfekt die Straßengabelung architektonisch thematisiert. Das Konzept der transparenten Großform war so erfolgreich, dass eine Reihe weiterer Baumärkte mit unterschiedlichen Architekten umgesetzt wurde.

Sonderschule in Schwechat

2000

Schrödlgasse 1, Schwechat
Besichtigung: nach Vereinbarung
Transport: S7 (Schwechat Hauptplatz)

Die Sonderschule in Schwechat ist das Resultat eines EU-weiten Wettbewerbs, der vom Architektenteam im Jahr 2000 gewonnen und sechs Jahre später realisiert wurde. Das Wettbewerbskonzept erwies sich als flexibel, während der Planungsphase gab es Veränderungen, die ohne Probleme integriert werden konnten. Im Zentrum des Schulbaus liegt der einsehbare Turnsaal, der optisch und akustisch präsent ist. Körperlich und geistig behinderte Kinder haben eine andere, differenzierte Wahrnehmung der Umwelt. Diese Schule versucht auch auf diese Anforderungen Rücksicht zu nehmen.

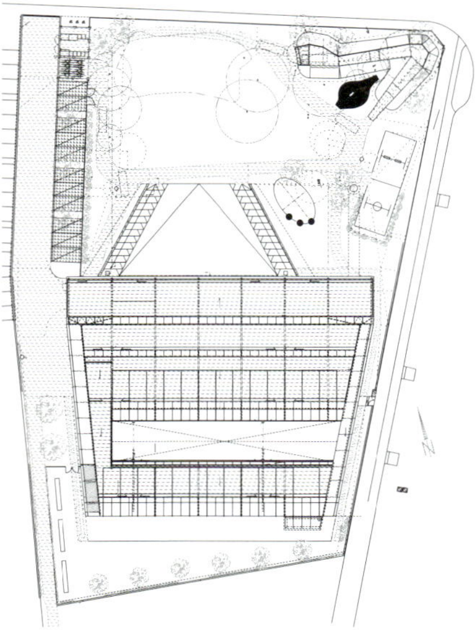

Flughafen Wien-Schwechat: Terminal 1A, Geräte-Einstellhalle, Infrastrukturgebäude

2004

Schwechat
Besichtigung: 1A öffentlich/
Hallen: von außen
Transport: CAT (Flughafen)

Der Flughafen Wien-Schwechat hat seit seinen ersten, eleganten Ingenieurbauten aus dem Jahr 1960 leider eine architektonische Gestaltung der Konzeptlosigkeit erfahren, wobei die angestrebten Kapazitätssteigerungen durch die „Ostöffnung" noch zusätzlich zur gestalterischen Verwirrung beitrugen. Der neue Masterplan der Projektgemeinschaft Itten + Brechbühl/Baumschlager-Eberle GmbH sowie die drei neuen Gebäude lassen eine vorausdenkende Sichtweise erkennen: Durch lineare, flexible Strukturen, welche entsprechend der Notwendigkeit auch erweitert werden können. Klare, internationalem Standard entsprechende Gestaltung. Gestaltung der Check-In-Counters durch Gregor Eichinger, grafisches Design von Ruedi Baur & Associés.

Andreas Treusch

Flughafen Wien-Schwechat, Air Cargo & Handling Center West

2003

Schwechat
Besichtigung: nur außen
Transport: CAT (Flughafen)

Das Air Cargo Center hat mit 31.040 m² Nutzfläche und einem umbauten Raum von 367.600 m³ eine dominierende Größe am Flughafen. Dazu kommen noch 17.100 m² Nutzfläche für das Handling Center West, zusammen also fast 50.000 m². Treusch gelingt eine durchaus gute Proportionierung dieser großen Baumasse, die horizontale Gliederung wird durch den außen liegenden Sonnenschutz noch verstärkt. Die Cargo-Hallen sind mit stahlverstärkten Fachwerken aus Holzleimbindern überdacht, mit Spannweiten bis zu 67 m. Für diese Konstruktion erhielten die Planer den niederösterreichischen Holzbaupreis 2005. Statik: FCP Fritsch, Chiari & Partner ZT GmbH.

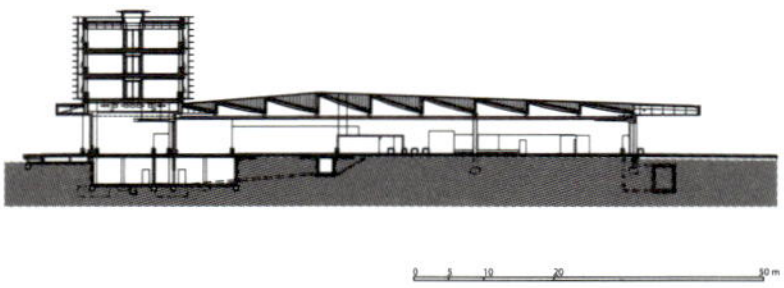

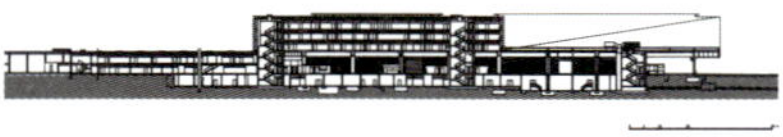

Atelier Hayde Architekten

Parkhaus 4 Vienna International Airport

1997

Schwechat
Besichtigung: Öffnungszeiten
Transport: CAT (Flughafen)

Siegerprojekt eines europaweiten Bewerbungsverfahrens. Zum Zeitpunkt der Errichtung das größte Parkdeck in Österreich mit immerhin fast 70.000 m² Bruttogrundrissfläche für über 2.500 PKW. Ein technisches Bauwerk, das gezielt den Funktionsabläufen der Bewegung folgt. Die getrennten Wendelrampen für Auf- und Abfahrt sind leicht zu benützen. Eine spätere Erweiterung ist ohne eine zusätzliche Erschließung möglich und kann bei vollem Betrieb der bestehenden Anlage erfolgen.

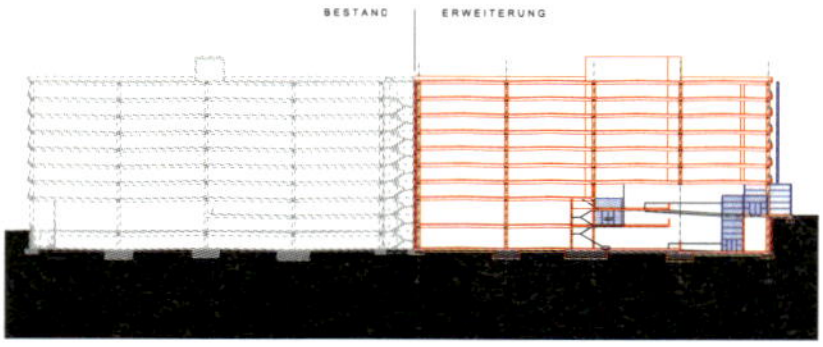

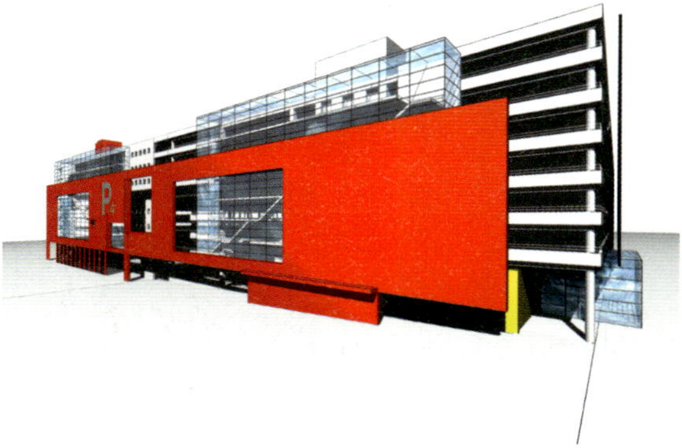

Rathaussaal Perchtoldsdorf

1975

Marktplatz, Rathaus, Perchtoldsdorf
Besichtigung: nach Vereinbarung
Transport: S8 (Perchtoldsdorf)

Entstanden in den Jahren 1975-76, überzeugt dieses Jugendwerk von Hollein durch die großzügige Gesamtlösung und die präzise Durcharbeitung im architektonischen Detail. Im alten, denkmalgeschützten Rathaus von Perchtoldsdorf wurde durch die neue Gemeinderatsordnung eine Adaptierung der Räume notwendig. Das Prinzip des Umbaues war eine Integration moderner Gestaltungselemente in den bestehenden Altbau. Für den Umbau wurden alle Möbel vom Architekten speziell entwickelt, der große Sitzungstisch, Sitzgruppen, Stühle und Vitrinen.

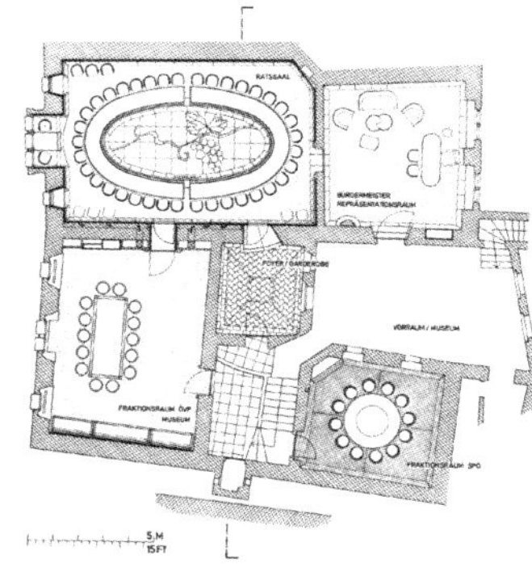

Heinz Tesar U.-17

Feuerwehrzentrale

1981

Donauwörther Straße 29, Perchtoldsdorf
Besichtigung: nach Vereinbarung
Transport: S8 (Perchtoldsdorf)

Die kleinteilige Struktur der Stadt Perchtoldsdorf suggerierte die Aufteilung der Feuerwehr in drei Bereiche: Die Rettung als eigenen Baukörper an der Donauwörther Straße, anschließend der überdachte Festplatz und das eigentliche Feuerwehrgebäude. Das Dach über dem Festplatz stellt das bauliche Gelenk zwischen Rettung und Feuerwehr dar. Funktionell und aus Sicherheitsgründen wurden die Zufahrten und Ausfahrten voneinander getrennt, Realisierung 1981-83. Die „Grundidee ist es, ein Gebäude zu erstellen, welches den Maßstab der Ortsstruktur in sich trägt und welches als Teil eines übergeordneten Ganzen erlebbar ist." (Heinz Tesar)

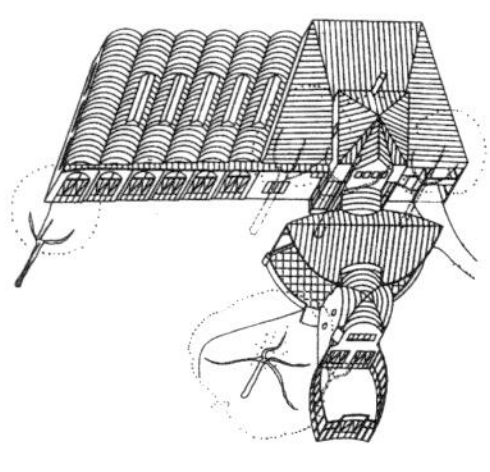

Golfclub Ebreichsdorf

1987

Ebreichsdorf
Besichtigung: nach Vereinbarung
Transport: Regionalzug 511, 512 (Ebreichsdorf Bahnhof)

Ein Golfclub ist ein Golfclub ist ein Golfclub. Frei nach Gertrude Stein zelebriert Hans Hollein das Clubleben in seiner besten Art und erreicht dabei eine heitere Atmosphäre, die zum Verweilen einlädt. Nachdem in den letzten Jahren in Österreich das boomende Golfleben die gehobene Klientel eher mit mediokrer Architektur versorgte, ist dieser Golfclub eine erfreuliche Ausnahme. Der schöne Blick auf die Greens macht Freude auf die nächste Golfrunde.

SCS – Shopping-City-Süd, Wien Vösendorf

ab 1974

Wien Vösendorf
Besichtigung: Öffnungszeiten
Transport: Badner Bahn (Station SCS)

Allein schon die immense Größe und die Tatsache, dass es sich hierbei um das derzeit größte Shopping-Center Europas handelt, scheint die Eintragung in einen Architekturguide zu rechtfertigen. Die Publikation von Rem Koolhaas (Harvard Design School Guide to Shopping, 2001) zeigt die generelle globale Bedeutung von Shopping Centers auf, sowohl architektonisch als auch ökonomisch. Die SCS-Wien wurde 1976 von Hans Dujsik realisiert, anfangs mit 160 Geschäften und rund 200 Mitarbeitern. 1988 wurde das Einkaufszentrum auf 230 Geschäfte aufgestockt, 1994 folgten „Kinowelt", Restaurants und Diskothek. Derzeit umfasst das gesamte Areal ca. 270.000 m^2, Gesamtlänge 1,6 km (Innenraum teilweise als zweigeschossiger Arkadengang), 330 Geschäfte, ca. 4.500 Mitarbeiter. Durchschnittlich kommen 76.000 Besucher täglich, jährlich mehr als 24 Millionen Besucher. Interessanter Hinweis: Der Exilösterreicher Victor Gruen hatte in den USA das weltweit erste Shopping Center realisiert, das Northland Center, Detroit, Michigan 1951-54.

Index	Bauwerk	Entwurf oder Baubeginn	Architekt
		740-1848	
1.-84	Ruprechtskirche	740, 1147	*Anonymer Baumeister*
1.-16	Michaelerkirche und Salvatorianerkloster	1220	*Antonio Benduzzi, Ernest Koch*
1.-1	Stephansdom	1230	*Hans von Prachatitz, Hans Puchspaum u. a.*
1.-69	Minoritenkirche	ab 1247	*Anonymer Baumeister*
		1785-1786	*Johann Ferdinand Hetzendorf von Hohenberg*
1.-19	Hofburg		
	Hofburg-Schweizerhof, Burgkapelle	1279	*Jean-Nicolas Jadot de Ville-Issey u. a.*
	Hofburg-Leopoldinischer Trakt	1547	*Philiberto Luchese, Burnacini u. a.*
	Hofburg-Stallburg	1558	
	Hofburg-Amalienburg	1575	*Ferrebosco, Nicolas Pacassi u. a.*
	Hofburg-Nationalbibliothek	1719	*Johannes Bernhard Fischer von Erlach u. a.*
	Hofburg-Reichskanzlei	1723	*Johann Lucas von Hildebrandt, Josef Emanuel Fischer von Erlach u. a.*
	Hofburg-Michaelertrakt	1723	*Josef Emanuel Fischer von Erlach u. a.*
	Hofburg-Winterreitschule	1729	*Josef Emanuel Fischer von Erlach*
	Hofburg-Äußeres Burgtor	1821	*Luigi Cagnola, Peter von Nobile*
	Neue Hofburg	1869	*Gottfried Semper, Carl Hasenauer u. a.*
1.-38	Augustinerkirche	1330	*Dietrich Ladtner von Pirn, Johann Ferdinand Hetzendorf von Hohenberg*
1.-83	Maria am Gestade	1343	*Michael Knab, Friedrich von Klinkowström*
1.-53	Am Hof-Kirche (Alte Jesuitenkirche)	1386	*Carlo Antonio Carlone*
2.-28	Prater	1403 (1161)	
10.-53e	Spinnerin Am Kreuz	1451	*Hans Puchspaum*
1.-58	Ensemble	1535	
11.-8	Neugebäude	1569	*Colin, Spranger, Jacopo da Strada, Pietro Ferrabosco, Manfred Wehdorn*
1.-115	Franziskanerkirche	1603	*Bonaventura Daum*
4.-12	Theresianische Akademie	1615	*Giovanni Battista Carlone, Giovanni Pietro Tencala, Nikolaus Pacassi, Erich Schlöss*
1.-39	Kaisergruft	1619	*diverse Architekten, Jadot de Ville-Issey, Höhne*
1.-99	Jesuitenkirche (Universitätskirche)	1626	*Andrea Pozzo*
9.-18	Servitenkirche	1651	*Carlo Martino Carlone*
		1667-77	*Franz und Carlo Canevale*
		1754-56	*Franz Sebastian Rosenstingl*
1.-9	Pestsäule	1682	*Johann Bernhard Fischer von Erlach, Ludovico Burnacini, Paul Strudel*
1.-37	Palais Lobkowitz	1685	*Giovanni Pietro Tencala, Johann Bernhard Fischer von Erlach*

Index	Bauwerk	Entwurf oder Baubeginn	Architekt
1.-48	Palais Harrach	1690	*Domenico Martinelli*
9.-16	Gartenpalais Liechtenstein (h.: Museum moderner Kunst)	1691 1705-06	*Domenico Martinelli* *Domenico Egidio Rossi*
1.-70	Palais Liechtenstein	1694	*Domenico Martinelli, Gabriel de Gabrieli*
1.-114	Stadtpalais des Prinzen von Eugen (h.: Finanzministerium)	1695	*Johann Bernhard Fischer von Erlach*
13.-1	Schönbrunn-Schloss	1696	*Johann Bernhard Fischer von Erlach, Josef Emanuel Fischer von Erlach, Nicolaus Pacassi*
3.-9	Palais Schwarzenberg	1697	*Johann Lucas von Hildebrandt*
		1716-18	*Johann Bernhardt Fischer von Erlach*
		1722, 1751	*Josef Emanuel Fischer von Erlach*
		1928	*Andrea Altomonte, C. Schmidt*
		1982-84	*Hermann Czech*
1.-52	Palais Batthyány-Schönborn	1699	*Johann Bernhard Fischer von Erlach*
3.-10	Belvedere	1700	*Johann Lucas von Hildebrandt*
4.-15e	Gartenpalais Starhemberg Schönburg	1700	*Johann Lucas von Hildebrandt*
7.-7	Spittelberg	um 1700	
1.-8	Peterskirche	1702	*Gabriele Montani, Johann Lucas von Hildebrandt*
13.-1	Schönbrunn-Park	1705	*Jean Trehet Ferdinand von Hohenberg*
1.-125e	Böhmische Hofkanzlei	1708	*Johann Bernhardt Fischer von Erlach*
7.-5	Palais Trautson	1710	*Johann Bernhardt Fischer von Erlach*
8.-8	Volkskundemuseum	1711	*Johann Lucas von Hildebrandt*
		1994	*Elsa Prochazka*
1.-49	Palais Kinsky (ehem.: Palais Daun)	1713	*Johann Lucas von Hildebrandt*
4.-2	Karlskirche	1715	*Johann Bernhardt Fischer von Erlach*
		1722-39	*Josef Emanuel Fischer von Erlach*
8.-3	Piaristenkirche	1716	*Johann Lucas von Hildebrandt*
1.-68	Bundeskanzleramt	1717	*Johann Lucas von Hildebrandt*
1.-55	Bürgerliches Zeughaus (h.: Feuerwehrzentrale)	1731	*Anton Ospel*
1.-40	Providentia-Brunnen (Donner-Brunnen)	1737	*Georg Raphael Donner*
1.-24	Albertina	1745	*Louis von Montoyer, Josef Kornhäusl*
		1998	*Erich Steinmayr, Friedrich H. Mascher, Hans Hollein*
1.-100	Akademie der Wissenschaften (ehem. Universitätsaula)	1753	*Jean-Nicolas Jadot de Ville-Issey*
9.-7	Altes Allgemeines Krankenhaus (h.: Universitäts-Campus)	1783; 1995, 1999	*Isidor Canevale, Josef Gerl; ARGE Altes AKH: H. Potyka, F. Kurrent & J. Zeininger, S. Frank & R. Zabrana, E. M. Kopper*
9.-10	Josephinum (Chirurgisch-medizinische Akademie)	1783	*Isidor Canevale*
1.-44	Palais Pallavicini	1783	*Johann Ferdinand Hetzendorf von Hohenberg*

Index	Bauwerk	Entwurf oder Baubeginn	Architekt
1.-69	Minoritenkirche Umgestaltung	1785-1786	*Johann Ferdinand Hetzendorf von Hohenberg*
6.-5	Theater an der Wien	1797	*Josef Reymund d. Ä., Franz Jäger*
3.-18	Palais Rasumofsky	1803, 1814	*Louis Montoyer, Joseph Meißl jun.*
4.-4	Technische Universität Wien	1816	*Hofbaudirektion, Josef S. von Leytenbach, Peter von Nobile*
1.-66	Volksgarten, Theseustempel, Kaiserin-Elisabeth-Denkmal	1819 (1904)	*Peter Nobile, Friedrich Ohmann, Oswald Haerdtl*
8.-2	Theater in der Josefstadt	1822	*Joseph Allio, Josef Kornhäusl, Carl Witzmann*
3.-14	Sünnhof	1823	*Peter Gerl*
1.-86	Synagoge Seitenstettenhof	1824	*Josef Kornhäusl*
1.-50	Schottenhof	1826	*Josef Kornhäusl*
4.-5	Zinshaus Dittmann	1831	*Josef Kornhäusl*
1.-45	Niederösterreichisches Landhaus	1832	*Alois Pichl*
3.-36e	Miethaus Hoffmann	1833	*Josef Kornhäusel, Anton Hoppe*
3.-5	Hauptmünzamt	1835	*Paul Sprenger*
2.-33e	Johann-Nepomuk-Kirche	1841	*Carl Rösner*
6.-8	Evangelische Kirche (Gustav-Adolf-Kirche)	1846	*Ludwig Förster, Theophil von Hansen*
7.-8	Altlerchenfelder Kirche	1846, (1849-61)	*Paul Sprenger, Johann Georg Müller, Franz Sitte*
		1849-1918	
3.-11	Arsenal, Heersgeschichtliches Museum	1849, 1852	*Theophil von Hansen, August S. v. Sicardsburg, Eduard v. Nüll*
1.-47	Palais Ferstel (ehem. Österreichisch-Ungarische Nationalbank)	1856	*Heinrich von Ferstel*
9.-1	Votivkirche	1856	*Heinrich von Ferstel*
10.-54e	Evangelische Friedhofskirche	1857	*Theophil von Hansen*
1.-28	Ensemble Wiener Ringstraße	1858	
1.-96	Griechisch-Orthodoxe Kathedrale	1858	*Theophil von Hansen*
1.-29	Palais Todesco	1861	*Ludwig Förster und Theophil von Hansen*
1.-25	Staatsoper, ehem. Hofoper	1861	*Eduard van der Nüll, August Sicard van Sicardsburg*
1.-111	Palais des Hoch- und Deutschmeisters Erzherzog Wilhelm	1864	*Theophil van Hansen*
15.-13	Fünfhauser Pfarrkirche (Maria vom Siege)	1864	*Friedrich von Schmidt*
9.-15	Roßauer Kaserne	1865	*Oberst Karl Pilhal, Major Karl Markl, Manfred Wehdorn*
1.-36	Musikvereinsgebäude	1866	*Theophil von Hansen*
		2001	*Wilhelm Holzbauer*
1.-107	Museum für angewandte Kunst (MAK)	1867	*Heinrich von Ferstel, Ludwig Baumann*
9.-3	Chemisches Institut der Universität Wien	1868	*Heinrich von Ferstel*
1.-71	Palais Epstein	1868	*Theophil von Hansen*
		2002	*Alexander v. d. Donk, Georg Töpfer*

Index	Bauwerk	Entwurf oder Baubeginn	Architekt
12.-8	Arbeiterhäuser der Südbahngesellschaft	1870	*Wilhelm Flattich*
11.-9	Zentralfriedhof, Lueger-Gedächtniskirche	1870	*Karl Jonas Mylius und Alfred Friedrich Bluntschli*
		1908	*Max Hegele*
9.-12	Rudolfshof	1871	*Theophil von Hansen*
1.-21	Kunsthistorisches und Naturhistorisches Museum	1871	*Gottfried Semper, Carl von Hasenauer*
1.-31	Akademie der bildenden Künste	1871	*Theophil von Hansen, Carl Tietz, Erich Boltenstern*
1.-77	Börse	1871	*Theophil von Hansen, Erich Boltenstern u.a.*
1.-72	Parlament	1871	*Theophil von Hansen*
		1955-56	*Eugen Wörle, Max Fellerer*
1.-62	Rathaus	1872	*Friedrich von Schmidt*
1.-59	Universität Wien	1873	*Heinrich von Ferstel*
1.-65	Burgtheater	1874	*Gottfried Semper, Carl von Hasenauer*
1.-109	Universität für angewandte Kunst	1875	*Heinrich von Ferstel*
		1960	*Karl Schwanzer, Eugen Wörle*
		1999	*Falkeis & Falkeis*
6.-4	Kulissen- und Dekorationsdepot der Hoftheater	1875	*Gottfried Semper, Carl von Hasenauer*
		1993	*Carl Pruscha*
1.-79	Miethaus Schottenring	1877	*Otto Wagner*
9.-24e	Markthalle Nußdorfer Straße	1879	*Friedrich Paul*
13.-5	Schönbrunn-Palmenhaus	1881	*Franz von Segenschmied, Sigmund Wagner*
1.-61	Miethäuser Stadiongasse	1882	*Otto Wagner*
1.-76	Länderbank (ehem.), h.: Büronutzung	1882	*Otto Wagner*
13.-34	Hermes-Villa	1882	*Carl von Hasenauer*
2.-31	Galopprennbahn Freudenau	1885	*Carl von Hasenauer, Adolf Feszty, Anton und Josef Drexler*
18.-5	Türkenschanzpark	1885	*Heinrich von Ferstel, Gustav Sennholz, Heinrich Goldemund, Wenzel Hybler*
14.-15	Villa Wagner I.	1886	*Otto Wagner*
9.-4	Universitätsstraße Wohnhaus	1887	*Otto Wagner*
1.-3	Palais Equitable	1887	*Andreas Streit*
7.-4	Volkstheater	1887	*Ferdinand Fellner, Hermann Helmer*
1.-112	Ronacher	1887	*Ferdinand Fellner, Hermann Helmer*
		1991	*Luigi Blau*
		2006	*Günther Domenig*
19.-14	Zacherlfabrik	1888	*Karl Mayreder*
3.-6	Miethäuser Rennweg	1890	*Otto Wagner*
1.-4	Ankerhaus	1894	*Otto Wagner*
20.-8	Nußdorfer Wehr- und Schleusenanlage	1894	*Otto Wagner*

Index	Bauwerk	Entwurf oder Baubeginn	Architekt
9.-*21*	Joanniskapelle	1895	*Otto Wagner*
12.-*23e*	Stadtbahn-Brücke über die Zeile (Wienzeile-Brücke)	1895	*Otto Wagner*
2.-*17*	Riesenrad	1896	*Walter B. Basset, Ing. Hitchins*
		2001	*Mathis Barz*
11.-*1*	Gasbehälter Simmering, h.: G-Town-Gasometer	1896	*Dr. Franz Kapaun*
		1999	*COOP HIMMELB(L)AU, Wilhelm Holzbauer, Jean Nouvel, Manfred Wehdorn*
1.-*35*	Stadtbahn und Vorortelinie	1896	*Otto Wagner*
17.-*9e*	Vorortelinie Richthausbrücke	1896	*Otto Wagner*
18.-*10e*	Station Gersthof der Vorortelinie	1896	*Otto Wagner*
1.-*34*	Secession	1897	*Joseph Maria Olbrich*
13.-*6*	Stadtbahn-Hofpavillon	1898	*Otto Wagner*
16.-*8*	Jubiläumshäuser	1898	*Theodor Bach, Leopold Simony*
6.-*7*	Wienzeilehäuser	1898	*Otto Wagner*
1.-*22*	Palmenhaus Burggarten	1899	*Friedrich Ohmann*
		1998	*Gregor Eichinger, Christian Knechtl*
3.-*15*	Wohn- und Geschäftshaus Portois & Fix	1899	*Max Fabiani*
1.-*15*	Artaria-Haus	1900	*Max Fabiani*
6.-*1*	Naschmarkt	um 1900	*Friedrich Jäkel (Plan der Anlage)*
9.-*25e*	Stadtbahnstation Nußdorfer Straße	1900	*Otto Wagner*
13.-*16*	Wohnhaus Beckgasse	1900	*Josef Plečnik*
19.-*23*	Haus Moser-Moll I.	1900	*Josef Hoffmann*
1.-*54*	Engel-Apotheke	1901	*Oskar Laske, Victor Fiala*
13.-*7*	Adaptierung des Weidmannhauses	1901	*Josef Plečnik und Josef Czastka*
14.-*21e*	Wohnhaus Penzinger Straße	1901	*Karl Fischl*
19.-*25*	Wohnhaus Spitzer	1901	*Josef Hoffmann*
5.-*1*	Miethaus Steggasse	1901	*Josef Plečnik*
14.-*12*	Villa Vojcsik; Atelierhaus GGK	1901	*Otto Schönthal*
		1984	*Boris Podrecca*
5.-*18e*	Rüdiger Hof	1902	*Oskar Marmorek*
14.-*22e*	Baumgartner Höhe	1902	*Franz Berger*
1.-*110*	Wienflussbauten, Stadtpark	1903	*Friedrich Ohmann, Josef Hackhofer*
		1985	*Hermann Czech*
1.-*82*	Hohe Brücke	1903	*Josef Hackhofer*
1.-*90*	Zacherlhaus	1903	*Josef Plečnik*
1.-*102*	Postsparkasse	1903	*Otto Wagner*
U.-*1*	Sanatorium Purkersdorf	1904	*Josef Hoffmann*

Index	Bauwerk	Entwurf oder Baubeginn	Architekt
3.-*16*	Karl-Borromäus-Brunnen (Lueger-Brunnen)	1904	*Josef Engelhart, Josef Plečnik*
14.-*8*	Kirche Am Steinhof (St. Leopold)	1905	*Otto Wagner*
8.-*4*	Neue Wiener Handelsakademie	1906	*Julius und Wunibald Deininger*
19.-*26*	Haus Moll II.	1906	*Josef Hoffmann*
2.-*5*	Schützenhaus	1906	*Otto Wagner*
5.-*2*	Druck- und Verlagsanstalt „Vorwärts"	1907	*Hubert und Franz Gessner*
18.-*3*	Villa Gessner	1907	*Hubert und Franz Gessner*
8.-*1*	Sanatorium Auersperg, h.: Hotel	1907	*Robert Oerly*
1.-*42*	Kärntner-Bar (Loos-Bar)	1908	*Adolf Loos, Renovierung: Hermann Czech, Burkhardt Rukschcio*
11.-*9*	Zentralfriedhof, Lueger-Gedächtniskirche	1908	*Max Hegele*
1.-*106*	Urania	1909	*Max Fabiani*
		2000	*Dimitri Manikas*
1.-*18*	Looshaus (ehem. Schneiderfirma)	1909	*Adolf Loos Goldmann & Salatsch*
19.-*24*	Haus Ast	1909	*Josef Hoffmann*
7.-*6*	Miethäuser Döblergasse-Neustiftgasse	1909	*Otto Wagner*
16.-*14*	Heilstätte für Lupuskranke	1909	*Otto Wagner*
2.-*25*	Trabrennverein Krieau	1910	*Emil Hoppe, Marcel Kammerer, Otto Schönthal*
9.-*19*	Strudlhofstiege	1910	*Theodor Jäger*
13.-*19*	Haus Steiner	1910	*Adolf Loos*
19.-*39*	Haus in der Coblenzgasse	1910	*Oskar Strnad, Oskar Wlach (Josef Frank)*
1.-*11*	Schneidersalon Kniže	1910	*Adolf Loos*
16.-*2*	Heilig-Geist-Kirche (Pfarrkirche Schmelz)	1910	*Josef Plečnik*
1.-*6*	Trattnerhof	1911	*Rudolf Krauß*
13.-*39e*	Haus Stoessl	1911	*Adolf Loos*
1.-*123e*	Tuchlaubenhof	1912	*Ernst Spielmann, Alfred Teller*
1.-*124e*	Buchhandlung MANZ	1912	*Adolf Loos*
13.-*18*	Villa Wustl	1912	*Robert Oerley*
13.-*26*	Haus Horner	1912	*Adolf Loos*
13.-*14*	Haus Scheu	1912	*Adolf Loos*
19.-*19*	Villenkolonie Kaasgraben	1912	*Josef Hoffmann*
14.-*16*	Villa Wagner II.	1912	*Otto Wagner*
19.-*9*	Häuser in der Wilbrandtgasse	1913	*Josef Frank, Oskar Wlach, Oskar Strnad*
13.-*11*	Villa Skywa-Primavesi	1913	*Josef Hoffmann*
9.-*5*	Nationalbank	1913	*Leopold Bauer*
7.-*18*	Zentralsparkasse Mariahilf-Neubau	1914	*Adolf Loos*
13.-*8*	Wohnhaus Wattmanngasse	1914	*Ernst Lichtblau*
19.-*17*	Villa Lemberger	1914	*Jan Kotera*
14.-*5*	Zeiss-Werke (h.: Philips)	1915	*Robert Oerley*

Index	Bauwerk	Entwurf oder Baubeginn	Architekt
19.-5	Haus Duschitz	1915	*Adolf Loos*
19.-4	Haus Mandl	1916	*Adolf Loos*
13.-17	Haus Strasser	1918	*Adolf Loos*
		1919-1944	
15.-11	Wohnhausanlage Schmelz	1919	*Hugo Mayer*
15.-9	Heimhof	1921	*Otto Polak-Hellwig*
11.-10	Krematorium	1921	*Clemens Holzmeister*
12.-11	Siedlung Hoffingergasse	1921	*Josef Frank mit Erich Faber*
12.-21	Kleingartensiedlung Rosenhügel	1921	*Hugo Mayer, Emil Krause*
17.-7	Heuberg-Siedlung	1921	*Adolf Loos, Hugo Mayer*
11.-7	Siedlung Weißenböckstraße	1922	*Franz Kaym, Alfons Hetmanek*
13.-20	Haus Rufer	1922	*Adolf Loos*
13.-40e	Wohnhaus	1922	*Ernst Lichtblau*
10.-36	Quarin-Hof	1923	*Siegfried Theiß, Hans Jaksch*
18.-4	Haus Arnold	1923	*Lois Welzenbacher*
10.-5	Amalienbad	1923	*Otto Nadel, Karl Schmalhofer*
22.-24	Siedlung Am Friedhof	1923	*Karl Schartelmüller*
8.-6	Ludo-Hartmann-Hof	1924	*Caesar Poppovits*
10.-37	Siedlung Am Wasserturm	1924	*Franz Schuster, Franz Schacherl*
17.-3	Wiedenhofer-Hof	1924	*Josef Frank*
19.-15	Haus Knips	1924	*Josef Hoffmann*
19.-3	Klose-Hof	1924	*Josef Hoffmann*
20.-6	Winarsky-Hof und Otto-Haas-Hof	1924	*Peter Behrens, Josef Hoffmann, Josef Frank, Oskar Strnad, Oskar Wlach, Karl Dirnhuber, Franz Schuster, Margarete Lihotzky*
5.-12	Reumann-Hof	1924	*Hubert Gessner*
16.-13	Sandleiten-Hof	1924	*Emil Hoppe, Otto Schönthal, Franz Matuschek, Siegfried Theiß, Hans Jaksch, Franz Krauß, Josef Tölk*
19.-11	Kirche St. Judas Thaddäus in der Krim	1924	*Clemens Holzmeister*
12.-4	Bebel-Hof	1925	*Karl Ehn*
3.-23	Raben-Hof	1925	*Heinrich Schmid, Hermann Aichinger*
15.-7	Vogelweid-Hof	1926	*Leopold Bauer*
21.-18	Karl-Seitz-Hof	1926	*Hubert Gessner*
3.-20	Haus Stonborough-Wittgenstein (h.: Bulgarische Kulturvereinigung)	1926	*Paul Engelmann, Ludwig Wittgenstein*
19.-27	Karl-Marx-Hof und Swoboda-Hof	1926	*Karl Ehn*
3.-21	Wohnhaus Klopsteinplatz	1927	*Walter Sobotka*
18.-7	Haus Moller	1927	*Adolf Loos*
10.-40	George-Washington-Hof	1927	*Karl Krist, Robert Oerley*

Index	Bauwerk	Entwurf oder Baubeginn	Architekt
2.-6	Augartenbrücke	1928	*Hubert Gessner*
5.-11	Wohnhaus Diehlgasse	1928	*Fritz Judtmann, Egon Rieß*
10.-3	Umspannwerk	1928	*Eugen Kastner, Fritz Waage*
10.-38	Karmeliterkirche	1928	*Hans Prutscher*
13.-31	Siedlung Lockerwiese	1928	*Karl Schartelmüller*
14.-23e	Sebastian Kelch Gasse	1928	*Josef Frank*
16.-11	Kongressbad	1928	*Erich Leischner*
17.-10e	Holy-Hof	1928	*Rudolf Perco*
5.-9	Arbeitsamt für die Metall- und Holzindustrie	1928	*Hermann Stiegholzer, Herbert Kastinger*
13.-15	Haus Beer	1929	*Josef Frank mit Oskar Wlach*
13.-32	TBC-Pavillon im Lainzer Krankenhaus	1929	*Fritz Judtmann, Egon Rieß*
21.-1	Paul-Speiser-Hof	1929	*Hans Glaser, Karl Scheffel, Ernst Lichtblau, Leopold Bauer*
2.-29	Praterstadion, Ernst-Happel-Stadion	1929	*Otto Ernst Schweizer*
		1956	*Theodor Schöll*
		1985	*Erich Frantl*
13.-12	Malfatti-Siedlung	1930	*Siegfried C. Drach*
13.-25	Werkbundsiedlung	1930	*Josef Frank, Gerrit Rietveld, Josef Hoffmann, Adolf Loos, Heinrich Kulka, André Lurçat, Ernst A. Plischke, Hugo Häring, Anton Brenner, Oswald Haerdtl, Oskar Strnad, Walter Sobotka u. a.*
20.-7	Wohnhausanlage Friedrich-Engels-Platz	1930	*Rudolf Perco*
13.-13	Allgemeine höhere Schule Wenzgasse	1930	*Siegfried Theiß, Hans Jaksch*
		1990	*Umbau: Theophil Melicher, Georg Schwalm-Theiss, Horst Gressenbauer*
1.-46	Hochhaus Herrengasse	1931	*Siegfried Theiß, Hans Jaksch*
12.-6	Leopoldine-Glöckel-Hof	1931	*Josef Frank*
15.-8	Wohnhausanlage Holochergasse	1931	*Oskar Strnad*
21.-34e	Dorotheum Floridsdorf	1931	*Egon Kastner, Fritz Waage*
1.-119e	Geschäft Altmann & Kühne	1932	*Josef Hoffmann, Oswald Haerdt*
18.-11e	Wohnhaus	1932	*Hans Glas*
23.-15	Arbeitsamt Liesing	1932	*Ernst A. Plischke*
		1998	*Hermann Czech*
15.-6	Seipel-Dollfuß-Kirche (Kanzlerkirche)	1933	*Clemens Holzmeister*
3.-13	Wohnhaus Neulinggasse	1935	*Siegfried C. Drach, Alexander Osterberger*
10.-34	Friedenskirche	1935	*Robert Kramreiter*
19.-18	Haus in der Leopold-Steiner-Gasse	1935	*Siegfried C. Drach*
4.-10	Funkhaus; Landesstudio Wien und Niederösterreich	1935	*Clemens Holzmeister, Heinrich Schmid, Hermann Aichinger*
		1979-83	*Gustav Peichl*
	Radiokulturhaus	1985	*Adolf Krischanitz*

Index	Bauwerk	Entwurf oder Baubeginn	Architekt
19.-6	Haus Bunzl	1936	*Josef Frank, Oskar Wlach*
2.-9	Flaktürme Augarten	1942	*Friedrich Tamms*
		1945-1974	
10.-18	Per-Albin-Hansson-Siedlung West	1947	*Franz Schuster, Friedrich Pangratz, Stefan Simony, Eugen Wörle*
22.-18	Strandbad Gänsehäufel	1948	*Max Fellerer, Eugen Wörle*
15.-18	Sonderkindergarten Schweizerspende	1948	*Franz Schuster*
21.-9	Siedlung Siemensstraße	1950	*Franz Schuster*
1.-127e	Haus der Magnesitwerke	1951	*Erich Boltenstern*
19.-13	Wohnhausanlage Silbergasse	1951	*Josef Hoffmann, Josef Kalbac*
1.-80	Ringturm	1953	*Erich Boltenstern*
		1993-94	*Dr. Vana Architekten*
		1996	*Hans Hollein, Boris Podrecca*
4.-3	Historisches Museum der Stadt Wien	1954	*Oswald Haerdtl*
		1998	*Dimitri Manikas*
		2006	*BWM*
1.-67	Volksgarten Café	1954	*Oswald Haerdtl*
1.-72	Parlament	1955-56	*Eugen Wörle, Max Fellerer*
1.-126e	Café Prückel	1955	*Oswald Haerdtl*
9.-14	PVA, Pensionsversicherungsanstalt der Arbeiter	1955	*Franz Schuster*
1.-33	Böhler-Haus	1956	*Roland Rainer, Manfred Wehdorn, Arch. Gould*
2.-29	Praterstadion, Ernst-Happel-Stadion	1956	*Theodor Schöll*
12.-24e	Rosenkranzkirche Hetzendorf (Innenraumgestaltung)	1956	*Friedrich Achleitner, Georg Gsteu*
23.-18	Siedlung Mauerberg	1956	*Roland Rainer*
U.-9	Rohrleitungsbrücke der OMV	1958	*Waagner-Biró*
15.-2	Stadthalle, Halle E, Erweiterung Musiktheater	1958, 1974	*Roland Rainer, Johanna Rainer*
		1994	*Dietrich|Untertrifaller*
18.-12e	Hans Radl Schule	1958	*Viktor Adler*
3.-12	Museum des 20. Jahrhunderts	1959	*Karl Schwanzer*
		2003	*Adolf Krischanitz*
1.-109	Universität für angewandte Kunst	1960	*Karl Schwanzer, Eugen Wörle*
3.-37e	Hoffmann-La Roche	1960	*Georg Lippert*
14.-6	Seelsorgezentrum Baumgarten	1960	*Johann Georg Gsteu*
19.-22	Haus Peichl	1960	*Gustav Peichl*
21.-3	Sonderschule Floridsdorf	1960	*Wilhelm Schütte, Margarete Schütte-Lihotzky*
19.-12	Volksschule in der Krim	1961	*Gustav Peichl*
5.-5	Pfarrkirche St. Florian	1961	*Rudolf Schwarz*

Index	Bauwerk	Entwurf oder Baubeginn	Architekt
***11.**-3*	Evangelische Glaubenskirche	1962	*Roland Rainer*
***10.**-42*	Philips-Haus	1962	*Karl Schwanzer*
***3.**-38e*	Deutsche Botschaft	1963	*Rolf Gutbrod*
***10.**-55e*	Montagekirche Kundratstraße	1963	*Ottokar Uhl*
***13.**-29*	Konvent der Dominikanerinnen	1963	*Gustav Peichl*
***14.**-24e*	Haus Bacher	1963	*Wilhelm Holzbauer, Friedrich Kurrent, Johannes Spalt (Arbeitsgruppe 4)*
***1.**-12*	Kerzengeschäft Retti	1964	*Hans Hollein*
***10.**-6*	Pfarrkirche zur Heiligen Familie	1964	*Clemens Holzmeister*
***13.**-23*	Konzils-Gedächtniskirche	1965	*Josef Lackner*
***23.**-19*	Kirche „Zur Heiligsten Dreifaltigkeit"	1965	*Fritz Wotruba, Fritz G. Mayr*
***12.**-9*	Rehabilitationszentrum Meidling	1966	*Gustav Peichl*
***1.**-26*	CM Boutique	1966	*Hans Hollein*
***13.**-41e*	Haus Bettelheim	1966	*Wilhelm Holzbauer*
***23.**-23e*	Haus Widtmann	1966	*Hans Puchhammer, Gunther Wawrik*
***12.**-17*	Wohnhausanlage Am Schöpfwerk	1967	*Viktor Hufnagl, E. Bauer, L. Parenzan, J. Peters, M. Pribitzer, F. Waclawek, T. u. W. Windbrechtinger*
***19.**-8*	Institutsgebäude der Hochschule für Bodenkultur	1967	*Anton Schweighofer*
***22.**-60e*	Allgemein höhere Schule Kagran	1967	*Roland Rainer*
***1.**-75*	Juridische Fakultät der Universität	1968	*Ernst Hiesmayr*
***11.**-22e*	Kindergarten	1968	*Margarete Schütte-Lihotzky*
***12.**-25e*	Kindergarten Hetzendorf	1968	*Johann Georg Gsteu*
***13.**-10*	Haus Bösch, Haus Roland Rainer	1968	*Roland Rainer*
***13.**-24*	ORF-Zentrum	1968, 1982-85	*Roland Rainer*
***5.**-19e*	Zentralsparkasse Reinprechtsdorfer Straße	1969	*Friedrich Kurrent, Johanns Spalt*
***1.**-113*	Kleines Café	1970	*Hermann Czech*
***1.**-121e*	Galerie Dorotheergasse	1970	*Luigi Blau*
***13.**-22*	Grothusen I	1970	*Gunter Wawrik, Hans Puchhammer*
***15.**-15*	Bankfiliale Sparkassenplatz	1970	*Johann Georg Gsteu*
***10.**-35*	Wohnhausanlage Inzersdorfer Straße	1971	*Harry Glück & Partner (W. Höfer, R. Neyer, T. Spychala)*
***1.**-81*	U-Bahn-Station Schottenring	1971	*Wilhelm Holzbauer, Heinz Marschalek, Georg Ladstätter, B. Gantar (Architektengruppe U-Bahn)*
***21.**-5*	Zentralsparkasse Floridsdorf (h.: Bank Austria)	1971	*Friedrich Kurrent, Johannes Spalt*
***1.**-7*	Juwelier Schullin I (h.: leerstehend)	1972	*Hans Hollein*
***22.**-26*	Josef-Bohmann-Hof	1973	*Egon Frauendorfer, Johann Gsteu, Eva Mang, Karl Mang, Annemarie Obermann, Alfred Pal, Udo Schrittwieser, Günther Schuster, Manfred Stein*

Index	Bauwerk	Entwurf oder Baubeginn	Architekt
22.-*12*	UNO-City (Internationales Zentrum)	1973	*Johann Staber*
15.-*17*	Wohnhausanlage „Wohnen Morgen"	1974	*Wilhelm Holzbauer*
		1975 - 2007	
1.-*97*	Wunder-Bar	1975	*Hermann Czech*
10.-*4*	Bankfiliale Favoriten	1975	*Günther Domenig*
19.-*41e*	Haus S. F.	1975	*Luigi Blau*
U.-*16*	Rathaussaal Perchtoldsdorf	1975	*Hans Hollein*
10.-*30*	Salvatorkirche am Wienerfeld	1976	*Johannes Spalt*
14.-*25e*	Volksschule Diesterweggasse	1976	*Gustav Peichl*
1.-*41*	Reiss-Bar	1977	*COOP HIMMELB(L)AU: Wolf Prix Helmut Swiczinsky*
1.-*80*	Filiale des Österreichischen Verkehrsbüros im Ringturm	1977	*Hans Hollein, Boris Podrecca*
16.-*3*	Wohnhaus Festgasse	1977	*Ottokar Uhl*
18.-*2*	Volksschule Köhlergasse	1977	*Hans Hollein*
21.-*14*	Wohnhausanlage Ernst Theumerhof	1977	*Atelier 18: E. Eder, A. Pal, R. Weber, R. Wieden*
U.-*10*	Haus M.	1977	*Hermann Czech*
10.-*31*	Stadtteil Wienerberg Süd, Städtebau	1978	*Otto Häuselmayer, Rudolf Lamprecht, Günther Oberhofer, Werner Obermann, Peichl, Otto Steidle, Helmut Wimmer*
10.-*32*	Wohnbauten Wienerberg Süd	ab 1978	*Otto Häuselmayer, Gustav Peichl, Otto Steidle, Helmut Wimmer*
19.-*21*	Haus eines Kunstsammlers	1978	*Wilhelm Holzbauer*
14.-*26e*	Lager- und Bürogebäude Grothusen II	1979	*Gunter Wawrik*
23.-*24e*	Johann-Gottek-Siedlung	1979	*Helmar Zwick*
17.-*5*	Haus Schmidt	1980	*Hermann Czech*
21.-*19*	Wohnen mit Kindern	1980	*Ottokar Uhl u. a.*
21.-*15*	Wohnanlage Gerasdorfer Straße	1980	*Viktor Hufnagl*
1.-*13*	Juwelier Schullin II	1981	*Hans Hollein*
1.-*57*	Teehaus Demmer	1981	*Luigi Blau*
1.-*85*	Bar-Restaurant Salzamt	1981	*Hermann Czech*
5.-*13*	Wohnhaus Einsiedlergasse	1981	*Heinz Tesar*
19.-*10*	Wohnhausanlage Gräf- und Stift-Gründe	1981	*Helmut Richter, Heidulf Gerngroß, Anton Schweighofer, Karl Mang, Eva Mang-Frimmel, Johann Brennig u. a.*
22.-*46*	Siedlung Biberhaufenweg	1981	*Otto Häuselmayer, Heinz Tesar, Carl Pruscha, Franz und Wilfried Wafler*
23.-*17*	Breitenfurter Straße	1981	*Rob Krier, Hedwig Wachberger und Peter Gebhart*
U.-*17*	Feuerwehrzentrale Perchtoldsdorf	1981	*Heinz Tesar*
3.-*9*	Umbau Palais Schwarzenberg	1982-84	*Hermann Czech*
3.-*24*	Hundertwasserhaus	1982	*Friedensreich Hundertwasser*
1.-*120e*	Galerie Tromayer	1983	*Anna-Lülja Praun*

Index	Bauwerk	Entwurf oder Baubeginn	Architekt
***10.**-7*	Wohnhaus Schrankenberggasse	1983	*Rob Krier*
***13.**-27*	Haus T.	1983	*Luigi Blau*
***22.**-53*	Siedlung Gladiolenweg	1983	*Helmut Hempel, Franco Fonatti*
***23.**-25e*	Wohnhaus in Wien-Mauer	1983	*Dieter Henke, Marta Schreieck*
***1.**-89*	Restaurant Kiang	1984	*Helmut Richter, Heidulf Gerngroß*
***3.**-39e*	Bankfiliale Radetzkyplatz	1984	*Luigi Blau*
***9.**-9*	Wohnhaus Wasagasse	1984	*Hans Puchhammer*
***13.**-42e*	Wohnhaus Porpaczy	1984	*Roland Hagmüller*
***14.**-12*	Villa Vojcsik; Atelierhaus GGK	1984	*Boris Podrecca*
***18.**-13e*	Terrassenhausanlage	1984	*Roland Rainer*
***22.**-30*	Wohnhaus Varnhagengasse	1984	*Johannes Spalt*
***22.**-54*	Mehrzweckhalle und Pfarrhaus	1984	*IGIRIEN: Werner Appelt, Eberhard Kneissl, Elsa Prochazka*
***1.**-2*	Neues Haas-Haus	1985	*Hans Hollein*
***1.**-78*	Atelier Baumann	1985	*COOP HIMMELB(L)AU: Wolf Prix und Helmut Swiczinsky*
***1.**-110*	Wienflussbauten, Stadtpark	1985	*Hermann Czech*
***2.**-29*	Praterstadion, Ernst-Happel-Stadion	1985-86	*Erich Frantl, Hofstätter, Zemler, Raunicher*
***3.**-19*	Wohnhaus Petrusgasse	1985	*Hermann Czech*
***9.**-2*	Café-Restaurant Stein	1985	*Gregor Eichinger, Christian Knechtl*
***12.**-10*	Rollingergasse	1985	*Josef Paul Kleihues, N. Hensel, W. Höfer, K. Becker*
***13.**-43e*	Wohnhaus Knobling	1985	*Heinz Tesar*
***15.**-12*	Wohnhaus Nobilegasse	1985	*Friedrich Kurrent*
***20.**-11*	Vollwertwohnen Hartlgasse	1985	*Harry Glück, Wilhelm Holzbauer, Heinz Hilmer & Christoph Sattler*
***U.**-5*	Schömer-Zentrale	1985	*Heinz Tesar*
***14.**-1*	Muthsamgasse	1986	*Anton Schweighofer*
***17.**-6*	Wohnbau Wittgensteingründe	1986	*Max Rieder, Wolfgang Tschapeller, Hans Peter Wörndl*
***19.**-36*	Wohnhaus Salmannsdorf	1986	*Adolf Krischanitz*
***22.**-35*	Kapellenweg	1986	*Boris Podrecca/Gotthard Eiböck*
***23.**-12*	Wohnbau Brunner Straße	1986	*Helmut Richter*
***23.**-21*	Wohnhaussiedlung Othellogasse	1986	*Theophil Melicher, Georg Schwalm-Theiss, Horst Gressenbauer, Margarethe Cufer u. a.*
***1.**-104*	Falkestraße Dachausbau	1987	*COOP HIMMELB(L)AU: Wolf Prix und Helmut Swiczinsky*
***13.**-44e*	Villen und Ordination	1987	*Karla Kowalski, Michael Szyszkowitz*
***14.**-27e*	Waidhausenstraße	1987	*Rüdiger Lainer, Gertraud Auer*
***U.**-18*	Golfclub Ebreichsdorf	1987	*Hans Hollein*
***1.**-23*	Mahnmal	1988	*Alfred Hrdlicka*

Index	Bauwerk	Entwurf oder Baubeginn	Architekt
1.-128e	Kunstforum BA-CA („Länderbank")	1988	*Gustav Peichl*
1.-129e	Kix Bar	1988	*Oskar Putz*
2.-32	Kraftwerk Freudenau	1988 (1998)	*Albert Wimmer, Herwig Schwarz, Gottfried und Toni Hansjakob*
7.-1	MuseumsQuartier	1988	*Laurids und Manfred Ortner, Manfred Wehdorn; pool Architektur; Anna Lacaton - Jean-Philipe Vassal; Willi Frötscher; Heimo Zobernig; Helmut und Johanna Kandl; querkraft architekten zt gmbh, Werkstatt Wien*
15.-19e	Wohnhaus	1988	*Franco Fonatti*
18.-9	Einfamilienhaus	1988	*Rudolf Prohazka*
1.-88	Wrenkh Café und Restaurant	1989	*Gregor Eichinger, Christian Knechtl*
1.-107	Museum für angewandte Kunst (MAK)	1989	*Peter Noever, Sepp Müller, Walter Pichler, Hermann Czech*
2.-18	Bürokomplex Lassallestraße, Bank Austria I und II, ÖMV, IBM	1989	*Wilhelm Holzbauer, Harry Glück, Kurt Hlaweniczka, Hannes Lintl, Georg Lippert*
3.-40e	Bürogebäude Barichgasse	1989	*Peter Schweger & Partner, Iwan Zelenka*
12.-1	Platzgestaltung Meidling	1989, 1995	*Boris Podrecca*
13.-45e	Wohnhaus	1989	*Gert M. Mayr-Keber*
18.-8	Einfamilienhaus	1989	*Adolf Krischanitz*
19.-7	Wohnhaus Gatterburggasse	1989	*Anton Schweighofer*
22.-33	Wohnbebauung Kamillenweg	1989	*Georg Reinberg, Martin Treberspurg & Erich Raith und Kislinger & Trudak*
22.-49	Siedlung Pilotengasse	1989	*Adolf Krischanitz, Herzog & de Meuron, Otto Steidle & Partner*
1.-98	Galerie Slavik	1990	*Edmund Hoke*
9.-26e	Fernwärme Wien	1990	*Friedensreich Hundertwasser*
10.-43	Business Park Wien	1990	*Atelier 4 - Peter Erblich, Zachari Vesselinov, Manfred Hirschler, Peter Scheufler*
12.-3	Wohnhaus Mandlgasse	1990	*Walter Stelzhammer*
13.-13	Allgemeine höhere Schule Wenzgasse	1990	*Melicher, Schwalm-Theiss, Gressenbauer*
19.-42e	Wohnhaus R.	1990	*Boris Podrecca*
19.-43e	Hackenberggasse	1990	*Günther Oberhofer*
20.-13	Basler Versicherungen Bürogebäude	1990	*Boris Podrecca*
22.-20	Eissporthalle	1990	*Sepp Müller, Alfred Berger, Werner Krismer*
22.-34	Wohnbebauung Pappelweg	1990	*Roland Hagmüller*
23.-6	U-Bahn Station U6	1990	*Johann Georg Gsteu*
23.-16	Schule Dirmhirngasse	1990	*Boris Podrecca*
1.-17	Michaelerplatz Platzgestaltung	1991	*Hans Hollein*
1.-32	Akademiehof Karlsplatz	1991	*Gustav Peichl, Roland Rainer*
1.-92	Bibelwerk Buchhandlung	1991	*Elsa Prochazka*
1.-112	Renovierung Ronacher	1991	*Luigi Blau*

Index	Bauwerk	Entwurf oder Baubeginn	Architekt
6.-9	Wohnhaus Linke Wienzeile	1991	*Margarethe Cufer, Oswald Oberhuber*
7.-15	Kaiserliches Hofmobiliendepot	1991	*Alessandro Alverá, Karl Stransky*
8.-7	Hotel und Studentenwohnheim Korotan	1991	*Boris Podrecca*
9.-6	Druckerei- und Verwaltungsgebäude der Österreichischen Nationalbank	1991-97	*Wilhelm Holzbauer*
9.-8	Sigmund Freud Wohnung (Bibliothek)	1991	*Wolfgang Tschapeller*
11.-2	Rosa Jochmann-Schule	1991	*Hermann Czech, Wolfgang Reder*
11.-20	Schmidgunstgasse	1991	*Franz E. Kneissl*
13.-46e	Bürohaus	1991	*BKK-2*
17.-4	Wohnhaus Frauenfelderstraße	1991	*Dieter Henke, Marta Schreieck*
19.-44e	Bürohaus Grinzinger Allee	1991	*Ulrike Janowetz*
21.-8	Bürohaus	1991	*Heinz Neumann*
22.-43	Wohnhaus Siegesplatz	1991	*Rüdiger Lainer, Gertraud Auer*
22.-52	Wohnbau Wiethestraße 84	1991	*Helmut Hempel, Franco Fonatti, Georg Baldass, Heinz H. Weiser, Heidulf Gerngroß*
22.-55	Volksschule Pastinakweg	1991	*Atelier 4 – Klaus Peter Erblich, Zachari Vesselinov, Manfred Hirschler, Peter Scheufler, Gerhard Schweighofer*
22.-61e	Wohnhaus	1991	*BKK-2*
23.-20	Siedlung Traviatagasse	1991	*Raimund Abraham (Masterplan), Carl Pruscha u. a.*
1.-95	„Mozarthaus Vienna", Mozartgedenkstätte	1992; 2004	*Elsa Prochazka; Gustav Pichelmann u. a.*
1.-122e	Glasgalerie	1992	*Maria Auböck, János Kárász*
3.-1	Bank Austria Kundenzentrum	1992	*Artur Perotti, Günther Domenig, Peter Podsedensek*
3.-41e	Wohnhaus	1992	*Günther Oberhofer*
3.-42e	Passage	1992	*Ernst Hoffmann*
4.-6	Generali Foundation	1992	*András Pálffy, Christian Jabornegg, Georg Schönfeld*
10.-33	Kirche, Schule und Kindertagesheim Tesarekplatz	1992	*Otto Häuselmayer, Gustav Peichl, Heinz Tesar*
10.-20	Studentenheim	1992	*Anton Schweighofer*
10.-56e	Doppel-Volksschule Jagdgasse	1992	*Manfred Nehrer, Reinhard Medek*
13.-28	Schule Hietzinger Hauptstraße	1992	*Elsa Prochazka*
15.-4	Zinckgasse, Sonderschule für sehbehinderte Kinder	1992	*Georg Driendl, Gerhard Steixner*
16.-15	Wohnhausanlage Engilgasse	1992	*Adolf Krischanitz*
16.-18	Konrad-Lorenz-Institut für Verhaltensforschung	1992	*Anton Schweighofer*
19.-29	Bürogebäude	1992	*Neumann und Partner*
21.-17	Volksschule, Musikschule Schumpeterweg	1992	*Stefan Hübner, Peter Leibetseder*

Index	Bauwerk	Entwurf oder Baubeginn	Architekt
22.-*1*	Donau-City	1992	*Krischanitz/Neumann (Leitprojekt), Cufer, Delugan, Hollein, Czech, Tesar, Holzbauer, Loudon u. a.*
22.-*36*	Wohnbau Zschokkegasse	1992	*Viktor Hufnagl*
22.-*41*	Hauptschule Eibengasse	1992	*Martin Kohlbauer*
U.-*6*	Evangelische Kirche Klosterneuburg	1992	*Heinz Tesar*
1.-*10*	Knize 2	1993	*Paulo Piva*
1.-*27*	Ringstraße-Galerien	1993	*Wilhelm Holzbauer u. a.*
6.-*4*	Atelierhaus d. Akademie d. bild. Künste	1993	*Carl Pruscha*
12.-*18*	Wohnhaus	1993	*Rüdiger Lainer, Gertraud Auer*
12.-*20*	Schule Rohrwassergasse	1993	*Manfred Nehrer und Reinhard Medek*
13.-*4*	Tiergarten Schönbrunn	ab 1993, 2002	*Hans Lechner, Manfred Wehdorn*
		2003	*ARGE Neversal und Edelbacher & Hartmann u. a.*
14.-*3*	Wohnheim Matznergasse (Sargfabrik)	1993	*BKK-2, Christoph Lammerhuber, Alex Linemayr, Franz Sumnitsch, Florian Wallnöfer, Johann Winter, Evelyn Wurster*
14.-*28e*	Erweiterung Technisches Museum (Eingangshalle)	1993	*Atelier i. d. Schönbrunner Straße*
16.-*20e*	Laborgebäude	1993	*Manfred Nehrer und Reinhard Medek*
18.-*6*	Villa	1993	*Luigi Blau*
20.-*10*	Wohnhaus Wexstraße	1993	*Otto Häuselmayer*
21.-*6*	Brünner Straße	1993	*Helmut Wimmer, Eva Reichl*
21.-*12*	Wohnhausanlage	1993	*Martin Treberspurg, Georg W. Reinberg, Erich Raith*
21.-*27*	Volksschule Zehdengasse	1993	*ARTEC: Bettina Götz, Richard Manahl*
21.-*35e*	Wohnhaus Anton-Böck-Gasse	1993	*Eva Ceska, Friedrich Priesner*
22.-*3*	Hochhaus Andromeda	1993	*Wilhelm Holzbauer*
22.-*32*	Wohnbebauung Mühlgrundweg	1993	*Walter Stelzhammer, Paul Katzberger, Karin Bily, Theophil Melicher, Georg Schwalm Theiss, Horst Gressenbauer*
22.-*37*	Siedlung Tamariskengasse	1993	*Roland Rainer*
22.-*38*	Wohnhausanlage Wulzendorf (West)	1993	*Ablinger-Vedral, Walter Stelzhammer, Margarethe Cufer*
22.-*39*	Wohnhausanlage Wulzendorf (Ost)	1993	*August Sarnitz, Helmut Wimmer, Reinhard Haselwanter, Ernst Linsberger, Markus Spiegelfeld, Günther Holnsteiner*
22.-*50*	Hauptschule Simonsgasse	1993	*Günther Domenig*
22.-*62e*	Volksschule Viktor Wittner-Gasse	1993	*Sepp Frank*
22.-*63e*	Wohn- und Geschäftshaus	1993	*Ernst Hoffmann*
23.-*22*	Heizkraftwerk	1993	*Martin Kohlbauer*
1.-*87*	Ron con Soda	1994	*Gregor Eichinger, Christian Knechtl*
1.-*103*	Wiener Hauptpost	1994	*Adolf Krischanitz, Heinz Neumann*
2.-*30*	Neue Welt Kindergarten	1994	*Adolf Krischanitz*

Index	Bauwerk	Entwurf oder Baubeginn	Architekt
3.-22	Wohnpark Rennweg	1994	*Architektengruppe Rennweg: Schweighofer, Rainer, Nehrer + Medek*
3.-26	Siemens Forum	1994	*Gerhard Lindner*
3.-27	Kulturzentrum ARENA	1994	*RATAPLAN*
3.-35	Rochuspark	1994	*Maria Auböck, János Kárász, Ernst Hoffmann*
4.-7	Aufstockung Hotel „Das Triest“	1994	*Peter Lorenz, Terence Conran*
5.-3	Wohnhaus Zentagasse	1994	*Günter Lautner, Peter Scheifinger, Rudolf Szedenik, Cornelia Schindler*
7.-21e	Filmhaus	1994	*Helmut Heistinger*
8.-5	Bankfiliale Erste Österreichische	1994	*Boris Podrecca*
8.-8	Volkskundemuseum	1994	*Elsa Prochazka*
9.-22	Wohnbau Spitelau	1994	*Zaha Hadid*
10.-12	Hauptschule Absberggasse	1994	*Rüdiger Lainer, Gertraud Auer*
10.-8	Ökohaus	1994	*Günter Lautner, Peter Scheifinger, Rudolf Szedenik, Cornelia Schindler*
11.-13	Wohnbebauung Leberberg (Nord)	1994	*Margarethe Cufer, Walter Stelzhammer, Othmar Hasler, Thomas Bammer*
11.-14	Wohnbebauung Leberberg (Süd)	1994	*Markus Spiegelfeld, Günther Holnsteiner, August Sarnitz, Ulrike Janowetz, Michael Wagner, Kurt Heidecker, Herbert Neuhauser, Christine Zwingl, Claudio Blazica, Laura , Othmar Hasler, Georg Schwalm-Theiss*
11.-15	Volks- und Hauptschule Svetelskystraße	1994	*Dieter Henke, Marta Schreieck*
11.-19	Flüchtlingsheim Zinnergasse	1994	*Georg Schwalm-Theiss, Horst Gressenbauer*
12.-16	Gartenhotel Altmannsdorf	1994	*Michael Schluder, Hanns Kastner*
14.-7	Schule Waidhausenstraße/Kinklplatz	1994	*Helmut Richter*
14.-18	Wohnbau	1994	*Eva Ceska, Friedrich Priesner*
16.-21e	Hauptschule	1994	*Atelier 18: Eder, Pal, Weber, Wieden*
19.-45e	Bürohaus Grinzinger Allee	1994	*Heinz Neumann*
19.-46e	Einfamilienhaus	1994	*Ernst Hoffmann*
20.-9	Wohnbau Handelskai	1994	*Heinz Neumann, Eric Steiner*
21.-16	Kindertagesheim der Stadt Wien	1994	*Markus Geiswinkler*
21.-10	Loftsiedlung Wien Floridsdorf	1994	*Heidulf Gerngroß, Werkstatt Wien*
21.-11	Volks- und Hauptschule Hanreitergasse	1994	*Gustav Peichl, Rudolf F. Weber*
21.-13	Wohnbau Ocwirkgasse	1994	*Otto Häuselmayer, Theophil Melicher, Georg Schwalm-Theiss, Horst Gressenbauer*
21.-26	Wohnbebauung	1994	*Jean Nouvel*
21.-28	Interkulturelles Wohnen	1994	*Kurt Heidecker, Herbert Neuhauser*
21.-29	Frauen-Werk-Stadt	1994	*Franziska Ullmann, Liselotte Peretti, Gisela Podreka, Elsa Prochazka, Maria Auböck*
22.-6	Wohnbau	1994	*Roman Delugan, Elke Delugan-Meissl*
22.-8	Wohnbau, Mischek Tower	1994	*Roman Delugan und Elke Delugan-Meissl*

Index	Bauwerk	Entwurf oder Baubeginn	Architekt
***22.**-7*	Wohnbau	1994	*Margarethe Cufer, Peter Balogh, Thomas Bammer und Eric Steiner*
***22.**-15*	Wohnhochhäuser Wagramer Straße	1994	*Gustav Peichl, Rudolf F. Weber*
***22.**-16*	Wohnhochhäuser Wagramer Straße	1994	*COOP HIMMELB(L)AU*
***22.**-17*	Wohnhochhäuser	1994	*NFOG: P. Nigst, F. Fonatti, M. Ostertag, H. Gaisrucker mit E. Resetarits*
***22.**-31*	Wohnbau Heinrich Lefler Gasse	1994	*Michael Loudon*
***22.**-40*	Siedlung Erzherzog Karl Stadt	1994	*Gustav Peichl, Martin Kohlbauer, Paul Katzberger, NFOG, Gruppo ARCA, Michael Loudon*
***22.**-42*	Wohnbau	1994	*Gruppo ARCA (Fonatti, Gaisrucker, Veselinovic, Resetarits)*
***22.**-51*	Wohnsiedlung Europan	1994	*Leopold Dungl*
***22.**-58*	Wohnhausanlage	1994	*Mark Mack, Roland Hagmüller*
***22.**-64e*	Volksschule	1994	*NFOG*
***1.**-20*	Redoutensäle Hofburg	1995	*Manfred Wehdorn*
***1.**-60*	Büroumbau, Beamtenversicherung-ÖBV	1995	*Walter Stelzhammer*
***1.**-43*	Umbau Jüdisches Museum	1995	*Gregor Eichinger, Christian Knechtl*
***1.**-91*	Lichtforum Wien	1995	*Hans Hollein*
***2.**-34e*	Wohnhausanlage Kai 302	1995	*Albert Wimmer*
***7.**-3*	Wohnhäuser am MuseumsQuartier	1995	*Georg Schwalm-Theiss, Horst Gressenbauer*
***9.**-7*	Universitäts-Campus	1995, 1999	*ARGE Altes AKH: Hugo Potyka, Friedrich Kurrent, Johannes Zeininger, Sepp Frank, Rudolf Zabrana, Ernst M. Kopper*
***10.**-28*	Wohnhof Dieselgasse	1995	*Martin Kohlbauer*
***11.**-17*	Wohnhausanlage	1995	*Georg Schwalm-Theiss, Horst Gressenbauer*
***11.**-18*	Wohnhausanlage	1995	*wurnig/kljajic architekten*
***13.**-3*	Gloriette Café-Restaurant	1995	*Franziska Ullmann*
***13.**-30*	Hackinger Steg	1995	*Dieter Henke, Marta Schreieck*
***15.**-20e*	Bezirksgericht Fünfhaus	1995	*Günther Oberhofer*
***21.**-32*	Nordsteg, Fahrradbrücke	1995	*Johann Georg Gsteu*
***22.**-65e*	Siedlung Süßenbrunn	1995	*Otto Häuselmayer*
***2.**-14*	Wohnhaus	1996	*PPAG: Anna Popelka, Georg Poduschka*
***2.**-11*	Friedrich-Kiesler-Schule	1996	*Heidulf Gerngroß, Werkstatt Wien*
***3.**-7*	Palais Fanto, Arnold Schönberg-Center	1996	*Elsa Prochazka*
***10.**-41*	Geriatriezentrum im Kaiser-Franz-Josefs-Spital	1996	*Anton Schweighofer*
***12.**-12*	Areal Kabelwerk – Wettbewerb Städtebau	1996	*ARGE dyn@mosphäre, Rainer Pirker, ARCHItecture-Team, POOR BOY´s ENTERPRISE*
***16.**-5*	Wohnbau	1996	*Hermann Czech*
***16.**-10*	Wohnanlage & Remise Ottakring	1996	*Architekten Kopper, Wien; Croce & Klug, Graz*

Index	Bauwerk	Entwurf oder Baubeginn	Architekt
21.-31	Autofreie Mustersiedlung	1996	*Rudolf Szedenik, Cornelia Schindler, Günter Lautner, Peter Scheifinger*
22.-13	Wohnpark neue Donau	1996	*Harry Seidler & Associates*
22.-57	Volksschule in Wien Donaustadt	1996	*Helmut Wimmer*
U.-11	Baumax Schwechat, Baumarkt	1996	*Dieter Henke, Marta Schreieck*
1.-51	Bankgebäude	1997	*Christian Jabornegg, András Pálffy; Karlheinz Wagner (Statik)*
2.-15	Memorial Tempelgasse	1997	*Martin Kohlbauer*
3.-17	Kiang III	1997	*Helmut Richter*
6.-9	Wohnhaus Esterházygasse	1997	*Margarethe Cufer, Oswald Oberhuber*
6.-10e	vienna paint	1997	*RATAPLAN*
7.-13	Neubau im SMZ Sophienspital der	1997	*Martin Kohlbauer, Stadt Wien*
9.-23	„Summerstage Eventlocation"	1997	*www.summerstage.co.at*
10.-17	Thermensiedlung Oberlaa	1997	*Roman Delugan, Elke Delugan-Meissl, Otto Häuselmayer, Helmut Richter, Gert Mayr-Keber, Albert Wimmer*
10.-19	Kindertagesheim der Stadt Wien	1997	*BUSarchitektur, Claudio Blazica, Laura P. Spinadel, Rainer Lalics*
14.-9	SMZ Baumgartner Höhe, Otto Wagner Spital, Pavillon 3, 5, 11	1997	*Ernst Beneder, Anja Fischer*
14.-10	SMZ Baumgartner Höhe, Otto Wagner Spital, Pavillon 16	1997	*August Sarnitz – Soyka/Silber/Soyka*
14.-11	SMZ Baumgartner Höhe, Otto Wagner Spital, Pavillon 9	1997	*Alexander Runser, Christa Prantl*
15.-14	Wohnhausanlage	1997	*Anja Fischer, Ernst Beneder*
16.-7	Wohnanlage Odelgagründe	1997	*Helmut Wimmer*
16.-6	Personalwohnheim	1997	*Nehrer + Medek und Partner*
19.-35	Wohnbau Agnesgasse	1997	*Günther Holnsteiner*
22.-19	Volks- und Sportmittelschule	1997	*Nehrer + Medek und Partner*
23.-4	Volksschule (In der Wiesen Nord)	1997	*Michael Hein*
23.-8	Wohnbau	1997	*Adolf Krischanitz*
23.-9	Wohnbau	1997	*Rudolf Prohazka*
U.-15	Parkhaus 4 Vienna International Airport	1997	*Atelier Hayde Architekten*
1.-22	Café im Palmenhaus Burggarten	1998	*Gregor Eichinger, Christian Knechtl*
1.-24	Museum Albertina, Totalsanierung	1998	*Erich Steinmayr, Friedrich H. Mascher, Hans Hollein*
1.-56	Museum am Judenplatz mit Holocaust-Denkmal	1998	*Jabornegg & Pálffy, Rachel Whiteread*
1.-117	Platzgestaltung Schwarzenbergplatz	1998	*Alfredo Arribas*
2.-8	Atelier Augarten, Zentrum für zeitgenössische Kunst	1998	*Susanne Zottl*
2.-10	Lauder Chabad Campus	1998	*Adolf Krischanitz*
2.-19	Wohnbau „Remise"	1998	*COOP HIMMELB(L)AU*

Index	Bauwerk	Entwurf oder Baubeginn	Architekt
***2.**-20*	Wohnbauten	1998	*Boris Podrecca*
***2.**-21*	Wohnbauten	1998	*Heinz Neumann, Eric Steiner*
***4.**-3*	Historisches Museum der Stadt Wien	1998, 2006	*Dimitris Manikas, BWM*
***5.**-6*	Wohnbau mit Sporthalle	1998	*ARTEC: Bettina Götz, Richard Manahl*
***5.**-7*	Wohnbau	1998	*s & s architekten (Cornelia Schindler, Rudolf Szedenik)*
***5.**-8*	Wohnbau	1998	*Rüdiger Lainer*
***5.**-10*	Platzgestaltung Siebenbrunnenplatz	1998	*Luigi Blau*
***6.**-6*	Theatercafé	1998	*Hermann Czech*
***7.**-11*	Gürtel-Revitalisierung, Projekt URBION	1998	*Silja Tillner, Christopher Lottersberger, Beate Lubitz, Bernhard Anderl, Martin Ritter*
***10.**-27*	Wohnbebauung Dieselgasse	1998	*ARTEC: Bettina Götz, Richard Manahl*
***10.**-39*	Coca-Cola-Beverages	1998	*Elsa Prochazka*
***11.**-16*	Gartensiedlung „Am Hofgartel"	1998	*Geiswinkler & Geiswinkler*
***12.**-19*	Wohnpark Hetzendorf	1998	*Boris Podrecca, Maria Auböck*
***18.**-1*	Wohnanlage Remise	1998	*Michael Szyszkowitz, Karla Kowalski*
***19.**-16*	Privates Hallenbad in Wien-Döbling	1998	*the nextENTERprise*
***19.**-34*	Tee-Haus	1998	*Georg Marterer*
***20.**-2*	Polytechnikum und Schule	1998	*Wilhelm Holzbauer und Paolo Piva*
***22.**-9*	Wohnbau	1998	*Michael Loudon*
***22.**-14*	IZD-Tower, Bürohochhaus	1998	*NFOG: (P. Nigst, F. Fonatti, M. Ostertag, H. Gaisrucker), Thomas Feiger*
***22.**-27*	Wohnhausanlage	1998	*Georg Schwalm-Theiss, Horst Gressenbauer*
***22.**-44*	Wohnbau	1998	*Ceska-Priesner-Architektur*
***22.**-47*	Wohnhausanlage „Aspern an der Sonne"	1998	*Georg W. Reinberg*
***23.**-15*	Totalsanierung Arbeitsamt Liesing	1998 (1932)	*Hermann Czech, Ernst A. Plischke*
***23.**-1*	In der Wiesen Wien Nord (Städtebau)	1998	*Franziska Ullmann, Peter Ebner, Otto Häuselmayer, Peter Schifinger, Michael Hein, Boris Podrecca, Helmut Wimmer*
***23.**-2*	„In der Wiesen" Wohnbau	1998	*Franziska Ullmann, Peter Ebner, Otto Häuselmayer, Peter Schifinger, Michael Hein u. a.*
***23.**-3*	Wohnhausanlage	1998	*Boris Podrecca*
***23.**-7*	Wohnbau	1998	*Hubert Hermann, Francy Valentiny*
***23.**-10*	Wohnarche Atzgersdorf	1998	*Walter Stelzhammer*
***23.**-11*	Wohnbau Autofabrik	1998	*RATAPLAN*
***23.**-14*	Wohnbau	1998	*Dieter Henke, Marta Schreieck*
***U.**-7*	Sammlung Essl	1998	*Heinz Tesar*
***1.**-64*	Rathaus, Büropavillon im Hof 2	1999	*Oliver Kaufmann*
***1.**-109*	Universität für angewandte Kunst	1999	*Falkeis & Falkeis*
***2.**-4*	IBM-Hochhaus Generalsanierung	1999	*Rudolf Prohazka (Lippert und Partner)*

Index	Bauwerk	Entwurf oder Baubeginn	Architekt
3.-32	Bürogebäude „Adler und Ameise"	1999	*Martin Kohlbauer*
5.-15	Wohnbau	1999	*ARTEC*
7.-9	Wohnhaus Wimbergergasse	1999	*Roman Delugan, Elke Delugan-Meissl*
7.-12	Hauptbibliothek Wien	1999	*Ernst Mayr*
8.-9e	Loop Bar	1999	*Martina und Norbert Grabensteiner*
10.-9	City X, Bauplatz 1	1999	*Margarethe Cufer*
10.-10	Wohnbau	1999	*Ganahl-Ifsits-Larch*
10.-11	Wohnbau	1999	*Albert Wimmer*
10.-44	Wienerberg City, Masterplan	1999	*Massimiliano Fuksas*
10.-45	Vienna Twin Tower	1999	*Massimiliano Fuksas*
10.-47	Wohnhochhaus „City Lofts"	1999	*Roman Delugan, Elke Delugan-Meissl*
10.-57e	Wohnbau	1999	*Otto Häuselmayer*
10.-58e	Wohnbau	1999	*Günter Lautner*
11.-1	G-Town Gasometer	1999	*COOP HIMMELB(L)AU, Wilhelm Holzbauer, Jean Nouvel, Manfred Wehdorn*
13.-35	Wohnhaus	1999	*Pichler & Traupmann*
13.-36	Einfamilienhaus „living in spe"	1999	*pool Architektur ZT GmbH: Christoph Lammerhuber, Axel Linemayr, Florian Wallnöfer, Evelyn Wurster (Rudnicki)*
14.-2	Wohnhaus „Miss Sargfabrik"	1999	*BKK-3: C. Lammerhuber, A. Linemayr, F. Sumnitsch, F. Wallnöfer, J. Winter, E. Wurster*
16.-16	Einfamilienhaus Ottakring	1999	*querkraft Architekten: Jakob Dunkl, Gerd Erhartt, Peter Sapp, Michael Zinner*
19.-28	Q 19 Einkaufszentrum Wien-Döbling	1999	*Peter Lorenz*
20.-5	„Höchstädtplatz" (Masterplan)	1999	*Erich Raith, Reinhardt Gallister, Anna Detzlhofer*
20.-1	Millennium Tower, Wohnbebauung	1999	*Gustav Peichl, Boris Podrecca, Rudolf F. Weber*
20.-4	Wohnbau Pasettistraße	1999	*Atelier 4 – Peter Erblich, Zachari Vesselinov Manfred Hirschler, Peter Scheufler*
21.-2	Schule Franklinstraße	1999	*Georg Schwalm-Theiss, Horst Gressenbauer*
21.-25	Autobusgroßgarage Leopoldau	1999 / 2003	*fasch & fuchs*
21.-30	Compact City	1999	*BUSarchitektur, Claudio Blazica, Laura P. Spinadel, Rainer Lalics*
21.-33	Wohnhaus	1999	*Pichler & Traupmann*
22.-2	Kirche „Christus, Hoffnung der Welt"	1999	*Heinz Tesar*
22.-5	Ares Tower	1999	*Heinz Neumann und Partner*
22.-11	Volksschule und Kindertagesheim	1999	*Hans Hollein*
22.-28	Wohnhausanlage	1999	*Adolf Krischanitz*
22.-29	Wohnhausanlage	1999	*Elsa Prochazka*
22.-45	BG und BRG Heustadelgasse	1999	*Dieter Henke, Marta Schreieck*
22.-66e	Wohnhausanlage	1999	*Otto Häuselmayer*
1.-106	Urania	2000	*Dimitris Manikas*

Index	Bauwerk	Entwurf oder Baubeginn	Architekt
2.-1	Media Tower (Generali Tower)	2000	*Hans Hollein*
2.-22	„Messe Wien Neu"	2000	*Fritsch, Chiari & Partner, Peichl & Partner, Moßburger und Erlach, Paul Katzberger*
2.-35e	Diana Bürohochhaus und Erlebnisbad	2000	*Atelier Hayde Architekten*
3.-4	Büroturm, Geschäftszentrum	2000	*Ortner & Ortner, Neumann + Steiner, Lintl + Lintl*
3.-25	Ellipse Bürogebäude	2000	*Mascha & Seethaler*
3.-30	Biocenter 1	2000	*Boris Podrecca*
4.-16e	Teehaus „High Tee"	2000	*Gisela Podreka*
7.-16	Konzeptstore PARK	2000	*SPACE+: Christopher Aichinger, Thomas Breier, Martin Jurycz*
10.-13	Monte Laa, Städtebau	2000	*ARGE: Hans Hollein, Albert Wimmer*
10.-29	IP.ONE	2000	*BKK-3: C. Lammerhuber, A. Linemayr, F. Sumnitsch, F. Wallnöfer, J. Winter, E. Wurster*
10.-48	Wohnhochhaus „Tower"	2000	*Roman Delugan, Elke Delugan-Meissl*
10.-49	Wienerberg City, Wohnhaus	2000	*Helmut Wimmer*
11.-4	Hochhaus Simmering	2000	*Kai Delugan, Dieter Blaich*
12.-22	Wohnbau	2000	*Helmut Wimmer*
13.-37	Einfamilienhäuser	2000	*propeller z*
14.-19	Wohnhausanlage	2000	*Adolf Krischanitz, Roger Diener, Peter Märkli, Hans Kohlhoff u. a.*
15.-10	Wohnhausanlage „Corte Verde"	2000	*Albert Wimmer*
16.-9	Büro- und Geschäftshaus	2000	*pool Architektur ZT GmbH: Christoph Lammerhuber, Axel Linemayr, Florian Wallnöfer, Evelyn Rudnicki*
16.-19e	Wohnbau	2000	*Cornelia Schindler, Rudolf Szedenik*
17.-1	Hauptwerkstätten MA 48	2000	*caramel architekten*
18.-14e	„Marienapotheke"	2000	*Stadtgut (Werner Westhausser)*
22.-21	Erweiterung/Generalsanierung Volksschule Natorpgasse	2000	*Andreas Treusch*
23.-13	Brauerei Liesing – Städtebau	2000	*COOP HIMMELB(L)AU*
U.-2	Wohnbau Purkersdorf	2000	*BUSarchitektur (Laura P. Spinadel)*
1.-36	Musikvereinsgebäude	2001	*Wilhelm Holzbauer*
1.-63	Rathaus, Tiefspeicher	2001	*Hempel & Hempel*
1.-94	Altes Rathaus, Umbau Pass- und Meldeservice	2001	*Jacqueline Kaufmann, Andre Kiskan; Falkeis-Senn*
1.-105	Büro- u. Geschäftshaus Franz-Josefs-Kai	2001	*Dieter Henke, Marta Schreieck*
2.-13	Bürohaus Galaxy 21	2001	*Martin Kohlbauer*
2.-24	Volksschule und Kindertagesheim	2001	*Martin Kohlbauer*
3.-29	Vienna Biocenter 2	2001	*Boris Podrecca*
3.-31	Büro- und Geschäftszentrum St. Marx	2001	*Günther Domenig, Hermann Eisenköck, Herfried Peyker*

Index	Bauwerk	Entwurf oder Baubeginn	Architekt
3.-33	Entertainmentcenter „Hollywood Megaplex"	2001	*Rüdiger Lainer*
3.-34	Office Campus Gasometer	2001	*Soyka/Silber/Soyka*
4.-1	Kunsthalle Wien, Project Space	2001	*Adolf Krischanitz*
4.-14	Dachgeschossausbau	2001	*pool Architektur ZT GmbH*
5.-16	twist tower	2001	*driendl*architects*
5.-17	Ray 1	2001	*Roman Delugan, Elke Delugan-Meissl*
6.-3	Lokal „Naschmarkt Deli"	2001	*Dietrich|Untertrifaller Architekten*
7.-2	„Bibelhaus", Bürohaus	2001	*Carl Pruscha*
7.-22e	Café Restaurant Una	2001	*Lacaton & Vassal*
7.-23e	Westlicht, Schauplatz für Fotografie	2001	*Eichinger oder Knechtl*
10.-21	Wohnhaus	2001	*querkraft architekten zt gmbh: Dunkl, Erhartt, Sapp, Zinner*
10.-22	Wohnhaus	2001	*August Sarnitz*
10.-24	Wohnbau Paltramplatz	2001	*Roman Delugan, Elke Delugan-Meissl*
10.-46	Wohnhochhäuser	2001	*COOP HIMMELB(L)AU*
10.-50	Wohnhausanlage	2001	*Albert Wimmer*
10.-51	Wohnhaus	2001	*Cuno Brullmann*
10.-59e	Wienerberg City, Wohnhaus	2001	*Gert Mayr-Keber*
11.-5	Wohnbau	2001	*schluderarchitektur (Schluder/Kastner)*
11.-21	Außenstelle Stadtgartenamt	2001	*Christoph Mayrhofer*
14.-14	Wohnhausanlage	2001	*Nasrine Seraji-Bozorgzad*
14.-17	Wohnhaus mit Garten	2001	*HOLODECK.at + m. gilbert*
14.-20	Wohnhaus mit Garten	2001	*sglw & s*
16.-17	Einfamilienhaus DRA	2001	*querkraft architekten zt gmbh*
19.-1	Bürohaus Stadtbahnbögen Spittelau U4:U6	2001	*Silja Tillner*
19.-37	Haus L, Ferienhaus Wien-Döbling	2001	*archiguards*
19.-38	Umbau eines Wohnhauses in Wien-Grinzing	2001	*frei(T)raum*
21.-7	Mega Baumax Shop	2001	*Walter Stelzhammer*
23.-26e	Lexus Center	2001	*Atelier Volkmar Burgstaller*
U.-4	Infrastrukturgebäude Stift Klosterneuburg	2001	*Heinz Tesar*
U.-8	Bundesschulzentrum in Wolkersdorf, NÖ	2001	*Architektur Consult*
1.-5	Umbau Kaufhaus Braun	2002	*Gustav Pichelmann*
1.-14	Fabios	2002	*BEHF Architekten: E. Bernhard, A. Ebner, S. Hasenauer, St. Ferenczy*
1.-30	Dachaufstockung	2002	*Rüdiger Lainer*
1.-71	Palais Epstein	2002	*Alexander v. d. Donk, Georg Töpfer*

Index	Bauwerk	Entwurf oder Baubeginn	Architekt
2.-3	Uniqa Tower	2002	*Heinz Neumann + Partner*
2.-16	Nordbahnhof	2002	*Albert Wimmer, Boris Podrecca*
2.-23	Hotel Messe	2002	*Hermann Czech*
4.-11	Wohnbau „Toskanahof"	2002	*Gustav Peichl & Partner, Werner Krakora*
9.-17	Dachaufbau	2002	*Heinz Lutter*
10.-14	Wohnbau Monte Laa	2002	*Adolf Krischanitz*
10.-15	Wohnbau	2002	*Elsa Prochazka*
10.-23	Wohnhaus	2002	*Patricia Zacek*
10.-25	Wohnhaus	2002	*ARTEC: Bettina Götz, Richard Manahl*
10.-26	Wohnhaus	2002	*Geiswinkler & Geiswinkler*
10.-60e	Parkdeck	2002	*Gert M. Mayr-Keber*
11.-8	Neugebäude Adaptierung	ab 2002	*Manfred Wehdorn*
12.-5	Wohnbau	2002	*BEHF Architekten (Ebner, Hasenauer, Ferenczy)*
12.-13	Wohnbau „Kabel"	2002	*pool Architektur ZT GmbH*
12.-14	Kabelwerk-Siedlung am Park	2002	*Georg Schwalm-Theiss, Horst Gressenbauer*
12.-26e	Wohnbau	2002	*Martin Kohlbauer*
13.-4	Tiergarten Schönbrunn, Regenwaldhaus	2002, 2003	*ARGE Neversal und Edelbacher & Hartmann*
13.-9	Einfamilienwohnhaus	2002	*arge SI+, AllesWirdGutArchitektur ZT, rainer pirker architeXture, werkraum_wien*
13.-38	Villa Pia, Einfamilienwohnhaus	2002	*noncon:form (Gulle, Gruber, Nagler, Ohrhallinger)*
13.-47e	Privathaus Zubau Wintergarten	2002	*Bulant & Wailzer*
17.-2	Rettungsstation Hernals	2002	*Geiswinkler & Geiswinkler*
19.-20	Einfamilienhaus	2002	*Christian Heiss*
19.-30	Wohnhausanlage Nußberggasse	2002	*Hans Peter Petri*
21.-21	Wohnhausanlage	2002	*Rüdiger Lainer*
22.-4	Donau-City, Tower 1 und 2	2002	*Dominique Perrault*
22.-23	Wohnhausanlage Bauteil B	2002	*gerner°gerner plus*
22.-25	Wohnhaus mit Garten	2002	*gaupenraub+/-*
22.-48	Apotheke	2002	*ARTEC: Bettina Götz, Richard Manahl*
1.-74	Club Passage	2003	*Söhne & Partner Architekten*
3.-3	Wien Mitte	2003	*Dieter Henke, Marta Schreieck*
3.-12	Museum des 20. Jahrhunderts Renovierung	2003	*Adolf Krischanitz*
3.-28	Wohnbau, Bürobau	2003	*COOP HIMMELB(L)AU*
5.-4	Generalsanierung Bürohaus	2003	*BEHF Architekten*
5.-14	Klangforum Wien	2003	*Andreas Lichtblau, Susanna Wagner*
7.-14	„Yellow" Restaurant und Lounge Bar	2003	*BEHF Architekten*
7.-17	Flagship Store mobilkom austria	2003	*EOOS (Bergmann, Bohmann, Gründl)*
7.-24e	Laden „be a good girl"	2003	*t-hoch-n ARCHITEKTUR*

Index	Bauwerk	Entwurf oder Baubeginn	Architekt
7.-25e	Penthouse Bernardgasse	2003	*Martin Wakonig*
9.-20	Wohnhaus	2003	*Rüdiger Lainer*
10.-52	Volksschule Wienerberg	2003	*Christoph Karl, Andreas Bremhorst*
12.-7	Bürohaus_r12	2003	*archiguards*
13.-4	Tiergarten Schönbrunn, Wüstenhaus	2003	*Peter Hartmann*
13.-33	Einfamilienhaus, Haus S	2003	*Norbert Thaler, Ursina Thaler-Brunner*
14.-4	Büro- und Fitnesscenter	2003	*Rüdiger Lainer*
15.-3	Wiener Stadthalle, Halle F	2003	*Dietrich|Untertrifaller*
15.-21e	Wohnbau	2003	*Martin Kohlbauer*
16.-1	IP Two Business Center	2003	*BKK 3*
19.-32	Wohnbau Glanzing	2003	*August Sarnitz*
19.-33	Wohnbau Glanzing	2003	*Günther Holnsteiner*
19.-47e	Wohnhausanlage Cobenzlgasse	2003	*Rüdiger Lainer*
20.-3	Wohnhaus Vorgartenstraße	2003	*PPAG: Anna Popelka, Georg Poduschka*
21.-25	Autobusgroßgarage Leopoldau	1999 / 2003	*fasch & fuchs*
21.-36e	„humanitas"	2003	*Stadtgut (Werner Westhausser)*
22.-10	Saturn Tower Bürohaus	2003	*Heinz Neumann & Partner, Hans Hollein*
22.-56	Kindertagesheim	2003	*Georg W. Reinberg*
U.-12	Sonderschule in Schwechat	2003	*fasch & fuchs*
U.-14	Flughafen Wien-Schwechat, Air Cargo	2003	*Andreas Treusch*
1.-73	Besucher- und Pressenzentrum des Parlaments	2004	*Geiswinkler & Geiswinkler*
1.-95	„Mozarthaus Vienna"	2004	*Gustav Pichelmann u. a.*
1.-130e	Galerie Mario Mauroner	2004	*Reiner Kaschl, Heide Mühlfellner*
1.-131e	Café Atelier	2004	*Hans Hollein*
2.-7	Studentenwohnheim	2004	*Baumschlager-Eberle*
2.-27	Bürohochhaus Krieau	2004	*Dieter Henke, Marta Schreieck*
6.-2	„Engel am Naschmarkt"	2004	*gaupenraub+/-*
7.-19	Büro- und Geschäftshaus	2004	*Dieter Henke, Marta Schreieck*
7.-20	Wohn- und Geschäftshaus	2004	*Adolf Krischanitz*
7.-26e	Shop „Tiberius"	2004	*BEHF Architekten*
9.-11	Haus der Forschung	2004	*Neumann und Partner, Mascha & Seethaler*
10.-61e	Wohnbau	2004	*Albert Wimmer*
10.-62e	Wohnhausanlage	2004	*Margarethe Cufer*
10.-63e	Wohn- und Geschäftshaus	2004	*ARTEC Architekten*
12.-2	Büropenthouse	2004	*Heinz Lutter*
13.-21	Privatmuseum Hietzing	2004	*Adolf Krischanitz*
14.-13	Restaurant L 421	2004	*BEHF Architekten*
16.-4	Wohnbau	2004	*Nehrer, Medek & Partner*

Index	Bauwerk	Entwurf oder Baubeginn	Architekt
16.-12	Einfamilienhaus	2004	*thaler.thaler architekten: Ursina Thaler-Brunner, Norbert Thaler*
21.-4	Wohnbau	2004	*Patricia Zacek*
21.-20	Wohnhausanlage	2004	*Margarethe Cufer*
21.-22	Wohnbau „Mühlweg" (Bauteil B)	2004	*Hubert Rieß (Bauteil B)*
21.-23	Wohnbau „Mühlweg"(Bauteil A)	2004	*Hermann Kaufmann (Bauteil A)*
21.-24	Wohnbau „Mühlweg"(Bauteil C)	2004	*Dietrich|Untertrifaller Architekten (Bauteil C)*
21.-37e	SOS-Kinderdorf FamilienRAThaus	2004	*Runser/Prantl architekten*
23.-5	Wohnhausanlage	2004	*Klaus Stattmann, Sandrine von Klot u. a.*
U.-3	Umbau Stift Klosterneuburg	2004	*driendl*architects*
U.-13	Flughafen Wien-Schwechat Terminal 1A	2004	*Itten + Brechbühl/Baumschlager-Eberle GmbH*
1.-93	Conceptstore „2006Feb01"	2005	*BEHF Architekten*
1.-108	Restaurant Österreicher im MAK	2005	*Gregor Eichinger, Christian Knechtl*
3.-2	Bürogebäude „Die Welle"	2005	*Hans Hollein*
3.-43e	„Town Town" – Städtebauliche Entwicklung	2005	*prominente Architektenteams, u. a. COOP HIMMELB(L)AU; Baumschlager-Eberle*
4.-8	Galerie Georg Kargl Box	2005	*Jabornegg & Pálffy; Richard Artschweger*
7.-10	Wohnhaus Kaiserstraße	2005	*gerner°gerner plus*
11.-11	Wohnbau	2005	*Martin Kohlbauer*
11.-12	Wohnbau	2005	*Georg W. Reinberg, Peter Thalbauer*
13.-2	Schönbrunner Schlossplatz	2005	*Auböck & Kárász*
15.-5	Bürohaus	2005	*Margarethe Cufer*
15.-16	Büro- und Wohnhaus	2005	*Dietrich|Untertrifaller*
19.-2	Fußgängerbrücke	2005	*Bulant & Wailzer; Karlheinz Wagner*
19.-31	Wohnhaus Sigmund	2005	*Hubert Rieß*
19.-40	Einfamilienwohnhaus	2005	*Gerhard Steixner*
21.-38e	Siemens-City	2005	*Soyka/Silber/Soyka*
22.-22	Wohnhausanlage	2005-06	*Delugan_Meissl Associated Architects*
1.-101	Österreichische Akademie der Wissenschaften	2006	*Rudolf Prohazka*
2.-2	Hotel- und Geschäftshaus	2006	*Jean Nouvel*
2.-12	Song Shop und Galerie	2006	*Gregor Eichinger*
2.-26	Messecarree Nord	2006	*Silja Tillner, Regina Freimüller-Söllinger*
2.-36e	Lokal Fluc_2	2006	*Klaus Stattmann*
3.-8	Wohn- und Geschäftshaus	2006	*Sepp Frank, Martin Kohlbauer*
4.-17e	Dachgeschossaufbau	2006	*kunath_trenkwalder*
6.-11e	„Nachbarin" Modeshop	2006	*propeller z*
9.-13	Bürogebäude (ÖVAG)	2006	*Carsten Roth*
10.-16	Wellnesszentrum und Hotel Therme Oberlaa	2006	*Architekturbüro 4a, Rüdiger Lainer und Partner*

Index	Bauwerk	Entwurf oder Baubeginn	Architekt
***11.**-6*	Bildungszentrum Simmeringer Markt	2006	*Martin Kohlbauer*
***15.**-1*	Wien West, Wettbewerb Masterplan	2006	*Heinz Neumann, Eric Steiner*
***22.**-59*	Flugfeld Aspern Städtebau	2006	*Tovatt Architects & Planners u. a.*
***1.**-118*	Kaufhaus Kärntnerstraße	2007	*David Chipperfield*
***10.**-1*	Hauptbahnhof Mitte Wien, neues Bahnhofsviertel	ab 2007	*zzt. Albert Wimmer, Ernst Hoffmann, Theo Hotz Architekten u. a.*
***10.**-2*	Hauptbahnhof Mitte Wien, Bahnhof	ab 2007	*zzt. Albert Wimmer, Ernst Hoffmann, Theo Hotz Architekten*

Bibliografie (Auswahl – zur ersten Information)

Österreichische Architekturzeitschriften

Der Architekt, 1 (1895) – 24 (1921/22)
architektur.aktuell, 1 (1967-)
Architektur und Bauforum, 23 (1990)
Der Aufbau, 1 (1946) – 43 (1988) seither unter dem Titel: *Perspektiven*
Der Bau, 1 (1946) – 26 (1971)
Bauforum, 1 (1967/68) – 22 (1989) seither unter dem Titel: *Architektur und Bauforum*
Österreichs Bau- und Werkkunst, 1 (1924-25) – 8 (1932) Nachfolge: *Profil*
Perspektiven 44 (1989)
UM BAU, 1 (1979-)
Wettbewerbe, 1 (1977-)

Allgemeine Bibliografie (Auswahl)

Achleitner, Friedrich, *Österreichische Architektur im 20. Jahrhundert*, 4 Bde., Salzburg/Wien 1980-1995

Az W (Hrsg.)/Kapfinger, O., *Emerging Architecture/Kommende Architektur* Band 1: 10 Austrian Offices, Wien/New York 2000

Az W (Hrsg.)/Kapfinger, O., *Emerging Architecture/Kommende Architektur* Band 2: 10 More Austrians, Wien/New York 2002

Az W (Hrsg.)/Kapfinger, O., *Emerging Architecture/Kommende Architektur* Band 3: Beyond Architainment, Wien/New York 2003

Az W (Hrsg.)/Kaiser, G.; Platzer, M., *Architektur in Österreich im 20. und 21. Jahrhundert*, Basel/Boston 2006

Baldauf, A., *Entertainment Cities*, Wien/New York 2008

Becker, Steiner, Wang (Hrsg.), *Österreich-Architektur im 20. Jahrhundert*, München 1995

Biswas, R. K. (Hrsg.), *Metropolis Now!*, Wien/New York 2000

Bobek, Hans; Lichtenberger, Elisabeth, *Wien. Bauliche Gestalt und Entwicklung seit der Mitte des 19. Jahrhunderts*, Wien 1966

Boeckl, M., *Wien/Vienna. New Urban Architecture*, Wien/New York, 2005

Bundesdenkmalamt Wien (Hrsg.), DEHIO-Handbuch, *Die Kunstdenkmäler Österreichs*, Wien I. Bezirk-Innere Stadt, Wien-München 2003

Ebner, Peter (Hrsg.), *Housing Is Back 01, Architekten beziehen Position zum Wohnungsbau*, Wien/New York 2006

Gmeiner, Astrid; Pirhofer, Gottfreid, *Der österreichische Werkbund*, Salzburg/Wien 1985

Hautmann, Hans; Hautmann, Rudolf, *Die Gemeindebauten des Roten Wien 1919-34*, Wien 1980

Kapfinger, Otto; Kneissl, Franz E., *Dichte Packung. Architektur aus Wien*, Salzburg/Wien 1989

Kristan, M., *Die Sechziger. Architektur in Wien 1960-1970*, Wien 2006

Kühn, Chr., *Ringstraße ist überall*, Wien/New York 2008

Kurrent, F., *Texte zur Architektur*, Salzburg 2006

Lipschitz, L.; Blaschke, B., *Architektur in Wien 1950-1930*, Wien/New York 2003

Mayr, E., *Die Hauptbücherei Wien*, Wien/New York 2004

Noever, Peter (Hrsg.), *Wiener Bauplätze: Verschollene Träume – Angewandte Programme. Wien um 1986*, Wien 1986

Pauser, Alfred, Brücken in Wien. *Ein Führer durch die Baugeschichte*, Wien/New York 2005

Posch, Wilfried, *Die Wiener Gartenstadtbewegung. Reformversuch zwischen Erster und Zweiter Gründerzeit*, Wien 1981

Seiss, Reinhard, *Wer baut Wien?*, Salzburg 2007

Steiner, Dietmar (Hrsg.), *Werkstatt Metropole Wien. Die Kultur des Wohnens*, Wien 1988
Tabor, Jan (Hrsg.), *Kunst und Diktatur Architektur, Bildhauerei und Malerei in Österreich, Deutschland, Italien und der Sowjetunion 1922-1956*, 2 Bde., Baden 1994
Weihsmann, Helmut, *Das Rote Wien. Sozialdemokratische Architektur und Kommunalpolitik 1919-1934*, Wien 1985
Wehdorn, Manfred, *Wien. Ein Stadtführer durch das Weltkulturerbe der UNESCO*, Wien/New York 2004
Zentralvereinigung der Architekten Österreichs (Hrsg.), *Baujahre Österreichische Architektur 1967-1991*, Ausst. Kat., Wien/Köln/Weimar 1992

Monografien (Auswahl)

Bocco Guarneri, A., *Bernard Rudofsky*, Wien/New York 2003
Boeckl, M. (Hrsg.), *Boris Podrecca. Offene Räume/Public Spaces*, Wien/New York 2003
Boeckl, M. (Hrsg.), *Luigi Blau – Häuser Interieurs Stadtmöbel*, Wien/New York 2003
Boeckl, M. (Hrsg.), *Günther Domenig*, Wien/New York 2006
Boeckl, M. (Hrsg.), *Georg W. Reinberg. Ökologische Architektur*, Wien/New York 2008
Graf, O. A., Otto Wagner. *Das Werk des Architekten*, 8 Bde., Wien/Köln/Graz 1982
Historisches Museum der Stadt Wien (Hrsg.), *Hans Hollein*, Ausst. Kat., Wien 1995
Kandeler-Fritsch, M., *ZÜND-UP*, Wien/New York 2001
Kapfinger, O. et al., *Rieß Wood³. Modulare Holzbausysteme*. Wien/New York 2007
Krischanitz, Adolf; Kapfinger, Otto, *Die Wiener Werkbundsiedlung Dokumentation einer Erneuerung*, Wien 1985
Kühn, C., Anton Schweighofer, *Der stille Radikale*, Wien/New York 2000
Kunst und Ausstellungshalle der Bundesrepublik Deutschland (Hrsg.), *Gustav Peichl, Bauten und Projekte*, Stuttgart 1992
Leischner, E., *Amt macht Stadt*, Salzburg 1999
Nerdinger, Winfried (Hrsg.), *Baumschlager – Eberle, 2002-2007 Architektur | Menschen und Ressourcen*, Wien 2007
Noever, Peter; *Coop Himmelb(l)au. Beyond the Blue. Between the Light*. Wien/München 2007
Ottillinger, E.; Sarnitz, A., *Ernst A. Plischke*, München 2003
Roland Rainer, *Das Werk des Architekten 1927-2003*, Wien/New York 2003
Rukschcio, Burkhard; Schachel, Roland, *Adolf Loos Leben und Werk*, Salzburg/Wien 1982
Sarnitz, A., E*rnst Lichtblau Architekt 1883-1963*, Wien/Köln/Weimar 1994
Sekler, Eduard F., *Josef Hoffmann: Das architektonische Werk*, Salzburg/Wien 1982
Spalt, Johannes; Czech, Hermann (Hrsg.), *Josef Frank 1885-1967*, Wien 1981
Stiller, A, *Oswald Haertl*, Salzburg 2000
Waechter-Böhm, L., *Heinz Tesar*, Wien/New York 1995
Waechter-Böhm, L. (Hrsg.), *Über Wohnbau, Carlo Baumschlager & Dietmar Eberle*, Wien/New York 2000
Waechter-Böhm, L., *Wilhelm Holzbauer*, Wien/New York 2006
Zschokke, W., *Dietrich|Untertrifaller*, Wien/New York 2001
Zschokke, W., *Dietrich|Untertrifaller*, Wien/New York 2008

Abbildungsverzeichnis und Fotonachweis

Akademie der bildenden Künste, Kupferstichkabinett, Wien 23.-15 o
AnnA BlaU 4.-11, 10.-19, 10.-41, 11.-1, 21.-30, 22.-15, 22.-40 S. 503 r-m, 23.-4, 23.-7, 23.-15 u
Arch Photo Inc. – Eduard Hueber 2.-7, U.-13
Architekturbüro 4a/Rüdiger Lainer und Partner 10.-16
ARGE dyn@mosphäre, Rainer Pirker, ARCHItecture-Team, POOR BOYs ENTERPRISE 12.-12 (Schema)
ARGE Hans Hollein – Albert Wimmer 10.-13
ARGE SI+, AllesWirdGut Architektur ZT, rainer pirker ARCHItexture; werkraum_wien (Statik) 13.-9
atelier 4 architects 20.-4
Atelier Hayde Architekten U.-15
Atelier Heinz Tesar U.-4 l-m, r, U.-17
Auböck Kárász Archiv 3.-35, 13.-2
Beyer.co.at_visualisierungen 2.-27 r, 3.-2, 7.-19, 15.-1, 22.-4
Hans Bezard 22.-19
Herbert Binder 17.-8
Bundesgärten 13.-1 S. 318 u
Peter Burgstaller 19.-20
Archiv Hermann Czech 6.-6
Christian Chinna 1.-1 u, 1.-3, 1.-8, 1.-9, 1.-18, 1.-19 S. 52, 1.-2 o,1.-21, 1.-24 r-o, 1.-34 l, 1.-40, 1.-49, 1.-56 o, 1.-59, 1.-65 o, 1.-69 r, 1.-83, 1.-99, 1.-100, 1.-110 o, 1.-114, 1.-115, 4.-2, 7.-7, 8.-3, 9.-7 o; r-m, 9.-18
Margarethe Cufer Archiv 21.-20
DELUGAN MEISSL ASSOCIATED ARCHITECTS 23.-13
Andreas Drexler 10.-45
Franz Ebner 19.-28
Micha Erben 14.-7, 21.-13, 23.-12, 23.-20, U.-6
Gisela Erlacher 2.-22 o, 3.-25, 10.-17 o
faksimile digital/Peter Kainz 1.-109
Sabine Gangnus 1.-30
Jens Gehrcken (Visualisierung) 1.-118
Geiswinkler & Geiswinkler (Visualisierung) 1.-73
Gesellschaft der Musikfreunde in Wien 1.-36
Paul Giuliani 14.-18, 21.-16
Thomas Gomilschak 21.-22
Fritz Gotschim 22.-17
Gruppo ARCA Archiv 22.-42
Christoph Haderer 1.-72
Haiden & Baumann 1.-45
Barbara Hauer 19.-35
Pez Hejduk 1.-91, 5.-16, 10.-9, 10.-10, 10.-14, 10.-50, 14.-14, 14.-19, 15.-5, 15.-10, 15.-11, 22.-28, 23.-5
Dieter Henke 23.-14, U.-11 l-u
Veronika Hofinger 14.-17
Hans Hollein, Archiv 1.-17, 22.-11, U.-16
Hans Hollein, Archiv/Sina Baniahmad 1.-24 l-o, 2.-1, 18.-2, 22.-10, U.-18
Hotz/Hoffmann • Wimmer (Visualisierungen) 10.-1, 10.-2
Martha Hübl-Deltsios 2.-18
Herta Hurnaus 4.-14, 5.-6, 5.-7, 5.-17, 10.-29, 10.-47, 10.-48, 10.-51, 11.-21,12.-13, 12.-14, 13.-36, 16.-1, 16.-9, 16.-16, 16.-17, 17.-1, 19.-38, 22.-22
Werner Kaligofsky 1.-51, 1.-56 u, 4.-6, 19.-1
kameleon.at Manuela Strasser U.-2
Angelo Kaunat 2.-11
Robert Kiermayer 1.-4, 1.-19 S. 53 u-l, u-m, 1.-27, 1.-29, 1.-32, 1.-33, 1.-42, 1.-44, 1.-47, 1.-48, 1.-50, 1.-53, 1.-55, 1.-58 S. 82 l, 1.-60, 1.-69 l, 1.-71, 1.-75, 1.-78, 1.-81, 1.-84, 1.-87, 1.-92, 1.-113, 2.-20, 2.-32, 3.-1, 3.-17, 3.-19, 3.-21, 3.-22, 3.-34, 4.-5, 4.-12, 5.-3, 6.-4 l-o, r-u, 7.-8, 9.-1 m, 9.-14, 10.-3 r, 10.-6, 10.-20, 10.-33, 10.-42, 11.-14, 11.-15, 12.-10, 12.-16, 12.-20, 13.-1 (s/w), 13.-4, 13.-5 o, 13.-6, 13.-11, 13.-28, 14.-2, 14.-3, 15.-2 m, u, 15.-4, 15.-12, 15.-13, 15.-15, 15.-17, 16.-18, 17.-4, 18.-5, 19.-7, 19.-11, 19.-17, 19.-21, 20.-9, 20.-10, 20.-11, 21.-6, 21.-8, 21.-12, 21.-15, 21.-17, 21.-27, 21.-28, 22.-3, 22.-13, 22.-20, 22.-32, 22.-33, 22.-34, 22.-35, 22.-36, 22.-37, 22.-39, 22.-41, 22.-52, 22.-53, 23.-6, 23.-17, 23.-21, U.-5
André Kiskan 1.-94, 2.-22 u
Bruno Klomfar 1.-93, 1.-101, 5.-14, 6.-3, 7.-3, 7.-17, 9.-11, 11.-17, 14.-13, 15.-3, 15.-16, 16.-10, 21.-23, 21.-24, 22.-27, 23.-3 u
Klomfar und Sengmüller 7.-15, 11.-19
Martin Kohlbauer Archiv 23.-22
Alexander Koller 1.-74
Adalbert Komers-Lindenbach 3.-12 o
Paul Korb 1.-2, 1.-5
Peter Korrak 1.-72
LIECHTENSTEIN MUSEUM. Die Fürstlichen Sammlungen, Wien 9.-16
Gerhard Lindner Archiv 3.-26
Marc Lins 20.-12
Günther Linshalm 18.-1, U.-8
MAK/Österreichisches Museum für angewandte Kunst 1.-107
Dimitris Manikas Archiv 1.-106, 4.-3
Media Wien 1.-63
Danny Mill 1.-10, 1.-37, 1.-39, 1.-58 S. 82 r, S. 83 u, 1.-116, 2.-12, 2.-17, 2.-25, 2.-28, 3.-24, 4.-4, 4.-8, 4.-9 r, 5.-9, 6.-1, 10.-44, 13.-18, 21.-1, 21.-10, 21.-26, 22.-12, 23.-19
Mozarthaus 1.-95: David Peters
Neumann + Partner 3.-3
Monica Nicolic 21.-32
Peter Nigst Archiv 22.-14, 22.-40 S. 502 u, S. 503 m-l
NMPB Architekten 4.-13 (Visualisierungen)
Atelier Pichelmann 1.-95 (Schnitt)
Österreichische Galerie Belvedere 3.-10
Paul Ott 3.-31, 13.-35, 21.-25, 21.-33, 22.-50, U.-12
Parlament 1.-72: Christoph Haderer (innen), Peter Korrak (außen)
Josef Pausch 10.-15
Gustav Peichl Archiv 19.-22
David Peters 1.-95, 2.-15
Andrew Phelps 10.-23, 21.-4
Markus Pillhofer 22.-16
Boris Podrecca Archiv 8.-7, 12.-1 o
Maximilian Pramatarov 19.-2
Elsa Prochazka Archiv 22.-29 (Visualisierung)
Rudolf Prohazka Archiv 23.-9
Roland Rainer Archiv 13.-24

Erich Raith Archiv 13.-31 (neu gezeichneter Lageplan), 20.-5
Fa. Rheinzink Archiv 4.-7
Christian Richters U.-7 u-r
Hubert Rieß Archiv 19.-31
Carsten Roth International 9.-13 (Visualisierung)
M. Ruttmann 9.-17
s&s architekten 5.-7 u, 10.-8
August Sarnitz (© VBK Wien, 2008) 1.-2 u, 3.-4, 3.-9 o, 3.-33, 6.-7 (Grundriss), 10.-22, 19.-3, 19.-32, 20.-1, 22.-8
Valentin Scheinost 2.-23
Moritz Schell 8.-2
Max Scheugl 5.-10
H. Schmölzer (Modellfotos) 2.-27
Harald Schönfellinger 16.-5
Schreiner, Kastler (Visualisierungen) 3.-8, 3.-12, 7.-20, 11.-6
Max Schulz 1.-73 l
Herbert Schwingenschlögl 22.-2
SCS U.-19
Manfred Seidl 1.-73 r, 4.-13, 7.-10, 7.-12, 10.-21, 10.-26, 10.-28, 11.-16, 12.-1 l-u, r-u, 12.-19, 16.-4, 16.-6, 16.-7, 17.-2, 19.-34, 21.-2, 21.-31, 22.-23, 22.-57, 22.-58
sglw & s 14.-20
SPACE+ 7.-16
Margherita Spiluttini 1.-1 o, 1.-6, 1.-7, 1.-12, 1.-13, 1.-16, 1.-19 S. 53 r-o, m, r-u, 1.-20, 1.-22 l, 1.-23, 1.-24 u-l, u-m, u-r, 1.-26, 1.-35, 1.-38, 1.-41, 1.-43, 1.-52, 1.-57, 1.-58 S. 83 o, 1.-66, 1.-67, 1.-68, 1.-70, 1.-77, 1.-79, 1.-85, 1.-86, 1.-88, 1.-89, 1.-90, 1.-96, 1.-97, 1.-103, 1.-105, 1.-110 r-m, r-u, 1.-111, 2.-4, 2.-8, 2.-9, 2.-10, 2.-21, 2.-29, 2.-30, 2.-31, 3.-7, 3.-5, 3.-9 u, 3.-11, 3.-13, 3.-14, 3.-18, 3.-20 l-o, l-u, 4.-1, 4.-10, 5.-5, 5.-11, 5.-13, 5.-15, 6.-1 o, 6.-4 l-o, 6.-5, 6.-8, 6.-9, 7.-4, 7.-5, 7.-9, 8.-6, 8.-8, 9.-2, 9.-3, 9.-5, 9.-7 l-m, l-u, 9.-9, 9.-10, 9.-12, 9.-15, 9.-21, 9.-22, 10.-3 l, 10.-5 o, 10.-7, 10.-12, 10.-17 m-l, m-r; u-l, u-r, 10.-18, 10.-24, 10.-25, 10.-27, 10.-30, 10.-31, 10.-34, 10.-35, 10.-36, 10.-37, 10.-38, 10.-39, 10.-43, 11.-2, 11.-3, 11.-7, 11.-8, 11.-9 l, 11.-13 o, u-r, 11.-18, 11.-20, 12.-2, 12.-3, 12.-4, 12.-6, 12.-8, 12.-9, 12.-11, 12.-17, 12.-18, 12.-21, 13.-3, 13.-7, 13.-10, 13.-12, 13.-13, 13.-20, 13.-21, 13.-22, 13.-23, 13.-25, 13.-27, 13.-29, 13.-30, 13.-31, 13.-32, 13.-37, 14.-1, 14.-6, 14.-8, 14.-9, 14.-10, 14.-11, 14.-12, 15.-2 o, 15.-6, 15.-8, 15.-9, 15.-14, 15.-18, 16.-3, 16.-8, 16.-15, 17.-5, 17.-6, 17.-7, 18.-3, 18.-4, 18.-6, 18.-8, 18.-9, 19.-4, 19.-5, 19.-6, 19.-8, 19.-10, 19.-12, 19.-13, 19.-14, 19.-18, 19.-19, 19.-26, 19.-36, 21.-3, 21.-5, 21.-9, 21.-11, 21.-14, 21.-19, 21.-29, 22.-6, 22.-7, 22.-9, 22.-18, 22.-24, 22.-26, 22.-30, 22.-31, 22.-38 (s/w), 22.-43, 22.-45, 22.-46, 22.-48, 22.-49, 22.-54, 22.-55, 23.-1, 23.-2, 23.-8, 23.-18, U.-4 l-u, U.-7 o, l-u, U.-9, U.-10, U.-11 o, r-u
Stadt Wien – MA 21B/Tovatt Architects & Planners 22.-59
Rupert Steiner 1.-14, 1.-64, 1.-108, 2.-13, 2.-24, 3.-32, 4.-9 l, 7.-1, 7.-13, 7.-14, 9.-6, 10.-52, 11.-11, 11.-12, 11.-13 r-u, 12.-5, 13.-33, 13.-38, 16.-12, 19.-29, 20.-2, 21.-7, 22.-5, 22.-21, 22.-38 (farbig), 22.-40 S. 502: o, m, S. 503: u, 22.-44, 22.-47, 22.-51, 22.-56, 23.-10, U.-14
Studio Krauss 2.-16, 20.-3, U.-3
Jerzy Surwillo 1.-97
Wolfgang Thaler 5.-8, 19.-33
Tiffinger 5.-4
Silja Tillner Archiv 7.-11
Markus Tomaselli 3.-27, 23.-11
Tovatt Architects & Planners 22.-59
UNIQA 2.-2 (Visualisierung), 2.-3
Gert Walden 9.-20, 14.-4 m, u, 21.-21
Gerhard Wallner 1.-112
Bernhard Weinberger 10.-49, 12.-22
Patricia Weisskirchner 6.-2, 22.-25
Werkstatt Wien, Spiegelfeld, Holnsteiner & Co 12.-15 (Visualisierung)
WIENER LINIEN GmbH & Co KG Schnellverbindungen in Wien (2. und 3. Umschlagseite), Abdruck mit freundlicher Genehmigung
Larry Williams 11.-5
Michael Zappe 1.-11, 1.-15, 1.-17, 1.-22 r, 1.-25, 1.-31, 1.-34 r, 1.-42 u, 1.-46, 1.-54, 1.-61, 1.-62, 1.-65 u, 1.-76, 1.-82, 1.-102, 1.-110 l, 2.-5, 2.-6, 3.-6, 3.-15, 3.-16, 3.-20 r-o, r-u, 3.-23, 5.-1, 5.-2, 5.-10, 6.-7, 7.-6, 7.-18, 8.-1, 8.-4, 9.-1 l, r, 9.-4, 9.-19, 10.-5 u, 10.-40, 11.-9 r, 11.-10, 13.-8, 13.-14, 13.-15, 13.-16, 13.-17, 13.-19, 13.-26, 13.-34, 14.-5, 14.-15, 14.-16, 15.-7, 16.-2, 16.-11, 16.-13, 16.-14, 17.-3, 18.-7, 19.-9, 19.-15, 19.-23, 19.-24, 19.-25, 19.-27, 19.-39, 20.-6, 20.-7, 20.-8, 21.-18, U.-1
R. Zischka 13.-5 u
Zoom (Visualisierung) 2.-26
Gerald Zugmann 1.-98, 1.-104, 1.-107, 2.-19, 3.-28, 3.-29, 3.-30, 7.-2, 8.-5, 9.-8, 10.-11, 10.-46, 11.-4, 12.-7, 14.-4 o, 19.-16, 19.-30, 19.-37, 19.-40, 20.-13, 23.-3 o, 23.-16

ccvision.de

Bildvorlagen – Zeichnungen

Renate Banik-Schweitzer: Illustrationen im Essay S. 9-27 (S. 27/Springer-Verlag)
Otto Antonia Graf; Otto Wagner, Das Werk des Architekten, Böhlau, Wien-Köln-Graz 1986: 1.-76.
Österreichischer Ingenieur- und Architekten-Verein (Hrsg.); Wien am Anfang des XX. Jahrhunderts, Wien 1906: sämtliche historische Grundrisse
Burkhardt Rukschcio, Roland Schachel; Adolf Loos, Residenz, Salzburg-Wien, 1982: 1.-18, 1.-42, 7.-18, 17.-7.
Eduard F. Sekler; Josef Hoffmann, Das architektonische Werk, Residenz, Salzburg-Wien, 1982: 13.-11, 19.-24.
Johannes Spalt, Hermann Czech; Josef Frank, Wien 1981: 13.-15, 17.-3, 19.-6, 19.-9

Die Nummernangaben beziehen sich auf die Objekte, wenn nicht anders angegeben.
Abkürzungen: S=Seite, l=links, r=rechts, m=mittig, o=oben, u=unten (Beispiel: l-u=links unten)
Alle hier nicht aufgeführten Abbildungen und Fotos wurden – soweit sie nicht aus dem Archiv des Autors stammen – freundlicherweise von den Architekten/Büros zur Verfügung gestellt.